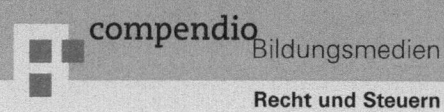

Die Mehrwertsteuer
Eine praxisorientierte Darstellung mit zahlreichen Beispielen

Patrick Loosli, Beat Lüscher und Patrick Walker

Die Mehrwertsteuer
Eine praxisorientierte Darstellung mit zahlreichen Beispielen
Patrick Loosli, Beat Lüscher und Patrick Walker

Grafisches Konzept: dezember und juli, Wernetshausen
Satz und Layout, Korrektorat: Mediengestaltung, Compendio Bildungsmedien AG, Zürich
Druck: Edubook AG, Merenschwand

Redaktion und didaktische Bearbeitung: Rita-Maria Züger

Artikelnummer: 13841
ISBN: 978-3-7155-7240-6
Auflage: 11., überarbeitete Auflage 2016
Ausgabe: U1036
Sprache: DE
Code: XS 004

Alle Rechte, insbesondere die Übersetzung in fremde Sprachen, vorbehalten. Der Inhalt des vorliegenden Buchs ist nach dem Urheberrechtsgesetz eine geistige Schöpfung und damit geschützt.

Die Nutzung des Inhalts für den Unterricht ist nach Gesetz an strenge Regeln gebunden. Aus veröffentlichten Lehrmitteln dürfen bloss Ausschnitte, nicht aber ganze Kapitel oder gar das ganze Buch fotokopiert, digital gespeichert in internen Netzwerken der Schule für den Unterricht in der Klasse als Information und Dokumentation verwendet werden. Die Weitergabe von Ausschnitten an Dritte ausserhalb dieses Kreises ist untersagt, verletzt Rechte der Urheber und Urheberinnen sowie des Verlags und wird geahndet.

Die ganze oder teilweise Weitergabe des Werks ausserhalb des Unterrichts in fotokopierter, digital gespeicherter oder anderer Form ohne schriftliche Einwilligung von Compendio Bildungsmedien AG ist untersagt.

Copyright © 2003, Compendio Bildungsmedien AG, Zürich

Dieses Buch ist klimaneutral in der Schweiz gedruckt worden. Die Druckerei Edubook AG hat sich einer Klimaprüfung unterzogen, die primär die Vermeidung und Reduzierung des CO_2-Ausstosses verfolgt. Verbleibende Emissionen kompensiert das Unternehmen durch den Erwerb von CO_2-Zertifikaten eines Schweizer Klimaschutzprojekts.

Mehr zum Umweltbekenntnis von Compendio Bildungsmedien finden Sie unter: www.compendio.ch/Umwelt

Inhaltsverzeichnis

	Über die Reihe «Steuern»	7
	Vorwort zur 11. Auflage	8
1	**Einleitung**	**10**
1.1	Verhältnis zum kantonalen Recht	11
1.2	Prinzip der Netto-Allphasensteuer mit Vorsteuerabzug	12
	Repetitionsfragen	**14**
2	**Steuerobjekt allgemein**	**15**
2.1	Inland	15
2.2	Lieferung von Gegenständen	16
2.3	Dienstleistungen	24
2.4	Abgrenzung Lieferungen / Dienstleistungen	29
2.5	Einheit und Mehrheit von Leistungen	29
2.6	Bezugsteuer	31
	Repetitionsfragen	**33**
3	**Von der Steuer ausgenommene Leistungen**	**36**
3.1	Liste der Steuerausnahmen	36
3.2	Option für die Versteuerung der von der Steuer ausgenommenen Leistungen	56
	Repetitionsfragen	**62**
4	**Von der Steuer befreite Leistungen**	**63**
4.1	Einleitung	63
4.2	Ausfuhr von Gegenständen	63
4.3	Das Vermieten und Verleasen von Gegenständen	65
4.4	Inlandlieferung von unter Zollüberwachung stehenden Gegenständen	65
4.5	Verbringen von Gegenständen ins Ausland	65
4.6	Beförderungsleistungen und Export	65
4.7	Beförderungsleistungen und Transitware	66
4.8	Luft-, Eisenbahn- und Busverkehr	66
4.9	Vermittlungsleistungen	67
4.10	Reisebüros und Organisatoren von Veranstaltungen	67
4.11	Diplomatische Dienste	68
4.12	Erstattung an Abnehmer mit Wohn- oder Geschäftssitz im Ausland	69
	Repetitionsfragen	**70**
5	**Nicht-Entgelte**	**71**
5.1	Abgrenzung zum Leistungsverhältnis	71
5.2	Subventionen und andere Beiträge der öffentlichen Hand	72
5.3	Gelder, die Kur- und Verkehrsvereine erhalten	72
5.4	Beiträge aus kantonalen Wasser-, Abwasser- oder Abfallfonds an Entsorgungsanstalten oder Wasserwerke	72
5.5	Spenden	72
5.6	Einlagen in Unternehmen wie zinslose Darlehen, Sanierungsleistungen und Forderungsverzichte	73
5.7	Dividenden und andere Gewinnanteile	73
5.8	Vertraglich oder gesetzlich geregelte Kostenausgleichszahlungen durch eine Organisation (Fonds) an Akteure einer Branche	73
5.9	Pfandgelder	74
5.10	Schadenersatz, Genugtuung und dergleichen	74
5.11	Unselbstständig ausgeübte Tätigkeiten	75
5.12	Erstattungen, Beiträge und Beihilfen bei Lieferungen ins Ausland, die von der Steuer befreit sind	75
5.13	Gebühren, Beiträge oder sonstige Zahlungen für hoheitliche Tätigkeiten	76
5.14	Deklaration der Nicht-Entgelte	76
	Repetitionsfragen	**77**

6	**Steuersubjekt / Steuerpflicht**	**78**
6.1	Steuerpflicht	78
6.2	Fehlende Ausrichtung auf Erzielung von Einnahmen aus Leistungen	86
6.3	Befreiung von der Steuerpflicht	88
6.4	Spezialbestimmungen zur Steuerpflicht	93
6.5	Beginn und Ende der Steuerpflicht	102
6.6	Mithaftung, Steuernachfolge und Steuervertretung (Steuersubstitution)	106
	Repetitionsfragen	**109**
7	**Bemessungsgrundlage**	**112**
7.1	Entgelt	112
7.2	Abzüge vom Entgelt	115
7.3	Massgebendes Entgelt, wenn der Abnehmer seine Gegenleistung ganz oder teilweise anders als durch eine Geldzahlung in Schweizer Franken erbringt	115
7.4	Nicht-Bemessungsgrundlage des Entgelts	120
	Repetitionsfragen	**122**
8	**Steuersätze**	**125**
8.1	Einleitung und Begriffserklärungen	126
8.2	Zum reduzierten Steuersatz steuerbare Leistungen	126
8.3	Gastgewerbe und Hotellerie	133
8.4	Leistungskombinationen oder Mehrheit von Leistungen	138
8.5	Aufteilung der Umsätze auf die Steuersätze	138
8.6	Ausweis der Steuer	139
	Repetitionsfragen	**141**
9	**Sondersatz für Beherbergungsleistungen**	**144**
9.1	Art der Betriebe	144
9.2	Art der zum Sondersatz steuerbaren Leistungen	145
9.3	Kombinationen von Leistungen	146
9.4	Seminarhotels	150
9.5	Packages	150
9.6	Kur- und Beherbergungstaxen	151
9.7	Weiterverrechnung Beherbergungsleistungen und Unterscheidung Beherbergungsleistung zu einer von der Steuer ausgenommenen Leistung	151
	Repetitionsfragen	**154**
10	**Vorsteuern allgemein**	**155**
10.1	Anspruch auf Vorsteuerabzug	156
10.2	Fiktiver Vorsteuerabzug	159
10.3	Ausschluss des Vorsteuerabzugsrechts	160
	Repetitionsfragen	**162**
11	**Eigenverbrauch**	**163**
11.1	Art des Steuertatbestands	163
11.2	Entnahmetatbestände	167
11.3	Vermögensübertragung	177
11.4	Ort des Eigenverbrauchs, Entstehung der Steuerforderung	177
11.5	Eigenverbrauchs-Pauschalen	178
	Repetitionsfragen	**181**
12	**Gemischte Verwendung**	**185**
12.1	Grundsätzliches	185
12.2	Die anderen Zwecke	185
12.3	Vorgehen bei der Vorsteuerkorrektur	186
12.4	Möglichkeiten der Vorsteuerkorrektur	187
12.5	Vorsteuerkorrektur mithilfe von Pauschalen	191
12.6	Gruppenbesteuerung	194
12.7	Beteiligungen	195
12.8	Vorsteuerkürzung bei Subventionen	197
12.9	Vereinfachungen	199
	Repetitionsfragen	**201**

13	**Nutzungsänderungen**	**202**
13.1	Grundsätzliches	202
13.2	Tatbestände und Arten von Nutzungsänderungen	203
13.3	Vorgehensweisen zur Ermittlung der Vorsteuerkorrektur bei Nutzungsänderungen	206
13.4	Vorübergehende Verwendung von Gegenständen	209
	Repetitionsfragen	**211**
14	**Saldosteuersätze (SSS)**	**212**
14.1	Voraussetzungen für die Abrechnung mit Saldosteuersätzen	214
14.2	Überschreiten der Umsatz- und / oder der Steuerschuld-Limite	214
14.3	Umsätze, die in der Semesterabrechnung deklariert werden müssen	215
14.4	Ausschluss von der Anwendung der Saldosteuersätze	216
14.5	Abrechnung mit mehreren Saldosteuersätzen	217
14.6	Exporte und Leistungen im Ausland	218
14.7	Abrechnung der Bezugsteuer	219
14.8	Eigenverbrauch	220
14.9	Wechsel der Abrechnungsmethode und -art	222
14.10	Ende der Steuerpflicht bei der Saldosteuersatzmethode	222
14.11	Anrechnung der fiktiven Vorsteuer	223
	Repetitionsfragen	**224**
15	**Meldeverfahren**	**226**
15.1	Einleitung	226
15.2	Obligatorische Anwendung des Meldeverfahrens	227
15.3	Freiwillige Anwendung des Meldeverfahrens	229
15.4	Formeller Ablauf des Meldeverfahrens	230
15.5	Anwendung von Saldosteuersätzen	231
15.6	Steuerliche Konsequenzen	231
	Repetitionsfragen	**232**
16	**Entstehung, Fälligkeit und Verjährung**	**233**
16.1	Entstehung der Steuerforderung	233
16.2	Fälligkeit	235
16.3	Verjährung	236
	Repetitionsfragen	**238**
17	**Mehrwertsteuer und Rechnungswesen**	**239**
17.1	Rechnungsstellung	239
17.2	Buchhaltung	241
	Repetitionsfragen	**244**
18	**Steuer auf den Einfuhren**	**245**
18.1	Abrechnungsmöglichkeiten	246
18.2	Bemessungsgrundlage	247
18.3	Unterstellungserklärung Aus- und Inland	247
	Repetitionsfragen	**248**
19	**Behörden, Verfahren und Strafbestimmungen**	**249**
19.1	Behörden	249
19.2	Verfahren	249
19.3	Strafbestimmungen	252
	Repetitionsfragen	**254**
20	**Fallbeispiel – Schelling**	**255**
20.1	Sachverhalt	255
20.2	Aufgaben	258
20.3	Lösungsansätze	258
21	**Fallbeispiel – Witschi AG**	**265**
21.1	Sachverhalt	265
21.2	Aufgaben	267
21.3	Lösungsansätze	268

Anhang 275

Antworten zu den Repetitionsfragen	276
MWST-Formulare	296
Antrag auf Abrechnung nach vereinnahmten Entgelten	297
Abrechnungsformular effektive Abrechnungsmethode	298
Korrekturabrechnung effektive Abrechnungsmethode	299
Jahresabstimmung (Berichtigungsabrechnung, effektive Abrechnungsmethode)	300
Saldosteuersätze: Unterstellungserklärung	301
Pauschalsteuersätze: Unterstellungserklärung	302
Abrechnungsformular Saldo- oder Pauschalsteuersätze	303
Korrekturabrechnung Saldo- oder Pauschalsteuersätze	304
Jahresabstimmung (Berichtigungsabrechnung, Saldo- oder Pauschalsteuersätze)	305
Meldeverfahren	306
Antrag: Kontrolle auf Verlangen	309
Glossar	310
Stichwortverzeichnis	321

Über die Reihe «Steuern»

Willkommen in unserer Reihe «Steuern».

An wen richtet sich die Reihe «Steuern»?

Die Reihe «Steuern» wendet sich an alle, die sich im Rahmen einer höheren Berufsprüfung oder eines Hochschul- bzw. Fachhochschulstudiums mit dem Steuerrecht auseinandersetzen, und hilft in der Praxis bei der täglichen Arbeit.

Woraus besteht die Reihe «Steuern»?

Die Reihe umfasst vier Titel:

- Das schweizerische Steuersystem: Ein Rundgang durch das schweizerische Steuersystem, veranschaulicht durch viele Praxisbeispiele.
- Die Direkte Bundessteuer: Eine umfassende und systematische Darstellung der direkten Bundessteuer, die entsprechend dem Gesetz aufgebaut ist.
- Die Verrechnungssteuer und die Stempelabgaben: Behandelt die beiden eidgenössischen Steuern Verrechnungssteuer und Stempelabgaben ausführlich und systematisch.
- Die Mehrwertsteuer: Alle Bereiche der Mehrwertsteuer werden ausführlich und systematisch besprochen.

Zürich, März 2016

Compendio Bildungsmedien AG

Vorwort zur 11. Auflage

Dieses Buch ist der vierte Band der Compendio-Lehrmittel im Bereich Steuern. Es behandelt die Mehrwertsteuer (MWST) aufgrund des am 1. Januar 2010 in Kraft getretenen Mehrwertsteuergesetzes, den seither vorgenommenen Gesetzesänderungen sowie den seither erlassenen Ausführungsbestimmungen. Es werden alle möglichen Bereiche der Mehrwertsteuer ausführlich und systematisch besprochen und anhand von zahlreichen Beispielen erklärt.

Das Besondere an diesem Buch ist das Zusammenwirken zweier Elemente: Auf der einen Seite haben wir die fachliche Kompetenz der drei Autoren Patrick Loosli, Uwe Mehrwald und Patrick Walker, die durch ihre berufliche Tätigkeit über ein grosses Fachwissen verfügen. Auf der anderen Seite bringt die Fachredaktion von Compendio Bildungsmedien die lesernahe Darstellung komplexer Zusammenhänge ein.

Dank dieser Kombination vermittelt das Buch gleichzeitig fundierte Theorie und problemorientierte Praxis. Das Fachwissen wird verständlich dargestellt und mit bereits vorhandenem Wissen verknüpft. Zahlreiche Beispiele und Fallstudien stellen den Bezug zum täglichen Leben her und verschaffen dem Leser Handlungskompetenz im Berufsalltag. Das Lehrmittel enthält kommentierte Antworten zu den Repetitionsfragen, Fallbeispiele und ein Glossar sowie Abbildungen der wichtigsten MWST-Formulare.

Die Veröffentlichung eignet sich als Fachbuch und Nachschlagewerk für Praktiker und als Lehrmittel für alle, die sich im Rahmen einer höheren Berufsprüfung oder eines Hochschul- bzw. Fachhochschulstudiums mit der MWST befassen müssen.

Inhalt und Aufbau des Lehrmittels

Dieses Lehrmittel behandelt das am 1. Januar 2010 in Kraft getretene Bundesgesetz über die Mehrwertsteuer (MWSTG).

Von einem modernen und eurokompatiblen Umsatzsteuersystem wird die Umsetzung der folgenden vier Grundprinzipien verlangt:

1. Allgemeine Verbrauchssteuer
Es wird der gesamte Konsum in der Schweiz besteuert. Umsätze, die nicht der MWST unterliegen sollen, müssen von diesem Grundsatz ausdrücklich ausgenommen sein (Negativliste). Für die steuerpflichtigen Unternehmen soll die Steuer erfolgsneutral wirken. Der Konsument hat die Steuer zu bezahlen. Ob allerdings die Steuer letztendlich tatsächlich auf den Konsumenten überwälzt werden kann oder nicht, ist aber immer eine Frage der Marktkräfte und nicht der Gesetzgebung.

2. Wettbewerbsneutralität
Staatliche Massnahmen, die zu einer unterschiedlichen Behandlung von direkten Konkurrenten im selben Markt führen, sind verboten. Dabei spielt es keine Rolle, ob es sich bei diesen Konkurrenten um in- oder ausländische Anbieter handelt. Unabhängig davon, auf welchem Weg ein Gegenstand oder eine Dienstleistung an den Markt gelangt, müssen alle Anbieter dieselben steuerlichen Voraussetzungen antreffen.

3. Bestimmungslandprinzip
Entsprechend dem Prinzip der «Allgemeinen Verbrauchssteuer» hat die Besteuerung immer dort zu erfolgen, wo der Gegenstand oder die Dienstleistung konsumiert wird. Somit ist jeder Export einer Leistung von der Schweiz ins Ausland von der Steuer zu befreien und jeder Import einer Leistung von der Steuer zu erfassen.

4. Grundsatz der Erhebungswirtschaftlichkeit

Der Aufwand, der die Erhebung der Steuer für die steuerpflichtigen Unternehmen und den Staat mit sich bringt, muss in einem sinnvollen Verhältnis zum Ertrag der Steuer stehen. Damit die Ermittlung und die Kontrolle der Steuerschuld mit vernünftigem Aufwand erfolgen können, darf in gewissen Bereichen mit Vereinfachungen und Pauschalierungen gearbeitet werden.

Zur aktuellen Auflage

In dieser Auflage haben wir alle Aktualisierungen berücksichtigt, die bis zum Zeitpunkt des Erscheinens bekannt waren. Diese betreffen insbesondere die von der Steuer ausgenommenen Bekanntmachungsleistungen (Kap. 3.1.27), die Kriterien der nicht unternehmerischen Tätigkeit (Kap. 6.2.2), die Befreiung von der Steuerpflicht bei Unternehmen mit Sitz im Ausland (Kap. 6.3.2), die Gruppenbesteuerung (Kap. 6.4.1), die Nutzungsänderungen bei Liegenschaften (Kap. 13.2.3), die Unterstellungserklärung (Kap. 18.3) sowie die Einschätzungsmitteilungen (Kap. 19.2).

In eigener Sache

Haben Sie Fragen oder Anregungen zu diesem Lehrmittel? Sind Ihnen Tipp- oder Druckfehler aufgefallen? Über unsere E-Mail-Adresse postfach@compendio.ch können Sie uns diese gerne mitteilen.

Wir wünschen Ihnen viel Spass und Erfolg beim Studium dieses Buchs!

Zürich / Bern, im März 2016

Patrick Loosli, Beat Lüscher und Patrick Walker, Autoren

Rita-Maria Züger, Redaktorin für diese Ausgabe

1 Einleitung

Lernziele	Nach der Bearbeitung dieses Kapitels können Sie … • die rechtlichen Grundlagen der Mehrwertsteuer nennen. • erklären, welche Verbrauchssteuern Kantone und Gemeinden erheben können. • das Prinzip der Netto-Allphasensteuer mit Vorsteuerabzug erklären.
Schlüsselbegriffe	allgemeine Verbrauchssteuer, besondere Verbrauchssteuer, Mehrwertsteuergesetz (MWSTG), Mehrwertsteuerverordnung (MWSTV), Netto-Allphasensteuer, rechtliche Grundlagen, Steuerforderung, Steuerhoheit, Steuerschuld, Umsatzsteuer, Vorsteuerabzug

Bevor wir näher auf die Details der MWST eingehen, werden wir zuerst die rechtlichen Grundlagen und die technischen Grundzüge dieser Steuer darstellen.

Die MWST wird durch den **Bund** erhoben. Er verfügt über die **Steuerhoheit,** d. h. die öffentlich-rechtliche Befugnis, Steuern zu erheben. Der Bund darf aber nur Steuern erheben, wenn er durch die Bundesverfassung (BV) auch ausdrücklich dazu ermächtigt ist. Daher muss unsere Verfassung eine Kompetenznorm enthalten, die dem Bund das Recht zur Erhebung der MWST verleiht.

In der Volksabstimmung vom 28. November 1993 entschieden sich Volk und Stände für die Annahme des Bundesbeschlusses über die Finanzordnung vom 18. Juni 1993. Dieser Bundesbeschluss sah eine Änderung von BV 41ter Abs. 1 und 3 sowie von BV 8 der Übergangsbestimmungen der Bundesverfassung (ÜB-BVa) vor.

Dadurch erhielt der Bund (unter anderem) das Recht zur Erhebung einer Umsatzsteuer mit Vorsteuerabzug auf den Lieferungen von Gegenständen, auf dem Erbringen von Dienstleistungen, auf dem Eigenverbrauch, auf der Einfuhr von Gegenständen und auf dem Bezug von Dienstleistungen von Unternehmen mit Sitz im Ausland. Diese Kompetenz war zeitlich bis zum Ende des Jahres 2006 begrenzt.

Grundsätzlich werden in der Schweiz Bundesgesetze durch die Bundesversammlung erlassen (BVa 85 Ziff. 2). BVa 41ter Abs. 6 hielt ausdrücklich fest, dass die Ausführungsbestimmungen zur MWST Sache der Bundesgesetzgebung sind.

Das bedeutet, dass zur Erhebung der MWST eine gesetzliche Grundlage durch die Eidgenössischen Räte geschaffen werden musste. Da aber die Kompetenz zur Erhebung der bis dahin geltenden WUST verfassungsmässig bis zum 31. Dezember 1994 beschränkt war, reichte die Zeit für den Erlass eines Gesetzes auf dem Weg des ordentlichen Gesetzgebungsverfahrens nicht mehr aus.

Aus diesem Grund räumte ÜB-BVa 8 Abs. 1 dem Bundesrat die Kompetenz zum Erlass der Ausführungsbestimmungen zur MWST bis zum Inkrafttreten eines durch die Bundesversammlung zu erlassenden Ausführungsgesetzes ein.

Diesem Auftrag kam der Bundesrat mit der **«Verordnung über die Mehrwertsteuer» (MWSTV)** nach. Diese Verordnung vom 22. Juni 1994 bildete die rechtliche Grundlage der Umsatzbesteuerung in der Schweiz in den Jahren 1995 bis 2000.

Bereits kurz nach der Volksabstimmung vom 28. November 1993 wurde im Nationalrat eine parlamentarische Initiative eingereicht, die vom Nationalrat die Ausarbeitung eines Mehrwertsteuergesetzes verlangte. Dabei sollte das MWSTG nur in jenen Punkten von der MWSTV abweichen, in denen das materiell als unerlässlich angesehen wurde. Obwohl somit das MWSTG im Wesentlichen aus der MWSTV hervorgegangen ist, sind in Einzelfragen doch entscheidende Änderungen vorgenommen worden.

Das ab 1. Januar 2001 geltende **Bundesgesetz über die Mehrwertsteuer (MWSTG)** vom 2. September 1999 gründet auf dieser parlamentarischen Initiative.

Durch die Annahme der neuen Bundesverfassung vom 18. April 1999 sind die verfassungsrechtlichen Grundlagen zur Erhebung der MWST neu in BV 130 und in BV 196 Ziff. 14 verankert. Die Befugnis zur Erhebung der MWST war verfassungsrechtlich nach wie vor bis Ende 2006 befristet. Mit dem Bundesbeschluss über eine neue Finanzordnung vom 19. März 2004 wurde die Befugnis zur Erhebung bis Ende 2020 verlängert.

Am 12. Juni 2009 wurde das neue MWSTG durch National- und Ständerat verabschiedet, das am 1. Januar 2010 in Kraft getreten ist. Dieses Gesetz brachte zahlreiche Änderungen und Neuerungen. Am grundsätzlichen Besteuerungsziel und an der Systematik der Steuer wurde jedoch festgehalten.

Durch Volk und Stände ist am 27. September 2009 die Vorlage über die **Zusatzfinanzierung der Invalidenversicherung (IV)** angenommen worden, die eine zeitlich befristete Anhebung der Mehrwertsteuersätze nach sich zieht. Gemäss Parlamentsbeschluss vom 12. Juni 2009 ist diese Steuersatzerhöhung per 1. Januar 2011 in Kraft getreten.

Der Schweizerische Bundesrat hat zudem am 27. November 2009 zum neuen Mehrwertsteuergesetz eine «Mehrwertsteuerverordnung» erlassen, die ausgewählte Fragen der Umsatzbesteuerung in verschiedensten Bereichen regelt.

Weitere Verordnungen des Eidgenössischen Finanzdepartements und der Eidgenössischen Steuerverwaltung regeln Fragen im Zusammenhang mit der Übermittlung elektronischer Daten, der steuerbefreiten Einfuhr von Gegenständen mit geringem Wert, der Ausfuhr von Gegenständen im Reisenden- und Grenzverkehr, die Verzugs- und die Vergütungszinssätze sowie über die Höhe der Saldosteuersätze.

Die wesentlichsten **rechtlichen Grundlagen** der MWST sind:

- Bundesverfassung (BV 130 und 196)
- Mehrwertsteuergesetz vom 12. Juni 2009 (MWSTG)
- Mehrwertsteuerverordnung vom 27. November 2009 (MWSTV)
- Verordnungen des Eidgenössischen Finanzdepartements
- Verordnungen der Eidgenössischen Steuerverwaltung
- Rechtsprechung

Von den rechtlichen Grundlagen sind die **Praxisfestlegungen der ESTV** (MWST-Info, MWST-Branchen-Info und MWST-Praxis-Info) zu unterscheiden, die nicht Gesetzescharakter haben. Die MWST-Infos, MWST-Branchen-Infos und MWST-Praxis-Infos sind zu finden unter: https://www.estv.admin.ch/estv/de/home/mehrwertsteuer/dokumentation/publikationen/.

1.1 Verhältnis zum kantonalen Recht

Was die Bundesverfassung als Gegenstand der MWST bezeichnet oder als steuerfrei erklärt, darf gemäss BV 134 weder von Kantonen noch von Gemeinden mit gleichartigen Steuern erfasst werden.

Diese Norm verbietet den Kantonen und Gemeinden aber nicht generell die Erhebung von Verbrauchssteuern. Das Bundesgericht hat dazu entschieden, dass es den Kantonen und Gemeinden nicht verwehrt werden kann, **besondere Verbrauchssteuern,** wie etwa Billettsteuern und Handänderungssteuern zu erheben. Solange es sich um besondere Verbrauchssteuern handelt, die nur ganz bestimmte Dienstleistungen erfassen, liegt keine allgemeine Verbrauchssteuer vor, die mit der MWST konkurriert.

Diese Rechtsprechung wurde bei der Formulierung von MWSTG 2 berücksichtigt, indem ausdrücklich Billettsteuern und Handänderungssteuern als nicht gleichartige Steuern bezeichnet werden.

Die Gleichartigkeit ist also nur gegeben, wenn Kantone oder Gemeinden allgemeine Verbrauchssteuern erheben würden, die lediglich die Wertschöpfungsquote (Vorsteuerabzug) erfassen und grundsätzlich vom Konsumenten zu tragen wären.

Dient der Umsatz lediglich als Bemessungsgrundlage einer speziellen Verbrauchssteuer oder einer Abgabe, so ist sie mit MWSTG 2 vereinbar. Sie darf jedoch gemäss MWSTG 2 Abs. 2 nur erhoben werden, wenn sie die MWST nicht in ihre Bemessungsgrundlage einbezieht.

1.2 Prinzip der Netto-Allphasensteuer mit Vorsteuerabzug

Die im MWSTG verankerte Umsatzsteuer ist als Netto-Allphasensteuer mit Vorsteuerabzug gestaltet. Das bedeutet:

- Die Steuer wird für **jede Phase des Wertschöpfungsprozesses** erhoben.
- Die Steuer ist auf dem **Nettobetrag der Leistung** geschuldet; die Steuer selber gehört damit nicht zur Bemessungsgrundlage der Steuer.
- Jeder Steuerpflichtige kann die von ihm an seine Lieferanten oder Auftragnehmer bezahlte MWST als **Vorsteuer** von seiner eigenen Steuerschuld in Abzug bringen.

Die Mehrwertsteuer

An folgendem Beispiel soll dieses Prinzip verdeutlicht werden.

Beispiel

Der Kleider-Grosshändler Albani bezieht Waren aus dem Ausland. Lager, Vertrieb und Verwaltung sind in der firmeneigenen Liegenschaft untergebracht. Von hier aus besuchen Vertreter die Modehäuser in der ganzen Schweiz. Die Belieferung dieser Modehäuser erfolgt von diesem Zentrallager aus.

Sie sehen in der folgenden Abbildung, wie die Steuererhebung nach dem System der MWST funktioniert:

Abb. [1-1] **Steuererhebung im System der Mehrwertsteuer**

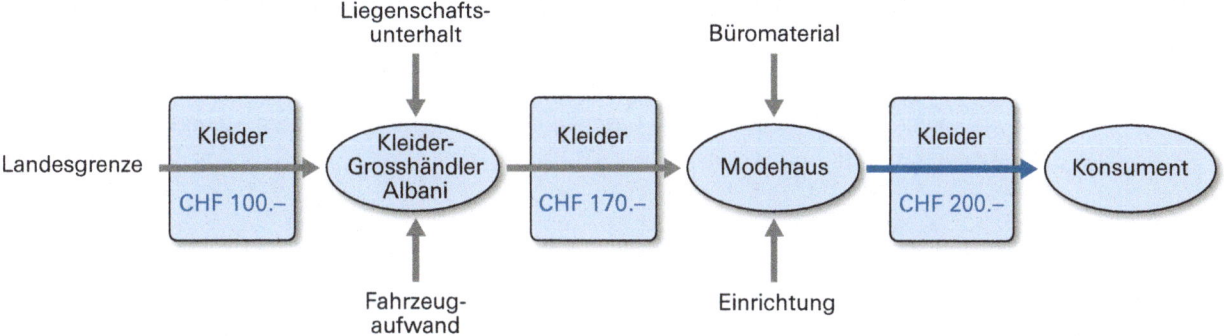

→ Steuerbare Lieferung mit Anspruch auf Vorsteuerabzug
→ Steuerbare Lieferung ohne Anspruch auf Vorsteuerabzug

Import der Kleider

Die Eidgenössische Zollverwaltung (EZV) belastet den Kleiderimport im Wert von CHF 100.– bei der Einfuhr mit 8% Einfuhrsteuer.

Rechnung des Kleider-Grosshändlers an das Modehaus (Inlandlieferung)

Zusätzlich zum Warenwert von CHF 170.– muss 8% MWST (CHF 13.60) in Rechnung gestellt werden. Da der Kleider-Grosshändler Albani die Ware bereits MWST-belastet bezogen hat, kann er einen Vorsteuerabzug im Umfang von CHF 8.– beanspruchen. Seine Schuld gegenüber der ESTV beläuft sich demnach auf CHF 5.60.

Gleichzeitig kann aber auch die MWST zurückgefordert werden, die dem Kleider-Grosshändler Albani auf seinen Anschaffungen des Anlagevermögens (Gebäude, Fahrzeuge usw.) und dem übrigen Aufwand (Büromaterial, Telefon, Beratung usw.) belastet worden ist.

Rechnung des Modehauses an den Kunden

Wiederum ist auf dem gesamten Nettoverkaufspreis von CHF 200.– (Preis ohne MWST) 8% MWST geschuldet. Das Modehaus kann ebenfalls die von ihm bezahlte MWST als Vorsteuer von seiner eigenen Umsatzsteuer in Abzug bringen. Der ESTV ist nur die Steuerforderung von CHF 2.40 geschuldet.

Für dieses Beispiel sieht die Berechnung der Steuern und der Steuerforderung wie folgt aus:

	Importeur	Kleider-Grosshändler Albani	Modehaus	Total
Einfuhrsteuer	8.00	–	–	
Umsatzsteuer	–	13.60	16.00	
Vorsteuer	–	–8.00	–13.60	
Steuerforderung	**8.00**	**5.60**	**2.40**	**16.00**

Die Quersumme der einbezahlten Nettosteuern ergibt ein Total von CHF 16.–. Somit ist die MWST auf dem gesamten Konsum (Warenwert des Endverbrauchs) mit der ESTV abgerechnet.

Zusammenfassung

Das Ziel der MWST besteht darin, den gesamten Konsum in der Schweiz zu besteuern.

Die **rechtlichen Grundlagen** sind die Bundesverfassung (Art. 130 und 196), das Bundesgesetz über die Mehrwertsteuer (Mehrwertsteuergesetz / MWSTG), die Verordnung zum Mehrwertsteuergesetz (MWSTV), diverse Verordnungen und die Rechtsprechung.

Kantone und Gemeinden dürfen laut BV 134 keine allgemeine Verbrauchssteuer erheben. Sie können aber besondere Verbrauchssteuern wie z. B. die Vergnügungssteuer erheben.

Die MWST ist eine **Netto-Allphasensteuer** mit **Vorsteuerabzug.** Das bedeutet, dass für jede Phase des Wertschöpfungsprozesses Steuern erhoben werden. Die Steuer wird auf dem Nettobetrag (also ohne die MWST selber) der Leistung erhoben und jeder Steuerpflichtige kann die in der vorangehenden Phase bezahlte MWST von seiner eigenen Steuerschuld in Abzug bringen.

Repetitionsfragen

1   Die Eisenwarenhandlung Huber & Söhne ist mehrwertsteuerpflichtig. Im ersten Quartal wurden die folgenden, mehrwertsteuerlich relevanten Umsätze getätigt. Huber & Söhne hat Anspruch auf die Vornahme des vollen Vorsteuerabzugs (alle Zahlen verstehen sich inkl. 8% MWST).

Warenverkäufe	CHF	195 000.00
Wareneinkauf	CHF	121 000.00
Einkauf Büromaterial	CHF	8 000.00
Anschaffung Mobiliar	CHF	12 000.00
Anwaltshonorar	CHF	7 500.00

Wie hoch ist die von Huber & Söhne zu bezahlende Steuerforderung oder Steuerschuld?

2   Nennen Sie die wesentlichsten rechtlichen Grundlagen, mit denen die Erhebung der MWST geregelt wird.

2 Steuerobjekt allgemein

Lernziele

Nach der Bearbeitung dieses Kapitels können Sie ...

- den Gegenstand der Besteuerung beschreiben.
- erklären, was das Gesetz unter dem Begriff Inland versteht.
- darlegen, wann eine Lieferung von Gegenständen und wann eine Dienstleistung vorliegt.
- die Grundprinzipien zur Bestimmung des Orts der Dienstleistung nennen.

Schlüsselbegriffe

Abhollieferungen, Agenturvertrag, Auktionen, Ausland, Beförderungs- oder Versandlieferungen, Bestimmungsortsprinzip, Betriebsstätte, Bezugsteuer, Dienstleistungen, direkte Stellvertretung, Empfängerortsprinzip, Erbringerortsprinzip, Hauptleistung, indirekte Stellvertretung, Inland, Inlandsteuer, Kombinationsregel, Lieferung, Nebenleistung, Ort der Dienstleistung, Ort des Grundstücks, Ort der Lieferung, Ort der Tätigkeit, Reihengeschäft, Sale-and-Leaseback-Vertrag, Steuerobjekt, vereinfachte Vermittlung, Vermittlung, Versandlieferungen, wirtschaftliche Verfügungsmacht, Vermietung und Verpachtung

Jedes Steuergesetz muss den **Gegenstand der Besteuerung** beschreiben, oder anders ausgedrückt: Es muss beschreiben, was oder welche Vorgänge die Steuer auslösen.

Laut MWSTG 1 Abs. 2 unterliegen folgende Vorgänge der Besteuerung:

- Gegen Entgelt im Inland erbrachte Lieferungen von Gegenständen (Inlandsteuer).
- Gegen Entgelt im Inland erbrachte Dienstleistungen (Inlandsteuer).
- Der Bezug von Leistungen von Unternehmen mit Sitz im Ausland durch Empfänger im Inland (Bezugsteuer).

Damit all diese Leistungen besteuert werden können, müssen sie von einem Steuerpflichtigen ausgeführt bzw. durch einen Steuerpflichtigen bezogen werden.

Als weiteres Steuerobjekt nennt das MWSTG die **Einfuhr von Gegenständen ins Inland** (Einfuhrsteuer), vgl. dazu Kapitel 18, S. 245.

Wir folgen dem Aufbau des MWSTG und besprechen zuerst die Steuer auf dem Umsatz im Inland.

2.1 Inland

Gegenstand der MWST können nur Umsätze in jenem Gebiet sein, auf das sich die Hoheitsgewalt der Schweizerischen Eidgenossenschaft erstreckt. Daneben gelten aber auch ausländische Gebiete als Inland, wenn entsprechende, staatsvertragliche Vereinbarungen bestehen. Für die bündnerischen Talschaften Samnaun und Sampuoir bestehen zur Zeit Ausnahmeregelungen.

MWSTG 3 lit. a bestimmt den örtlichen Geltungsbereich der MWST.

Als **Inland** im Sinne des MWST gilt:

- Das **Gebiet der Schweiz:** Es handelt sich dabei um das Gebiet innerhalb der politischen Landesgrenzen der Schweizerischen Eidgenossenschaft (inkl. z. B. Zollfreilager, offenen Zolllager, Zollfreiläden auf Flughäfen).
- Die **deutsche Gemeinde Büsingen** und das **Fürstentum Liechtenstein** (FL) gelten gemäss staatsvertraglichen Vereinbarungen als schweizerisches Zollgebiet. Somit findet das MWSTG auch in diesen Gebieten Anwendung.

- Mit **Campione d'Italia** ist eine staatsvertragliche Regelung immer noch ausstehend. Es ist grundsätzlich als Inland zu betrachten. Es bestehen aber gewisse Sonderregelungen.
- Eine weitere, teilweise Ausnahme vom allgemeinen Inlandsbegriff besteht in Bezug auf die beiden Talschaften **Samnaun und Sampuoir.** Diese beiden Talschaften gelten nur für Dienstleistungen (inkl. Leistungen des Hotel- und Gastgewerbes) als Inland. Bezüglich der Lieferung von Gegenständen gelten Samnaun und Sampuoir immer als Ausland.
- Als Inland gelten auch Teile des **Flughafens Basel-Mülhausen-Freiburg EuroAirport.** Auch hier gelten Sonderbestimmungen.

Als **Ausland** gelten alle übrigen Gebiete, die vorgängig nicht genannt werden.

2.2 Lieferung von Gegenständen

Nachfolgend werden die Elemente untersucht, die gegeben sein müssen, damit mehrwertsteuerlich eine Lieferung eines Gegenstands vorliegt. Liegt eine solche Lieferung im Sinne des MWSTG vor, muss es sich aber nicht notwendigerweise um eine steuerbare Lieferung handeln. Damit eine steuerbare Lieferung eines Gegenstands vorliegt, muss die Lieferung im Inland gegen Entgelt durch einen Steuerpflichtigen ausgeführt werden und darf nicht aufgrund einer gesetzlichen Bestimmung von der Steuer ausgenommen sein.

2.2.1 Wann liegt eine Lieferung eines Gegenstands vor?

MWSTG 3 lit. d hält fest, was unter dem Begriff der Lieferung eines Gegenstands zu verstehen ist. Es werden dabei die folgenden **drei Tatbestände** unter diesem Begriff zusammengefasst:

1. Das Verschaffen oder das Übertragen der Befähigung, in eigenem Namen über einen Gegenstand **wirtschaftlich verfügen** zu können.
2. Die Ablieferung eines Gegenstands, an dem **Arbeiten** gemacht wurden, auch wenn dieser Gegenstand dadurch nicht verändert, sondern nur geprüft, geeicht, reguliert, in der Funktion kontrolliert oder in anderer Weise behandelt worden ist.
3. Die Überlassung von beweglichen und unbeweglichen Gegenständen im Rahmen von **Miet-, Pacht- oder Leasingverträgen.**

Im Folgenden werden unter dem Begriff **Gegenstand** sowohl bewegliche Gegenstände (inkl. Energie) als auch unbewegliche Gegenstände verstanden.

- **Bewegliche Sachen** sind Gegenstände im Sinne von **Fahrnis** (OR 187) und **Energie** (Elektrizität, Gas, Wärme, Druck usw.).
- **Unbewegliche Sachen** sind **Liegenschaften, Grundstücke, Stockwerkeigentum,** im Grundbuch eingetragene selbstständige und dauernde **Rechte, Bergwerke, Kiesgruben** usw. (ZGB 655 Abs. 2).
- Das **Liefern von EDV-Software** gilt ebenfalls als Lieferung eines Gegenstands, wenn die Software dabei auf einem Datenträger (Compact Disc o. Ä.) vom Verkäufer an den Käufer übergeben wird. Dass dabei der Wert der eigentlichen Software den Warenwert des Datenträgers in der Regel um das x-fache übersteigen kann, spielt für die Qualifikation dieses Vorgangs als Lieferung eines Gegenstands keine Rolle. Anders verhält es sich, wenn die Software über eine Datenfernleitung auf den Rechner des Käufers übertragen wird. In diesem Fall handelt es sich beim Verkauf der Software um eine Dienstleistung.

A] Wirtschaftliche Verfügungsmacht

Damit eine Lieferung im Sinne des MWSTG vorliegt, wird verlangt, dass die Befähigung, in eigenem Namen über einen Gegenstand wirtschaftlich verfügen zu können, übertragen werden muss. Dies ist in aller Regel der Fall, wenn das **Eigentum an einem Gegenstand** übertragen wird, denn der Eigentümer einer Sache kann im Rahmen der Rechtsordnung beliebig über diese Sache verfügen, d.h., er kann sie verkaufen, verschenken oder vernichten, ganz wie es ihm beliebt.

Vom Eigentum zu unterscheiden ist der **Besitz**. ZGB 930 hält fest, dass ein Dritter vom Besitzer eines Gegenstands auch annehmen darf, dass dieser der Eigentümer der Sache ist. Obwohl der Besitzer rechtlich nicht in die Lage versetzt wird, in eigenem Namen über den Gegenstand zu verfügen, ist er dennoch wirtschaftlich in der Lage dazu. Auch ein Eigentumsvorbehalt (mit Registereintrag) ändert daran nichts.

Für die Belange der MWST heisst das, dass bereits die Übertragung des Besitzes an einem Gegenstand genügen kann, um den Empfänger des Gegenstands in die Lage zu versetzen, über diesen wirtschaftlich in eigenem Namen verfügen zu können. Damit gilt unter gewissen Bedingungen bereits die **Besitzübertragung** als Lieferung im Sinne des MWSTG.

Man muss also die wirtschaftliche Verfügungsmacht von der rechtlichen Verfügungsmacht unterscheiden. Die **Übertragung der wirtschaftlichen Verfügungsmacht** reicht aus, damit von einer Lieferung im Sinne des MWSTG gesprochen werden kann. Auch wenn das der Lieferung zugrunde liegende Rechtsgeschäft rechtswidrig, nichtig oder ungültig ist (z.B. bei Hehlerei), gilt die Übertragung der Verfügungsmacht am Gegenstand dennoch als steuerbare Lieferung.

Damit eine Übertragung der wirtschaftlichen Verfügungsmacht vorliegt, ist selbst die Übertragung des Besitzes nicht Wesensmerkmal einer steuerbaren Lieferung. Das zeigt die steuerliche Behandlung des **Reihengeschäfts** (s. Abb. 2-1).

Bei einem Reihengeschäft schliessen A und B einen Vertrag über die Lieferung eines Gegenstands ab. Ein weiterer Vertrag wird zwischen B und C über die Lieferung desselben Gegenstands abgeschlossen. A liefert nun in der Folge direkt an C, stellt für diese Lieferung aber B Rechnung. B seinerseits fakturiert die Leistung nun an C. Vom Standpunkt der MWST aus liegen zwei steuerbare Lieferungen vor. Einmal die Lieferung von A an B und einmal die Lieferung von B an C. Bei einem Reihengeschäft muss der Zwischenhändler B nicht notwendigerweise im Besitz des Gegenstands sein, um über diesen in eigenem Namen verfügen zu können.

Abb. [2-1]   Reihengeschäft

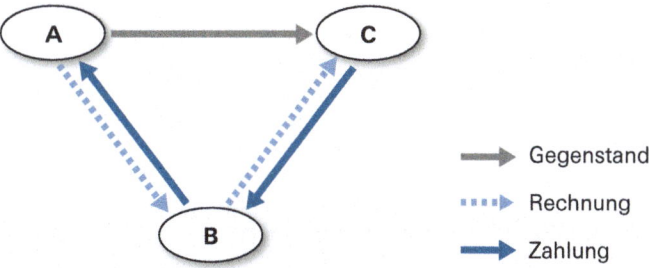

Bei **Eigentumsübertragungen von Grundstücken** knüpft das Zivilrecht in den allermeisten Fällen an den Eintrag im Grundbuch an. Aus diesem Grund stellt sich das Problem der Abgrenzung der wirtschaftlichen von der rechtlichen Verfügungsmacht in erster Linie bei der Lieferung von beweglichen Gegenständen.

Ein notwendiges Element, damit eine mehrwertsteuerlich relevante Lieferung vorliegt, ist der **Lieferwille** des Lieferers. Dabei unterliegen aber auch Lieferungen und Dienstleistungen der Steuer, die aufgrund eines Gesetzes oder einer behördlichen Anordnung und somit nicht freiwillig erfolgen. Hingegen sind alle nichtfreiwilligen Lieferungen, die nicht aufgrund eines Gesetzes oder aufgrund behördlicher Anordnung erfolgen, keine Lieferungen im Sinne des MWSTG.

Nichtfreiwillige Leistungen können sein: Schadenersatz, Diebstahl, Verlust, Verpfändung oder Verzugszins.

Beispiel

Fall 1

In seiner Freizeit fährt der Angestellte Pedro Meier das ihm von seinem Arbeitgeber, der Pillon AG, zur Verfügung gestellte Fahrzeug zu Schrott. Das Fahrzeug hatte noch einen Restwert von CHF 7 000.–. Pedro Meier muss der Pillon AG diese CHF 7 000.– vergüten. Obwohl die Lieferung des Fahrzeugs von der Pillon AG an Pedro Meier entgeltlich erfolgt ist, handelt es sich nicht um eine mehrwertsteuerrelevante Lieferung, sondern um Schadenersatz, der nicht Gegenstand der Mehrwertsteuer ist. Es war nie die Absicht der Pillon AG, Pedro Meier das Fahrzeug zu übereignen. Es fehlt der Lieferwille.

Könnte Pedro Meier den Schaden am Fahrzeug selber reparieren, würde er gegenüber der Pillon AG ebenfalls keine Lieferung ausführen. Obwohl argumentiert werden könnte, dass der Verzicht auf den Anspruch auf Schadenersatz seitens der Pillon AG Entgelt für die Lieferung (Reparatur) von Pedro Meier ist, fehlt es auch in diesem Fall am Lieferwillen von Pedro Meier. Er muss ja den Schaden ersetzen. Die Reparatur erfolgt somit nicht freiwillig. Auch wenn Pedro Meier mehrwertsteuerpflichtig wäre, hätte er diese Lieferung nicht zu versteuern.

Fall 2

Karel Karlo stiehlt Pedro Meier die goldene Uhr. Er verkauft die Uhr auf dem Flohmarkt. Obwohl die Verfügungsmacht an der Uhr von Pedro Meier auf Karel Karlo übergegangen ist, stellt diese Lieferung der Uhr von Pedro Meier an Karel Karlo keine mehrwertsteuerrelevante Lieferung dar. Hingegen stellt der Verkauf der Uhr auf dem Flohmarkt eine Lieferung im Sinn des MWSTG dar, unabhängig davon, ob Karel Karlo der rechtmässige Besitzer ist oder nicht. Im Gegensatz zu der Situation bei Pedro Meier ist der Lieferwille von Karel Karlo gegeben.

Fall 3

Cuno Fischer verliert auf der Strasse seine Brieftasche. Karel Karlo findet die Brieftasche und beschliesst, sie zu behalten. Obwohl auch hier die Verfügungsmacht über einen Gegenstand übertragen worden ist, fehlt es am Lieferwillen von Cuno Fischer. Daher liegt keine Lieferung vor.

Fall 4

Karel Karlo hat die goldene Uhr von Pedro Meier gekauft. Zahlungsziel ist 30 Tage netto. Karel Karlo ist aber erst nach 62 Tagen in der Lage, den geschuldeten Kaufpreis zu begleichen. Pedro Meier stellt Karel Karlo für die 32 Tage Verzugszinsen in Rechnung. Diese Verzugszinsen stellen Entgelt für die verspätete Zahlung und nicht etwa für die Lieferung der Uhr dar.
Im Gegensatz zum Leasinggeschäft oder zum Ratenzahlungsgeschäft (bei denen die Finanzierungskosten zur Bemessungsgrundlage gehören) bezieht sich der Lieferwille von Pedro Meier auf die Übergabe der Uhr an Karel Karlo gegen Zahlung des Preises innerhalb von 30 Tagen. Der Lieferwille erschöpft sich nach Ablauf der Zahlungsfrist von 30 Tagen. Anschliessend hat der Verzugszins Schadenersatzcharakter.

Fall 5

Der steuerpflichtige Christof Huber hat von seinem Nachbarn ein Darlehen von CHF 5 000.– erhalten. Als Sicherheit hat Christof Huber seinem Nachbarn als Pfand eine Golduhr überlassen. Dieser Vorgang ist kein mehrwertsteuerlich relevanter Vorgang. Erst wenn Christof Huber das Darlehen nicht mehr zurückzahlen könnte und es zur Verwertung der Uhr käme, wäre eine Lieferung zu besteuern.

Bei allen diesen Beispielen stand nur die Frage im Zentrum, ob eine Lieferung im Sinne des MWSTG vorliegt oder nicht. Ob in diesen Fällen eine steuerbare Lieferung vorliegt, wurde nicht behandelt.

B] Rückgabe eines bearbeiteten Gegenstands

In MWSTG 3 lit. d Ziff. 2 wird festgehalten, dass die **Ablieferung eines Gegenstands,** an dem **Arbeiten ausgeführt** worden sind, ebenfalls als **Lieferung** gilt. Als Bearbeitung gelten alle Arbeiten an Gegenständen, auch wenn diese dadurch nicht verändert, sondern nur geprüft, geeicht, reguliert, in der Funktion kontrolliert oder in anderer Weise behandelt werden. Es ist nicht notwendig, dass für die Qualifikation als Lieferung von Gegenständen Material aufgewendet wird.

Die folgenden Arbeiten gelten u. a. als **Lieferung eines Gegenstands:** Gebäudereinigung, Schneeräumung, Kiesabbau, Erntearbeiten, Ölbrennerservice, Eichen von Waagen, Bilderrestauration, Änderungsschneiderei, Abgaskontrolle und Reparatur eines Gegenstands.

Die Abgrenzung zwischen der Rückgabe eines **bearbeiteten Gegenstands** (Lieferung) und der **reinen Begutachtung** eines Gegenstands (Dienstleistung) ist hinsichtlich des Orts der Lieferung (MWSTG 7) bzw. des Orts der Dienstleistung (MWSTG 8) von Bedeutung.

Steht die Nutzung, Prüfung oder der Erhalt der Funktionsfähigkeit eines Gegenstands im Vordergrund, handelt es sich um ein Bearbeiten eines Gegenstands, somit also um eine Lieferung. Steht aber die Begutachtung hinsichtlich Qualität, Wert oder Echtheit eines Gegenstands im Mittelpunkt des Auftrags, so handelt es sich um eine Dienstleistung.

Beispiel

Urs Besmer hat den Auftrag erhalten, ein Bild des Malers Edward Hopper auf seine Echtheit hin zu prüfen. Um die Echtheit der Farben und das Alter der Leinwand prüfen zu können, entfernt Urs Besmer u. a. den Rahmen des Bildes und unterzieht eine kleine Ecke der Leinwand einer chemischen Analyse. In seiner Expertise kommt Urs Besmer zum Schluss, dass es sich beim entsprechenden Bild tatsächlich um einen echten Hopper handelt. Urs Besmer händigt dem Besitzer das Bild zusammen mit der schriftlichen Expertise aus.

Die Expertise gilt als Dienstleistung und nicht als Lieferung eines Gegenstands. Die von Urs Besmer vorgenommenen, mechanischen Arbeiten am Bild (Rahmen entfernen, chemische Analyse der Leinwand usw.) hatten nicht den Sinn, das Bild in seiner Funktion zu erhalten oder zu verbessern. Der Inhalt der Arbeit von Urs Besmer war die Prüfung der Echtheit des Bildes.

C] Vermietung und Verpachtung

Auch die Übergabe eines beweglichen oder unbeweglichen Gegenstands zum Gebrauch oder zur Nutzung in Form von **Miete, Pacht oder Leasing** gilt als **Lieferung** im Sinne des MWSTG. Es spielt dabei keine Rolle, wie der Vertrag im Einzelnen bezeichnet wird und ob am Ende der Vertragsdauer das Eigentum am beweglichen oder unbeweglichen Gegenstand übertragen wird.

Der **«sale and lease back»-Vertrag** (MWSTV 2 Abs. 3) ist nicht als Vermietung, sondern als Finanzierungsgeschäft zu beurteilen. Dabei erwirbt der Käufer einen Gegenstand, überträgt das Eigentum gegen Entrichtung seines ursprünglichen Kaufpreises an die Leasinggesellschaft und nutzt anschliessend den Gegenstand gegen Bezahlung der Leasingraten.

Dabei gibt es folgende Vorgänge:

- Das Übertragen des Gegenstands vom Käufer auf die Leasinggesellschaft
- Die Rückübertragung des Gegenstands von der Leasinggesellschaft auf den Leasingnehmer

Diese Vorgänge sind Finanzierungsgeschäfte, die gemäss MWSTG 21 Abs. 2 Ziff. 19 von der Steuer ausgenommen sind. Voraussetzung für die Qualifikation als Finanzierungsgeschäft ist aber, dass der Gegenstand nach Ablauf der Vertragsdauer oder bei vorzeitiger Auflösung des Vertrags zwingend in das Eigentum des Leasingnehmers übergehen muss.

Wird dem Leasingnehmer dagegen lediglich bei vorzeitiger Auflösung oder bei Beendigung des Leasingverhältnisses ein Vorkaufsrecht eingeräumt, kann dieses Vorkaufsrecht nicht die geforderte zwingende Eigentumsübertragung ersetzen.

Beispiel Die Quinto AG kauft von der Bau AG eine Gewerbeliegenschaft. Der Kaufpreis beträgt CHF 15 Mio. Die Quinto AG verkauft die Liegenschaft in der Folge an die Leasing AG. Gleichzeitig schliesst die Quinto AG mit der Leasing AG einen Leasingvertrag über diese Liegenschaft ab. Gegen Zahlung von monatlichen Leasingraten von CHF 120 000.– erwirbt die Quinto AG das Nutzungsrecht an der Liegenschaft und kann diese nach Ablauf von 8 Jahren zu einem Preis von CHF 7.5 Mio. von der Leasing AG zurückkaufen. Die Ausübung dieses Kaufrechts ist auf 3 Monate nach Ablauf der 8-Jahres-Frist begrenzt.

Bei dieser Vertragsgestaltung liegt eine Lieferung von der Bau AG an die Quinto AG, eine Lieferung von der Quinto AG an die Leasing AG und eine weitere Lieferung von der Leasing AG an die Quinto AG vor. Es handelt sich nicht um ein Finanzierungsgeschäft, da das Eigentum an der Liegenschaft nach Ablauf der Vertragsdauer nicht zwingend von der Quinto AG erworben werden muss.

2.2.2 Indirekte Stellvertretung und Vermittlung

Eine Leistung gilt als von derjenigen Person erbracht, die nach aussen – d. h. insbesondere gegenüber dem Leistungsempfänger – als Leistungserbringer auftritt. Sind an einem Leistungsaustausch (Lieferung oder Dienstleistung) mehr als zwei Parteien beteiligt, muss deshalb zwischen

- indirekter Stellvertretung inkl. Kommissionsgeschäfte und
- Vermittlung (direkte Stellvertretung)

unterschieden werden. Die Abgrenzung ist in MWSTG 20 geregelt.

A] Indirekte Stellvertretung

Der Stellvertreter tritt an die Stelle des Stellvertretenen. Er rechnet die Leistung, die er im Auftrag des Stellvertretenen erwirbt oder verkauft, in eigenem Namen mit dem Dritten ab. Bei der Stellvertretung werden mehrwertsteuerlich der Leistungsaustausch zwischen dem Dritten und dem Stellvertreter und der Leistungsaustausch zwischen dem Stellvertreter und dem Stellvertretenen erfasst.

Abb. [2-2] **Indirekte Stellvertretung**

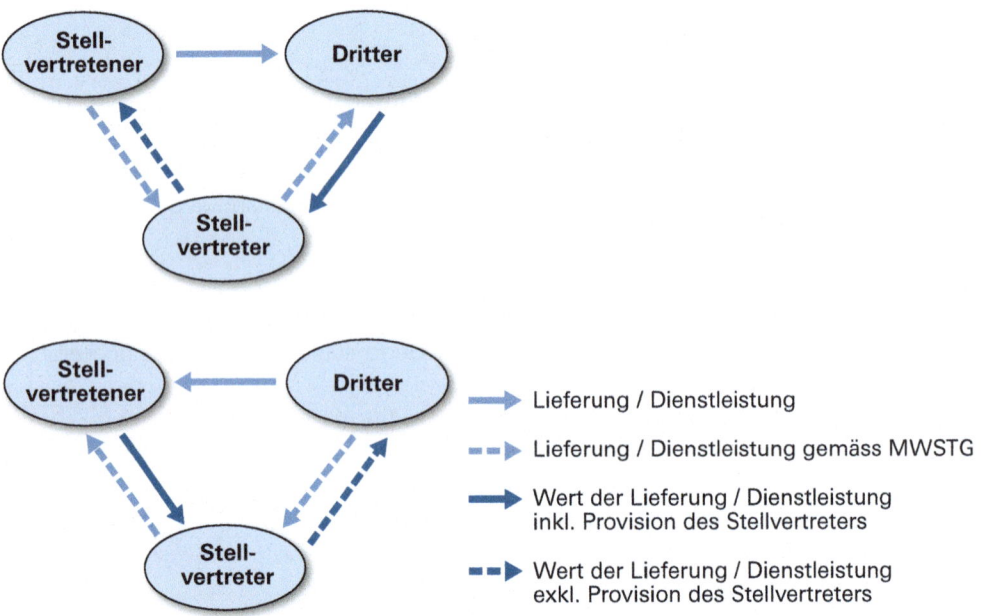

Die indirekte Stellvertretung tritt im Wirtschaftsleben häufig als Ober-/Unterakkordantenverhältnis oder als Kommissionsgeschäft in Erscheinung.

B] Vermittlung

Der Vermittler bewirkt einen Leistungsaustausch zwischen seinem Auftraggeber und einem Dritten. Er ermöglicht lediglich das Zustandekommen eines Vertrags zwischen Käufer und Verkäufer. Er tritt gegenüber dem Dritten im Namen und für Rechnung seines Auftraggebers auf. Damit eine Vermittlung im Sinne der MWST vorliegt, muss

- die Vermittlerin (Vertreterin) nachweisen können, dass sie als Stellvertreterin handelt und die vertretene Person eindeutig identifizieren kann,
- das Bestehen eines Stellvertretungsverhältnisses dem Leistungsempfänger ausdrücklich bekannt gegeben worden sein oder sich dieses zumindest aus den Umständen ergeben.

Abb. [2-3] Vermittlung

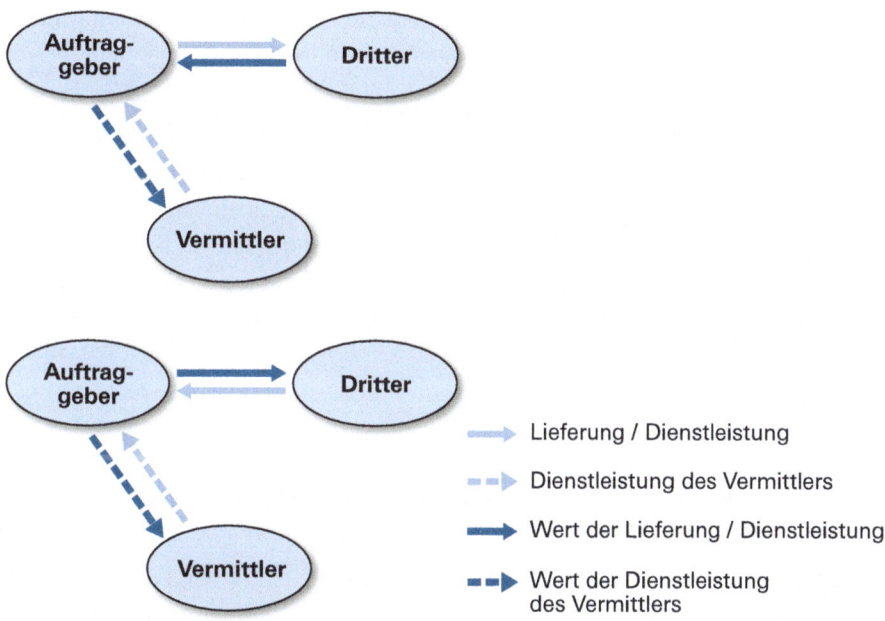

Bei der Vermittlung wird mehrwertsteuerlich der Leistungsaustausch zwischen dem Dritten und dem Auftraggeber des Vermittlers erfasst. Die Vermittlung selber gilt mehrwertsteuerlich als **eigenständige Dienstleistung** zwischen dem Vermittler und seinem Auftraggeber.

Der Vermittler kann im Wirtschaftsleben auftreten als:

- Direkter Stellvertreter
- Agent
- Auktionator
- Billettverkäufer o. Ä.

Direkte Stellvertretung

Wenn der Vermittler ausdrücklich **im Namen und für Rechnung** seines Auftraggebers agiert, wird eine Vermittlungsleistung (Dienstleistung) zwischen dem Vermittler und seinem Auftraggeber angenommen. In diesen Fällen spricht man auch von einer **direkten Stellvertretung**.

Auch bei einem Vermittlungsgeschäft kann, muss aber nicht, eine Besitzübertragung an einem Gegenstand zwischen dem Dritten und dem Vermittler vorliegen, ohne dass deshalb mehrwertsteuerlich von einer Lieferung gesprochen werden kann.

Agenturvertrag

Es liegt auch eine Vermittlung vor, wenn zwischen dem Vermittler und seinem Auftraggeber ein auf blosse Vermittlung lautender Agenturvertrag besteht. Durch den Agenturvertrag verpflichtet sich der Agent, dauernd für einen (oder mehrere) Auftraggeber Geschäfte zu vermitteln oder in seinem Namen und auf seine Rechnung Geschäfte abzuschliessen.

Auktionen

Für die Lieferungen von Gegenständen, die im Rahmen von Auktionen erfolgen, muss der Auktionator hinsichtlich seiner Qualifikation als Vermittler (direkter Stellvertreter) spezielle Formerfordernisse erfüllen. Diese sind:

- Der Auktionator muss vor Beginn der Auktion einen schriftlichen Auftrag (Auktionsvertrag) für das Veräussern der einzeln aufgeführten Gegenstände oder der Gattung nach bestimmten Gegenständen im Namen und für Rechnung eines Dritten (des Einlieferers) erhalten.
- Der Auktionator muss gegenüber den Kaufinteressenten schriftlich bekannt geben, dass er die betreffenden Gegenstände in fremdem Namen und für fremde Rechnung anbietet.

Sind diese Bedingungen nicht **kumulativ** erfüllt, muss der Auktionator die Lieferung versteuern.

Objekte, die von Lieferanten mit Sitz im Ausland stammen, sind vom Auktionator wie Lieferungen in eigenem Namen zu behandeln und zu versteuern. Wird vom Auktionator geltend gemacht, dass es sich um ein Vermittlungsgeschäft handelt, muss er der EZV eine entsprechende Mitteilung machen. In der Folge wird die Einfuhrsteuer auf dem an der Auktion erzielten Wert erhoben. Der Auktionator darf aber auf der Einfuhr in diesem Fall keinen Vorsteuerabzug geltend machen, da er als Vermittler nicht frei über die Gegenstände verfügen kann.

Billettverkäufer o. Ä.

Im Bereich des **Verkaufs von Billetten, Eintrittskarten u. Ä.** gelten die Voraussetzungen betreffend Handeln im Namen und für Rechnung einer anderen Person üblicherweise als erfüllt. Das trifft z. B. in folgenden Bereichen zu:

- Flugtickets im Linienflugbetrieb, sofern der Vermittler von der Fluggesellschaft auf Basis einer Umsatzprovision oder fixen Entschädigung entlohnt wird
- Bahnbillette, Mehrfahrtenkarten, Abonnemente
- Billette für Berg- und Sportbahnen
- Konzert- und Theaterkarten
- Tickets für Sportveranstaltungen
- Autobahn- und Velovignetten
- Lotteriescheine aller Art

Damit der Vermittler in diesen Fällen nur die von ihm vereinnahmte Verkaufsprovision zu versteuern hat, muss auf dem Billett der eigentliche Leistungserbringer (z. B. SBB) deutlich in Erscheinung treten.

Beispiel

Fall 1

Pia Huber beauftragt Monika Feller mit dem Verkauf von Kaffee. Monika Feller wendet sich an die Caf-Einkaufsgenossenschaft. Die Caf-Einkaufsgenossenschaft bestellt bei Monika Feller 20 Säcke Kaffee. Für die Beantwortung der Frage, ob nun eine Vermittlung oder eine indirekte Stellvertretung vorliegt, ist nicht entscheidend, ob die Kaffee-Säcke zuerst physisch an Monika Feller geliefert oder direkt von Pia Huber an die Caf-Einkaufsgenossenschaft ausgeliefert werden. Entscheidend ist nur die Frage, wie Monika Feller gegenüber der Caf-Einkaufsgenossenschaft auftritt.

Da bei der Vermittlung (direkte Stellvertretung) in Bezug auf die vermittelte Leistung kein Leistungsaustausch zwischen dem Vermittler und seinem Auftraggeber bzw. zwischen dem Vermittler und dem Dritten besteuert wird, hat der **Vermittler** auch **nie einen Anspruch auf Vornahme des Vorsteuerabzugs,** der aus dem Leistungsaustausch zwischen seinem Auftraggeber und dem Dritten resultiert.

Beispiel — **Fall 2**

Die Petrus Versicherungs AG befindet sich in denselben Räumlichkeiten wie ihre Tochtergesellschaft, die Gabriel Versicherungsberatung AG. Die Petrus Versicherungs AG ist im Gegensatz zu ihrer Tochtergesellschaft nicht im MWST-Register eingetragen.

Das Büromaterial für beide Gesellschaften wird zentral über die Petrus Versicherungs AG eingekauft. Die Rechnungen des Lieferanten lauten immer auf die Petrus Versicherungs AG. Quartalsweise werden der Gabriel Versicherungsberatung AG ihre Büromaterialbezüge von der Petrus Versicherungs AG zu Einstandspreisen mit einem Zuschlag von 10% in Rechnung gestellt.

Die Petrus Versicherungs AG handelt nicht als direkter Vermittler. Sie hat die Materialbezüge der Gabriel Versicherungsberatung AG als eigene Lieferungen zu behandeln. Übersteigt der Umsatz mit Büromaterial CHF 100 000.–, so wird die Petrus Versicherungs AG aufgrund dieser Umsätze mehrwertsteuerpflichtig. Sie hat in der Folge diese Weiterverrechnungen mit der MWST abzurechnen. Dafür kann sie dann für die Rechnungen des Büromaterial-Lieferanten anteilsmässig den Vorsteuerabzug beanspruchen.

Wird die Petrus Versicherungs AG aufgrund dieser Umsätze nicht mehrwertsteuerpflichtig, hat sie die Weiterverrechnungen an ihre Tochtergesellschaft nicht zu versteuern, darf dann aber für die Rechnungen des Büromaterial-Lieferanten keine Vorsteuern beanspruchen.

In diesem Fall könnte die Mehrwertsteuerbelastung optimiert werden, wenn der Büromaterialeinkauf über die Gabriel Versicherungsberatung AG vorgenommen wird, da diese als steuerpflichtige Unternehmung über ein Anrecht auf Vorsteuerabzug verfügt.

2.2.3 Ort der Lieferung

Nachdem wir die Frage, **wann** die Lieferung eines Gegenstands vorliegt, besprochen haben, muss geklärt werden, **wo** die Lieferung ausgeführt wird. Dem Ort der Lieferung kommt hauptsächlich wegen des Geltungsbereichs der MWST Bedeutung zu. Wie wir bereits in Kapitel 2.1, S. 15 ausgeführt haben, ist eine Lieferung nur dann Gegenstand der schweizerischen MWST, wenn sie im Inland ausgeführt wird. Es können nur Lieferungen im Inland von der Steuer erfasst werden.

Für die Bestimmung des Lieferorts sind die folgenden beiden Lieferungsarten auseinanderzuhalten:

A] Abhollieferungen

Der Lieferant übergibt dem Käufer den Gegenstand, ohne diesen physisch zum Abnehmer hin zu bewegen. In diesen Fällen gilt als Lieferort jener Ort, an dem sich der Gegenstand **zum Zeitpunkt der Verschaffung der wirtschaftlichen Verfügungsmacht** befindet.

In aller Regel dürfte dies der Fall sein, wenn der Käufer den Gegenstand beim Verkäufer abholt. Es kann aber auch der Fall sein, dass der Käufer einen Dritten (Spediteur usw.) mit dieser Aufgabe betraut.

Für Lieferungen im Zusammenhang mit **Grundstücken** lässt sich aus obigem Grundsatz der Schluss ziehen, dass die Vermietung, die Verpachtung oder der Verkauf von Grundstücken immer am **Ort der gelegenen Sache** erfolgt.

Bei der Überlassung von Gegenständen aufgrund von Miet-, Pacht- oder Leasingverträgen gilt als Ort der Lieferung jener Ort, an dem sich der Gegenstand zum **Zeitpunkt der Überlassung** zum Gebrauch oder zur Nutzung befindet.

Beispiel Die Kiosk AG in Bern verkauft dem Kunden Max Möri an der Verkaufsstelle Bahnhof Münchenbuchsee eine aktuelle Tageszeitung. Da Max Möri die Zeitung bei der Verkaufsstelle Bahnhof Münchenbuchsee abholt, befindet sich dort auch der Ort der Lieferung.

B] Beförderungs- oder Versandlieferungen

Der Lieferant bewegt den Gegenstand physisch zum Käufer. Das ist regelmässig dann der Fall, wenn der Gegenstand durch den Lieferanten zum Käufer befördert wird. Als Beförderung gilt der Transport des Gegenstands durch den Lieferanten selber. Von Versandlieferung ist die Rede, wenn der Lieferant einen Dritten mit dem Transport des Gegenstands beauftragt.
In diesen Fällen ist der Lieferort dort, wo sich der Gegenstand bei **Beginn der Beförderung bzw. des Versands** befindet.

Beispiel Die Export GmbH in Zug verschickt ab Lager in Baar eine Maschine an den Kunden Produktion GmbH in Berlin (DE). Da die Beförderung des Gegenstands in Baar beginnt, befindet sich dort auch der Ort der Lieferung.

C] Elektrizität und Erdgas in Leitungen

Eine Spezialregelung besteht gemäss MWSTG 7 Abs. 2 bei der Lieferung von Elektrizität und Erdgas in Leitungen. Bei diesen Lieferungen gilt als Ort der Lieferung im Sinne der MWST der Ort, an dem der **Leistungsempfänger** den Sitz der wirtschaftlichen Tätigkeit, eine Betriebsstätte oder in Ermangelung eines solchen Sitzes den Wohnsitz hat, für den die Lieferung erbracht wird.

Beispiel Die Erdgas AG St. Gallen bezieht vom russischen Lieferanten durch eine Erdgasleitung laufend Erdgas. Der Ort der Lieferung, die durch den russischen Lieferanten erbracht wird, ist St. Gallen, da sich dort der Sitz des Empfängers Erdgas AG befindet.

2.3 Dienstleistungen

Im Folgenden geht es nur darum zu bestimmen, ob eine Dienstleistung im Sinne des MWSTG vorliegt oder nicht. Ob die Dienstleistung auch steuerbar ist, hängt wie oben ausgeführt von weiteren Faktoren (Steuerpflicht, Entgelt, Inland usw.) ab.

2.3.1 Was sind Dienstleistungen?

Wie bereits besprochen, unterliegen auch die Dienstleistungen der MWST. In MWSTG 3 lit. e wird festgehalten, was als Dienstleistung gilt.

Hinweis Eine Dienstleistung ist jede Leistung, die keine Lieferung ist. Eine Dienstleistung liegt auch vor, wenn
- immaterielle Werte und Rechte überlassen werden,
- eine Handlung unterlassen oder eine Handlung bzw. ein Zustand geduldet wird.

Dadurch, dass jede Leistung, die keine Lieferung eines Gegenstands zum Inhalt hat, zur Dienstleistung erklärt wird, wird erreicht, dass jeder Umsatz, der nicht ausdrücklich von der Steuer ausgenommen ist, steuerbar ist. Die sogenannte Negativliste, die alle von der Steuer ausgenommenen Umsätze oder Leistungen enthält, werden wir in Kapitel 3, S. 36 behandeln.

Damit gilt als einer der wichtigsten Grundsätze der MWST:

Jeder entgeltliche, im Inland ausgeführte Leistungsaustausch ist steuerbar, ausser er ist ausdrücklich im Gesetz von der Steuer ausgenommen.

Dass in diesem Sinne auch Leistungen, die nach allgemeinem Sprachgebrauch nicht als Dienstleistungen bezeichnet werden, Gegenstand der MWST sind, geht aus dem Gesetz selber hervor. MWSTG 3 lit. e bezeichnet ausdrücklich (exemplarisch, nicht abschliessend) das Überlassen von Immaterialgütern (Werte, Rechte, Patente, Marken usw.) und den Verzicht auf ein Recht (Handlung unterlassen, Handlung dulden) als Dienstleistung.

2.3.2 Ort der Dienstleistung

Wie für die Lieferung von Gegenständen ist es auch für das Erbringen von Dienstleistungen wichtig zu wissen, wo diese erbracht werden. Nur Dienstleistungen, die im Inland erbracht werden, unterliegen dem MWSTG. Es muss also der Ort der Leistungserbringung von Dienstleistungen bestimmt werden.

MWSTG 8 verwendet für die Bestimmung des Orts einer Dienstleistung **fünf Grundprinzipien:**

- Empfängerortsprinzip
- Erbringerortsprinzip
- Ort der Tätigkeit
- Ort des Grundstücks (Belegenheitsort)
- Bestimmungsortsprinzip

Abb. [2-4] Entscheidungsablauf laut MWSTG 8

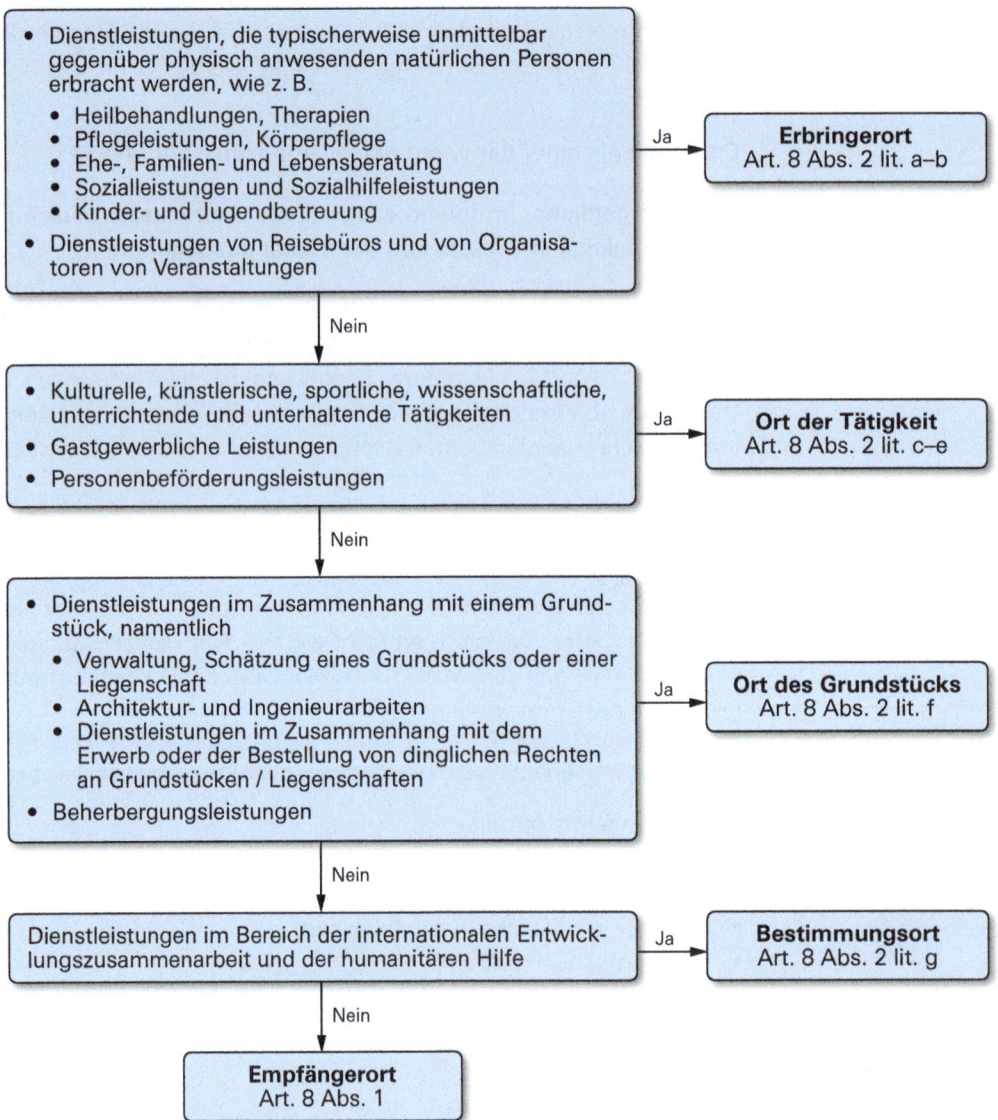

Die Ortsbestimmung nach dem **Empfängerortsprinzip** greift immer dann, wenn keines der anderen vier Prinzipien zur Anwendung kommt. Die Abweichungen vom Empfängerortsprinzip sind im MWSTG abschliessend aufgezählt. Abb. 2-4 zeigt Ihnen, wie der Entscheidungsprozess laut MWSTG 8 abläuft.

Obwohl dem Wohnsitz / Sitz in vielen Fällen für die Ortsbestimmung entscheidende Bedeutung zukommt, sind diese Begriffe nur ein Indiz dafür, wo das leistende Unternehmen den Sitz seiner wirtschaftlichen Tätigkeit hat oder wo sich der Ort der tatsächlichen Leistung des Unternehmens befindet. Der **Ort der tatsächlichen Leistung** ist an jenem Ort, von dem aus das Unternehmen seine Tätigkeit anbietet, Aufträge entgegennimmt, Verträge unterzeichnet, die Auftragsausführung vorbereitet und die Zahlungen für die Aufträge vereinnahmt.

Bei **natürlichen Personen** bestimmt sich der **Wohnsitz** nach ZGB 23 (Absicht des dauernden Verbleibens). Bei **Unternehmen** (natürliche und juristische Personen), die ins Handelsregister eingetragen werden müssen, ergibt sich der **Sitz** in der Regel aus dem Handelsregistereintrag oder aus analogen ausländischen Registern.

Als **Betriebsstätte** gilt eine **feste Geschäftseinrichtung,** in der die Geschäftstätigkeit eines Unternehmens durch unselbstständig erwerbstätige Personen ganz oder teilweise ausgeübt wird. Die ausgeübte Geschäftstätigkeit in der festen Geschäftseinrichtung muss aber einen qualitativ oder quantitativ wesentlichen Teil der Geschäftstätigkeit des Unternehmens ausmachen, damit eine Betriebsstätte begründet wird. Betriebsstätten sind insbesondere Zweigniederlassungen, Fabrikationsstätten, Ferienwohnungen, ständige Vertretungen usw.

Nicht als Betriebsstätten gelten feste Geschäftseinrichtungen, in denen Tätigkeiten ausschliesslich für das **ausländische Unternehmen** ausgeübt werden, die nur vorbereitender Art sind oder blosse Hilfstätigkeiten darstellen (z. B. reine Auslieferungslager und Forschungsstätten). **Bau- und Montagestellen ausländischer Unternehmen** gelten nicht als Betriebsstätte, solange diese Bau- und Montagearbeiten nicht länger als 12 Monate im Inland ausgeübt werden.

A] Empfängerortsprinzip

Der Ort der Dienstleistung befindet sich dort, wo der Empfänger der Dienstleistung den Sitz seiner wirtschaftlichen Tätigkeit, eine Betriebsstätte oder seinen Wohnsitz hat.

Das Empfängerortsprinzip bestimmt, dass die Dienstleistung am Ort des Empfängers der Dienstleistung erbracht wird. In den meisten Fällen dürfte der Ort des Empfängers mit der **Rechnungsadresse** identisch sein.

Das Empfängerortsprinzip gilt für die **folgenden Dienstleistungen:**

- Kauf und Verkauf von Marken, Rechten, Patenten, Lizenzen (Immaterialgüter) und ähnlichen Rechten
- Werbeleistungen (Inserate, Marktforschung, TV-Spots usw.)
- Beratungsleistungen von Treuhändern, Buchprüfern, Steuerberatern, Notaren, Vermögensverwaltern, Anwälten, Managementdienstleistungen, Analyseleistungen und ähnliche Leistungen
- Telekommunikationsdienstleistungen: Unter Telekommunikationsdienstleistung wird der rein technische Vorgang der Ausstrahlung, Übertragung oder des Empfangs von Signalen, Schrift, Bild und Ton oder Informationen jeglicher Art (Daten) über Draht, Funk, optische oder sonstige elektromagnetische Medien verstanden. Auch das Bereitstellen von Datenübertragungskapazitäten und das Verschaffen von Zugangsberechtigungen gehören zu diesen Dienstleistungen.
- Verzicht auf die Ausübung einer beruflichen oder gewerblichen Tätigkeit
- Personalverleih
- Datenverarbeitung, Überlassen von Informationen und ähnliche Dienstleistungen
- Versicherungsumsätze
- Bank- und Finanzdienstleistungen (allerdings mit Einschränkungen wie z. B. Miete von Tresorfächern)
- Aircraft-Management-Leistungen und ähnliche Leistungen
- Beförderung von Gegenständen
- Nebenleistungen des Transportgewerbes. Als Nebenleistungen des Transportgewerbes gelten Tätigkeiten wie Verpacken, Beladen, Entladen, Wägen, Lagern usw. Das gilt in jenen Fällen, bei denen diese Tätigkeiten als selbstständige Leistungen erbracht werden. Werden solche Leistungen vom Transporteur selber ausgeführt, ist zu prüfen, ob es sich in diesen Fällen um eine Nebenleistung zur Hauptleistung handelt (s. auch Kap. 2.5, S. 29).
- Entsorgungsleistungen

B] Erbringerortsprinzip

Bei Dienstleistungen, die typischerweise unmittelbar gegenüber **physisch anwesenden natürlichen Personen** erbracht werden, gilt die Dienstleistung als dort erbracht, wo der **Dienstleistungserbringer** den Sitz der wirtschaftlichen Tätigkeit hat (Wohnsitz, statutarischer Sitz oder Ort der tatsächlichen Leistung bzw. Betriebsstätte) oder von wo aus er die Leistung erbringt. Dies ist auch dann der Fall, wenn diese Dienstleistung ausnahmsweise aus der Ferne erbracht wird. Darunter fallen namentlich:

- Heilbehandlungen
- Therapien, Pflegeleistungen, Körperpflege
- Ehe-, Familien- und Lebensberatung
- Sozialleistungen und Sozialhilfeleistungen
- Kinder- und Jugendbetreuung

Die Dienstleistungen von **Reisebüros** und **Organisatoren von Veranstaltungen** unterliegen ebenfalls dem Erbringerortsprinzip.

C] Ort der tatsächlichen Leistungserbringung (Tätigkeit)

Die folgenden Dienstleistungen gelten an jenem Ort als erbracht, an dem sie zum wesentlichsten Teil auch tatsächlich ausgeübt werden. Dazu gehören:

- Gastgewerbliche Leistungen (u. a. Partyservice)
- Künstlerische, wissenschaftliche, unterrichtende, sportliche, unterhaltende oder ähnliche Leistungen, einschliesslich der Leistungen der jeweilgen Veranstalter.

Beispiel Der Rockstar Johnny aus Paris (FR) gibt ein Konzert am Open Air in Frauenfeld. Der Ort der erbrachten Dienstleistung befindet sich in Frauenfeld.

D] Ort der zurückgelegten Strecke

Als Ort der Dienstleistung gilt bei **Personenbeförderungsleistungen** der Ort, an dem die Beförderung tatsächlich stattfindet.

Beispiel Das Carunternehmen Roundtours AG veranstaltet eine Rundreise durchs Burgund (FR). Im eigenen Car startet die Reise von Zürich, führt über Genf ins Burgund und wieder zurück.

Der Ort der Leistung befindet sich im Land der zurückgelegten Strecke, somit teilweise im In- und im Ausland. Der Inlandanteil unterliegt der schweizerischen MWST und muss grundsätzlich versteuert werden. Sofern jedoch die Strecke überwiegend über ausländisches Gebiet führt, erfolgt eine Steuerbefreiung des Inlandanteils (s. Kap. 4.8, S. 66).

E] Ort des Grundstücks

Dienstleistungen im Zusammenhang mit Grundstücken gelten als an dem Ort erbracht, an dem das Grundstück gelegen ist. Dazu zählen abschliessend folgende Leistungen:

- Die Verwaltung, Begutachtung oder Schätzung des Grundstücks
- Dienstleistungen im Zusammenhang mit dem Erwerb (inkl. echter Vermittlung von Liegenschaften) oder der Bestellung von dinglichen Rechten am Grundstück
- Dienstleistungen im Zusammenhang mit der Vorbereitung oder Koordinierung von Bauleistungen wie Architektur- oder Ingenieurarbeiten
- Die Überwachung von Grundstücken und Gebäuden
- Beherbergungsleistungen

Beispiel

Die Privatperson Max Brand aus Zürich beauftragt den Architekten Johann Steiger aus Glarus mit der Planung seines neuen Einfamilienhauses in Rorschach, da er als ausgewiesener Spezialist für Minergiehäuser empfohlen worden ist.

Die Architekturleistung gilt an dem Ort als erbracht, an dem das Grundstück sich befindet. Als Ort der Leistung gilt somit Rorschach.

F] Bestimmungsortsprinzip

Dienstleistungen im Bereich der internationalen Entwicklungszusammenarbeit und der humanitären Hilfe sind an dem Ort erbracht, für den die Dienstleistungen bestimmt sind.

2.4 Abgrenzung Lieferungen / Dienstleistungen

2.4.1 Abgrenzung im internationalen Verhältnis

Um Doppelbesteuerungen, Nichtbesteuerungen oder Wettbewerbsverzerrungen zu vermeiden, räumt MWSTG 9 dem **Bundesrat** die Kompetenz ein, die Abgrenzung Lieferung / Dienstleistung für einzelne Leistungen **selbstständig zu regeln,** also unabhängig von MWSTG 3.

Das MWSTG nimmt die Qualifikation Lieferung / Dienstleistung nicht in allen Fällen analog der EU-Richtlinie vor, z. B. bei der Bearbeitung von Gegenständen oder bei der Vermietung. Demgemäss kann die Ortsbestimmung einer Leistung nach schweizerischem MWSTG unter Umständen anders als nach ausländischem MWST-Recht vorgenommen werden. Somit kann es im internationalen Verhältnis tatsächlich zu **Doppelbesteuerungen oder Nichtbesteuerungen** und somit zu Wettbewerbsverzerrungen kommen.

Sinn der Bestimmung ist es, dem Bundesrat das Recht einzuräumen, über die Abgrenzung zwischen Lieferung und Dienstleistung zu unterscheiden, um damit direkt Einfluss auf die Ortsbestimmung einer Leistung nehmen zu können.

2.4.2 Abweichung bei der Bestimmung des Orts der Leistung

Da das MWSTG aber nicht nur hinsichtlich der Abgrenzung Lieferungen / Dienstleistungen gegenüber ausländischem MWST-Recht unterschiedliche Bestimmungen enthält, wird dem **Bundesrat** in MWSTG 9 auch die Kompetenz eingeräumt, für bestimmte Lieferungen und Dienstleistungen den Ort **abweichend von MWSTG 7 und 8 festzulegen.**

Auch diese Bestimmung hat den Zweck, Doppelbesteuerungen, Nichtbesteuerungen oder Wettbewerbsverzerrungen zu vermeiden.

2.5 Einheit und Mehrheit von Leistungen

Die Abgrenzung einer Hauptleistung von einer Nebenleistung ist aus folgenden Gründen von Bedeutung.

Nebenleistungen werden steuerlich wie die Hauptleistung behandelt. Das gilt für sämtliche Aspekte der steuerlichen Behandlung:

- Qualifikation Lieferung oder Dienstleistung
- Ort der Leistungserbringung
- Steuerbarkeit der Leistung
- Anwendbarer Steuersatz

Für die Bestimmung, wann eine Leistung als eigenständige Hauptleistung und wann sie als untergeordnete Nebenleistung gilt, gibt es im MWSTG keine allgemeingültige Definition. In MWSTG 19 Abs. 3 wird aber bestimmt, dass Leistungen, die wirtschaftlich eng zusammengehören und so ineinandergreifen, dass sie als unteilbares Ganzes anzusehen sind, als ein **einheitlicher, wirtschaftlicher Vorgang** gelten und steuerlich nach dem Charakter der Gesamtleistung zu behandeln sind. Es liegt also eine Einheit vor, die zum Normalsatz steuerbar ist, soweit das Gesetz nichts anderes bestimmt.

Beispiel

Der Bildhauer Eduard Eder stellt eine Kunstfigur her, die in ihren Händen ein echtes, antikes Buch hält. Der gesamte Kunstgegenstand inkl. des Buchs stellt eine Einheit dar.

Beim Verkauf durch den Bildhauer Eder handelt es sich um eine von der Steuer ausgenommene Lieferung eines Gegenstands durch den Urheber gemäss MWSTG 21 Abs. 2 Ziff. 16. Das Buch ist Bestandteil des Kunstgegenstands und ist nicht separat zu behandeln.

Liegt keine Einheitlichkeit der Leistung vor, ist zwischen Haupt- und Nebenleistungen zu unterscheiden.

Hauptleistungen sind das, was der Leistungserbringer seinen Kunden anbietet und weswegen der Empfänger in der Regel auch den Vertrag eingeht.

Nebenleistungen werden steuerlich wie die Hauptleistung behandelt und sind mehrwertsteuerrechtlich unselbstständig. Eine Nebenleistung setzt voraus, dass sie

- im Vergleich zur Hauptleistung nebensächlich ist,
- die Hauptleistung wirtschaftlich ergänzt, verbessert oder abrundet, dadurch mit ihr zusammenhängt, und
- üblicherweise mit der Hauptleistung vorkommt.

Beispiel

So sind z. B. folgende Vorgänge Nebenleistungen zur Hauptleistung:

Fall 1

Die Leasinggesellschaft stellt dem Leasingnehmer eines Fahrzeugs die Leasingrate in Rechnung. Die Rechnung weist die Amortisationsquote und die Finanzierungsquote separat aus. Die Finanzierung des Kaufpreises gilt als Nebenleistung. Die Kosten für die Finanzierung (Zins) gelten als Nebenleistung zur Hauptleistung und sind ebenfalls steuerbar.

Fall 2

An die Teilnehmer eines Kurses werden Lehrmittel im Rahmen einer von der Steuer ausgenommenen Schulung abgegeben. Die Lehrmittel sind eine Nebenleistung zur Hauptleistung Schulung und somit ebenfalls von der Steuer ausgenommen. Die Aufwendungen für den Kauf der Lehrmittel berechtigen somit nicht zum Vorsteuerabzug.

Wenn die Voraussetzungen für eine Nebenleistung nicht gegeben sind, liegt eine **Mehrheit von Hauptleistungen** vor. Wird eine Mehrheit von Hauptleistungen, die steuerlich nicht alle gleich zu behandeln sind, gemeinsam fakturiert, sollte grundsätzlich jede Hauptleistung in der Rechnung betragsmässig separat ausgewiesen werden. Jede Hauptleistung ist in solchen Fällen steuerlich separat zu behandeln.

Wenn die vorherrschende Hauptleistung mindestens 70% ausmacht und ein Pauschalbetrag fakturiert wird können alle Leistungen wie die vorherrschende Hauptleistung versteuert werden **(Kombinationsregel).**

2.6 Bezugsteuer

MWSTG 45 unterstellt den Bezug von Leistungen unter gewissen Voraussetzungen der MWST. Der Sinn dieser Bestimmung ist, den ausländischen Leistungsanbieter mehrwertsteuerlich seinem inländischen Konkurrenten gleichzustellen.

Der Ort der Leistung wurde bereits besprochen. Die Bestimmungen über die Bezugsteuer in MWSTG 45 knüpfen teilweise an diese Ortsbestimmungen an.

Nachfolgend werden die Leistungen behandelt, die der Bezugsteuer unterliegen bzw. explizit davon ausgenommen sind. Damit effektiv eine Besteuerung resultiert, müssen zudem beim Bezüger die Voraussetzungen der Steuerpflicht erfüllt sein (vgl. Kap. 6.1.2, S. 82).

2.6.1 Empfängerortsprinzip

Alle Dienstleistungen, die nach dem Empfängerortsprinzip von MWSTG 8 Abs. 1 als im Inland erbracht gelten, sind grundsätzlich vom Empfänger der Dienstleistung zu versteuern, wenn sie von einem ausländischen Unternehmen bezogen werden, das in der Schweiz nicht mehrwertsteuerpflichtig ist.

Bei Dienstleistungen, die unter das Empfängerortsprinzip fallen, müssen somit folgende Voraussetzungen kumulativ erfüllt sein, damit ein steuerbarer Dienstleistungsbezug gemäss MWSTG 45 vorliegt:

- Ort der Dienstleistung ist im Inland (inländischer Empfänger)
- Ausländischer Dienstleistungserbringer, der im Inland nicht als Steuerpflichtiger registriert ist
- Steuerpflichtiger Empfänger

Beispiel Die steuerpflichtige Maschinen AG in Zürich bezieht vom deutschen Unternehmensberater Nero Nötzli, der in der Schweiz nicht im Register der Steuerpflichtigen registriert ist, eine Beratungsleistung. Da es sich dabei um eine dem Empfängerortsprinzip unterliegende Dienstleistung nach MWSTG 8 Abs. 1 handelt, muss die Maschinen AG die Bezugsteuer abrechnen.

2.6.2 Einfuhr von Datenträgern ohne Marktwert

Die Einfuhr von Datenträgern ohne Marktwert mit den darin enthaltenen Dienstleistungen und Rechten unterliegt auch der Bezugsteuer, da auf diesen Datenträgern keine Einfuhrsteuer geschuldet ist.

Darunter fällt unabhängig vom Trägermaterial oder der Art der Datenspeicherung jeder Träger von Daten, der in der Art und Beschaffenheit, wie er eingeführt wird:

- nicht gegen Entrichtung eines im Zeitpunkt der Einfuhr feststehenden Entgelts erworben werden kann und
- nicht gegen Entrichtung einer einmaligen, im Zeitpunkt der Einfuhr feststehenden Lizenzgebühr vertragsmässig genutzt werden kann.

2.6.3 Lieferungen im Inland

Als zusätzliche Leistungsart unterliegen auch Lieferungen im Inland der Bezugsteuer, die durch Unternehmen mit Sitz im Ausland erbracht worden sind, die nicht als steuerpflichtige Personen eingetragen sind. Die Bezugsteuer ist jedoch nur dann geschuldet, wenn die Lieferung nicht der Einfuhrsteuer unterliegt (vgl. dazu Kap. 6.1.2, S. 82).

2.6.4 Sonderregelungen

Da auch für Leistungen nach MWSTG 21 Abs. 2 (Liste der Steuerausnahmen) und für Leistungen nach MWSTG 23 (Liste der Steuerbefreiungen) eine Ortsbestimmung gemäss MWSTG 7 und 8 möglich ist, würde das dazu führen, dass auch von der Steuer ausgenommene oder befreite Leistungen der Bezugsteuer unterliegen, wenn sie von Unternehmen mit Sitz im Ausland bezogen werden. Das kann nicht Sinn des Gesetzes sein.

MWSTV 109 Abs. 1 hält deshalb fest, dass Leistungen, die **von der Steuer ausgenommen** oder von der Steuer **befreit** sind, nicht der Bezugsteuer unterliegen. Zudem unterliegt gemäss Abs. 2 die **Lieferung von Elektrizität und Erdgas in Leitungen** an nicht steuerpflichtige Personen der Inlandsteuer und nicht der Bezugsteuer.

Beispiel

Die Transport AG mit Sitz in Zug beauftragt die LKW GmbH mit Sitz in München (DE), eine Maschine von München nach Berlin zu transportieren. Obwohl es sich dabei um eine Dienstleistung gemäss dem Empfängerortsprinzip nach MWSTG 8 Abs. 1 handelt, ist keine Bezugsteuer durch die Transport AG, Zug geschuldet, weil es sich um eine nach MWSTG 23 Abs. 2 Ziff. 7 steuerbefreite Dienstleistung handelt.

Zusammenfassung

Der Mehrwertsteuer unterliegen folgende **Vorgänge**:

1. Gegen Entgelt im Inland erbrachte Lieferungen von Gegenständen **(Inlandsteuer)**
2. Gegen Entgelt im Inland erbrachte Dienstleistungen **(Inlandsteuer)**
3. Der Bezug von Leistungen von Unternehmen mit Sitz im Ausland gegen Entgelt **(Bezugsteuer)**
4. Der Import von Gegenständen ins Inland **(Einfuhrsteuer)**

Eine **Lieferung von Gegenständen** liegt vor, wenn folgende Tatbestände erfüllt sind:

- Das Verschaffen oder das Übertragen der wirtschaftlichen Verfügungsmacht über einen Gegenstand.
- Die Ablieferung eines Gegenstands, der zu Prüf-, Reparatur-, Regulierungs- oder sonstigen Bearbeitungsleistungen überlassen worden ist.
- Die Überlassung von beweglichen und unbeweglichen Gegenständen im Rahmen von Miet-, Pacht- oder Leasingverträgen.

Bei einem **Leistungsaustausch** unter mehr als zwei Parteien muss man zwischen der indirekten Stellvertretung und der Vermittlung unterscheiden. Bei der **indirekten Stellvertretung** tritt der selbstständige Stellvertreter an die Stelle des Stellvertretenen. Der Leistungsaustausch zwischen dem Dritten und dem Stellvertreter und zwischen dem Stellvertreter und dem Stellvertretenen wird mehrwertsteuerlich erfasst. Bei der **Vermittlung** findet ein Leistungsaustausch zwischen dem Auftraggeber und einem Dritten statt. Der Leistungsaustausch zwischen dem Dritten und dem Auftraggeber wird mehrwertsteuerlich erfasst.

Der **Ort der Lieferung** ist wichtig, weil der Geltungsbereich der MWST auf das Inland beschränkt ist.

Es gibt **zwei Lieferarten**: Abhollieferungen und Beförderungs- oder Versandlieferungen

Die Mehrwertsteuer

Bei **Abhollieferungen** ist der Ort der Lieferort, an dem sich der Gegenstand bei der Verschaffung der wirtschaftlichen Verfügungsmacht befindet. Bei **Beförderungs- und Versandlieferungen** ist der Lieferort dort, wo sich der Gegenstand bei Beginn der Beförderung bzw. des Versands befindet. Neben den eigentlichen Lieferungen von Gegenständen unterliegen auch die Dienstleistungen der MWST. Zur Bestimmung des **Orts der Dienstleistung** nennt das MWSTG **fünf Grundprinzipien**:

- Empfängerortsprinzip
- Erbringerortsprinzip
- Ort der Tätigkeit
- Ort des Grundstücks (Belegenheitsort)
- Bestimmungsortsprinzip

Bezüge von Unternehmen mit Sitz im Ausland unterliegen unter bestimmten Voraussetzungen der MWST. Bestimmt sich der Ort einer Dienstleistung nach dem Empfängerortsprinzip und ist der ausländische Dienstleistungserbringer nicht im Register der steuerpflichtigen Personen eingetragen, so hat der inländische Dienstleistungsempfänger diese Dienstleistungen zu versteuern. Ebenfalls der Bezugsteuer unterliegt die Einfuhr von Datenträgern ohne Marktwert und der Bezug gewisser Inlandlieferungen von ausländischen Unternehmen, die nicht im MWST-Register eingetragen sind.

Repetitionsfragen

3 Liegt in den folgenden Fällen eine Inlandlieferung vor?

A] Tino Vanzetti ist Kuchenbäcker in Locarno. Zu Ostern liefert er seine berühmten Panettoni auch nach Vaduz (FL).

B] Die Treuhandgesellschaft Fidall AG mit Sitz in Sitten berät das Restaurant Hirschen in Samnaun.

C] Zorban Markoff aus Basel hat ein Teppichlager in Deutschland. Ein inländischer Kunde bestellt bei Herrn Markoff einen Teppich aus diesem Lager. Zorban Markoff lässt den Teppich durch einen Spediteur direkt ab Deutschland zum Kunden schicken.

D] Zorban Markoff aus Basel hat zusätzlich auch ein Teppichlager in Basel. Ein Kunde aus Deutschland bestellt einen Teppich aus diesem Lager in Basel. Zorban Markoff lässt den Teppich durch einen Spediteur direkt nach Deutschland zum Kunden schicken.

4 Liegt in den folgenden Fällen eine Lieferung von Gegenständen vor?

A] In der Nacht wird das Firmenfahrzeug der Exonec AG gestohlen. Der Dieb verkauft das Fahrzeug an den Garagisten Willy Wanner. Willy Wanner verkauft das gestohlene Fahrzeug als Occasionswagen an einen Kunden weiter.

B] Paul Moser, Inhaber eines Spielzeugwarengeschäfts, schenkt seinem Freund Arthur Basler eine Spielzeugeisenbahn. Aus lauter Freude lädt Arthur Basler Paul Moser zum Nachtessen ein.

C] Die Insurance Co. zahlt für den Totalschaden am Fahrzeug ihres Versicherungsnehmers Simon Schratt CHF 25 000.–. Der Schrottwagen wird anschliessend von der Insurance Co. an den Schrotthändler Beppo Kroll für CHF 500.– weiterveräussert.

D] Roland Müller kauft in Rotterdam (NL) 250 Tonnen Roheisen, das er direkt an seinen Abnehmer in Hamburg (DE) verschiffen lässt.

E] Der steuerpflichtige Antiquitätenhändler Viktor Mosimann überlässt Franz Gämperle eine wertvolle Antiquität. Sie dient Franz Gämperle als Sicherheit für den Geschäftskredit von CHF 100 000.–, den er Viktor Mosimann eingeräumt hat.

5 Was sind die mehrwertsteuerlich relevanten Lieferungen?

A] Mauro Mastroiani kauft von Otto Zuber 4 Tonnen Rohstahl. Die Lieferung erfolgt direkt von der Von Roll an Mauro Mastroiani. Von Roll fakturiert an Otto Zuber, Otto Zuber an Mauro Mastroiani.

B] Beat Winter ist selbstständiger Handelsvertreter. Unter anderem vertritt er auch die Interessen des Rechenmaschinenherstellers Geier GmbH, München (DE), in der Schweiz. Beat Winter verkauft an Ruedi Feller eine solche Rechenmaschine. Diese wird von der Geier GmbH direkt, zusammen mit der Rechnung an Ruedi Feller geschickt. Die Geier GmbH schreibt Beat Winter eine Provision von 10% gut.

C] Wie ist der Fall zu beurteilen, wenn Beat Winter den Kaufvertrag in eigenem Namen unterschreibt?

D] Stefan Kunz ist Generalbauunternehmer. Im Auftrag des Bauherrn erstellt er eine Überbauung. Stefan Kunz beauftragt Chris Fischer mit den Maurerarbeiten.

6 Wo befindet sich der Lieferort?

A] Das TV-Geschäft Hauser AG in Thun liefert Kurt Kohlund aus Köln (DE) ein TV-Gerät nach Gstaad. Den Transport von Thun nach Gstaad übernimmt eine Speditionsfirma. Die Rechnung für das TV-Gerät sendet die Hauser AG direkt an Kurt Kohlund in Köln.

B] Karl Herbert kauft 25 Tonnen Rohstahl in Hamburg (DE) und lässt diesen direkt an seinen Abnehmer in Oslo (NO) verschiffen.

7 Liegt in den folgenden Fällen eine Dienstleistung vor?

A] Die Friktora AG bezahlt an die Molidus AG Lizenzen für die Überlassung des Know-hows betreffend der Produktion von bestimmten Chemikalien.

B] Balz Balthasar berät die Geier GmbH, München (DE), in Steuerfragen.

C] Gerold Mittelhuber verkauft das Spielzeug der Martin Klar AG in eigenem Namen als Kommissionär.

D] Tobias Moser kann Adolf Egger die Liegenschaft von Pia Sager vermitteln.

E] Hugo Hiller erhält von der Macfus AG CHF 100 000.– dafür, dass er darauf verzichtet, in der Region Rapperswil Scheren zu verkaufen.

8 Claudia Müggli verkauft für Samuel Hürlimann einen Computer an Tina Meier. Welche Voraussetzungen müssen gegeben sein, damit von einem Vermittlungsgeschäft im Sinne der Mehrwertsteuer gesprochen werden kann?

Die Mehrwertsteuer

9   Wird in folgenden Fällen eine Dienstleistung erbracht und falls ja, wo?

A] Die Zollinger Treuhand, Basel, führt die Buchhaltung für die Kinnfuss GmbH in Freiburg i. Br. Einmal pro Jahr liefert die Zollinger Treuhand ihrem Kunden drei Ordner mit den Kontodetails und den übrigen Auswertungen ab.

B] Die Hillary AG, Glarus, erbringt Management-Leistungen an ihre Schwestergesellschaften in ganz Europa.

C] Die Mallacopa Ltd., Nassau, überlässt der Villmerger AG, Wollerau, entgeltlich die Lizenz zur Herstellung von Gummibärchen.

D] Rolf Huber in Zürich wird von der Erpel GmbH, Dortmund (DE), damit beauftragt, die Erpel-Erkennungsmaschine zu überprüfen.

E] Heino Hüsler, Architekt in Zürich, wird mit der Planung einer Überbauung in Koblenz (DE) beauftragt.

F] Die Geier GmbH, München (DE), beauftragt die Wander Transporte AG, Zürich, mit dem Transport von 40 Rechenmaschinen von München nach Zürich.

10   Die Ceral AG beauftragt ein deutsches Marktforschungsinstitut mit der Abklärung der Marktchancen von Getreideflocken in Deutschland. Je nachdem wie die Studie ausfallen wird, wird am Sitz der Ceral AG in Basel darüber entschieden werden, ob eine Expansion in den deutschen Markt versucht werden soll oder nicht. Erbringt die Ceral AG eine steuerbare Leistung?

11   Liegt in den folgenden Fällen ein der Bezugsteuer unterliegender Leistungseinkauf vor?

A] Wilma Wasmer aus Basel will sich weiterbilden. Sie bestellt bei einem deutschen Anbieter einen interaktiven Fernkurs «Business English».

B] Markus Meister, wohnhaft in München (D), besitzt in Zuoz ein Ferienhaus. Er beauftragt den Innenarchitekten Bob Bähler in München mit der Inneneinrichtung der Villa. Bob Bähler arbeitet aufgrund des Grundrisses; es werden keine baulichen Veränderungen vorgenommen.

C] Die Philag AG in Zürich kauft und verkauft Briefmarken und Münzen (Sammelstücke) im In- und Ausland. In der letzten Ausgabe der deutschen «Zeit» erschien ein Inserat der Philag AG, in dem sie ein «Basler-Tüübli» zum Verkauf anbot.

12   John Brown aus New York (US) verbringt seine Ferien in Europa. Er fliegt von New York direkt nach Zürich. Nach seiner Ankunft steht bei der Pneumonia AG in Kloten ein Mietwagen für ihn bereit. John Brown hat diesen Wagen bei der amerikanischen Zweigniederlassung der Pneumonia AG reservieren lassen.

Mit diesem Fahrzeug fährt John Brown von Kloten aus nach Venedig (IT), Paris (FR), Hamburg (DE) und nach München (DE), um dann vor seinem Rückflug den Wagen in Kloten wieder zurückzugeben. Wie hat die Pneumonia AG den Mietumsatz zu versteuern?

3 Von der Steuer ausgenommene Leistungen

Lernziele Nach der Bearbeitung dieses Kapitels können Sie ...

- die Leistungen nennen, die von der Steuer ausgenommen sind.
- die Möglichkeiten der Option darstellen.

Schlüsselbegriffe Aktivmitglied, amtliche Wertzeichen, Ärzte, Ausgleichskassen, Basare, Befördern von Gegenständen im Postverkehr, Beherbergung, Bekanntmachungsleistungen, Beratungsleistungen, Bildungsleistungen, Briefmarken, Campingplätze, dingliche Rechte an Grundstücken, eingeschränkte Option, Entgelt für sportliche Anlässe, Ferienwohnung, Finanzdienstleistungen, finder's fee, Flohmärkte, Gärtner, gebrauchte Gegenstände, gemeinnützige Jugendaustauschorganisationen, Gemeinwesen, Glücksspiele, Haushilfe, Heilbehandlung, Invalidentransporte, Jugendbetreuung, Kinderbetreuung, Krankentransporte, kulturelle Dienstleistungen, Künstler, Landwirt, Leistungen von Praxisgemeinschaften, Lieferung von Blut, Lieferung von menschlichen Organen, Lotterien, Messestandflächen, Mitgliederbeiträge, Parkplätze, Passivmitglied, Personalverleih, Pflegeleistungen, private Zwecke, Retrozessionen, Rückversicherungsumsätze, Schattensteuer, Schiedsgerichtbarkeit, Schulungsleistungen, Sozialfürsorge, Sozialhilfe, Spital, Spitalbehandlung, Spitex, Startgelder, Steuerausnahmen, Theater, uneingeschränkte Option, Urproduzenten, Verkauf von Vieh, Verletztentransporte, Vermietung von Grundstücken, Verpachtung von Grundstücken, Versicherungsumsätze, Viehhändler, Wetten

3.1 Liste der Steuerausnahmen

MWSTG 3 lit. d und e unterstellen alle beruflich oder gewerblich ausgeführten Leistungen der MWST (Generalklausel). Sollen nun gewisse Leistungen nicht der Steuer unterliegen, bedürfen diese Leistungen einer eindeutigen **Ausnahmeregelung** bzw. **Befreiungsregelung** im MWSTG.

Der grösste Teil dieser Leistungen, die nicht von der Steuer erfasst werden sollen, sind in den Artikeln 21 und 23 des MWSTG aufgelistet. Dabei ist zwischen Leistungen, die nicht Gegenstand der MWST sind (von der Steuer ausgenommene Leistungen), und solchen, die von der Steuer befreit sind, zu unterscheiden.

Die **von der Steuer ausgenommenen Leistungen** werden für sämtliche Belange der MWST nicht berücksichtigt (Steuerpflicht, Recht auf Vorsteuerabzug usw.). Diese Leistungen sind in MWSTG 21 Abs. 2 abschliessend aufgezählt.

Die wohl wichtigste Wirkung dieser von der Steuer ausgenommenen Leistungen ist die, dass zwar auf der einen Seite auf diesen Leistungen keine MWST abzurechnen ist, dass aber auch kein Anspruch auf Vorsteuerabzug für steuerbelasteten Aufwand und Investitionen des leistenden Unternehmens geltend gemacht werden kann. Durch die Besteuerung der Vorleistungen dieser Unternehmen und den Ausschluss des Vorsteuerabzugs für die von der Steuer ausgenommenen Leistungen entsteht eine **Schattensteuer** (taxe occulte). Als Kostenfaktor des leistenden Unternehmens wird die nicht rückforderbare MWST auf den Vorleistungen im Preis für die von der Steuer ausgenommenen Leistungen weiterverrechnet.

Abb. [3-1]   Steuerbare, von der Steuer befreite und von der Steuer ausgenommene Umsätze

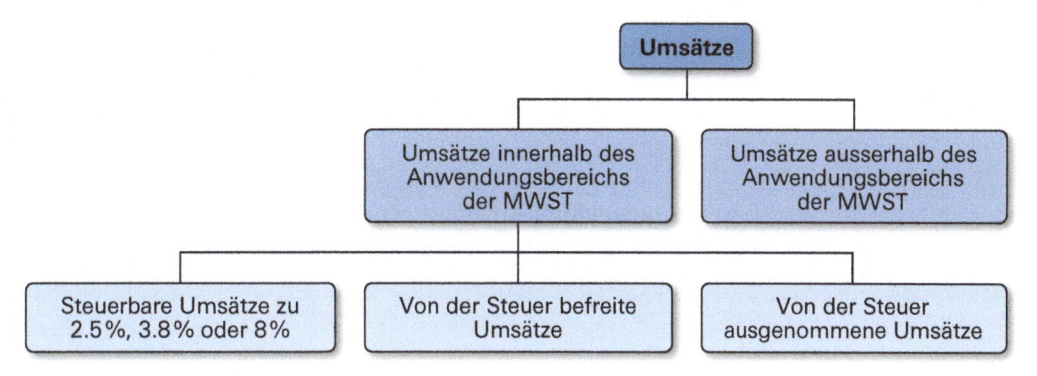

```
                          ┌──────────┐
                          │ Umsätze  │
                          └────┬─────┘
                  ┌────────────┴────────────┐
          ┌───────┴─────────┐       ┌───────┴─────────┐
          │ Umsätze innerhalb│       │ Umsätze ausserhalb│
          │ des Anwendungs- │       │ des Anwendungs-  │
          │ bereichs der MWST│       │ bereichs der MWST│
          └───────┬─────────┘       └─────────────────┘
         ┌────────┴─────────┬──────────────────┐
  ┌──────┴──────┐   ┌──────┴──────┐   ┌───────┴───────┐
  │ Steuerbare  │   │ Von der     │   │ Von der Steuer│
  │ Umsätze zu  │   │ Steuer      │   │ ausgenommene  │
  │2.5%, 3.8%   │   │ befreite    │   │ Umsätze       │
  │oder 8%      │   │ Umsätze     │   │               │
  └─────────────┘   └─────────────┘   └───────────────┘
```

Wir behandeln in der Folge die von der Steuer ausgenommenen Tätigkeiten im Einzelnen. Die einzelnen Kapitel folgen der Reihenfolge der Ziffern in MWSTG 21 Abs. 2. Die von der Steuer befreiten Leistungen werden in Kapitel 4 behandelt.

3.1.1 Befördern von Gegenständen im Postverkehr

Das Entgelt für die Beförderung von adressierten Briefpostsendungen ist von der Steuer ausgenommen. Unter Briefpost versteht man offene und verschlossene Briefe, Karten und verschlossene Sendungen aller Art bis zu einem Gewicht von 50 Gramm. Die Paketpost ist mehrwertsteuerpflichtig.

Die Ausnahmebestimmung beschränkt sich auf die reservierten Dienste im Sinne des Postgesetzes. Ob die Leistung durch die Post oder durch konzessionierte, private Anbieter erbracht wird, spielt keine Rolle. Die Beförderung von Schnellpostsendungen und die Beförderung von abgehenden Briefpostsendungen ins Ausland sind von diesen reservierten Diensten ausgenommen und damit MWST-pflichtig.

3.1.2 Spitalbehandlung und ärztliche Heilbehandlung in Spitälern

Die Spitalbehandlung und die ärztliche Heilbehandlung in Spitälern sind von der Steuer ausgenommen, wenn folgende Voraussetzungen **kumulativ** erfüllt sind:

- Es muss sich um eine Heilbehandlung handeln (objektive Voraussetzung).
- Die Behandlung muss durch eine dazu befähigte Person durchgeführt werden (subjektive Voraussetzung).
- Die Heilbehandlung muss in einem Spital erfolgen.

Zweck einer Heilbehandlung muss die Prophylaxe, die Feststellung (Diagnose), die Behandlung oder die Linderung von Krankheiten, Verletzungen und anderen Störungen der körperlichen oder geistigen Gesundheit des Menschen sein. Auch Leistungen im Zusammenhang mit der Mutterschaft oder deren Verhinderung (Geburtsvorbereitung, Stillberatung, Schwangerschaftsabbruch u. Ä.) gehören zu den Heilbehandlungen.

Keine eigentliche Heilbehandlung, aber dennoch von der Steuer ausgenommen, ist das Erstellen von Gutachten oder Berichten des Arztes oder Zahnarztes zur Abklärung von sozialversicherungsrechtlichen Ansprüchen (IV, SUVA, Pensionskassen oder Lebensversicherungen).

Die Heilbehandlung muss von Leistungen abgegrenzt werden, die lediglich der physischen oder psychischen Leistungssteigerung dienen oder das allgemeine Wohlergehen verbessern. So gelten die psychologische Lebensberatung, die Ernährungsberatung oder die Sportmassage nicht als Heilbehandlung.

Allerdings können unter Umständen auch solche Leistungen medizinisch angezeigt sein, um den Heilungsprozess zu fördern. So kann z. B. die Ernährungsberatung bei chronischer Fettleibigkeit ebenso Bestandteil der Heilbehandlung sein. In diesen Fällen muss die Untersuchung, Beratung oder Behandlung medizinisch notwendig sein und somit von einem Arzt oder Zahnarzt verordnet werden, der im Inland über die notwendige Berufsausübungsbewilligung verfügt.

Eine **Heilbehandlung** kann nur von einer **Person** ausgeführt werden, die nach **kantonalem Recht** zur **Ausübung** ihres **Berufs zugelassen** ist.

Als Heil- und Pflegeberufe gelten namentlich:

- Ärzte
- Zahnärzte
- Dentalhygieniker
- Zahnprothetiker
- Psychotherapeuten
- Chiropraktiker
- Physiotherapeuten
- Ergotherapeuten
- Naturärzte, Heilpraktiker, Naturheiler
- Hebammen
- Pflegefachfrauen und Pflegefachmänner
- Medizinische Masseure
- Logopäden
- Ernährungsberater
- Podologen

Damit eine Heilbehandlung nach MWSTG 21 Abs. 2 Ziff. 2 als von der Steuer ausgenommen gilt, muss die Leistung in einem **Spital** oder in einem **Zentrum für ärztliche Heilbehandlung** erbracht werden. Somit gilt es, das Spital und das Zentrum für ärztliche Heilbehandlung von anderen Einrichtungen mit ähnlichen Zwecken (z. B. Pflegeheime, Behindertenheime, Kurhäuser u. Ä.) abzugrenzen.

Spitäler nehmen, ausser bei Notfällen, Personen grundsätzlich nur auf ärztliche Einweisung hin auf. Im Gegensatz zu Pflegeheimen werden in der Regel Personen (Akutpatienten) vorübergehend zur medizinischen Heilbehandlung aufgenommen. Vorübergehend heisst, dass die Patienten aus dem Spital entlassen werden, sobald die Heilbehandlung abgeschlossen ist oder keine Besserung des Gesundheitszustands mehr erreicht werden kann. Im Vordergrund steht die ärztliche Leistung.

Ein wichtiges Indiz für die **Abgrenzung Spital / Pflegeheim** ist die Häufigkeit des Wechsels der Bettenbelegung. Während die Aufenthaltsdauer eines Patienten im Spital in der Regel nur einige Tage dauert, erstreckt sich der Aufenthalt in einem Pflegeheim in der Regel über Monate und Jahre. Damit verbunden ist die Anzahl der Spitalbetten um ein Vielfaches kleiner als die jährlichen Ein- und Austritte von Spitalpatienten.

Als Zentren für ärztliche Heilbehandlung gelten Rehabilitationszentren, Sanatorien und Ähnliches. Damit diese als **Zentren für ärztliche Heilbehandlung** gelten, müssen u. a. folgende Bedingungen **kumulativ** erfüllt sein:

- Ärztliches Einweisungszeugnis vom behandelnden Arzt / Spital (nicht vom Arzt des Zentrums) für den Kuraufenthalt, aus dem hervorgeht, welche Therapien vorzunehmen sind.
- Das Zentrum muss entsprechend medizinisch-therapeutisches Personal beschäftigen, mit der nötigen Infrastruktur und für die Betreuung rund um die Uhr ausgerüstet sein.
- Das Zentrum muss im Besitz einer kantonalen Betriebsbewilligung zur Führung eines solchen Zentrums sein.
- Es muss sich um ein ärztlich geleitetes Zentrum handeln.

MWSTG 21 Abs. 2 Ziff. 2 nimmt aber nicht nur die Heilbehandlung in Spitälern und Zentren der ärztlichen Heilbehandlung von der Steuer aus, sondern erstreckt sich auch auf die **mit der Heilbehandlung eng verbundenen Leistungen von Spitälern und Zentren für ärztliche Heilbehandlung.**

Als eng mit der Heilbehandlung verbundene Leistungen werden auch Umsätze von der Steuer ausgenommen, die ansonsten steuerbar sind, wenn sie nicht in engem Zusammenhang mit der Spitalbehandlung stehen.

Neben der Pflege und Heilbehandlung sind auch die Abgabe von Medikamenten am Krankenbett, die Kosten für Kost und Logis des Patienten, die Kosten für die Benützung von Radio, Fernseher und Telefon (auch Gesprächstaxen) im Zimmer und die Kost und das Logis einer Begleitperson (z. B. Mutter eines Kindes) von der Steuer ausgenommen, wenn diese Leistungen im Zusammenhang mit dem Spitalaufenthalt eines Patienten erbracht werden. Es ist dabei nicht von Bedeutung, ob diese Kosten im Tagespauschalansatz enthalten sind oder separat fakturiert werden.

Steuerbar sind hingegen die Verpflegung von Patienten, Begleitpersonen oder Gästen in der Cafeteria, die Taxen für in Telefonkabinen geführte Gespräche, das separat in Rechnung gestellte Reinigen oder Flicken von Patientenwäsche, der Verkauf von Gegenständen an einem Kiosk oder in einem Blumenladen usw.

Auch die Abgabe von Prothesen und orthopädischen Apparaten ist steuerbar, wenn diese Gegenstände vom Patienten selbstständig angebracht oder eingesetzt werden können. Die Abgabe von Medikamenten (z. B. eine verschlossene Schachtel Medikamente für die Mitnahme nach Hause) ist auch nicht von der Steuer ausgenommen.

Ebenfalls als im engen Zusammenhang mit der Heilbehandlung stehend, werden die Leistungen von Zentren für Diagnostik von der Steuer ausgenommen. Als solche **Zentren für Diagnostik** gelten:

- Röntgeninstitute mit kantonaler Praxisbewilligung
- Praxislaboratorien von Ärzten und Spitallaboratorien
- Sonstige Laboratorien mit kantonaler Praxisbewilligung

In solchen Röntgeninstituten ist das Erstellen von Röntgenbildern, Schirmbildern, Computertomografien usw. und das Stellen einer darauf basierenden Diagnose von der Steuer ausgenommen. Auch in solchen Röntgeninstituten ausgeführte Radiotherapien sind von der Steuer ausgenommen.

In den Laboratorien sind die im Auftrag eines Arztes, Spitals oder sonstigen Zentrums für ärztliche Heilbehandlung ausgeführten Laborleistungen im Bereich der Humanmedizin von der Steuer ausgenommen. Alle anderen Laborleistungen (auch im Forschungsbereich) sind hingegen steuerbar.

3.1.3 Die Heilbehandlung

Unter diesen Begriff fallen die Behandlung von **Ärzten, Zahnärzten, Zahnprothetikern, Psychotherapeuten, Chiropraktikern, Physiotherapeuten, Naturärzten, Hebammen, Pflegefachleute und Angehörigen ähnlicher Heil- und Pflegeberufe.**

Heilbehandlungen, die von Personen ausgeführt werden, die über die notwendige, kantonale Berufsausübungsbewilligung verfügen, unterliegen ebenfalls nicht der MWST, auch wenn diese Heilbehandlungen nicht in Spitälern angeboten werden. Das in Kapitel 3.1.2, S. 37 hinsichtlich objektiver und subjektiver Voraussetzungen Gesagte gilt auch für diese Gruppe der von der Steuer ausgenommenen Umsätze.

Der wesentlichste Unterschied zu MWSTG 21 Abs. 2 Ziff. 2 besteht darin, dass die Leistung nicht in einem Spital erbracht werden muss und dass die eng mit dieser Heilbehandlung verbundenen Leistungen nicht mehr direkt von der Steuer ausgenommen werden.

A] Von der Steuer ausgenommen sind u. a.

- Das Untersuchen eines Patienten, das Stellen einer Diagnose und die Heilbehandlung. Unter die zahnärztliche Heilbehandlung fallen auch die Lieferungen von fest sitzendem Ersatz (z. B. Brücken) und kieferorthopädischen Apparaturen (z. B. Zahnspangen).
- Das Verabreichen von Medikamenten und medizinischen Hilfsmitteln im Rahmen einer Heilbehandlung.
- Erstellen von Gutachten für Zwecke der Sozialversicherungsanstalten.

B] Steuerbar sind u. a.

- Das Untersuchen einer Person lediglich zwecks Erstellung eines Gutachtens zuhanden von Versicherungen, Gerichten usw. (gilt nicht für Sozialversicherungen). Wird jedoch ein ärztliches Zeugnis im Zusammenhang mit einer Behandlung ausgestellt (z. B. zuhanden des Arbeitgebers), handelt es sich um eine von der Steuer ausgenommene Heilbehandlung.
- Die Lieferung von Medikamenten in verschlossenen Packungen bzw. ungebraucht zur eigenen Anwendung zu Hause. Wird für diese Umsätze kein separates Ertragskonto geführt, gelten 95% des Medikamentenumsatzes als steuerbarer Umsatz. Bei den restlichen 5% nimmt man an, dass es sich um direkt verabreichte Medikamente handelt. Diese sind, wie wir oben gesehen haben, von der Steuer ausgenommen, und es ist kein Vorsteuerabzug möglich.
- Die Abgabe von medizinischen Hilfsmitteln zur eigenen Anwendung zu Hause. Der Verkauf und die Vermietung von medizinischen Hilfsmitteln in Form von Geräten (z. B. Rollstühle oder Gehstöcke) sind immer steuerbar.
- Das Liefern, Bearbeiten und Prüfen von Zahnprothesen (von der Steuer ausgenommen sind lediglich die Abdrucknahme und das Einpassen).

3.1.4 Haushilfe und Pflegeleistungen

Öffentlich-rechtliche und privatrechtliche Einrichtungen, die Leistungen der Krankenpflege sowie Leistungen der Grundpflege zu Hause (Spitex) erbringen, führen von der Steuer ausgenommene Umsätze aus.

Von der Steuer ausgenommen sind Untersuchungen, Behandlungen, Pflegemassnahmen, Leistungen der Grundpflege, der Geburtsvorbereitung und die Stillberatung.

Die Betreuung von Kindern und Jugendlichen kann im Rahmen von MWSTG 21 Abs. 2 Ziff. 9 von der Steuer ausgenommen sein, s. Kapitel 3.1.9, S. 42.

Ist die Leistungserbringerin eine **gemeinnützige Organisation,** sind zusätzlich aufgrund von MWSTG 21 Abs. 2 Ziff. 8 auch hauswirtschaftliche Leistungen von der Steuer ausgenommen. Die Voraussetzungen, die erfüllt werden müssen, damit es sich um eine gemeinnützige Organisation handelt, besprechen wir in Kapitel 3.1.8, S. 41.

Steuerbar sind die Abgabe von Medikamenten und anderen Produkten zur eigenen Anwendung durch die Patienten sowie der Verkauf und die Vermietung von Sanitätsmaterial (z. B. Gehhilfen). Ferner sind hauswirtschaftliche Leistungen dann zu versteuern, wenn sie durch nicht gemeinnützige Organisationen erbracht werden.

3.1.5 Die Lieferung von menschlichen Organen und menschlichem Blut

Die subjektive Erfordernis ist hier, dass die Lieferungen durch Spitäler oder andere medizinisch anerkannte Institutionen, z. B. regionale Blutspendezentren SRK und Spitalblutspendedienste, mit der erforderlichen Bewilligung erfolgen. Beim Blut ist zu beachten, dass nur die Lieferung von menschlichem Vollblut von der Steuer ausgenommen ist. Blutprodukte, die aufgrund physikalischer, chemischer oder biologischer Behandlung aus menschlichem Vollblut gewonnen werden (Blutderivate und Blutkomponenten), gelten als Medikamente und sind zum reduzierten Steuersatz steuerbar.

Spenderbluttests für Dritte gegen Entgelt stehen in keinem Zusammenhang mit einer ärztlichen Behandlung und sind zum Normalsatz steuerbar.

3.1.6 Die Leistungen von Praxisgemeinschaften an die Mitglieder dieser Gemeinschaften, wenn die Leistung zu Selbstkosten fakturiert wird

Von der Steuer ausgenommen sind die Dienstleistungen von Gemeinschaften (einfache Gesellschaften), deren Mitglieder Angehörige der in Kapitel 3.1.3, S. 39 aufgeführten Berufskategorien sind. Bedingung ist, dass diese Dienstleistungen anteilsmässig zu Selbstkosten an die Mitglieder verrechnet und für die unmittelbare Ausübung ihrer Tätigkeit erbracht werden. Es müssen dabei folgende Bedingungen **kumulativ** erfüllt sein:

- Bei der Gemeinschaft muss es sich um eine einfache Gesellschaft handeln.
- Die Gemeinschaft ist ausschliesslich zum Zweck der Beschaffung der erforderlichen Infrastruktur sowie des damit verbundenen Betriebs gebildet worden.
- Sämtliche Mitglieder der Gemeinschaft müssen natürliche Personen und Angehörige der von der ESTV anerkannten Heilberufe sein.
- Es muss ein Gesellschaftsvertrag in schriftlicher Form vorliegen.

Ein Beispiel wäre eine Laboreinrichtung, die von einer Arztgemeinschaft zusammen angeschafft worden ist und jedem einzelnen Arzt jeweils zu Selbstkosten zur Benutzung überlassen wird.

3.1.7 Kranken-, Verletzten- und Invalidentransporte

Damit eine von der Steuer ausgenommene Leistung vorliegt, muss die Beförderung in einem Transportmittel erfolgen, das eigens für diesen Zweck ausgerüstet ist und eingesetzt wird, (z. B. Ambulanzen, Rettungshelikopter, Rettungsschlitten, Invalidentaxis oder Invalidenbusse).

Die Beförderung von kranken, verletzten oder invaliden Personen in anderen Transportmitteln (z. B. Taxis oder öffentliche Verkehrsmittel) ist – selbst in Notfällen – zu versteuern. Steuerbar ist auch die Beförderung von Leichen.

3.1.8 Leistungen im Bereich der Sozialfürsorge und der Sozialhilfe

Mit dieser Ausnahmebestimmung werden folgende Leistungen von der Steuer ausgenommen:

- Alters- und Pflegeheime
- Notschlafstellen
- Behindertenheime
- Entwöhnungsanstalten für Alkohol- und Drogensüchtige
- Frauenhäuser für die Umsätze aus der Beherbergung von Frauen und ihren Kindern in Notsituationen
- Strafanstalten für den Umsatz aus der Unterbringung von Häftlingen. Steuerbar sind aber Umsätze aus anderen Bereichen, soweit diese nicht aufgrund von anderen Bestimmungen von der Steuer ausgenommen sind (z. B. Landwirtschaft und Gärtnerei)

Leistungen der vorgenannten Art sind auch dann von der Steuer ausgenommen, wenn der Leistungserbringer sie nicht unmittelbar gegenüber den unterstützten oder betreuten Personen erbringt, sondern eine ebenfalls mit der Sozialfürsorge, der Sozialhilfe oder der sozialen Sicherheit betraute Institution damit beauftragt und diese dem Leistungserbringer dafür Rechnung stellt.

Die **Leistungen von Alters- und Pflegeheimen** sind von der Steuer ausgenommen. Es muss sich nicht um eine gemeinnützige Einrichtung handeln. So führt auch eine Aktiengesellschaft, die eine Luxus-Altersresidenz betreibt, von der Steuer ausgenommene Umsätze aus. Von der Steuer ausgenommen ist in diesem Fall aber nur das Entgelt für die Miete und Pflege.

Der **gemeinnützige Mahlzeitendienst** durch Altersheime, Spitäler, Hilfsorganisationen wie Pro Senectute, Heilsarmee usw., die die Leistungen direkt an Betagte, Behinderte und Kranke erbringen, ist von der Steuer ausgenommen. Das gilt auch dann, wenn nicht die beauftragte Einrichtung selber die Leistung erbringt, sondern eine dritte, auch mit der Sozialfürsorge beauftragte Einrichtung, die Leistungen ausführt.

Als **gemeinnützig** gelten grundsätzlich **Organisationen,** die folgende Bedingungen **kumulativ** erfüllen:

- Es muss sich um eine juristische Person handeln, wobei auf die Ausschüttung von Reinertrag usw. statutarisch verzichtet werden muss.
- Die Mittel müssen unwiderruflich für steuerbefreite Zwecke im Sinne der direkten Bundessteuer eingesetzt werden.
- Die Organisation muss im Allgemeininteresse handeln; der Kreis der Destinatäre muss grundsätzlich offen sein.
- Es ist Uneigennützigkeit erforderlich, d. h., es dürfen keine eigenen Interessen verfolgt werden. Uneigennützigkeit liegt z. B. nicht vor, wenn aufgrund der Lohnstrukturen eine verdeckte Gewinnausschüttung zu vermuten ist. Von den Mitarbeitenden wird ein gewisser Opferwille verlangt.

Die MWST stellt zudem auf die Voraussetzungen für die gemeinnützigen Organisationen gemäss DBG 56 lit. g ab.

Wenn die oben aufgeführten Einrichtungen der Sozialfürsorge, der Sozialhilfe oder der sozialen Sicherheit Umsätze aus der Veranstaltung von Flohmärkten, Basaren usw. oder aus dem Betreiben einer Brockenstube erzielen, so sind auch diese Umsätze von der Steuer ausgenommen, sofern diese Leistungen ausschliesslich der entsprechenden Einrichtung zugute kommen (s. Kap. 3.1.17, S. 48). Werden die erzielten Einnahmen aber zur Finanzierung von steuerbaren Tätigkeiten verwendet, so sind diese Umsätze steuerbar.

3.1.9 Umsätze im Zusammenhang mit Kinder- und Jugendbetreuung

Diese Steuerausnahme betrifft grundsätzlich die Betreuung, Beherbergung und Verpflegung von Kindern und Jugendlichen, die das 18. Altersjahr noch nicht vollendet haben, durch dafür eingerichtete Institutionen. Das gilt sowohl für Institutionen der öffentlichen Hand als auch für solche mit privater Trägerschaft u. a.:

- Waisenhäuser
- Kinderkrippen und Kinderhorte
- Tagesheime

Leistungen der vorgenannten Art sind auch dann von der Steuer ausgenommen, wenn der Leistungserbringer sie nicht unmittelbar gegenüber den unterstützten oder betreuten Personen erbringt, sondern eine ebenfalls mit der Kinder- und Jugendbetreuung betraute Institution damit beauftragt und diese dem Leistungserbringer dafür Rechnung stellt.

3.1.10 Leistungen gemeinnütziger Jugendaustauschorganisationen

Die eng mit der Kultur- und Bildungsförderung verbundenen Leistungen von gemeinnützigen Jugendaustauschorganisationen sind von der Steuer ausgenommen. So sind etwa die Reisekosten, die dem Jugendlichen von der gemeinnützigen Einrichtung in Rechnung gestellt werden, von der Steuer ausgenommen, wenn die Kosten im Zusammenhang mit einem Austauschjahr (Sprachaufenthalt) stehen.

Als Jugendliche gelten in diesem Zusammenhang Personen bis zum vollendeten 25. Altersjahr.

3.1.11 Leistungen im Bereich der Erziehung und Bildung

Umsätze im Bereich der Erziehung von Kindern und Jugendlichen sowie im Bereich der Bildung sind von der Steuer ausgenommen. Zu versteuern sind aber die in diesem Zusammenhang erbrachten, gastgewerblichen und Beherbergungsleistungen. Der Begriff der Bildung erstreckt sich nicht nur auf eigentliche Bildungsleistungen (Volksschule, Privatschulen, Internate, Sprachschulen usw.), sondern auch auf die Fertigungsvermittlung (Fahrschule, Tanzschule, Skischule usw.).

A] Von der Steuer ausgenommene Erziehungs- und Bildungsleistungen, Referententätigkeit, Prüfungen und Organisationsdienstleistungen

Als **Erziehungsleistungen** gelten Leistungen für Kinder und Jugendliche (bis zum vollendeten 18. Altersjahr), die darauf abzielen, den Kindern und Jugendlichen die Grundlagen zu vermitteln, um sich sozial sinnvoll bewegen zu können. Bis zum Ende des Jahres, in dem der Jugendliche 18-jährig wird, gilt er als unter 18-jährig.

Als **Bildungsleistungen** gelten Leistungen im Bereich des Unterrichts, der Ausbildung, Fortbildung und der beruflichen Umschulung einschliesslich des von Privatlehrern oder Privatschulen erteilten Unterrichts, aus Kursen, Vorträgen und anderen Veranstaltungen wissenschaftlicher oder bildender Art. Bildenden Charakter haben Leistungen, die in erster Linie die Vermittlung von Wissen bezwecken, indem Personen auf einem bestimmten Gebiet in der Erreichung eines bestimmten Lernziels durch regelmässige, fachliche Instruktion, Betreuung und Kontrolle der erzielten Fortschritte gefördert werden.

Als Bildungsleistungen gelten demnach z. B.:

- Unterricht an öffentlichen und privaten Schulen (Primar-, Berufs-, Handelsschule, Universität usw.)
- Sprachkurse und Weiterbildungskurse
- Musikschule, Fahrschule, Kochkurse, Reitunterricht
- Kurse für Arbeitslose
- Seminare und Vorträge

Als **Referententätigkeit** gilt die mündliche Abhandlung eines bestimmten Themas bei einer Veranstaltung. Das Entgelt für die Referententätigkeit ist von der Steuer ausgenommen, unabhängig davon, auf welcher Stufe vor dem Konsum es anfällt und ob es dem Referenten oder seinem Arbeitgeber zukommt.

Neben **Prüfungsgebühren** ist auch die Tätigkeit von Prüfungsexperten von der Steuer ausgenommen. Steuerbar ist aber das Erarbeiten von Aufgaben sowie nicht im Zusammenhang mit einer Prüfung stehende Korrekturarbeiten. Zu beachten ist, dass Prüfungsgebühren für eidgenössisch oder kantonal anerkannte Prüfungen nicht von der Steuer ausgenommen sind. Diese Prüfungsgebühren sind aber trotzdem nicht steuerbar, weil sie als hoheitlich (s. Kap. 5, S. 71) gelten.

Von der Steuer ausgenommen sind unter gewissen Umständen **Organisationsdienstleistungen im Zusammenhang mit Schulungsleistungen.** Organisationsdienstleistungen an die Trägerin einer Prüfung oder sonstigen Ausbildungsleistung sind einerseits von der Steuer ausgenommen, sofern der Leistungserbringer Mitglied dieser Einrichtung ist und die Leistungen unmittelbar zur Erzielung von der Steuer ausgenommenen Leistungen im Bereich der Bildung bestimmt sind. Andererseits sind in direktem Zusammenhang mit Bildungsleistungen erbrachte Organisationsdienstleistungen dann von der Steuer ausgenommen, wenn sie für die öffentliche Hand erbracht werden, die Bildungsleistungen anbietet.

Beispiel Ein Verband, der Mitglied der Trägerschaft einer Prüfung ist, stellt an diese Trägerschaft Rechnung für die Ausarbeitung der Prüfung. Diese Leistung ist als Organisationsdienstleistung von der Steuer ausgenommen.

B] Abgrenzung Bildungsleistung / Beratungsleistung

Beratungsleistungen sind steuerbare Dienstleistungen. Auch im Rahmen von Beratungen wird Wissen vermittelt, das in erster Linie verfolgte Ziel ist jedoch die Lösung eines konkreten Problems. Als Beratungsleistungen gelten z. B. Berufs-, Studien- oder Karrierenberatung.

Eine Beratungsleistung setzt voraus, dass

- die Leistung individuell auf den Auftraggeber zugeschnitten ist und
- auf einer vorgängigen Analyse der entsprechenden Situation beruht und
- Problemlösungsvorschläge ausgearbeitet und evtl. umgesetzt werden.

Beispiel Die Volano GmbH ist im Bereich des Telefonverkaufs tätig. Die Geschäftsleitung möchte die Durchlaufzeiten für die Abwicklung eines Auftrags reduzieren. Sie beauftragt die Marketing AG mit der Analyse der Geschäftsabläufe. Die Marketing AG stellt fest, dass die Mitarbeitenden der Volano GmbH nur über ungenügende PC-Kenntnisse verfügen, was zu einer Verzögerung bei der Auftragsabwicklung führt. Die Marketing AG übernimmt die Schulung des Personals in diesem Bereich.

In diesem Fall ist die Schulungsleistung der Marketing AG nicht von der Steuer ausgenommen. Die Bildungsleistung der Marketing AG erfolgt aufgrund einer vorgängigen Situationsanalyse und wird Bestandteil der Beratungsleistung.

C] Abgrenzung Bildungsleistung / Unterhaltungsleistung

Anlässe im Bereich Unterhaltung, Vergnügen, lose Freizeitbeschäftigung, Geselligkeit usw. können ebenfalls bildende Elemente beinhalten. Da die Wissensvermittlung bei solchen Aktivitäten nicht das in erster Linie verfolgte Ziel der Leistung ist, sondern die Erfahrung eines Erlebnisses und / oder Abenteuers im Vordergrund steht, gelten diese nicht als Bildungsleistungen. Das gilt z. B. für Riverrafting, Aktivferien, Bergtouren oder einzelne Fallschirmsprünge.

Zum Normalsatz steuerbar sind auch die Einnahmen aus Kursen, die nicht in erster Linie der Bildung, sondern der Fitness, dem Training oder der sportlichen Ertüchtigung / Sportanimation dienen wie Gymnastik, Aerobic, Nordic Walking, Aquafit oder Krafttraining.

D] Mehrere selbstständige Leistungen oder Einheit der Leistung

Eine Bildungsleistung wird oft zusammen mit weiteren Leistungen erbracht. Dabei gilt es immer zu entscheiden, ob **mehrere Hauptleistungen oder eine Hauptleistung mit Nebenleistungen** vorliegt. Gelten beide Leistungen als Hauptleistungen, kann geprüft werden, ob die **Kombinationsregelung** (s. Kap. 9.3, S. 146 ff.) angewendet werden kann.

Im Zusammenhang mit der Lieferung von Gegenständen kann eine Bildungsleistung steuerbar sein. Wird die Schulung im Zusammenhang mit der Lieferung eines Gegenstands erbracht, gilt die Lieferung als Hauptleistung und die Schulung als Nebenleistung und ist gleich wie die Lieferung steuerbar, wenn die Bildungsleistung nur im Zusammenhang mit der Lieferung angeboten wird oder wenn der Käufer den Kauf des Gegenstands von der Erbringung der Bildungsleistung abhängig macht. Das kommt z. B. vor, wenn Hard- und / oder Software geliefert wird und der Käufer den Kauf des Gegenstands von der Ausbildung seiner Mitarbeitenden im Umgang mit der Hard- und / oder Software abhängig macht.

Beispiel

Die Compudata AG bietet Unternehmen die Schulung ihres Personals in der Handhabung von Standardprogrammen (Office usw.) an. Diese Dienstleistung ist als Bildungsleistung von der Steuer ausgenommen, da sie den Mitarbeitenden allgemeine, nicht unternehmensspezifische Fähigkeiten im Umgang mit der Software liefert.

Würde diese Bildungsleistung aber im Zusammenhang mit der Lieferung der Software erbracht (steuerbare Hauptleistung), würde diese Leistung das steuerliche Schicksal der Hauptleistung teilen, sofern die Compudata AG entweder die Bildungsleistung immer nur im Zusammenhang mit der Lieferung der Software anbietet oder wenn das Unternehmen den Kauf der Software vom Erbringen der Bildungsleistung abhängig gemacht hat.

Ob für diese Leistungen zwei Verträge zwischen der Compudata AG und dem Käufer abgeschlossen worden sind oder ob die Leistungen separat fakturiert werden, spielt für die steuerliche Qualifikation keine Rolle.

E] Bildungsleistungen und sonstige Leistungen

Sind im pauschalen Kursgeld bei von der Steuer ausgenommenen Bildungsleistungen auch sonstige Leistungen (z. B. Kursunterlagen, Schreibblock und Kugelschreiber) enthalten, gelten diese als Kostenfaktor der Bildungsleistung und sind somit auch von der Steuer ausgenommen. Es handelt sich dabei um eine Nebenleistung.

Eine spezielle Regelung gilt teilweise für die **Beherbergungsleistungen.** Internate, Konvikte, Lehrlings- und Studentenheime usw. bieten in der Regel Beherbergungs- und Verpflegungsleistungen und evtl. auch Schulungsleistungen an. Bei dieser Gruppe von Anbietern liegt keine steuerbare Beherbergung, sondern eine von der Steuer ausgenommene Zimmervermietung vor, wenn folgende Bedingungen **kumulativ** erfüllt sind:

- Der Lehrgang muss mindestens ein Jahr (zwei Semester) dauern.
- Der Auszubildende wohnt während der Ausbildungszeit ununterbrochen in dieser Institution.
- Über 18 Jahre alte Auszubildende müssen am Sitz der Ausbildungsstätte Wohnsitz nehmen oder sich als Wochenaufenthalter anmelden.
- Die Leistungen (Schulung, Beherbergung und Verpflegung) müssen separat fakturiert werden.

Sind diese Bedingungen erfüllt, ist von den eingangs genannten Leistungsgruppen nur die Verpflegung steuerbar.

3.1.12 Personalverleih durch gemeinnützige Organisationen

Grundsätzlich stellt das Verleihen von Personal steuerpflichtigen Umsatz dar. Nicht steuerbar ist aber das Zurverfügungstellen von Personal durch religiöse oder weltanschauliche, nicht gewinnstrebige Einrichtungen für Zwecke der Krankenbehandlung, der Sozialfürsorge und der sozialen Sicherheit, der Kinder- und Jugendbetreuung, der Erziehung und Bildung sowie für kirchliche, karitative und gemeinnützige Zwecke.

Dabei müssen die Voraussetzungen sowohl in Hinsicht auf das Steuersubjekt als auch in Hinsicht auf das Steuerobjekt erfüllt sein. Die Voraussetzungen gelten in jedem Fall als nicht erfüllt, wenn es sich um einen gewerbsmässigen Arbeitsvermittler handelt, der eine entsprechende Betriebsbewilligung benötigt.

Nur wenn das **Zurverfügungstellen durch eines der nachgenannten Steuersubjekte** erfolgt, kann die Leistung von der Steuer ausgenommen sein:

- Nicht gewinnstrebige, religiöse Einrichtungen (z. B. Ordensgemeinschaften und Diakonissenhäuser)
- Nicht gewinnstrebige Schulorden
- Nicht gewinnstrebige, andere Einrichtungen, die von der direkten Bundessteuer befreit sind (z. B. Hilfswerke und Spitex-Organisationen)
- Vereine mit einem nicht gewinnorientierten Zweck laut Statuten (z. B. Frauenvereine)
- Nicht gewinnstrebige Einrichtungen der öffentlichen Hand (z. B. Spitäler, Altersheime, Schulen und Universitäten). Die gewerblichen Betriebe wie die SBB, die Post oder Rüstungsbetriebe zählen aber nicht dazu.

Die Leistung ist nur von der Steuer ausgenommen, wenn das Zurverfügungstellen durch eines der vorgenannten Steuersubjekte für einen der nachgenannten **Zwecke** erfolgt:

- Heilbehandlungen
- Tätigkeiten im Sozialbereich
- Tätigkeiten im Zusammenhang mit Kinder- und Jugendbetreuung
- Schulung
- Kirchliche Zwecke (z. B. Seelsorge)
- Karitative oder gemeinnützige Zwecke (z. B. Hausbesuche und Mithilfe bei Kleidersammlungen)

Wird von der Steuer ausgenommenes Zurverfügungstellen von Personal geltend gemacht, verlangt die ESTV zum Nachweis einen schriftlichen Vertrag. In diesem muss u. a. auch die berufliche Qualifikation des Arbeitnehmers und die Art der Arbeit aufgeführt sein. In der Rechnung muss auf diesen Vertrag hingewiesen werden.

Der Einsatz von Personal für administrative Zwecke, Beratungszwecke und hauswirtschaftliche Leistungen ist immer zum Normalsatz steuerbar.

3.1.13 Mitgliederbeiträge

Statutarisch festgesetzte Mitgliederbeiträge von nicht gewinnstrebigen Vereinen und Genossenschaften sind von der Steuer ausgenommen. Beim Verein und bei der Genossenschaft muss es sich dabei um eine nicht gewinnstrebige Einrichtung mit politischer, gewerkschaftlicher, wirtschaftlicher, religiöser, patriotischer, weltanschaulicher, philanthropischer, ökologischer, sportlicher, kultureller, wissenschaftlicher oder staatsbürgerlicher Zielsetzung handeln.

Der Mitgliederbeitrag muss für alle Mitglieder einer Mitgliederkategorie gleich hoch sein. Voraussetzung ist zudem, dass alle Mitglieder derselben Kategorie grundsätzlich die gleichen Leistungen in gleichem Umfang in Anspruch nehmen können. Von der Steuer ausgenommen ist auch die statutarisch festgelegte Eintrittsgebühr in einen Verein (z. B. Tennisklub).

Richtet sich der Beitrag nach der Höhe der effektiv bezogenen Leistungen oder muss für die Inanspruchnahme einer durch die Einrichtung erbrachten Leistung ein zusätzlicher Betrag bezahlt werden, erfolgt die steuerliche Beurteilung nach der erbrachten Leistung.

Betreffend die mehrwertsteuerliche Behandlung von Passivmitgliedern s. Kapitel 5.2, S. 72.

Beispiel Der Touring-Club der Schweiz (TCS) muss die Mitgliedsbeiträge nicht versteuern. Zusätzliche Leistungen, die gegen ein Entgelt erbracht werden wie z. B. Verkäufe von Landkarten müssen versteuert werden.

3.1.14 Kulturelle Dienstleistungen

Die folgenden kulturellen Dienstleistungen sind von der Steuer ausgenommen, wenn sie gegen ein separates Entgelt erbracht werden:

- Theater
- Konzerte, Opern, Operetten
- Ballett, Musical
- Zirkus
- Jahrmarkt (Karussell, Geisterbahnen usw.)
- Kinos
- Museen, Denkmäler, historische Stätten
- Galerien
- Botanische und zoologische Gärten
- Bibliotheken, Archive, Dokumentationsstellen

Der Veranstalter eines solchen kulturellen Anlasses führt eine von der Steuer ausgenommene Dienstleistung aus, wenn er für die Veranstaltung ein besonderes Entgelt verlangt, z. B. in Form eines Eintrittsbilletts. Diese Bedingung ist z. B. dann nicht erfüllt, wenn ein Wirt für den Barpianisten einen Konsumationszuschlag erhebt, der für den Gast nicht deutlich als solcher erkennbar ist.

Von der Steuer ausgenommen sind **aber nur die unmittelbar für die kulturelle Veranstaltung vereinnahmten Entgelte.** Alle übrigen Leistungen (Kinowerbung, Tierfutter im Zoo usw.), die von solchen kulturellen Institutionen angeboten werden, sind steuerlich separat zu beurteilen.

Die kulturellen **Leistungen der Künstler** (Schauspieler, Tänzer, Musiker, Artisten oder Schausteller inkl. deren Geschicklichkeitsspiele) sind nur in jenen Fällen von der Steuer ausgenommen, in denen die Leistung unmittelbar dem Publikum erbracht wird. Unmittelbar bedeutet, dass der Künstler vor Publikum auftritt.

MWSTV 36 bestimmt aber, dass nicht nur darbietende Künstler von der Steuer ausgenommene Leistungen erbringen. Auch **Bühnenbildner, Maskenbildner, Regisseure usw.** gehören zu den Künstlern im Sinne von MWSTG 21 Abs. 2 Ziff. 14. Diese Leistungen sind von der Steuer ausgenommen, wenn sie vom Publikum unmittelbar wahrgenommen werden können.

Die vom Künstler in einem Tonstudio (z. B. Plattenaufnahmen) oder in einem Radio- oder Fernsehstudio (z. B. Fernsehaufzeichnung zwecks späterer Ausstrahlung) erbrachten, künstlerischen Leistungen gelten nicht als unmittelbar für das Publikum erbracht. Erhält der Künstler für diese Tätigkeit eine Gage, unterliegt diese der MWST. Wird während eines Konzerts oder einer Fernsehaufzeichnung ein Live-Mitschnitt erstellt (Publikum ist im Konzertsaal oder im Fernsehstudio anwesend), so gilt die Leistung des Künstlers ebenfalls als direkt für das Publikum erbracht und ist von der Steuer ausgenommen.

Wird der Künstler von einem **Agenten vermittelt,** unterliegt die Vermittlungsprovision des Agenten immer der MWST, unabhängig davon, ob die Vermittlungsprovision vom Veranstalter oder vom Künstler zu bezahlen ist. Die Gage des Künstlers bleibt aber von der Steuer ausgenommen, wenn die künstlerische Leistung unmittelbar für das Publikum erbracht wird, unabhängig davon, ob der Veranstalter dem Agenten die Gage bezahlt oder direkt dem Künstler. Wird die Gage dem Agenten vom Veranstalter bezahlt, tritt also der Agent als Generalunternehmer auf, der seinerseits den Künstler unter Vertrag hat, so ist sowohl das Entgelt an den Agenten als auch das Entgelt an den Künstler von der Steuer ausgenommen.

Von der Steuer ausgenommen sind auch die **Dienstleistungen von Bibliotheken, Videotheken, Archiven und Dokumentationsstellen,** d. h. die Gebühr für die Benützung in den Räumlichkeiten. Die Vermietung von Büchern und Videos (Lieferung) oder auch das Erteilen von Auskünften als Ergebnis von Recherchen in Datenbanken ist aber steuerbar. Ist in der Gebühr für die Benutzung der Räumlichkeiten die Ausleihung von Büchern usw. inbegriffen oder Voraussetzung für die Ausleihung, unterliegt die Gebühr der Steuer.

3.1.15 Entgelt für sportliche Anlässe, inkl. Startgelder

Neben den eigentlichen Eintrittsgeldern von Sportveranstaltungen (Eintritt für ein Fussballmatch o. Ä.) sind auch die Startgelder, die der Sportler für die Teilnahme an einem Sportanlass zu bezahlen hat («Engadiner», Waffenlauf usw.) von der Steuer ausgenommen. Ebenfalls von der Steuer ausgenommen sind die mit diesen Startgeldern abgegoltenen Nebenleistungen (Getränke, Transport oder Medaille).

Von der Steuer ausgenommen sind aber nur die Startgelder, die der Sportler dem Veranstalter zu bezahlen hat. Bezahlt der Veranstalter dem Sportler ein Startgeld, handelt es sich um eine steuerbare Gage des Sportlers.

Bezahlt der Veranstalter eines sportlichen Wettkampfs (Turnier, Meisterschaft o. Ä.) einem Verband eine Entschädigung dafür, dass der Veranstalter diesen Wettkampf durchführen kann (Durchführungsrecht), so ist diese Entschädigung nicht von der Steuer ausgenommen. Der Ort der Dienstleistung richtet sich bei solchen Entschädigungen nach dem Empfängerortsprinzip.

3.1.16 Kulturelle Lieferungen und Dienstleistungen von bestimmten Kulturschaffenden

Die Leistungen von Schriftstellern, Komponisten und die Leistungen von deren Verwertungsgesellschaften sind auch von der Steuer ausgenommen, sofern es sich um kulturelle Dienstleistungen handelt. Steuerbar sind demnach u. a. die Leistungen von Architekten, Übersetzern, Werbetextern, Pressefotografen usw.

Die Leistungen von Kunstmalern und Bildhauern sind nur in jenen Fällen von der Steuer ausgenommen, bei denen der Künstler Umsätze mit von ihm persönlich hergestellten Kunstwerken erzielt. Werden die Kunstwerke nicht vom Künstler selber, sondern durch Galerien verkauft, unterliegt das Entgelt für das Kunstwerk dem Normalsatz. Allerdings ist in diesen Fällen zu prüfen, ob die Voraussetzungen für eine direkte Stellvertretung des Künstlers durch den Galeristen gegeben sind (s. Kap. 2.2.2, S. 20).

Die Ausnahme greift nur, wenn es sich um zweckfreie Kunstgegenstände handelt. Diese Regelung steht im Gegensatz zu derjenigen bei der angewandten Kunst (Kunsthandwerk).

Beispiel	Bildhauer Albin Vogel hat den von der Gemeinde Bühren ausgeschriebenen Wettbewerb für die Gestaltung des neuen Dorfbrunnens gewonnen. Für den neuen Brunnen bezahlt die Gemeinde Albin Vogel CHF 15 000.–. Dieses Kunstwerk ist nicht zweckfrei, deshalb ist das erhaltene Entgelt steuerbar.

3.1.17 Flohmärkte, Basare

Umsätze, die Organisationen aus der Durchführung von Basaren, Flohmärkten und ähnlichen Veranstaltungen erzielen, sind von der Steuer ausgenommen, wenn die im Folgenden aufgeführten Voraussetzungen kumulativ erfüllt sind.

Damit diese Umsätze von der Steuer ausgenommen sind, muss es sich um eine Organisation handeln, die Tätigkeiten in den folgenden Bereichen ausübt:

- Krankenbehandlung
- Sozialfürsorge, Sozialhilfe, soziale Sicherheit
- Kinder- und Jugendbetreuung
- Gemeinnützige Krankenpflege
- Betreiben von Alters-, Wohn- und Pflegeheimen
- Nicht gewinnstrebiger Sport

Die durch die Veranstaltung vereinnahmten Mittel dürfen ausschliesslich zur Ausübung der oben erwähnten Tätigkeiten verwendet werden.

Diese Veranstaltungen müssen vorübergehender Natur sein (Gelegenheitscharakter).

Unterhalten Organisationen, die sich der Sozialfürsorge, der Sozialhilfe oder der sozialen Sicherheit widmen, ganzjährig Brockenstuben oder Brockenhäuser, so sind die Umsätze aus dem Verkauf von gebrauchten oder unentgeltlich erhaltenen, neuen Gegenständen von der Steuer ausgenommen, wenn der Erlös aus diesen Verkaufseinrichtungen wieder für eine Tätigkeit der Sozialfürsorge, der Sozialhilfe oder der sozialen Sicherheit verwendet wird. Der Verkauf von neuen Gegenständen, die gegen Entgelt eingekauft wurden, muss aber immer versteuert werden.

3.1.18 Versicherungs- und Rückversicherungsumsätze

Von der Steuer ausgenommen sind die Versicherungs- und Rückversicherungsumsätze, also die in Rechnung gestellten **Prämien sämtlicher Versicherungsarten.**

Im Weiteren unterliegen auch die berufstypischen **Dienstleistungen von Versicherungsvertretern und Versicherungsmaklern** nicht der Steuer (Betreuung der Versicherungsnehmer in Versicherungsangelegenheiten, Ermittlung und Beschaffung des geeigneten Versicherungsschutzes, die Vertretung ihrer Interessen in Schadensfällen sowie das Inkasso).

Als Faustregel kann gesagt werden, dass es sich bei der Leistung des Versicherungsvermittlers immer in all jenen Fällen um von der Steuer ausgenommene Leistungen handelt, bei denen der Versicherungsvermittler von der Versicherungsgesellschaft für die Leistung abgegolten wird (Abschlussprovision, Provision auf der Jahresprämie o. Ä.). Mit anderen Worten muss die Leistung des Vermittlers immer in einem **direkten Zusammenhang mit dem Abschluss eines Versicherungsvertrags** stehen.

Wird ein Versicherungsvermittler von einem Versicherungsnehmer im Schadenfall mit der Wahrung seiner Interessen gegenüber einer Versicherungsgesellschaft beauftragt, ohne dass der Versicherungsvermittler den Abschluss der entsprechenden Police ermöglicht hat, so liegt eine steuerbare Beratungsleistung vom Versicherungsvermittler an den Versicherungsnehmer vor.

Die Tätigkeit des Versicherungsvermittlers muss sich immer auf den **Abschluss eines konkreten Versicherungsabschlusses** beziehen. Das alleinige Zuführen von potenziellen Kunden gilt als Werbeleistung (finder's fee) und ist steuerbar.

Steuerbar sind im Weiteren u. a. die folgenden, nicht branchentypischen Leistungen:

- Expertisen / Analysen / Gutachten und Schadenbearbeitungen für Drittgesellschaften
- Separat fakturierte Risikoanalysekosten
- Vermögensverwaltung für Dritte (z. B. Pensionskasse)
- Personalvermittlung
- Beratungen verschiedener Art
- Verkauf von Gegenständen aus Schadenregulierung (z. B. Unfallauto)
- Gastgewerbliche Leistungen (z. B. Kantine)

3.1.19 Finanzdienstleistungen

Von der Steuer ausgenommen sind Umsätze aus folgenden Tätigkeiten:

- Die Gewährung und Vermittlung von Krediten und die Verwaltung von Krediten durch die Kreditgeber
- Die Vermittlung und die Übernahme von Verbindlichkeiten, Bürgschaften und anderen Sicherheiten und Garantien sowie die Verwaltung von Kreditsicherheiten durch die Kreditgeber
- Die Umsätze mit Einschluss der Vermittlung, im Einlagegeschäft und Kontokorrentverkehr, im Zahlungs- und Überweisungsverkehr, im Geschäft mit Geldforderungen, Checks und anderen Handelspapieren
- Die Umsätze mit Einschluss der Vermittlung, die sich auf gesetzliche Zahlungsmittel beziehen
- Die Umsätze mit Einschluss der Vermittlung von Wertpapieren, Wertrechten und Derivaten sowie von Anteilen an Gesellschaften und anderen Vereinigungen
- Umsätze aus dem Vertrieb von Anteilen an und die Verwaltung von kollektiven Kapitalanlagen gemäss Bundesgesetz über die kollektiven Kapitalanlagen durch Personen, die diese verwalten oder aufbewahren, die Fondsleitung, die Depotbanken und deren Beauftragte
- Die Verwaltung von kollektiven Kapitalanlagen und anderen Sondervermögen durch Fondsleitungen, Depotbanken und deren Beauftragte

Diese Aufzählung der von der Steuer ausgenommenen Umsätze im Bereich des Geld- und Kapitalverkehrs ist abschliessend. Steuerbar sind demnach die folgenden Leistungen:

- Anlageberatung / Vermögensverwaltung
- Depotgeschäft
- Treuhandanlagen
- Inkassogeschäft (unechtes Factoring, kein Delkredererisiko des Beauftragten)
- Vermieten von Tresorfächern
- Treuhandgeschäfte
- Verwalten von Krediten, ohne selber Kreditgeber zu sein

Eine besondere Problematik bezüglich der von der Steuer ausgenommenen Umsätze im Bereich des Geld- und Kapitalverkehrs ist die **Vermittlungstätigkeit.** Diese Problematik betrifft nicht nur Banken, sondern auch Vermögensverwalter, Treuhänder usw.

Die Vermittlungstätigkeit ist eine steuerbare Leistung, wenn sie nicht ausdrücklich von der Steuer ausgenommen ist. Aus der vorerwähnten Aufzählung der von der Steuer ausgenommenen Umsätze im Bereich des Geld- und Kapitalverkehrs ist ersichtlich, dass hier grundsätzlich auch die Vermittlungen von der Steuer ausgenommen sind. Als Vermittlung im Sinne des MWSTG gilt insbesondere das **Abschliessen von Verträgen im Namen und für Rechnung von Dritten (direkte Stellvertretung),** d.h. das Bewirken von Umsätzen in fremdem Namen und für fremde Rechnung.

Die **Vermittlung einer Kundenbeziehung,** d.h. das Gewinnen oder das Zuführen von Kunden, fällt nicht unter den Begriff der Vermittlung im Sinne des MWSTG. Sie gilt als Dienstleistung im Bereich der Werbung oder des Überlassens von Informationen. Die Entschädigung für das Gewinnen oder das Finden von Kunden (finder's fee) ist deshalb mehrwertsteuerlich gleich zu behandeln wie das Entgelt für andere im Bereich der Werbung erbrachte Dienstleistungen; sie unterliegen der MWST zum Normalsatz. Es spielt dabei keine Rolle, in welcher Form die Entschädigung berechnet wird, z.B. auf der Basis des Werts eines verwalteten Vermögens, als Fixbetrag pro «vermittelte» Kundenbeziehung oder als **Retrozession.** Darunter versteht man einen prozentualen Anteil, den der Vermittler der Kundenbeziehung von allen Kommissionen und Erträgen erhält, die in der Folge in Geschäften mit dem betreffenden Kunden erzielt werden.

3.1.20 Bestellung und Übertragung von dinglichen Rechten an Grundstücken

Die Begründung oder der Verkauf von Grundstücken sind von der Steuer ausgenommen. Das gilt auch, wenn nur Teile an Grundstücken veräussert werden.

Als **Liegenschaften** gelten im **Grundbuch eingetragene, selbstständige und dauernde Rechte.** Diese Rechte können sein: Baurechte, Quellenrechte, Nutzungsrechte an Kiesgruben, Bergwerke und Miteigentumsanteile an Grundstücken usw.

Die Bestellung von dinglichen Rechten umfasst ebenfalls z. B. das entgeltliche Einräumen eines Kaufs- oder Vorkaufsrechts.

Beträge, die die **Stockwerkeigentümergemeinschaft** von ihren Mitgliedern aus ihnen erbrachten und weiter belasteten Leistungen vereinnahmt, z. B. Beiträge der Mitglieder an die Kosten der Verwaltungstätigkeit, an den Erneuerungsfonds und an die Kosten aus der Benutzung der gemeinschaftlichen Räume und Einrichtungen, sind von der Steuer ausgenommen. Die Steuerausnahme gilt jedoch nicht für die Leistungen zwischen Dritten und der Stockwerkeigentümergemeinschaft.

3.1.21 Vermietung / Verpachtung von Liegenschaften und Grundstücken

Die Vermietung und die Verpachtung von Liegenschaften und Grundstücken gelten grundsätzlich als Umsatz, der von der Steuer ausgenommen ist. Im Einzelnen handelt es sich dabei nur um die folgenden Vorgänge:

- Die Vermietung und Verpachtung von **Liegenschaften, Gebäuden oder Gebäudeteilen**
- Das Vermieten von **im Gemeingebrauch stehenden Parkplätzen.** Diese Vermietungen sind unabhängig von der Mietdauer von der Steuer ausgenommen.
- Die Vermietung und Verpachtung von **Sportanlagen** (z. B. Tennisplätze oder Schwimmbäder). Hier ist allerdings anzumerken, dass diese Umsätze von der Steuer ausgenommen sind, wenn der **Mieter** der Anlage während der Mietdauer das **alleinige Nutzungsrecht** an der Anlage hat. Nur die Miete einer Sportanlage ist von der Steuer ausgenommen, nicht der Eintritt zu einer Sportanlage.

Beispiel

Der Eissport AG gehört die Kunsteisbahn «Hochwacht». Die Kunsteisbahn «Hochwacht» kann vom Publikum während der Woche gegen einen Eintrittspreis von CHF 4.50 genutzt werden. Wer keine eigenen Schlittschuhe hat, kann diese von der Kunsteisbahn «Hochwacht» für CHF 10.– mieten. Jeweils am Dienstag und am Samstag trainiert der Eishockeyklub Löweneis auf der Kunsteisbahn «Hochwacht»; für das Training des Klubs wird ein Drittel des Eisfelds für den Klub mit mobilen Banden abgetrennt. Der Klub kann auch die separaten Eishockeygarderoben mit Dusche usw. benutzen. Für diese Eistrainings bezahlt der Klub der Eissport AG, CHF 500.– pro Training.

Der Eintrittspreis, den das Publikum zu bezahlen hat, gilt als steuerbare Dienstleistung und nicht als das Vermieten einer Sportanlage. Die Eintrittspreise sind somit zum Normalsatz zu versteuern. Das Vermieten von Schlittschuhen gilt als zum Normalsatz steuerbare Lieferung.

Hat der Benutzer der Sportanlage das alleinige Recht, diese zu benutzen, so handelt es sich um ein Vermieten einer Immobilie, das von der Steuer ausgenommen ist. Diese Voraussetzung (alleinige, exklusive Nutzung) ist im Fall der Miete eines Drittels der Eisbahn durch den Eishockeyklub gegeben. Diese Leistung der Eissport AG ist von der Steuer ausgenommen. Die Nutzung der Garderobe und der Duscheinrichtung gilt als untergeordnete Nebenleistung und somit als Teil der von der Steuer ausgenommenen Leistung.

Nicht von der Steuer ausgenommen sind hingegen die folgenden Umsätze:

- Die Vermietung von **Wohn- und Schlafräumen** zur Beherbergung von Gästen (Hotellerie, Parahotellerie, Konferenz- und Schulungsräume im Gastgewerbe)
- Die Vermietung von **Campingplätzen**
- Die Vermietung und Verpachtung von fest eingebauten Vorrichtungen und Maschinen, die zu einer **Betriebsanlage** gehören (z. B. Tiefkühlanlagen, Schaufenster, Standplätze in Messehallen, Bojen oder Bootsanlegestellen)
- Die Vermietung von **Schliessfächern, Tresoren und Schrankfächern**
- Das Vermieten von **Parkplätzen** in privaten Parkhäusern oder auf privatem Grund. Diese Umsätze sind allerdings nur dann steuerbar, wenn sie nicht als Nebenleistungen zu einem, von der Steuer ausgenommenen Mietumsatz qualifizieren.

Beispiel	**Fall 1**
	Die ETH Zürich vermietet in ihrem Parkhaus am Hönggerberg Parkplätze. Diese Parkplätze werden sowohl an Dauermieter wie auch an Laufkundschaft vermietet. Diese Umsätze sind steuerbar.
	Fall 2
	Die Stadt Zürich hat im Kreis 2 Parkplätze am Strassenrand als «der blauen Zone» zugehörig markiert. Die Quartierbewohner können sich eine Dauerparkerlaubnis für CHF 350.– pro Jahr kaufen. Dieser Umsatz der Stadt Zürich ist nicht steuerbar, da es sich um im Gemeingebrauch befindliche Parkplätze handelt.
	Fall 3
	Oskar Meier hat die Überbauung «Binsackerweg» realisiert. Peter Caviezel mietet eine 4-Zi.-Whg. in der Überbauung zusammen mit zwei Parkplätzen für seine Fahrzeuge. Da das Vermieten dieser Parkplätze als Nebenleistung zum Vermieten der Wohnung gilt, ist dieser Umsatz von Oskar Meier von der Steuer ausgenommen.
	Fall 4
	Oskar Meier vermietet an die Quali AG an der benachbarten Schwärzstrasse vier Parkplätze für das Personal der Quali AG. Dieser Umsatz ist steuerbar, da es sich nicht um eine Nebenleistung zu einem von der Steuer ausgenommenen Umsatz (Vermietung) handelt.

Einnahmen aus der **Vermietung von Gebäuden** sind grundsätzlich von der Steuer ausgenommen. **Ferienwohnungen** zählen jedoch zur Parahotellerie und ihre **Vermietung** ist zum **Sondersatz** steuerbar.

Grundsätzlich von der Steuer ausgenommen ist auch das **Untervermieten von Büros oder Zimmern.** Werden aber nicht ganze, in sich geschlossene Räume weitervermietet, handelt es sich nicht mehr um eine von der Steuer ausgenommene Untermiete, sondern um eine steuerbare Dienstleistung (Nutzungsrecht).

Beispiel	Die Muttergesellschaft der Pablo AG ist die Pablo Holding AG. Die Pablo Holding AG übt keine eigentliche Tätigkeit aus und wird durch Personal und in den Räumen der Pablo AG verwaltet.
	Die Pablo AG stellt der Holdinggesellschaft jährlich CHF 15 000.– für die Mitbenützung der Büroräumlichkeiten in Rechnung. Da der Pablo Holding AG kein in sich geschlossener Büroraum vermietet wird, handelt es sich bei diesem Umsatz um steuerbaren Kostenersatz und nicht um von der Steuer ausgenommene Vermietungsleistungen.

3.1.22 Umsätze mit gültigen Briefmarken und anderen amtlichen Wertzeichen

Von der Steuer ausgenommen sind die Lieferungen von inländischen Briefmarken, Postkarten mit aufgedruckten Wertzeichen, Frankaturmarken und anderen amtlichen Wertzeichen höchstens zum aufgedruckten Wert. Als aufgedruckter Wert gilt grundsätzlich der **Frankaturwert,** bei Sondermarken gilt dieser Wert zuzüglich des auf den Briefmarken selber aufgedruckten Zuschlags. Wird ein höherer Wert verlangt, ist das gesamte Entgelt steuerbar.

Unter anderem sind somit steuerbar:

- Frankaturgültige, inländische Briefmarken, die zu einem höheren Preis als dem aufgedruckten Wert abgegeben werden
- Ungestempelte, aber nicht mehr frankaturgültige, inländische Briefmarken
- Gestempelte Briefmarken
- Ungestempelte und gestempelte Dienstmarken des Fürstentums Liechtenstein und der internationalen Organisationen
- Sammlungen (auch wenn darin frankaturgültige Briefmarken enthalten sind)

3.1.23 Umsätze bei Wetten, Lotterien und Glücksspielen

Von der Steuer ausgenommen sind Umsätze bei Veranstaltungen, an denen nur nach Erbringung eines Einsatzes oder Abschluss eines Rechtsgeschäfts teilgenommen werden kann und bei denen der Erwerb oder die Höhe der ausgesetzten Gewinne nur vom Zufall oder von Umständen abhängt, die der Teilnehmer nicht kennt. Darunter fallen z. B. Zahlenlotto, Sport-Toto, Toto-X, SEVA-Lotterie, Lotto, Bingo, Tombola und Spielbanken. Damit diese Umsätze nicht der MWST unterliegen, müssen sie zwingend einer Sondersteuer oder sonstigen Abgabe unterliegen.

Steuerbar sind hingegen folgende Leistungen:

- Einnahmen aus Geschicklichkeitsspielen (z. B. Kegeln, Bowling, Dart, Billard, Flipper und Computerspielen); betreffend Geschicklichkeitsspiele von Schaustellern s. Kapitel 3.1.14, S. 47.
- Einnahmen aus Geldspielautomaten in Restaurants oder Spielsalons. Solche Umsätze sind nur von der Steuer ausgenommen, wenn sie in konzessionierten Spielbanken angeboten werden.
- Provisionen, die die Vermittler von der Steuer ausgenommenen Glücksspielen erhalten (z. B. Lotto-Abgabestellen und Los-Verkäufer)
- Standmietgeld, das z. B. Restaurants von den Betreibern von Geldspielautomaten dafür erhalten, dass diese im Restaurant einen Automaten aufstellen dürfen.

3.1.24 Lieferung bestimmter, gebrauchter Gegenstände

Der Verkauf von gebrauchten Gegenständen ist dann von der Steuer ausgenommen, wenn die gebrauchten Gegenstände ausschliesslich für eine von der Steuer ausgenommene Tätigkeit verwendet wurden.

In der Praxis ist somit im Normalfall beim Verkauf von gebrauchten Gegenständen der gesamte Verkaufserlös zu versteuern. Wenn die verkauften Gegenstände ausschliesslich zur Erbringung von der Steuer ausgenommenen Leistungen verwendet worden sind, ist keine Steuer geschuldet.

Von der Steuer aufgrund von MWSTG 21 Abs. 2 Ziff. 24 ausgenommen ist immer nur der Verkauf von Betriebsmitteln. Diese Regelung gilt z. B. nicht für Handelswaren.

Beispiel Die Cäsar AG kauft im Frühling ein Occasionsfahrzeug von einer Privatperson. Die Cäsar AG verwendet das Fahrzeug ausschliesslich für eine steuerbare Tätigkeit (Kleiderhandel). Daher kann die Cäsar AG auf dem Kauf keinen (fiktiven) Vorsteuerabzug geltend machen. Nach drei Monaten stellt die Cäsar AG fest, dass sich das Fahrzeug für ihre Zwecke nicht eignet, weil der Kofferraum zu klein ist. Sie verkauft dieses Fahrzeug deshalb. Es wurden an diesem Fahrzeug keine Unterhaltsarbeiten vorgenommen.

Der Verkauf dieses Fahrzeugs ist steuerbar, obwohl auf dem Einkauf kein Vorsteuerabzug möglich war.

3.1.25 Umsätze von Ausgleichskassen

Die **Hauptleistungen der AHV-Ausgleichskassen** (Rentenzahlungen, Kapitalleistungen usw.) sind aufgrund von MWSTG 21 Abs. 2 Ziff. 18 **von der Steuer ausgenommen.** Oft sind die Ausgleichskassen auch über ihr Kerngeschäft hinaus tätig.

Von der Steuer ausgenommen sind deshalb aufgrund von MWSTG 21 Abs. 2 Ziff. 25 auch die **Umsätze, die Ausgleichskassen untereinander erzielen.** Damit diese Umsätze von der Steuer ausgenommen sind, muss es sich sowohl beim Leistungserbringer als auch beim Leistungsempfänger um eine Ausgleichskasse der AHV oder um eine Familienausgleichskasse handeln. Übernimmt also z. B. eine Ausgleichskasse im Auftragsverhältnis die Geschäftsführung oder die Verwaltung einer anderen Ausgleichskasse, so ist diese Tätigkeit von der Steuer ausgenommen.

Ebenfalls von der Steuer ausgenommen sind gewisse Umsätze, die den Ausgleichskassen aufgrund des Bundesgesetzes über die Alters- und Hinterlassenenversicherung (AHVG) oder den Familienausgleichskassen aufgrund des anwendbaren Rechts übertragen werden. Diese Tätigkeiten sind von der Steuer ausgenommen, wenn sie zur **Sozialversicherung** gehören oder der **beruflichen und sozialen Vorsorge** sowie der **beruflichen Aus- und Weiterbildung** dienen (Führen einer Pensionskasse, Kontrolle der Arbeitgeber für einen Unfallversicherer usw.).

3.1.26 Urproduzenten

Von der Steuer ausgenommen ist zudem die Veräusserung von im eigenen Betrieb gewonnenen Erzeugnissen der Landwirtschaft, der Forstwirtschaft sowie der Gärtnerei durch die Landwirte, Forstwirte und Gärtner. Zudem ist auch der Verkauf von Vieh (als Vieh gelten Pferde, Esel, Maultiere, Rindvieh, Schafe, Ziegen und Schweine) durch Viehhändler und der Verkauf von Milch durch Milchsammelstellen an milchverarbeitende Betriebe von der Steuer ausgenommen.

Für die Unternehmen des primären Wirtschaftssektors beschränkt sich die Steuerausnahme nur auf Umsätze aus Lieferungen der im eigenen Betrieb gewonnenen **Urprodukte.** Als Urprodukte in diesem Sinn gelten sämtliche Gegenstände, die nicht durch einen zusätzlichen Arbeitsgang wesentlich veredelt werden.

Diesen Betrieben gleichgestellt und in den weiteren Ausführungen als gleichwertig zu betrachten sind u. a.:

- Champignons- und Bienenzüchter
- Blumengärtner und Baumschulen
- Eierproduzenten und Hors-sol-Betriebe
- Züchter von Tieren, die für die menschliche Ernährung bestimmt sind (z. B. Geflügel, Wild, Kaninchen oder Speisefische). Die Züchter von Zierfischen, Hunden und Katzen fallen nicht darunter.
- Rebbauern, die im eigenen Betrieb gewonnene Trauben oder die daraus hergestellten, unvergorenen Traubenmoste liefern. (Die selbst kelternden Weinbauern sind aber bei Überschreiten der Umsatzgrenzen für die Umsätze aus selbst oder durch Dritte gekeltertem Wein obligatorisch steuerpflichtig.)

Der vorher erwähnte Begriff **«im eigenen Betrieb gewonnene Erzeugnisse»** bedeutet, dass ein Landwirt z. B. dann steuerbare Leistungen erbringt, wenn er auf dem Wochenmarkt neben seinen eigenen Waren noch diverse Produkte seines Nachbarn verkauft. Wir haben in der folgenden Abbildung dargestellt, wie die Abgrenzung zwischen im eigenen Betrieb gewonnenen und anderen steuerbaren Erzeugnissen vorzunehmen ist.

Abb. [3-2] Abgrenzung von im eigenen Betrieb gewonnenen und anderen steuerbaren Erzeugnissen

Beispiele von im eigenen Betrieb gewonnenen Erzeugnissen	Beispiele von nicht im eigenen Betrieb gewonnenen Erzeugnissen
• Selber gezogenes Gemüse, Salate und Früchte • Selber gezogene Pflanzen und Blumen • Eigene Trauben und eigenes Obst sowie daraus hergestellte, unvergorene Moste • Milch aus eigener Produktion wird zu Käse verarbeitet	• Zugekauftes Gemüse als Ergänzung zu eigenem Gemüse • Zugekaufte Blumen, die mit eigenen Blumen zu Sträussen gebunden werden • Zugekaufter Most, der mit eigenem Traubenmost vermischt wird • Herstellung von Käse aus zugekaufter Milch

Neben den bisher behandelten Lieferungen, d. h. im eigenen Betrieb gewonnene und zugekaufte Erzeugnisse, erzielt ein Urproduzent unter Umständen auch noch Umsätze aus **anderen steuerbaren Tätigkeiten,** z. B.:

- Bodenbearbeitungs-, Spritz- oder Erntearbeiten auf Rechnung Dritter durch einen Landwirt mit seinen eigenen Maschinen
- Landschaftsgärtnerarbeiten für Dritte (z. B. Gartenbau und Gartenpflege)
- Kieslieferungen aus eigener Kiesgrube
- Betrieb einer Gastwirtschaft
- Handel mit Gartenartikeln durch eine Gärtnerei
- Pferdepension[1]
- Betrieb einer Metzgerei oder einer Molkerei durch einen Viehhändler

Derartige Leistungen unterliegen auch bei einem Urproduzenten der Steuer, womit auch bei ihm die subjektive Steuerpflicht gegeben sein kann. Die Steuerpflicht erstreckt sich aber in diesem Fall nur auf die steuerbaren Tätigkeiten. Der Bereich der eigenen Erzeugnisse bleibt von der Steuer ausgenommen. Allenfalls empfiehlt es sich nicht zuletzt aus Vereinfachungsgründen, für die Versteuerung der von der Steuer ausgenommenen Umsätze zu optieren (s. Kap. 3.2, S. 56).

3.1.27 Bekanntmachungsleistungen

Bekanntmachungsleistungen, die **gemeinnützige Organisationen** zugunsten Dritter oder Dritte zugunsten gemeinnütziger Organisationen erbringen, sind von der Steuer ausgenommen, wenn nur die Zuwendung bekannt gemacht wird.

Sobald **Werbeleistungen** mit der Veröffentlichung verbunden sind (z. B. für ein Produkt des Zuwenders), handelt es sich hingegen um eine steuerbare Leistung. Der Zuwender verfolgt damit Marketing- und Kommunikationsziele.

Beispiel Die regionale Tageszeitung platziert das Stelleninserat einer gemeinnützigen Organisation in der aktuellen Ausgabe. Diese Leistung ist durch die regionale Tageszeitung zu versteuern, da es sich nicht um eine Bekanntmachungsleistung handelt.

3.1.28 Leistungen innerhalb des gleichen Gemeinwesens

Ebenso generell von der Steuer ausgenommen sind die Leistungen innerhalb des gleichen Gemeinwesens. Es spielt somit keine Rolle, ob solche Leistungen grundsätzlich von der Steuer ausgenommen oder steuerbar sind. Darunter fallen die Leistungen zwischen den Organisationseinheiten (insbesondere Dienststellen) der gleichen Gemeinde, eines Kantons oder des Bundes.

---

[1] Pferdepension: Darunter versteht man ein Entgelt, das Pferdebesitzer bezahlen, damit sie ihr Pferd bei Bauern oder in einem Reitstall in Pension geben können.

Nicht unter diese Ausnahmeregelung fallen z. B. Leistungen zwischen zwei verschiedenen Gemeinden, da es sich dabei nicht um eine Leistung innerhalb des gleichen Gemeinwesens, sondern zwischen zwei verschiedenen Gemeinwesen handelt. Dasselbe gilt u. a. auch bei Leistungen zwischen zwei Kantonen oder zwischen einem Kanton und einer Gemeinde innerhalb dieses Kantons.

Beispiel

Die steuerpflichtige Dienststelle «Wasser» der Gemeinde Xavern liefert innerhalb der Gemeinde Xavern Wasser an die Dienststelle «Verwaltung», die nicht steuerpflichtig ist. Diese Lieferung ist als Leistung innerhalb des gleichen Gemeinwesens von der Steuer ausgenommen, obwohl es sich beim Verkauf von Wasser grundsätzlich um eine steuerbare Leistung handelt.

3.1.29 Funktionen der Schiedsgerichtsbarkeit

Die Ausübung von Funktionen der Schiedsgerichtsbarkeit ist auch von der Steuer ausgenommen. Beim Schiedsgericht handelt es sich um ein privates Gericht, das mit Zustimmung der jeweiligen Streitparteien zusammentritt, eine Streitsache beurteilt und ein Urteil (sog. Schiedsspruch) fällt.

Von der Steuer ausgenommen ist dabei das Entgelt derjenigen Personen, die die entsprechenden Funktionen des Schiedsgerichts ausüben. Die Ausnahmebestimmung hat keinen Einfluss auf die steuerliche Beurteilung einer allfälligen Leistung zwischen den Streitparteien.

Beispiel

Die Parteien Aldo Anker und Berta Breu streiten sich über die Höhe eines Entgelts für eine ausgeübte Bauleistung. Zur Vermeidung von grossen Streitkosten wird ein Schiedsgericht eingesetzt, das nach Durchführung von Verhandlungen einen Schiedsspruch fällt und das zu bezahlende Entgelt festlegt. Das Entgelt für die Bauleistung bleibt vorliegend ein steuerbares Entgelt, auch wenn die Höhe des Entgelts durch einen Schiedsspruch festgelegt wird.

3.2 Option für die Versteuerung der von der Steuer ausgenommenen Leistungen

Die steuerpflichtige Person kann durch offenen Ausweis der Steuer grundsätzlich für jede in Kapitel 3, S. 36 behandelte, von der Steuer ausgenommene Leistung optieren (d. h. freiwillig versteuern).

Für eine Option gilt grundsätzlich Folgendes:

- Es ist keine Bewilligung der ESTV für die Option notwendig, der offene Ausweis der Steuer bei der Rechnungsstellung genügt.
- Ebenso ist nicht von Bedeutung, ob der Leistungsempfänger steuerpflichtig ist oder nicht.
- Es gibt keine Mindestdauer der Option, d. h., die steuerpflichtige Person kann bei jeder einzelnen Leistung entscheiden, ob optiert werden soll oder nicht.
- Der Steuerpflichtige, der optiert hat, kann in seinen MWST-Abrechnungen die Vorsteuerbeträge, die auf den bezogenen Leistungen lasten und für die optierten Umsätze verwendet werden, in Abzug bringen.
- Wenn nicht durch offenen Ausweis der Steuer optiert werden kann (z. B. weil noch keine Leistungen erbracht werden, aber für die vorgesehenen Leistungen schon vorsteuerbelastete Aufwendungen anfallen), kann man der ESTV die Ausübung der Option auf andere Weise bekannt geben. Das kann z. B. mit einem Schreiben und allfälligen Unterlagen erfolgen.
- Die optierten Leistungen sind u. a. in Ziff. 205 der MWST-Abrechnung zu deklarieren.

Für die Besteuerung der von der Steuer ausgenommenen Leistungen können insbesondere optieren:

- Steuerpflichtige, unabhängig von der Höhe des von der Steuer ausgenommenen Jahresumsatzes, den sie der Steuer unterstellen wollen.
- Nicht Steuerpflichtige, die eine unternehmerische Tätigkeit ausüben und damit gleichzeitig auch auf die Befreiung von der Steuerpflicht verzichten (s. dazu Kap. 6.5.1, S. 102).

Beispiel

Das steuerpflichtige Unternehmen Bit AG aus dem EDV-Bereich, das auch einige Immobilien besitzt, erzielt folgende Arten von Umsätzen:

- Verkauf von Hard- und Software
- Schulungsveranstaltungen für Firmen
- Schulungskurse für Private
- Vermietung von Büros an ein steuerpflichtiges Treuhandbüro
- Vermietung von Räumen an einen nicht steuerpflichtigen Arzt
- Vermietung von Wohnungen an Privatpersonen

Mit Ausnahme der Verkäufe von Hard- und Software handelt es sich um von der Steuer ausgenommene Umsätze. Eine Option durch die Bit AG ist für jeden einzelnen Umsatz aus dem Schulungsbereich möglich, unabhängig vom Leistungsempfänger. Will sie aber für die Immobilienvermietung optieren, ist das beim steuerpflichtigen Treuhandbüro und beim nicht steuerpflichtigen Arzt möglich, da für die Vermietung von Wohnungen für private Zwecke eine Option nicht möglich ist (s. Kap. 3.2.4, S. 60). Die Bit AG kann bei jedem einzelnen Mieter – mit Ausnahme der Privatpersonen – prüfen, ob sie für die Versteuerung der Mieteinnahmen optieren will oder nicht.

Zudem ist zu beachten, dass eine Option nur für diejenigen Leistungen möglich ist, die sich im Inland befinden. Die Option für die Versteuerung von der Steuer ausgenommenen Umsätzen, die als im Ausland erbracht gelten, ist nicht zulässig.

Im Zusammenhang mit der Option können die von der Steuer ausgenommenen Umsätze in vier Kategorien aufgeteilt werden:

Abb. [3-3]   **Steuerbarkeit von Optionen**

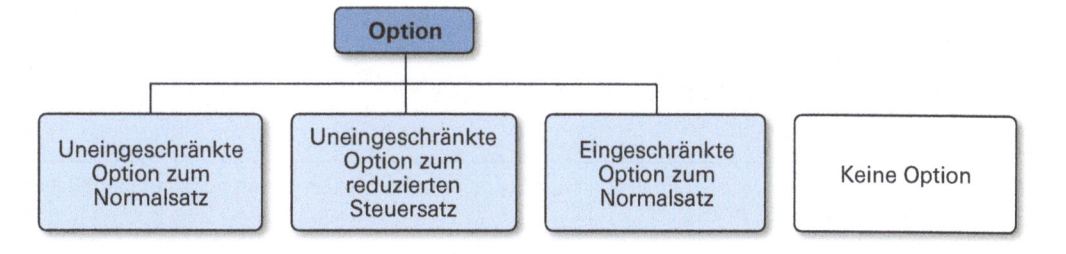

```
                        Option
        ┌──────────────┬──────────────┬──────────────┐
  Uneingeschränkte  Uneingeschränkte  Eingeschränkte
   Option zum         Option zum       Option zum      Keine Option
   Normalsatz         reduzierten      Normalsatz
                      Steuersatz
```

3.2.1 Uneingeschränkte Option zum Normalsatz

Für die nachfolgend aufgeführten Umsätze ist die Option unabhängig vom Abnehmerkreis möglich:

- Bestimmte Postbeförderungen
- Kranken- und Behindertenbeförderungen
- Umsätze der Sozialfürsorge, -hilfe und der sozialen Sicherheit sowie von Spitex-Organisationen und Alters-, Wohn- und Pflegeheimen
- Leistungen im Rahmen der Kinder- und Jugendbetreuung
- Ausbildungsleistungen
- Bestimmte Personalverleihe
- Leistungen von Vereinen und Genossenschaften an ihre Mitglieder
- Lieferungen von gültigen Postwertzeichen und sonstigen, amtlichen Wertzeichen
- Spitalbehandlung u. Ä.
- Heilbehandlungen und Pflegeleistungen
- Lieferungen von menschlichen Organen und menschlichem Vollblut
- Leistungen von Praxisgemeinschaften

Bei Option kommt für diese Umsätze der Normalsatz zur Anwendung.

Speziell zu beachten ist der massgebende Steuersatz bei von der Steuer ausgenommenen Leistungen innerhalb des gleichen Gemeinwesens (s. Kap. 3.1.28, S. 55) sowie bei der Veräusserung von im eigenen Betrieb gewonnenen Erzeugnissen der Landwirtschaft usw. (s. Kap. 3.1.26, S. 54). Diese Leistungen unterliegen demjenigen Steuersatz, der zur Anwendung gekommen wäre, wenn nicht aufgrund der Ausnahmebestimmung wegen eines bestimmten Leistungserbringers eine von der Steuer ausgenommene Leistung angenommen wird.

Beispiel

Der steuerpflichtige Gärtner Johann Baum optiert für die Versteuerung der im eigenen Betrieb gewonnenen Pflanzen, damit die Erstellung der periodischen MWST-Abrechnung vereinfacht werden kann. Da es sich bei der Lieferung von Pflanzen um eine Leistung handelt, die dem reduzierten Steuersatz unterliegt (s. Kap. 8.2.12, S. 132), unterliegen auch die optierten Pflanzenverkäufe von Johann Baum dem reduzierten Steuersatz.

3.2.2 Uneingeschränkte Option zum reduzierten Steuersatz

Auch für diese von der Steuer ausgenommenen Umsätze ist die Option unabhängig vom Abnehmerkreis möglich. Bei Option wird aber der reduzierte Steuersatz angewendet.

Es handelt sich um folgende Umsätze:

- Gewisse Leistungen im Bereich der Kultur (MWSTG 21 Abs. 2 Ziff. 14 und 16)
- Sportanlässe und Teilnahmegebühren an Sportanlässen (Ziff. 15)

Da bei der freiwilligen Versteuerung der erzielten Umsätze aus diesen Tätigkeiten der reduzierte Steuersatz (s. Kap. 8.2.11, S. 132) zur Anwendung kommt, kann die Option auch ohne zusätzliche Überwälzung der dadurch geschuldeten Umsatzsteuer zu einem Vorteil für den Steuerpflichtigen werden, weil sich auch der Vorsteueranspruch entsprechend erhöht.

Betreffend Steuersatz bei der Option von der Steuer ausgenommenen Leistungen innerhalb des gleichen Gemeinwesens und bei der Veräusserung von im eigenen Betrieb gewonnenen Erzeugnissen der Landwirtschaft sind die Ausführungen am Schluss des Kapitels 3.2.1, S. 57 zu beachten.

Beispiel

Der steuerpflichtige Sportverein Inter St. Gallen hat im abgelaufenen Kalenderjahr folgende Umsätze erzielt:

Steuerbare Werbeeinnahmen (exkl. 8% MWST)	CHF	150 000.00
Steuerbare, gastgewerbliche Leistungen (exkl. 8% MWST)	CHF	90 000.00
Mitgliederbeiträge (von Aktiven)	CHF	40 000.00
Zuschauereintritte	CHF	120 000.00

Zudem sind in dieser Steuerperiode Vorsteuern in der Höhe von CHF 15 000.– angefallen.

Steuerfolgen ohne Option

Wenn der Sportverein nicht für die Versteuerung der von der Steuer ausgenommenen Umsätze optiert hat, ergibt sich folgende Steuerforderung für das gesamte Kalenderjahr (zum Thema Vorsteuerkorrektur bei gemischter Verwendung s. Kap. 12, S. 185):

Steuerbare Werbeeinnahmen und gastgewerbliche Leistungen (exkl. 8% MWST)	CHF	240 000.00		60.00%
Nicht zum Vorsteuerabzug berechtigende Einnahmen	CHF	160 000.00		40.00%
Massgebende Einnahmen für die Berechnung der Vorsteuerkorrektur	CHF	400 000.00		100.00%
Steuerberechnung: 8% von (100%)	CHF	240 000.00	CHF	19 200.00
Vorsteuerabzug 60% von	CHF	15 000.00	CHF	–9 000.00
Steuerforderung ohne Option			**CHF**	**10 200.00**

Steuerfolgen bei teilweiser Option

Der Sportverein hätte auch die Möglichkeit gehabt, für die Versteuerung der von der Steuer ausgenommenen Umsätze aus den Zuschauereintritten zu optieren. Dadurch hätte sich folgende Steuerforderung ergeben:

Steuerbare Werbeeinnahmen und gastgewerbliche Leistungen (exkl. 8% MWST)		CHF 240 000.00	
Steuerbare Einnahmen aus Zuschauereintritten (exkl. 2.5% MWST, d. h. CHF 120 000.– : 102.5% · 100%)		CHF 117 073.20	
		CHF 357 073.20	89.93%
Mitgliederbeiträge (von Aktiven)		CHF 40 000.00	10.07%
Massgebende Einnahmen für die Berechnung der Vorsteuerkorrektur		CHF 397 073.20	100.00%
Steuerberechnung:	8% von (100%)	CHF 240 000.00	CHF 19 200.00
	2.5% von (100%)	CHF 117 073.20	CHF 2 926.80
	Vorsteuerabzug 89.93% von CHF	15 000.00	CHF –13 489.50
Steuerforderung mit teilweiser Option			**CHF 8 637.30**

Aus dieser Berechnung ist klar ersichtlich, dass sich der Sportverein durch die freiwillige Versteuerung von Umsätzen einen legalen Steuervorteil erarbeiten kann. In diesem Beispiel resultiert eine um CHF 1 562.70 tiefere Steuerforderung, ohne dass dem Leistungsempfänger die geschuldete Steuer auf dem Umsatz zusätzlich überwälzt werden musste.

Steuerfolgen bei vollständiger Option

Es wäre auch möglich gewesen, für die Versteuerung sämtlicher von der Steuer ausgenommenen Umsätze zu optieren. Daraus hätte sich folgende Steuerforderung für die Steuerperiode ergeben:

Steuerbare Werbeeinnahmen und gastgewerbliche Leistungen (exkl. 8% MWST)		CHF 240 000.00	
Steuerbare Einnahmen aus Mitgliederbeiträgen (exkl. 8% MWST, d. h. CHF 40 000.– : 108% · 100%)		CHF 37 037.05	
Steuerbare Einnahmen aus Zuschauereintritten (exkl. 2.5% MWST, d. h. CHF 120 000.– : 102.5% ·100%)		CHF 117 073.20	
		CHF 394 110.25	100.00%
Steuerberechnung:	8% von (100%)	CHF 277 037.05	CHF 22 162.95
	2.5% von (100%)	CHF 117 037.20	CHF 2 926.80
	Vorsteuerabzug 100% von CHF	15 000.00	CHF –15 000.00
Steuerforderung mit vollständiger Option			**CHF 10 089.75**

Wenn die Steuer auf dem optierten Umsatz zum Normalsatz zu berechnen ist, erzielt der Sportverein in der Regel durch die Option keinen Vorteil. Falls er aber die zusätzlich geschuldete Umsatzsteuer auf seine Empfänger überwälzen kann, was in gewissen Fällen durchaus denkbar ist, führt auch die freiwillige Versteuerung von Umsätzen zum Normalsatz zu einem Vorteil für die Steuerpflichtigen. Diese Situation ist insbesondere dann von besonderem Nutzen und deshalb in der Praxis auch üblicherweise problemlos umsetzbar, wenn alle Leistungsempfänger zur Vornahme des vollen Vorsteuerabzugs berechtigt sind.

3.2.3 Eingeschränkte Option zum Normalsatz

Für folgende Umsätze ist die **Option ausgeschlossen,** wenn die bezogene Leistung durch den Leistungsempfänger **ausschliesslich** für **Wohnzwecke** genutzt wird:

- Übertragung und Bestellung von dinglichen Rechten an Grundstücken sowie die Leistungen von Stockwerkeigentümergemeinschaften an ihre Mitglieder (Ziff. 20)
- Überlassung von Gebäuden und Gebäudeteilen zum Gebrauch oder zur Nutzung (Ziff. 21)

Muss man davon ausgehen, dass der Empfänger (z. B. der Mieter) die Leistungen ausschliesslich für Wohnzwecke verwendet, ist eine **freiwillige Versteuerung ausgeschlossen.**

Beispiel	Die Alpha Immobilien AG vermietet eine Liegenschaft in Basel. Im Parterre ist ein Hi-Fi-Geschäft eingemietet, die oberen Stockwerke werden als Wohnungen an Alleinstehende und Familien vermietet. Die Alpha Immobilien AG kann für die freiwillige Versteuerung der Mieteinnahmen aus dem Mietvertrag mit dem Hi-Fi-Geschäft optieren.
	Für die Mietumsätze der oberen Stockwerke besteht kein Wahlrecht, da die Wohnungen für Wohnzwecke vermietet werden.

Aus diesem Beispiel ist ersichtlich, dass nicht etwa für ganze Liegenschaften optiert wird bzw. optiert werden kann, sondern für jedes einzelne Leistungsverhältnis.

Worin besteht nun der **Vorteil** einer solchen freiwilligen Besteuerung?

Das folgende Beispiel soll diesen Vorteil darstellen.

Beispiel	Willy Minder wurde ein unbebautes Grundstück bzw. Bauland zum Kauf angeboten. Die Bewilligung zum Bau eines Geschäftshauses liegt vor. Der Kaufpreis des Landes beträgt CHF 12 Mio., die Baukosten schätzt Willy Minder auf ca. CHF 18 Mio. (inkl. Baukreditzinsen). 70% der Gestehungskosten könnten über einen Baukredit zu einem Zinssatz von 6% finanziert werden (CHF 21 Mio.). Willy Minder erwartet aus der Vermietung der Liegenschaft eine Bruttorendite von 8%. Alle Zahlen verstehen sich exkl. MWST.

Wenn die Mieteinnahmen nicht mit der MWST belastet sind, kann folgende Kalkulation gemacht werden:

Baukosten exkl. Zins	CHF	17 400 000.–
MWST auf Baukosten	CHF	1 392 000.–
Baukreditzins (Kreditdauer 1 Jahr, durchschnittlich CHF 10 Mio.)	CHF	600 000.–
Land (Wert des Bodens)	CHF	12 000 000.–
Total Anlagekosten	**CHF**	**31 392 000.–**

Will Willy Minder nun eine Bruttorendite von 8% realisieren, muss er jährlich Mietzinseinnahmen von CHF 2 511 360.– erzielen.

Wenn die Mieteinnahmen mit der MWST belastet sind, wird folgende Kalkulation gemacht:

Baukosten exkl. Zins	CHF	17 400 000.–
MWST auf Baukosten	CHF	1 392 000.–
Baukreditzins (Kreditdauer 1 Jahr, durchschnittlich CHF 10 Mio.)	CHF	600 000.–
Vorsteuerabzug	CHF	–1 392 000.–
Land (Wert des Bodens)	CHF	12 000 000.–
Total Anlagekosten	**CHF**	**30 000 000.–**

Bei gleich bleibender Rendite ergibt sich ein Jahresmietzins von CHF 2.4 Mio. Allerdings ist die Miete dem Mieter mit 8% MWST (CHF 192 000.–) in Rechnung zu stellen, was eine Bruttomiete von CHF 2 592 000.– ergibt.

Auf den ersten Blick erscheint die Belastung des Mieters bei der Variante «versteuerte Miete» höher. Es ist aber zu beachten, dass der Mieter in aller Regel seinerseits steuerpflichtig ist und somit den Vorsteuerabzug geltend machen kann.

Die endgültige Mietzinsbelastung des Mieters nach Vornahme seines Vorsteuerabzugs beträgt also nur CHF 2.4 Mio.

Ein weiterer Vorteil in der Variante «versteuerte Miete» besteht für Willy Minder im geringeren Kapitalbedarf, da er ja die von ihm an seine Lieferanten bezahlten MWST laufend als Vorsteuern in Anrechnung bringen kann. Aus diesem Effekt erzielt er in unserem Beispiel einen Zinsvorteil von ca. CHF 20 000.–.

3.2.4 Keine Option möglich

Für die bisher nicht erwähnten, von der Steuer ausgenommenen Umsätze ist gar keine Option möglich. Es sind dies:

- Die Versicherungs- und Rückversicherungsumsätze einschliesslich der Umsätze aus der Tätigkeit als Versicherungsvertreter oder Versicherungsmakler (Ziff. 18)

- Gewisse Umsätze im Bereich des Geld- und Kapitalverkehrs (z. B. die Gewährung und Vermittlung von Krediten, die Umsätze von Wertpapieren oder die Verwaltung von kollektiven Kapitalanlagen; Ziff. 19)
- Leistungen bei Wetten, Lotterien und sonstigen Glücksspielen (Ziff. 23)

3.2.5 Option bei Saldo- bzw. Pauschalsteuersätzen

Grundsätzlich ist bei Anwendung der vereinfachten Abrechnungsmethoden mittels Pauschal- bzw. Saldosteuersätzen (s. Kap. 14, S. 212 ff.) eine Option für die freiwillige Versteuerung der von der Steuer ausgenommenen Leistungen nicht möglich.

Dabei sind aber die **zwei** folgenden **Ausnahmebestimmungen** zu beachten:

- Steuerpflichtige, die mit der Saldosteuersatzmethode abrechnen, können für die Versteuerung der Erzeugnisse aus der eigenen Urproduktion (s. Kap. 3.1.26, S. 54) optieren, d. h. diese freiwillig versteuern und zum massgebenden Saldosteuersatz abrechnen.
- Steuerpflichtige, die mit der Pauschalsteuersatzmethode abrechnen, können für die Versteuerung der Leistungen innerhalb des gleichen Gemeinwesens optieren (s. Kap. 3.1.27, S. 55).

Zusammenfassung

Das Mehrwertsteuergesetz listet im Artikel 21 Abs. 2 abschliessend alle **Umsätze** auf, die **von der Steuer ausgenommen** sind. Diese Umsätze berechtigen nicht zur Vornahme des Vorsteuerabzugs. Es handelt sich um folgende Umsätze:

1. Befördern von Gegenständen im Postverkehr
2. Spitalbehandlung und ärztliche Heilbehandlung in Spitälern
3. Heilbehandlung von Ärzten, Zahnärzten, Psychotherapeuten, Chiropraktikern, Physiotherapeuten, Naturärzten, Hebammen, Krankenschwestern und Angehörigen ähnlicher Heil- und Pflegeberufe
4. Haushilfe und Pflegeleistungen
5. Die Lieferung von menschlichen Organen und menschlichem Blut
6. Die Leistungen von Praxisgemeinschaften an die Mitglieder dieser Gemeinschaft, wenn die Leistung zu Selbstkosten fakturiert wird
7. Kranken-, Verletzten- und Invalidentransporte
8. Leistungen im Bereich der Sozialfürsorge und der Sozialhilfe
9. Umsätze im Zusammenhang mit Kinder- und Jugendbetreuung
10. Leistungen gemeinnütziger Jugendaustauschorganisationen
11. Leistungen im Bereich der Erziehung und Bildung
12. Personalverleih durch gemeinnützige Organisationen
13. Mitgliederbeiträge
14. Kulturelle Dienstleistungen
15. Entgelt für sportliche Anlässe, inkl. Startgelder
16. Kulturelle Lieferungen und Dienstleistungen von bestimmten Kulturschaffenden
17. Flohmärkte, Basare
18. Versicherungs- und Rückversicherungsumsätze
19. Finanzdienstleistungen
20. Bestellung und Übertragung von dinglichen Rechten an Grundstücken
21. Vermietung und Verpachtung von Grundstücken
22. Umsätze mit gültigen Briefmarken und anderen amtlichen Wertzeichen
23. Umsätze bei Wetten, Lotterien und Glücksspielen
24. Lieferung bestimmter, gebrauchter Gegenstände
25. Umsätze von Ausgleichskassen
26. Eigene Erzeugnisse von Urproduzenten
27. Bekanntmachungsleistungen
28. Leistungen innerhalb des gleichen Gemeinwesens
29. Funktionen der Schiedsgerichtsbarkeit

Unter bestimmten Voraussetzungen können von der Steuer ausgenommene Tätigkeiten freiwillig versteuert (optiert) werden.

Optieren können:

- Steuerpflichtige unabhängig von der Höhe der von der Steuer ausgenommenen Umsätze
- bisher nicht Steuerpflichtige, die eine unternehmerische Tätigkeit ausüben und damit gleichzeitig auch auf die Befreiung von der Steuerpflicht verzichten

Es gibt **drei Kategorien** von Optionsmöglichkeiten:

- Uneingeschränkte Option zum Normalsatz
- Uneingeschränkte Option zum reduzierten Steuersatz
- Eingeschränkte Option zum Normalsatz

Der Vorteil der Option ist, dass der Leistungserbringer den Vorsteuerabzug beanspruchen kann.

Repetitionsfragen

13	Welche Wirkung haben die von der Steuer ausgenommenen Leistungen hinsichtlich Steuerpflicht und Vorsteuerabzug?
14	Die Sanitemp AG vermittelt dem Heiligkreuz Spital in Pratteln temporär eine Krankenpflegerin. Beschreiben Sie die mehrwertsteuerlichen Folgen für die Sanitemp AG und für das Spital.
15	Der Cousin von Gabriele Gehrig muss sich im Spital einer Knieoperation unterziehen. Gabriele Gehrig besucht ihren Verwandten eine Woche nach der Operation im Spital. Der Cousin und Gabriele Gehrig beschliessen, in der Cafeteria des Spitals Kaffee zu trinken. Der Cousin bezahlt für Kaffee und Kuchen für sich und Gabriele Gehrig an der Kasse der Cafeteria CHF 15.40. Die Cafeteria wird durch das Spital selber betrieben. Hat das Spital diesen Umsatz mit der ESTV als mehrwertsteuerpflichtigen Umsatz abzurechnen?
16	Die TV AG offeriert ihren Kunden beim Kauf eines TV-Geräts die Möglichkeit, die Garantie um ein Jahr zu verlängern. Die Prämie für diese Garantieverlängerung betrachtet die TV AG als Versicherungsumsatz und rechnet diesen nicht ab. Kann diese Vorgehensweise beanstandet werden?
17	Der Verein der eidg. dipl. Warenhändler führt ein eintägiges Seminar zur MWST durch. Verschiedene Referenten aus der Privatwirtschaft und von der ESTV sprechen zum Thema Warenhandel und MWST. Im Seminarpreis von CHF 650.– ist auch das Mittagessen inbegriffen. Das Mittagessen ist auf der Rechnung separat ausgewiesen. Wie ist dieser Umsatz des Vereins mehrwertsteuerlich zu beurteilen?
18	Die ALBA AG bietet nebst steuerbaren Leistungen auch von der Steuer ausgenommene Schulungsleistungen an. Einerseits werden periodisch Steuer-Seminare durchgeführt, an denen hauptsächlich steuerpflichtige Personen teilnehmen. Andererseits wird eine Vorbereitung auf Berufsprüfungen im Fach Steuern angeboten. An diesen Kursen nehmen hauptsächlich Privatpersonen teil. Die ALBA AG hat für die Versteuerung der Seminare durch Ausweis der Steuer auf den Rechnungen optiert. Die Umsätze aus den Seminaren wurden versteuert, die Umsätze aus den Kursen wurden weiterhin als von der Steuer ausgenommen behandelt, weil hier eine Überwälzung der Steuer auf die Privatkunden nicht möglich ist. Ist es zulässig, dass die ALBA AG nur die Umsätze aus den Seminaren, nicht jedoch diejenigen aus den Kursen versteuert hat?

4 Von der Steuer befreite Leistungen

Lernziele	Nach der Bearbeitung dieses Kapitels können Sie … • die steuerbefreiten Leistungen aufzählen.
Schlüsselbegriffe	Ausfuhr im Reisendenverkehr, Ausfuhrnachweis, Ausfuhr von Energie, Ausfuhr von Gegenständen, Ausfuhr von Motorfahrzeugen, Beförderungsleistungen, Busverkehr, diplomatische Dienste, Eisenbahnverkehr, elektronische Veranlagungsverfügung (eVV), Entlastung von der MWST an der Quelle, Export, freie Beweiswürdigung, Geschäftssitz im Ausland, Güterbeförderung, Inlandlieferung, Luftverkehr, Luftverkehrsunternehmen, Münz- und Feingold, Personenbeförderung, Reihengeschäft, Reisebüros, unverzollte Gegenstände, Verbringung von Gegenständen ins Ausland, Verleasen von Luftfahrzeugen, Verleasen von Schienenfahrzeugen, Vermieten von Luftfahrzeugen, Vermieten von Schienenfahrzeugen, Vermittlungsleistungen, Wohnsitz im Ausland, Zollfreiläden auf Flughäfen, Zollfreilager, Zolllager

4.1 Einleitung

Damit Umsätze oder Leistungen durch das MWSTG von der Steuer befreit werden können, müssen sie zuerst überhaupt steuerbar sein, da sonst gar keine Befreiung von der Steuerbarkeit möglich ist.

Das bedeutet, dass diese Umsätze bei der Ermittlung der Umsatzgrenze zur Befreiung von der Steuerpflicht mitberücksichtigt werden (s. Kap. 6.3, S. 88). Da es sich zudem um Leistungen aufgrund einer unternehmerischen Tätigkeit handelt, berechtigen diese Umsätze zum Vorsteuerabzug, obwohl sie steuerbefreit sind.

Die wichtigste Gruppe der von der Steuer befreiten Umsätze bilden die **Lieferungen von Gegenständen,** die **direkt ins Ausland** befördert oder versendet werden. Es gibt aber noch viele weitere von der Steuer befreite Leistungen, die in MWSTG 23 definiert werden und auf die wir im Folgenden eingehen.

4.2 Ausfuhr von Gegenständen

4.2.1 Voraussetzungen

Eine steuerbefreite Ausfuhr von Gegenständen liegt in all jenen Fällen vor, bei denen ein Gegenstand vom Steuerpflichtigen selber oder von seinem nicht steuerpflichtigen Abnehmer aus dem Inland direkt ins Ausland befördert oder versendet wird, ohne dass der Steuerpflichtige oder sein Abnehmer den Gegenstand vorher im Inland in Gebrauch genommen oder im Inland im Rahmen eines Lieferungsgeschäfts einem Dritten übergeben hat. Es ist aber zulässig, dass der Gegenstand der Lieferung vor der Ausfuhr durch Beauftragte des nicht steuerpflichtigen Abnehmers bearbeitet oder verarbeitet wird.

Wie bereits ausgeführt worden ist, ist der Ort der Lieferung dort, wo die Beförderung oder Versendung des Gegenstands zum Abnehmer beginnt. Damit eine steuerbefreite Exportlieferung vorliegen kann, muss sich dieser **Abgangsort** also im **Inland** befinden. Nur wenn nachweisbar ein Gegenstand vom In- ins Ausland geliefert wird, liegt eine Exportlieferung vor.

4.2.2 Ausfuhrnachweis

Im Zusammenhang mit der Steuerbefreiung bei der Ausfuhr ist es von grosser Bedeutung, ob es sich im Einzelfall um eine Lieferung oder um eine Dienstleistung handelt. Der Nachweis der Ausfuhr wird nämlich bei der Dienstleistung und bei der Lieferung von Gegenständen auf unterschiedliche Weise erbracht. Bei **Dienstleistungen** erfolgt der Nachweis, dass es sich um steuerbefreite oder um im Ausland erbrachte Dienstleistungen handelt, **buch- und belegmässig**. Bei der Ausfuhr im Zusammenhang mit Lieferungen liegt eine Steuerbefreiung zweifelsfrei dann vor, wenn die Ausfuhr mit einem **Dokument der Eidgenössischen Zollverwaltung (EZV)** nachgewiesen ist. Als Ausfuhrnachweis gelten z. B. die Veranlagungsverfügung Ausfuhr oder das von der EZV gestempelte Exemplar Nr. 3 des Einheitsdokuments. Es gilt jedoch der Grundsatz der **freien Beweiswürdigung**. Liegt kein entsprechendes Dokument der EZV vor, ist es auch möglich, den Nachweis für eine Steuerbefreiung auf andere Art und Weise zu erbringen.

Bei Ausfuhrsendungen durch **Speditions- und Kurierfirmen** oder durch die Schweizerische Post kann für die Steuerbefreiung auf die Veranlagungsverfügung der EZV verzichtet werden, sofern der Wert der einzelnen Sendung nicht mehr als **CHF 1 000.–** beträgt. In diesen Fällen ist die Steuerbefreiung anhand der Geschäftsunterlagen sowie der vom Beförderungsunternehmen erhaltenen Dokumente nachzuweisen.

4.2.3 Sonderregelungen und Ausnahmen

Beim Export von Gegenständen gibt es verschiedene Sonderregelungen und Ausnahmen:

- Eine erste Sonderregelung besteht für im Ladengeschäft getätigte Verkäufe an Personen mit Wohnsitz im Ausland **im Reisendenverkehr.** Diese sind unter folgenden, **kumulativ** zu erfüllenden Bedingungen steuerbefreit:
    - Der Lieferpreis muss mindestens CHF 300.– (inkl. MWST) betragen.
    - Der Abnehmer darf nicht im Inland Wohnsitz haben, darf aber Schweizer Bürger sein. Der Gegenstand muss für seinen privaten Gebrauch oder für Geschenkzwecke bestimmt sein.
    - Der Gegenstand muss vom Abnehmer innert 30 Tagen nach der Übergabe ins Ausland ausgeführt werden.
- Eine weitere Besonderheit ist die steuerliche Behandlung von Inlandlieferungen von **Motorfahrzeugen zwecks Ausfuhr** sowie Reparaturarbeiten an im Ausland immatrikulierten Motorfahrzeugen. Grundsätzlich unterliegen diese Leistungen der MWST. Eine Steuerbefreiung kann hingegen eintreten, wenn mittels Veranlagungsverfügung der EZV nachgewiesen werden kann, dass das Motorfahrzeug innert 48 Stunden nach der Lieferung das Inland definitiv verlassen hat.
- Speziell ist auch das **Reihengeschäft** zu beachten. Bei einem Reihengeschäft im Zusammenhang mit der Ausfuhr wird ein Gegenstand von A im Inland direkt an C ins Ausland geliefert, die Rechnungsstellung erfolgt jedoch von A an B und von B an C.
Es ist nicht von Bedeutung, ob A, B und C In- oder Ausländer sind. Alle beteiligten Lieferanten können von der Steuerbefreiung profitieren, sofern die Ausfuhr nachgewiesen werden kann. Wenn mehrere Lieferanten an einer Ausfuhr beteiligt sind, reicht es aus, wenn sie jeweils über eine Kopie der Veranlagungsverfügung der EZV verfügen.
- Die **Energie** gilt auch als Gegenstand. Die EZV erfasst die Ein-, Aus- und Durchfuhr von elektronischem Strom zollamtlich nicht. Die im Import und Export tätigen Unternehmen sind verpflichtet, dem Bundesamt für Energie (BFE) die Mengen der Ein- und Ausfuhren zu melden. Diese Meldungen gelten auch für die ESTV als Ausfuhrnachweis.

4.3 Das Vermieten und Verleasen von Gegenständen

Das Vermieten und Verleasen von Gegenständen gilt als Lieferung. Der Ort dieser Lieferung ist dort, wo das Mietobjekt durch den Mieter abgeholt bzw. an ihn übergeben wird, unabhängig davon, wo der Gegenstand anschliessend genutzt wird.

Sofern einwandfrei nachgewiesen werden kann, dass der überlassene Gegenstand durch den Empfänger überwiegend im Ausland genutzt wird, wird diese Inlandlieferung von der Steuer befreit. Massgebend für die überwiegende Nutzung ist dabei grundsätzlich die Nutzungsdauer. Bei Beförderungsmitteln kann ebenfalls die Kilometerleistung berücksichtigt werden.

4.4 Inlandlieferung von unter Zollüberwachung stehenden Gegenständen

Lieferungen von Gegenständen im Inland, die nachweislich unter Zollüberwachung stehen, sind ebenfalls von der Steuer befreit. Darunter fallen insbesondere folgende Lieferarten:

- Lieferungen im Rahmen eines Transitverfahrens
- Lieferungen im Zolllagerverfahren
- Lieferungen im Rahmen des Zollverfahrens der vorübergehenden Verwendung oder der aktiven Veredelung
- Lieferungen ab einem Zollfreilager

Der Sinn dieser Bestimmung ist, dass Gegenstände aus dem Ausland, die nur vorübergehend in der Schweiz sind und anschliessend wieder ausgeführt werden, dem Bestimmungslandprinzip folgend, nicht mit MWST belastet werden sollen.

4.5 Verbringen von Gegenständen ins Ausland

Das Verbringen von Gegenständen ins Ausland ist keine Lieferung im Sinne des MWSTG. Bei einem Verbringen wird die **Verfügungsmacht** an einem Gegenstand **nicht auf einen Dritten übertragen** und es erfolgt immer **unentgeltlich.**

Um ein Verbringen handelt es sich z. B., wenn ein Unternehmen Gegenstände, deren **Abnehmer noch unbekannt** sind, in ein ausländisches Auslieferungslager bringt. Auch das Verbringen von Werkzeugen oder Maschinen ins Ausland, um mit diesen dort Arbeiten ausführen zu können, ist keine Lieferung.

Es ist zu beachten, dass auch das Verbringen von Gegenständen ins Ausland zollamtlich nachgewiesen werden muss. Werden von Dritten Beförderungsleistungen oder Nebenleistungen des Transportgewerbes erbracht, die im Zusammenhang mit einem solchen Verbringen von Gegenständen ins Ausland stehen, so sind diese Beförderungsleistungen von der Steuer befreit. Einzelheiten zur Beförderungsleistung werden nachstehend erläutert.

4.6 Beförderungsleistungen und Export

Der **Ort der Dienstleistung** ist entscheidend dafür, ob eine Beförderungsleistung steuerbar ist, von der Steuer befreit werden kann oder als im Ausland erbracht gilt. Befindet sich dieser im Ausland, unterliegt die Leistung nicht der Steuer. Dabei ist zwischen Personen- und Güterbeförderungen zu unterscheiden.

Der Ort der Dienstleistung liegt bei **Personenbeförderungsleistungen** in dem Land, in dem die zurückgelegte Strecke liegt.

Bei **Güterbeförderungen** befindet sich der Ort der Leistung am Sitz des Leistungsempfängers. Somit unterliegen **Güterbeförderungen für ausländische Kunden** nicht der schweizerischen MWST, und zwar unabhängig davon, wo die Beförderungsleistung ausgeführt wird (d. h. unabhängig davon, wo die zurückgelegte Strecke liegt). **Güterbeförderungen für inländische Kunden** unterliegen der schweizerischen MWST, sind aber von der Steuer befreit, wenn sich der beförderte Gegenstand zu Beginn und / oder am Ende des Transports im Ausland befindet.

Nebentätigkeiten des Transportgewerbes sind steuerlich gleich zu behandeln wie Güterbeförderungsleistungen. Der Ort der Dienstleistung liegt bei Nebentätigkeiten des Transportgewerbes wie Beladen, Entladen, Umschlagen, Lagerung, Absacken und Ähnlichem an dem Ort, an dem der Dienstleistungsempfänger seinen Sitz hat. Bei inländischen Empfängern sind diese Nebentätigkeiten von der Steuer befreit, wenn sie im Zusammenhang mit der Einfuhr oder Ausfuhr von Gegenständen stehen oder wenn sie im Ausland erbracht werden.

Die Steuerbefreiung besteht im Zusammenhang mit Exportleistungen bzw. im Ausland erbrachten Leistungen aus folgenden Gründen: Beim Export von Gegenständen werden die Beförderungsleistungen und die damit zusammenhängenden Nebenleistungen direkt oder indirekt dem ausländischen Kunden (d. h. Erwerber des Gegenstandes) belastet. Solche Dienstleistungen stehen somit im Zusammenhang mit dem steuerbefreiten Export von Gegenständen. Daher sind sie selbst auch von der Steuer befreit.

4.7 Beförderungsleistungen und Transitware

Die Beförderung von Gegenständen im Inland und alle damit zusammenhängenden Leistungen sind steuerbefreit, wenn die Gegenstände unter Zollüberwachung stehen und zur Ausfuhr bestimmt sind (unverzollte Transitware).

Diese Befreiung ergibt sich aus der in Kapitel 4.4, S. 65 beschriebenen Regelung, wonach Inlandlieferungen von unter Zollüberwachung stehenden Gegenständen ausländischer Herkunft, die wieder ausgeführt werden, vollständig steuerunbelastet bleiben sollen.

4.8 Luft-, Eisenbahn- und Busverkehr

Beförderungsleistungen unterliegen grundsätzlich für jene Strecke der MWST, die über schweizerisches Hoheitsgebiet führt. Der Bundesrat hat aber eine weitere Ausnahme von diesem Grundsatz festgeschrieben.

Der **Personentransport im internationalen Luft-, Eisenbahn- und Busverkehr ist von der Steuer befreit.** Das setzt jedoch voraus, dass je nach Verkehrsmittel unterschiedliche Voraussetzungen erfüllt sind:

- Bei Beförderungen im Luftverkehr entsteht eine Steuerbefreiung, wenn entweder der Abgangs- oder der Ankunftsort im Inland liegt. Auch Beförderungen im Luftverkehr von einem ausländischen Flughafen zu einem anderen ausländischen Flughafen über inländisches Gebiet sind von der Steuer befreit.
- Beförderungen im grenzüberschreitenden Eisenbahnverkehr sind grundsätzlich von der Steuer befreit, soweit es sich um eine Strecke handelt, für die ein internationaler Fahrausweis benötigt wird. Darunter fallen vor allem Strecken, bei denen entweder der Abgangs- oder der Ankunftsbahnhof im Inland liegt oder inländische Strecken, die im Transit benutzt werden, um im Ausland liegende Bahnhöfe zu verbinden.
- Bei Beförderungen von Personen mit Autobussen tritt die Steuerbefreiung dann ein, wenn die Strecke überwiegend über ausländisches Gebiet führt oder die inländische Strecke nur im Transit benutzt wird, um im Ausland liegende Orte zu verbinden.

Bei **Flugreisen** gilt die Steuerbefreiung auch dann, wenn der Flug im Inland zwecks Umsteigens oder Zusteigens weiterer Passagiere unterbrochen wird. So ist der Flug Zürich–Genf–London in seiner Gesamtheit von der Steuer befreit, auch wenn es sich beim Flug Zürich–Genf um einen Inlandflug handelt. Für jene Passagiere, die nur den Flug Zürich–Genf gebucht haben, handelt es sich um einen steuerbaren Inlandflug.

Bei **Bahnreisen** muss neben dem Erfordernis des ausländischen Abgangs- oder Ankunftsbahnhofs auch der **Fahrpreisanteil,** der auf die ausländische Strecke entfällt, grösser sein als der MWST-Betrag, der auf den inländischen Teil der Reise entfallen würde, damit das gesamte Entgelt von der Steuer befreit ist.

Beispiel

Die Bahnreise von Zürich nach Bregenz (AT) kostet CHF 40.– (exkl. MWST). Die in der Schweiz zurückgelegte Strecke beträgt 90% der Gesamtdistanz. Somit unterliegen grundsätzlich CHF 36.– der MWST, was einem Steuerbetrag von CHF 2.90 entspricht. Der auf die ausländische Strecke entfallende Anteil des Fahrpreises beträgt CHF 4.–. Da dieser Fahrpreisanteil, der auf die ausländische Strecke entfällt, höher ist als die MWST auf dem inländischen Fahrpreisanteil, ist der gesamte Fahrpreis nicht zu versteuern.

Erzielt ein **Luftverkehrsunternehmen** hauptsächlich, also zu mehr als 50%, seine Umsätze aus Flügen im internationalen Verkehr, so sind in diesem Bereich weitere Lieferungen und Leistungen von der Steuer befreit.

Leistungen wie **Unterhalts- und Reparaturleistungen** (Lieferung, Umbauten oder Wartung) an Luftfahrzeugen oder an Gegenständen, die in diesen Flugzeugen eingebaut sind (Bordküche o. Ä.), können diesen Fluggesellschaften steuerbefreit in Rechnung gestellt werden.

Dasselbe gilt auch für Gegenstände, die für den Betrieb dieser Flugzeuge notwendig sind (Betankungsanlage, Fingerdock usw.).

Allerdings sind die Leistungen nur dann von der Steuer befreit, wenn sie für den **unmittelbaren Bedarf des Luftfahrzeugs** bestimmt sind.

4.9 Vermittlungsleistungen

Die Dienstleistungen von ausdrücklich in fremdem Namen und für fremde Rechnung handelnden Vermittlern sind von der Steuer befreit, wenn der vermittelte Umsatz entweder selbst steuerbefreit ist oder ausschliesslich im Ausland erzielt wird. Wird der vermittelte Umsatz sowohl im Inland als auch im Ausland bewirkt, so ist nur der Teil der Vermittlung von der Steuer befreit, der auf den steuerbefreiten Inlandumsatz sowie den Umsatz im Ausland entfällt.

Die Umsätze des Vermittlers sind also von der Steuer befreit, wenn

- der vermittelte Gegenstand nachweislich direkt ins Ausland befördert oder versendet wird,
- der vermittelte Gegenstand im Ausland bleibt,
- sich der Gegenstand im Zeitpunkt der Vermittlung im Ausland befindet und erst anschliessend in die Schweiz importiert wird oder
- die vermittelte Dienstleistung im Ausland bewirkt wird.

4.10 Reisebüros und Organisatoren von Veranstaltungen

Die Dienstleistungen der Reisebüros bestehen im Verkauf von Reisearrangements oder von einzelnen Teilen einer Reise. Sie können dies als Tour Operator (Organisator von Reisen) oder als Retailer (Wiederverkäufer von Pauschalarrangements) machen.

Es sind **drei Verkaufsarten** möglich:

1. Verkauf von Inlandreisen: Diese müssen versteuert werden.
   Beispiel: Das Reisebüro verkauft dem Kunden Skiferien in Arosa.
2. Verkauf von Auslandreisen: In eigenem Namen erbrachte Leistungen von Reisebüros sind von der Steuer befreit, wenn die Reisebüros Lieferungen und Dienstleistungen Dritter in Anspruch nehmen, die von diesen im Ausland erbracht werden.
   Beispiel: Ein Tour-Operator verkauft Badeferien am Roten Meer ab dem Flughafen Genf. Das gesamte Entgelt ist von der Steuer befreit.
   Die Reiseveranstalter und die Retailer handeln grundsätzlich – ausser bei der Vermittlung von Flugtickets – in eigenem Namen. Daher gilt als Entgelt immer der dem Reisenden in Rechnung gestellte Betrag und nicht nur die Kommission, die der Retailer vom Tour-Operator erhält. Die Steuerbefreiung wird auch dann angewendet, wenn der Retailer die Dienstleistung im Ausland nicht direkt, sondern indirekt über den inländischen Reiseveranstalter bezieht.
3. Verkauf von Reisen im In- und Ausland: Bei diesen Umsätzen ist nur der Teil von der Steuer befreit, der auf die Umsätze im Ausland entfällt.
   Beispiel: Ein Tour-Operator verkauft Ferien am Gardasee (IT) ab Andermatt. Das auf die Strecke Andermatt–Chiasso entfallende Entgelt muss versteuert werden, der Rest wird von der Steuer befreit.

Separat in Rechnung gestellte **Buchungs- und Bearbeitungsgebühren** (Nebenkosten) gelten als Kostenfaktor der Gesamtrechnung. Sie sind steuerbar, wenn es sich um eine im Inland erbrachte Leistung handelt. Das Entgelt für eine Leistung im Ausland ist aber von der Steuer befreit. Handelt es sich um Leistungen im Inland und im Ausland, müssen die Kosten anteilsmässig versteuert werden.

Visumgebühren gehören nicht zum steuerbaren Umsatz, wenn sie separat und ohne Zuschlag in Rechnung gestellt werden (sog. Durchlaufposten).

Die Dienstleistungen von Organisatoren von Veranstaltungen werden analog wie diejenigen von Reisebüros behandelt.

4.11 Diplomatische Dienste

Die folgenden Einrichtungen und Personen haben Anspruch auf eine Entlastung von der MWST an der Quelle:

Institutionelle Begünstigte

Institutionelle Begünstigte sind diplomatische Missionen, ständige Missionen, konsularische Posten und internationale Organisationen.

Für die Steuerbefreiung müssen die institutionellen Begünstigten auf bestimmten, amtlichen Formularen bescheinigen, dass die bezogenen Leistungen zum **amtlichen Gebrauch** bestimmt sind.

Begünstigte Personen

Zu den begünstigten Personen zählen Personen bestimmter Kategorien wie diplomatische Vertreter, Konsularbeamte und hohe Beamte internationaler Organisationen.

Für die Steuerbefreiung müssen institutionelle Begünstigte, denen die begünstigte Person angehört, auf bestimmten, amtlichen Formularen für jede Lieferung oder Dienstleistung bescheinigen, dass die bezogenen Leistungen ausschliesslich für den **persönlichen Gebrauch** der begünstigten Person bestimmt sind.

4.12 Erstattung an Abnehmer mit Wohn- oder Geschäftssitz im Ausland

Es handelt sich hier nicht um eine Steuerbefreiung beim Leistungserbringer, sondern um eine **Steuerrückerstattung,** die dem Leistungsempfänger gewährt wird. Wir wollen dieses Thema aber dennoch in diesem Abschnitt abhandeln, da es in einem engen Zusammenhang mit dem Export steht.

Empfängern von im Inland ausgeführten Lieferungen und Dienstleistungen mit Wohn- und Geschäftssitz im Ausland wird die MWST gemäss MWSTG 107 Abs. 1 lit. b und MWSTV 151–156 unter folgenden Voraussetzungen zurückerstattet:

- Das Unternehmen darf in der Schweiz keine Lieferungen oder Dienstleistungen ausführen.
- Das Unternehmen muss in seinem Herkunftsland Unternehmereigenschaft besitzen.
- Der Staat des Wohn- und Geschäftssitzes muss Gegenrecht gewähren.
- Die rückzahlbare Steuer muss pro Kalenderjahr mindestens CHF 500.– betragen.
- Der Leistungsbezüger muss über jeweilige MWST-konforme Rechnungen verfügen.

Die MWST wird aber nur zurückvergütet, wenn das Unternehmen die Lieferungen und Dienstleistungen seinerseits dazu benutzt hat, um Umsätze zu tätigen, die zum Vorsteuerabzug berechtigen.

Führt das Unternehmen Dienstleistungen an Inländer aus, bei denen der Ort der Dienstleistung nach dem Empfängerortsprinzip im Inland ist, führt das grundsätzlich nicht zur Aberkennung des Rückerstattungsrechts.

Ist aber die Steuerbefreiung aufgrund von MWSTG 23 möglich, kann die MWST dem Empfänger im Ausland nicht zurückstattet werden.

Beispiel

Ein inländischer Steuerpflichtiger liefert einem Münchner Bijoutier Schmuck im Wert von CHF 5 000.–. Der Einfachheit halber gibt er diesen Schmuck einem Bekannten mit, der diesen Schmuck in München (DE) abliefert. Irrtümlicherweise hat der Bekannte diesen Schmuck aber beim Zoll nicht deklariert; darum ist kein Ausfuhrnachweis vorhanden.

Wie bereits erwähnt, entsteht die Steuerbefreiung bei der Ausfuhr von Gegenständen nur mit dem Ausfuhrnachweis. Da ein solcher nicht vorliegt, muss der inländische Steuerpflichtige die CHF 5 000.– zu 8% versteuern.

Eine Rückerstattung der Steuer an den Münchner Bijoutier aufgrund von MWSTG 107 Abs. 1 lit. b in Verbindung mit MWSTV 151 ff. ist nicht möglich, weil die Steuerbefreiung bei korrektem Vorgehen aufgrund von MWSTG 23 Abs. 2 Ziff. 1 möglich gewesen wäre.

Zusammenfassung

Steuerbefreite Leistungen berechtigen zum Vorsteuerabzug auf bezogenen Leistungen.

MWSTG 23 Abs. 2 u. a. in Verbindung mit MWSTV 40–44 erwähnt folgende **steuerbefreite Leistungen:**

1. Die Ausfuhr von Gegenständen mit entsprechenden Ausfuhrnachweisen
2. Vermieten und Verleasen von Gegenständen, sofern diese überwiegend im Ausland genutzt werden
3. Inlandlieferungen von unter Zollüberwachung stehenden Gegenständen
4. Verbringen von Gegenständen ins Ausland
5. Beförderungsleistungen
6. Beförderung von im Inland unverzollter Transitware und aller damit zusammenhängenden Leistungen
7. Leistungen im Luft-, Eisenbahn- und Busverkehr
8. Vermittlungsleistungen im Zusammenhang mit von der Steuer befreiten Umsätzen oder Auslandumsätzen
9. Dienstleistungen von Reisebüros und Organisatoren von Veranstaltungen, die im Ausland bewirkt werden

Leistungen an **diplomatische Dienste** können auch steuerbefreit werden, bzw. es besteht Anspruch auf Entlastung von der MWST an der Quelle.

Unter bestimmten Voraussetzungen wird die MWST von im Inland ausgeführten Leistungen an Empfänger (d. h. Unternehmen), die ihren Wohn- oder Geschäftssitz im Ausland haben, zurückerstattet.

Repetitionsfragen

19	Welche Auswirkungen haben die von der Steuer befreiten Leistungen hinsichtlich Steuerpflicht und Vorsteuerabzug?
20	Die Motoren AG in Olten gibt der Transport AG in Solothurn den Auftrag, Waren in Wien (AT) abzuholen und diese in ihr Lager nach Olten zu bringen. Die Transport AG stellt dafür Rechnung über CHF 2 000.–, wovon CHF 1 600.– auf den Transport in Österreich und CHF 400.– auf den Transport in der Schweiz entfallen. Wie hat die Transport AG diese CHF 2 000.– bezüglich MWST zu behandeln?
21	Mina Meier aus Thun hat ein Patenkind, das in Amsterdam (NL) wohnt. Dieses feiert in wenigen Tagen seinen 20. Geburtstag. Mina Meier geht in ein Uhrengeschäft in Thun und bestellt dort eine Uhr im Wert von CHF 300.–. Sie beauftragt das Uhrengeschäft, diese Uhr direkt an das Patenkind in Amsterdam zu versenden. Das Uhrengeschäft lässt diesen Versand durch die Post vornehmen und stellt nun Rechnung an Mina Meier in Thun für die Uhr und die Beförderungsleistung. Ist auf dieser Rechnung MWST geschuldet?

5 Nicht-Entgelte

Lernziele Nach der Bearbeitung dieses Kapitels können Sie ...

- erklären, welche Mittelflüsse als Nicht-Entgelte gelten.
- erläutern, wann eine Spende, eine Subvention oder ein Schadenersatz vorliegt.
- beschreiben, welche Nicht-Entgelte zu einer Vorsteuerkürzung führen.

Schlüsselbegriffe Beiträge und Beihilfen bei steuerbefreiten Lieferungen ins Ausland, Dividenden und andere Gewinnanteile, Einlagen in Unternehmen, Entgeltsminderung, Gelder für Kur- und Verkehrsvereine, Genugtuung, hoheitliche Tätigkeit, Konventionalstrafe, Kostenausgleichszahlungen, Nicht-Entgelte, Pfandgelder, Sanierung, Schadenersatz, Spenden, Subventionen, unselbstständig ausgeübte Tätigkeiten, Vorsteuerkorrektur, Vorsteuerkürzung

5.1 Abgrenzung zum Leistungsverhältnis

MWSTG 18 Abs. 2 zeigt Beispiele von Mittelflüssen, die mangels Leistung keine Entgelte im mehrwertsteuerlichen Sinn darstellen, d.h., die Mittel werden aufgewendet, ohne dass der Zuwender eine Gegenleistung erwartet. Dazu zählen:

a. Subventionen und andere Beiträge der öffentlichen Hand
b. Gelder, die Kur- und Verkehrsvereine erhalten
c. Beiträge aus kantonalen Wasser-, Abwasser- oder Abfallfonds an Entsorgungsanstalten oder Wasserwerke
d. Spenden
e. Einlagen in Unternehmen, insbesondere zinslose Darlehen, Sanierungsleistungen und Forderungsverzichte
f. Dividenden und andere Gewinnanteile
g. Vertraglich oder gesetzlich geregelte Kostenausgleichszahlungen, die durch eine Organisationseinheit, namentlich durch einen Fonds, an Akteure innerhalb einer Branche geleistet werden
h. Pfandgelder, namentlich Umschliessungen und dergleichen.
i. Zahlungen für Schadenersatz, Genugtuung und dergleichen.
j. Entschädigungen für unselbstständig ausgeübte Tätigkeiten wie Verwaltungsratshonorare usw.
k. Erstattungen, Beiträge und Beihilfen bei Lieferungen ins Ausland, die von der Steuer befreit sind
l. Gebühren, Beiträge oder sonstige Zahlungen, die für hoheitliche Tätigkeiten empfangen werden

Das **Weiterleiten** von Nicht-Entgelten (z.B. innerhalb von Bildungs- und Forschungskooperationen) unterliegt nicht der MWST (MWSTV 30 Abs. 1).

Erhält eine steuerpflichtige Person Mittel gemäss lit. a–c, hat sie ihren Vorsteuerabzug verhältnismässig zu kürzen, s. Kapitel 12.8, S. 197. Die Auswirkung der anderen Nicht-Entgelte auf den Vorsteuerabzug werden in Kapitel 10.1.2, S. 156 besprochen.

Nachstehend gehen wir auf die einzelnen Nicht-Entgelte näher ein.

5.2 Subventionen und andere Beiträge der öffentlichen Hand

Subventionen und andere öffentlich-rechtliche Beiträge gelten nie als Entgelte, selbst wenn sie gestützt auf einen Leistungsauftrag oder eine Programmvereinbarung ausgerichtet werden. Als Subventionen gelten von einem Gemeinwesen ausgerichtete

- Finanzhilfen und Abgeltungen gemäss Art. 3 Abs. 1 und 2 des Subventionsgesetzes
- Forschungsbeiträge, sofern das Gemeinwesen kein Exklusivrecht auf die Forschungsresultate hat
- Vergleichbare Mittelflüsse, die gestützt auf kantonales oder kommunales Recht ausgerichtet werden

5.3 Gelder, die Kur- und Verkehrsvereine erhalten

Sind folgende Voraussetzungen erfüllt, gelten **Zahlungen an Kur- und Verkehrsvereine** aus Tourismusabgaben (z. B. Kur-, Sport-, Wirtschaftsförderungs- und Geschäftsaxen) ebenfalls nicht als Entgelte:

- Der Kur- und Verkehrsverein bzw. die Tourismusorganisation ist mit der Verwendung der Abgaben nach Gesetz beauftragt und
- die erhaltenen Abgaben werden nach dem im Gesetz umschriebenen Zweck verwendet.

5.4 Beiträge aus kantonalen Wasser-, Abwasser- oder Abfallfonds an Entsorgungsanstalten oder Wasserwerke

Die Beiträge aus den kantonalen Entsorgungs- und Versorgungsfonds an die entsprechenden Entsorgungsanstalten oder Wasserwerke stellen Spezialfälle von Subventionen dar und sind den Subventionen aus Kapitel 5.2 grundsätzlich gleichgestellt. Lediglich der Rechtssicherheit und Klarheit halber wurde die ausdrückliche Nennung dieser Zahlungen im MWSTG erwähnt.

5.5 Spenden

Auch Spenden sind keine Entgelte, da der Spender vom Empfänger keine Leistung erwartet bzw. erhält. Beiträge von Passivmitgliedern und Gönnern an Vereine oder gemeinnützige Organisationen sind den Spenden gleichgestellt. Sind folgende Kriterien erfüllt, liegt eine Spende im mehrwertsteuerlichen Sinn vor:

- Die Zuwendung erfolgt **freiwillig** (keine rechtliche Verpflichtung, keine gesetzliche Grundlage).
- Die Zuwendung erfolgt in der Absicht, den **Empfänger zu bereichern.**
- Der Zuwender erwartet **keine Gegenleistung.**
- Beim Zuwender handelt es sich **nicht** um ein **Gemeinwesen.**

Eine neutrale Erwähnung des Spenders in einer Publikation gilt nicht als Gegenleistung, selbst wenn dabei die Firma oder das Logo des Spenders verwendet wird.

Ist der Zuwender ein Gemeinwesen, handelt es sich nicht um eine Spende, sondern um eine Subvention.

So gelten beispielsweise auch Wirtschafts- und Förderpreise, die von Privaten und losgelöst von einer Leistung ausgerichtet werden, als Spende. Werden die Preise hingegen von der öffentlichen Hand ausgerichtet, gelten sie als Subvention.

Die Mehrwertsteuer

Beispiel	**Fall 1**

Ein Altersheim in Naters betreibt nebenbei noch ein Restaurant, das auch von aussenstehenden Personen besucht werden kann. Das Altersheim ist aufgrund des Restaurationsbetriebs im Register der steuerpflichtigen Personen eingetragen. Die ortsansässige Gastrowaren AG stiftet dem Altersheim für das Restaurant Waren im Wert von CHF 10 000.–. Im Jahresbericht des Heims wird der Name und das Logo der Gastrowaren AG unter den Spendern aufgeführt.

In diesem Fall handelt es sich um eine Spende. Die Erwähnung im Jahresbericht gilt nicht als Gegenleistung, da diese nicht mit Werbeslogans versehen ist. Das Heim muss die Spende nicht versteuern und muss auch keine Vorsteuerkürzung vornehmen.

Fall 2

Zum 50-Jahr-Jubiläum des Altersheims spendet die Gastrowaren AG zusätzlich noch einen Betrag von CHF 25 000.– für den Umbau des Restaurants. Das Heim erklärt sich bereit, dafür während drei Monaten an der Hausfassade einen Banner mit dem Aufdruck «Die Gastrowaren AG – alles, was ein Restaurant braucht» aufzuhängen.

Die Gastrowaren AG erhält für ihre Zuwendung eine Gegenleistung in Form einer Werbeleistung. Somit gilt die Zuwendung nicht mehr als Spende, sondern als steuerbares Entgelt für eine Werbeleistung.

5.6 Einlagen in Unternehmen wie zinslose Darlehen, Sanierungsleistungen und Forderungsverzichte

Einlagen in Unternehmen sind keine Entgelte, solange der Einlagengeber vom Unternehmen keine Leistung erhält. Solche Einlagen können sein:

- Kapitaleinlagen (Einlagen in Einzelfirmen, einfache Gesellschaften, Personengesellschaften, Kapitalgesellschaften und Genossenschaften durch deren Eigentümer, Gesellschafter oder Genossenschafter)
- Aufgelder
- Zuschüsse
- Forderungsverzichte auf Darlehen gegenüber einer überschuldeten Gesellschaft
- Zinsverzichte und Zinsreduktionen auf gewährten Darlehen
- Einräumung von Baurechten ohne oder mit reduziertem Baurechtszins

Erfolgt die Einlage durch einen Dritten, der nicht am Unternehmen beteiligt ist, handelt es sich nicht um eine Einlage im vorangegangenen Sinne sondern entweder um eine Spende oder um eine Subvention bzw. um einen anderen öffentlich-rechtlichen Beitrag.

5.7 Dividenden und andere Gewinnanteile

Dividenden und andere Gewinnanteile, z. B. von Personengesellschaften, werden ohne eine direkte Gegenleistung ausbezahlt, weshalb sie als Nicht-Entgelte anzusehen sind. Dabei spielt es keine Rolle, ob die Dividenden aufgrund einer massgeblichen Beteiligung (10% oder mehr) oder aufgrund gehaltener Wertschriften ausgerichtet werden.

5.8 Vertraglich oder gesetzlich geregelte Kostenausgleichszahlungen durch eine Organisation (Fonds) an Akteure einer Branche

Mangels Leistungsverhältnis fallen Kostenausgleichszahlungen innerhalb einer Branche nicht in den Anwendungsbereich der MWST. Solche Zahlungen, die besonders im Bereich der Land- und Elektrizitätswirtschaft eine Rolle spielen, bezwecken nicht die Vergünstigung der entsprechenden Leistungen, sondern sollen bestimmten inländischen Anbietern solcher Leistungen einen besseren Marktzugang ermöglichen oder ein bestimmtes Verhalten fördern oder belohnen.

5.9 Pfandgelder

Pfandgelder namentlich auf Umschliessungen und Gebinden wie z. B. Flaschen, Harassen, Paloxen und Gasflaschen (im Zirkulationsverkehr) sind keine Entgelte. Sie werden nicht für eine Leistung ausgerichtet und unterliegen der MWST nicht, sofern

- das Pfandgeld **separat in Rechnung gestellt** wird und
- das Pfandgeld bei Rückgabe der Umschliessung oder des Gebindes **zurückvergütet** wird.

Aus mehrwertsteuerlicher Sicht ist nicht relevant ob das Pfandgeld bei der Rückgabe oder lediglich periodisch aufgrund einer Gebindekontrolle abgerechnet wird.

5.10 Schadenersatz, Genugtuung und dergleichen

Eine Geldleistung aus Schadenersatz steht **nicht im Zusammenhang mit einem Leistungsaustausch**. Die Geldleistung wird erbracht, weil der Schädiger nach Gesetz oder Vertrag für den von ihm verursachten Schaden und dessen Folgen einzustehen hat und nicht, weil der Zahlende eine Lieferung oder Dienstleistung erhalten hat. Die Schadenersatzzahlung zählt **nicht zum Entgelt** und ist vom Empfänger daher nicht zu versteuern. Dem Schadenersatz gleichgestellt ist die **Genugtuung** (Schmerzensgeld). Einfachheitshalber wird nachstehend nur noch von Schadenersatz gesprochen, die Ausführungen gelten aber auch für die Genugtuung.

Schadenersatz im Sinne des MWSTG entsteht dadurch, dass der Leistungserbringer **seine Leistung nicht gehörig erbringt** (Liefer- oder Zahlungsverzug, Nicht-Erbringen einer Leistung) und aus diesem Grund schadenersatzpflichtig wird. So gilt z. B. der Verzugszins infolge Zahlungsverzug als typische Form von Schadenersatz.

Auch von Schadenersatz wird in jenen Fällen ausgegangen, wo der Vertragspartner vom Vertrag zurücktritt und ein entsprechendes **Reugeld** zahlen muss oder wo eine Leistung nicht oder nicht gehörig erfüllt wird und eine **Konventionalstrafe** zu zahlen ist. Dasselbe gilt, wenn die Pflicht zur Zahlung des Schadenersatzes auf eine unerlaubte Handlung (OR 41 ff.) zurückzuführen ist (z. B. Beschädigen eines fremden Fahrzeugs).

Hingegen ist der bei einer **Schlechterfüllung** eines Vertrags (z. B. Lieferung einer mangelhaften Maschine) gewährte **Preisnachlass** nicht Schadenersatz, sondern **Entgeltsminderung**. Schadenersatz liegt nur vor, wenn der Leistungsempfänger infolge der Schlechterfüllung einen Schaden erleidet (z. B. Produktionsausfall als Folge einer mangelhaften Maschine oder von Umbauarbeiten) und der Leistungserbringer diesen Schaden zu ersetzen hat. Eine Entgeltsminderung liegt ebenfalls vor, wenn eine Konventionalstrafe wegen Überschreitens der Lieferfrist **(Terminbusse)** bezahlt werden muss oder wenn sich der Leistungserbringer durch Zahlung einer Konventionalstrafe von der gehörigen Erfüllung der vertraglichen Leistung entbindet.

Ausserdem liegt **kein Schadenersatz** vor, wenn ein Vertrag kein Rücktrittsrecht vorsieht und sich ein Vertragspartner **nachträglich** dazu bereit erklärt, die Gegenseite durch die Zahlung des bisher Geleisteten aus **den vertraglichen Verpflichtungen zu entlassen**. Dabei handelt es sich um eine steuerbare Leistung.

Beispiel

Fall 1

Ein Hotelgast muss dem Hotelier Sepp Kunz eine Entschädigung für die Beschädigung eines Spiegels bezahlen. Ein Leistungsverhältnis liegt nicht vor. Es handelt sich um Schadenersatz, der vom steuerpflichtigen Hotelier Sepp Kunz nicht zu versteuern ist. Auf den Kosten für die Behebung des Schadens am Spiegel (z. B. neuer Spiegel) kann Hotelier Sepp Kunz im Rahmen seiner zum Vorsteuerabzug berechtigenden, unternehmerischen Tätigkeit den Vorsteuerabzug geltend machen.

Fall 2

Der Eigentümer Markus Beck lässt seine Liegenschaft, in der sich ein Schuhgeschäft befindet, renovieren. Das Schuhgeschäft muss während der Renovationsarbeiten seinen Betrieb vorübergehend einstellen. Der Eigentümer Markus Beck vergütet dem Schuhgeschäft den entgangenen Umsatz. Dabei handelt es sich um Schadenersatz.

Fall 3

Franz Meier hat bei einer Garage ein Fahrzeug bestellt, das aus den USA importiert werden muss. Da Franz Meier vom Vertrag zurücktritt, muss er der Garage das vereinbarte Reugeld zahlen. Die Garage muss diese Entschädigung als Schadenersatz nicht versteuern.

Fall 4

Die Druckerei Häfeli bestellte bei einem Handelsunternehmen eine Druckerstrasse. Mit einer Konventionalstrafe wurde sichergestellt, dass das Handelsunternehmen die Druckerstrasse funktionsfähig und termingerecht zu liefern hat. Bei der Installation der Druckerstrasse ist jedoch ein Fehler unterlaufen und die Anlage war am vereinbarten Termin nicht einsatzfähig. Sie konnte erst nach einer Nachbesserung durch den Lieferanten mit mehrtägiger Verspätung in Betrieb genommen werden. Das Handelsunternehmen bezahlte die vereinbarte Konventionalstrafe. Es handelt sich dabei um eine Terminbusse und das Handelsunternehmen kann die Konventionalstrafe (Nichteinhalten der Erfüllungszeit) als Entgeltsminderung von seinem ursprünglich zu versteuernden Entgelt abziehen. Andererseits hat die Druckerei Häfeli ihren Vorsteuerabzug entsprechend zu korrigieren.

5.11 Unselbstständig ausgeübte Tätigkeiten

Eine wichtige Voraussetzung für die Steuerpflicht ist, dass eine berufliche oder gewerbliche Tätigkeit selbstständig ausgeübt wird (MWSTG 10 Abs. 1 lit. a). Demzufolge sind Entschädigungen für unselbstständig ausgeübte Tätigkeiten nicht steuerpflichtig. Typische Entschädigungen für unselbstständig ausgeübte Tätigkeiten sind

- Verwaltungsrats- und Stiftungsratshonorare
- Behördenentschädigungen
- Sold

Unselbstständig ausgeübte Tätigkeiten berechtigen nicht zum Vorsteuerabzug (s. Kap. 12.5.4, S. 193).

Wird die Entschädigung jedoch nicht an den unselbstständigen Leistungserbringer selber, sondern an seinen Arbeitgeber ausgerichtet, handelt es sich um Entgelt für eine steuerbare Leistung.

Beispiel

Hermann Helfer ist Mehrheitsaktionär und Geschäftsführer der Helfer Unternehmensberatung AG, die im MWST-Register eingetragen ist. Nebenbei ist er auch noch Stiftungsratspräsident der Stiftung «Helfer für Kinder». Für diese Tätigkeit erhält Hermann Helfer jährlich eine Entschädigung über CHF 15 000.–. Da es sich bei der Stiftungsratstätigkeit um eine unselbstständig ausgeübte Tätigkeit handelt, muss Hermann Helfer bzw. die Aktiengesellschaft das Stiftungsratshonorar nicht mit der MWST abrechnen. Benutzt Hermann Helfer für die Ausübung dieses Amtes die Infrastruktur der Aktiengesellschaft, so muss in der Aktiengesellschaft eine entsprechende Korrektur für die gemischte Verwendung der Verwaltungsinfrastruktur erfolgen.

5.12 Erstattungen, Beiträge und Beihilfen bei Lieferungen ins Ausland, die von der Steuer befreit sind

Ebenfalls nicht um Entgelt handelt es sich bei Erstattungen, Beiträgen und Beihilfen für Lieferungen von Gegenständen, die direkt ins Ausland befördert oder versendet werden, sofern die Lieferungen gemäss MWSTG 23 Abs. 2 Ziff. 1 von der Steuer befreit sind.

5.13 Gebühren, Beiträge oder sonstige Zahlungen für hoheitliche Tätigkeiten

Hoheitliche Tätigkeiten gelten als nicht unternehmerische Tätigkeiten und liegen deshalb ausserhalb des Anwendungsbereichs der MWST. Somit können die in diesem Zusammenhang vereinnahmten Gebühren, Beiträge oder sonstige Zahlungen kein Entgelt im Sinne der MWST sein. Hoheitliche Leistungen können in der Regel gegenüber Dritten, gegen deren Willen mit einer Verfügung durchgesetzt werden. Angefallene Vorsteuern im Bereich der hoheitlichen Tätigkeiten dürfen nicht geltend gemacht werden bzw. müssen korrigiert werden (s. Kap. 12.5.5, S. 193).

5.14 Deklaration der Nicht-Entgelte

Obwohl die in diesem Kapitel genannten Mittelflüsse mangels Leistung keine Entgelte darstellen, müssen sie in der MWST-Abrechnung deklariert werden. Dafür sind die Nicht-Entgelte in zwei Gruppen zu unterteilen:

1. Die Nicht-Entgelte gemäss den Kapiteln 5.2 bis 5.4 (Subventionen u. dgl.) sind in der Abrechnung unter der Ziff. 900 zu deklarieren. In der Regel führt diese Deklaration zu einem Eintrag in der Ziff. 420 Vorsteuerkürzungen, s. Kapitel 12.8, S. 197.
2. Die übrigen Nicht-Entgelte sind in der Ziff. 910 der Abrechnung aufzuführen. Betreffend Vorsteuerabzug im Zusammenhang mit diesen Nicht-Entgelten verweisen wir auf Kapitel 10.1.2, S. 156.

Zusammenfassung

Nicht-Entgelte sind nicht abschliessend in MWSTG 18 Abs. 2 aufgezählt. Dazu gehören Subventionen, Gelder, die Kur- und Verkehrsvereine erhalten, Beiträge aus kantonalen Wasser-, Abwasser- und Abfallfonds an Entsorgungsanstalten oder Wasserwerke, Spenden, Einlagen in Unternehmen (Sanierung), Dividenden und andere Gewinnanteile, Kostenausgleichszahlungen, Pfandgelder, Zahlungen für Schadenersatz, Entschädigungen für unselbstständig ausgeübte Tätigkeiten wie VR-Honorare usw., Erstattungen und Beihilfen bei Lieferungen ins Ausland, Zahlungen für hoheitliche Tätigkeiten.

Subventionen werden von Gemeinwesen aufgrund einer gesetzlichen Grundlage ausgerichtet. Eine **Spende** im mehrwertsteuerlichen Sinne liegt vor, wenn

- die Zuwendung **freiwillig** (keine rechtliche Verpflichtung, keine gesetzliche Grundlage) erfolgt.
- die Zuwendung in der Absicht, den **Empfänger zu bereichern,** erfolgt.
- der Zuwender **keine Gegenleistung** erwartet.
- es sich beim Zuwender **nicht um ein Gemeinwesen** handelt.

Die Mehrwertsteuer

> Der **Schadenersatz** steht nicht im Zusammenhang mit einem Leistungsaustausch und ist daher beim Empfänger nicht steuerbar. Ein Schadenersatz im Sinne der MWST entsteht, wenn der Leistungserbringer seine Leistung nicht gehörig erbringt, wenn er von einem Vertrag zurücktritt und Reugeld oder eine Konventionalstrafe zahlen muss oder wenn die Schadenersatzzahlung auf eine unerlaubte Handlung zurückzuführen ist.
>
> **Preisnachlässe infolge Schlechterfüllung eines Auftrags,** zu zahlende Konventionalstrafen wegen Überschreitens der Lieferfrist (Terminbusse) oder um von der gehörigen Erfüllung der vertraglichen Leistung entbunden zu werden, gelten nicht als Schadenersatz. Ebenfalls kein Schadenersatz liegt vor, wenn ein Vertragspartner die Gegenseite nachträglich ohne vertraglich geregeltes Rücktrittsrecht durch Zahlung des bisher Geleisteten aus den vertraglichen Verpflichtungen entlässt.

Repetitionsfragen

22 Die Transport AG benutzt einen Lastwagen ausschliesslich für steuerbare Zwecke. Von einem Dritten wird dieser Lastwagen beschädigt. Die Transport AG lässt den Lastwagen von der Truck GmbH reparieren. Die Truck GmbH stellt Rechnung über CHF 5 400.– (inkl. 8% MWST). Die Versicherung des Dritten überweist der Transport AG den Betrag von CHF 5 000.–.

Unterliegt der Betrag von CHF 5 000.– bei der Transport AG der MWST?

23 Patrick Leu, ein ehemaliger Angestellter der Anwaltskanzlei Bleibtreu, hat in der Nähe eine eigene Anwaltskanzlei eröffnet und hat somit das Konkurrenzverbot verletzt.

A] Eine Konventionalstrafe wurde nicht vereinbart. Patrick Leu hatte seinem ehemaligen Arbeitgeber seine Absichten bereits vorgängig mitgeteilt. Die Anwaltskanzlei Bleibtreu erklärte sich gegen Entrichtung von CHF 20 000.– mit der Eröffnung der neuen Kanzlei einverstanden.

B] Der Inhaber der Anwaltskanzlei Bleibtreu hat erst nachträglich von der Eröffnung der neuen Kanzlei erfahren und der ehemalige Angestellte Patrick Leu musste die vertraglich vereinbarte Konventionalstrafe von CHF 20 000.– bezahlen.

Handelt es sich bei den oben genannten Zahlungen um einen Schadenersatz, der nicht der MWST unterliegt?

6 Steuersubjekt / Steuerpflicht

Lernziele

Nach der Bearbeitung dieses Kapitels können Sie ...

- die Voraussetzungen für die Steuerpflicht nennen.
- die Befreiungen von der Steuerpflicht aufführen.
- die Spezialbestimmungen über die Gruppenbesteuerung, das Gemeinwesen und die Veranstalter von Anlässen erklären.
- erläutern, wann die Steuerpflicht beginnt und endet.
- eine unternehmerische Tätigkeit definieren.

Schlüsselbegriffe

Ausland, Aussenumsatz, Befreiung von der Steuerpflicht, Beginn der Steuerpflicht, bestehendes Rechtsgebilde, Betreiben eines Unternehmens, Bezugsteuer, Bezug von Leistungen, Branchen, Datenträger ohne Marktwert, Dienststelle, Einverständniserklärung, Ende der Steuerpflicht, Erwerben, Festanlässe, gemeinnützige Institutionen, Gemeinwesen, Gewinnabsicht, Gruppenbesteuerung, Gruppenbildung, Gruppenvertreter, Halten und Verwalten von Beteiligungen, hoheitliche Tätigkeit, Holding, Inland, Innenumsatz, Kleinunternehmen, Kulturvereine, massgebende Umsätze für die Steuerpflicht, Mithaftung, Nichtgemeinwesen, nicht unternehmerisch, Publikumsanlässe, Rechtsform, Spezialbestimmungen, Sportvereine, Steuerforderung, Steuernachfolge, Steuerpflicht, Steuervertretung, Steuersubstitution, Tätigkeit im Inland, Teilgruppen, Unternehmen, Unternehmen mit Sitz im Ausland, unternehmerische Tätigkeit, Verzicht auf die Befreiung von der Steuerpflicht, Wegfall der Steuerpflicht

Wer der Steuerpflicht unterstellt ist, muss die MWST mit der ESTV abrechnen. Die Steuerpflicht ist im MWSTG 10–17, MWSTG 45–49 (Bezugsteuer), MWSTG 66 (An- und Abmeldung) sowie in der MWSTV 7–25 und MWSTV 109–111 (Bezugsteuer) geregelt.

6.1 Steuerpflicht

Steuerpflichtig wird,

1. wer unabhängig von Rechtsform, Zweck und Gewinnabsicht ein **Unternehmen betreibt und die Tätigkeiten im Inland erbringt.**
   - Es wird eine **berufliche oder gewerbliche Tätigkeit** ausgeübt, die auf die **nachhaltige** Erzielung von Einnahmen aus Leistungen **ausgerichtet** ist.
   - Die Tätigkeit wird **selbstständig** ausgeübt; der Steuerpflichtige tritt **unter eigenem Namen** nach aussen auf.
2. bei Leistungen, die der **Bezugsteuer** unterliegen (Bezüge von Leistungen von Unternehmen mit Sitz im Ausland), bei Bezügen für **mehr als CHF 10 000.–** pro Kalenderjahr.

Wir betrachten diese Voraussetzungen im folgenden Abschnitt im Einzelnen.

6.1.1 Betreiben eines Unternehmens

A] Rechtsform

Als Steuerpflichtige können sowohl natürliche als auch juristische Personen erfasst werden, wenn die aufgeführten Voraussetzungen in Kapitel 6.1 gegeben sind.

In welcher **Rechtsform** ein **Unternehmen** betrieben wird, spielt für die Festlegung der Steuerpflicht keine Rolle.

Folgende Personen, Personengesamtheiten und Einrichtungen können beispielsweise ein Unternehmen betreiben:

- natürliche Personen (z. B. Inhaber einer oder mehrerer Einzelunternehmen);
- einfache Gesellschaften (OR 530 ff.), die gegen aussen unter gemeinsamem Namen auftreten (z. B. ARGE Baustelle XY oder Coiffeursalon YZ);
- Personengesellschaften (z. B. Kollektiv- und Kommanditgesellschaften);
- juristische Personen des privaten und des öffentlichen Rechts (z. B. AG, GmbH oder eine Genossenschaft):
- alle Betriebsstätten von Unternehmen mit Sitz im Ausland;
- unselbstständige öffentliche Anstalten;
- Veranstalter von Publikums- und Festanlässen;
- Verbände und Vereine (ZGB 60 ff.);
- gemeinnützige Institutionen (gemeinnützig; vgl. DBG 56 lit. g);
- Betriebe, Ämter und andere Dienststellen der öffentlichen Hand (s. Kap. 6.3.2, S. 90);
- ausländische Unternehmen, die im Inland steuerbare Leistungen erbringen (vgl. dazu u. a. die Unterstellungserklärung im Sinne von MWSTV 3).

Zu beachten ist, dass auch von der Steuer ausgenommene Leistungen eine unternehmerische Tätigkeit im Sinne der MWST darstellen. Von der Steuer ausgenommene Leistungen gemäss MWSTG 21 Abs. 2 können freiwillig (vgl. MWSTG 22) versteuert werden. Nähere Einzelheiten zu den von der Steuer ausgenommenen Leistungen und die Option dazu können dem Kapitel 3, S. 36 entnommen werden.

Beispiel

Der Architekt Moser und das Bauunternehmen Huber AG schliessen sich zur ARGE MoHu (Arbeitsgemeinschaft in Form einer einfachen Gesellschaft) zusammen. Es ist die Erstellung eines Einkaufszentrums geplant. Auftraggeber ist ein grosser nationaler Lebensmittelverteiler.

Die ARGE führt steuerbare Lieferungen an den Auftraggeber aus. Es kann davon ausgegangen werden, dass die übrigen Voraussetzungen, die die Steuerpflicht begründen, erfüllt sind. Die ARGE wird als selbstständiges Steuersubjekt im MWST-Register eingetragen.

Die ARGE wird auf ihren Rechnungen an den Lebensmittelverteiler MWST berechnen und diese Umsätze quartalsweise mit der ESTV abrechnen. Da die Leistungen des Architekten Moser und der Huber AG ebenfalls inkl. MWST an die ARGE in Rechnung gestellt werden, kann sie für diese Leistungen den Vorsteuerabzug beanspruchen.

Falls nach Abschluss aller Arbeiten ein Gewinn in der ARGE bleibt und dieser an die beiden Gesellschafter ausgeschüttet wird, so handelt es sich bei der Ausschüttung dieser Gewinne um ein Nicht-Entgelt. Nähere Einzelheiten zu den Nicht-Entgelten und zum Vorsteuerabzug können den Kapiteln 5, S. 71 und 10, S. 155 entnommen werden.

Im Sinne einer **Vereinfachung** kann bei **Praxisgemeinschaften** (z. B. bei Anwälten oder Ärzten), deren Mitglieder alle im MWST-Register eingetragen sind, eine **Unkostengesellschaft** auch beim Erreichen der Umsatzgrenze von CHF 100 000.– pro Jahr **als nicht steuerpflichtige Vorgesellschaft** (in Form einer einfachen Gesellschaft) gebildet werden (zentraler Leistungseinkauf und / oder Anstellung von Personal bleiben eine administrative Erleichterung).

Diese Vereinfachung gilt jedoch nur, wenn **folgende Voraussetzungen kumulativ erfüllt** sind:

- Alle Mitglieder der Unkostengesellschaft sind im MWST-Register eingetragen;
- die Weiterfakturierung der Kostenanteile erfolgt ohne Zuschlag (d. h. ohne Gemeinkosten- und / oder Gewinnzuschlag) und ohne Hinweis auf die Steuer; und
- die Unkostengesellschaft erbringt nur Leistungen an die eigenen Mitglieder (und nicht auch an andere Dritte).

B] Berufliche oder gewerbliche Tätigkeit, nachhaltige Erzielung von Einnahmen, Selbstständigkeit, unter eigenem Namen, fehlende Ausrichtung auf Erzielung von Einnahmen aus Leistungen

Eine **berufliche oder gewerbliche Tätigkeit** liegt vor, wenn Güter produziert oder gehandelt oder Dienstleistungen erbracht werden und diese Güter oder Dienstleistungen für den Austausch auf dem Markt oder für den privaten Konsum Dritter bestimmt sind, also beispielsweise kommerzielle, industrielle oder handwerkliche Tätigkeiten. Nicht als berufliche oder gewerbliche Tätigkeiten gelten die Pflege eines Hobbys oder einer Liebhaberei (z. B. Sammlung von Uhren oder Oldtimern). Diese Anforderung soll Privatpersonen, die Gelegenheitsumsätze (Hobby oder Liebhaberei) tätigen, von der Steuerpflicht ausnehmen.

Eine **nachhaltige Erzielung** von Einnahmen setzt ein auf eine gewisse Dauer angelegtes, planmässiges Vorgehen des Unternehmens voraus. Auch eine kurze Dauer genügt, wenn die Tätigkeit in dieser Zeit intensiv ausgeübt wird (z. B. der einmalige Betrieb eines Schwing-, Turn- oder Musikfests über einige Tage).

Selbstständigkeit bedeutet das Erbringen von Leistungen unter **eigenem Namen,** auf eigenes wirtschaftliches und unternehmerisches Risiko sowie in betriebswirtschaftlicher und arbeitsorganisatorischer Unabhängigkeit. Ob eine natürliche Person selbstständig im Sinne der MWST ist oder nicht, beurteilt sich grundsätzlich nach ähnlichen Massstäben wie im Sozialversicherungs- und Einkommenssteuerrecht, weshalb die von den Behörden (z. B. Ausgleichskasse) vorgenommenen Qualifikationen ein Indiz für die mehrwertsteuerliche Beurteilung bilden. Bei sog. Akkordanten mit eigenem Fahrzeug, Werkzeug usw. ist eine Selbstständigkeit anzunehmen.

Die Tätigkeiten von Verwaltungs- und Stiftungsräten oder ähnlichen Funktionsträgern gelten als unselbstständige Erwerbstätigkeiten.

Die **Ausrichtung auf Erzielung von Einnahmen aus Leistungen** ist erfüllt, wenn die Vereinnahmung von Entgelten aus Leistungen primär verfolgtes Ziel der Tätigkeit darstellt. Eine **tatsächliche und beabsichtigte Gewinnerzielung** ist nicht erforderlich.

Werden dagegen Entgelte für erbrachte Leistungen gar nicht oder nur in deutlich untergeordneter Weise vereinnahmt, fehlt es an der erforderlichen Ausrichtung auf Erzielung von Einnahmen aus Leistungen. Vergleiche dazu Kapitel 6.2, S. 86, wo u. a. die nicht gewinnstrebigen Rechtsformen und deren Tätigkeitsbereiche bzw. nicht unternehmerische Tätigkeiten dargelegt werden.

Beispiel

Der Privatier X möchte seine Oldtimersammlung der Öffentlichkeit zugänglich machen. Er eröffnet in einem grossen Gebäude ein Museum, das für jedermann zugänglich ist. Der Eintritt ist frei.

Privatier X ist nicht darauf ausgerichtet, Einnahmen aus Leistungen zu erzielen. Er kann daher nicht steuerpflichtig werden (auch nicht freiwillig).

Wir stellen im Folgenden einige Beispiele von **Unternehmen** vor:

Beispiel

Fall 1

Ein Turnverein, der einmal jährlich ein Fest organisiert, dafür u. a. Eintrittsgelder verlangt und auch noch gastgewerbliche Leistungen erbringt.

Fall 2

Wer regelmässig und systematisch Käufe und Verkäufe von Gegenständen über eine Auktionsplattform tätigt.

Fall 3

Eine Künstlerin, die Kunstwerke gegen Entgelt erstellt.

Fall 4

Die Forschungs AG wurde im Jahr n1 gegründet und ins Handelsregister eingetragen. Die Geschäftstätigkeiten der Forschungs AG umfassen die Erforschung von neuen Medikamenten und deren Entwicklung bis zur Marktreife. Sie erzielt in den Jahren n1–n3 keine Umsätze und ab dem Jahr n4 nur einen jährlichen Umsatz von CHF 50 000.–.

Es stellt sich nun die Frage, ob die Forschungs AG unternehmerisch tätig ist und sich gemäss MWSTG 11 (Verzicht auf die Befreiung von der Steuerpflicht) im MWST-Register per Aufnahme der Geschäftstätigkeit, d. h. mit Eintragung im Handelsregister, eintragen lassen kann und somit den Vorsteuerabzug auf den Aufwendungen und Investitionen geltend machen kann.

Ja, die Forschungs AG ist unternehmerisch tätig, erzielt aber weniger als CHF 100 000.– Umsatz. Sie kann aber einen Verzicht auf die Befreiung von der Steuerpflicht der ESTV bekannt geben. Der Vorsteuerabzug kann im Rahmen der zum Vorsteuerabzug berechtigenden, unternehmerischen Tätigkeit geltend gemacht werden.

Es ist in diesem Fall auch davon auszugehen, dass die Forschungs AG in den Jahren n1–n3 nur Verluste erzielt. Wie bereits erwähnt, ist die Gewinnabsicht keine Voraussetzung für die unternehmerische Tätigkeit bzw. für die Eintragung im MWST-Register.

Fall 5

Die Immohaus AG erstellt eine Liegenschaft und vermietet die einzelnen Räume an steuerpflichtige und nicht steuerpflichtige Personen. Die Räume werden durch die Mieter für geschäftliche Zwecke genutzt.

Die Immohaus AG ist ab Erstellung der Liegenschaft unternehmerisch tätig und kann allenfalls die Vorsteuern auf den Aufwendungen geltend machen, wenn sie für die Versteuerung der von der Steuer ausgenommenen Vermietungen (MWSTG 21 Abs. 2 Ziff. 21) optiert, d. h. diese freiwillig versteuert. Falls die Immohaus AG noch nicht steuerpflichtig ist, so kann sie sich freiwillig ins MWST-Register bei Aufnahme der Geschäftstätigkeit bzw. beim Beginn der Bauarbeiten der Liegenschaft eintragen lassen.

Kein Unternehmen betreibt beispielsweise eine Privatperson, die einmalig drei Autos aus ihrer Sammlung verkauft oder den Hausrat des eigenen Haushalts veräussert.

C] Erwerben, Halten und Veräussern von Beteiligungen

Das Erwerben, Halten und Veräussern von Beteiligungen stellt gemäss MWSTV 9 eine unternehmerische Tätigkeit gemäss MWSTG 10 Abs. 1 dar. Dies trifft insbesondere bei **Holdinggesellschaften** zu. Somit können sich Unternehmen, die (nur) Beteiligungen halten – ohne dass sie weitere Einnahmen aus Leistungen erzielen – freiwillig der Steuerpflicht (Verzicht auf die Befreiung von der Steuerpflicht) unterstellen. Diese Unternehmen oder auch die Holdinggesellschaften erzielen in vielen Fällen nur **Dividendenerträge** (Nicht-Entgelte) und gegebenenfalls Wertschriften- bzw. Beteiligungsverkäufe.

Welche Bedingungen erfüllt sein müssen oder was überhaupt eine Beteiligung im Sinne der MWST ist, kann dem Kapitel 12.7, S. 195 entnommen werden.

D] Vermietung von Ferienwohnungen durch eine Privatperson bzw. Vermietung einer Liegenschaft und / oder Räumlichkeiten durch eine «Privatperson»

Auch wenn keine Selbstständigkeit (aus Sicht der direkten Steuern) bei einer natürlichen Person gegeben ist, kann eine natürliche Person bzw. eine Privatperson mit Wohnsitz im In- oder Ausland ein Unternehmen im Sinne der MWST betreiben. Aus der Sicht der direkten Steuern handelt es um Einkünfte aus Grundstücken, die im Privatvermögen gehalten werden, oder um sog. «Erträge aus Liegenschaften bzw. unbeweglichem Vermögen».

Dazu nachfolgendes Beispiel in Bezug auf die Vermietung von Ferienwohnungen. Vergleiche dazu auch noch das Beispiel in Kapitel 9.7, S. 151.

Beispiel

Fall 1

Wolfgang Macho mit Wohnsitz in Zernez ist Eigentümer von mehreren Ferienwohnungen in Samnaun. Aus der Vermietung dieser Ferienwohnungen erzielt er jährliche Einnahmen von CHF 105 000.–. Die Vermietung der Ferienwohnungen stellt aus der Sicht der MWST eine steuerbare Beherbergungsleistung (Ort der Dienstleistung; MWSTG 8 Abs. 2 lit. f) dar, die zum Sondersatz zu versteuern ist. Aufgrund der erzielten Umsätze besteht eine obligatorische Steuerpflicht gemäss MWSTG 10, auch wenn es sich hierbei um eine Privatperson handelt. Wolfgang Macho ist im Sinne von OR 957 ff. auch nicht buchführungspflichtig. Er muss aber die erzielten Umsätze und die geltend zu machenden Vorsteuern buch- und belegmässig nachweisen.

Fall 2

Beat Tanner betreibt seit Jahren ein Einzelunternehmen in Form einer Zimmerei mit 2 Angestellten und ist seit dem Jahr 1995 im MWST-Register eingetragen (effektive Abrechnungsmethode). Die Zimmerei wird im Erdgeschoss und im Keller der Geschäftsliegenschaft betrieben, die vor rund 15 Jahren erbaut worden ist. Im Obergeschoss befindet sich noch die 5.5-Zimmer-Wohnung von Beat Tanner, die von ihm und seiner Familie privat genutzt wird. Die gesamten Baukosten der Liegenschaft beliefen sich vor 15 Jahren auf rund CHF 2 Mio. zuzüglich MWST von CHF 120 000.– (davon für den geschäftlichen Bereich 50%).

Per 31.12.n12 übergibt Beat Tanner die Zimmerei seiner Mitarbeiterin, Alice Rüegsegger. Alice Rüegsegger übernimmt sämtliche Aktiven (Wert CHF 300 000.–) mit Ausnahme der Liegenschaft und der darauf lastenden Hypothek und gründet dazu die Rüegsegger Zimmerei GmbH. Die Übernahme der Aktiven (und Passiven) erfolgt aus der Sicht der MWST im Meldeverfahren. Die Geschäftsliegenschaft überführt Beat Tanner in sein Privatvermögen. Das Erdgeschoss und der Keller der nun im Privatvermögen gehaltenen Liegenschaft werden in Zukunft an die Rüegsegger Zimmerei GmbH für eine Monatsmiete von CHF 5 000.– (inkl. Nebenkosten) vermietet.

Mit der Geschäftsaufgabe von Beat Tanner erlischt auch die MWST-Pflicht. Die Geschäftsliegenschaft wird ins Privatvermögen überführt und daher liegt aus der Sicht der MWST eine Vorsteuerkorrektur infolge Eigenverbrauch (Nutzungsänderung; MWSTG 31 Abs. 2 lit. a und Abs. 3) vor. Die anderen Aktiven werden im Meldeverfahren (s. Kap. 15, S. 226) an die Käuferin veräussert.

Die eingangs erwähnte Vorsteuerkorrektur im Eigenverbrauch könnte durch Beat Tanner vermieden werden, indem er die Räumlichkeiten im Erdgeschoss und im Keller an die Rüegsegger Zimmerei GmbH vermieten (MWSTG 22) würde. Die Option für die Vermietung wäre in diesem Fall sinnvoll. Gemäss Praxis der ESTV wird Beat Tanner als Unternehmer akzeptiert, da er gewerblich genutzte Räume vermietet. Beat Tanner muss seiner freiwilligen MWST-Pflicht für die Erträge aus der Vermietung von unbeweglichen Vermögen (inkl. der Aufwendungen, die zum Vorsteuerabzug berechtigen) buch- und belegmässig nachkommen, da keine Buchführungspflicht im Sinne von OR 957 ff. besteht.

6.1.2 Bezugsteuer

Wie wir bereits in Kapitel 2.6, S. 31 erwähnt haben, kann auch der Bezug von Leistungen von Unternehmen mit Sitz im Ausland die subjektive Steuerpflicht auslösen. Im Gegensatz zu allen übrigen die Steuerpflicht auslösenden Tatbeständen ist es in diesem Fall der **Empfänger der Leistung,** der der Steuerpflicht unterstellt wird. Es besteht **keine Anforderung hinsichtlich der Unternehmereigenschaft** des Empfängers. Auch derjenige, der Leistungen von Unternehmen mit Sitz im Ausland für den ausschliesslich privaten Bedarf bezieht, hat diese Bezüge unter gewissen Voraussetzungen abzurechnen.

Die Voraussetzungen, die erfüllt sein müssen, damit der Empfänger von Leistungen von Unternehmen mit Sitz im Ausland für diese Bezüge steuerpflichtig wird, sind in MWSTG 45 ff. sowie MWSTV 109–111 in Verbindung mit MWSTG 10 aufgeführt. Diese sind:

- Es handelt sich um bestimmte Arten von **steuerbaren Leistungen.**
- Der **Wert der Bezüge** ist grösser als CHF 10 000.– pro Kalenderjahr. Wenn der inländische Empfänger bereits mehrwertsteuerpflichtig ist, besteht aber keine Limite.

Betrachten wir diese beiden Voraussetzungen etwas genauer:

A] Art der Leistungen

Folgende Leistungen (Dienstleistungen oder Lieferungen) unterliegen der Bezugsteuer:

- Dienstleistungen von **Unternehmen mit Sitz im Ausland** gemäss MWSTG 8 Abs. 1 (Empfängerortsprinzip; z. B. Werbeleistungen, Einräumung von Rechten, Leistungen von Beratern, Datenverarbeitung oder Personalverleih): Die Bezugsteuer ist nur zu entrichten, wenn das Unternehmen mit Sitz im Ausland nicht im MWST-Register eingetragen ist.
- Die Einfuhr von **Datenträgern ohne Marktwert** mit den darin enthaltenen Dienstleistungen und Rechten: Die Definition von Datenträgern ohne Marktwert ist in MWSTV 111 und das Steuerobjekt der Einfuhr- bzw. Bezugsteuer ist in MWSTG 52 Abs. 2 näher abgehandelt.
- Lieferungen im Inland durch Unternehmen mit Sitz im Ausland, die nicht im MWST-Register eingetragen sind, sofern diese **Lieferungen nicht der Einfuhrsteuer** unterliegen.

Zum Ort der Dienstleistung sind die Ausführungen in Kapitel 2, S. 15 zu beachten.

Dienstleistungen von Unternehmen mit Sitz im Ausland gemäss MWSTG 8 Abs. 1

Dazu folgendes Beispiel:

Beispiel

Ein steuerpflichtiger Pharmabetrieb in Basel beauftragt ein Marktforschungsinstitut in Berlin (DE) abzuklären, ob ein bestimmtes Produkt auf dem deutschen Markt erfolgreich verkauft werden könnte. Es handelt sich um einen Bezug von Dienstleistungen von einem Unternehmen mit Sitz im Ausland, den der Pharmabetrieb in seiner MWST-Abrechnung zu deklarieren und zum Normalsatz zu versteuern hat. Der steuerpflichtige Pharmabetrieb kann die Vorsteuer für diesen Dienstleistungsbezug im Rahmen seiner zum Vorsteuerabzug berechtigenden unternehmerischen Tätigkeit in Abzug bringen.

Was heisst im Rahmen seiner zum Vorsteuerabzug berechtigenden unternehmerischen Tätigkeit? Wenn der Pharmabetrieb steuerbare (inkl. steuerbefreite) und aber auch von der Steuer ausgenommene Leistungen erzielt und der Dienstleistungsbezug gemischt genutzt bzw. verwendet wird, kann nur der Anteil für die Erzielung der steuerbaren Umsätze als Vorsteuer in Abzug gebracht werden.

Wird von einem Unternehmen mit Sitz im Ausland eine Dienstleistung bezogen, die entweder von der Steuer ausgenommen oder von der Steuer befreit ist, ist **keine Bezugsteuer** zu entrichten (MWSTV 109 Abs. 1). Darunter fallen insbesondere:

- Grenzüberschreitende Gütertransportdienstleistungen
- Gütertransportdienstleistungen über ausländisches Territorium
- Logistikleistungen (z. B. Be- und Entladen, Lagern Umschlagen) auf ausländischem Territorium, in Zollfreilagern oder offenen Zolllagern
- Versicherungsdienstleistungen
- Leistungen des Geld- und Kapitalverkehrs

Für Telekommunikationsdienstleistungen und elektronische Dienstleistungen sind in Bezug auf die Deklaration der Bezugsteuer durch den Empfänger bzw. Steuerpflicht von Unternehmen mit Sitz im Ausland die Ausführungen im nachfolgenden Kapitel 6.3.2, S. 90 zu beachten.

Lieferungen im Inland durch Unternehmen mit Sitz im Ausland, die nicht im MWST-Register eingetragen sind

Bei der Einfuhr von Gegenständen erhebt die EZV die Einfuhrsteuer auf dem Warenwert einschliesslich der damit verbundenen werkvertraglichen Arbeiten.

Führt beispielsweise ein im Inland nicht im MWST-Register eingetragenes Unternehmen mit Sitz im Ausland Material zu Reparaturzwecken ein, wird bei der Einfuhr die MWST auch auf dem Wert der Reparaturarbeit erhoben. In diesem Fall ist keine Bezugsteuer zu entrichten.

Bringt jedoch das Unternehmen mit Sitz im Ausland keine Gegenstände über die Grenze, wird der Wert der Reparaturarbeit nicht mit der Einfuhrsteuer erfasst. In diesen Fällen muss auf dem Wert der Lieferung (Reparaturarbeit) die Bezugsteuer entrichtet werden.

Beispiel

Der ausländische und nicht im MWST-Register eingetragene Küchenbauer Pocher führt Reparatur- und Anpassungsarbeiten in der Küche des steuerpflichtigen Restaurants zur Mühle mit Sitz in Zürich aus. Das Material für diese Arbeiten wird dem Küchenbauer Pocher vom Eigentümer des Restaurants zur Mühle zur Verfügung gestellt. Der Küchenbauer Pocher stellt für die Arbeiten einen Betrag von CHF 8 000.– in Rechnung. Da kein Material eingeführt wird, muss das Restaurant zur Mühle die Bezugsteuer von CHF 640.– (CHF 8 000.– · 8%) auf den Reparatur- und Anpassungsarbeiten abrechnen. Die Wertlimite von CHF 10 000.– kann in diesem Fall nicht angewendet werden, da das Restaurant bereits steuerpflichtig ist. In diesem Beispiel ist davon auszugehen, dass ein Vorsteuerabzugsrecht von 100% besteht und die Bezugsteuer von CHF 640.– wiederum als Vorsteuer geltend gemacht werden kann.

B] Steuerpflicht und Deklaration der Leistungen, die der Bezugsteuer unterliegen, bzw. Wertlimite von über CHF 10 000.– pro Kalenderjahr

Wenn der inländische Leistungsempfänger bereits im **MWST-Register** eingetragen ist, müssen alle Leistungen, die der Bezugsteuer unterliegen, in der MWST-Abrechnung deklariert werden.

Falls der Leistungsempfänger nicht mehrwertsteuerpflichtig ist, besteht für Leistungen, die der Bezugsteuer unterliegen, eine Wertlimite von CHF 10 000.– pro Kalenderjahr. Er muss sich unaufgefordert innerhalb von 60 Tagen nach Ablauf des Kalenderjahres bei der ESTV melden und der Bezugsteuer nachkommen.

Eine spezielle Regelung besteht für Lieferungen nach MWSTG 45 Abs. 1 lit. c, d. h., wenn «vorgängig durch die zuständige Behörde schriftlich über die Bezugsteuerpflicht informiert wurde». Die Wertlimite von CHF 10 000.– gilt nicht als Freigrenze. Wird dieser Betrag überschritten, ist für sämtliche Bezüge von Leistungen von Unternehmen mit Sitz im Ausland die Steuer geschuldet und nicht nur für denjenigen Teil der Leistungen, der die Wertlimite von CHF 10 000.– übersteigt.

Betrachten wir die eingangs erwähnten Ausführungen anhand eines Beispiels.

Beispiel

Der Privatmann Gerd Moser, Basel, will eine Unternehmung mit Sitz in Spanien bewerten lassen, die ihm von einem Freund zum Kauf angeboten worden ist. Es interessieren ihn sowohl Bewertungsfragen wie auch die steuer- und handelsrechtlichen Rahmenbedingungen. Gerd Moser beauftragt deshalb den spanischen Anwalt Mario Sanchez mit der Abklärung der entsprechenden Fragen.

Mario Sanchez verlangt eine Anzahlung von 5 000 Euro. Im Dezember n10 liefert Mario Sanchez die Unternehmensbewertung (Wert 4 000 Euro) ab. Die steuer- und handelsrechtlichen Abklärungen benötigen etwas mehr Zeit. Im **Februar n11** beantwortet Marco Sanchez diese noch offenen Fragen und stellt Gerd Moser für seine Bemühungen Rechnung im Betrag von 10 000 Euro, die Gerd Moser unter Anrechnung der Vorauszahlung im n11 bezahlt.

Die Umrechnungskurse für einen Euro betrugen im Dezember n10 CHF 1.30, im Februar n11 CHF 1.29 und im März n11 CHF 1.30.

Bezüge von Unternehmen mit Sitz im Ausland durch Private sind am Ende des entsprechenden Kalenderjahres der ESTV zu melden und die MWST ist zu entrichten, wenn der Wert dieser Bezüge CHF 10 000.– pro Jahr übersteigt. Es spielt dabei keine Rolle, ob diese Dienstleistungen von einem oder von mehreren ausländischen Leistungserbringern erbracht bzw. in Rechnung gestellt worden sind. Der Wert sämtlicher während eines Kalenderjahres bezogenen Dienstleistungen von Unternehmen mit Sitz im Ausland wird zusammengerechnet.

Der Bezug der Dienstleistung ist zu demjenigen Zeitpunkt als erfolgt zu betrachten, der dem Datum der Rechnungsstellung entspricht. Im obigen Beispiel bedeutet dies, dass Gerd Moser im Jahr n11 den Dienstleistungsbezug mit der ESTV abzurechnen hätte. Kann aber der Wert der im Jahr n10 bezogenen Leistungen zweifelsfrei nachgewiesen werden (Zeitangaben auf der Rechnungsstellung o. Ä.), sind die Dienstleistungsbezüge entsprechend auf beide Jahre zu verteilen, womit möglicherweise eine Besteuerung vermieden werden kann.

Ein weiteres Problem ist die Frage des anzuwendenden **Umrechnungskurses.** Grundsätzlich ist der Kurs **am Tag der Rechnungsstellung** massgebend. Auf das Problem der Berechnungsgrundlage gehen wir in Kapitel 7.3.3, S. 116 noch genauer ein.

Soweit der Bezüger von Leistungen von Unternehmen mit Sitz im Ausland nicht bereits aufgrund einer steuerbaren Tätigkeit steuerpflichtig ist, beschränkt sich die Steuerpflicht auf diese Bezüge. Für bereits steuerpflichtige Personen gilt die Wertlimite von CHF 10 000.– nicht, sie müssen jeden Bezug in ihrer Abrechnung deklarieren. Das gilt auch für Steuerpflichtige, die mit der Abrechnungsmethode «Saldosteuersatz» abrechnen (s. Kap. 14, S. 212).

Sind die bezogenen Leistungen für steuerbare Zwecke bestimmt, hat das steuerpflichtige Unternehmen Anrecht auf einen entsprechenden **Vorsteuerabzug.** Sind die bezogenen Leistungen hingegen für der Steuer nicht unterstellte Zwecke bestimmt, kann kein Vorsteuerabzug vorgenommen werden.

Beispiel

Die steuerpflichtige Zobrist AG, die ausschliesslich im Inland steuerbare Tätigkeiten ausübt, hat im abgelaufenen, vierten Quartal des Kalenderjahres n11 folgende Dienstleistungen von Unternehmen mit Sitz im Ausland bezogen:

- Werbeleistungen für Inserate in Deutschland   CHF   5 000.00
- Referent für ein Kundenseminar   CHF   7 000.00

Da nur die steuerbaren Dienstleistungen zu deklarieren sind, muss die Zobrist AG die Werbedienstleistungen für Inserate in Deutschland von CHF 5 000.– als Bezug einer Dienstleistung von einem Unternehmen mit Sitz im Ausland in ihrer MWST-Abrechnung deklarieren. Sie kann im Rahmen der zum Vorsteuerabzug berechtigenden, unternehmerischen Tätigkeit einen Vorsteuerabzug vornehmen. Die Zobrist AG muss somit in Ziff. 381 eine Leistung von CHF 5 000.– und eine Steuer von CHF 400.– deklarieren. Im Gegenzug kann sie einen Vorsteuerabzug in Ziff. 405 der MWST-Abrechnung im Betrag von CHF 400.– geltend machen.

Nicht steuerpflichtige (Privat-)Person

Die nicht steuerpflichtige Privatperson Hans Müller mit Sitz in Altstätten lässt im Lauf des Jahres n11 durch den ausländischen Gärtnermeister Walter Hanausek (mit Sitz in Bregenz [AT]) Garten- und Umgebungsarbeiten an seiner privaten Liegenschaft erstellen. Dafür stellt Gärtnermeister Hanausek eine Rechnung im Betrag von CHF 15 000.–. Hans Müller deklariert diese Liegenschafts-Unterhaltsarbeiten in seiner persönlichen Steuererklärung des Jahres n11. Anlässlich der Steuerveranlagung im Jahr n12 durch die zuständige kantonale Steuerbehörde wird der ESTV dieser eingangs dargelegte Sachverhalt mitgeteilt. Die ESTV nimmt mit der Privatperson Hans Müller Kontakt auf und informiert diesen schriftlich «vorgängig» über seine Bezugsteuerpflicht und stellt ihm danach eine Rechnung über die geschuldete Bezugsteuer von CHF 1 200.– zu.

Hans Müller ist im Kalenderjahr n11 für die Leistung von einem ausländischen nicht im MWST-Register eingetragenen Unternehmen bezugsteuerpflichtig. Die Wertlimite von CHF 10 000.– ist überschritten. Zudem hätte Hans Müller innert 60 Tagen nach Ablauf des Kalenderjahres n11 seiner Bezugsteuerpflicht nachkommen müssen (Anmeldung und Deklaration gemäss MWSTG 66 Abs. 3). «Vorgängig» heisst, dass innerhalb der Feststellungsverjährung von 5 Jahren (nachträglich) eine (Privat-)Person über ihre Bezugsteuerpflicht durch die ESTV informiert wird und die daraus resultierende Bezugsteuer geschuldet ist.

Nachfolgendes Beispiel zeigt eindrücklich das Zusammenspiel zwischen Bezugsteuer, Steuerpflicht und Steuerbefreiung sowie Ort der Leistung auf.

Beispiel

Ein englischer Textilgrosshändler (in der Schweiz nicht steuerpflichtig) kauft einem Branchenkollegen in Zürich einen Restposten eines Cordgewebes ab. Er bezahlt dafür CHF 12 000.–. Nur zwei Tage später findet der englische Textilgrosshändler seinerseits einen Abnehmer für das neu erstandene Gewebe, nämlich den Berner Stardesigner Wolfgang Hoop. Dieser bezahlt dafür CHF 15 000.–. Der englische Textilgrosshändler organisiert einen Transporteur, der den Stoff direkt von Zürich nach Bern bringt.

Es stellt sich nun die Frage: Welches sind die steuerlichen Folgen aus dieser Ausgangslage?

Sowohl der Zürcher als auch der englische Textilgrosshändler erbringen Inlandlieferungen. Die Lieferung des Zürcher Grosshändlers ist – in Ermangelung einer Ausfuhr (MWSTG 23) – zum Normalsatz steuerbar. Da der englische Textilgrosshändler nicht im schweizerischen MWST-Register eingetragen ist, kann er die auf ihn überwälzte Steuer nicht als Vorsteuer geltend machen. Auch eine Rückforderung im Rahmen des Vergütungsverfahrens bleibt ihm verwehrt, da er selber eine Inlandlieferung ausführt (MWSTV 151 Abs. 1 lit. c in Verbindung mit Abs. 2 lit. b «e contrario»).

Die Lieferung des englischen Grosshändlers unterliegt der Bezugsteuer gemäss MWSTG 45 Abs. 1 lit. c, d. h., der Endabnehmer wird bzw. ist bezugsteuerpflichtig. Der englische Grosstextilhändler ist demgegenüber von der Steuerpflicht im Inland befreit (MWSTG 10 Abs. 2 lit. b). Wenn der englische Textilgrosshändler nicht auf die Befreiung von der Steuerpflicht im Inland verzichtet (MWSTG 11 Abs. 1), entsteht bei dieser Geschäftsabwicklung eine Doppelbesteuerung (taxe occulte).

In Abb. 6-1 zeigen wir abschliessend noch einmal auf, was beim Bezug von Leistungen von Unternehmen mit Sitz im Ausland zu beachten ist:

Abb. [6-1] Abklärung der Steuerpflicht beim Bezug von Leistungen von Unternehmen mit Sitz im Ausland[1]

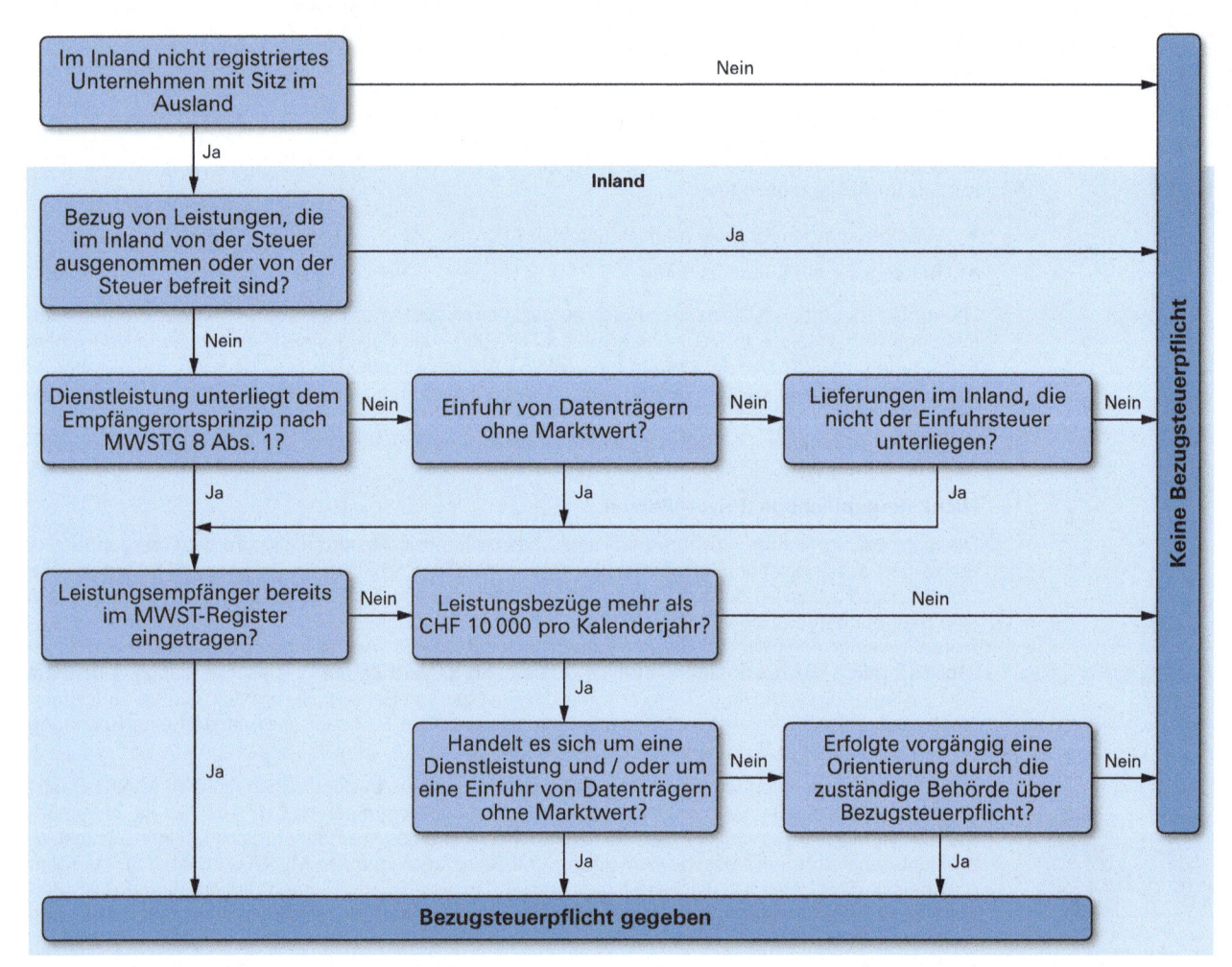

6.2 Fehlende Ausrichtung auf Erzielung von Einnahmen aus Leistungen

6.2.1 Nicht unternehmerische Tätigkeiten

Wie in Kapitel 6.1.1, S. 78 behandelt, muss eine unternehmerische Tätigkeit gegeben sein, damit die obligatorische Steuerpflicht besteht. Bei einer **freiwilligen Steuerpflicht** werden entweder noch keine Umsätze erwirtschaftet oder das Unternehmen erzielt einen jährlichen Umsatz von unter CHF 100 000.– (Befreiung von der Steuerpflicht; s. Kap. 6.3, S. 88). Auch in diesem Fall muss die unternehmerische Tätigkeit im Sinne der MWST gegeben sein, damit ein Verzicht auf die Befreiung von der Steuerpflicht beantragt werden kann.

[1] Ohne den Spezialfall Telekommunikationsdienstleistungen / elektronische Dienstleistungen

Nicht unternehmerische Tätigkeiten sind beispielsweise:

- Pflege eines Hobbys oder Liebhaberei, z. B. Sammeln von Briefmarken, Modellautos, Münzen oder Sammlung von Uhren oder Oldtimern.
- Privatperson, die einmalig z. B. 2 Autos und / oder gelegentlich Gegenstände aus dem eigenen Hausrat verkauft.
- Ein Privatier will seine Oldtimersammlung mit einem Museum der Öffentlichkeit frei zugänglich machen (s. Kap. 6.1.1, S. 78). Es handelt sich dabei um eine Tätigkeit, die nicht auf die nachhaltige Erzielung von Einnahmen aus Leistungen ausgerichtet ist bzw. dies nicht als primäres Ziel verfolgt.
- Unselbstständig ausgeübte Tätigkeiten wie z. B. Verwaltungs- und / oder Stiftungsratsmandate, Ausüben von öffentlichen Ämtern oder Erfüllung von Militär oder Zivildienstpflicht (s. Kap. 5.11, S. 75).
- Tätigkeiten in Ausübung hoheitlicher Gewalt (s. Kap. 5.13, S. 76).

Die im Zusammenhang mit nicht unternehmerischen Tätigkeiten erzielten Einnahmen oder Einkünfte zählen nicht zur Umsatzlimite, die für die Steuerpflicht massgebend ist (s. Kap. 6.3, S. 88). Bei bestehender Steuerpflicht sind Einnahmen aus den nicht unternehmerischen Tätigkeiten somit nicht zu versteuern. Aufwendungen, die diesen zugeordnet werden können, berechtigen auch nicht zum Vorsteuerabzug.

6.2.2 Was heisst «Ausrichtung auf die nachhaltige Erzielung von Einnahmen von Leistungen» und Tätigkeitsbereiche?

Bei gewinnstrebigen Rechtsträgern und Personengesellschaften ist die Ausrichtung auf die (nachhaltige) Erzielung von Einnahmen aus Leistungen grundsätzlich gegeben, dies u. a. auch im Sanierungsfall oder bei letztendlich erfolgloser unternehmerischer Tätigkeit.

Hingegen ist bei nicht gewinnstrebigen Rechtsträgern und Personengesellschaften – insbesondere bei **gemeinnützig tätigen** Personen bzw. Institutionen – im Einzelfall zu prüfen, ob eine Ausrichtung auf die (nachhaltige) Erzielung von Einnahmen aus Leistungen gegeben ist. Die Gewinnerzielung beurteilt sich dabei nach den tatsächlichen Verhältnissen und nicht nur nach formalen Kriterien wie Statuten, Handelsregistereintrag oder Rechtsform. Wie wir in Kapitel 6.1.1, S. 78 gesehen haben, ist die Gewinnerzielung nicht Voraussetzung der unternehmerischen Tätigkeit und damit der Steuerpflicht.

Unternehmen, die sich **ausschliesslich aus / mit Nicht-Entgelten** (s. Kap. 5, S. 71) finanzieren und die für die Leistungen kein eigentliches Entgelt im Sinne der MWST vereinnahmen, sind **nicht unternehmerisch** tätig. In diesem Fall ist die **freiwillige Steuerpflicht ausgeschlossen.**

Wenn ein Unternehmen **Einnahmen** aus Leistungen erzielt, dies jedoch **in deutlich untergeordnetem Ausmass,** liegt aus der Sicht der MWST keine Ausrichtung auf die nachhaltige Erzielung von Einnahmen von Leistungen vor.

Ein Rechtsträger kann sowohl unternehmerische als auch nicht unternehmerische Tätigkeitsbereiche haben. Die **Steuerpflicht** umfasst aber nur die **unternehmerischen Tätigkeiten.**

Beispiel	Eine gemeinnützige Stiftung betreibt eine Suppenküche und verkauft daneben auch selbst hergestellte Kerzen und Holzartikel. Aus diesen Artikeln resultieren regelmässig Gewinne, die für den Betrieb der Suppenküche verwendet werden (Quersubventionen bzw. Deckung des Verlust bei der Sparte Suppenküche).
	Die Steuerpflicht der Stiftung umfasst lediglich die Umsätze und Aufwendungen aus den selbst hergestellten Kerzen und Holzartikeln. Die Erfolgsrechnung der Stiftung sollte gemäss den Tätigkeitsbereichen «unternehmerisch» und «nicht unternehmerisch» gegliedert sein.

Ein **Tätigkeitsbereich** ist eine nach aussen auftretende, in sich geschlossene wirtschaftliche Einheit. Eine wirtschaftliche Einheit liegt vor, wenn eine bestimmte Tätigkeit sachlich, räumlich und zeitlich autonom existieren könnte.

Nachfolgend betrachten wir die unternehmerische und nicht unternehmerische Tätigkeit.

Die für die **unternehmerische Tätigkeit** erforderliche Ausrichtung auf die **nachhaltige Erzielung von Einnahmen** aus Leistungen kann grundsätzlich als gegeben erachtet werden, wenn Leistungen erbracht werden und hierfür ein Entgelt verlangt wird. Dabei genügt bereits die **Absicht,** in Zukunft **Leistungen gegen Entgelt** zu erbringen (vgl. Kap. 6.1.1, S. 78).

Eine unternehmerische Tätigkeit besteht auch bei einem **Start-up-Unternehmen,** das in den ersten Geschäftsjahren keine oder nur geringfügige Entgelte aus Leistungen erzielt. Das Start-up-Unternehmen kann sich im Zeitpunkt der Gründung der freiwilligen MWST-Pflicht unterstellen.

Immer noch um eine unternehmerische Tätigkeit handelt es sich ebenfalls, wenn ein sanierungsbedürftiges Unternehmen infolge Herabsetzung und Aufstockung des Aktienkapitals, durch À-Fonds-perdu-Zahlungen und / oder durch Zuschüsse von Aktionären saniert wird. Die Aufwendungen für die **Sanierung** berechtigen im Rahmen der unternehmerischen Tätigkeit zum Vorsteuerabzug.

Beispiel

Zwei bestehende Pharmaunternehmen mit Sitz in der Schweiz und im Ausland gründen ein gemeinsames Unternehmen in Form von einer Aktiengesellschaft mit dem Ziel, einen neuen Impfstoff gegen Heuschnupfen innerhalb der nächsten 3 Jahre zu entwickeln, diesen marktreif zu machen und in Lizenz produzieren zu lassen. Das neue Unternehmen hat ihren Sitz in Zug. Es werden in den nächsten 3 Jahren insgesamt Investitionen von CHF 300 Mio. getätigt. Nach einiger Zeit erkennen die beiden Pharmaunternehmen bzw. die Verwaltung des Unternehmens, dass die gewünschte Wirksamkeit des neuen Impfstoffs gegen Heuschnupfen nicht erreicht werden kann.

In der Folge wird die Gesellschaft liquidiert, ohne dass sie je Leistungen gegen Entgelt erbracht hat. Die Gesellschaft wurde mit der **Absicht** gegründet, in der Zukunft **Leistungen gegen Entgelt** zu erbringen. Die Gesellschaft ist seit Aufnahme der Tätigkeit unternehmerisch tätig und kann sich auf den Zeitpunkt der Gründung (freiwillig) ins MWST-Register eintragen lassen. Auf allen Aufwendungen für die Forschung des neuen Impfstoffs und schlussendlich für die Liquidation des Unternehmens (vgl. dazu Kap. 6.5.2, S. 104) verfügt die Gesellschaft über das Vorsteuerabzugsrecht.

Nicht mehr von einer unternehmerischen Tätigkeit kann dagegen ausgegangen werden, wenn feststeht, dass mit der fraglichen Tätigkeit **gar keine Leistungsentgelte** oder nur solche in **eindeutig untergeordneter Weise** erzielt werden.

6.3 Befreiung von der Steuerpflicht

MWSTG 10 Abs. 2 bestimmt, welche Unternehmen von der Steuerpflicht befreit sind. Es sind dabei drei verschiedene Kategorien der von der Steuerpflicht befreiten Unternehmen zu unterscheiden:

- **Kleinunternehmen,** die im Inland innerhalb eines Jahres weniger als CHF 100 000.– Umsatz aus steuerbaren Leistungen erzielen.
- **Unternehmen mit Sitz im Ausland,** die im Inland ausschliesslich der Bezugsteuer unterliegende Dienstleistungen erbringen (Ausnahme: Telekommunikation und elektronische Dienstleistungen).
- **Nicht gewinnstrebige, ehrenamtlich geführte Sport- und Kulturvereine oder gemeinnützige Institutionen,** die im Inland innerhalb eines Jahres weniger als CHF 150 000.– Umsatz aus steuerbaren Leistungen erzielen.

Nachfolgend wollen wir im Detail ausführen, welche Unternehmen unter die einzelnen Ausnahmebestimmungen fallen.

Massgebender Umsatz

Nur wer einen steuerbaren Umsatz von **CHF 100 000.– oder mehr pro Kalenderjahr** erzielt, wird obligatorisch mehrwertsteuerpflichtig. Es stellt sich die Frage, welche Umsätze zur Ermittlung dieses Schwellenwerts bzw. Umsatzgrenze berücksichtigt werden müssen. Die Umsatzlimite bemisst sich nach **vereinbarten Entgelten ohne Steuer** (MWSTG 10 Abs. 2 Ziff. a). Bei Unternehmen mit ausschliesslich Bar- oder Kreditgeschäften kann auch auf die vereinnahmten Entgelte abgestellt werden.

Grundsätzlich wird der **gesamte steuerbare Umsatz im Inland** berücksichtigt. Das bedeutet, dass auch Lieferungen und Dienstleistungen, die ins Ausland exportiert werden, für die Feststellung der Steuerpflicht berücksichtigt werden. Die Leistungen im Ausland, die von der Steuer ausgenommenen Leistungen oder auch Nicht-Entgelte werden hingegen nicht berücksichtigt.

Folgende Leistungen oder Entgelte werden für die **Ermittlung der Umsatzlimite berücksichtigt:**

- Steuerbare Lieferungen im Inland (Ort der Lieferung ist im Inland; MWSTG 7), auch wenn die Gegenstände exportiert werden (MWSTG 23).
- Steuerbare Dienstleistungen im Inland (Ort der Dienstleistung ist im Inland; MWSTG 8).
- Steuerbare Dienstleistungen nach MWSTG 8, bei denen der Ort der Dienstleistung zwar im Inland liegt, die aber aufgrund MWSTG 23 von der Steuer befreit sind.
- Lieferungen von Gegenständen vom Ausland ins Inland, sofern der Leistungserbringer (in diesem Fall die steuerpflichtige Person mit Sitz im Ausland) im Zeitpunkt der Einfuhr über eine bewilligte Unterstellungserklärung verfügt (MWSTV 3).

Somit werden folgende Leistungen oder Entgelte für die **Ermittlung der Umsatzlimite nicht berücksichtigt:**

- Entgelte für von der Steuer ausgenommene Leistungen (MWSTG 21 Abs. 2)
- Entgelte für Lieferungen im Ausland (Ausland-Ausland-Geschäfte)
- Entgelte für Dienstleistungen, die als im Ausland erbracht gelten (Ort der Dienstleistung im Ausland)
- Nicht-Entgelte gemäss MWSTG 18 Abs. 2
- in nicht unternehmerischen Tätigkeitsbereichen erzielte Einnahmen
- Einnahmen aus unselbstständigen Erwerbstätigkeiten
- Umsätze, die nicht beruflicher oder gewerblicher Natur sind bzw. denen die erforderliche Nachhaltigkeit fehlt, beispielsweise die Veräusserung eines Autos durch eine Privatperson (Tätigkeit im privaten Bereich)
- der Bezugsteuer unterliegende Leistungen

Beispiel

Fall 1

Die Meier AG erbringt Dienstleistungen von CHF 55 000.– an Kunden mit Sitz im Inland, Dienstleistungen von CHF 100 000.– an Kunden mit Sitz im Ausland, Leistungen im Ausland von CHF 50 000.–, Lieferungen im Inland von CHF 55 000.– und von der Steuer ausgenommene Bildungsleistungen (ohne Option) von CHF 20 000.–. Massgebend für die obligatorische Steuerpflicht sind die erbrachten Dienstleistungen an Kunden mit Sitz im Inland von CHF 55 000.– und die Lieferungen im Inland von CHF 55 000.–. Der massgebende Umsatz für die Steuerpflicht beträgt somit CHF 110 000.– und die Meier AG wird im Register als Steuerpflichtige eingetragen. Alle anderen gegenüber den in- und ausländischen Kunden erbrachten Leistungen sind für die Berechnung der massgebenden Umsatzlimite der Steuerpflicht nicht zu berücksichtigen.

Fall 2

Die Weber AG stellt mechanische Gelenkverbindungen her, die fast ausschliesslich exportiert werden. Vom Gesamtumsatz von CHF 6.5 Mio. entfallen nur gerade CHF 45 000.– auf Lieferungen an inländische Kunden. Die Weber AG wird im MWST-Register als Steuerpflichtige eingetragen, da der Exportumsatz (Ort der Lieferung ist im Inland) für die Ermittlung der Umsatzlimite ebenfalls berücksichtigt wird. Würde der Exportumsatz nicht mitgerechnet, so wäre die Weber AG nicht obligatorisch einzutragen und sie könnte entsprechend auf den von ihr getätigten Aufwendungen und Investitionen keinen Vorsteuerabzug beanspruchen. Die Exporte der Weber AG wären mit einer Schattensteuer (taxe occulte) belastet.

6.3.1 Kleinunternehmen

Kleinunternehmen, die innerhalb eines Jahres **weniger als CHF 100 000.–** Umsatz aus steuerbaren Leistungen erzielen, sind von der Steuerpflicht befreit. Diese **Umsatzgrenze** verfolgt den Zweck, kleinere Unternehmen von der administrativen Belastung der MWST zu befreien und aufseiten der Verwaltung (ESTV) die Erhebungswirtschaftlichkeit zu verbessern. Für die Eintragung im Handelsregister wird ebenfalls eine Limite von CHF 100 000.– (Erzielung von Umsätzen) angewendet. Diese Limiten sind aber nicht gleichzusetzen.

Für Einzelunternehmen und Personengesellschaften mit weniger als CHF 500 000.– Umsatzerlös besteht zudem keine Buchführungspflicht im Sinne von OR 957 Abs. 1. Sie müssen aber über ihre Einnahmen und Ausgaben sowie über die Vermögenslage eine sog. «Milchbüchleinrechnung» oder eine eingeschränkte bzw. vereinfachte Buchführung erstellen. In Bezug auf Unternehmen, die die vereinfachte Buchführung anwenden können, sind auch die Ausführungen in MWSTV 128 Abs. 1 lit. b zu beachten, vgl. dazu auch Kapitel 17.2, S. 241.

Massgebend für die Bemessung der Umsatzgrenze von CHF 100 000.– sind die für inländische steuerbare Leistungen in Rechnung gestellten Entgelte ohne die darauf erhobene MWST. Bei Unternehmen mit ausschliesslich Bargeschäften (wie z. B. bei einem Lebensmittelgeschäft, bei dem die Einkäufe durch die Kunden mehrheitlich bar bezahlt werden) kann auch auf die vereinnahmten Entgelte abgestellt werden.

Wir stellen im Folgenden zwei Beispiele zur Steuerpflicht dar:

Beispiel

Fall 1

Der Landwirt Hans Berger hat im abgelaufenen Kalenderjahr folgende Umsätze erzielt:

Verkauf von im eigenen Betrieb gewonnenen Erzeugnissen	CHF	150 000.00
Handel mit zugekauften Landwirtschaftsprodukten	CHF	130 000.00
Durchgeführte Transporte für Dritte	CHF	70 000.00

Hans Berger ist steuerpflichtig, da er steuerbare Umsätze aus zugekauften Produkten und aus Transporten für Dritte von CHF 200 000.– erzielt. Die Umsätze aus dem Verkauf von im eigenen Betrieb gewonnenen Erzeugnissen sind von der Steuer ausgenommen (MWSTG 21 Abs. 2 Ziff. 26). Sie sind bei der Abklärung der Steuerpflicht nicht zu berücksichtigen. Aufgrund der nun gegebenen Steuerpflicht liegt eine gemischte Verwendung der Infrastruktur (z. B. Landmaschinen) vor und es muss eine anteilsmässige Vorsteuerkorrektur vorgenommen werden, ausser es erfolgt eine Option für die von der Steuer ausgenommenen eigenen Erzeugnisse.

Fall 2

Der Gärtnermeister Rudolf Blum erzielt mit seinem Familienbetrieb folgende Umsätze:

Verkauf von eigenen Blumen	CHF	90 000.00
Handelsumsatz mit Gartenwerkzeugen	CHF	50 000.00
Verkauf von zugekauften Blumen, die z. B. mit eigenen Blumen zu Sträussen gebunden werden	CHF	20 000.00

Da Rudolf Blum aus zugekauften Erzeugnissen und dem Handelsumsatz mit Gartenwerkzeugen weniger als CHF 100 000.– erzielt, ist er von der Steuerpflicht befreit. Die Höhe des erzielten Umsatzes aus dem Verkauf von eigenen Blumen ist nicht von Bedeutung.

Rudolf Blum könnte aber auf die Befreiung von der Steuerpflicht verzichten und für den Verkauf von eigenen Blumen optieren (Steuersatz 2.5%). Damit ist dann aber auch der Restumsatz von CHF 70 000.– mit der MWST abzurechnen und auf allen Aufwendungen kann der Vorsteuerabzug vorgenommen werden.

6.3.2 Unternehmen mit Sitz im Ausland

Von der Steuerpflicht **grundsätzlich befreit** sind Unternehmen mit Sitz im Ausland, die im Inland ausschliesslich der Bezugsteuer unterliegende Dienstleistungen erbringen (MWSTV 9a in Verbindung mit MWSTG 10 Abs. 2 lit. b), mit der Ausnahme, die wir im Folgenden behandeln.

Hinweis	Zu den Unternehmen mit Sitz im Ausland gilt es noch Folgendes festzuhalten:

Unternehmen mit Sitz im Ausland und ohne Betriebsstätte im Inland, die in der Schweiz keine Leistungen erbringen, werden nicht obligatorisch steuerpflichtig und können auch nicht auf die Befreiung von der Steuerpflicht verzichten (MWSTV 8).

Dieser Sachverhalt ist insbesondere für die Umgehung der Vergütung der Schweizer MWST an Abnehmer mit Wohn- und Geschäftssitz im Ausland relevant (MWSTG 107 Abs. 1 lit. b in Verbindung mit MWSTV 151–156, s. Kapitel 4.12, S. 69).

Ausnahme: Unternehmen mit Sitz im Ausland, die in der Schweiz Telekommunikations- und / oder elektronische Dienstleistungen erbringen

Diese Ausnahme ist explizit im MWSTG 10 Abs. 2 lit. b erwähnt und kann wie folgt umschrieben werden:

Unternehmen (oder auch Anbieter) mit Sitz im Ausland, die in der Schweiz Telekommunikations- und / oder elektronische Dienstleistungen an nicht steuerpflichtige Empfänger (z. B. Privatpersonen oder nicht steuerpflichtige Unternehmen) erbringen, werden steuerpflichtig, sofern die **Umsatzgrenze von CHF 100 000.–** innerhalb eines Jahres erreicht wird.

Bis zu dieser Umsatzgrenze ist ein Unternehmen mit Sitz im Ausland von der Steuerpflicht befreit, kann aber auf die Befreiung von der Steuerpflicht gemäss MWSTG 11 verzichten. Bei einer Prüfung der Steuerpflicht muss der ausländische Anbieter die gegenüber Kunden mit Sitz in der Schweiz erbrachten Leistungen in seiner **Buchhaltung** nach den **Kategorien «steuerpflichtige Schweizer Kunden»** und **«nicht steuerpflichtige Schweizer Kunden»** aufteilen.

Falls nun die Umsatzgrenze überschritten und somit die Steuerpflicht gegeben ist, sind aber folgende Sachverhalte zu berücksichtigen:

- Ist die Steuerpflicht des ausländischen Anbieters gegeben, muss er die **gesamten** in der **Schweiz** erbrachten **steuerbaren Leistungen** zum entsprechenden Steuersatz versteuern. Dies umfasst auch die an steuerpflichtige Personen (im MWST-Register eingetragene Personen) erbrachten Telekommunikations- und / oder elektronischen Dienstleistungen, das Erteilen von Informationen oder anderen Leistungen.
- Das steuerpflichtige, im Ausland ansässige Unternehmen muss für die Erfüllung der Verfahrenspflichten gegenüber der MWST einen Steuervertreter (MWSTG 67 Abs. 2), der seinen Sitz in der Schweiz hat, bestimmen.
- Der ausländische Anbieter sollte auch die gegenüber Kunden mit Sitz in der Schweiz erbrachten Leistungen aufteilen, d. h. eine Unterscheidung der Lieferungen an steuerpflichtige und nicht steuerpflichtige Kunden vornehmen.

Als **Telekommunikations- und / oder elektronische Dienstleistungen** (MWSTV 10) gelten beispielsweise:

- Sprach- (u. a. Telefondienste), Schrift- (z. B. E-Mail-Dienste), Bild-, Ton- oder andere Übertragungen
- Übertragungsleistungen
- Zugang zum Internet
- Abonnementsgebühren für den Zugang von Netzwerken
- das Bereitstellen von Websites, Webhostings, Fernwartung von Programmen und Ausrüstungen
- Downloads von Musik, Filmen, Podcasts, Programmen, Spielen, Grafiken, Texten und Informationen
- das Bereitstellen von Datenbanken

6.3.3 Sport- und Kulturvereine oder gemeinnützige Institutionen

Nicht gewinnstrebige, ehrenamtlich geführte Sport- und Kulturvereine oder gemeinnützige Institutionen mit einem Jahresumsatz aus steuerbaren Leistungen im Inland von weniger als CHF 150 000.– sind von der Steuerpflicht befreit.

Damit die **höhere Umsatzgrenze von CHF 150 000.–** bei einem Sport- und Kulturverein angewendet wird, müssen folgende **Voraussetzungen kumulativ** erfüllt sein:

- Es muss sich um eine juristische Person in Form eines **Vereins** (ZGB 60 ff.) handeln. Demzufolge können Aktiengesellschaften, Genossenschaften usw. nicht unter diese Ausnahmebestimmung fallen.
- Die **Vereinsleitung** obliegt Personen, die weder vom Verein angestellt sind noch für ihre Tätigkeit entschädigt werden. Nicht als finanzielle Entschädigung gilt die Abgeltung von Auslagen im Rahmen der Erfüllung von Vereinsaufgaben.
- Der Verein handelt **nicht gewinnorientiert.** Wird dennoch ein Gewinn erzielt, ist dieser zur Finanzierung anderer Vereinstätigkeiten zu verwenden. Demzufolge dürfen die Statuten keine Verteilung des Reingewinns an die Mitglieder vorsehen.

Die **gemeinnützigen Institutionen** (Organisationen) müssen die **Voraussetzungen** gemäss **DBG 56 lit. g** für die **direkte Bundessteuer** erfüllen, damit die Umsatzgrenze von CHF 150 000.– zur Anwendung kommt:

- Befreiung der Steuerpflicht bei der direkten Bundessteuer (Bestätigung muss vorliegen).
- Es handelt sich um eine juristische Person (z. B. Verein, AG oder GmbH), die öffentliche und gemeinnützige Zwecke verfolgt.
- Die Mittel oder auch der Gewinn werden unwiderruflich und ausschliesslich den öffentlichen und gemeinnützigen Zwecken gewidmet.

Zu den gemeinnützigen Organisationen bzw. Bekanntmachungsleistungen gilt es noch die Ausführungen im Kapitel 3.1.27, S. 55 zu beachten.

In Bezug auf die Buchführungspflicht von Vereinen sind die Ausführungen in OR 957 ff. zu beachten.

Beispiel

Der ehrenamtlich geführte Sportverein Forza Ticino hat im abgelaufenen Kalenderjahr n12 folgende Umsätze erzielt:

Mitgliederbeiträge	CHF	90 000.00
Werbeleistungen	CHF	120 000.00
Zuschauereintritte	CHF	40 000.00
Verkauf Fanartikel	CHF	20 000.00
Total	**CHF**	**270 000.00**

Obwohl der Sportverein Forza Ticino Umsätze von total CHF 270 000.– erzielt hat, ist er nicht obligatorisch steuerpflichtig. Dies einerseits, weil es sich bei den Mitgliederbeiträgen und den Zuschauereintritten um von der Steuer ausgenommene Leistungen handelt, die bei der Abklärung der obligatorischen Steuerpflicht nicht zu berücksichtigen sind, und andererseits, weil die steuerbaren Umsätze aus Werbeleistungen und Fanartikelverkäufen weniger als CHF 150 000.– betragen.

In diesem Beispiel ist davon auszugehen, dass es sich bei den Mitgliederbeiträgen um Zahlungen von Aktivmitgliedern handelt. Falls noch Passivmitgliederbeiträge bestehen, so handelt es sich dabei um Spenden gemäss MWSTG 18 Abs. 2 lit. d. Nähere Einzelheiten dazu in Kapitel 5, S. 71.

Abb. 6-2 zeigt die Schritte auf, die für die Prüfung einer Steuerpflicht zu erstellen sind.

Abb. [6-2] Die Steuerpflicht von Unternehmen

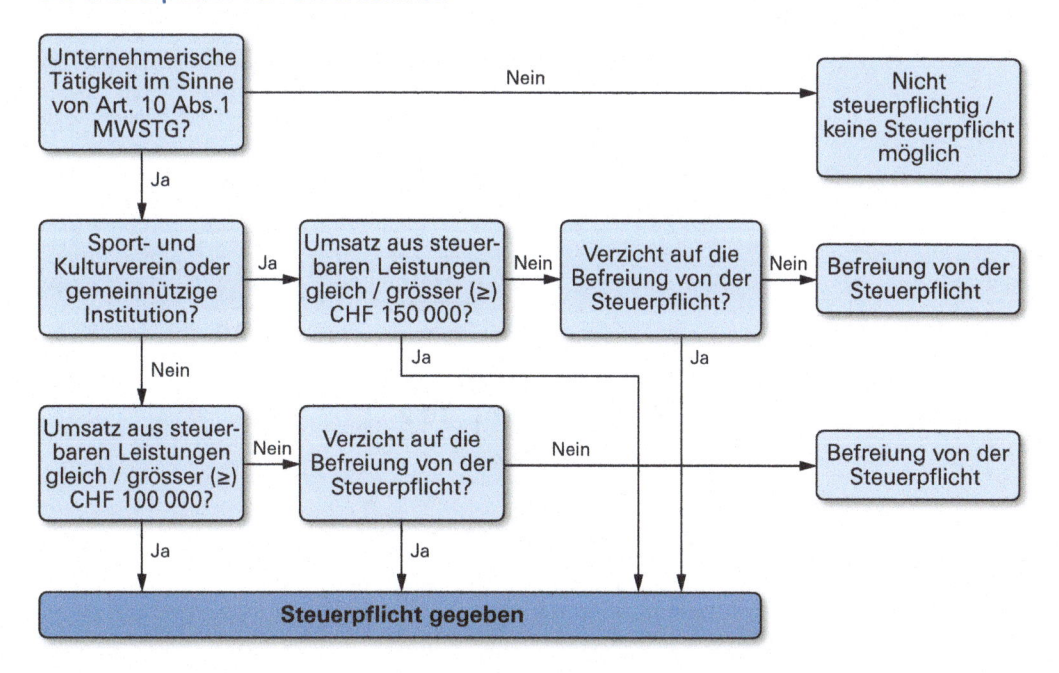

[Flussdiagramm:]

- Unternehmerische Tätigkeit im Sinne von Art. 10 Abs.1 MWSTG?
  - Nein → Nicht steuerpflichtig / keine Steuerpflicht möglich
  - Ja ↓
- Sport- und Kulturverein oder gemeinnützige Institution?
  - Ja → Umsatz aus steuerbaren Leistungen gleich / grösser (≥) CHF 150 000?
    - Nein → Verzicht auf die Befreiung von der Steuerpflicht?
      - Nein → Befreiung von der Steuerpflicht
      - Ja → Steuerpflicht gegeben
    - Ja → Steuerpflicht gegeben
  - Nein ↓
- Umsatz aus steuerbaren Leistungen gleich / grösser (≥) CHF 100 000?
  - Nein → Verzicht auf die Befreiung von der Steuerpflicht?
    - Nein → Befreiung von der Steuerpflicht
    - Ja → Steuerpflicht gegeben
  - Ja → Steuerpflicht gegeben

6.4 Spezialbestimmungen zur Steuerpflicht

Neben den vorgehend behandelten Befreiungen von der Steuerpflicht gibt es noch verschiedene spezielle Bestimmungen, die im Zusammenhang mit der Steuerpflicht zu beachten sind. Im Einzelnen handelt es sich dabei um die **Gruppenbesteuerung**, das **Gemeinwesen** (d. h. die öffentliche Hand) und die **Veranstalter von Anlässen.**

6.4.1 Gruppenbesteuerung

MWSTG 13 und MWSTV 15–22 sehen eine spezielle Regelung für die Steuerpflicht von Unternehmensgruppen vor. Sie erfahren nachfolgend, wer sich der Gruppenbesteuerung unterstellen kann und welche Auswirkungen sich dadurch für die betroffenen Unternehmen ergeben.

Weitere Informationen zur Gruppenbesteuerung können dem Kapitel 12.6, S. 194 (Vorsteuerabzug) entnommen werden.

A] Grundsätzliches zur Gruppenbesteuerung

Die Gruppenbesteuerung ist ein Novum in der schweizerischen Steuerlandschaft. Bei der Bestimmung der subjektiven Steuerpflicht werden wirtschaftlich verbundene Unternehmen als Ganzes, als ein **einziges Steuersubjekt,** erfasst.

Der wichtigste Vorteil dieser Gruppenbesteuerung besteht darin, dass der Leistungsaustausch zwischen den einzelnen Gruppenmitgliedern – der **Gruppen-Innenumsatz** – nicht als steuerbarer Umsatz erfasst wird. Dies ist vor allem immer dann für die Gruppe von Vorteil, wenn Gesellschaften Mitglied der Gruppe sind, die keinen oder nicht den vollen Vorsteuerabzug beanspruchen können.

Unter **Aussenumsatz** versteht man den mit Dritten erzielten Umsatz, die kein Mitglied der Gruppe sind.

Beispiel	Die Holding AG (HAG) hat Dritten Kapital zur Verfügung gestellt; von dieser Tätigkeit konnten Zinserträge verbucht werden. Sie erzielt keine Dividendenerträge. Die Management AG (MAG) hat der HAG im letzten Quartal Beratungsleistungen erbracht und einen PC geliefert. Diese Leistungen wurden der MAG zu Preisen wie für Dritte abgegolten. Die Tochtergesellschaft 1 (TG 1) hat Handelswaren eingekauft und an die Verkaufsgesellschaft TG 2 weitergeliefert. TG 2 verkaufte diese Waren an Dritte weiter.

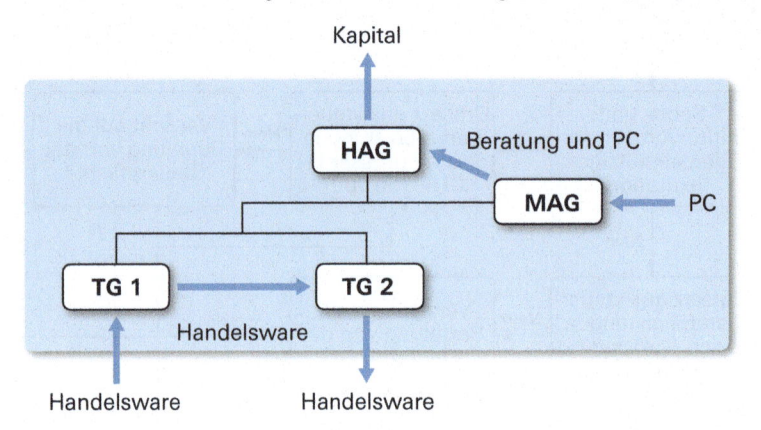

Steuerfolgen ohne Gruppenbesteuerung

Jeder Leistungsaustausch zwischen den einzelnen Konzerngesellschaften sowie zwischen Konzerngesellschaften und Dritten ist steuerpflichtig. Dies spielt keine Rolle, solange die Gesellschaften alle voll vorsteuerabzugsberechtigt sind. Gehen wir davon aus, dass im obigen Beispiel TG 1 und TG 2 nur steuerbare Umsätze tätigen. Verrechnet TG 1 an TG 2 die Lieferung von Waren, so nimmt die Steuerschuld von TG 1 gegenüber der ESTV zu. Gleichzeitig entsteht aber bei TG 2 ein Anspruch auf Vorsteuerabzug in gleicher Höhe. Konsolidiert betrachtet ist dieser Vorgang für den Konzern ein Nullsummenspiel.

Die Beratungsleistungen und der Verkauf des PCs von der MAG an die HAG müssen der HAG inkl. MWST in Rechnung gestellt werden. Der Umsatz der HAG (Finanzertrag) ist von der Steuer ausgenommen und dadurch kann die HAG auch keinen Vorsteuerabzug beanspruchen. Hingegen kann die MAG auf dem Einkauf des PCs Vorsteuern geltend machen, denn sie führt mit diesem PC ihrerseits einen steuerbaren Umsatz aus.

Steuerfolgen mit Gruppenbesteuerung

Sämtliche Leistungen zwischen den einzelnen Konzerngesellschaften sind nun nicht mehr steuerpflichtig. Da dem Konzern aus den Lieferungen der TG 1 an die TG 2 gesamthaft kein Mittelabfluss erwächst, bringt die Gruppenbesteuerung für diese Umsätze keine wesentlichen Vorteile.

Anders sieht es hingegen bei den Leistungen der MAG an die HAG aus. Die Beratungsleistungen und der PC-Verkauf müssen nun nicht mehr mit der MWST abgerechnet werden. Die Gruppe darf aber nun den Vorsteuerabzug für den Einkauf des PCs nicht mehr geltend machen, denn der PC wird bei der HAG dazu verwendet, mit Dritten von der Steuer ausgenommene Leistungen zu erzielen.

Zusammenfassend besteht der wichtigste Vorteil der Gruppenbesteuerung darin, dass die Besteuerung der Wertschöpfungsquote, die eine steuerpflichtige Konzerngesellschaft einer anderen, nicht oder nicht zum vollen Vorsteuerabzug berechtigten Konzerngesellschaft fakturiert, verhindert wird.

B] Gruppenbildung oder -kreise

Damit Unternehmen auf Antrag gemeinsam eine Gruppe bilden können, muss es sich um **juristische Personen, Personengesellschaften oder natürliche Personen** mit Sitz oder Betriebsstätte in der Schweiz handeln, die **eng** miteinander **verbunden** sind. Die enge Verbindung liegt vor, wenn nach dem Gesamtbild der tatsächlichen Verhältnisse eine natürliche Person, eine Personengesellschaft oder eine juristische Person durch Stimmenmehrheit oder auf andere Weise eine oder mehrere juristische oder natürliche Personen oder Personengesellschaften unter **einheitlicher Leitung** zusammenfassen.

Auch eine in der Schweiz gelegene Betriebsstätte eines ausländischen Unternehmens kann grundsätzlich in die Gruppe aufgenommen werden, und zwar unabhängig davon, ob sie im schweizerischen Handelsregister eingetragen ist oder nicht.

Der Kreis der Gruppenmitglieder in einer MWST-Gruppe ist innerhalb der zur Teilnahme an der Gruppenbesteuerung Berechtigten frei wählbar. Die **Bildung mehrerer Teilgruppen** ist zulässig.

Demzufolge können keine weiteren Gesellschafter, die nicht unter der einheitlichen Leitung stehen, freiwillig in eine Gruppenbesteuerung aufgenommen werden. Ist beispielsweise das übergeordnete Unternehmen im Ausland ansässig, so können nur die in der Schweiz ansässigen Gruppenunternehmen und Betriebsstätten als eine MWST-Gruppe behandelt werden.

Gesellschaften mit Sitz im Fürstentum Liechtenstein (inkl. deren Betriebsstätten in der Schweiz) können nicht Gruppenmitglied werden. **Assoziierte Unternehmen, einfache Gesellschaften und Joint Ventures** können nicht in die Gruppenbesteuerung aufgenommen werden.

Beispiel

Der Sitz der Zentrale des nachfolgend dargestellten Mischkonzerns befindet sich in Brüssel (BE). Es stellt sich die Frage, ob der Konzern die Gruppenbesteuerung in der Schweiz beantragen kann und welche Gesellschaften gegebenenfalls in die Gruppe mit einzubeziehen sind.

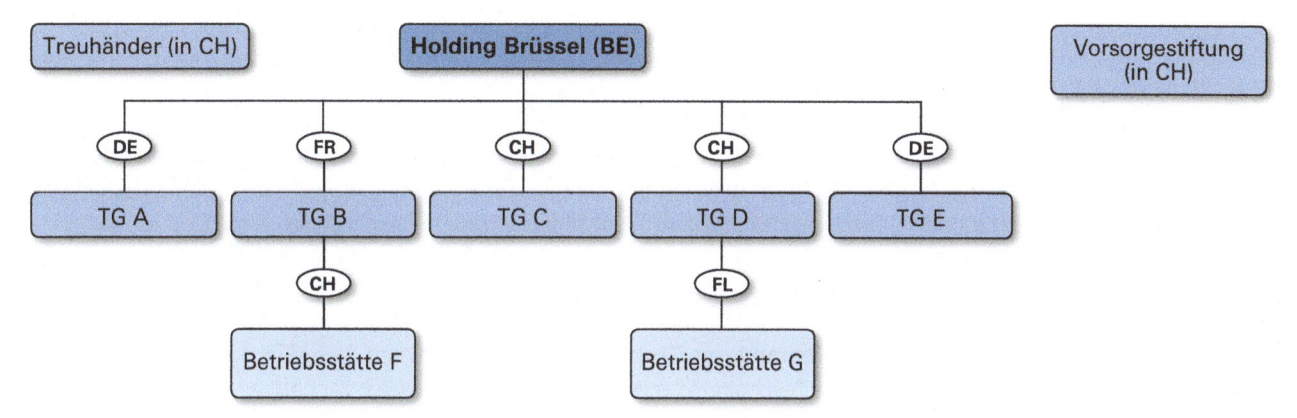

```
Treuhänder (in CH)         Holding Brüssel (BE)                    Vorsorgestiftung
                                                                        (in CH)
                    ┌────────┬────────┬────────┬────────┐
                   (DE)     (FR)     (CH)     (CH)     (DE)
                   TG A    TG B     TG C     TG D     TG E
                            │                 │
                           (CH)              (FL)
                      Betriebsstätte F   Betriebsstätte G
```

Der Antrag auf Gruppenbesteuerung wird bewilligt, obwohl sich der Sitz des Konzerns im Ausland, d. h. in Brüssel (BE), befindet. Als Gruppenmitglieder werden die Gesellschaften bzw. Unternehmen C und D sowie die Betriebsstätte F und G in die MWST-Gruppe mit einbezogen.

Es könnten aber auch nur die Unternehmen C und D in die MWST-Gruppe mit einbezogen werden. Im Weiteren könnten die Gesellschaft C oder D oder eine unabhängige aussenstehende Treuhandgesellschaft als Gruppenvertreter (Ansprechpartner gegenüber ESTV) verantwortlich sein.

Ein weiterer Vorteil der Gruppenbesteuerung besteht darin, dass zum Gruppenkreis auch diejenigen unter der einheitlichen Leitung stehenden Personen gezählt werden, die für sich allein gesehen gar nicht steuerpflichtig wären. Dadurch kann ein **zusätzliches Anrecht auf einen Vorsteuerabzug** entstehen.

C] Voraussetzungen und Auswirkungen der Gruppenbesteuerung

Damit die Gruppenbesteuerung überhaupt bewilligt werden kann, ist vorab ein **schriftlicher Antrag** einzureichen. Dem Antrag ist u. a. ein Organigramm, Handelsregisterauszüge usw. sowie die von allen Gruppenmitgliedern unterzeichnete **Einverständniserklärung** (Gruppenmitgliedschaft und Haftung) beizulegen.

Sämtliche an der Gruppenbesteuerung beteiligten Gesellschaften und Personen gelten zusammen als **ein Steuerpflichtiger.** Der **Gruppenvertreter** ist für administrative Belange der MWST-Gruppe gegenüber der ESTV zuständig. Dieser kann frei gewählt werden, d. h., er kann entweder ein Mitglied der Gruppe sein oder eine natürliche oder juristische Person mit Sitz in der Schweiz, die nicht Mitglied der MWST-Gruppe ist (z. B. eine aussenstehende Treuhandgesellschaft). Wenn der Gruppenvertreter nicht Mitglied der MWST-Gruppe ist, muss eine Vollmacht erstellt werden. Für Inkassomassnahmen muss dann aber ein zusätzliches Gruppenmitglied bestimmt werden.

Sämtliche Mitglieder der MWST-Gruppe treten gegen aussen mit der **von der ESTV zugeteilten MWST-Nr.** auf. Jedes Gruppenmitglied erstellt eine (interne) MWST-Abrechnung. Die Gruppenvertretung erstellt dann **eine einzige MWST-Abrechnung,** indem sie die Umsätze und Vorsteuern der einzelnen MWST-Abrechnungen zusammenfasst. Der ESTV wird nur diese einzige MWST-Abrechnung eingereicht. Die Deklaration der Gruppeninnenumsätze in der MWST-Abrechnung ist nicht notwendig.

Belege über gruppeninterne Transaktionen sind gemäss den handelsrechtlichen Vorschriften zu erstellen und tragen keinen Hinweis auf die MWST, insbesondere keinen Ausweis eines Steuersatzes. Die gruppeninternen Transaktionen (Aufwand und Ertrag) sind in den Geschäftsbüchern gesondert darzustellen; dies kann mit der Erfassung auf gesonderten Konti oder mit einem separaten Steuercode geschehen.

Alle Gruppenmitglieder müssen den **gleichen Bilanzstichtag** haben (Ausnahme für Holdinggesellschaften möglich) und nach der **gleichen Abrechnungsart,** also entweder nach vereinbartem oder nach vereinnahmtem Entgelt, ihre Deklaration erstellen.

Die Anwendung von Saldo- bzw. Pauschalsteuersätzen ist nicht möglich. Jedes Gruppenmitglied (oder der Gruppenvertreter) hat mindestens **einmal jährlich eine Umsatz- und eine Vorsteuerabstimmung (MWSTG 72, sog. Finalisierung)** vorzunehmen.

Jedes Mitglied der MWST-Gruppe anerkennt schriftlich, dass es mit der Gruppenbesteuerung einverstanden ist, und **haftet solidarisch** für das von der gesamten Gruppe (d. h. von allen Gruppenmitgliedern) geschuldete Total aller Steuerschulden (Steuer, Zins- und Kostenforderungen), nicht aber für Bussen. Bezüglich Haftung siehe auch weitere Ausführungen im Kapitel 6.6, S. 106.

Änderungen im Bestand der Gruppengesellschaften sind der ESTV schriftlich zu melden. Dabei handelt es sich vor allem um Kauf und Verkauf von Gesellschaften sowie Liquidationen, Konkurse und Unternehmenszusammenschlüsse.

Die Gruppenbesteuerung muss **mindestens während einer Steuerperiode** beibehalten und kann anschliessend nur auf Ende einer Steuerperiode beendet werden.

6.4.2 Gemeinwesen

Die Steuerpflicht im Bereich des Gemeinwesens ist in MWSTG 12 geregelt. Demnach werden die autonomen Dienststellen von Bund, Kantonen und Gemeinden sowie die übrigen Einrichtungen des öffentlichen Rechts und die mit öffentlich-rechtlichen Aufgaben betrauten Personen und Organisationen (inkl. Gemeinde- und Zweckverbände) bei Überschreiten der allgemein gültigen Betragsgrenzen für ihre gewerblichen Leistungen bzw. unternehmerischen Tätigkeiten steuerpflichtig.

Ein Steuersubjekt eines Gemeinwesens ist von der Steuerpflicht befreit, solange nicht mehr als **CHF 25 000.– Umsatz pro Jahr aus steuerbaren Leistungen an Nichtgemeinwesen** stammen. Stammen mehr als CHF 25 000.– des Umsatzes aus steuerbaren Leistungen an Nichtgemeinwesen, so bleibt das Steuersubjekt eines Gemeinwesens so lange von der Steuerpflicht befreit, als der Umsatz aus steuerbaren Leistungen an Nichtgemeinwesen und an andere Gemeinwesen CHF 100 000.– im Jahr nicht übersteigt. Der Umsatz bemisst sich nach den **vereinbarten Entgelten ohne die Steuer** (ab MWSTG 12 Abs. 3).

Bei der Steuerpflicht des Gemeinwesens ist noch zu beachten, dass Leistungen innerhalb des gleichen Gemeinwesens von der Steuer ausgenommen sind (s. Kap. 3.1.28, S. 55).

Nachfolgend behandeln wir die verschiedenen Arten von Steuersubjekten und Leistungsarten im Bereich des Gemeinwesens und die massgebenden Umsätze für die Abklärung der Steuerpflicht.

A] Steuersubjekte im Gemeinwesen

Indem man bei der Festlegung des Steuersubjekts in erster Linie auf die **autonome Dienststelle** abstellt, wird dem Umstand Rechnung getragen, dass es sich bei Gemeinwesen in der Regel um komplexe Gebilde handelt. Dadurch werden aber autonome Bereiche des Gemeinwesens auch dann subjektiv steuerpflichtig, wenn sie rechtlich gar nicht selbstständig sind.

Was eine **autonome Dienststelle** ist, wird im Gesetz nicht weiter umschrieben. Die Unterteilung eines Gemeinwesens in Dienststellen richtet sich nach der **Gliederung des finanziellen Rechnungswesens** (Finanzbuchhaltung), soweit dieses den organisatorischen und funktionalen Aufgaben des Gemeinwesens entspricht. Dabei kann auf die funktionale, die institutionelle oder eine andere Gliederung abgestellt werden. Eine mehrwertsteuerliche Aufteilung von autonomen Dienststellen ist nicht möglich. So können beispielsweise rechtlich unselbstständige Heime, Spitäler, Universitäten nicht weiter unterteilt werden.

Bei der **Aufteilung einer Funktion** (z. B. Abwasser) **in zwei Kostenstellen** (z. B. Abwasserleitungen oder Kläranlage) werden diese Kostenstellen in Bezug auf die MWST als eine einzige autonome Dienststelle und damit als ein Steuersubjekt behandelt. Eine Aufteilung ist nur möglich, wenn für diese Kostenstellen getrennte Gebühren erhoben werden oder wenn andere Gemeinwesen an der Kläranlage angeschlossen sind.

Gemeinwesen haben zusätzlich die Möglichkeit, auf schriftlichen Antrag hin **als Einheit oder nach einzelnen Gruppen abrechnen** zu dürfen. Ein solcher Antrag wird bewilligt, wenn

- das Gemeinwesen beim Antrag auf Abrechnung **als Einheit** als Ganzes die massgebenden Umsatzgrenzen überschreitet. Bei der Abrechnung als Einheit müssen alle Dienststellen eines Gemeinwesens in die Einheit integriert werden.
- jede einzelne autonome Dienststelle der Gruppe beim Antrag auf Abrechnung **nach einzelnen Gruppen** die für die Steuerpflicht massgebenden Betragsgrenzen überschreitet **und** vom Aufbau des Rechnungswesens her die betroffenen autonomen Dienststellen aufgrund ihrer funktionalen Gliederung zur gleichen Hauptaufgabe gehören oder für die Dienststellen die gleiche Verwaltung / Direktion zuständig ist.

B] Steuerpflicht im Gemeinwesen

Gemäss MWSTG 12 werden autonome Dienststellen von Bund, Kanton, Gemeinden, die übrigen Einrichtungen des öffentlichen Rechts und mit öffentlich-rechtlichen Aufgaben betraute Personen und Organisationen nicht steuerpflichtig für Leistungen, die sie in Ausübung von **hoheitlicher Gewalt** erbringen. Als hoheitlich gilt eine Leistung in der Regel dann, wenn sie **nicht unternehmerischer Natur,** namentlich **nicht marktfähig** ist und **nicht im Wettbewerb** mit Tätigkeiten **privater Anbieter** steht. Dies trifft auch dann zu, wenn dafür Gebühren, Beiträge oder sonstige Abgaben erhoben werden.

Als nicht unternehmerisch und damit hoheitlich gilt eine Leistung in der Regel dann, wenn sie gegenüber Dritten – selbst gegen deren Willen – mit einer Verfügung durchgesetzt werden kann.

Die nachfolgend aufgeführten **Tätigkeiten sind immer unternehmerisch** und können die Steuerpflicht eines Gemeinwesens auslösen.

Die Aufzählung in MWSTV 14 ist nicht abschliessend:

- Leistungen von Radio und Fernsehen, Telekommunikations- und elektronische Dienstleistungen
- Lieferungen von Wasser, Gas, Elektrizität, thermischer Energie und ähnlichen Gegenständen
- Beförderungen von Gegenständen und Personen
- Dienstleistungen in Häfen und auf Flughäfen

- Lieferungen von zum Verkauf bestimmten neuen Fertigwaren
- Lieferungen von landwirtschaftlichen Erzeugnissen durch landwirtschaftliche Interventionsstellen von Gemeinwesen
- Veranstaltungen von Messen und Ausstellungen mit gewerblichem Charakter
- Betrieb von Sportanstalten wie Badeanstalten und Kunsteisbahnen
- Lagerhaltung
- Tätigkeiten gewerblicher Werbebüros
- Tätigkeiten der Reisebüros
- Umsätze von betrieblichen Kantinen, Personalrestaurants, Verkaufsstellen und ähnlichen Einrichtungen
- Tätigkeiten von Amtsnotaren
- Tätigkeiten von Vermessungsbüros
- Tätigkeiten auf dem Gebiet der Entsorgung
- Tätigkeiten, die durch vorgezogene Entsorgungsgebühren finanziert werden
- Tätigkeiten im Rahmen der Erstellung von Verkehrsanlagen
- Rauchgaskontrollen
- Werbeleistungen

Bei der Abklärung der obligatorischen Steuerpflicht zählen auch hier die Mittelflüsse aus hoheitlichen und von der Steuer ausgenommenen Tätigkeiten sowie Subventionen nicht zum massgebenden Umsatz. **Mittelflüsse** aus **hoheitlichen Tätigkeiten** und **Subventionen** sind **Nicht-Entgelte.**

Zudem ist abzuklären, an wen die zu beurteilende Dienststelle die Leistungen erbringt. Dabei sind die folgenden Gruppen von möglichen Leistungsempfängern zu unterscheiden:

- Leistungen für Dienststellen des gleichen Gemeinwesens
- Leistungen an Nichtgemeinwesen (Dritte)
- Leistungen für Dienststellen von anderen Gemeinwesen

Abb. [6-3]   **Steuerpflicht im Gemeinwesen**

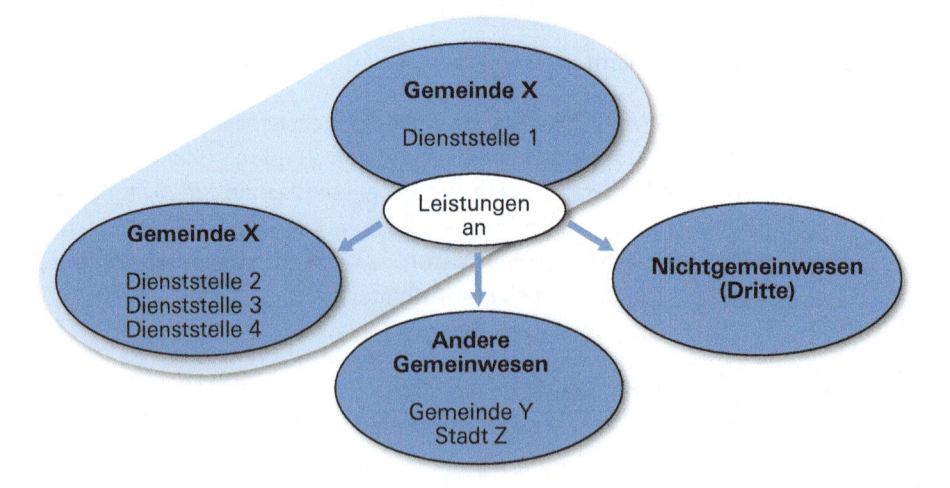

Leistungen an Gemeinwesen

Erbringt eine Dienststelle ausschliesslich Leistungen für andere Dienststellen des gleichen Gemeinwesens oder für Dienststellen eines anderen Gemeinwesens, wird sie subjektiv nicht obligatorisch steuerpflichtig, wobei der erzielte Umsatz keine Rolle spielt.

Warum eigentlich? Gemäss MWSTG 12 Abs. 3 muss zuerst ein Umsatz von CHF 25 000.– im Jahr an Nichtgemeinwesen (d.h. an Dritte) erbracht werden, damit überhaupt eine Steuerpflicht zu prüfen ist.

Beispiel

Die Dienststelle Informatik der Stadt Meierhof erbringt Leistungen auf dem Gebiet der Datenverarbeitung für andere Dienststellen der Stadt Meierhof in der Höhe von CHF 300 000.– und für die Nachbargemeinden A und B in der Höhe von CHF 200 000.–.

Aus Sicht der MWST erbringt die Dienststelle Informatik der Stadt Meierhof von der Steuer ausgenommene Leistungen (d. h. an andere Dienststellen der Stadt Meierhof) sowie Leistungen an andere Gemeinwesen. Da keine Leistungen an Nichtgemeinwesen (Dritte) erbracht werden, besteht für die Dienststelle Informatik somit keine Steuerpflicht.

C] Massgebende Umsätze

Leistungen innerhalb des gleichen Gemeinwesens werden für die Abklärung der Steuerpflicht bzw. für die massgebenden Umsätze der Steuerpflicht nicht mitberücksichtigt. Diese Umsätze sind von der Steuer ausgenommen und haben somit bei einer gemischten Verwendung eine Vorsteuerkorrektur (nur bei effektiver Abrechnungsmethode) zur Folge.

Ebenfalls nicht für die Steuerpflicht sind folgende Nicht-Entgelte massgebend:

- **Hoheitliche Tätigkeiten** gemäss MWSTG 18 Abs. 2 lit. l
- **Subventionen** gemäss MWSTG 18 Abs. 2 lit. a

Falls nun eine Dienststelle steuerpflichtig ist und nach der effektiven Abrechnungsmethode abrechnet sowie von der Steuer ausgenommene Leistungen und hoheitliche Tätigkeiten erbringt bzw. erzielt, liegt eine **gemischte Verwendung der Infrastruktur** vor. Es muss eine **sachgerechte Vorsteuerkorrektur** vorgenommen werden.

Die nachfolgenden Beispiele veranschaulichen die Steuerpflicht und die massgebenden Umsätze im Gemeinwesen.

Beispiel

Fall 1

Die steuerpflichtige Dienststelle Wasser der Gemeinde Obernachwil liefert der nicht und ebenfalls der gleichen Gemeinde angehörenden Dienststelle Werkhof 140 m^3 Wasser.

- Die Steuerpflicht der Dienststelle Wasser der Gemeinde Obernachwil besteht bereits.
- Die Wasserlieferung innerhalb der Gemeinde Obernachwil ist von der Steuer ausgenommen.
- Die Dienststelle Wasser darf keinen Vorsteuerabzug auf den direkten Aufwendungen vornehmen und muss zudem auf den gemischt verwenden Aufwendungen, Betriebsmitteln usw. eine sachgerechte Vorsteuerkorrektur vornehmen.
- Die freiwillige Versteuerung des von der Steuer ausgenommenen Umsatzes ist durch die Dienststelle Wasser zu prüfen. Bei einer Option ist die Wasserlieferung zum reduzierten Steuersatz von 2.5% abzurechnen. Im Gegenzug kann die nicht steuerpflichtige Dienststelle Werkhof keinen Vorsteuerabzug geltend machen (taxe occulte).

Fall 2

Das (noch nicht steuerpflichtige) EW (Dienststelle) der Gemeinde Oberlaufen erbringt Stromlieferungen von CHF 100 000.– an Nichtgemeinwesen, von CHF 50 000.– an Dienststellen der gleichen Gemeinde und von CHF 70 000.– an andere Gemeinwesen.

- Die beiden Grenzen oder Limiten der Steuerpflicht von CHF 25 000.– an Nichtgemeinwesen bzw. an Nichtgemeinwesen und andere Gemeinwesen von CHF 100 000.– sind überschritten.
- Die Dienststelle EW ist somit steuerpflichtig und muss mit der MWST einen Umsatz von CHF 170 000.– abrechnen.
- Die Stromlieferungen innerhalb der gleichen Gemeinde sind von der Steuer ausgenommen.
- Mögliche Konsequenzen in Bezug auf den Vorsteuerabzug, Vorsteuerkorrekturen oder Option (aber zum Normalsatz steuerbar) können dem vorangegangenen Fall 1 entnommen werden.

Fall 3

Der (noch nicht steuerpflichtige) Werkhof der Gemeinde Oberstaufen erbringt Schneeräumungsarbeiten von CHF 200 000.– an Dienststellen des eigenen Gemeinwesens, von CHF 120 000.– an die umliegenden Gemeinden und von CHF 20 000.– vereinzelt auch an Nichtgemeinwesen.

Die erste Limite der Steuerpflicht von CHF 25 000.– an Nichtgemeinwesen ist nicht erreicht. Somit ist eine der zwei kumulativen Voraussetzungen für die Steuerpflicht nicht erfüllt. Es spielt auch keine Rolle, ob noch Leistungen an andere Gemeinwesen, in diesem Fall von CHF 120 000.–, erbracht werden. Für den Werkhof besteht keine obligatorische Steuerpflicht.

Fall 4

Der (noch nicht steuerpflichtige) Werkhof der Gemeinde Oberstaufen erbringt Schneeräumungsarbeiten von CHF 60 000.– an die umliegenden Gemeinden (andere Gemeinwesen) und von CHF 28 000.– an Nichtgemeinwesen.

- Die erste Grenze der Steuerpflicht von CHF 25 000.– an Nichtgemeinwesen ist erreicht.
- Die zweite Grenze der Steuerpflicht von CHF 100 000.– ist nicht erreicht und somit sind die zwei kumulativen Voraussetzungen zur Steuerpflicht nicht erfüllt.
- Für den Werkhof (Dienststelle) der Gemeinde Oberstaufen besteht keine obligatorische Steuerpflicht.
- Der Werkhof hat aber das Recht, auf die Befreiung von der Steuerpflicht zu verzichten, d. h. sich freiwillig der Steuerpflicht zu unterstellen. Je nach Ausgangslage ist eine freiwillige Steuerpflicht sinnvoll.

In den meisten Fällen wenden die Steuersubjekte im Gemeinwesen die **Pauschalsteuersatzmethode** an, vgl. auch die Ausführungen in Kapitel 14, S. 212.

Die Abklärung der Steuerpflicht des Gemeinwesens lässt sich mithilfe von Abb. 6-4 prüfen.

Abb. [6-4]   **Ablauf der Abklärung der Steuerpflicht des Gemeinwesens**

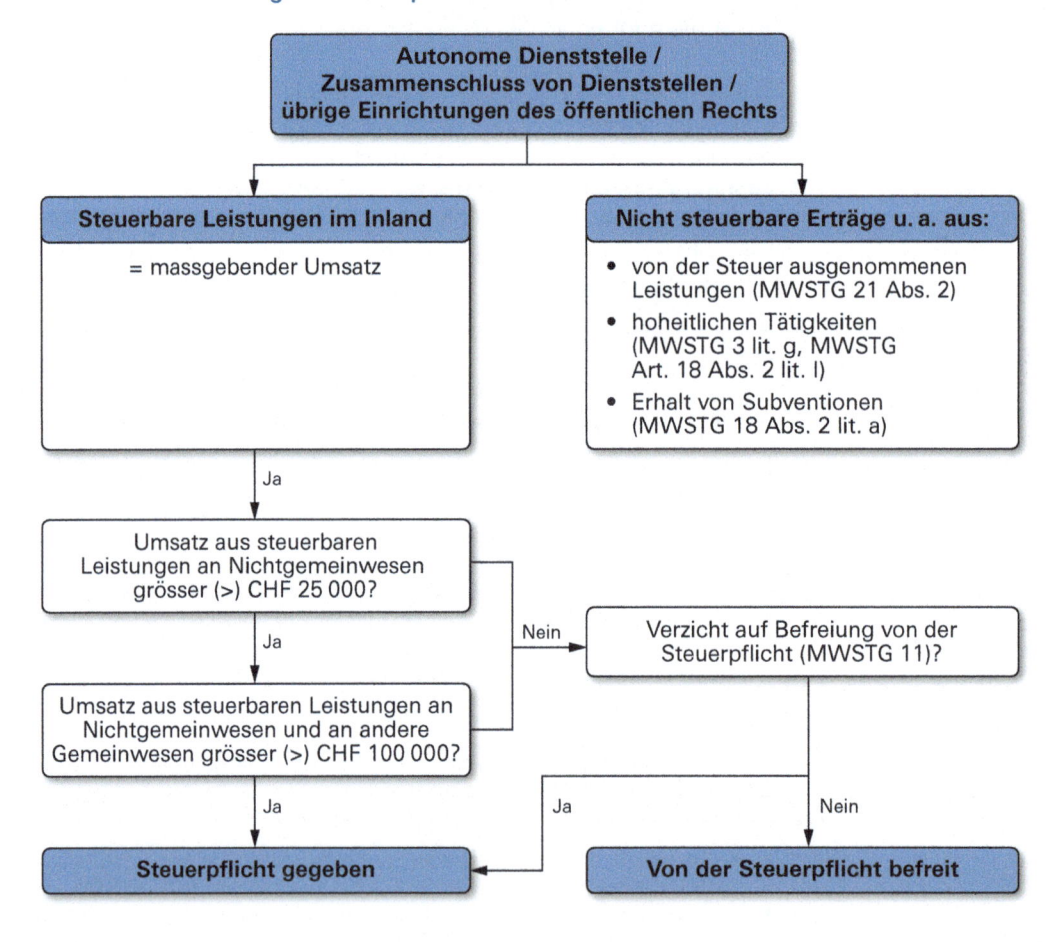

6.4.3 Publikums- und Festanlässe

Eine weitere Sonderregelung im Zusammenhang mit der Steuerpflicht betrifft die Veranstalter von Anlässen aller Art (z. B. Seenachtsfest, Jodlerfest, Schützenfest, Musiktage, Konzerte oder Volksläufe). Es ist dabei zu unterscheiden zwischen den Veranstaltern, die ansonsten nicht steuerpflichtig sind, und denjenigen, bei denen die Steuerpflicht bereits aufgrund anderer Tätigkeiten (z. B. Sportverein mit Werbeeinnahmen) gegeben ist.

A] Bisher nicht steuerpflichtige Veranstalter

Der Anlass kann durch ein bereits bestehendes Rechtsgebilde durchgeführt werden oder durch eines, das speziell für die Durchführung des Anlasses gegründet wurde.

Neues Rechtsgebilde als Veranstalter

In vielen Fällen wird ein Anlass durch ein neues, selbstständiges Rechtsgebilde (z. B. einfache Gesellschaft) durchgeführt. Solche Veranstalter werden steuerpflichtig, wenn der massgebende Gesamtumsatz des Anlasses den Betrag von CHF 100 000.– (bzw. CHF 150 000.– bei ehrenamtlich geführten Sport- und Kulturvereinen oder gemeinnützigen Institutionen) erreicht oder übersteigt. Ob alle Umsätze im gleichen Kalenderjahr oder über zwei Jahre verteilt anfallen, spielt dabei keine Rolle.

Beispiel

Der örtliche Jodlerklub und der Turnverein organisieren zum Jahresende gemeinsam einen grossen Neujahrsball. Zu diesem Zweck schliessen sich die beiden Vereine zu einer einfachen Gesellschaft in Form eines Organisationskomitees zusammen. Als steuerbare Leistungen fallen diverse Werbeleistungen (z. B. Inserate oder Plakate) im Jahr n11 im Betrag von CHF 50 000.– (bezahlt im Vorjahr) sowie gastgewerbliche Leistungen für diesen Anlass in der Höhe von CHF 70 000.– an.

Obwohl die massgebende Umsatzgrenze von CHF 100 000.– in den einzelnen Kalenderjahren, d. h. n10 und n11, nicht überschritten wird, ist die Steuerpflicht des Veranstalters gegeben, weil der steuerbare Gesamtumsatz aus diesem Anlass in der Höhe von CHF 120 000.– berücksichtigt werden muss. Die Anmeldung für die Steuerpflicht muss innerhalb von 30 Tagen nach Beginn der Steuerpflicht erfolgen. Nach Beendigung des Anlasses muss die Abmeldung der Steuerpflicht geprüft werden. Falls der Anlass wiederkehrend ist, muss geprüft werden, ob in den kommenden Jahren die Umsatzgrenze von CHF 100 000.– erreicht wird. Ist dies der Fall, muss nichts unternommen werden und die Steuerpflicht bleibt bestehen.

Bereits bestehendes Rechtsgebilde als Veranstalter

Wird ein Anlass durch ein bestehendes Rechtsgebilde (z. B. Verein) durchgeführt, sind die Umsätze aus dem Anlass dieser Organisation zuzuordnen. Ist diese nicht bereits wegen anderer Tätigkeiten steuerpflichtig, so ist für die Prüfung der subjektiven Steuerpflicht bei der Durchführung eines **einmaligen Anlasses** nur der **steuerbare Umsatz** aus diesem **Anlass** zu berücksichtigen.

Handelt es sich jedoch um eine **periodische Veranstaltung,** ist der **Gesamtumsatz des Vereins** für die Beurteilung und Prüfung der Steuerpflicht **massgebend.**

Beispiel

Der bisher nicht als steuerpflichtig registrierte, ehrenamtlich geführte Musikverein Lago-Blue hat laufend Probleme mit den flüssigen Mitteln in der Vereinskasse. Um die Liquiditätsengpässe zu beseitigen, wird die Durchführung eines Anlasses beschlossen. Der Musikverein Lago-Blue erzielt folgende steuerbaren Umsätze:

Jährlich wiederkehrende Umsätze aus der Vereinstätigkeit	CHF	90 000.00
Umsätze aufgrund des zusätzlichen Anlasses	CHF	80 000.00

Handelt es sich beim zusätzlichen Anlass um eine einmalige Angelegenheit, ist die Steuerpflicht des Musikvereins Lago-Blue nicht gegeben, da die beiden Umsätze für die Prüfung der Steuerpflicht separat betrachtet werden. Wird der neue Anlass jedoch jährlich durchgeführt, ist der Gesamtumsatz massgebend. Dadurch ist die Steuerpflicht auf Beginn des Kalenderjahres gegeben, in dem der zusätzliche Anlass zum ersten Mal durchgeführt und somit durch die Erweiterung der Geschäftstätigkeit die massgebende Umsatzgrenze von CHF 150 000.– erreicht bzw. überschritten wird.

Im Fall der Steuerpflicht eines bereits bestehenden, aber nicht steuerpflichtigen Rechtsgebildes aufgrund der Durchführung eines nicht wiederkehrenden Anlasses müssen nur die Umsätze aus diesem Anlass deklariert und abgerechnet werden.

B] Bisher steuerpflichtige Veranstalter

Führt ein aufgrund anderer, unternehmerischer Tätigkeiten bisher steuerpflichtiger Veranstalter (z. B. Schützenverein) einen Anlass durch, so sind die Umsätze aus dem Anlass dem Verein zuzuordnen. Der Verein muss diese mit der **ESTV abrechnen.** Es spielt dabei **keine Rolle, wie hoch der Umsatz** aus dem **Anlass** ist und ob **dieser einmalig oder wiederkehrend** durchgeführt wird.

Abb. 6-5 fasst die Ausführungen von Kapitel 6.4.3 zusammen.

Abb. [6-5]   **Die Steuerpflicht von Veranstaltern**

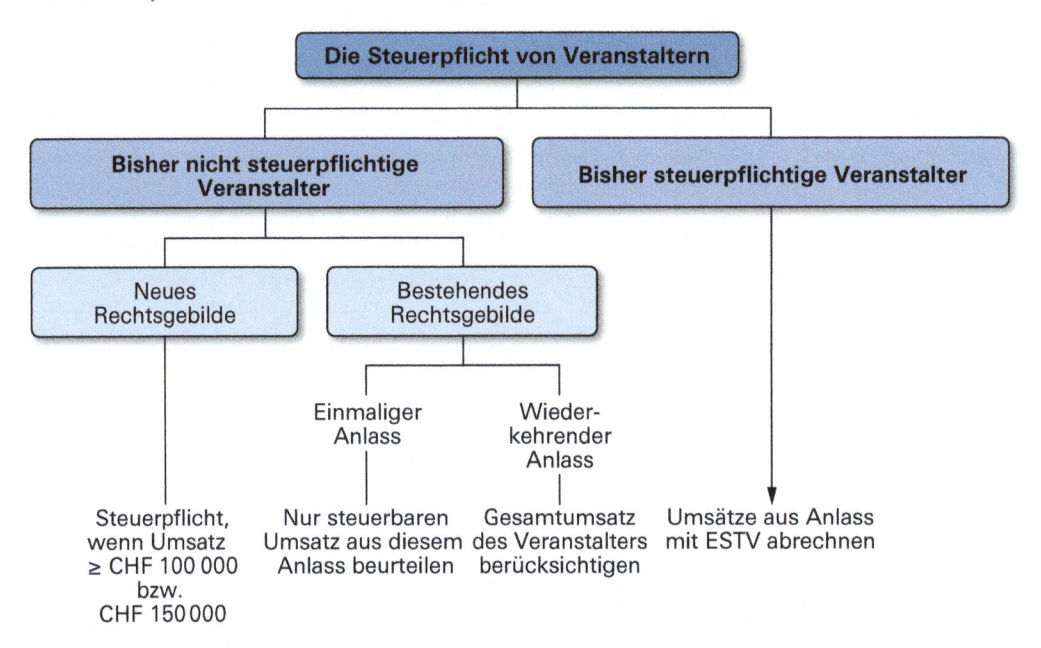

```
                    Die Steuerpflicht von Veranstaltern
                                    |
                ┌───────────────────┴────────────────────┐
        Bisher nicht steuerpflichtige          Bisher steuerpflichtige Veranstalter
              Veranstalter
                    |
        ┌───────────┴───────────┐
     Neues                 Bestehendes
   Rechtsgebilde           Rechtsgebilde
                                |
                    ┌───────────┴───────────┐
                Einmaliger              Wieder-
                 Anlass                kehrender
                                        Anlass

   Steuerpflicht,    Nur steuerbaren    Gesamtumsatz     Umsätze aus Anlass
   wenn Umsatz       Umsatz aus diesem  des Veranstalters mit ESTV abrechnen
   ≥ CHF 100 000     Anlass beurteilen  berücksichtigen
   bzw.
   CHF 150 000
```

6.5 Beginn und Ende der Steuerpflicht

Beginn und Ende der Steuerpflicht sind in MWSTG 14 und MWSTV 11 sowie in MWSTG 66 (An- und Abmeldung als steuerpflichtige Person) geregelt. Es werden für verschiedene Tatbestände unterschiedliche Zeitpunkte bezüglich Beginn und Ende der Steuerpflicht festgelegt.

6.5.1 Beginn der Steuerpflicht

Das steuerpflichtige Unternehmen hat sich unaufgefordert **innerhalb von 30 Tagen** nach Beginn seiner Steuerpflicht bei der ESTV schriftlich anzumelden und im Register der Steuerpflichtigen eintragen zu lassen.

Die ESTV teilt der steuerpflichtigen Person eine **nicht übertragbare MWST-Nummer** (z. B. CHE-123.456.789 MWST) zu, die registriert wird. Die MWST-Nummer kann u. a. auch unter www.uid.admin.ch eingesehen werden.

Die ESTV hat für die Abklärung und / oder Anmeldung der Steuerpflicht den elektronisch auszufüllenden «Fragebogen zur Abklärung der Mehrwertsteuerpflicht» auf ihrer Website hinterlegt.

Die Steuerpflicht beginnt mit der **Aufnahme der unternehmerischen Tätigkeit.** Bei der Bestimmung des **Zeitpunkts** des Beginns der Steuerpflicht können grundsätzlich folgende **vier Sachverhalte** unterschieden werden:

- Aufnahme einer unternehmerischen Tätigkeit
- Erweiterung einer Geschäftstätigkeit (inkl. Geschäftsübernahme)
- Überschreiten der Mindestumsatzgrenzen
- Verzicht auf die Befreiung von der Steuerpflicht

A] Aufnahme einer unternehmerischen Tätigkeit

Die Befreiung von der Steuerpflicht endet, sobald absehbar ist, dass die **Umsatzgrenze** von CHF 100 000.– (und mehr) bzw. CHF 150 000.– sowie die Umsatzgrenzen für das Gemeinwesen **innerhalb von 12 Monaten** nach der Aufnahme der unternehmerischen Tätigkeit **überschritten** werden.

Hinweis Aus Gründen der Lesbarkeit und zum besseren Verständnis werden nachfolgend (im gesamten Kapitel 6.5) nur noch die Begriffe «Umsatz- oder Betragsgrenze(n)» für die eingangs erwähnten drei Umsatzgrenzen verwendet.

Als Indizien dafür, dass die Umsatzgrenzen bei Aufnahme einer unternehmerischen Tätigkeit überschritten werden, gelten beispielsweise:

- Übernahme oder Weiterführung eines bereits bestehenden Betriebs
- Anzahl Mitarbeitende
- Vorhandene Infrastruktur
- Umfang der bereits erhaltenen Aufträge

Wenn nicht im Voraus angenommen werden kann, dass die eingangs erwähnten Grenzen überschritten werden, muss **spätestens nach Ablauf von drei Monaten** der seit Beginn der Tätigkeit erzielte Umsatz **auf ein volles Jahr umgerechnet** werden. Wird dabei die massgebende Betragsgrenze überschritten, muss **innert 30 Tagen** eine **Anmeldung** an die ESTV erfolgen.

Die neu steuerpflichtige Person kann wählen, ob sie **rückwirkend** mit der **Aufnahme** der **Geschäftstätigkeit** oder spätestens **ab Beginn des vierten Monats** steuerpflichtig werden will. Dabei ist zu beachten, dass bei der Eintragung auf den vierten Monat des Geschäftsjahres bei einer möglichen Einlageentsteuerung für die Ingebrauchnahme der Anlagegüter / Betriebsmittel eine Abschreibung (entweder 20% für bewegliche oder 5% für unbewegliche Güter) für ein ganzes Jahr vorzunehmen ist.

Falls sich die steuerpflichtige Person für eine **rückwirkende Eintragung** auf den Zeitpunkt der Aufnahme der Geschäftstätigkeit entscheidet, muss für die Berechnung der Einlageentsteuerung keine Abschreibung vorgenommen werden. Die Steuer ist ab dem Zeitpunkt der Aufnahme abzurechnen. Die mögliche nachträgliche Überwälzung der MWST an die Kunden (Leistungsempfänger) ist zu prüfen.

B] Erweiterung einer Geschäftstätigkeit (inkl. Geschäftsübernahme)

Die Befreiung von der Steuerpflicht beginnt mit der Erweiterung oder Ausweitung der Geschäftstätigkeit sowie Geschäftsübernahme, wenn zu erwarten ist, dass der Umsatz aus der gesamten Tätigkeit in den **folgenden zwölf Monaten** die **Umsatzgrenzen übersteigt**. Dabei gelten die gleichen Indizien wie bei der Aufnahme einer unternehmerischen Tätigkeit.

Unter einer **Geschäftserweiterung** ist eine **Geschäftsübernahme** oder die **Eröffnung eines neuen Betriebszweigs** zu verstehen. Die blosse Umsatzsteigerung als Folge eines grösseren Auftragsvolumens oder durch den Übergang von einer Neben- zu einer Haupterwerbstätigkeit gilt nicht als Geschäftserweiterung.

C] Überschreiten der Mindestumsatzgrenzen

Die Befreiung von der Steuerpflicht endet nach Ablauf des Geschäftsjahres, in dem die Umsatzgrenzen erreicht worden sind. Wurde die für die Steuerpflicht massgebende Tätigkeit **nicht während eines ganzen Jahres** ausgeübt, so ist der Umsatz auf **ein volles Jahr** (d. h. auf 12 Monate) **umzurechnen.**

Die steuerpflichtige Person muss sich wiederum unaufgefordert **innert 30 Tagen** nach Ende des Geschäftsjahres (in dem die Umsatzgrenzen überschritten sind) bei der ESTV als steuerpflichtige Person schriftlich anmelden. Die Steuerpflicht ist auf Beginn der neuen Steuerperiode gegeben.

D] Verzicht auf die Befreiung von der Steuerpflicht

Wer ein Unternehmen betreibt und aufgrund von MWSTG 10 Abs. 2 (unter der Umsatzgrenze von jährlich weniger als CHF 100 000.– bzw. CHF 150 000.–) oder MWSTG 12 Abs. 3 (unter den Umsatzgrenzen für das Gemeinwesen) von der Steuerpflicht befreit ist, hat das Recht, auf die Befreiung von der Steuerpflicht zu verzichten.

Der Verzicht auf die Befreiung kann frühestens **auf den Beginn der laufenden Steuerperiode** erklärt werden und gilt für **mindestens eine Steuerperiode.** Als **Steuerperiode** gilt, solange MWSTG 34 Abs. 3 nicht in Kraft ist, das **Kalenderjahr.** Auf die Befreiung von der Steuerpflicht können somit auch Unternehmen verzichten, die noch gar keine Umsätze erzielt haben.

Beispiel

Fall 1

Die Liegen Immo AG erstellt ein Geschäfts- und Wohnhaus und beabsichtigt, nach der Fertigstellung die Räumlichkeiten an Privatpersonen (für die Vermietung von Wohnungen) und an steuerpflichtige Personen (mit Option gemäss MWSTG 22 in Verbindung mit MWSTG 21 Abs. 2 Ziff. 21) zu vermieten. Vor Baubeginn unterstellt sich die Liegen Immo AG «freiwillig» der Steuerpflicht. Da eine **Option** für die Vermietung während der Bauphase nicht möglich ist (keine Mieteinnahmen, für die «durch offenen Ausweis der Steuer» optiert werden kann), nimmt die Liegen Immo AG auf den Baukosten einen anteilsmässigen **Vorsteuerabzug** (nur für die geplanten Vermietungen mit Option) vor.

Fall 2

Die Tätigkeiten der Future GmbH beschränken sich vorerst auf die Vorbereitungshandlungen wie Marktanalysen, Werbung, Akquisition, Entwicklungs-, Projektierungs- oder Forschungsarbeiten und in den ersten zwei Geschäftsjahren wird nur ein Umsatz von jeweils CHF 10 000.– erwirtschaftet. Bei Aufnahme der unternehmerischen Tätigkeit (auch wenn noch keine Umsätze erzielt werden) kann sich die Future GmbH der Steuerpflicht unterstellen und somit auf allen Aufwendungen, die für die Erzielung von steuerbaren Tätigkeiten verwendet werden, einen (anteilsmässigen) Vorsteuerabzug geltend machen.

Fall 3

Die Frei Holding AG mit Sitz in Basel verfügt seit langer Zeit über das kantonale Holdingprivileg und vereinnahmt nur Dividendenerträge aus den einzelnen Beteiligungen (Beteiligungsquote zwischen 50 und 100%) und geringfügige Zinserträge. Der Finanzchef der Frei Holding AG überlegt sich Anfang Dezember n12, ob eine freiwillige Mehrwertsteuerpflicht per 1.1.n12 möglich bzw. sinnvoll ist.

Ein Verzicht auf die Befreiung von der Steuerpflicht, d. h. die freiwillige Steuerpflicht rückwirkend auf den Beginn der Steuerperiode n12, ist möglich und würde sich lohnen. Die Frei Holding AG kann für die ganze Steuerperiode n12 die gesamten Vorsteuern rückwirkend geltend machen. Die Dividendenerträge stellen Nicht-Entgelte dar und haben keine Vorsteuerkorrektur zur Folge. Die Zinserträge stellen von der Steuer ausgenommene Umsätze dar und haben allenfalls eine Vorsteuerkorrektur für die gemischte Verwendung der Verwaltungsinfrastruktur zur Folge. Diese Vorsteuerkorrektur ist aber geringfügig.

6.5.2 Ende der Steuerpflicht

MWSTG 14 Abs. 2 in Verbindung mit MWSTG 66 Abs. 2 verlangt vom Steuerpflichtigen, dass die Beendigung der unternehmerischen Tätigkeit, die Vermögensliquidation (mit Abschluss des Liquidationsverfahrens) und das Unterschreiten der relevanten Umsatzgrenzen **unverzüglich (innert 30 Tagen) der ESTV schriftlich mitgeteilt werden** müssen.

Wird diese Mitteilung an die ESTV unterlassen, gilt dies als **Verzicht auf die Befreiung von der Steuerpflicht** und das Unternehmen ist weiterhin steuerpflichtig (MWSTG 11). Der Verzicht gilt ab Beginn der folgenden Steuerperiode und muss **während mindestens einer Steuerperiode** angewendet werden. Unterlässt das Unternehmen die Mitteilung, kann die ESTV das Löschungsdatum allenfalls rückwirkend festsetzen.

Bei der Beendung der Steuerpflicht ist eine **Schlussabrechnung** zu erstellen. Dabei ist u. a. eine Vorsteuerkorrektur im Eigenverbrauch infolge Nutzungsänderung zu prüfen und die angefangenen Arbeiten sowie offenen Debitoren sind mit der ESTV abzurechnen. Bei Beendung der Steuerpflicht wird die Schlussabrechnung automatisch dem noch steuerpflichtigen Unternehmen zugestellt.

Die folgenden Ereignisse können zur Beendung oder Befreiung von der Steuerpflicht führen:

- Aufgabe der unternehmerischen Tätigkeit mit Überführung ins Privatvermögen
- Aufgabe der unternehmerischen Tätigkeit bei Vermögensliquidation
- Unterschreitung der massgebenden Betragsgrenzen

A] Aufgabe der unternehmerischen Tätigkeit mit Überführung ins Privatvermögen

Grundsätzlich endet die Steuerpflicht mit dem Ende bzw. der Aufgabe der unternehmerischen Tätigkeit. Dabei ist eine allfällige Vorsteuerkorrektur im Eigenverbrauch geschuldet.

Die **Abmeldung** für die Beendung der Steuerpflicht hat gegenüber der ESTV schriftlich und **innert 30 Tagen** zu erfolgen.

Beispiel

Markus Walder ist Inhaber der Einzelunternehmung M. Walder, Schreinerei, in Aarau. Er ist 70 Jahre alt und hat beschlossen, die Schreinerei per 31. August n12 aufzugeben. Er ist im Register der steuerpflichtigen Personen eingetragen und rechnet nach der effektiven Abrechnungsmethode und nach vereinnahmten Entgelten ab. Seine Steuerpflicht endet also mit diesem Datum. Markus Walder muss sich innert 30 Tagen, d. h. bis zum 30. September, bei der ESTV schriftlich abmelden. Am sinnvollsten erfolgt die Abmeldung via den entsprechenden Link / Unterseite der Website der ESTV (Abmeldung als steuerpflichtige Person = Löschung).

Markus Walder muss nun in seiner Schlussabrechnung auf sämtlichen Vermögensgegenständen, z. B. auf Warenvorräten (keine Abschreibung) oder auf beweglichen Betriebsmitteln (u. a. Fahrzeug, Mobiliar, Maschinen, EDV usw.; es ist eine Abschreibung von 20% pro Jahr zu berücksichtigen), eine allfällige Vorsteuerkorrektur im Eigenverbrauch abrechnen.

Die angefangenen Arbeiten und der Debitorenbestand per 31. August muss Markus Walder als Umsatz bzw. mit der Umsatzsteuer abrechnen. Für mögliche offene Kreditorenrechnungen wird ihm noch der Vorsteuerabzug angerechnet, der ihm im Rahmen seiner unternehmerischen, zum Vorsteuerabzug berechtigenden Tätigkeit zusteht. Mögliche weitere Korrekturen (z. B. Privatanteile bzw. Eigenverbrauch oder gemischte Verwendung) sind bei Ende der Steuerpflicht durch Markus Walder auch noch zu prüfen.

B] Aufgabe der unternehmerischen Tätigkeit bei Vermögensliquidation

Die Steuerpflicht endet erst mit **Abschluss des Liquidationsverfahrens,** wenn bei der Aufgabe der unternehmerischen Tätigkeit keine Vorsteuerkorrektur im Eigenverbrauch oder Lieferungssteuer erhoben werden kann, weil das Geschäftsvermögen anlässlich einer freiwilligen oder konkursamtlichen **Liquidation** (oder Nachlassvertrag mit Liquidationsvergleich u. a.) verkauft wird.

Erfolgt die Liquidation im Rahmen eines **Zwangsvollstreckungsverfahrens,** stellen die veräusserten Gegenstände oder Dienstleistungen nicht Umsatz der Betreibungs- bzw. Konkursämter, sondern Umsatz des Schuldners dar. War der Schuldner steuerpflichtig, unterliegt der Erlös aus dem Zwangsvollstreckungsverfahren der MWST. Diese Steuern sind Verwertungskosten, die vor der Verteilung durch das Betreibungs- bzw. Konkursamt im Namen des Schuldners der ESTV einzuzahlen sind.

C] Unterschreitung der massgebenden Betragsgrenzen

Die Steuerpflicht endet mit dem Ende der Steuerperiode, in der die massgebenden Betragsgrenzen nicht mehr überschritten wurden, sofern anzunehmen ist, dass diese Betragsgrenzen auch in der nachfolgenden Steuerperiode nicht mehr überschritten werden. Die **Abmeldung** ist **frühestens auf Ende der Steuerperiode** möglich, in der der massgebende Umsatz erstmals nicht mehr erreicht worden ist.

Eine **Nichtabmeldung** gilt als **Verzicht auf die Befreiung** von der Steuerpflicht. Der Verzicht gilt ab Beginn der folgenden Steuerperiode und dauert mindestens eine Steuerperiode.

Hinweise, dass die Betragsgrenzen auch in Zukunft nicht mehr überschritten werden, sind:

- Verkauf eines Betriebsteils
- Reduzierung der unternehmerischen Tätigkeit aus Altersgründen
- Wechsel von Haupterwerbs- zur Nebenerwerbstätigkeit

6.6 Mithaftung, Steuernachfolge und Steuervertretung (Steuersubstitution)

In MWSTG 15 ist die (solidarische) **Mithaftung** geregelt. Dabei handelt es sich um eine rein finanzielle Verpflichtung. Im Gegensatz zum Steuernachfolger kann vom Mithaftenden nicht verlangt werden, dass er anderweitige steuerliche Obliegenheiten des Steuerpflichtigen (z. B. Erstellen der Abrechnung) erfüllt. In MWSTG 15 Abs. 4 sowie in MWSTV 23–25 werden die Haftungsvoraussetzungen in Bezug auf die Abtretung (Zession) von Forderungen bzw. der MWST erläutert, die die abgetretenen Forderungen beinhalten.

Im Zusammenhang mit der Haftung ist auch die **Gruppenbesteuerung** zu erwähnen. Jedes in eine MWST-Gruppe einbezogene Mitglied haftet **solidarisch** für die **während seiner Mitgliedschaft entstandenen Steuerschulden** (inkl. Zinsen und Kosten) der MWST-Gruppe gegenüber der ESTV. Allfällige Bussen der MWST-Gruppe sind nicht Bestandteil der Mithaftung.

Nach dem **Austritt** aus der MWST-Gruppe haftet das ausgetretene Gruppenmitglied nur noch für die eigenen Steuerforderungen, die sich aus seiner unternehmerischen Tätigkeit während der Gruppenzugehörigkeit ergeben haben.

Bei einem **Eintritt** in eine MWST-Gruppe übernimmt das neue Mitglied keine (solidarischen) Altlasten der alten, bestehenden Gruppenmitglieder. Falls gegen eine MWST-Gruppe beispielsweise eine Betreibung oder eine Steuernachforderung mittels Einschätzungsmitteilung eingeleitet wird, können sich die Gruppenmitglieder nicht durch Austritt aus der Gruppe der Haftung einziehen.

Die **Steuernachfolge** ist in MWSTG 16 geregelt. Darunter ist der **Eintritt eines Rechtsnachfolgers** in die Rechte und Pflichten eines anderen zu verstehen. Vom Steuernachfolger kann somit nicht nur die Bezahlung einer allfällig **geschuldeten Steuer** verlangt werden. Er hat auch das Erstellen von **MWST-Abrechnungen** zu besorgen und die dafür notwendigen, buchhalterischen Aufzeichnungen zu führen. Zudem hat er auch **Auskünfte** zu erteilen, die über die Erhebung der Steuer Aufschluss geben können. Der Steuernachfolger kann aber auch die **Rechte** wahrnehmen, die dem ehemaligen Steuerpflichtigen zugestanden wären, beispielsweise das Geltendmachen von Vorsteuerabzügen oder die Ergreifung von Rechtsmitteln.

Stirbt eine steuerpflichtige Person, so treten ihre **Erben** in die **Rechte** und **Pflichten** ein. Sie **haften solidarisch** für die vom Erblasser geschuldeten Steuern bis zur Höhe ihrer Erbteile, mit Einschluss der Vorempfänge.

Wer ein Unternehmen mit Aktiven und Passiven übernimmt, tritt ebenfalls in die steuerlichen Rechte und Pflichten des übernommenen Unternehmens ein. Der bisherige Steuerschuldner **haftet** aber mit dem neuen Steuerschuldner noch während drei Jahren seit der Mitteilung oder Ankündung der Übernahme **solidarisch** für die Steuerschulden, die vor der Übernahme entstanden sind.

Im Gegensatz zur Steuernachfolge, die unter Umständen den Eintritt eines Rechtssubjekts in sämtliche steuerlichen Rechte und Pflichten eines anderen bewirkt, kann der **Steuervertreter** zusätzlich zu dem noch belangbaren Steuerpflichtigen zur Erfüllung der diesem obliegenden, steuerlichen Pflichten herangezogen werden. Diese Möglichkeit ist jedoch gemäss MWSTG 17 nur für die **unbeschränkt haftenden Teilhaber ausländischer Handelsgesellschaften und ausländischer Personengesamtheiten** ohne juristische Persönlichkeit vorgesehen. Das kann beispielsweise die Durchsetzung von Sicherstellungsverfügungen oder Betreibungen erleichtern.

Diese **Steuersubstitution** soll nicht mit der Steuervertretung gemäss MWSTG 67 verwechselt werden. Dieser Artikel regelt die Bestellung eines Steuervertreters für Verfahrenspflichten und dieser muss seinen Wohn- oder Geschäftssitz zwingend im Inland haben.

Zusammenfassung

Juristische und / oder natürliche Personen wie Aktiengesellschaft, GmbH, Einzelunternehmen, Kollektivgesellschaft, Vereine, einfache Gesellschaften, Stiftungen usw. werden als Steuersubjekte im **MWST-Register** eingetragen.

Die **unternehmerische Tätigkeit** umfasst steuerbare wie auch von der Steuer ausgenommene Leistungen. Die Bestimmung der massgebenden Umsätze sowie der Ort der Leistung sind für die Steuerpflicht sehr wichtig. Beispielsweise gehören steuerbefreite Exportlieferungen zum massgebenden Umsatz, dagegen werden Leistungen im Ausland für die Bestimmung der Steuerpflicht nicht berücksichtigt.

Die unternehmerische Tätigkeit muss beruflich, gewerblich, selbstständig sowie auf Dauer (nachhaltige Erzielung von Einnahmen) ausgerichtet sein. Die Gewinnabsicht ist hingegen keine Bedingung. Das Erwerben, Halten und Verwalten von Beteiligungen (z. B. bei einer Holding) ist im Sinne der MWST ebenfalls eine unternehmerische Tätigkeit.

Die möglichen **nicht unternehmerischen Tätigkeiten** umfassen:

- Pflege eines Hobbys oder Liebhaberei.
- Privatperson, die einmalig Autos und / oder gelegentlich Gegenstände aus dem eigenen Hausrat verkauft.
- Tätigkeiten, welche nicht auf die nachhaltige Erzielung von Einnahmen aus Leistungen ausgerichtet sind.
- Unselbstständig ausgeübte Tätigkeiten Ausüben von öffentlichen Ämtern oder Erfüllung von Militär oder Zivildienstpflicht sowie Tätigkeiten in Ausübung hoheitlicher Gewalt.

Bei bestehender Steuerpflicht sind die Einnahmen aus den nicht unternehmerischen Tätigkeiten nicht zu versteuern. Die Aufwendungen, die den nicht unternehmerischen Tätigkeiten zugeordnet werden, berechtigen somit auch nicht zum Vorsteuerabzug.

Es gibt drei Arten von **Unternehmen, die von der Steuerpflicht befreit sind:**

- **Kleinunternehmen,** deren jährlicher Umsatz weniger als CHF 100 000.– pro Jahr beträgt.
- Unternehmen mit **Sitz im Ausland,** die im Inland ausschliesslich Leistungen bestimmter Arten erbringen.
- Nicht gewinnstrebige, **ehrenamtlich geführte Sport- und Kulturvereine oder gemeinnützige Institutionen** mit einem Jahresumsatz von weniger als CHF 150 000.–.

Bei der **Gruppenbesteuerung** wird der Leistungsaustausch zwischen den einzelnen Gruppengesellschaften – der **Innenumsatz** – nicht besteuert. Der **Aussenumsatz,** der mit Dritten, die der Gruppe nicht angehören, erzielt wurde, ist massgebend für die Vorsteuerabzugsberechtigung.

Durch die **Gruppenbesteuerung** wird die Besteuerung der konzerninternen Wertschöpfung vermieden und die gesamthaft abzuliefernde MWST kann niedriger ausfallen.

Die Gruppenbesteuerung kann von **juristischen Personen, Personengesellschaften und natürlichen Personen** angewendet werden. Alle an der Gruppenbesteuerung beteiligten Gesellschaften und Personen **gelten zusammen als ein Steuerpflichtiger** und **haften solidarisch** für die von der Gruppe geschuldete MWST. Die Gruppe wird nach aussen von einem **Gruppenvertreter** vertreten.

Änderungen im Bestand der Gruppenbesteuerung müssen der ESTV schriftlich gemeldet werden. Die Gruppenbesteuerung muss mindestens ein Jahr lang beibehalten und kann nur auf das Ende einer Steuerperiode beendigt werden.

Die autonomen Dienststellen von **Bund, Kantonen und Gemeinden** sowie die übrigen Einrichtungen des öffentlichen Rechts und die mit öffentlich-rechtlichen Aufgaben betrauten Personen und Organisationen sind für ihre gewerblichen Leistungen steuerpflichtig, sofern

- der Umsatz aus steuerbaren Leistungen an Dritte (Nichtgemeinwesen) mehr als CHF 25 000.– ist und zudem
- der Umsatz aus steuerbaren Leistungen an Nichtgemeinwesen und an andere Gemeinwesen mehr als CHF 100 000.– beträgt.

Bei **Veranstaltern von Anlässen** ergeben sich keine Probleme, wenn der Veranstalter bereits steuerpflichtig ist. In diesem Fall sind die Umsätze aus dem Anlass immer abzurechnen. Wird für den Anlass ein neues, selbstständiges Rechtsgebilde gegründet, ist dieses steuerpflichtig, wenn die massgebenden Umsatzgrenzen erreicht werden.

Wird der Anlass durch ein bereits bestehendes, bisher nicht steuerpflichtiges Rechtsgebilde durchgeführt, kommen die bekannten Bestimmungen zur Anwendung, wenn es sich um einen **regelmässigen Anlass** handelt. Handelt es sich um einen **einmaligen Anlass**, sind für die Abklärung der Steuerpflicht nur die Umsätze aus diesem zu berücksichtigen.

Die **Steuerpflicht beginnt** bei Neuaufnahme einer Geschäftstätigkeit oder bei **Eröffnung bzw. Übernahme eines neuen Betriebszweigs** zum Zeitpunkt der Neuaufnahme, Eröffnung oder Übernahme, wenn zu erwarten ist, dass der steuerbare Umsatz der nächsten 12 Monate CHF 100 000.– bzw. CHF 150 000.– oder mehr übersteigt. Bei **bestehenden Geschäftsbetrieben** beginnt die Steuerpflicht nach Ablauf des Kalenderjahres, in dem der steuerbare Umsatz CHF 100 000.– bzw. CHF 150 000.– oder mehr betragen hat.

Privatpersonen und nicht steuerpflichtige Unternehmen werden für ihre Leistungsbezüge von **Unternehmen mit Sitz im Ausland** steuerpflichtig (sog. Bezugsteuer), wenn der Wert dieser Bezüge von Unternehmen mit Sitz im Ausland pro Kalenderjahr gesamthaft mehr als CHF 10 000.– beträgt.

Folgende Ereignisse können das **Ende der Steuerpflicht** bewirken:

- Aufgabe der unternehmerischen Tätigkeit mit Überführung ins Privatvermögen
- Aufgabe der unternehmerischen Tätigkeit bei Vermögensliquidation
- Unterschreitung der massgebenden Betragsgrenzen

Die Mehrwertsteuer

> Die **Steuernachfolge** ist die Rechtsnachfolge in die Rechte und Pflichten eines anderen. Beim **Tod eines Steuerpflichtigen** treten die Erben in die Rechte und Pflichten ein und haften solidarisch für die vom Erblasser geschuldeten Steuern bis zur Höhe ihrer Erbteile. Wer ein **Unternehmen übernimmt,** tritt in die Rechte und Pflichten des übernommenen Unternehmens ein. Der bisherige Steuerschuldner haftet aber noch drei Jahre lang solidarisch mit dem neuen Steuerschuldner für die Steuerschulden, die vor der Übernahme entstanden sind.

Repetitionsfragen

24 Die ausländischen Unternehmen (nicht im MWST-Register eingetragen) erbringen die nachstehenden Leistungen.

Muss der inländische, steuerpflichtige Leistungsempfänger die Bezugsteuer abrechnen? Begründen Sie Ihre Antworten mit den entsprechenden Gesetzesartikeln.

Leistungen	Ja / Nein	Gesetzesartikel
Abfallentsorgung auf einer Deponie in St. Gallen	N	
Referat an der Uni Bern	N	
Party-Service an einem Anlass in Genf	J	
Gütertransport von Berlin (DE) nach Bern	N	
Verkauf von Videoclips via Internet (Download)		
Publikation eines Inserats in der Zeitung «St. Galler Tagblatt» für eine Bank		
Werbeinserat auf einer Website für eine gemeinnützige Stiftung		
Lagerung von Waren in einem Speditionslager in St. Margrethen		
Verwaltung einer in der Schweiz befindlichen Liegenschaft		
Import und Montage eines Gartenhäuschens in Chur		
Winterschnitt von Obstbäumen in Basel (es werden nur Betriebsmittel wie Baumscheren usw. eingeführt)		
Verkauf eines in Lörrach (DE) gelegenen Grundstücks		
Verkauf von Teppichen ab Zollfreilager Zürich-Flughafen		
Verpachten einer Gaststätte in Rorschach		
Verleasen einer Maschine ab Standort Bern		
Installation von Software bei einer Bank in St. Gallen durch einen Programmierer (Software wird ab Internet heruntergeladen)		
Schleifen von Klingen (unter Verwendung einer mobilen Schleifmaschine)		

25	Der Gemüseproduzent Sepp Rübenkohl hat aufgrund des härter werdenden Existenzkampfs im primären Wirtschaftssektor damit begonnen, andere Arbeiten für Dritte auszuführen. Im abgelaufenen Kalenderjahr hat er nun folgende Umsätze erzielt:

	Erlös aus landwirtschaftlicher Eigenproduktion	CHF 100 000.00
	Reine Transportleistungen für Dritte	CHF 40 000.00
	Reine Feldarbeiten für Dritte	CHF 50 000.00
	Erzielter Gesamtumsatz	CHF 190 000.00

Wird Sepp Rübenkohl steuerpflichtig und welche Umsätze hat er gegebenenfalls mit der ESTV abzurechnen?

26	Die nicht steuerpflichtige Holdinggesellschaft Xeno AG mit Sitz in Appenzell hat diverse Beteiligungen zwischen 50% und 100%. Die jährlichen Beteiligungserträge (Dividenden) belaufen sich auf CHF 3 Mio. Zudem werden noch Finanzerträge im Betrag von CHF 140 000.– erzielt. Die Holdinggesellschaft Xeno AG verfügt über das kantonale Holdingprivileg.

Kann sich die Holdinggesellschaft im MWST-Register eintragen lassen?

27	Gerhard Meisterhans ist mehrfacher Millionär und besitzt mehrere Aktiengesellschaften zu 100%. Er ist aber selber nicht als Einzelunternehmer tätig. Da seine Firmen untereinander Leistungen erbringen, will er die sich aus der Gruppenbesteuerung ergebenden Vorteile nutzen und stellt der ESTV einen dementsprechenden Antrag.

A] Wird diesem Antrag stattgegeben?

B] Wenn ja, welches wären die wesentlichen Vor- und Nachteile für Gerhard Meisterhans?

28	Die Dienststelle «Drucksachen und Material» einer grossen bernischen Gemeinde beliefert verschiedene Abnehmer mit Büromaterial aller Art. Aus dieser Tätigkeit erzielt sie folgende Umsätze:

	Mit Dienststellen des gleichen Gemeinwesens	CHF 300 000.00
	Mit Dienststellen anderer Gemeinwesen	CHF 100 000.00
	Mit Dritten (Nichtgemeinwesen)	CHF 50 000.00

Ist die Dienststelle «Drucksachen und Material» steuerpflichtig und welche Umsätze sind gegebenenfalls abzurechnen?

29	Für die Durchführung eines Skiwettkampfs Anfang Januar n11 wird ein separates Organisationskomitee in Form einer einfachen Gesellschaft gegründet. Dabei werden folgende Umsätze erzielt:

	n10	Vorverkauf von Eintrittsbilletten	CHF 100 000.00
		Verkauf von Werbeleistungen	CHF 50 000.00
	n11	Verkauf Eintrittsbillette am Anlass	CHF 200 000.00
		Souvenirverkäufe	CHF 10 000.00
		Verkauf von Tombolalosen	CHF 50 000.00
		Gastgewerbliche Leistungen	CHF 50 000.00

Ist die einfache Gesellschaft steuerpflichtig und welche Umsätze sind gegebenenfalls mit der ESTV abzurechnen?

| 30 | Anton Huwyler eröffnet am 1. Juli n11 eine Schreinerei. Er geht davon aus, dass er einen Umsatz von weniger als CHF 100 000.– erzielen wird und meldet sich deshalb bei der ESTV nicht an. Ende Jahr sind folgende Zahlen bekannt: |

Einnahmen 3. Quartal (1. Juli–30. September)	CHF	20 000.00
Ausstehende Rechnungen (offene Debitoren) per 30. September	CHF	4 000.00
Noch nicht fakturierte angefangene Arbeiten per 30. September	CHF	3 000.00
Einnahmen 4. Quartal (1. Oktober–31. Dezember)	CHF	40 000.00
Ausstehende Rechnungen (offene Debitoren) per 31. Dezember	CHF	6 000.00
Noch nicht fakturierte angefangene Arbeiten per 31. Dezember	CHF	5 000.00

Ab wann ist Anton Huwyler mehrwertsteuerpflichtig?

| 31 | Die Grasso AG erzielt aus der Vermittlung von Versicherungen und Versicherungsberatungen die folgenden Umsätze: |

	Beratung	Vermittlung
n09	CHF 65 000.–	CHF 105 000.–
n10	CHF 90 000.–	CHF 180 000.–
n11	CHF 100 000.–	CHF 250 000.–
n12	CHF 110 000.–	CHF 240 000.–

Ab wann muss sich die Grasso AG im MWST-Register eintragen lassen?

7 Bemessungsgrundlage

Lernziele	Nach der Bearbeitung dieses Kapitels können Sie ...
	• erklären, was zur Bemessungsgrundlage bzw. zum Entgelt zählt.
	• die Unterschiede zwischen Nicht-Entgelten und Nicht-Bemessungsgrundlage bestimmen.
	• das Entgelt bei Leistungen an eng verbundene Personen und das Personal bestimmen.
Schlüsselbegriffe	an Zahlungs statt, Austauschreparatur, Bemessungsgrundlage, Beschaffungskosten, Billettsteuer, Check-Gebühr, Debitorenverluste, Devisen-Tageskurs, Durchlaufposten, Entgelt, Entgelt bei Leistungen an das Personal, Entgelt bei Leistungen an eng verbundene Personen, Entgelt in ausländischer Währung, Entgeltsminderungen, Ersatz aller Kosten, feste Abtretung der Entgeltsforderung, geldwerte Leistung, Inkassoauftrag, Inlandsteuer, Kleinmengenzuschlag, Konzernumrechnungskurs, Kreditkartenkommission, Lohnausweis, LSVA, Mahngebühren, Monatsmittelkurs, Nicht-Bemessungsgrundlage, Nicht-Entgelte, Porti, Provisionen, Rabatt, REKA-Check, Rückgängigmachung der Leistung, Rückvergütungen, Skonto, tauschähnliche Geschäfte (Marktwert), Teilzahlungszuschläge, Transportkosten, Umsatzbonus, Verpackung, Verrechnungsgeschäfte, Verzugszins, Werklohn, Wert, der unter abhängigen Dritten vereinbart würde, Wert des Bodens, WIR-Geld

Die Bemessung der Steuer erfolgt grundsätzlich auf der Basis des bezahlten Entgelts für eine Leistung. Nur wenn das Entgelt nicht die wirklichen, wirtschaftlichen Verhältnisse widerspiegelt oder wenn gar kein Entgelt ausgerichtet wird, weicht das MWSTG auf andere Bemessungsgrundlagen aus.

In diesem Kapitel wird die Bemessungsgrundlage für den Eigenverbrauch (Vorsteuerkorrektur oder geschuldete Lieferungssteuer), beim Meldeverfahren und bei der Einfuhrsteuer nicht behandelt. Es sind somit auch die Ausführungen in Kapitel 11, S. 163 (insbesondere zu den Privatanteilen), Kapitel 15, S. 226 und Kapitel 18, S. 245 in Bezug auf die Bemessungsgrundlage zu beachten. Die gesetzlichen Grundlagen zum Thema Bemessungsgrundlage, aber auch zum Thema Entgelt finden Sie in MWSTG 3, 18, 24 und 46 sowie in MWSTV 26–28 und 45–48.

7.1 Entgelt

7.1.1 Definition der Begriffe

MWSTG 3 lit. f definiert das Entgelt **aus der Sicht des Leistungsempfängers** als Vermögenswert, den der Empfänger oder die Empfängerin oder an seiner oder ihrer Stelle eine Drittperson für den Erhalt einer Leistung aufwendet».

Dagegen wird das Entgelt in MWSTG 24 Abs. 1 **aus der Sicht des Leistungserbringers** wie folgt umschrieben: «Die Steuer wird vom **tatsächlich empfangenen Entgelt** berechnet».

Für die Bemessungsgrundlage ist aber auch MWSTG 18, der den Steuerobjekt-Grundsatz betrifft, wichtig. Im Absatz 1 dieses Artikels steht Folgendes: «Der **Inlandsteuer** unterliegen die im **Inland** durch **steuerpflichtige Personen** gegen **Entgelt** erbrachten **Leistungen**; sie sind steuerbar, soweit dieses Gesetz keine Ausnahme vorsieht. Die Begriffe wie Inland oder Leistung sind ebenfalls in MWSTG 3 umschrieben.

Gemessen wird also, welchen **Leistungsabfluss** die Lieferung oder Dienstleistung beim Empfänger auslöst, und nicht, wie dieser Leistungsabfluss beim Lieferanten oder Dienstleistenden eingeht bzw. verbucht wird.

In MWSTG 24 Abs. 1 wird weiter ausgeführt: «Zum Entgelt gehören namentlich auch der **Ersatz aller Kosten,** selbst wenn diese gesondert in Rechnung gestellt werden, sowie die von der steuerpflichtigen Person geschuldeten öffentlich-rechtlichen Abgaben».

Mit dem Begriff **Ersatz aller Kosten** wird klargestellt, dass das Weiterverrechnen von Kosten ebenfalls in die Bemessungsgrundlage mit einzubeziehen ist. Es spielt keine Rolle, ob einzelne, weiterverrechnete Kostenelemente selbstständig betrachtet von der Steuer ausgenommen sind oder nicht. Wenn die Hauptleistung steuerbar ist, unterliegt das gesamte Entgelt der MWST. Die MWST selber wird aber nicht in die Bemessungsgrundlage eingerechnet.

Beispiel

Der Musikladen Müller & Co. liefert Pius Burgermeister per Post eine CD-Sammlung der Werke von Mozart. Die Rechnung des Musikladens an Pius Burgermeister präsentiert sich wie folgt:

CD-Sammlung Mozart	CHF	110.00
Porto und Verpackung	CHF	14.00
Total inkl. 8% MWST	**CHF**	**124.00**

Um die CD-Sammlung zu erhalten, muss Pius Burgermeister gesamthaft CHF 124.– aufwenden. Daher muss der Musikladen auf den gesamten CHF 124.– (108%) die MWST mit CHF 9.20 abrechnen. Es spielt dabei keine Rolle, ob in der Rechnung Positionen aufgeführt sind, die für sich alleine betrachtet von der Steuer ausgenommen sein können (z. B. Briefmarken).

Weitere Bestandteile des Ersatzes aller Kosten sind:

- Beschaffungskosten (Transportkosten, Zölle, LSVA, CO_2-Abgabe, Treibstoffzollzuschlag, Entsorgungsgebühren, Porto und Verpackung)
- Auslagen für Reisen, Verpflegung, Unterkunft usw., selbst wenn diese im Ausland angefallen sind
- Kleinmengenzuschlag
- Provisionen
- Mahngebühren und vertragliche vereinbarte Teilzahlungszuschläge (vereinbarte Vertragszinsen)
- Trinkgelder, sofern sie dem Leistungserbringer und nicht dem Personal zustehen.

7.1.2 Leistungen an eng verbundene Personen

Bei einer Leistung an eine **eng verbundene Person** gilt als Entgelt der Wert, der unter unabhängigen Dritten vereinbart würde. Falls dies nicht der Fall ist, wird auf ein fiktives Entgelt abgestellt und dieses besteuert. Es wird die Differenz zwischen dem Entgelt, das bezahlt wurde und dem Entgelt, das unter unabhängigen Dritten vereinbart würde, aufgerechnet.

Was eine eng verbundene Person und eine der eng verbundenen Person nahestehende Person ist und wann eine eng verbundene Person als Mitarbeiterin oder Mitarbeiter angesehen wird und somit zum Personal (Lohnausweis) gehört, wird in Kapitel 11.1.2, S. 165 detailliert beschrieben.

7.1.3 Leistungen an das Personal

Wenn **Leistungen gegenüber Lohnausweisempfängern,** d. h., gegenüber dem **Personal** erbracht werden, sind die Ausführungen in MWSTG 24 Abs. 3 (Marktwert) in Verbindung mit MWSTV 47 zu beachten.

Es ist aber zu unterscheiden, ob eine Leistung gegenüber dem Personal **entgeltlich** oder **unentgeltlich** erbracht wird. Leistungen des Arbeitgebers an das Personal, die im Lohnausweis zu deklarieren sind, gelten als entgeltlich erbracht. Die Steuer ist von dem Betrag zu berechnen, der für die direkten Steuern massgebend ist. Leistungen, die im **Lohnausweis** nicht zu deklarieren sind, gelten als unentgeltlich erbracht, und es wird vermutet, dass ein unternehmerischer Grund für die Erbringung der Leistung besteht.

Soweit bei den direkten Steuern Pauschalen für die Ermittlung von Lohnanteilen zulässig sind, können diese – falls dienlich – ebenfalls für die MWST angewendet werden.

Weitere Ausführungen zu den Leistungen an das Personal (u. a. welche Leistungen nicht im Lohnausweis zu deklarieren sind) finden Sie in Kapitel 11.1.3, S. 166.

Anhand eines Beispiels wollen wir die Leistung an eine eng verbundene Person und an das Personal näher betrachten.

Beispiel

Leistungen an das Personal und an einen Hauptaktionär (eng verbundene Person)

Die Technik AG verkauft ihren Mitarbeitern und an den Hauptaktionär eine Kamera wie folgt:

		Berechnung
Brutto-Verkaufspreis	CHF	3 000.00
15% Rabatt	CHF	–450.00
Preis gegenüber Dritten (Kunden)	CHF	2 550.00
Einstandspreis dieses Produkts	CHF	1 500.00
Wert für das Personal	CHF	2 200.00

Welcher Wert oder welche Bemessungsgrundlage kommt für den Verkauf der Kamera an das Personal und an den Hauptaktionär für diesen Sachverhalt zur Anwendung?

Wert gegenüber dem Personal

Es ist von einem Naturallohn auszugehen. Massgebende Bemessungsgrundlage ist damit grundsätzlich der Marktwert der Kamera von CHF 2 550.–. In Anbetracht von MWSTV 47 kann aber – soweit es sich hier um einen branchenüblichen Rabatt handelt – davon ausgegangen werden, dass der Vorzugspreis für das Personal von CHF 2 200.– bzw. das tatsächlich empfangene Entgelt zu versteuern ist. Die branchenüblichen Rabatte sind auf dem Lohnausweis der Mitarbeiter durch die Technik AG nicht zu deklarieren.

Wert gegenüber einer eng verbundenen Person

Bei Leistungen an eine eng verbundene Person gilt als Entgelt der Wert, der unter abhängigen Dritten vereinbart würde. Somit ist der Wert gegenüber Dritten von CHF 2 550.– zu versteuern.

Falls aber nun die eng verbundene Person (d. h. der Hauptaktionär) in der Technik AG mitarbeitet, wird der Wert gegenüber dem Personal angewendet. Gemäss MWSTV 47 gelten Leistungen des Arbeitgebers an das Personal, die im Lohnausweis zu deklarieren sind, als entgeltlich erbracht. Der Hauptaktionär ist nun aus der Sicht der MWST ein Mitarbeiter der Technik AG. Es handelt sich wieder um einen branchenüblichen Rabatt, der nicht auf dem Lohnausweis deklariert werden muss.

7.1.4 Nicht-Entgelte

Diverse **Mittelflüsse** zählen zu den **Nicht-Entgelten** (s. Kap. 5, S. 71) und sind in MWSTG 18 Abs. 2 nicht abschliessend aufgezählt. Bei der Bemessungsgrundlage ist es wichtig, dass zwischen steuerbarem Entgelt und Nicht-Entgelten unterschieden wird. Die Unterscheidung hat u. a. auch einen Einfluss auf die Deklaration in der MWST-Abrechnung. Die Nicht-Entgelte können entweder eine Vorsteuerkürzung oder allenfalls eine Vorsteuerkorrektur zur Folge haben.

7.2 Abzüge vom Entgelt

Wie Sie wissen, ist die MWST selbst nicht in die Bemessungsgrundlage einzubeziehen.

Rabatte und Skonti, die vom Leistungsempfänger abgezogen werden, sind im Normalfall Entgeltsminderungen. **Umsatzboni und Rabattrückvergütungen,** die den Kunden nachträglich gewährt werden, dürfen auch als **Entgeltsminderung** in Abzug gebracht werden.

Als Entgeltsminderung ist auch die **Rückgängigmachung der Leistung** zu behandeln. Diese kann bei Rücknahme der gelieferten Gegenstände wegen Nichtigkeit des Vertrags, bei der Aufhebung des Vertrags wegen Willensmängeln oder Sachgewährleistung beim Kauf- bzw. Werkvertrag angenommen werden. Die Rückgängigmachung kann sich auch nur auf einen Teil der Leistung beziehen. Bei der Rückgabe von Gegenständen innert 30 Tagen seit der Lieferung wird immer Rückgängigmachung angenommen, wenn der volle Preis angerechnet wird.

Debitorenverluste sind in derjenigen Steuerperiode abzugsberechtigt, in der die Forderungen als uneinbringlich ausgebucht werden. Die Ausbuchung als Debitorenverlust ist buch- und belegmässig zu erbringen. Falls im Nachhinein dennoch eine Abschlags- oder Schlusszahlung erfolgt, so sind diese Zahlungen mit der MWST zu versteuern.

7.3 Massgebendes Entgelt, wenn der Abnehmer seine Gegenleistung ganz oder teilweise anders als durch eine Geldzahlung in Schweizer Franken erbringt

Die Gegenleistung des Abnehmers oder Bezügers erfolgt nicht immer in Form einer Geldzahlung in Schweizer Franken. Auch jede andere **geldwerte Leistung** ist Entgelt. Bei diesen Fällen ist Folgendes zu beachten:

7.3.1 Tauschähnliche Geschäfte

Bei der Entgegennahme von Gegenständen **an Zahlungs statt** (Eintauschgeschäften) gilt der Betrag, der durch die Entgegennahme ausgeglichen wird, als Entgelt. Dieser Teil des Gesamtentgelts bestimmt sich grundsätzlich nach dem Verkehrswert der eingetauschten Leistung. Steuerbar ist aber mindestens der Betrag, der in der Rechnung und im Liefervertrag für den Gegenstand angerechnet wird. Dieser Betrag ist auch dann für die Steuerberechnung massgebend, wenn der eingetauschte Gegenstand später zu einem niedrigeren Preis oder gar nicht verkauft wird.

Wird nur der Aufpreis ausgewiesen, so ist der Katalogpreis steuerbares Entgelt. Der bei Eintauschgeschäften gewährte Rabatt darf nicht höher sein als der Rabatt, der einem Dritten bei einem Verkauf eines gleichen Gegenstands ohne Eintausch gewährt würde.

Beispiel

Die Garage Adler AG erstellt folgende Rechnung:

Neuwagen (Katalogpreis)	CHF	40 000.00
10% Rabatt	CHF	–4 000.00
	CHF	36 000.00
Eintauschwagen (75 000 km)	CHF	–16 000.00
Aufpreis (inkl. 8% MWST)	**CHF**	**20 000.00**

Bei Neuwagenverkäufen ohne Eintauschgeschäft gewährt die Garage Adler AG üblicherweise einen Rabatt von 10%.

Die Garage Adler AG muss als Umsatz einen Betrag von CHF 36 000.– (108%) deklarieren, kann aber, wenn die Bedingungen gemäss MWSTG 28 Abs. 3 eingehalten werden, einen fiktiven Vorsteuerabzug auf dem Eintauschwagen vornehmen.

Diese Regelung gilt allerdings nicht für **Austauschreparaturen.** Um eine Austauschreparatur handelt es sich, wenn dem Besteller anstelle eines defekten Gegenstands (z. B. Alternator im Auto) ein gleichartiger revidierter Gegenstand übergeben wird. Sofern in solchen Fällen nur der **Werklohn** für die Bearbeitung verrechnet wird, gilt nur dieser als Bemessungsgrundlage.

7.3.2 Verrechnungsgeschäfte

Wenn Lieferungen oder Dienstleistungen in Verrechnung mit Gegenleistungen abgegolten werden, haben beide Vertragspartner den vollen Wert der eigenen Lieferung oder Dienstleistung und den vollen Wert der Gegenleistung zu verbuchen. Die blosse Verbuchung des Differenzbetrags ist nicht zulässig.

Beispiel

Das Baugeschäft Pfäuti AG erstellt für das Treuhandbüro Locher AG ein Bürogebäude für deren Geschäftstätigkeit. Die Pfäuti AG stellt wie folgt Rechnung:

Bauarbeiten	CHF	800 000.00
3% Rabatt (von CHF 800 000.–)	CHF	–24 000.00
2% Skonto (von CHF 776 000.–)	CHF	–15 520.00
	CHF	760 480.00
abzüglich 0.5% Baureinigung, Baustrom	CHF	–3 802.40
abzüglich Baureklame pauschal	CHF	–800.00
	CHF	755 877.60
8% MWST	CHF	60 470.20
Bruttobetrag inkl. 8% MWST	CHF	816 347.80
abzüglich Ihre Buchhaltungsarbeiten	CHF	–12 000.00
	CHF	804 347.80

Die Rechnung der Pfäuti AG ist korrekt. Sie hat CHF 755 877.60 (exkl. MWST) als Ertrag zu verbuchen und zu versteuern. Obwohl es sich bei der Baureinigung, dem Baustrom und der Baureklame eigentlich um Verrechnungen handelt, werden diese von der ESTV als Entgeltsminderungen zugelassen. Diese sind somit auch abzugsberechtigt. Damit die Pfäuti AG auf den Buchhaltungsarbeiten einen Vorsteuerabzug vornehmen kann, benötigt sie vom Treuhandbüro Locher AG eine korrekte Rechnung im Sinne von MWSTG 26.

Das Treuhandbüro Locher AG verwendet das Bürogebäude für unternehmerische zum Vorsteuerabzug berechtigende Tätigkeiten (Eigennutzung sowie für die Vermietung von Büroräumlichkeiten mit Option) und kann den Betrag von CHF 60 470.20 als Vorsteuer in Abzug bringen. Den in Abzug gebrachten Betrag von CHF 12 000.– (108%) hat das Treuhandbüro Locher AG als Umsatz (brutto) zu versteuern.

7.3.3 Entgelte in ausländischer Währung (Fremdwährung)

Entgelte in ausländischer Währung sind zur Berechnung der MWST im Zeitpunkt der Entstehung der Steuerforderung in **Schweizer Franken umzurechnen.**

Die Umrechnung hat aufgrund der von der ESTV bekannt gegebenen **Monatsmittelkurse** oder aufgrund des geltenden **Devisen-Tageskurses** (Verkauf) zu erfolgen. Steuerpflichtige Personen, die Teil eines Konzerns sind, können für die Umrechnung (entweder gegenüber Konzerngesellschaften oder auch gegenüber Dritten) ihren internen **Konzernumrechnungskurs** anwenden. Es dürfen für die Berechnung der MWST keine anderen Kurse verwendet werden. Das einmal gewählte Vorgehen für die Umrechnung ist während mindestens einer Steuerperiode beizubehalten und sowohl für die Berechnung der Umsatzsteuer, der Bezugsteuer als auch für den Vorsteuerabzug anzuwenden.

Die Monatsmittelkurse sind auf der Homepage der ESTV abrufbar. Die ESTV gibt jeweils am 25. des Monats die Monatsmittelkurse bekannt, die im nachfolgenden Monat anzuwenden sind. Der Devisen-Tageskurs kann ebenfalls auf der Homepage der ESTV abgerufen werden und wird täglich aktualisiert. Die Aktualisierung der Tageskurse erfolgt durch die EZV.

Bei Abrechnung nach vereinbarten Entgelten ist der Kurs im Zeitpunkt der Rechnungsstellung bzw. bei Gutschriften oder Nachbelastungen wegen Preiskorrekturen, Warenrücksendungen usw. ist das Datum der Gutschrift oder der Nachbelastung massgebend. Bei Abrechnung nach vereinnahmten Entgelten ist der Kurs im Zeitpunkt des Zahlungseingangs massgebend.

Der **Beleg** ist das Kriterium bei der Entscheidung, ob die Regeln für Landes- oder für ausländische Währung angewendet werden müssen. Die Regeln für ausländische Währung gelten, wenn auf dem Beleg nur die ausländische Währung aufgeführt ist oder wenn auf dem Beleg die einzelnen Leistungen und das Rechnungstotal in der ausländischen Währung ausgewiesen werden.

7.3.4 Massgebendes Entgelt bei Zahlungen mit Wechseln, Checks, Anweisungen, Kreditkarte oder WIR-Geld

Wird das Entgelt nicht bar bezahlt, ist der beim Leistungserbringer eingehende Betrag oft niedriger als derjenige Betrag, der vom Leistungsempfänger bezahlt wird. So werden bei der Entgegennahme von Wechseln, Checks oder Anweisungen von der Bank Diskont, Wechselspesen, Einlösungsspesen usw. belastet. Beim Kreditkartensystem wird von den Kreditkartenorganisationen eine Kommission abgezogen. WIR-Geld wird unter Umständen mit Verlust gegen Währungsgeld veräussert oder es entstehen Einbussen beim Wareneinkauf.

Kann der Leistungserbringer in solchen Fällen die Spesen, Kommissionen, Verluste usw. als Entgeltsminderung in Abzug bringen?

Diese Frage können wir selbst beantworten, wenn wir uns überlegen, auf welchem Betrag der (evtl. steuerpflichtige) Leistungsempfänger den Vorsteuerabzug geltend machen kann. Der Vorsteuerabzug ist auf dem Betrag, der vom Leistungsempfänger bezahlt wird, zulässig. Somit ergibt sich, dass dieser Betrag vom Leistungserbringer auch versteuert werden muss. **Kommissionen,** die von den **Kreditkartenorganisationen** beansprucht werden, oder **Gebühren beim Einlösen von Checks** oder **Verluste** aus den **Verkäufen von WIR-Geld** gegen Währungsgeld gelten **nicht** als **Entgeltsminderungen.**

Dabei spielt es keine Rolle, ob der Leistungsempfänger Steuerpflichtiger ist oder nicht. Die Gebühren, Verluste bei WIR-Geld, Spesen oder Kommissionen sind in der Buchhaltung des Leistungserbringers separat als Aufwand zu erfassen.

Beispiel Die steuerpflichtige Baumann AG zahlt dem Hotel Eiger für eine aus betrieblichen Gründen notwendige Hotelübernachtung CHF 207.20 (inkl. 3.8% MWST). Diesen Betrag begleicht sie mit Kreditkarte. Zu Recht bringt die Baumann AG CHF 7.60 als Vorsteuer in Abzug.

Dem Hotel Eiger werden von der Kreditkartenorganisation 3% Kommission in Abzug gebracht, d. h., es erhält nur den Betrag von CHF 201.– gutgeschrieben. Das Hotel Eiger muss jedoch CHF 199.60 als Ertrag und CHF 7.60 als Umsatzsteuer verbuchen bzw. versteuern. Die Kreditkartenkommission von CHF 6.20 ist durch das Hotel Eiger als Aufwand zu verbuchen.

Für die Kreditkartenorganisation ist die Kommission Entgelt für eine Leistung im Bereich des Geld- und Kapitalverkehrs und somit von der Steuer ausgenommen. Das Hotel Eiger kann auf dieser Leistung keinen Vorsteuerabzug geltend machen.

7.3.5 Entgelt bei der Entgegennahme von Wertschriften

Bei der Entgegennahme von Wertschriften gilt als Entgelt der dadurch ausgeglichene Rechnungsbetrag. Der Nominal- oder Kurswert und allfällige spätere Gewinne oder Verluste bei der Veräusserung sind nicht zu berücksichtigen.

7.3.6 Weitere Entgelte bzw. geldwerte Leistungen

Als Entgelt bzw. geldwerte Leistungen gelten auch REKA-Checks, Gutscheine usw. (diese sind aber erst bei der Einlösung durch den Leistungserbringer zum entsprechenden Steuersatz zu versteuern; s. Kap. 16.1, S. 233 bzw. 16.2, S. 235).

7.3.7 Entgelt beim Inkassoauftrag

Beim Inkassoauftrag beauftragt ein **Leistungserbringer einen Dritten** (z. B. Inkassobüro) mit dem Inkasso seiner Forderung. Das Inkassobüro rechnet **jede einzelne Zahlung** des Kunden mit dem Leistungserbringer ab und übernimmt **kein Delkredere-Risiko**. Das bedeutet, dass das Verlustrisiko einer Nichtbezahlung der Forderung beim Leistungserbringer bleibt.

Der Leistungserbringer muss den Betrag versteuern, den der Kunde dem Inkassobüro bezahlt hat. Das Entgelt, das das Inkassobüro als Entschädigung beansprucht, wird in der Regel mit der einkassierten Forderung verrechnet. Das Inkassobüro muss das Entgelt für die Inkassoleistung versteuern und der Leistungserbringer ist dafür zum Vorsteuerabzug berechtigt.

Beispiel

Ein steuerpflichtiges Inkassobüro treibt für das Unternehmen X eine Forderung über CHF 80 000.– für steuerbare Leistungen ein. Der Schuldner zieht davon noch 2% Skonto ab und überweist dem Inkassobüro CHF 78 400.–. Das Inkassobüro überweist dem Unternehmen X CHF 78 000.– nach Abzug der Inkassogebühr von CHF 400.–.

Das Inkassobüro hat die CHF 400.– als steuerbaren Umsatz zu versteuern.

Das Unternehmen X hat als steuerbaren Umsatz CHF 78 400.– zu verbuchen und zu versteuern. Die CHF 400.– Inkassogebühr müssen als Aufwand verbucht werden. Wenn ein den formellen Ansprüchen genügender Beleg vorhanden ist, kann es auf dieser Gebühr den Vorsteuerabzug vornehmen.

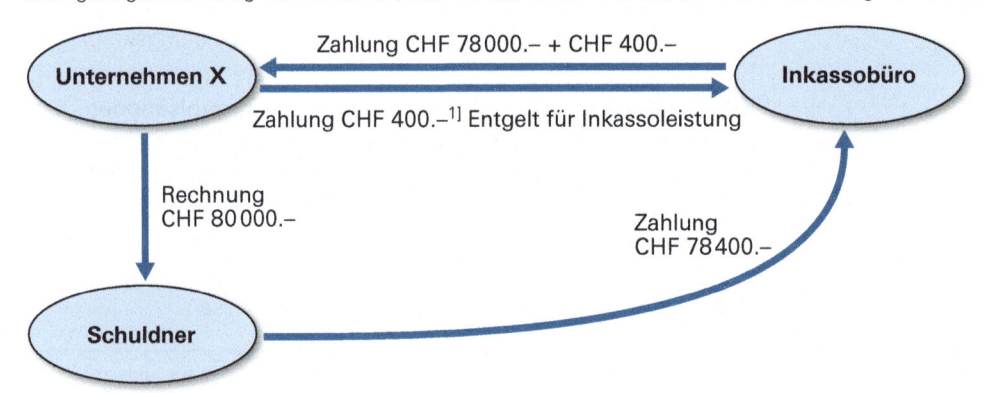

[1] CHF 400.– werden verrechnet.

Steuerbar sind: CHF 78 400.– beim Unternehmen X, Vorsteuerabzugsrecht beim Schuldner.

Steuerbar sind: CHF 400.– beim Inkassobüro, Vorsteuerabzugsrecht beim Unternehmen X.

7.3.8 Entgelt bei fester Abtretung der Entgeltsforderung

Wie beim Inkassoauftrag beauftragt auch hier der Leistungserbringer einen Dritten (Factoring-Unternehmen, Zentralregulierungsstelle usw.) mit der Einforderung der Entgeltsforderungen. Die Inkassostelle rechnet aber nicht über jede einzelne Zahlung des Kunden ab; sie vereinnahmt das Entgelt auf eigene Rechnung. Es spielt keine Rolle, ob die Inkassostelle das **Delkredere-Risiko** übernimmt.

Bei der **festen Abtretung der Entgeltsforderung** hat der Leistungserbringer das volle Entgelt zu versteuern, das er dem Kunden in Rechnung gestellt hat. Die Beträge, die von der Inkassostelle abgezogen werden, gelten nicht als Entgeltsminderung. Diese Beträge gelten bei der Inkassostelle als von der Steuer ausgenommene Leistungen.

Ein **Abzug als Entgeltsminderung** ist beim Leistungserbringer möglich, wenn der Dritte wegen Zahlungsunfähigkeit des Kunden die Forderung an den Leistungserbringer zurückzediert. Nimmt der Kunde bei der Zahlung an den Dritten einen Abzug wegen Mängelrüge vor und zediert der Dritte den entsprechenden Betrag zurück, ist für den Leistungserbringer ein Abzug als Entgeltsminderung nur zulässig, wenn er dem Kunden eine auf dessen Namen lautende Gutschrift zustellt.

Skontoabzüge, die der Kunde bei fest abgetretenen Forderungen vornimmt, kann der Leistungserbringer als Entgeltsminderungen behandeln, wenn der Vertrag mit dem Dritten eine Rückbelastung der vorgenommenen Skontoabzüge vorsieht und die Skontoabzüge vom Dritten dem Leistungserbringer schriftlich gemeldet werden.

Bei der Inkassostelle liegt bezüglich der ihr abgetretenen Forderungen ein Umsatz im Bereich des Geld- und Kapitalverkehrs vor, der ohne Anspruch auf Vorsteuerabzug von der Steuer ausgenommen ist. Als Umsatz gilt dabei nicht der Betrag, der ihr von diesem Geschäft verbleibt (Kommission / Marge), sondern das volle vom Kunden bezahlte Entgelt.

Beispiel

Das Unternehmen X hat mit einem Finanzierungsinstitut folgendes Abkommen: Die Rechnungen werden dem Finanzierungsinstitut abgetreten. Dieses zahlt dem Unternehmen X innert 30 Tagen 95% der abgetretenen Forderungen. 5% werden für Delkredere-Risiko (3%) und Skonto (2%) abgezogen. Die Kunden des Unternehmens X haben dem Finanzierungsinstitut entweder innert 30 Tagen 98% der Forderung zu überweisen (2% Skonto) oder innert 60 Tagen 100%.

Unter anderem tritt das Unternehmen X die Forderungen des Kunden A und des Kunden B an das Finanzierungsinstitut ab. Die Forderungen lauten über je CHF 1 Mio.

Das Finanzierungsinstitut überweist dem Unternehmen X innert 30 Tagen CHF 1.9 Mio. (5% Abzug).

Kunde A zahlt dem Finanzierungsinstitut innert 30 Tagen CHF 980 000.– (2% Skonto), Kunde B zahlt erst nach 60 Tagen CHF 1 Mio. Beide machen auf diesen Beträgen den Vorsteuerabzug geltend.

Das Unternehmen X muss als Entgelt CHF 2 Mio. verbuchen und versteuern. Die vom Finanzierungsinstitut abgezogenen CHF 100 000.– sind als Aufwand (ohne Vorsteuerabzugsrecht) zu verbuchen. Der vom Kunden A abgezogene Skontoabzug kann grundsätzlich nicht als Entgeltsminderung abgezogen werden. Ein Abzug ist nur möglich, wenn der Vertrag mit dem Finanzierungsinstitut eine Rückbelastung vorsieht und das Finanzierungsinstitut dem Unternehmen X die Skontoabzüge schriftlich meldet. Das ist hier nicht der Fall.

Für das Finanzierungsinstitut gelten CHF 1.98 Mio. (Zahlungen von Kunde A und B) als ein von der Steuer ausgenommener Umsatz, der für eine allfällige Berechnung der Vorsteuerkorrektur massgebend ist.

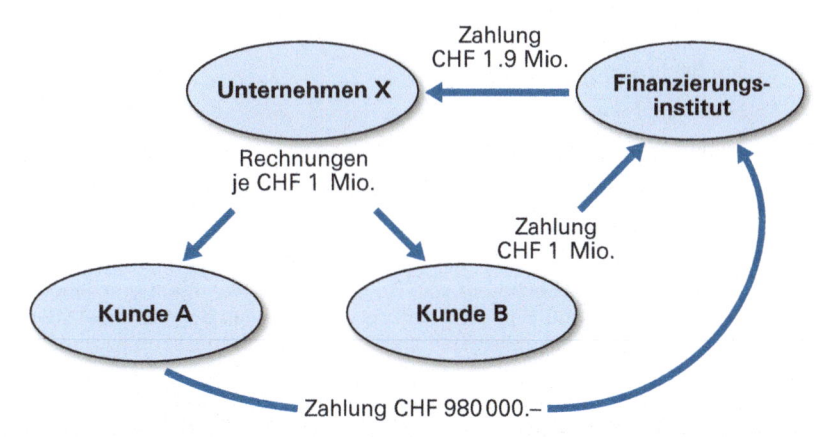

Steuerbar sind: CHF 2 Mio. beim Unternehmen X; da Kunde A nur CHF 980 000.– bezahlt, kann er aber nur auf diesen den Vorsteuerabzug geltend machen, Kunde B steht der Vorsteuerabzug auf CHF 1 Mio. zu.

Nicht steuerbar sind: CHF 1.98 Mio. beim Finanzierungsinstitut, diese stellen für dieses einen von der Steuer ausgenommenen Umsatz dar.

7.4 Nicht-Bemessungsgrundlage des Entgelts

Nicht-Bemessungsgrundlage des Entgelts und somit nicht zu versteuern sind:

a. Billettsteuern, Handänderungssteuern sowie die auf der Leistung geschuldete MWST selbst.
b. **Durchlaufposten,** d. h. Beträge, die die steuerpflichtige Person von der die Leistung empfangenden Person als Erstattung von in deren Namen und für deren Rechnung getätigte Auslagen erhält, sofern diese gesondert und ohne Zuschlag ausgewiesen werden. Beispiele dafür sind Kurtaxen oder Debouren[1] bei einem Hotel, Betreibungskosten, Gebühren des Strassenverkehrsamts für die periodische amtliche Prüfung von Fahrzeugen und Gebühren für den Fahrzeugausweis oder Bewilligungs- und Baupolizeigebühren.
c. Der Anteil des Entgelts, der bei der Veräusserung eines unbeweglichen Gegenstands auf den **Wert des Bodens** entfällt.
d. Die im Preis für Entsorgungs- und Versorgungsleistungen eingeschlossenen, kantonalen Abgaben an Wasser-, Abwasser- oder Abfallfonds, soweit diese Fonds daraus an Entsorgungsanstalten oder Wasserwerke Beiträge ausrichten.

Einige Sachverhalte der Nicht-Bemessungsgrundlage wollen wir anhand von drei Beispielen näher betrachten.

Beispiel

Fall 1

Der steuerpflichtige Verein Multikultur organisiert im Sommer jeweils das dreitägige Open Air Multikultur. Die Eintrittpreise für einen Dreitagespass belaufen sich auf CHF 150.– zuzüglich Billettsteuer von CHF 15.–. Der Verein Multikultur überlegt sich, für die Versteuerung der von der Steuer ausgenommenen Eintritte zu optieren. Bei einer allfälligen Option müssten die Eintritte zum Steuersatz von 2.5% versteuert werden.

Wenn der Verein Multikultur die Billettsteuer auf ihren Billetten gesondert ausweist, unterliegt die Billettsteuer gemäss MWSTG 24 Abs. 6 Bst. a nicht der Steuer.

Falls aber auf den Billetten nur der Betrag von CHF 165.– mit dem Vermerk «inkl. 2.5% MWST» steht, so stellt der Betrag der Billettsteuer von CHF 15.– steuerbares Entgelt dar und muss versteuert werden.

Fall 2

Die steuerpflichtige Zumstax AG hat ihren Kunden Alfred Meier betrieben und erhält vom Betreibungsamt Gaiserwil die folgende detaillierte Schlussabrechnung mit gleichzeitiger Zahlung per 30.11.n1:

Ihre Rechnung vom 5.1.n1	CHF	1 000.00
Mahngebühren	CHF	20.00
Aufgelaufene Verzugszinsen bis 30.11.n1	CHF	45.00
Rückerstattung Ihrer Auslagen für die Betreibungskosten	CHF	60.00
Unsere Überweisung per 30.11.n1	**CHF**	**1 125.00**

Der Umsatz aus der Rechnung vom 5.1.n1 und die Mahngebühren sind bei der Zumstax AG steuerbares Entgelt. Die aufgelaufenen Verzugszinsen stellen Schadenersatz dar (Nicht-Entgelt). Die Rückerstattung der Betreibungskosten stellt eine Nicht-Bemessungsgrundlage nach MWSTG 24 Abs. 6 Bst. b dar.

Dieses Beispiel veranschaulicht, dass bei der Bemessungsgrundlage immer wieder Nicht-Entgelte berücksichtigt werden müssen.

---

[1] Debouren sind Auslagen, die der Gastwirt für seine Gäste tätigt und ihnen dann separat wieder belastet, wie z. B. Blumen, Geschenke oder Taxispesen.

Fall 3

Die steuerpflichtige Kerber AG mit Hauptsitz in Chur verkauft ihre Betriebsliegenschaft an die steuerpflichtige Weibel AG. Die Liegenschaft wurde vollumfänglich für steuerbare Zwecke verwendet. Auch die Weibel AG wird die Betriebsliegenschaft in Zukunft vollumfänglich für steuerbare Zwecke verwenden. Als Verkaufspreis wurden CHF 3.1 Mio. vereinbart. Der anteilige Wert des Bodens beträgt CHF 800 000.–. Die Weibel AG übernimmt auch eine Hypothek von CHF 2 Mio. Der Restbetrag von CHF 1.1 Mio. wird per Bankcheck bezahlt. Gemäss Kaufvertrag wird die Veräusserung bzw. der Verkauf der Betriebsliegenschaft im freiwilligen Meldeverfahren (vgl. Kap. 15, S. 226) durchgeführt.

Die Deklaration der Veräusserung / des Verkaufs der Betriebsliegenschaft von CHF 3.1 Mio. (inkl. Wert des Bodens) muss durch die Kerber AG erfolgen. Unter der Ziff. 200 des Abrechnungsformulars ist der gesamte Verkaufspreis aufzuführen. Unter der Ziff. 225 ist der anteilige Wert des Gebäudes von CHF 2.3 Mio. aufzuführen. Der Wert des Bodens (Nicht-Bemessungsgrundlage im Sinne von MWSTG 24 Abs. 6 Bst. c) von CHF 0.8 Mio. ist unter der Ziff. 280 zu deklarieren.

Mit der MWST-Abrechnung sind zusätzlich das Formular Nr. 764 (durch die Kerber AG und Weibel AG zu unterzeichnen) und weitere Unterlagen durch die Kerber AG einzureichen. Die Kerber AG und die Weibel AG haben ein Vorsteuerabzugsrecht auf den Aufwendungen für den Verkauf bzw. Kauf der Betriebsliegenschaft, auch wenn im Verkaufspreis von CHF 3.1 Mio. eine Nicht-Bemessungsgrundlage (d. h. in diesem Fall der Wert des Bodens) vorhanden ist.

Die Bestimmung des korrekten (Verkehrs-)Werts des Bodens ist wichtig. Falls die Kerber AG für den Verkauf der Betriebsliegenschaft nicht das Meldeverfahren, sondern die freiwillige Versteuerung wählt, so unterliegt nur der reine Verkaufspreis für das Gebäude der Lieferungssteuer, d.h., CHF 2.3 Mio. · 8% = CHF 184 000.–. Der Wert des Bodens von CHF 0.8 Mio. stellt auch in diesem Fall eine Nicht-Bemessungsgrundlage dar und kann auch nicht «freiwillig» zu 8% versteuert werden.

Zusammenfassung

Grundsätzlich bildet das **Entgelt** die Bemessungsgrundlage der MWST. Das Entgelt umfasst alles (**Ersatz aller Kosten** mit Ausnahme der MWST selbst), was der Empfänger als Gegenleistung für die Lieferung oder Dienstleistung aufwendet.

Leistungen an eine **eng verbundene Person** (u. a. Aktionär bei einer Aktiengesellschaft oder Gesellschafter bei der GmbH) sind zum Wert, der unter abhängigen Dritten vereinbart würde, zu versteuern. Eng verbundene Personen können auch zum Personal gehören. In diesem Fall sind die ihnen erbrachten Leistungen als **Leistungen an das Personal** zum tatsächlichen Entgelt zu versteuern.

Nicht-Entgelte werden in MWSTG 18 Abs. 2 aufgezählt. Die Aufzählung ist nicht abschliessend.

Rabatte und Skonti, Umsatzboni und Rabattrückvergütungen und die Rückgängigmachung von Leistungen dürfen als Entgeltsminderung in Abzug gebracht werden. **Debitorenverluste** sind in der Periode abzugsberechtigt, in der sie als uneinbringlich ausgebucht werden.

Werden Gegenstände **an Zahlungs statt** entgegengenommen, gilt der Betrag als Entgelt, der durch die Entgegennahme ausgeglichen wird. Er bestimmt sich aus dem Betrag, der in der Rechnung und im Liefervertrag für den Gegenstand angerechnet wird. Bei **Austauschreparaturen** gilt nur das Entgelt für die Arbeit als Bemessungsgrundlage.

Werden Lieferungen oder Dienstleistungen von zwei Vertragspartnern **miteinander verrechnet**, müssen beide Partner den vollen Wert der eigenen Leistung und den der Gegenleistung verbuchen und versteuern.

Entgelte in **ausländischer Währung** sind zur Berechnung der MWST im Zeitpunkt der Entstehung der Steuerforderung in Schweizer Franken umzurechnen. Dabei gibt es für die Umrechnung drei Möglichkeiten: **Monatsmittelkurs, Devisen-Tageskurse** (Verkauf) und **Konzernumrechnungskurs** bei Konzerngesellschaften.

Ist der beim Leistungserbringer eingehende Betrag niedriger als der Betrag, der vom Leistungsempfänger bezahlt wurde, weil beispielsweise Gebühren beim Einlösen von **Checks, Kommissionen bei Kreditkartenzahlungen oder Verluste aus WIR-Geld-Verkäufen** entrichtet wurden, muss der vom Leistungsempfänger bezahlte Betrag versteuert werden.

Beim **Inkassoauftrag** beauftragt ein Leistungserbringer eine Inkassostelle mit dem Inkasso seiner Forderung. Die Inkassostelle übernimmt kein Delkredere-Risiko und rechnet jede Zahlung mit dem Leistungserbringer ab. Der Leistungserbringer muss den Betrag versteuern, den der Kunde bezahlt hat. Die Inkassostelle muss das Entgelt für das Inkasso versteuern und der Leistungserbringer kann dafür einen Vorsteuerabzug machen.

Bei der **festen Abtretung der Entgeltsforderung** rechnet die Inkassostelle nicht über jede einzelne Zahlung des Kunden ab. Sie vereinnahmt das Entgelt auf eigene Rechnung. Der Leistungserbringer muss das volle Entgelt, das er dem Kunden in Rechnung gestellt hat, versteuern. Die abgetretene Forderung gilt für die Inkassostelle als ein von der Steuer ausgenommener Umsatz.

Die **Nicht-Bemessungsgrundlage des Entgelts** muss nicht versteuert werden. Dazu gehören u. a. Billett- und Handänderungssteuern sowie die MWST selbst, **Durchlaufposten,** der Anteil des **Werts des Bodens** bei unbeweglichen Gegenständen und die im Preis für Entsorgungs- und Versorgungsleistungen eingeschlossenen kantonalen Abgaben an Wasserfonds usw.

Repetitionsfragen

32 Die Autogarage Häfeli stellt ihrem Kunden Toni Füglister folgende Rechnung aus:

Diverse Reparaturarbeiten am BMW 325l

Periodische amtliche Prüfung inkl. kantonaler Prüfgebühr	CHF	800.00
Miete für ein Ersatzfahrzeug für 3 Tage	CHF	150.00
Finanzierungskosten für das Ersatzfahrzeug	CHF	50.00
Total Kosten, zahlbar innert 30 Tagen	**CHF**	**1 000.00**

Die kantonale Prüfgebühr beträgt CHF 100.–.

Toni Füglister zahlt diese Rechnung verspätet und wird daher durch die Autogarage Häfeli betrieben. Die Zahlung durch Toni Füglister beträgt schliesslich CHF 1 170.– (inkl. CHF 100.– Betreibungskosten, CHF 50.– Verzugszins und CHF 20.– Mahnspesen).

Was hat die Autogarage Häfeli zu versteuern?

33 Das TV-Fachgeschäft Baumann AG verkauft Daniel Schweizer einen Fernseher zum Katalogpreis von CHF 2 000.–. Zwei Wochen nach der Lieferung findet Daniel Schweizer, dass der Fernseher doch zu klein ist. Er bringt den Fernseher zurück und kauft einen grösseren Fernseher. Der übliche Verkaufspreis beträgt CHF 3 000.–. Da Daniel Schweizer aber den praktisch noch neuen Fernseher zurückgibt, muss er nur einen Aufpreis von CHF 1 300.– bezahlen.

Welche Umsätze hat das TV-Fachgeschäft Baumann AG zu versteuern und was hat es bezüglich des zurückgebrachten Fernsehers zu beachten?

34	Die steuerpflichtige Garage Matrovini GmbH führt für ihre Tochtergesellschaft Matrovini Fahrschule und Dienstleistungen AG (Matrovini F & D AG) die Reparaturarbeiten an den Fahrschulfahrzeugen aus. Die Berechnungen lauten wie folgt.

Materialkosten exkl. 8% MWST	CHF 6 000.00
Lohnkosten (zu Selbstkosten)	CHF 4 000.00
Gemeinkosten exkl. 8 MWST	CHF 2 000.00
Dem Kontokorrent der Matrovini F & D AG belasteter Betrag	CHF 12 000.00
Wert wie für einen unabhängigen Dritten (exkl. MWST)	**CHF 20 000.00**

Wie viel MWST muss die Garage Matrovini GmbH versteuern?

Welcher Vorsteuerabzug steht der Matrovini F & D AG zu?

---

35 Die Garage Nievergelt repariert den Wagen von Hermine Herzog. Die Garage offeriert Hermine Herzog den Austausch der Pumpe gegen eine andere, bereits gebrauchte Pumpe. Die Garage Nievergelt erstellt folgende Rechnung:

Austauschen der Pumpe	CHF 150.00
Reparatur defekte Pumpe	CHF 75.00
MWST 8%	CHF 18.00
Total	**CHF 243.00**

Der Verkehrswert der Occasionspumpe beträgt CHF 250.–. Ist diese Rechnungsstellung korrekt?

---

36 Malermeister Hans Oberli erbringt Malerarbeiten am Privathaus von Garagist Oktay Ylmaz und stellt dafür Rechnung über CHF 6 000.–. Garagist Ylmaz liefert kurze Zeit später dem Malermeister Hans Oberli ein Fahrzeug im Wert von CHF 18 000.– für dessen Tochter Sabine. Die beiden Forderungen werden verrechnet, Malermeister Hans Oberli zahlt noch CHF 12 000.–. Was haben die beiden bezüglich der MWST zu beachten?

---

37 Die Sieber AG stellt am 20. Januar n11 eine Rechnung über US-Dollar 100 000.– (inkl. 8% MWST) an die Burkhalter GmbH. Die Burkhalter GmbH zahlt diese am 25. Februar n11. Die Sieber AG rechnet nach vereinbarten Entgelten ab, die Burkhalter GmbH nach vereinnahmten Entgelten. Beide benutzen für die Umrechnung die Monatsmittelkurse. Die ESTV publizierte folgende Dollar-Kurse: Januar n11: CHF 1.1412, Februar n11: CHF 1.1209. Welchen Betrag hat die Sieber AG zu versteuern und welchen Betrag kann die Burkhalter GmbH als Vorsteuer in Abzug bringen?

---

38 Die Contexia GmbH rechnet nach vereinnahmten Entgelten ab. Sie erzielt folgende Einnahmen:

A] CHF 11 988.00 (Check-Einlösung CHF 12 000.–, abzüglich Spesen CHF 12.–)
B] CHF 14 700.00 (Rechnungsbetrag CHF 15 000.–, abzüglich 2% Skonto CHF 300.–)
C] CHF 6 300.00 (WIR-Check von CHF 9 000.–, verkauft mit 30% Einschlag)
D] CHF 19 400.00 (Gutschrift für CHF 20 000.– Kreditkartenverkäufe abzüglich 3% Kommission durch die Kreditkartenorganisation)

Was hat die Contexia GmbH zu deklarieren?

39 Die Schuhherstellerin Koala AG beliefert verschiedene Detailhandelsgeschäfte. Diese haben die Rechnung aber nicht direkt der Koala AG zu bezahlen, sondern der gemeinsamen Einkaufsgenossenschaft. Die Koala AG sendet der Einkaufsgenossenschaft alle 10 Tage eine Liste der ausgestellten Fakturen. Die Einkaufsgenossenschaft hat den entsprechenden Betrag innert 30 Tagen zu bezahlen, wobei sie 5% für das Delkredererisiko abziehen kann.

A] Liegt ein Inkassoauftrag oder eine feste Abtretung der Entgeltsforderung vor?

B] Sind die 5% Delkredererisiko für die Koala AG als Entgeltsminderung abzugsberechtigt?

40 Beim Autohändler Beat Blaser liegen für den Occasionswagen Golf GTI folgende Einkaufs- und Verkaufsrechnung vor. Was für einen Steuerbetrag muss Autohändler Beat Blaser beim Verkauf mit der MWST abrechnen?

Einkaufsrechnung

Lauri Hans 4500 Solothurn	Solothurn, 18. Juli n17
Rechnung	
	Autohändler Beat Blaser 4600 Olten
Golf GTI 621.628.633 (geliefert am 18. Juli n17)	CHF 5 000.–

Verkaufsrechnung

Autohändler Beat Blaser 4600 Olten MWST-Nr.: CHE-999.999.998 MWST	Olten, 22. Juli n17
Rechnung	
	Peter Fuchs 5200 Brugg
Golf GTI 621.628.633, 112 000 km (geliefert am 22. Juli n17)	CHF 4 500.– (inkl. 8% MWST)

8 Steuersätze

Lernziele Nach der Bearbeitung dieses Kapitels können Sie …

- die verschiedenen Steuersätze aufzählen.
- die zum reduzierten Steuersatz steuerbaren Leistungen nennen.
- erläutern, wie die Umsätze auf die verschiedenen Steuersätze verteilt werden.
- die Abgrenzung zwischen gastgewerblichen Leistungen sowie Verkauf oder Lieferung von Nahrungsmitteln vornehmen.

Schlüsselbegriffe Abwasser, Aufteilung, Ausleihen von Vieh, Ausweis der Steuer, Beherbergung, Blumen, Bücher, Druckerzeugnisse, Dünger, Eintritte, Entgelte für sportliche Anlässe, Entsorgung, Fische, Futtermittel, Gartenbau, Gärtner, Gastgewerbe, Geflügel, Genussmittel, Getreide, Halbpension, Hauslieferungen, Haustiere, Heilbehandlung, Hotellerie, Konsumvorrichtungen, kulturelle Dienstleistungen, Landwirtschaft, lebende Pflanzen, Lebensmittel, Leistungskombinationen, Medikamente, Nahrungsmittel (Ess- und Trinkwaren), Normalsatz, Option für Versteuerung von der Steuer ausgenommener Leistungen, organisatorische Massnahmen, Radio- und Fernsehgesellschaften, reduzierter Steuersatz, Reklamecharakter, Spezialwerkzeuge, Tabakwaren, Tierarzt, tierärztliche Behandlung, Tiere, Verkauf über die Gasse, Verkauf von Nahrungsmitteln, Verpflegungsautomaten, Vieh, Wasser, Zeitschriften, Zusatzstoffe, Zutaten

Für sämtliche steuerbaren Lieferungen und Dienstleistungen gilt grundsätzlich ein einheitlicher Steuersatz von 8%. Neben diesem **Normalsatz** ist aus gewissen sozialpolitischen Überlegungen heraus für bestimmte Umsätze ein **reduzierter Steuersatz** von 2.5% vorgesehen. MWSTG 25 Abs. 2 und 3 bestimmt, welche Umsätze zum reduzierten Steuersatz abgerechnet werden können. Auch die Vorsteuerkorrektur im Eigenverbrauch dieser Leistungen unterliegt dem reduzierten Steuersatz.

Ausserdem sind Beherbergungsleistungen zum **(Sonder-)Satz** von 3.8% statt zu 8% zu versteuern.

Die gesetzlichen Grundlagen zum Thema Steuersätze finden Sie im MWSTG 25, 46 und 55 sowie in der MWSTV 46–56.

Abb. [8-1] **Entwicklung der Steuersätze ab Einführung der MWST:**

Jahre (ab oder von / bis)	Reduzierter Steuersatz	Sondersatz bzw. Beherbergung	Normalsatz
1.1.2011 bis aktuell	2.5%	3.8%	8.0%
1.1.2001 bis 31.12.2010	2.4%	3.6%	7.6%
1.1.1999 bis 31.12.2000	2.3%	3.5%	7.5%
1.10.1996 bis 31.12.1998	2.0%	3.0%	6.5%
1.1.1995 bis 30.9.1996	2.0%	–	6.5%

Die Multiplikatoren der Steuersätze der Jahre 2001 bis aktuell lauten auf:

Abb. [8-2] **Multiplikatoren der Steuersätze ab 2001**

Steuersätze	Ab Jahr 2011	2001–2010
Normalsatz	7.4074%	7.0632%
Reduzierter Steuersatz	2.4390%	2.3438%
Sondersatz	3.6609%	3.4749%

8.1 Einleitung und Begriffserklärungen

MWSTG 25 verweist bei Nahrungsmitteln auf das Lebensmittelgesetz (LMG) vom 9. Oktober 1992. In MWSTG 25 Abs. 2 Bst. a Ziff. 2 werden die Begriffe **Nahrungsmittel** (als Ersatz für Ess- und Trinkwaren) und **Zusatzstoffe** verwendet. Zum besseren Verständnis werden aber nachfolgend teilweise die Begriffe wie Esswaren oder (alkoholfreie) Trinkwaren verwendet.

Im LMG werden Lebensmittel als Nahrungs- und Genussmittel bezeichnet. **Nahrungsmittel** sind Erzeugnisse, die dem Aufbau oder dem Unterhalt des menschlichen Körpers dienen und nicht als Heilmittel angepriesen werden. **Genussmittel** sind alkoholische Getränke, Tabakwaren und andere Raucherwaren. Genussmittel unterliegen immer dem Normalsatz.

Zutaten sind Lebensmittel, die anderen Lebensmitteln zugesetzt werden oder aus denen ein Lebensmittel zusammengesetzt ist. **Zusatzstoffe** sind Stoffe, die bei der Herstellung von Lebensmitteln zur Erzielung bestimmter Eigenschaften oder Wirkungen verwendet werden.

In MWSTG 3 finden sich keine Begriffserklärungen in Bezug auf Nahrungs- und Genussmittel sowie Zusatzstoffe.

In den nachfolgenden Ausführungen wird nicht näher auf MWSTG 25 Abs. 5 eingegangen, der besagt «Der Bundesrat bestimmt die in Absatz 2 bezeichneten Gegenstände und Dienstleistungen näher, dabei betrachtet er das Gebot der Wettbewerbsneutralität».

8.2 Zum reduzierten Steuersatz steuerbare Leistungen

Als Erstes wollen wir die zum reduzierten Steuersatz von 2.5% steuerbaren Leistungen behandeln. Dabei werden wir besonders auf die Abgrenzungsprobleme eingehen, die sich bei den einzelnen Leistungen ergeben.

8.2.1 Wasser in Leitungen

Wasser in Leitungen ist zum reduzierten Steuersatz von 2.5% steuerbar.
Die Entsorgung von Abwasser stellt jedoch eine zum Normalsatz steuerbare Dienstleistung dar.

8.2.2 Ess- und Trinkwaren (Nahrungsmittel)

Dem reduzierten Steuersatz unterliegen sämtliche Nahrungsmittel (Ess- und Trinkwaren) und Zusatzstoffe. Zum Normalsatz steuerbar sind alkoholische Getränke, deren Volumenprozent 0.5% übersteigt, und Nahrungsmittel, die im Rahmen von gastgewerblichen Leistungen abgegeben werden.

Es ist unerheblich, ob es sich bei den Esswaren und alkoholfreien Getränken (Trinkwaren) um Werkstoffe, Zwischenerzeugnisse, Halberzeugnisse, Fertigprodukte oder Zutaten handelt. Ebenso spielt es keine Rolle, wenn sie einer Behandlung unterzogen wurden, sofern sie den Richtlinien der Eidgenössischen Lebensmittelverordnung entsprechen.

Dem reduzierten Steuersatz unterliegen auch die Ess- und Trinkwaren, die zur Herstellung von zum Normalsatz steuerbaren Erzeugnissen verwendet werden, beispielsweise in der chemischen, pharmazeutischen oder kosmetischen Industrie verwendete Produkte.

Auch Zusatzstoffe, die Bestandteile von Esswaren und alkoholfreien Getränken werden, z. B. Farbstoffe, Konservierungsmittel, und bei der Herstellung von Esswaren und Getränken aus technischen Gründen verwendete Substanzen, z. B. Backtrennmittel für Confiserien, Kohlensäurepatronen, Rahmbläserpatronen, unterliegen dem reduzierten Steuersatz. Bedingung ist jedoch, dass diese Zusatzstoffe von der Eidgenössischen Lebensmittelkontrolle zugelassen sind und auf der Verpackung oder in der Rechnung klar darauf hingewiesen wird, dass es sich um ein Produkt handelt, das für Nahrungszwecke verwendet wird. Im Zweifelsfall ist der Normalsatz anzuwenden.

Alkoholische Getränke und Erzeugnisse, die zwar Nahrungsmittel sind, die aber im Rahmen von gastgewerblichen Leistungen abgegeben werden, fallen somit nicht unter den reduzierten Steuersatz. Welche Leistungen unter die gastgewerblichen Leistungen fallen, werden wir in Kapitel 8.3, S. 133 behandeln.

8.2.3 Vieh, Geflügel und Fische

Die Lieferungen von Vieh, Geflügel und Fisch (Speisefisch) sind zum reduzierten Steuersatz von 2.5% steuerbar. Als **Vieh** gelten Pferde, Esel, Maultiere, Rindvieh, Schafe, Ziegen und Schweine sowie als Geflügel gelten Hühner, Enten, Gänse, Truthähne und Perlhühner. Bei den Fischen unterliegen nur diejenigen dem reduzierten Steuersatz, die für Speisezwecke bestimmt sind. Das **Ausleihen von Vieh, Geflügel und Fisch** gilt als Lieferung und unterliegt dem **reduzierten Steuersatz** von 2.5%. Zierfische sind zum Normalsatz zu versteuern.

Beispiel Der erfolgreiche Pferdezüchter Hans von Hofstetter verleiht sein Reitpferd Money Price an einen befreundeten Züchter für CHF 30 000.–. Er hat dieses Entgelt zum Steuersatz von 2.5% zu versteuern, da es sich bei der Ausleihung um eine Lieferung handelt und Pferde unabhängig vom Verwendungszweck als Vieh gelten und deshalb dem reduzierten Steuersatz unterliegen.

Die **tierärztliche Behandlung** durch Tierärzte, Spitäler, Pfleger usw. und die Besamung von Tieren stellt ausdrücklich eine Lieferung dar und ist immer **gleich zu versteuern wie das Tier selber,** während die **Entsorgung** von eingeschläferten Tieren als Dienstleistung gilt und immer zu **8%** steuerbar ist.

Der Verkauf und die Behandlung von **Haustieren** (z. B. Katze, Hund, Wellensittich oder Maus) unterliegen dem Normalsatz.

Medikamente sind grundsätzlich zum reduzierten Steuersatz steuerbar (s. Kap. 8.2.8, S. 129). Im Zusammenhang mit tierärztlichen Behandlungen erfolgt die Abgabe von Medikamenten zum reduzierten Steuersatz von 2.5%, wenn

- der Tierarzt dem Tierhalter das Medikament gibt, damit dieser es dem Tier verabreicht (es liegt eine zu 2.5% steuerbare Medikamentenlieferung vor), oder
- der Tierarzt dem Vieh, Geflügel oder Fisch das Medikament während der Behandlung verabreicht. In diesem Fall handelt es sich um einen Teil der Behandlung, bei dem der gleiche Steuersatz angewendet wird wie bei der Behandlung selbst.

8.2.4 Getreide

Auch der Umsatz mit Getreide (Weizen, Korn, Roggen, Mais, Gerste usw.) unterliegt dem reduzierten Steuersatz. Der Steuersatz von 2.5% ist auch anwendbar, wenn Getreide für die Herstellung von zu 8% steuerbaren Produkten, beispielsweise in der chemischen, pharmazeutischen oder kosmetischen Industrie, verwendet wird.

8.2.5 Lebende Pflanzen, Blumen und Sämereien

Dem reduzierten Steuersatz unterliegen Sämereien, Setzknollen und -zwiebeln, lebende Pflanzen, Stecklinge, Pfropfreiser sowie Schnittblumen und Zweige, auch wenn sie zu Arrangements, Sträussen, Kränzen und dergleichen veredelt wurden. Die vorerwähnten Gegenstände werden häufig in Kombination mit zum Normalsatz steuerbaren Leistungen verkauft. Wie hier die Aufteilung auf die verschiedenen Steuersätze vorzunehmen ist, werden wir in Kapitel 8.4, S. 138 (Leistungskombinationen oder Mehrheit von Leistungen) behandeln.

In diesem Zusammenhang ist eine **Besonderheit** für die **Gartenbaubranche** zu erwähnen. Gartenbauer führen einerseits zum Normalsatz steuerbare Gartenbauarbeiten aus, andererseits setzen sie dabei auch Pflanzen, Blumen usw. ein. Wir werden in Kapitel 8.4, S. 138, sehen, dass solche Leistungen grundsätzlich als Einheit zu betrachten und gesamthaft zum Normalsatz steuerbar sind.

Damit die Gartenbauer nicht schlechter gestellt sind als Gärtner, die die Pflanzen, Blumen usw. separat liefern und somit zum reduzierten Steuersatz versteuern können, wurde folgende Bestimmung ins Gesetz aufgenommen: «Gesonderte Rechnungsstellung vorausgesetzt, unterliegt die Lieferung dieser Gegenstände (gemeint sind Pflanzen, Blumen usw.) auch dann dem reduzierten Steuersatz, wenn sie in Kombination mit einer zum Normalsatz steuerbaren Leistung erbracht wird.»

Beispiel Der Gartenbauer Walo Windlinger erstellt für Caroline Gasser einen Garten (Planierung, Wege, Ansaat, Bepflanzung usw.). Die Lieferung der Pflanzen und des Saatguts ist bei gesonderter Fakturierung zum reduzierten Steuersatz, die übrigen Leistungen (einschliesslich Pflanzlohn) sind zum Normalsatz zu versteuern.

Erfolgt keine gesonderte Fakturierung, ist das gesamte Entgelt zum Normalsatz steuerbar.

8.2.6 Futtermittel, Silagesäuren und Streumittel für Tiere

Als zum reduzierten Steuersatz steuerbare Futtermittel gelten:

- Esswaren, Getränke und Fertigprodukte, die für die Verfütterung an Tiere (z. B. Kühe, Pferde, Hunde oder Katzen) bestimmt sind, sowie
- Werkstoffe, Zwischenerzeugnisse, Ergänzungs- und Zusatzstoffe, sofern auf der Verpackung oder in der Rechnung klar darauf hingewiesen wird, dass es sich um ein Produkt handelt, das für die Herstellung von Futtermitteln verwendet wird.

Nicht darunter fallen z. B. Köder, Insektenpuder, Spielzeuge und Deodorants für Tiere. Diese Produkte unterliegen dem Normalsatz.

Silagesäuren sind Gärmittel, die zur Herstellung von Gärfutter verwendet werden. **Streumittel** wie z. B. **Stroh,** Sägemehl für Stallungen, Katzenstreu oder Vogelsand sind auch dann zum **reduzierten Steuersatz** zu versteuern, wenn sie für **Haus- und Nutztiere** verwendet werden.

Wenn beispielsweise Sägemehl für ein Schwingfest geliefert wird, so liegt eine zum Normalsatz steuerbare Lieferung vor.

8.2.7 Dünger, Pflanzenschutzmittel, Mulch und anderes, pflanzliches Abdeckmaterial

Dem reduzierten Steuersatz unterliegen Dünger und Mittel für den Schutz von Pflanzen. Demgegenüber werden Ungezieferbekämpfungsmittel, die beispielsweise in Häusern oder auf Wegen eingesetzt werden, zum Normalsatz besteuert.

Nur pflanzliches Material wie Grünabfälle oder Holzschnitzel, das als Abdeckmaterial (Mulch) eingesetzt wird, unterliegt dem reduzierten Steuersatz. Künstliches Abdeckmaterial (z. B. Plastikfolien) ist dagegen zum Normalsatz steuerbar.

Werden Dünger, Pflanzenschutzmittel oder Mulch allerdings im Zusammenhang mit Arbeiten an mit Grund und Boden verbundenen Gegenständen oder für die Bodenbearbeitung als solche geliefert, sind sie – auch bei gesonderter Rechnungsstellung – zum Normalsatz zu versteuern.

Beispiel	Der Gartenbauer Stefan Weibel unterhält den Garten der Familie Meyer. Mit den Gartenunterhaltsarbeiten wird auch Dünger für die 100 Rosenstöcke ausgebracht. Auch wenn nun der Dünger gesondert in Rechnung gestellt wird, unterliegt dieser dem Normalsatz, da der Dünger im Zuge der Gartenunterhaltsarbeiten ausgebracht wurde.

8.2.8 Medikamente

Medikamente unterliegen dem reduzierten Steuersatz. In MWSTG 25 Abs. 2 Bst. a Ziff. 8 wird nur der Begriff Medikamente erwähnt. In MWSTV 49 wird dieser genauer umschrieben. Im Wesentlichen handelt es sich dabei um die Medikamente, die im Artikel 9 des Heilmittelgesetzes aufgelistet sind.

Die von den Apotheken bei der Abgabe von Medikamenten erhobene Apothekertaxe und die Patiententaxe (LOA; Leistungsorientierte Abgeltung) gelten als Nebenleistungen zur Hauptleistung Medikamentenverkauf und werden steuerlich wie die Hauptleistung behandelt. Das gilt auch für Notfall- und Nachtzuschläge.

Es können auch **Tierheilmittel** unter den Begriff der Medikamente fallen. Wird zusammen mit dem Medikament auch ein Gegenstand abgegeben, der für die Verabreichung des Medikaments nötig ist, z. B. Tropfenzähler, ist dieser steuerlich wie das Medikament zu behandeln.

Neben den Medikamenten sind in MWSTV 49 z. B. auch **Blutprodukte und Diagnostica** aufgeführt. Hier ist zu beachten, dass diese nur dann dem reduzierten Steuersatz unterliegen, wenn sie für die direkte Anwendung am Menschen oder am Tier bestimmt sind (in vivo). Bei anderen Verwendungen (in vitro), z. B. Laboranwendungen, kommt der Normalsatz zur Anwendung.

Als Letztes ist zu erwähnen, dass Medikamente und medizinische Hilfsmittel, die durch Angehörige der Heilberufe im Rahmen der Behandlung an den Patienten abgegeben werden, als **Teil der Heilbehandlung** angesehen werden und von der Steuer ausgenommen sind. Werden sie dem Patienten aber nach Hause mitgegeben, handelt es sich um selbstständige Lieferungen, die allenfalls (falls Angehörige der Heilberufe steuerpflichtig sind oder werden) versteuert werden müssen.

8.2.9 Druckerzeugnisse

Die Steuer beträgt 2.5% auf den **Lieferungen von Zeitungen, Zeitschriften, Büchern und anderen Druckerzeugnissen ohne Reklamecharakter** (MWSTV 50 + 51). Was aus der Sicht der MWST Reklamecharakter ist, ist in MWSTV 52 festgehalten. Ein Druckerzeugnis dient Werbezwecken (Reklamecharakter), wenn sein Inhalt dazu bestimmt ist, eine geschäftliche Tätigkeit des Herausgebers oder der hinter ihm stehenden Dritten deutlich anzupreisen, z. B. Musterbücher, Kursprogramme oder Verkaufskataloge.

Der reduzierte Steuersatz ist nicht anwendbar, wenn der Hauptzweck im Kopieren, Projizieren, Aufhängen oder Ausschneiden besteht.

A] Bücher

Als Bücher gelten Druckerzeugnisse, die folgende Voraussetzungen erfüllen:

- Der Inhalt ist religiöser, literarischer, künstlerischer, unterhaltender, erzieherischer, belehrender, informierender, technischer oder wissenschaftlicher Art; er darf jedoch nicht Werbezwecken dienen.
- In Buch-, Broschüren- oder Loseblattform.
- Umfang von mindestens 16 Seiten, mit Ausnahme von Kinderbüchern, gedruckten Musikalien und Teilen (Nachträgen) von Loseblattwerken.

Beispiel

Bücher, die zu 2.5% versteuert werden: Lexika, Schulbücher, Publikationen von Hoheitsträgern oder internationalen Organisationen, Gebrauchsanweisungen, Studienpläne von Lehranstalten, Kalender in Buchform, Statuten, Reglemente, Weisungen, Fest- und Jubiläumsschriften, Ortsführer, Telefonbücher und Jahresberichte.

Artikel, die zu 8% versteuert werden: Foto- und Briefmarkenalben, Kreuzworträtsel- und Sudokubücher, Agenden, Kataloge von Warenhäusern, Preislisten, handschriftliche Bücher, Druckerzeugnisse in Karteiform, Landkarten, Stadtpläne, Abreisskalender und gefalzte Karten.

B] Zeitungen und Zeitschriften (ohne Reklamecharakter)

Als Zeitungen und Zeitschriften gelten Druckerzeugnisse, die mindestens zweimal pro Jahr erscheinen, einen gleichbleibenden Titel tragen, eine fortlaufende Nummerierung sowie die Angabe des Erscheinungsdatums und der Erscheinungsweise enthalten und dem Interesse der Leser an einer laufenden Orientierung über Wissenswertes oder an Unterhaltung dienen.

Druckerzeugnisse, die Werbezwecken dienen, gelten nicht als Zeitungen und Zeitschriften.

Zeitungen und Zeitschriften müssen **äusserlich** als solche aufgemacht sein. Im Unterschied zu den Büchern spielt die Seitenzahl keine Rolle. Hingegen dürfen Zeitungen und Zeitschriften nicht vorwiegend Verzeichnisse und / oder Flächen zur Aufnahme von Eintragungen aufweisen, wie dies z. B. bei Rätselheften der Fall ist.

Beispiel

Mit 2.5% zu versteuernde Zeitungen und Zeitschriften: Tages- und Wochenzeitungen, Zeitschriften, Magazine, Radio- und Fernsehprogramme, Gratisanzeiger, wenn sie dem Leser periodisch Auskünfte und Hinweise vermitteln sollen, wie man sie auch im Anzeigenteil von entgeltlich gelieferten Nachrichtenblättern findet, Haus- und Personalzeitschriften, die nur an Betriebsangehörige abgegeben werden, Programmzeitschriften zu Veranstaltungen.

Mit 8% zu versteuernde Artikel: Münz- und Briefmarkenzeitungen von Händlern oder Kataloge von Warenhäusern (enthalten Informationen zu den Produkten oder Dienstleistungen), Börsenberichte von Banken, Rätselhefte, Kundenzeitschriften von Erwerbsunternehmen.

C] Beifügungen (eingelegte, beigelegte oder eingeheftete)

Die Entgelte für **das blosse Beifügen** (Einlegen, Beilegen oder Einheften) **von Werbematerial** und dergleichen sind stets zu 8% steuerbar. Stellt eine Druckerei sowohl ein zu 2.5% steuerbares Druckerzeugnis als auch die Herstellung einer Werbebeilage in Rechnung, ist das Entgelt, das auf die Herstellung und das (gesondert fakturierte) Beifügen der Werbebeilage in das Druckerzeugnis entfällt, grundsätzlich zum Normalsatz zu versteuern. Das Beifügen der Beilage ist selbst dann zu 8% zu versteuern, wenn diese der Druckerei vom Auftraggeber übergeben wird.

Erfolgt aber das Beifügen einer Werbebeilage im gleichen Arbeitsgang wie das Ausrüsten oder das Zurichten des zum reduzierten Steuersatz steuerbaren Druckerzeugnisses und fakturiert daher der Drucker dem Kunden das Beifügen nicht separat, kann er die Kosten für das Ausrüsten samt Beifügen zu 2.5% versteuern.

D] Binde- und Heftarbeiten

Diese sind zum reduzierten Steuersatz abzurechnen, wenn das vom Buchbinder abgelieferte Erzeugnis ein zu 2.5% steuerbares Druckerzeugnis ist. Das Binden von mehreren zu 2.5% steuerbaren Druckerzeugnissen zu einem Band ist auch zum reduzierten Steuersatz zu versteuern.

E] Spezialwerkzeuge

Darunter fallen Betriebsmittel wie z. B. Klischees, Fotolithos, Satz-, Stanz- und Ziehwerkzeuge, die der Steuerpflichtige eigens für die Ausführung eines Fabrikationsauftrags zukauft, anfertigen lässt oder selber anfertigt. Die dem Abnehmer gesondert in Rechnung gestellten oder in den Preis der Erzeugnisse eingerechneten Werkzeugkosten oder -anteile sind steuerlich gleich zu behandeln wie das übrige Entgelt für den gelieferten Gegenstand. Die Spezialwerkzeuge werden in MWSTV 31 behandelt, wo Beispiele von Spezialwerkzeugen in Abs. 2 aufgezählt werden.

Werden die Gegenstände exportiert und gilt diese **Exportleistung** als von der Steuer befreit, so gilt diese Steuerbefreiung auch für das Spezialwerkzeug. Es spielt dabei keine Rolle, ob das Spezialwerkzeug ebenfalls physisch exportiert wird oder ob nur die Kosten verrechnet werden. Die Ausfuhrzollanmeldung muss dann aber neben dem Preis für den exportierten Gegenstand auch den Preis für das Spezialwerkzeug enthalten. In Bezug auf die Steuerbefreiung sind die Ausführungen in Kapitel 4.6, S. 65 zu beachten.

Sofern Spezialwerkzeuge von einem **ausländischen Unternehmen** kostenlos zur Verfügung gestellt werden, darf der steuerpflichtige Produzent die MWST auf der Einfuhr aufgrund der Veranlagungsverfügung der Eidgenössischen Zollverwaltung (EZV) als Vorsteuer geltend machen. Voraussetzung ist aber, dass die mit diesen Spezialwerkzeugen hergestellten Gegenstände für den Export bestimmt sind und dass die Spezialwerkzeuge ebenfalls wieder ins Ausland ausgeführt werden. Bleiben die Spezialwerkzeuge im Inland, ist der vorgenommene Vorsteuerabzug rückgängig zu machen, vorausgesetzt, der Produzent kann nicht einwandfrei belegen, dass die Spezialwerkzeuge vernichtet wurden.

8.2.10 Dienstleistungen der Radio- und Fernsehgesellschaften, mit Ausnahme der Dienstleistungen mit gewerblichem Charakter

Sämtliche bisher erwähnten, zum reduzierten Steuersatz von 2.5% steuerbaren Umsätze betrafen ausschliesslich Lieferungen von Gegenständen.

Der Gesetzgeber sieht den reduzierten Satz jedoch auch für Dienstleistungen der **Radio- und Fernsehgesellschaften** vor. Davon zu unterscheiden sind das Inkasso der Radio-/Fernsehgebühren durch die Billag (deren Rechnungen enthalten keine MWST mehr) oder andere gewerbliche Angebote von Radio-/Fernsehgesellschaften (z. B. Werbeleistungen zum Normalsatz).

Die Leistungen der **Kabelnetzbetreiber** gelten nicht als Leistungen von Radio- und Fernsehgesellschaften. Deren Leistungen an die Abonnenten gelten als Telekommunikationsdienstleistungen und unterliegen dem Normalsatz.

8.2.11 Zum reduzierten Steuersatz steuerbare kulturelle und sportliche Leistungen, sofern für deren Versteuerung optiert wurde

In Kapitel 3.1, S. 36 haben wir die gemäss MWSTG 21 Abs. 2 Ziff. 14–16 von der Steuer ausgenommenen Leistungen behandelt.

Als Repetition fassen wir kurz zusammen, um welche Leistungen es sich handelt:

- Dem Publikum unmittelbar erbrachte, **kulturelle Dienstleistungen** der in MWSTG 21 Abs. 2 Ziff. 14 aufgeführten Arten, sofern dafür ein besonderes Entgelt verlangt wird.
- **Entgelte für sportliche Anlässe** einschliesslich derjenigen für die Zulassung zur Teilnahme an solchen Anlässen (z. B. Startgelder) samt den darin eingeschlossenen Nebenleistungen (MWSTG 21 Abs. 2 Ziff. 15).
- **Kulturelle Dienstleistungen** und Lieferungen von Werken (Gegenstände), durch deren Urheber wie Schriftsteller, Komponisten, Filmschaffende, Kunstmaler, Bildhauer sowie von den Verlegern und den Verwertungsgesellschaften zur Verbreitung dieser Werke erbrachte Dienstleistungen (MWSTG 21 Abs. 2 Ziff. 16).

Wird von der Möglichkeit der Option Gebrauch gemacht (s. Kap. 3.2.2, S. 58), unterliegen die vorgenannten drei Arten von Leistungen dem reduzierten Steuersatz.

Beispiel

Der Kanton Graubünden führt eine Kantonsausstellung durch. Für diesen Zweck wird ein Verein gegründet. Es werden folgende Einnahmen budgetiert: Eintritte CHF 5 Mio., Werbung CHF 3 Mio., Subvention durch den Kanton Graubünden CHF 2 Mio. (Betriebsdefizitdeckung). Dem stehen budgetierte Aufwendungen von CHF 8 Mio. mit MWST (8%) und Aufwendungen ohne MWST von CHF 2 Mio. gegenüber. Sämtliche Beträge sind exkl. MWST, die Vorsteuer beträgt also CHF 640 000.–.

Wird für die Versteuerung der Eintritte nicht optiert, unterliegt nur die Werbung der Steuer, der Steuerbetrag beträgt somit CHF 240 000.–. Demgegenüber darf nur auf 30% der Aufwendungen die Vorsteuer abgezogen werden, d. h. CHF 192 000.–. Somit beträgt die an die ESTV abzuliefernde Steuerforderung oder Steuerschuld CHF 48 000.–.

Wird für die Versteuerung der Eintritte optiert, unterliegen neben der Werbung (CHF 240 000.–) auch die Eintritte der Steuer, jedoch nur zu 2.5%, was einen Steuerbetrag von CHF 125 000.– ergibt. Die Steuer auf dem Umsatz beträgt somit CHF 365 000.–. Demgegenüber dürfen aber jetzt 80% der Vorsteuern abgezogen werden, d. h. CHF 512 000.–. Somit entsteht gegenüber der ESTV ein Guthaben von CHF 147 000.–.

Die Option lohnt sich somit, auch wenn unter Umständen die Steuer auf den Eintritten nicht auf die Kunden (Ausstellungsbesucher) überwälzt werden kann.

8.2.12 Zum reduzierten Steuersatz steuerbare Leistungen im Bereich der Landwirtschaft

MWSTG 25 Abs. 2 Bst. d bestimmt, dass

- die Bodenbearbeitung im Bereich der Landwirtschaft, die unmittelbar der Erzeugung von zum reduzierten Steuersatz steuerbaren Urprodukten vorausgeht (Feldarbeiten: z. B. Pflügen, Eggen, Säen, Düngen oder Spritzen von Obstbäumen), und
- die Bearbeitung solcher noch mit dem Boden verbundenen Erzeugnisse (Erntearbeiten: z. B. von Getreide, Gemüse, Trauben, Gras und Heu)

dem reduzierten Steuersatz unterliegen.

Dem **Normalsatz** unterliegen hingegen Arbeiten, die **nicht in einem unmittelbaren Zusammenhang mit der Gewinnung von Nahrungs-, Futter- und / oder Streumitteln** stehen. Als Beispiele können genannt werden:

- Forstarbeiten
- Arbeiten an Feldern, die für Blumen bestimmt sind, einschliesslich der Pflege der Blumen (Düngen / Spritzen)
- Hochbauarbeiten (Erstellen von Treibhäusern)

Ferner unterliegen dem Normalsatz auch Arbeiten an Grund und Boden ausserhalb des Bereichs der Landwirtschaft. Als Beispiele können hier genannt werden:

- Landschaftsgärtnerei und Gartenbauarbeiten
- Schneiden von Obstbäumen und Sträuchern im privaten Bereich, ausserhalb der Landwirtschaft

In diesem Zusammenhang ist zu erwähnen, dass Arbeiten an **beweglichen** Gegenständen (z. B. Getreide, Futtermittel oder Vieh), die somit nicht im Zusammenhang mit der Bebauung des Bodens stehen, gleich zu versteuern sind wie der Gegenstand selber. Somit unterliegen z. B. folgende Arbeiten dem Steuersatz von 2.5%:

- Trocknen von Gras oder Getreide sowie Pressen von Strohballen oder Obst
- Dressieren oder Bereiten von Pferden
- Pflegen (z. B. Giessen, Spritzen oder Schneiden) von Pflanzen in frei stehenden, mobilen Gefässen
- Hufbeschlag von Pferden
- Trocknen, Reinigen, Mischen und Mahlen von Getreide

Bezweckt der Auftrag aber nicht die Bearbeitung und Ablieferung von veränderten Gegenständen, z. B. die Analyse von Milch, Entsorgung oder Häckseln von Gartenabfällen, so unterliegt das Entgelt dem Normalsatz von 8%.

8.2.13 Verpflegungsautomaten

Der Verkauf von Nahrungsmitteln (Esswaren und alkoholfreie Getränke) aus Verpflegungsautomaten ist zum reduzierten Steuersatz steuerbar. Zum Normalsatz abzurechnen sind Verkäufe von alkoholischen Getränken und Tabakwaren sowie von Non-Food-Artikeln. Es ist nicht von Belang, ob es neben dem Automaten eine Konsumvorrichtung gibt oder nicht. Als Automat gilt, wenn der Verkauf der Ware mittels Geldeinwurf bzw. Abbuchen von einem bargeldlosen Zahlungsmittel (Schlüssel usw.) direkt am Automaten ohne jegliche Handlung des Verkäufers erfolgt.

8.3 Gastgewerbe und Hotellerie

Im Zusammenhang mit den verschiedenen Steuersätzen entstehen im Hotel- und Gastgewerbe besondere Probleme. Einerseits haben wir in Kapitel 8.2.2, S. 126 Nahrungsmittel und Zusatzstoffe ausgeführt, dass Nahrungsmittel nur dann dem reduzierten Steuersatz unterliegen, wenn es sich nicht um gastgewerbliche Leistungen handelt. Wir wollen deshalb in einem ersten Teil auf die entsprechenden Abgrenzungsprobleme eingehen.

Andererseits wissen wir, dass Beherbergungsleistungen dem Sondersatz von 3.8% unterliegen. In einem zweiten Teil wollen wir deshalb diese Beherbergungsleistungen behandeln.

8.3.1 Abgrenzung zwischen gastgewerblichen Leistungen sowie Lieferungen von Nahrungsmitteln

Unter einer **gastgewerblichen Leistung** versteht man die Abgabe von Nahrungsmitteln, wenn die steuerpflichtige Person für deren Konsum an Ort und Stelle besondere Vorrichtungen bereithält (Konsumvorrichtungen). Als gastgewerbliche Leistung gilt zudem die Abgabe von Nahrungsmitteln, wenn die steuerpflichtige Person diese beim Kunden zubereitet und / oder serviert.

Unter einer **Konsumvorrichtung** (MWSTV 54) versteht man besondere Einrichtungen zur Konsumation der Nahrungsmittel. Als solche gelten z. B. Tische, Stehtische, Theken und andere für den Konsum zur Verfügung stehende Abstellflächen oder entsprechende Vorrichtungen in Zügen und Reisecars. Ob die Ein- oder Vorrichtungen der steuerpflichtigen Person oder einem Dritten gehören und ob der Kunde sie tatsächlich benützt, ist nicht von Bedeutung. Ebenfalls unwesentlich ist, ob diese Ein- oder Vorrichtungen ausreichen, um sämtlichen Kunden den Konsum an Ort und Stelle zu ermöglichen.

Nicht als Konsumvorrichtung gelten z. B.:

- Blosse Sitzgelegenheiten ohne dazugehörende Tische, die den Kunden in erster Linie als Ausruhmöglichkeiten dienen (z. B. in Lebensmittelgeschäften oder Supermärkten, im Foyer eines Kinos oder Theaters).
- Bei Kiosken oder Restaurants auf Campingplätzen: die Zelte und Wohnwagen der Mieter mit den von den Campinggästen selber mitgebrachten Konsumvorrichtungen.
- Zuschauerplätze in einem Kino, Theater, Zirkus, Sportstadion, bei Konzertanlässen usw.
- Abstellflächen für die Warenausgabe bei Verkaufsstellen (z. B. Ablagebrett bei mobilen Verkaufsstellen oder Schnellimbissständen)

Gibt es keine Konsumvorrichtung, gilt die Abgabe von Nahrungsmitteln als Lieferung und ist zum reduzierten Steuersatz steuerbar.

Beispiel

Der steuerpflichtige Einzelunternehmer Heinz Riis betreibt an einer belebten Strassenkreuzung einen Lebensmittelstand, an dem hauptsächlich Grillwürste, Sandwiches, Salate und Getränke gekauft werden können. Als Kundendienst hat er neben dem Stand zwei Holztische mit Bänken aufgestellt. Speziell in der Mittagspause konsumiert nur ein kleiner Teil seiner Kundschaft die bezogenen Lebensmittel an Ort und Stelle. Die meisten Kunden nehmen die Waren bzw. Lebensmittel mit und essen diese am Arbeitsplatz.

Es genügt ein Tisch, damit eine zu 8% steuerbare, gastgewerbliche Leistung vorliegt. Da bei diesem Imbissstand aber weniger als 20 Sitz- oder Stehplätze zur Verfügung stehen, kann Heinz Riis von einer Pauschalregelung Gebrauch machen. Er versteuert bei dieser Pauschale vorweg die zum Normalsatz steuerbaren Umsätze aus dem Verkauf von alkoholischen Getränken, Raucherwaren und Ähnlichem zum Normalsatz. Vom verbleibenden Umsatz können pauschal 50% zum reduzierten Steuersatz und 50% zum Normalsatz deklariert werden.

Bei den **Hauslieferungen** und den **Verkäufen über die Gasse** ergeben sich Probleme bei der Prüfung, ob es sich um eine zu 2.5% steuerbare Lieferung oder um eine zu 8% steuerbare, gastgewerbliche Leistung handelt.

Nicht als gastgewerbliche Leistungen zählen:

- Nahrungsmittel, die **zum Mitnehmen** bestimmt sind. Der Kunde konsumiert die Nahrungsmittel also nicht im Betrieb der steuerpflichtigen Person.
- Nahrungsmittel, die **zur Auslieferung** bestimmt sind, d. h. die Nahrungsmittel werden dem Kunden an seinem Domizil oder an einem anderen von ihm bezeichneten Ort ohne jegliche weitere Zubereitung oder Servierleistung übergeben.

Diese Leistungen sind zum reduzierten Steuersatz steuerbar, wenn geeignete, organisatorische Massnahmen eingehalten werden, die eine klare Abgrenzung der verschiedenen Leistungen ermöglichen.

Wir wollen deshalb die Leistungen zu 2.5% und / oder 8% nachfolgend etwas genauer betrachten.

A] Hauslieferungen

Als Hauslieferungen (MWSTV 55) gelten in einem Betrieb, der gastgewerbliche Leistungen erbringt, die Lieferungen von Nahrungsmitteln, die dem Kunden (z. B. Privater, Kantine oder Spital) an dessen Domizil oder einem anderen von ihm bezeichneten Ort **ohne jegliche weitere Zubereitung oder Servierleistung** übergeben werden. Diese Lieferungen sind – mit Ausnahme jener von alkoholischen Getränken – zu 2.5% zu versteuern, sofern die Voraussetzungen der **organisatorischen Massnahmen** erfüllt sind.

Um die Bedingungen betreffend die organisatorische Trennung oder die organisatorischen Massnahmen (MWSTV 56) zu erfüllen, muss der Leistungserbringer **Belege** erstellen, z. B. Lieferscheine, Rechnungen oder Quittungen, aus denen klar hervorgeht, ob er Hauslieferungen ausführte oder gastgewerbliche Leistungen erbrachte. Zudem sind die Entgelte aus Hauslieferungen und gastgewerblichen Umsätzen getrennt zu ermitteln und in den Geschäftsbüchern separat zu verbuchen.

Damit die ESTV das Einhalten der gesetzlichen Voraussetzungen überprüfen kann, müssen die Belege nebst den üblichen Angaben zusätzlich noch Angaben über die Art und den Umfang (mit oder ohne Zubereitung und Service) sowie den Zustellort der Leistung enthalten.

B] Verkauf von Ess- und Trinkwaren zum Mitnehmen (über die Gasse)

Als Verkauf über die Gasse (oder auch **Take-away** genannt) durch gastgewerbliche Betriebe gilt die Abgabe von Nahrungsmitteln, wenn der Kunde diese mitnimmt und nicht im gastgewerblichen Betrieb konsumiert. Zusätzlich ist erforderlich, dass die gastgewerblichen Betriebe zur Unterscheidung geeignete Massnahmen (z. B. Verpackung, Preisunterschied oder besondere Warenart wie etwa rohes Fleisch) getroffen haben.

In Betrieben ohne jegliche Einrichtungen oder Vorrichtungen für die Konsumation an Ort und Stelle gilt die Abgabe von Nahrungsmitteln als Verkauf über die Gasse (z. B. Drive-in-Schalter).

Bei **Leistungserbringern mit Konsumationseinrichtung** darf der Verkauf von Nahrungsmitteln (ohne alkoholische Getränke) über die Gasse nur dann als Lieferung zu 2.5% versteuert werden, wenn er durch geeignete, organisatorische Massnahmen belegt oder nachgewiesen werden kann. Zudem ist erforderlich, dass den Kunden die Kassencoupons abgegeben werden.

Eine geeignete, organisatorische Massnahme liegt vor, wenn über die allgemeine oder über eine separate Registrierkasse ein **Kassenzettel / Coupon** mit folgenden Angaben ausgedruckt werden kann:

- Name und Adresse sowie MWST-Nr. des Leistungserbringers
- Datum des Verkaufs von Nahrungsmitteln über die Gasse
- Artikel oder mindestens Warengruppe (z. B. Mineralwasser) und deren Preis
- Steuersatz für jeden Artikel bzw. jede Warengruppe

Beispiel

Fall 1

Das Restaurant Krone in Samnaun verkauft neben den gastgewerblichen Leistungen auch die bekannten Samnauner-Würste zum Mitnehmen. Der Verkauf dieser Würste erfolgt über eine separate Kasse. Auf dieser Kasse ist der Ausdruck von Coupons mit den vorgenannten Angaben möglich. Diese Coupons werden den Kunden abgegeben. Da geeignete organisatorische Massnahmen vorliegen, handelt es sich bei den Wurstverkäufen nicht um gastgewerbliche Leistungen, sondern um grundsätzlich zum reduzierten Steuersatz steuerbare Lieferungen von Nahrungsmitteln. Da diese Lieferungen aber in Samnaun (für Lieferungen ist Samnaun Ausland) erfolgen, unterliegen diese nicht der Steuer. Das bedingt aber, dass der Steuersatz auf den Coupons mit 0% ausgewiesen wird.

Gäbe es beim Restaurant Krone keine geeigneten organisatorischen Massnahmen, würde es sich bei den Wurstverkäufen um gastgewerbliche Dienstleistungen handeln, die in Samnaun zum Normalsatz von 8% steuerbar sind.

Fall 2

Sepp Bayermeister betreibt in Gerlafingen eine Bäckerei / Konditorei mit Tearoom im gleichen Raum. Die Umsätze aus den beiden verschiedenen Bereichen werden grundsätzlich über separate Registrierkassen verbucht. Auf den Coupons ist jedoch der Steuersatz nicht ersichtlich. Die Kunden aus dem Tearoom können Tortenstücke usw. selber bei der Bäckerei / Konditorei holen, wobei diese Umsätze über die Registrierkasse der Bäckerei erfasst werden. Die Verkäufe aus der Bäckerei / Konditorei erfolgen in einem Raum mit Konsumationseinrichtung.

Es gibt keine genügende organisatorische Trennung, weshalb die Umsätze des Gesamtbetriebs grundsätzlich als gastgewerbliche Leistungen zum Normalsatz steuerbar sind. Damit Sepp Bayermeister die Verkäufe aus der Bäckerei / Konditorei, die nicht im Tearoom konsumiert werden, zum reduzierten Steuersatz abrechnen kann, bestehen zwei Möglichkeiten:

- Dem Tearoom-Gast können für die aus der Bäckerei mitgegebenen Nahrungsmittel zur Konsumation im Tearoom Bezugschecks abgegeben werden. Der Kunde bezahlt anschliessend diese Nahrungsmittel beim Service-Personal aufgrund der Bezugschecks. Eine fortlaufend vornummerierte Kopie dieser Bezugschecks wird aufbewahrt. Die entsprechenden Einnahmen werden täglich addiert und das Total als gastgewerblicher Umsatz (zum Normalsatz) verbucht.
- Die Registrierkassen werden so programmiert, dass die Coupons den formellen Anforderungen genügen. Auch in diesem Fall ist zu beachten, dass die Verkäufe aus der Bäckerei / Konditorei für Kunden des Tearooms zum Normalsatz erfasst werden.

Ist in einem **Kino oder Theater** keine Konsumationsmöglichkeit vorhanden, handelt es sich beim Verkauf von Glace, Schokolade, Mineralwasser usw. um einen zum reduzierten Steuersatz von 2.5% steuerbaren Verkauf von Nahrungsmitteln. Stehen jedoch speziell für die Konsumation Tische oder eine Stehbar bereit, führt das Kino oder Theater eine gastgewerbliche Leistung aus. In solchen Fällen sind alle Verkäufe (auch solche aus der Abgabe von Getränken im Vorführraum) zum Steuersatz von 8% zu versteuern. Hier besteht jedoch die Möglichkeit einer vereinfachten Abrechnung (s. die nachfolgenden Ausführungen).

8.3.2 Vereinfachte Abrechnung (Pauschalen) beim Verkauf über die Gasse bzw. Take-away

Die ESTV gewährt folgenden, kleinen Betrieben, die über höchstens 20 Sitz- oder Stehplätze (je Filiale, Verkaufsstation usw.) verfügen, Vereinfachungsmöglichkeiten (Pauschalen):

- **Gemischte Betriebe:** Als gemischte Betriebe gelten z. B. Bäckereien, Metzgereien oder Tankstellenshops, bei denen der eigentliche Ladenumsatz im Vergleich zum Take-away-Umsatz überwiegt. Das ist dann der Fall, wenn der Ladenumsatz mehr als 50% des Gesamtumsatzes ausmacht. Solche Betriebe können die zum Normalsatz steuerbaren Umsätze aus gastgewerblichen Leistungen mit einer Pauschale von CHF 60.– (inkl. MWST) pro Tag und pro Platz berechnen. Es müssen nur die Tage, an denen geöffnet ist, für die Berechnung berücksichtigt werden.
- **Imbissbars/-stände:** Als solche gelten z. B. Wurst-, Kebab-, Pizza- oder Pouletstände (inkl. Getränkeverkauf) sowie Imbissbars oder -stände in Bädern oder auf Campingplätzen, bei denen der Take-away-Umsatz mehr als 50% des Gesamtumsatzes beträgt. In einem ersten Schritt werden die zum Normalsatz zu versteuernden Umsätze aus dem Verkauf von Genussmitteln (alkoholische Getränke und Tabakwaren) und Non-Food-Artikeln aufgrund einer Zuschlagskalkulation ermittelt und versteuert (separate Warenaufwandkonten müssen aber vorhanden sein).
  Die so ermittelten Umsätze werden in einem zweiten Schritt vom Gesamtumsatz in Abzug gebracht. Der verbleibende Rest kann zu 50% zum reduzierten Steuersatz und 50% zum Normalsatz versteuert werden.
- **Getränke-/Lebensmittelautomaten:** Die Umsätze aus den Getränke- und / oder Lebensmittelautomaten (Verpflegungsautomaten) müssen zum reduzierten Steuersatz versteuert werden. Weitere Ausführungen können dem Kapitel 8.2.13, S. 133 entnommen werden.
- **Anlässe:** Unter dem Begriff Anlässe sind Veranstaltungen aller Art zu verstehen, bei denen sich die Besucher während einer kurzen, vorbestimmten Zeit (in der Regel in der Pause) verpflegen können. Dazu gehören z. B. Film-, Theater- und Zirkusvorführungen, Konzerte und

Sonderveranstaltungen wie Fussballspiele mit einem zeitlich festgelegten, programmmässigen Ablauf (Beginn, Pause, Ende). Die Berechnung der vereinfachten Abrechnung erfolgt analog der Berechnung für die Imbissbars/-stände. Aber der verbleibende Rest kann zu 80% zum reduzierten Steuersatz und 20% zum Normalsatz versteuert werden. Es ist aber zu beachten: Anlässe, bei denen sich die Besucher über eine längere Dauer – meist während des ganzen Anlasses – verpflegen können (z. B. Sportturniere, Film- oder Musikfestivals), dürfen diese Pauschale nicht anwenden.

Das nachfolgende Schema hilft bei der Abklärung, ob die (freiwillige) Pauschalregelung im Zusammenhang mit Nahrungsmittelverkäufen zum Mitnehmen (Verkauf über die Gasse / Take-away) angewendet werden kann.

Abb. [8-3]   Schema zur Abklärung der Pauschalregelung

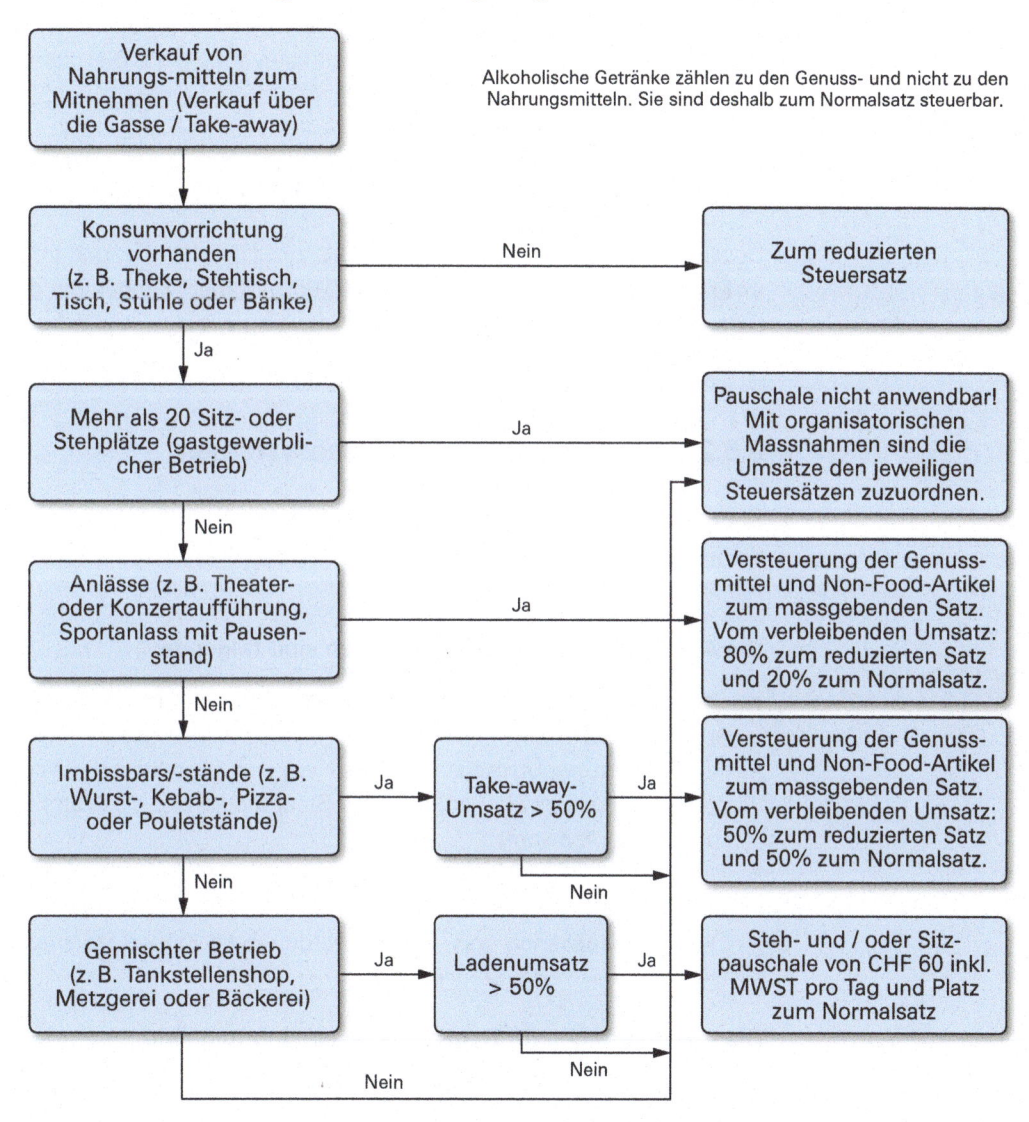

```
┌─────────────────────────┐
│ Verkauf von             │    Alkoholische Getränke zählen zu den Genuss- und nicht zu den
│ Nahrungs-mitteln zum    │    Nahrungsmitteln. Sie sind deshalb zum Normalsatz steuerbar.
│ Mitnehmen (Verkauf über │
│ die Gasse / Take-away)  │
└───────────┬─────────────┘
            ▼
┌─────────────────────────┐
│ Konsumvorrichtung       │        Nein        ┌──────────────────┐
│ vorhanden               │───────────────────▶│ Zum reduzierten  │
│ (z. B. Theke, Stehtisch,│                    │ Steuersatz       │
│ Tisch, Stühle oder Bänke)│                   └──────────────────┘
└───────────┬─────────────┘
           Ja
            ▼
┌─────────────────────────┐                    ┌──────────────────────────┐
│ Mehr als 20 Sitz- oder  │        Ja          │ Pauschale nicht anwendbar!│
│ Stehplätze (gastgewerbli-│──────────────────▶│ Mit organisatorischen     │
│ cher Betrieb)           │                    │ Massnahmen sind die       │
└───────────┬─────────────┘                    │ Umsätze den jeweiligen    │
          Nein                                 │ Steuersätzen zuzuordnen.  │
            ▼                                  └──────────────────────────┘
┌─────────────────────────┐                    ┌──────────────────────────┐
│ Anlässe (z. B. Theater- │        Ja          │ Versteuerung der Genuss- │
│ oder Konzertaufführung, │───────────────────▶│ mittel und Non-Food-Artikel│
│ Sportanlass mit Pausen- │                    │ zum massgebenden Satz.    │
│ stand)                  │                    │ Vom verbleibenden Umsatz: │
└───────────┬─────────────┘                    │ 80% zum reduzierten Satz  │
          Nein                                 │ und 20% zum Normalsatz.   │
            ▼                                  └──────────────────────────┘
┌─────────────────────────┐  Ja  ┌───────────┐ Ja ┌──────────────────────────┐
│ Imbissbars/-stände (z. B│─────▶│ Take-away-│───▶│ Versteuerung der Genuss- │
│ Wurst-, Kebab-, Pizza-  │      │ Umsatz>50%│    │ mittel und Non-Food-Artikel│
│ oder Pouletstände)      │      └─────┬─────┘    │ zum massgebenden Satz.    │
└───────────┬─────────────┘          Nein         │ Vom verbleibenden Umsatz: │
          Nein                                    │ 50% zum reduzierten Satz  │
            ▼                                     │ und 50% zum Normalsatz.   │
                                                  └──────────────────────────┘
┌─────────────────────────┐  Ja  ┌───────────┐ Ja ┌──────────────────────────┐
│ Gemischter Betrieb      │─────▶│ Ladenumsatz│──▶│ Steh- und / oder Sitz-   │
│ (z. B. Tankstellenshop, │      │ > 50%     │    │ pauschale von CHF 60 inkl.│
│ Metzgerei oder Bäckerei)│      └─────┬─────┘    │ MWST pro Tag und Platz    │
└─────────────────────────┘          Nein         │ zum Normalsatz            │
                 Nein                             └──────────────────────────┘
```

8.3.3   Sondersatz für Beherbergungsleistungen

Der Sondersatz für Beherbergungsleistungen wird im nachfolgenden Kapitel 9, S. 144 ausführlich behandelt.

8.4 Leistungskombinationen oder Mehrheit von Leistungen

Für die Unterscheidung zwischen einer Neben- und einer Hauptleistung, der Einheit der Leistung sowie der Frage, in welchen Fällen die 70/30%-Regel (Leistungskombination oder Kombinationsregel[ung]) angewendet werden kann, sind die Ausführungen in den Kapiteln 2.5, S. 29 ff. und 9.3, S. 146 zu beachten.

8.5 Aufteilung der Umsätze auf die Steuersätze

Abschliessend wollen wir noch behandeln, wie die Umsätze auf die verschiedenen Steuersätze aufzuteilen sind. Wenn Fakturen vorliegen, ergibt sich kein Problem. In diesem Fall sind diese für die Aufteilung massgebend. Probleme ergeben sich aber, wenn Barverkäufe erfolgen, die zu unterschiedlichen Steuersätzen steuerbar sind. Dies kommt besonders im Detailhandel vor.

8.5.1 Anwendung des Saldosteuersatzes

Detailhändler, die einen Jahresumsatz bis zu CHF 5.02 Mio. und im gleichen Zeitraum nicht mehr als eine Steuerschuld von CHF 109 000.– haben, können mit dem Saldosteuersatz von 0.6% abrechnen. Dadurch entfällt die Aufteilung der Umsätze auf die verschiedenen Steuersatzkategorien.

8.5.2 Aufteilung mittels Kassensystemen

Die Steuersatzaufteilung mithilfe von Kassensystemen ist unter gewissen Voraussetzungen möglich. Es wird bei den Kassensystemen zwischen Scanner- und Registrierkassen unterschieden.

Die Anforderungen für Scannerkassen sind folgende:

- Das gesamte Warenangebot wird in den Artikelstammdaten mit dem zutreffenden Steuersatz codiert.
- Änderungen der Artikelstammdaten werden protokolliert (Datum, Codierung, Artikelbezeichnung, alter / neuer Preis oder Steuercode) und die Protokolle innerhalb der Verjährungsfrist aufbewahrt.
- Die Kassenzettel der Scannerkassen genügen den Anforderungen von MWSTG 26 Abs. 2 und 3.
- Die Warenaufwände und -erträge werden nach Steuersatzkategorien getrennt verbucht (separate Konti oder Steuercodes).

Die Anforderungen für Registrierkassen sind folgende:

- Die Kassenzettel der Registrierkassen genügen den Anforderungen von MWSTG 26 Abs. 2 und 3.
- Die Warenbezeichnung auf dem Kassenzettel ist klar und eindeutig. Die Bezeichnungen der Artikel oder mindestens der Artikelgruppen sowie des entsprechenden Steuersatzes sind aufgeführt. Es besteht zudem die Möglichkeit, den Steuersatzvermerk mittels Steuercodes vorzunehmen. Die Gliederung der einzelnen Artikelgruppen kann den betrieblichen Verhältnissen angepasst werden.
- Aufgrund der Rekapitulationen werden die einzelnen Gruppen-Totalen täglich ins Kassabuch eingetragen.
- Die Artikelgruppenbildungen können der ESTV zur Prüfung eingereicht werden.

Eine Aufteilung der Verkaufsumsätze nach Steuersätzen mithilfe von sonstigen Ladenkassen ist nicht zulässig, da ein solches Vorgehen verschiedene Fehlermöglichkeiten in sich birgt und zudem keine Kontrollmöglichkeiten bietet.

8.5.3 Aufteilung mithilfe des gewogenen Bruttogewinnzuschlags

Steuerpflichtige Personen mit einem Jahresumsatz bis zu CHF 10 Mio. gestattet die ESTV auf schriftlichen Antrag (Formular Nr. 763; vgl. Homepage der ESTV) hin, die Aufteilung der Umsätze anhand des gewogenen Bruttogewinnzuschlags derjenigen Umsatzgruppe (reduzierter Steuersatz oder Normalsatz) zu berechnen, die den geringeren Anteil am gesamten Umsatz bildet.

Dabei ist von den effektiven Verhältnissen in mindestens drei, für das Unternehmen repräsentativen Monaten eines Kalenderjahres auszugehen. Der so ermittelte Bruttogewinnzuschlag kann für die Dauer von drei Jahren angewendet werden, sofern die Struktur des Unternehmens nicht ändert. Auch bei dieser Methode ist Voraussetzung, dass der Wareneinkauf nach Steuersätzen getrennt verbucht wird. Die Anwendung brancheneinheitlicher Bruttogewinnzuschläge oder eines von der steuerpflichtigen Person geschätzten, durchschnittlichen Bruttogewinnzuschlags ist nicht zulässig.

8.5.4 Vereinfachte Aufteilung bei Kategorie mit unbedeutendem Anteil

Die Aufteilung der Barverkäufe auf die Steuersatzkategorien reduzierter Steuersatz und Normalsatz kann vereinfacht vorgenommen werden, wenn von den Bareinnahmen ein unbedeutender, auf wenige Artikel beschränkter Anteil auf eine der beiden Steuersatzkategorien entfällt. Dieser geringfügige Umsatz der anderen Steuersatzkategorie – z. B. Messer und Schneidebretter bei einem Metzger – kann je Quartal aufgrund des Einkaufs dieser Gegenstände, unter Berücksichtigung der massgebenden Bruttogewinnzuschläge, ermittelt werden.

8.6 Ausweis der Steuer

Gemäss MWSTG 26 Abs. 1 hat die steuerpflichtige Person auf Verlangen des steuerpflichtigen Empfängers eine Rechnung auszustellen, in der u. a. der Steuersatz aufgeführt ist. Bei Leistungen, die unterschiedlichen Steuersätzen unterliegen, ist anzugeben, wie sich das Entgelt auf die unterschiedlich besteuerten Umsätze verteilt.

Es ist zu beachten, dass in jedem Fall mindestens die gemäss MWSTG vorgesehene Steuer geschuldet ist. Wird jedoch ein höherer, zulässiger Steuersatz ausgewiesen als gemäss MWSTG vorgesehen, ist dieser Steuersatz für die Berechnung der geschuldeten Steuer massgebend.

Beispiel

Die landwirtschaftliche Genossenschaft Hinterwil verkauft der steuerpflichtigen Detailhändlerin Susi Widmer Kartoffeln zum Preis von CHF 1 000.–. Auf der Rechnung bringt die landwirtschaftliche Genossenschaft den Vermerk «inkl. 8% MWST» an.

Die Kartoffeln unterliegen nach dem MWSTG aber nur dem Steuersatz von 2.5%. Da die Steuer von der landwirtschaftlichen Genossenschaft aber mit 8% ausgewiesen wurde, ist sie auch geschuldet, d. h., die landwirtschaftliche Genossenschaft hat der ESTV CHF 74.05 Steuer zu entrichten.

Wie wir später noch sehen werden, kann die Empfängerin (in diesem Fall Susi Widmer) dafür auch 8% Vorsteuern in Abzug bringen statt nur 2.5%. Die Empfängerin kann sich auf den ausgewiesenen Steuersatz stützen und muss nicht prüfen, ob dieser auch richtig ist.

Es sind aber auch die Bestimmungen nach MWSTG 27 Abs. 2 Bst. a und Abs. 4 (nachträgliche Korrektur der Rechnung) für die landwirtschaftliche Genossenschaft Hinterwil anwendbar. Falls nun eine nachträgliche Korrektur der ersten falschen Rechnung erfolgt (Erstellung einer Gutschrift mit falschem und einer neuen Rechnung mit dem richtigen Steuersatz), muss die steuerpflichtige Detailhändlerin Susi Widmer die Gutschrift und Rechnung auch in ihrer Buchhaltung erfassen. Die Konsequenz daraus ist, dass Susi Widmer den dazumal geltend gemachten Vorsteuerabzug von CHF 49.65 rückgängig machen muss.

Zusammenfassung

Als **Lebensmittel** werden Nahrungs- und Genussmittel gemäss Lebensmittelgesetz (LMG) bezeichnet. Nahrungsmittel sind Erzeugnisse, die dem Aufbau oder dem Unterhalt des menschlichen Körpers dienen und nicht als Heilmittel angepriesen werden. Genussmittel sind alkoholische Getränke, Tabakwaren und andere Raucherwaren.

Dem reduzierten Steuersatz von 2.5% unterliegen folgende Leistungen:

- Wasser in Leitungen
- Sämtliche Nahrungsmittel, mit Ausnahme von alkoholischen Getränken sowie Esswaren und Getränke, die nicht im Rahmen von gastgewerblichen Leistungen abgegeben werden
- Die Lieferungen von Vieh, Geflügel und Speisefischen
- Das Ausleihen von Vieh und die tierärztliche Behandlung solcher Tiere
- Getreide, lebende Pflanzen, Blumen, Sämereien usw. und Futtermittel
- Silagesäuren und Streumittel
- Dünger, Pflanzenschutzmittel, Mulch und pflanzliches Abdeckmaterial
- Medikamente (gemäss Heilmittelgesetz)
- Blutprodukte oder diagnostische Mittel bei der Anwendung am Menschen oder Tier
- Die Lieferungen von Büchern, Zeitungen, Zeitschriften und anderen Druckerzeugnissen ohne Reklamecharakter
- Dienstleistungen der Radio- und Fernsehgesellschaften
- Kulturelle und sportliche Leistungen, für deren Versteuerung optiert wurde
- Die Bodenbearbeitung im Bereich der Landwirtschaft und die Bearbeitung von mit dem Boden verbundenen Erzeugnissen
- Verkäufe von Nahrungsmitteln aus Verpflegungsautomaten (auch wenn Konsumvorrichtungen vorhanden)

Die **Lieferungen von Haustieren** (z. B. Katzen, Hunde, Wellensittiche, Meerschweinchen, Schlangen oder Zierfische) wie auch deren **tierärztliche Behandlung** (ebenfalls eine Lieferung) unterliegen dem Normalsatz.

Verkäufe von Nahrungsmitteln, die im Rahmen von gastgewerblichen Leistungen abgegeben werden, unterliegen dem Steuersatz von 8%. Ebenfalls dem Normalsatz unterliegen die **Verkäufe von Genussmitteln.**

Zu 8% steuerbare gastgewerbliche Leistungen liegen vor, wenn

- eine Konsumationsmöglichkeit an Ort und Stelle gegeben ist (z. B. Tische oder Theke) oder
- die Nahrungsmittel beim Kunden zubereitet und / oder serviert werden.

Hauslieferungen sind Lieferungen von Nahrungsmitteln ans Domizil des Kunden ohne Zubereitung und Servierleistung. Für sie gilt der reduzierte Steuersatz von 2.5%, wenn die Voraussetzungen der organisatorischen Trennung / Massnahmen erfüllt sind. Beim **Verkauf über die Gasse** darf der Leistungserbringer mit Konsumvorrichtungen den Verkauf von Nahrungsmitteln nur dann zum reduzierten Steuersatz abrechnen, wenn dieser durch geeignete organisatorische Massnahmen belegt oder nachgewiesen ist. Für den Verkauf von Nahrungsmitteln zum Mitnehmen bestehen noch diverse Pauschalregelungen.

Werden zum reduzierten Steuersatz und zum Normalsatz steuerbare Produkte bar verkauft, kann die **Aufteilung mithilfe von Scanner- oder von Registrierkassen**, die besondere Bedingungen erfüllen, erfolgen. Ist keine solche Kasse vorhanden, muss die Aufteilung der Einnahmen im Detailhandel nach den einzelnen Steuersätzen mithilfe eines Schlüssels erfolgen. Der Schlüssel gilt jeweils für ein Jahr bzw. eine Steuerperiode. Klein- und Mittelbetriebe können einen Antrag auf Aufteilung der Umsätze anhand des gewogenen Bruttogewinnzuschlags derjenigen Umsatzgruppe stellen, die den geringeren Anteil am gesamten Umsatz bildet. Bei beiden Methoden muss der Wareneinkauf getrennt nach Steuersätzen verbucht werden.

Die Mehrwertsteuer

Repetitionsfragen

41 Die steuerpflichtige Grosshandelsfirma Cunto SA beliefert diverse Kunden mit Waren aller Art. Beurteilen Sie, ob die nachfolgenden Lieferungen dem reduzierten Steuersatz von 2.5% oder dem Normalsatz von 8% unterliegen.

- A] Getreide für die kosmetische Industrie
- B] Traubensaft im Gärstadium (Sauser)
- C] Kaffee für das Restaurant Traube
- D] Brennkirschen
- E] Erde mit Düngerzusatz
- F] Erde ohne Düngerzusatz
- G] Kies
- H] Brennholz

42 Der steuerpflichtige Tierarzt Dieter Jakober erbringt diverse Leistungen. Wie sind diese im Zusammenhang mit der MWST zu behandeln?

- A] Brigitte Marti holt in der Tierarztpraxis ein Medikament für ihren kranken Goldfisch ab.
- B] Der Zirkus Nock bringt die kranke Ziege Meieli zur Behandlung. Tierarzt Dieter Jakober fakturiert für die Behandlung CHF 80.– und für das dabei abgegebene Medikament CHF 23.–.
- C] Landwirt Werner Hofer bringt den Hofhund Bäri zur Behandlung. Tierarzt Dieter Jakober fakturiert für die Behandlung CHF 70.– und für das dabei abgegebene Medikament CHF 18.–.
- D] Tierarzt Dieter Jakober untersucht noch das Pferd des Landwirts Fredi Müller aus Samnaun.
- E] Der Zirkus Nock bringt noch den Zirkushund Barry zur Behandlung. Die Behandlung bzw. die Operation des Hunds dauert länger und der Hund muss 2 Nächte in der Tierarztpraxis Jakober verbringen.

43 Die steuerpflichtige Druckerei Gassmann AG in Luzern stellt diverse Produkte her und handelt mit Papeterieartikeln. Beurteilen Sie, ob die nachfolgenden Lieferungen dem reduzierten Steuersatz von 2.5% oder dem Normalsatz von 8% unterliegen.

- A] Das Fachbuch «Die Mehrwertsteuer»
- B] Kreuzworträtsel
- C] Fahrpläne und Kursbücher
- D] Musikalien (12 Seiten)
- E] Reisebürokatalog
- F] Periodische Börsenberichte von Banken
- G] Verkaufskatalog
- H] Montageanleitung für den Zusammenbau eines Schranks
- I] Druck des Jahresberichts der X AG für die Generalversammlung
- J] Landkarte
- K] Wandkalender mit Motiven der Tour de France 2014
- L] Luzerner Tagblatt

44 Der steuerpflichtige Lukas Barben führt in einem Dorf auf dem Land Arbeiten aller Art aus. Er fakturiert folgende Leistungen:

A] Anlegen eines Salatbeets im Garten von Professor Norbert Engel

B] Sägen von Holz für den Landwirt Heinz Huber

C] Giessen der Geranien auf den Fenstersimsen der Rentnerin Martha Maissen

D] Ernten von Trauben für den Rebbauern Theo Tschanz

E] Mähen von Gras zu Futterzwecken für den Landwirt Toni Inauen

F] Mist und Gülle im Auftrag des Landwirts Toni Inauen

G] Forstarbeiten im Wald der Privatperson Heinz Lüthi

H] Einbringen von diversen Winterdienstarbeiten wie Schneeräumungen, Salzen und Splitten im Auftrag der Gemeindeverwaltung

Zu welchem Steuersatz muss Lukas Barben diese Leistungen versteuern?

45 Der ehemals als Koch tätige Adrian Dätwyler hat sich als Partykoch selbstständig gemacht und wurde aufgrund seiner gut laufenden Geschäfte mit seinem Partyservice als Steuerpflichtiger registriert. Er stellt im Monat Mai folgende Leistungen in Rechnung:

A] Lieferung von 250 Sandwiches an ein Waldhüttenfest in Lörrach (DE)

B] Salatbuffet für 50 Personen in den Partykeller Roter Mond in Basel, inkl. 2 Stunden Serviceleistung, jedoch ohne Zubereitung an Ort und Stelle

C] Lieferung (ohne Zubereitung und Service) eines Apéros mit Gebäck, Mineralwasser und Wein an die Firma Pharmamulti in Rheinfelden

D] Lieferung mit Zubereitung und Service eines Apéros in Waldshut (DE)

Wie hat Adrian Dätwyler diese Leistungen zu versteuern?

46 Der Veranstalter des Schwingfests in Olten erzielt im Zusammenhang mit den auf dem Festgelände konsumierten Lebensmitteln folgende Einnahmen:

A] Metzgermeister Max Müller hat auf dem Areal diverse eigene Wurststände (ohne irgendwelche Anschlüsse) aufgebaut, vor denen keine Tische und Stühle aufgestellt worden sind. Von ihm erhält der Veranstalter des Schwingfests 10% der Einnahmen für das Recht, diese Verkäufe zu tätigen.

B] Vom Inhaber des Restaurants Einhorn in Olten, der auf dem Festgelände auf eigene Rechnung ein grosses Festzelt inkl. Strom- und Wasseranschluss betreiben durfte, erhält er eine Provision von 25%.

C] Im eigenen Festzelt mit Gartenwirtschaft erzielt der Veranstalter einen Umsatz von CHF 100 000.–.

D] Aus den organisatorisch getrennt erfassten Verkäufen durch «fliegende» Verkäufer im Bereich der Zuschauerplätze erzielt er einen Umsatz von CHF 60 000.–.

E] Rund um die Arena (jedoch innerhalb des Festareals) betrieb der Veranstalter diverse Getränkestände, vor denen keine Tische und Stühle aufgestellt wurden. Daraus resultierte ein Umsatz von CHF 120 000.–.

Wie hat das Schwingfest diese Leistungen abzurechnen?

47 Die steuerpflichtige Einzelunternehmerin Erika Kellenberger führt in zwei separaten, aneinandergrenzenden Räumen eine Bäckerei mit Lebensmittelgeschäft und ein Tearoom. Zudem betreibt Erika Kellenberger noch einen Party-Service. Berechnen Sie die auf den Umsätzen geschuldete Steuer aufgrund der nachfolgenden Angaben (Zahlen exkl. MWST):

- Bäckerei / Lebensmittelgeschäft (ohne Konsumationsmöglichkeit):
    - CHF 50 000.00 Ladenverkauf Esswaren / Getränke (ohne Alkohol)
    - CHF 4 000.00 Verkauf alkoholischer Getränke
    - CHF 6 000.00 Verkauf von warmen Mahlzeiten an Schüler (Hotdogs usw.)
- Tearoom CHF 30 000.00 Verkauf von Kaffee, Mineral usw.
    - CHF 5 000.00 Verkauf alkoholischer Getränke
    - CHF 10 000.00 Verkauf von Backwaren aus der Bäckerei
- Party-Service CHF 12 000.00 Auslieferung von Nahrungsmitteln und Getränken mit Servierleistung
    - CHF 8 000.00 Auslieferung von Nahrungsmitteln und alkoholfreien Getränken ohne Servierleistung und Zubereitung

48 Welcher Steuerbetrag ist in den nachfolgenden Fällen geschuldet? Was ist bezüglich der Fakturierung zu beachten? Es ist jeweils die für den Steuerpflichtigen günstigste Variante zu wählen. Es handelt sich ausschliesslich um Inlandleistungen. Die Leistungserbringer sind steuerpflichtig. Sämtliche Beträge verstehen sich inkl. MWST.

A] Anwalt Beat Bigler, Basel, verrechnet der Tretina SA in Lugano folgende Leistungen: Beratungsleistungen CHF 3 000.– / 3 Übernachtungen im Hotel Bristol in Lugano, Total CHF 600.– / Handelsregistergebühren CHF 1 000.– (Schuldner ist die Tretina SA).

B] Die Schulungs AG führt einen Internetkurs für Privatpersonen durch. Die Kurskosten betragen CHF 300.–. In diesem Preis ist ein Lehrbuch im Wert von CHF 30.– enthalten.

C] Getränkehändler Karl Kistler stellt für einen Kunden folgende Geschenkpackung zusammen: 6 Flaschen Traubensaft (CHF 12.–), 2 Flaschen Sauser (CHF 6.–), 2 Flaschen Weisswein (CHF 18.–), 2 Flaschen Rotwein (CHF 24.–), Flaschendepot (CHF 3.–), Porto und Verpackung (CHF 5.–). Total CHF 68.–.

49 Das Haushaltwarengeschäft Mitroli AG verkauft praktisch ausschliesslich zum Normalsatz steuerbare Haushaltwaren. Als einziges Produkt zum reduzierten Steuersatz verkauft die Mitroli AG in geringem Umfang noch Kochbücher. Es werden nur Barverkäufe getätigt, die mit einer Registrierkasse erfasst werden. Die Registrierkasse druckt nur Quittungen aus, auf denen Angaben zu den Produkten und Steuersätzen fehlen.

Berechnen Sie die für die auf den Umsätzen geschuldete Steuer aufgrund der folgenden Angaben (alle Beträge inkl. MWST):

Verkäufe zu 8% gemäss Registrierkasse:	CHF	105 000.00
Verkäufe zu 2.5% gemäss Registrierkasse:	CHF	500.00
Einkäufe von Produkten zu 8%:	CHF	39 800.00
Kalkulierter Verkaufspreis dieser Produkte:	CHF	99 600.00
Einkäufe von Produkten zu 2.5%:	CHF	200.00
Kalkulierter Verkaufspreis dieser Produkte:	CHF	400.00

9 Sondersatz für Beherbergungsleistungen

Lernziele	Nach der Bearbeitung dieses Kapitels können Sie … • die Betriebe der Hotellerie aufzählen. • die drei Arten von Beherbergungsleistungen unterscheiden. • die Kombinationsregelung in der Hotellerie anwenden. • die wichtigsten Leistungsangebote der Hotellerie steuerlich korrekt behandeln.
Schlüsselbegriffe	Beherbergung, Beherbergungstaxe, Campingplatz, durchlaufender Posten, effektive Berechnung, erweiterte Nebenleistungen, Fahrnisbaute, Ferienhäuser, Ferienwohnungen, Frühstück, Halbpension, Hotelanlage, Hotelbetriebe, Hotellerie, kalkulatorischer Nachweis, Kurbetriebe, Kurhaus, Kurtaxe, Leistungskombination, Minibar, Nebenleistungen, Packages, Parahotellerie, pauschale Ermittlung, SAC-Hütten, Seminarhotels, Seminarpauschale, Sondersatz, Tourismustaxe, Übernachtung mit Frühstück, Vermietung eines Wohnwagens oder Campers, Vollpension, von der Steuer ausgenommene Vermietung, 70/30%-Regel

Am 1. Oktober 1996 wurde für die Hotellerie sowie die Parahotellerie ein Sondersatz für die Beherbergungsleistungen, d. h., die Übernachtung mit Frühstück, eingeführt. Dieser Sondersatz beträgt gegenwärtig 3.8% (Steuersatzerhöhung per 1.1.2011; IV-Zusatzfinanzierung), wobei die Geltung dieses Sondersatzes bis 31. Dezember 2013 befristet war (vgl. MWSTG 25 Abs. 4). Aktuell wurde der Sondersatz bis zum 31.12.2017 verlängert.

Als **Beherbergung** gilt die **Gewährung von Unterkunft einschliesslich der Abgabe eines Frühstücks,** selbst wenn dieses separat in Rechnung gestellt wird. Das Frühstück kann jedoch nur dann zum Sondersatz abgerechnet werden, wenn es in direktem Zusammenhang mit der Übernachtung steht.

Grundsätzlich entscheiden zwei Faktoren darüber, ob der Sondersatz für Beherbergungsleistungen angewendet werden kann:

- Art der Betriebe
- Art der Leistungen

Wir werden in den nächsten Abschnitten eingehend auf diese zwei Faktoren eingehen.

Bezüglich der Behandlung von Beherbergungsleistungen, die als solche oder in einem Leistungspaket weiterverrechnet werden, sowie der Unterscheidung Beherbergungsleistung oder von der Steuer ausgenommene Vermietung (MWSTG 21 Abs. 2 Ziff. 21) ist die nachfolgende Ziff. 9.7 zu beachten.

9.1 Art der Betriebe

Den Sondersatz dürfen grundsätzlich nur **Betriebe der Hotellerie** (Hotel- und Kurbetriebe) und der Parahotellerie anwenden. Darunter fallen u. a. folgende Unternehmen:

Hotelbetriebe:	Hotels, Gasthäuser mit Gastbetten, Garnibetriebe, Motels, Ferienpensionen, Aparthotels und Hotelschiffe.
Kurbetriebe:	Kurhäuser, Höhensanatorien, Bäderkliniken und Heilbäder.
Parahotellerie:	Vermietung von Ferienwohnungen, Gästezimmern und Ferienhäusern, Betrieb von Jugendherbergen, Anbieten von Schlafgelegenheiten in Internaten (soweit steuerbar), Massenlagern, SAC-Hütten, Vermietung von Zelt- und Wohnwagenplätzen inkl. allfälliger, benützungsbereit aufgestellter Zelt- und Wohnwagenanlagen.

Vermietet ein Hotel einem anderen Hotel **ein oder mehrere Zimmer** (ein Hotelier hilft z. B. einem anderen Hotelier, kurzfristige Kapazitätsengpässe zu überbrücken), liegt grundsätzlich eine Beherbergungsleistung vor, die zum Sondersatz steuerbar ist. Werden jedoch **ein oder mehrere Zimmer** oder gar **ein ganzer Hoteltrakt** von einem Hotel an ein anderes Hotel für eine bestimmte oder unbestimmte Zeit zur **ausschliesslichen Benutzung vermietet,** d. h., der Mieter kann über die entsprechenden Zimmer im eigenen Namen und auf eigene Rechnung verfügen, liegt eine **von der Steuer ausgenommene Vermietung** (mit Optionsmöglichkeit) vor.

Werden Beherbergungsleistungen im Rahmen von **Beförderungsleistungen** erbracht, beispielsweise Bahn- und Schiffsreisen, fallen diese nicht unter den Sondersatz und sind steuerlich wie das Entgelt für die Beförderung zu behandeln. (Die Abgrenzung In- und Ausland, d. h. der Ort der Leistung, ist zu beachten.)

Bei der **Vermietung eines Wohnwagens, Campers oder Ähnlichem,** beispielsweise für eine Ferienreise im In- und Ausland, handelt es sich um eine zum Normalsatz steuerbare Lieferung.

9.2 Art der zum Sondersatz steuerbaren Leistungen

Dem Sondersatz unterliegen folgende drei Arten von Beherbergungsleistungen:

- Reine Beherbergungsleistungen
- Nebenleistungen in direktem Zusammenhang mit der Beherbergung
- Erweiterte Nebenleistungen

Die reinen Beherbergungsleistungen führen zu keinen Problemen. Unter die Nebenleistungen fällt Folgendes:

A] Nebenleistungen, die in direktem Zusammenhang mit der Beherbergung stehen

Die direkten Nebenleistungen unterliegen dem Sondersatz unabhängig davon, ob sie im Preis für die Übernachtung eingeschlossen sind oder vom Hotelbetreiber separat fakturiert werden.

Als direkte Nebenleistungen gelten (abschliessende Aufzählung):

- Zimmerreinigung
- Zurverfügungstellung von Bett- und Frottierwäsche
- Radio- und Fernsehbenützung (ohne Pay-TV)
- Zugang zum Internet (ohne Benützungsgebühren)
- Versorgung von Zelten, Wohnwagen und Motorhomes mit Strom, Kalt- und Warmwasser sowie die Entsorgung von Abwasser und Kehricht
- Benützung der sanitären Anlagen (ohne Waschmaschine) auf Campingplätzen

B] Erweiterte Nebenleistungen

Erweiterte Nebenleistungen sind Leistungen, die **innerhalb der Hotelanlage** erbracht und vom Hotelgast auch dort genutzt werden. Die erweiterten Nebenleistungen unterliegen jedoch nur dann dem Sondersatz, wenn sie von allen Hotelgästen ohne Aufpreis in Anspruch genommen werden können, d. h., es muss dafür durch den Gast kein zusätzliches Entgelt entrichtet werden. Sind diese Bedingungen nicht erfüllt, unterliegen die erweiterten Nebenleistungen der Steuer je nach Art der Leistung und sind – sofern sie unterschiedlichen Steuersätzen unterliegen – separat (oder gesondert) in Rechnung zu stellen.

Erweiterte Nebenleistungen sind beispielsweise:

Solarium, Sauna, Sprudelbad, Parkplatz, Tennisplatz, Fitnessraum, Bocciabahn, Kegelbahn, Schuhputzservice, Bibliothek, TV-Raum oder im Zimmer des Hotelgasts übernachtende Tiere.

Zur **Hotelanlage** gehören das Hotelgebäude mit allfälligen Nebengebäuden und die unmittelbare Umgebung mit Garten, Parkplatz, Kinderspielplatz, Tennisplatz, Hotelschwimmbad und dergleichen.

Nicht zur Hotelanlage gehören: Bergbahnen, Skilifte und Skipiste, Langlaufloipe, Rodelbahn, Kunsteisbahn, Schlittelbahn, Golfplatz inkl. Driving Range, Seen und Flüsse, Pferdereitstall, Kletterwand, Fussballplatz, Turnhalle usw.

Bei den erweiterten Nebenleistungen gibt es folgende Ausnahmen, die zwar nicht in der Hotelanlage erbracht bzw. in Anspruch genommen werden, jedoch im Preis für die Beherbergung eingeschlossen sein müssen:

- Der hoteleigene Taxidienst
- Zurverfügungstellen von Velos
- Die Benützungsmöglichkeit von Hallenbädern, Fitnessräumen und Wellnessanlagen in nahe gelegenen Hotels durch Gäste von Hotelbetrieben

Beispiel

Das Hotel Alpenrose stellt dem Gast Heiri Müller folgende Leistungen in Rechnung:

3 Übernachtungen à CHF 120.–	CHF	360.00
Diverse Telefongespräche	CHF	30.00
Kleiderreinigung	CHF	20.00
Kurtaxe: 3 Übernachtungen à CHF 3.00 pro Person	CHF	9.00
Total	**CHF**	**419.00**

Obwohl es sich ausschliesslich um Leistungen handelt, die der Gast innerhalb der Hotelanlage nutzt, unterliegen die Telefongespräche und die Kleiderreinigung dem Normalsatz von 8%, weil die Leistungen nicht im Preis für die Beherbergung enthalten sind. Somit sind nur CHF 360.– für die drei Übernachtungen zum Sondersatz von 3.8% zu versteuern.

Die gesondert in Rechnung gestellte Kurtaxe (Annahme, dass diese ohne Zuschlag dem Gast Heiri Müller in Rechnung gestellt wurde) stellt eine Nicht-Bemessungsgrundlage im Sinne von MWSTG 24 Abs. 6 Bst. b dar. Die Kurtaxe muss in diesem Fall nicht mit der MWST abgerechnet werden. Weitere Einzelheiten zur Kurtaxe können dem nachfolgenden Kapitel 9.6, S. 151 entnommen werden.

9.3 Kombinationen von Leistungen

In der Hotellerie ist es üblich, dass neben der Beherbergung noch weitere selbstständige Leistungen als ein einheitliches Ganzes (insbesondere bei Halb- und Vollpension sowie bei Seminarpauschalen und Packages) angeboten werden.

Um die **Leistungskombinationen** auf die anwendbaren Steuersätze aufzuteilen, stehen dem steuerpflichtigen Hotelbetreiber folgende **zwei Möglichkeiten** offen:

- Effektive Berechnung, oder
- von der ESTV angebotene vereinfachte Berechnungen mittels pauschaler Ermittlung bei Vollpensionsarrangement und bei Leistungskombinationen von Seminarhotels.

Der Betrieb kann frei wählen, ob er die **effektive Berechnung oder die pauschale Ermittlung** anwenden will. Er muss die einmal gewählte Methode aber während mindestens einer Steuerperiode (Kalenderjahr) beibehalten und ein Wechsel ist nur auf Beginn einer neuen Steuerperiode möglich.

Besitzt eine Aktiengesellschaft mehrere Hotels, ist je Betrieb eine Variante zu wählen, sofern für jedes Hotel eine separate Buchhaltung erstellt und geführt wird.

Hat sich ein Hotelier für die Anwendung der pauschalen Ermittlung des Beherbergungs- und des Verpflegungsanteils entschieden, ist eine Anwendung der Kombinationsregelung von MWSTG 19 Abs. 2 (70/30%-Regel) ausgeschlossen.

9.3.1 Effektive Berechnung des Beherbergungs- und des Verpflegungsanteils (70/30%-Regel)

Die wertmässige Aufteilung auf die verschiedenen, selbstständigen Leistungen ist mit geeigneten Unterlagen (Kalkulationen) zu dokumentieren. Als kalkulatorischer Nachweis können die Betriebsabrechnung, Betriebsbuchhaltung und darauf basierende Berechnungen dienen. Ermittlungen auf Basis des Einzelmaterials mit empfohlenen Gemeinkostenzuschlägen von Branchenorganisationen reichen als kalkulatorischer Nachweis nicht aus.

Bei der effektiven Berechnung werden an den kalkulatorischen Nachweis hohe Anforderungen gestellt (vgl. aber die nachfolgende Vereinfachung für die Halbpensionarrangements, Kap. 9.3.3, S. 148). Zum Beispiel könnte bei einer Vollpension die 70/30%-Regel angewendet werden. Der gesamte Arrangementspreis könnte somit, wenn mindestens 70% dem Beherbergungsanteil aufgrund des kalkulatorischen Nachweises zugewiesen werden können, zum Sondersatz von 3.8% versteuert werden. Diesen Sachverhalt trifft man in der Praxis am ehesten bei 5- oder 6-Sterne-Hotels an.

Die Anteile für die Verpflegung einerseits und die Beherbergung andererseits müssen getrennt in Rechnung gestellt werden. Der Verpflegungsanteil ist zum Normalsatz, die Übernachtung mit dem Frühstück zum Sondersatz steuerbar.

Werden mehrere voneinander unabhängige Leistungen als Leistungskombinationen unter einem Titel (z. B. Halbpension oder Seminarpauschale) zu einem im Voraus bestimmten Pauschalpreis angeboten, bestehen jedoch folgende Möglichkeiten einer **Steuersatzaufteilung:**

- **Leistungskombinationen, die mindestens zu 70% dem gleichen Steuersatz unterliegen** (MWSTG 19 Abs. 2; sog. 70/30%-Regel): Bei solchen Leistungskombinationen kann das gesamte Entgelt steuerlich wie die überwiegenden Leistungen behandelt werden. Diese Regelung ist unter gewissen Umständen nicht anwendbar (Preise der einzelnen Leistungen werden dem Leistungsempfänger bekannt gegeben; Gesamtheit der mehrwertsteuerlich gleichartigen Leistungen macht weniger als 70% aus; in der Kombination sind von der Steuer ausgenommene nicht optierbare Leistungen enthalten [Ausnahme: die von der Steuer ausgenommenen Leistungen machen mindestens 70% aus]).
  Zudem kann die 70/30%-Regel nur angewendet werden, wenn eine Leistung zu einem Pauschalpreis angeboten und dem Hotelkunden auch so in Rechnung gestellt wird (bei getrennter Rechnungsstellung der einzelnen Leistungen ist die 70/30%-Regel nicht anwendbar).
- **Leistungskombinationen, die weniger als zu 70% dem gleichen Steuersatz unterliegen:** Das Entgelt ist auf die entsprechenden Steuersätze aufzuteilen und mindestens steuerlich auszuweisen.
  Leistungen, die nicht in den Kombinationen enthalten sind (z. B. zusätzliche Verpflegung, Miete der Einstellhalle oder Tennisstunden), sind separat zu fakturieren und zum massgebenden Steuersatz zu versteuern. Diese Ausführungen gelten insbesondere auch für Vollpensionsarrangements und Seminarpauschalen. Besonderheiten der steuerlichen Behandlung von Halbpensionsarrangements und Packages sind den nachfolgenden Kapiteln 9.3.3, S. 148 und 9.5, S. 150 zu entnehmen.

9.3.2 Halb- und Vollpensionsarrangements / pauschale Ermittlung

Halb- und Vollpensionsarrangements werden im Voraus (spätestens beim Check-in) und für die gesamte Aufenthaltsdauer gebucht. Der Tagesansatz ist demnach immer gleich hoch. Diese Halb- und Vollpensionsarrangements beinhalten sowohl einen zum Sondersatz steuerbaren Beherbergungs- als auch einen zum Normalsatz steuerbaren Verpflegungsanteil.

Werden in der Rechnung die Voll- oder Halbpensionsarrangements klar als solche gekennzeichnet, kann die pauschale Aufteilung in einen Beherbergungs- und Verpflegungsanteil in der Rechnung (sowohl Original als auch Doppel) wie folgt vorgenommen werden:

Abb. [9-1]

Pauschale Aufteilung in einen Beherbergungs- und Verpflegungsanteil

Halbpension:	75% des Arrangementpreises: 3.8%
	25% des Arrangementpreises: 8%
Vollpension:	65% des Arrangementpreises: 3.8%
	35% des Arrangementpreises: 8%

Der Beherbergungs- und der Verpflegungsanteil müssen bei der pauschalen Ermittlung nicht getrennt in Rechnung gestellt werden. Es ist aber erforderlich, dass die Steuer getrennt ausgewiesen wird. Es muss also auf der Rechnung ersichtlich sein, welcher Betrag zu welchem Steuersatz abgerechnet wird.

9.3.3 Vereinfachung bei Halbpensionsarrangements

Im Sinne einer **Vereinfachung** wird bei reinen Halbpensionsarrangements (beinhaltet Übernachtung, Frühstück und eine Mahlzeit) davon ausgegangen, dass der Beherbergungsanteil wertmässig mindestens 70% des Gesamtentgelts ausmacht, sodass das gebuchte Arrangement pauschal fakturiert und zum Sondersatz versteuert werden kann. Es ist **kein kalkulatorischer Nachweis** zu erbringen. Ebenfalls als Halbpensionsarrangement gilt ein Angebot, das eine Übernachtung mit einem Brunch beinhaltet.

Die unter dieser Ziffer genannte Vereinfachung kann auch dann angewendet werden, wenn Vollpensionsarrangements und Leistungen von Seminarhotels pauschal ermittelt werden.

Stellt der Hotelier ein Halbpensionsarrangement dennoch getrennt in Rechnung, hat er auch bei einem Halbpensionsarrangement die Leistungen zu den jeweiligen Steuersätzen zu versteuern. Er kann natürlich auch wie bisher die pauschale Ermittlung des Beherbergungs- und des Verpflegungsanteils wählen (vgl. Kap. 9.3.2, S. 147).

9.3.4 Weitere Sachverhalte zu den Leistungskombinationen

Entschliessen sich Gäste, die eine Übernachtung mit Frühstück gebucht haben, eine oder mehrere Mahlzeiten im Hotelrestaurant einzunehmen, sind diese Mahlzeiten nicht Teil des Halb- oder Vollpensionsarrangements. Solche Mahlzeiten sind in jedem Fall zu 8% zu versteuern.

Die Bezüge aus der **Minibar** (befindet sich im Hotelzimmer und die Bezüge werden separat in Rechnung gestellt) sind zum Normalsatz von 8% zu versteuern.

Sind die Getränke separat zu bezahlen, ist das dafür erzielte Entgelt zu 8% zu versteuern. Sind sie jedoch im Arrangementpreis eingeschlossen, fallen sie ebenfalls unter die Pauschale.

Leistungen, die über die Beherbergung und Verpflegung hinaus erbracht werden (z. B. Skipass, Massage oder Telefongespräche), müssen immer gesondert fakturiert und dürfen für die Berechnung der Pauschalanteile nicht mit einbezogen werden. Es müssen auch die Regelungen über Packages beachtet werden (s. dazu Kap. 9.5, S. 150).

Beispiel

Fall 1 (Vollpension)

Oskar und Susanne Frey verbringen ihre Sommerferien (sechs Übernachtungen) im Hotel Eiger im Berner Oberland. Der Preis für Vollpension beträgt pro Person CHF 250.–. Daneben konsumiert das Ehepaar Frey pro Abend aus der Minibar noch ein Bier, das CHF 8.– kostet. Die Getränkekosten für den gesamten Aufenthalt belaufen sich auf CHF 300.–. Die Kurtaxen pro Person und Nacht belaufen sich auf CHF 4.–. Das Hotel Eiger wendet die **pauschale Ermittlung** (65% zu 3.8% und 35% zu 8%) für die Vollpension an (vgl. Kap. 9.3.2, S. 147) und stellt wie folgt Rechnung:

Erbrachte Leistungen	Betrag in CHF	Saldo in CHF
6 Nächte Vollpension à CHF 250.–	1 500.00	1 500.00
6 Nächte Vollpension à CHF 250.–	1 500.00	3 000.00
Minibar-Konsumation: 6 Abende à CHF 8.–	48.00	3 048.00
Konsumationen gemäss Belegen	300.00	3 348.00
Kurtaxe: 2 Personen à CHF 4.– pro Nacht	48.00	3 396.00
Total		**3 396.00**

Erbrachte Leistungen	Betrag in CHF	Steuersatz in %	MWST in CHF
Zimmer / Frühstück	1 950.00	3.8	71.40
Vollpension	1 050.00	8.0	77.80
Übrige Leistungen zu 8%	348.00	8.0	25.80
Kurtaxen	48.00	0.0	0.00
Total	**3 396.00**		**175.00**

Fall 2 (Halbpension)

Ferdinand Müller übernachtet bei einer Geschäftsreise vom 25. auf den 26. November n1 für eine Nacht im Hotel St. Martin in Zürich und bucht Halbpension für diese Übernachtung.

Das Hotel St. Martin stellt wie folgt Rechnung:

Erbrachte Leistungen	Datum	Betrag in CHF	Saldo in CHF
1 Halbpension	25.11.n1	200.00	200.00
Kurtaxe	25.11.n1	5.00	205.00
Ihre Konsumation	25.11.n1	50.00	255.00
Total			**255.00**

Das Hotel St. Martin kann nun entweder die pauschale Ermittlung (75% zu 3.8% und 25% zu 8%) oder die 70/30%-Regel für die Halbpension anwenden.

Pauschale Ermittlung für das Halbpensionsarrangement

Mit der pauschalen Ermittlung hat das Hotel St. Martin die Leistungen wie folgt zu versteuern:

Erbrachte Leistungen	Betrag in CHF	Steuersatz in %	MWST in CHF
Halbpension: Anteil Beherbergung	150.00	3.8	5.50
Halbpension: Anteil Verpflegung	50.00	8.0	3.70
Kurtaxe	5.00	0.0	0.00
Ihre Konsumationen	50.00	8.0	3.70
Total	**255.00**		**12.90**

Anwendung der 70/30%-Regel für das Halbpension-Arrangement

Mit der Anwendung der 70/30%-Regel hat das Hotel St. Martin die Leistungen wie folgt zu versteuern:

Erbrachte Leistungen	Betrag in CHF	Steuersatz in %	MWST in CHF
Halbpension: Anteil Beherbergung	200.00	3.8	7.30
Kurtaxe	5.00	0.0	0.00
Ihre Konsumationen	50.00	8.0	3.70
Total	**255.00**		**11.00**

Das Hotel St. Martin wird selbstverständlich die 70/30%-Regel anwenden und kann somit CHF 1.90 mehr Erlös in ihrer Erfolgsrechnung verbuchen. Für die Anwendung der 70/30%-Regel benötigt das Hotel St. Martin keine Bewilligung bzw. einen kalkulatorischen Nachweis. Die Vereinfachung bei den Halbpensionsarrangements kann bei einem Hotel, das viele Halbpensionsangebote verkauft, zu einer Erhöhung der Marge führen, ohne dass Mehrleistungen erbracht werden müssen.

9.4 Seminarhotels

Seminarhotels bieten in der Regel standardisierte Seminarpauschalen an, die ganz bestimmte, konkret umschriebene Leistungen beinhalten, wie z. B.:

- 1 Übernachtung inkl. Frühstück
- 1 Mittagessen
- 1 Abendessen
- 2 Kaffeepausen
- Mineralwasser in den Kursräumen
- Benützung eines Plenum- und eines Gruppenraums
- Standard-Technik (Hellraumprojektor, Leinwand, Flipchart und Beamer)

Eine ähnliche, pauschale Berechnung wie bei den Halb- und Vollpensionsarrangements gibt es auch für Seminarhotels. Die Leistungen an den Kunden beinhalten hier neben der Verpflegung und den Getränken auch Infrastruktur / Übriges und die Beherbergung mit Frühstück.

Seminarpauschale

Beherbergung / Frühstück	55% zum Sondersatz
Verpflegung / Getränke und Infrastruktur / Übriges	45% zum Normalsatz

Alle anderen, über die Pauschalen hinaus erbrachten Leistungen (z. B. Miete für weitere Kursräume oder zusätzliche Bewirtung an der Bar) müssen gesondert fakturiert und zum massgebenden Steuersatz versteuert werden.

Neben der pauschalen kann die steuerpflichtige Person auch die **effektive Berechnung** unter Berücksichtigung von MWSTG 19 Abs. 2 (70/30%-Regel) anwenden. Wenn der Beherbergungsanteil grösser als 70% ist, können alle durch das Seminarhotel erbrachten Leistungen zum Sondersatz abgerechnet werden. In diesem Fall muss aber ein kalkulatorischer Nachweis erbracht werden.

9.5 Packages

Wir haben gesehen, dass sich bei der Aufteilung der Leistungen, die zum Sondersatz steuerbar sind, verschiedenste Probleme ergeben können. Als Letztes wollen wir noch kurz auf die Packages eingehen. Die Packages sind Pakete, also Leistungsbündel im Sinne des Bundesgesetzes über Pauschalreisen. Es sind **dauernd bzw. während einer bestimmten Periode geltende Angebote zu einem festen Preis.** Sie beinhalten neben der Beherbergung und Verpflegung noch andere Leistungen, z. B. Konzerteintritte, begleitete Ausflüge in der Region, Wellness oder Skipässe.

Grundsätzlich sind die einzelnen Leistungen gesondert zu fakturieren. Unter gewissen Voraussetzungen sind Vereinfachungen möglich, aber auch in diesem Fall müssen die Verpflegung und die Kurtaxen separat in Rechnung gestellt werden. Zudem muss auf der Rechnung ersichtlich sein, welcher Betrag zu welchem Steuersatz abgerechnet wird. Enthält das Package auch Halb- und / oder Vollpension, kann die Aufteilung nur dieses Entgeltsanteils pauschal (kein kalkulatorischer Nachweis nötig) ermittelt werden. Wir haben die Steuersätze für die pauschale Aufteilung bereits in Kapitel 9.3.2, S. 147 aufgeführt, bzw. behandelt.

Beträgt der kalkulatorisch nachweisbare Anteil der Beherbergung in einem Package 70% oder mehr, kann das gesamte Package unter Berücksichtigung von MWSTG 19 Abs. 2 (70/30%-Regel) zum Sondersatz abgerechnet werden.

9.6 Kur- und Beherbergungstaxen

Im Zusammenhang mit Übernachtungen stellt sich auch das Problem, wie Kur- und Beherbergungstaxen steuerlich zu behandeln sind.

Bei der **Kurtaxe** handelt es sich um eine öffentlich-rechtliche Abgabe, die der Gast schuldet. Der Leistungserbringer (Hotelier) vereinnahmt die Kurtaxe vom Gast im Namen und auf Rechnung der Gemeinde bzw. des Kur- und Verkehrsverein. Die Kurtaxe ist nicht zu versteuern, wenn die steuerpflichtige Person (Hotelier) diese dem Gast in gleicher Höhe gesondert fakturiert und auch als solche bezeichnet.

Wird bei Halb- und Vollpensionsarrangements durch den Hotelbetreiber die **pauschale Ermittlung** des Beherbergungs- und des Verpflegungsanteils angewendet und ist die Kurtaxe im Pensionspreis eingeschlossen, fällt sie dementsprechend auch unter die Pauschale. Wird sie gesondert fakturiert, unterliegt der entsprechende Betrag nicht der Steuer.

Die Kurtaxe (wenn gesondert und ohne Aufpreis fakturiert) stellt aus der Sicht des MWSTG 24 Abs. 6 Bst. b einen **durchlaufenden Posten** dar und ist in der MWST-Abrechnung unter den Ziff. 200 (Umsatz) und 280 (Diverses) zu deklarieren.

In einigen Kantonen werden **Beherbergungs- oder Tourismustaxen** erhoben. Schuldner dieser Abgabe ist der Hotelier und nicht der Gast. Für den gastgewerblichen Betrieb ist die Beherbergungs- oder Tourismustaxe ein Kostenfaktor zur Erbringung der Übernachtungsleistung. Sie muss daher – auch bei separater Fakturierung – zum Sondersatz abgerechnet werden.

9.7 Weiterverrechnung Beherbergungsleistungen und Unterscheidung Beherbergungsleistung zu einer von der Steuer ausgenommenen Leistung

Auch die **Weiterverrechnung von Beherbergungsleistungen** (mit oder ohne Zuschlag) unterliegt grundsätzlich dem Sondersatz von 3.8%. Dazu folgendes Beispiel:

Beispiel

Das Hotel Sommerau AG in Landquart stellt der Minder AG für die Übernachtung mit Frühstück diverser Personen folgende Rechnung:

			M-Code
5 Übernachtungen mit Frühstück à 3 Personen zu CHF 100.00 pro Person / Nacht	CHF	1 500.00	1
Zuzüglich Kurtaxen CHF 3.00 pro Person / Nacht	CHF	45.00	0
Total	**CHF**	**1 545.00**	

M-Code = MWST-Code: 1 = inkl. 3.8% / 0 = 0.0%

Die Minder AG verrechnet die Beherbergungsleistungen für 2 Personen an die Geier AG mit Sitz in Berlin (DE) im Betrage von CHF 1 000.– zuzüglich CHF 30.– (für Kurtaxen, gesonderte Rechnungsstellung) weiter. Zu welchem Steuersatz muss nun die Minder AG den Betrag von CHF 1 030.– versteuern?

Die Weiterverrechnung des Betrages von CHF 1 000.– (Hinweis auf Rechnung, dass es sich um Beherbergungsleistungen handelt) kann zum Steuersatz von 3.8% erfolgen. Es ist noch zu beachten, dass sich der Ort der Dienstleistung (MWSTG 8 Abs. 2 Bst. f) im Inland, d. h. in Landquart, befindet, wo die ursprüngliche Leistung (Beherbergung) erbracht worden ist. Da die Kurtaxen gesondert ausgewiesen werden (wie in obengenannter Aufstellung / Rechnung, also vor dem Total), unterliegen diese nicht der MWST (sog. Nicht-Bemessungsgrundlage oder durchlaufende Posten nach MWSTG 24 Abs. 6 Bst. b).

Falls nun die Minder AG die Beherbergungsleistung nicht als solche, sondern als Teil einer Gesamtleistung (z. B. «unsere ausgeführten Sanitär-Arbeiten inkl. Spesen [Hotelübernachtungen, Reisespesen]») weiterfakturiert, unterliegt die Beherbergung als Kostenfaktor (Ersatz aller Kosten; MWSTG 24 Abs. 1) dem gleichen Steuersatz wie die Hauptleistung.

Eine **von der Steuer ausgenommene Vermietung** gemäss MWSTG 21 Abs. 2 Ziff. 21 liegt vor, wenn

- die vermieteten Räumlichkeiten als Wohnsitz im Sinne von ZGB 23 ff. oder als Wochenaufenthalt dienen; oder
- der Mieter einen Geschäftssitz oder eine mindestens 3 Monate dauernde Betriebsstätte begründet.

Dazu folgende Beispiele:

Beispiel

Beispiel 1

Die steuerpflichtige Schreinerei Mani AG mit Sitz in Grindelwald vermietet ein Gästezimmer an einen Dritten. Die Schreinerei Mani AG ist somit in der Parahotellerie tätig und die Vermietung ist als Beherbergungsdienstleistung zum Sondersatz von 3.8% steuerbar. Wenn der Dritte (d. h. Mieter) nun aber Wochenaufenthalt in Grindelwald hat (der Wohnsitz ist immer noch in Chur), so liegt bei der Schreinerei Mani AG eine von der Steuer ausgenommene Vermietung (Lieferung) nach MWSTG 21 Abs. 2 Ziff. 21 vor. Wenn der Dritte das Zimmer ausschliesslich für private Zwecke verwendet, so ist eine Option, d. h., die freiwillige Versteuerung der von der Steuer ausgenommenen Vermietung durch die Schreinerei Mani AG, ausgeschlossen.

Die von der Schreinerei Mani AG erbrachte Leistung ist massgebend, ob eine steuerbare Beherbergungsdienstleistung oder eine von der Steuer ausgenommene Vermietung (Lieferung) vorliegt.

Beispiel 2

Giovanni Maestro mit Wohnsitz in Mailand (IT) ist Eigentümer von mehreren Ferienwohnungen in St. Moritz. Aus der Vermietung dieser Ferienwohnungen erzielt er jährliche Einnahmen von CHF 105 000.–.

Die Vermietung von Ferienwohnungen stellt aus der Sicht der MWST eine steuerbare Beherbergungsleistung (Ort der Dienstleistung; MWSTG 8 Abs. 2 Bst. f) dar, die zum Sondersatz zu versteuern ist. Im Weiteren besteht für Giovanni Maestro eigentlich die obligatorische Steuerpflicht gemäss MWSTG 10 (u. a. Bestellung eines Steuervertreters gemäss MWSTG 67). Die Geltendmachung der Vorsteuern und korrekte Deklaration der Umsätze muss durch Giovanni Maestro buch- und belegmässig erfolgen, da **eine Buchführungspflicht** im Sinne des Obligationenrechts (OR 957 ff.) **nicht besteht.**

Sofern Giovanni Maestro eine dieser Ferienwohnungen auch für sich privat nutzt, muss eine entsprechende Vorsteuerkorrektur im Eigenverbrauch auf der Basis des Jahreseigenmietwerts zuzüglich eines Zuschlags von 25% (zum Sondersatz) erfolgen. In diesem Fall geht die ESTV davon aus, dass diese Ferienwohnung während zweier Monate im Jahr für private Zwecke verwendet wird.

Beispiel 3

Giovanni Maestro vermietet zwischen Weihnachten und Neujahr noch eine 6-Zimmer-Ferienwohnung zum Pauschalpreis von CHF 50 000.– an das 5-Stern-Hotel Sunshine als zusätzliches Hotelzimmer, das an Hotelgäste aus den Vereinigten Staaten vermietet wird.

Bei Giovanni Maestro liegt nun aber eine von der Steuer ausgenommene Vermietung (MWSTG 21 Abs. 2 Ziff. 21) und nicht eine Beherbergungsleistung vor. Für die Vermietung der Ferienwohnung an das Hotel Sunshine kann Giovanni Maestro jedoch gemäss MWSTG 22 Abs. 2 Bst. b optieren, was sicherlich Sinn machen würde (ansonsten liegt eine gemischte Verwendung – Vorsteuerkorrektur – vor). In diesem Fall liegt eine zum Normalsatz steuerbare Lieferung vor (CHF 50 000.– · 8% MWST = CHF 4 000.–).

Das Hotel Sunshine muss den Umsatz aus der Beherbergung (Annahme: Total CHF 80 000.–) der Hotelgäste aus den Vereinigten Staaten in der Ferienwohnung nur zum Sondersatz versteuern (Umsatzsteuer CHF 3 040.–) und kann im Gegenzug die Vorsteuern von CHF 4 000.– aus der Zumietung der Ferienwohnung (falls Giovanni Maestro für die Vermietung optiert hat) in Abzug bringen.

Beispiel 4

Die Hoch- und Tiefbau AG **vermietet Personalzimmer** an ihre Mitarbeitenden in **Dauerbauten** (z. B. Personalhaus). Diese Vermietung ist von der **Steuer ausgenommen** (MWSTG 21 Abs. 2 Ziff. 21) und eine Option im Sinne von MWSTG 22 ist ausgeschlossen. Werden dabei noch weitere Leistungen durch die Hoch- und Tiefbau AG wie Zimmerreinigung oder Waschen der Bettwäsche sowie gastgewerbliche Leistungen erbracht. Diese Leistungen sind aber zum Normalsatz zu versteuern. Die von der Steuer ausgenommen und steuerbaren Leistungen müssen durch die Hoch- und Tiefbau AG gesondert in Rechnung gestellt werden.

Nebenbei werden noch **Zimmer in Fahrnisbauten** (z. B. Baracken oder Container) an die Mitarbeiter und an externes Personal von Drittfirmen auf einer Grossbaustelle **vermietet**. Diese Vermietung von Personalzimmern ist nun aber eine zum **Normalsatz steuerbare Lieferung**. Falls nun aber die **Unterkünfte** bzw. die Zimmer **an Personen** vermietet werden, die nicht auf der Baustelle tätig sind (z. B. an Touristen oder Sportvereine), so liegen **zum Sondersatz steuerbare Beherbergungsdienstleistungen** (MWSTG 25 Abs. 4) vor.

Die vier vorstehenden Beispiele zeigen eindrücklich auf, wie wichtig es ist, dass eine korrekte mehrwertsteuerliche Qualifikation für die «Vermietung von Zimmer/n» erfolgen sollte.

Zusammenfassung

Kriterien für die Anwendung des Sondersatzes für Beherbergungsleistungen sind die Art der Betriebe und die Art der Leistungen.

Grundsätzlich dürfen nur Betriebe der **Hotellerie** und der **Parahotellerie** den Sondersatz anwenden. Die Weiterverrechnung von Beherbergungsleistungen (mit oder ohne Zuschlag) unterliegt aber auch dem Sondersatz.

Bei den Leistungen, die dem Sondersatz unterliegen, unterscheiden wir drei Arten:

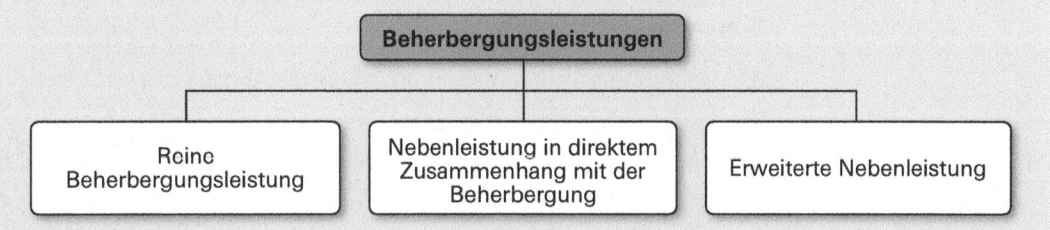

```
                    Beherbergungsleistungen
         ┌──────────────────┼──────────────────┐
    Reine            Nebenleistung in direktem    Erweiterte Nebenleistung
Beherbergungsleistung  Zusammenhang mit der
                       Beherbergung
```

Eine **direkte Nebenleistung** ist z. B. die Zimmerreinigung. Sie unterliegt dem Sondersatz unabhängig davon, ob sie im Preis für die Übernachtung eingeschlossen oder separat fakturiert wird.

Erweiterte Nebenleistungen werden innerhalb der Hotelanlage erbracht und dort vom Hotelgast genutzt. Sie unterliegen dem Sondersatz nur, wenn sie ohne Aufpreis zur Verfügung gestellt werden. Zur Hotelanlage gehören das Hotel mit Nebengebäuden und die unmittelbare Umgebung. Der hoteleigene Taxidienst und die Velos, die die Gäste kostenlos verwenden dürfen, unterliegen dem Sondersatz, obwohl sie ausserhalb der Hotelanlage genutzt werden.

Die im Beherbergungspreis eingeschlossene Benützungsmöglichkeit von Hallenbädern, Fitnessräumen und Wellnessanlagen in nahe gelegenen Hotels gehört ebenfalls zu den erweiterten Nebenleistungen.

Halb- und Vollpensionsarrangements enthalten einen zum Sondersatz steuerbaren Beherbergungs- und einen zum Normalsatz steuerbaren Verpflegungsanteil. Der Hotelbetreiber kann die Aufteilung der Steuersätze entweder effektiv oder pauschal ermitteln. Für das Halbpensionsarrangement besteht zudem noch die Möglichkeit, die 70/30%-Regel ohne kalkulatorischen Nachweis anzuwenden und alles zum Sondersatz zu versteuern.

Der Gast schuldet dem Gemeinwesen die **Kurtaxe**. Der Hotelier muss diese nicht versteuern, wenn er sie dem Gast separat und in gleicher Höhe fakturiert.

Bei **Beherbergungstaxen** ist der gastgewerbliche Betrieb Abgabepflichtiger gegenüber dem Gemeinwesen. Beherbergungstaxen sind deshalb – auch bei separater Fakturierung – zum gleichen Steuersatz steuerbar wie die Beherbergungsleistungen.

Auch bei **Seminarhotels** müssen Leistungen, die zum Sondersatz, und solche, die zum Normalsatz versteuert werden, abgerechnet werden. Neben der effektiven Ermittlung kann auch eine Pauschale angewendet werden.

Packages sind Leistungsbündel, die neben der Beherbergung und der Verpflegung noch andere Leistungen enthalten. Grundsätzlich sind die einzelnen Leistungen gesondert zu fakturieren. Unter gewissen Voraussetzungen sind Vereinfachungen möglich.

An den **kalkulatorischen Nachweis bei der effektiven Ermittlung** werden hohe Anforderungen gestellt.

Die Unterscheidung zwischen einer zum Sondersatz **steuerbaren Beherbergungsleistung** und einer **von der Steuer ausgenommenen Vermietung** muss bei der Vermietung einer Ferienwohnung, eines Ferienhauses, von zusätzlichen Hotelzimmern oder von Fahrnisbauten beachtet werden.

Repetitionsfragen

50 Im Hotel Sonne erhält jeder ankommende Hotelgast einen Welcomedrink, den er mit einem Gutschein an der Bar beziehen kann.

A] Welche steuerlichen Auswirkungen hat die Abgabe dieses Gutscheins?

B] Der Gast Gustav Metzger hat den Gutschein nicht eingelöst. Daher wird ihm in der Schlussabrechnung entgegenkommenderweise ein Abzug von CHF 10.– gewährt. Hat dieses Vorgehen steuerliche Auswirkungen?

51 Das Hotel Jägerschürze im Bündnerland verpflegt beim Frühstück nicht nur die eigenen Hotelgäste, sondern – zwecks Kostenoptimierung – auch noch diejenigen des Nachbarhotels Löwen. Pro Gast stellt das Hotel Jägerschürze dem Hotel Löwen CHF 12.– in Rechnung. Wie muss es das Entgelt versteuern?

52 Das Hotel Geissbock im berühmten Wintersportort St. Anna hat einen grossen Parkplatz, der nicht nur den eigenen Hotelgästen zur Verfügung steht. Das Hotel Geissbock erzielt mit dem Parkplatz, auf dem die Mieter das Fahrzeug auf beliebigen Parkfeldern abstellen dürfen, folgende Einnahmen:

CHF	3 500.00	von Tagestouristen, die die schöne Bergwelt besucht haben
CHF	4 000.00	vom Nachbarhotel Ziegenbart für Plätze seiner Hotelgäste
CHF	7 500.00	von den eigenen Hotelgästen
CHF	2 000.00	vom Industriebetrieb Energie AG für Plätze seines Personals

Wie muss das Hotel Geissbock diese Einnahmen versteuern?

10 Vorsteuern allgemein

Lernziele	Nach der Bearbeitung dieses Kapitels können Sie … • die Fälle und Zwecke aufzählen, bei denen der (fiktive) Vorsteuerabzug möglich ist. • erklären, bei welchen Aufwendungen der Vorsteuerabzug ausgeschlossen ist. • erläutern, wie die Vorsteuern im Zusammenhang mit nicht als Entgelt geltenden Mittelflüssen zu behandeln sind.
Schlüsselbegriffe	Anspruch auf Vorsteuerabzug, Ausschluss des Vorsteuerabzugsrechts, Beteiligungen, Einfuhrsteuer, elektronische Veranlagungsverfügung (eVV), fiktiver Vorsteuerabzug, gebrauchte, individualisierbare und bewegliche Gegenstände, Netto-Allphasensteuer, Nicht-Entgelte, unternehmerische Tätigkeiten, Umstrukturierung, Urprodukte, Urproduzenten, vereinbarte Entgelte, vereinnahmte Entgelte, Vorsteuern

Bei der MWST handelt es sich um eine Netto-Allphasensteuer, d. h., sie wird auf allen Stufen des Produktions- und Verteilungsprozesses erhoben. Die in der Rechnung für eingekaufte Gegenstände oder Dienstleistungen belastete Steuer wird als Vorsteuer bezeichnet. Die gesetzlichen Grundlagen zum Thema Vorsteuerabzug finden Sie im MWSTG 28–33 sowie in der MWSTV 58–75.

Der **Vorsteuerabzug** verhindert im System der Netto-Allphasensteuer die unerwünschte **Taxe occulte,** oder anders ausgedrückt, die mehrfache Belastung des Verbrauchs mit Umsatzsteuer **(Schattensteuer).**

Jede auf dem Einkauf von Gegenständen und Dienstleistungen von Lieferanten oder Dienstleistungserbringern bezahlte MWST kann in der Abrechnung mit der ESTV von der eigenen, geschuldeten Umsatzsteuer als Vorsteuer in Abzug gebracht werden, wenn der Einkauf dieser Leistung im Rahmen einer unternehmerischen, nicht von der Steuer ausgenommenen Tätigkeit erfolgt. Wurde für die Versteuerung der von der Steuer ausgenommenen Leistungen hingegen optiert, besteht der Anspruch auf Vorsteuerabzug.

Ist das nicht der Fall, so berechtigt der Bezug der Leistung nicht zur Vornahme des Vorsteuerabzugs.

Abb. [10-1]   **Vorsteuerabzug bei Unternehmen**

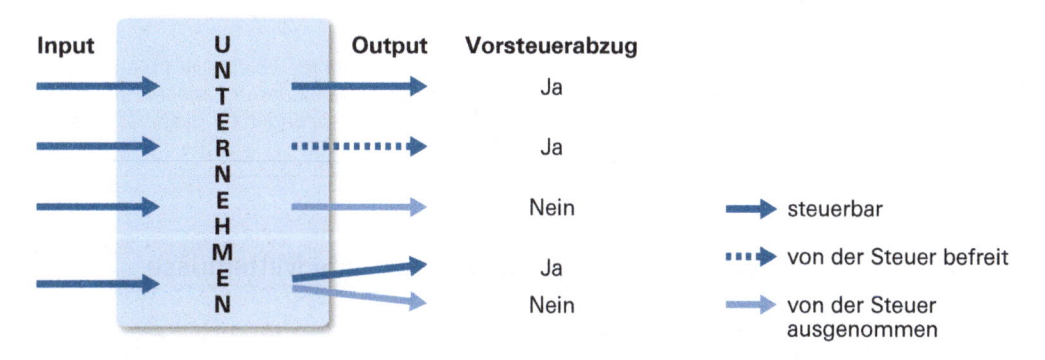

Input	UNTERNEHMEN	Output	Vorsteuerabzug	
→		→	Ja	
→		·····▸	Ja	
→		→ (hell)	Nein	→ steuerbar
→		→	Ja	·····▸ von der Steuer befreit
		→ (hell)	Nein	→ (hell) von der Steuer ausgenommen

10.1 Anspruch auf Vorsteuerabzug

10.1.1 Allgemeines

Die steuerpflichtige Person kann in ihrer MWST-Abrechnung folgende Vorsteuern in Abzug bringen:

- die ihr in Rechnung gestellte Inlandsteuer für Lieferungen und Dienstleistungen,
- die von ihr in der gleichen MWST-Abrechnung deklarierte Bezugsteuer,
- die von ihr entrichtete oder zu entrichtende Einfuhrsteuer sowie – bei Verlagerung der Steuerentrichtung – die von ihr für die Einfuhr von Gegenständen deklarierte Steuer,
- die Vorsteuer bei Bezügen von nicht mehrwertsteuerbelasteten Urprodukten bei Urproduzenten,
- die fiktive Vorsteuer bei Bezügen von gebrauchten, individualisierbaren und beweglichen Gegenständen ohne Mehrwertsteuerbelastung für die Lieferung (Vermietung oder Verkauf) an einen inländischen Abnehmer,

sofern sie die Gegenstände oder Dienstleistungen im Rahmen der **unternehmerischen Tätigkeit** verwendet und diese unternehmerische Tätigkeit **nicht ausschliesslich im von der Steuer ausgenommenen, nicht optierten Bereich** erfolgt. Befindet sich der Ort der von der Steuer ausgenommenen Leistung jedoch im Ausland und könnte für diese optiert werden, wenn sie im Inland erbracht worden wäre, berechtigen die Aufwendungen, welche dieser Leistung zugeordnet werden können, zum Vorsteuerabzug.

Bereits die Absicht, eine Leistung für eine zum Vorsteuerabzug berechtigende Tätigkeit zu verwenden, berechtigt zum Vorsteuerabzug. Das ist vor allem für Start-up-Unternehmen wichtig, die zu Beginn noch keine Umsätze erzielen und auf die Befreiung der Steuerpflicht verzichtet haben.

Ferner besteht der Anspruch auf Vorsteuerabzug im Rahmen der unternehmerischen, steuerbaren bzw. von der Steuer befreiten Tätigkeiten für das Erwerben, Halten und Veräussern von Beteiligungen sowie für **Umstrukturierungen** im Sinne von DBG 19 oder 61.

Beispiel

Fall 1

Josef Blattmann verkauft Haushaltsgeräte. Für seinen privaten Bedarf bestellt er eine Geschirrwaschmaschine. Er bestellt die Maschine bei seinem Lieferanten zusammen mit anderen Apparaten, die zum Verkauf in seinem Geschäft bestimmt sind.
Die auf der Geschirrwaschmaschine lastende Vorsteuer darf von Josef Blattmann nicht in seiner MWST-Abrechnung in Abzug gebracht werden, da die Maschine für seinen privaten Bedarf und nicht für einen zum Vorsteuerabzug berechtigenden Unternehmenszweck bestimmt ist.

Fall 2

Harris Wenger erbringt Architekturleistungen für Objekte im In- und im Ausland. Obwohl die Leistungen für die ausländischen Objekte nicht der Steuer unterliegen, hat Harris Wenger Anrecht auf den vollen Vorsteuerabzug, weil die Architekturleistungen für die ausländischen Objekte steuerbar wären, wenn sie im Inland erzielt würden.

10.1.2 Nicht als Entgelt geltende Mittelflüsse

Mittelflüsse nach MWSTG 18 Abs. 2 gelten mangels Leistung nicht als Entgelt (Nicht-Entgelte), s. Kapitel 5, S. 71. Hinsichtlich des Rechts auf Vorsteuerabzug sind die einzelnen Mittelflüsse separat zu beurteilen.

Die folgenden Mittelflüsse werden ohne Gegenleistung ausgerichtet. Sie haben keinen Einfluss auf den Vorsteuerabzug und führen nicht zu einer Vorsteuerkorrektur:

- Spenden
- Einlagen in Unternehmen, insbesondere zinslose Darlehen, Sanierungsleistungen und Forderungsverzichte
- Dividenden und andere Gewinnanteile
- Vertraglich oder gesetzlich geregelte Kostenausgleichszahlungen, die durch eine Organisationseinheit (Fonds) an Akteure innerhalb einer Branche geleistet werden
- Pfandgelder (z. B. auf Umschliessungen und Gebinden)
- Zahlungen für Schadenersatz, Genugtuung und dergleichen
- Erstattungen, Beiträge und Beihilfen bei Lieferungen ins Ausland, die nach MWSTG 23 Abs. 2 Ziff. 1 von der Steuer befreit sind

Die Vorsteuer auf Aufwendungen, die den vorangegangenen Nicht-Entgelten direkt zugeordnet werden können, darf im Rahmen der unternehmerischen, zum Vorsteuerabzug berechtigenden Tätigkeiten geltend gemacht werden.

Beispiel — Ein Altersheim erbringt neben den von der Steuer ausgenommenen Leistungen (Führen eines Altersheims) auch noch eine unternehmerische, zum Vorsteuerabzug berechtigende Leistung (Führen einer Cafeteria). Die Räumlichkeiten und das Mobiliar der Cafeteria sollen erneuert werden. Für die Durchführung eines Spendenaufrufs wird ein Drittunternehmen beauftragt. Die Vorsteuern auf den Aufwendungen für den Spendenaufruf dürfen geltend gemacht werden, da die Spenden für eine unternehmerische, zum Vorsteuerabzug berechtigende Tätigkeit eingesetzt werden.

Entschädigungen für **unselbstständig ausgeübte Tätigkeiten** (z. B. Verwaltungs- und Stiftungsratshonorare) sowie für **hoheitliche Tätigkeiten** gelten hingegen als **nicht unternehmerisch.** Aufwendungen, denen diese Tätigkeiten zugeordnet werden können, berechtigen somit nicht zum Vorsteuerabzug.

Beispiel — Heribert Meister ist Inhaber eines Treuhandbüros in Bern. Nebenbei ist er noch als Verwaltungsrat einer Aktiengesellschaft in Basel tätig. Um an einer VR-Sitzung teilzunehmen, kauft er sich bei der SBB ein 1.-Klasse-Ticket Bern–Basel–Bern. Heribert Meister darf auf dem Zugticket keine Vorsteuer geltend machen, da die Kosten im Zusammenhang mit seiner unselbstständig ausgeübten Tätigkeit als Verwaltungsrat angefallen sind.

Subventionen und andere öffentlich-rechtliche Beiträge führen zu einer Kürzung des Vorsteuerabzugs, hier verweisen wir auf Kapitel 12.8, S. 197.

10.1.3 Bezüge bei Urproduzenten

Bezieht die steuerpflichtige Person bei Urproduzenten (z. B. Landwirten, Forstwirten und Gärtnern), Viehhändlern oder Milchsammelstellen **nicht mehrwertsteuerbelastete Erzeugnisse** der Landwirtschaft, der Forstwirtschaft, der Gärtnerei sowie Vieh oder Milch für Tätigkeiten, die sie zum Vorsteuerabzug berechtigen, kann sie einen Vorsteuerabzug zum Steuersatz von 2.5% vornehmen, sofern sich der Wohn- bzw. Geschäftssitz und die Wirtschaftsgebäude der Urproduzenten im Inland befinden. Dieser Abzug kann auch als **fiktiver Vorsteuerabzug** betrachtet werden.

Es spielt keine Rolle, ob die Bezüge von einem Haupt- oder einem Nebenerwerbs-Urproduzenten stammen. Es muss sich aber um **Urprodukte** handeln. Als solche werden grundsätzlich nur **unverarbeitete Produkte** bezeichnet. Wo aber die Verarbeitung der eigenen Produkte typischerweise im Betrieb des Urproduzenten selber erfolgt, ist trotz der Bearbeitung eine Lieferung von Urprodukten anzunehmen (z. B. Lieferung von Käse aus eigener Milch). Der Vorsteuerabzug berechnet sich vom in Rechnung gestellten Betrag (100%), im Gegensatz zu normalen Vorsteuerabzügen, bei denen die Steuer im in Rechnung gestellten Betrag bereits enthalten ist (102.5%).

Beispiel	Das Restaurant zur Glocke in Schaffhausen benötigt für die Zubereitung seiner Speisen diverse Gemüsesorten und Früchte. Der Einkauf kann entweder vom steuerpflichtigen Gemüsehändler Hans Meister oder direkt vom nicht steuerpflichtigen Bauern Jakob Zumbrunn erfolgen. Beide Lieferanten verlangen für die zu erbringende Lieferung CHF 100.–. Es ergäben sich folgende Vorsteuerabzüge:

Variante Gemüsehändler Hans Meister: CHF 100.– (102.5%), davon 2.5% CHF 2.44

Variante Bauer Jakob Zumbrunn: CHF 100.– (100.0%), davon 2.5% CHF 2.50

Somit ist der Einkauf direkt beim Bauern Zumbrunn bei gleichem Einkaufspreis etwas günstiger, da das Restaurant einen höheren Vorsteuerabzug vornehmen kann.

10.1.4 Nachweis des Anspruchs auf Vorsteuerabzug

Steuermindernde Tatsachen müssen von der steuerpflichtigen Person belegt werden. Der Abzug der Vorsteuern ist grundsätzlich zulässig, wenn die steuerpflichtige Person nachweisen kann, dass sie die Vorsteuern bezahlt hat. Es gibt noch weitere Voraussetzungen für den Vorsteuerabzug, je nachdem, um welche Steuer es sich handelt:

- **Inlandsteuer:** Der Nachweis kann am einfachsten mit einer Rechnung, die den formellen Anforderungen von MWSTG 26 entspricht, erbracht werden. Fehlt eine solche Rechnung, kann der Nachweis nach dem Grundsatz der freien Beweiswürdigung (MWSTG 81 Abs. 3) auch anderweitig erbracht werden.
- **Bezugsteuer:** Der Nachweis ist die entsprechende Deklaration der Bezugsteuer gegenüber der ESTV.
- **Einfuhrsteuer:** Die steuerpflichtige Person muss im Besitz des Originals der elektronischen Veranlagungsverfügung (eVV) der Eidgenössischen Zollverwaltung (EZV) sein, sie muss z. B. aufgrund einer verbuchten Einkaufsrechnung belegen können, dass sie die tatsächliche Importeurin ist und deshalb unmittelbar nach der Einfuhr wirtschaftlich über die Gegenstände verfügen konnte.

10.1.5 Zeitpunkt des Anspruchs auf Vorsteuerabzug

Um einen Vorsteuerabzug vornehmen zu können, muss man nicht nur prüfen, ob man dazu berechtigt ist. Es muss auch der Zeitpunkt festgelegt werden, an dem man den Vorsteuerabzug vornehmen darf. Dieser Zeitpunkt wurde für die einzelnen Vorsteuern wie folgt festgelegt:

- Bei Abrechnung nach **vereinbarten Entgelten** dürfen von anderen Steuerpflichtigen überwälzte Steuern am Ende der Abrechnungsperiode, in der man die Rechnung **erhalten** hat, in Abzug gebracht werden.
- Bei Abrechnung nach **vereinnahmten Entgelten** dürfen von anderen Steuerpflichtigen überwälzte Steuern am Ende der Abrechnungsperiode, in der man die Rechnung **bezahlt** hat, in Abzug gebracht werden.
- Die deklarierte Bezugsteuer wird im Zeitpunkt, in dem der Steuerpflichtige diese Steuer mit der ESTV **abrechnet,** in Abzug gebracht.
- Die **Einfuhrsteuer** wird am Ende der Abrechnungsperiode, in der die Steuer festgesetzt wurde, in Abzug gebracht.

Es ist nicht von Bedeutung, in welchem Zeitpunkt die bezogenen Gegenstände bzw. Dienstleistungen verwendet werden. Es ist z. B. auch möglich, dass bezogene Gegenstände zum Zeitpunkt des Vorsteuerabzugs noch am Lager sind. Voraussetzung ist jedoch, dass der Steuerpflichtige eine zum Vorsteuerabzug berechtigende Verwendung vorgesehen hat.

10.2 Fiktiver Vorsteuerabzug

10.2.1 Allgemeines

Die steuerpflichtige Person kann, wenn sie im Rahmen ihrer zum Vorsteuerabzug berechtigenden, unternehmerischen Tätigkeit einen gebrauchten, individualisierbaren und beweglichen Gegenstand für die Lieferung (Verkauf oder Vermietung) an einen Abnehmer im Inland ohne Mehrwertsteuerbelastung bezieht, einen **fiktiven Vorsteuerabzug** vornehmen. Das Entgelt für den bezogenen Gegenstand versteht sich inklusive Steuer. Im Gegenzug muss sie beim Verkauf oder der Vermietung dieses Gegenstands das gesamte Entgelt versteuern. Sie darf auf dem Verkaufsbeleg die Steuer offen ausweisen.

Fallen die Voraussetzungen nachträglich definitiv weg (z. B. Lieferung ins Ausland), muss der bereits geltend gemachte, fiktive Vorsteuerabzug in gleicher Höhe rückgängig gemacht werden, und zwar in jener Abrechnungsperiode, in der die Voraussetzung weggefallen ist.

Als gebrauchte, individualisierbare und bewegliche Gegenstände gelten Gegenstände, die in ihrem derzeitigen Zustand oder nach ihrer Instandsetzung erneut verwendbar sind und deren Teile nicht unabhängig voneinander veräussert werden. Zu erwähnen sind insbesondere Motorfahrzeuge, Kunstgegenstände, Sammlungsstücke und Antiquitäten.

Nicht als Gebrauchtgegenstände und deshalb **vom fiktiven Vorsteuerabzug ausgeschlossen sind:**

- Edelmetalle und Edelsteine
- Gegenstände, die beim Veräusserer von der Steuer ausgenommene Leistungen nach MWSTG 21 Abs. 2 Ziff. 16 darstellen, z. B. Lieferungen von Werken durch deren Urheber wie Schriftsteller, Komponisten, Filmschaffende, Kunstmaler und Bildhauer

Beispiel

Fall 1

Der Garagist Walter Moser erwirbt im Februar des Jahres n1 einen Gebrauchtwagen von einer Privatperson zwecks Weiterverkauf an einen inländischen Abnehmer. Der Anspruch auf einen fiktiven Vorsteuerabzug besteht, da das Fahrzeug individualisierbar ist und für eine Lieferung an einen Abnehmer im Inland bestimmt ist.

Variante 1: Im April n1 verkauft der Garagist Walter Moser das Fahrzeug schlussendlich an einen ausländischen Fahrzeugexporteur. Der im Februar n1 und somit im 1. Quartal der MWST-Abrechnung vorgenommene, fiktive Vorsteuerabzug muss in der Buchhaltung und in der MWST-Abrechnung für das zweite Quartal rückgängig gemacht werden.

Variante 2: Da für das Fahrzeug nach 10 Monaten immer noch kein Abnehmer gefunden wurde, entschliesst sich der Garagist Walter Moser, das Fahrzeug zu zerlegen und die Einzelteile weiterzuverkaufen. Auch in diesem Fall muss der fiktive Vorsteuerabzug (im vierten Quartal) rückgängig gemacht werden.

Fall 2

Der Kunsthändler Erwin Beyeler kauft von einem Privatsammler ein Gemälde eines berühmten Malers und will dieses an ein Museum in Basel weiterverkaufen. Da es sich bei dem Verkäufer nicht um den Urheber des Gemäldes handelt und das Gemälde individualisierbar und für einen Abnehmer im Inland bestimmt ist, besteht der Anspruch auf einen fiktiven Vorsteuerabzug.

Fall 3

Das Warengeschäft Decorov GmbH kauft von einer Privatperson diverse Dekorationsgegenstände, um damit seine Schaufenster neu einzurichten. Hier besteht kein Anspruch auf einen fiktiven Vorsteuerabzug, da die Dekorationsgegenstände einerseits nicht individualisierbar sind und andererseits nicht für eine Lieferung (Verkauf oder Vermietung an einen Dritten) bestimmt sind.

10.2.2 Vorübergehende Verwendung für sonstige Zwecke

Eine vorübergehende Verwendung für sonstige Zwecke (z. B. als Betriebsmittel, für eine von der Steuer ausgenommene Tätigkeit oder für private Zwecke) schliesst den fiktiven Vorsteuerabzug nicht aus. Wird der Gegenstand jedoch vorübergehend für eine nicht unternehmerische oder eine unternehmerische, nicht zum Vorsteuerabzug berechtigende Tätigkeit verwendet, muss eine Korrektur des fiktiven Vorsteuerabzugs mittels Eigenverbrauch (Vorsteuerkorrektur) vorgenommen werden. Als Bemessungsgrundlage gilt der Mietwert, der dafür einem unabhängigen Dritten in Rechnung gestellt würde (s. Kap. 13.4, S. 209).

Beispiel

Ein Motorradhändler mit angegliederter Fahrschule verkauft einem Kunden ein neues Motorrad und übernimmt das alte (individualisierbar anhand der Chassisnummer) im Eintausch, mit der Absicht, dieses im Frühling an der alljährlichen Aktion «Occasion-Töff» weiterzuverkaufen. Der fiktive Vorsteuerabzug wird vorgenommen. Da die Aktion «Occasion-Töff» erst in 5 Monaten stattfinden wird, wird das Motorrad vorübergehend in der Fahrschule eingesetzt. Der Anspruch auf fiktiven Vorsteuerabzug bleibt bestehen. Für die vorübergehende Verwendung in einer von der Steuer ausgenommenen Tätigkeit (Ausbildung) ist eine Vorsteuerkorrektur im Eigenverbrauch vorzunehmen.

10.2.3 Korrektur des fiktiven Vorsteuerabzugs bei zu einem Gesamtpreis erworbenen Gegenständen

Der fiktive Vorsteuerabzug ist auch anwendbar, wenn die steuerpflichtige Person die Gegenstände zu einem Gesamtpreis erwirbt. Werden diese Gegenstände sowohl an Abnehmer im Inland wie im Ausland verkauft, muss der fiktive Vorsteuerabzug korrigiert werden.

Beispiel

Ein Antiquitätenhändler kauft von einer Privatperson einen antiken Tisch, eine antike Kommode und sechs antike Stühle zu einem Gesamtpreis von CHF 15 000.–. Es wurde ein fiktiver Vorsteuerabzug von CHF 1 111.10 geltend gemacht. Der Tisch und die Stühle wurden für CHF 12 000.– ins Ausland verkauft, die Kommode konnte an einen inländischen Abnehmer für CHF 8 000.– verkauft werden. Der fiktive Vorsteuerabzug ist nun wie folgt zu korrigieren:

Verkaufspreis ins Ausland	CHF	12 000.–	(60%)
Verkaufspreis im Inland	CHF	8 000.–	(40%)
Total Verkaufspreis	**CHF**	**20 000.–**	**(100%)**

In der Annahme, dass alle Gegenstände die gleiche Bruttogewinnmarge erzielen, muss der fiktive Vorsteuerabzug um 60% oder CHF 666.65 rückgängig gemacht werden (Deklaration unter Ziff. 400 der MWST-Abrechnung).

10.3 Ausschluss des Vorsteuerabzugsrechts

Da es sich bei der MWST um eine Konsumsteuer handelt, soll sie den Endverbrauch belasten. Beim Endverbrauch kann es sich zum Teil auch um unternehmerische Ausgaben handeln. Somit besteht u. a. **kein Anspruch auf Vorsteuerabzug** bei Leistungen und bei Einfuhr von Gegenständen, die zwar für die Erbringung von unternehmerischen Leistungen verwendet werden, die jedoch von der Steuer ausgenommen sind und für die nicht optiert wurde. Befindet sich der Ort der von der Steuer ausgenommenen Leistung jedoch im Ausland und könnte für diese optiert werden, wenn sie im Inland erbracht worden wäre, berechtigen die dieser Leistung zuordenbaren Aufwendungen zum Vorsteuerabzug.

Vom Vorsteuerabzugsrecht gänzlich ausgeschlossen sind ferner alle Steuerbeträge auf Ausgaben für nicht unternehmerische Aufwendungen. Es sind dies u. a. geschäftsmässig nicht begründete Aufwendungen mit privatem Charakter wie zum Beispiel:

- Freizeitgegenstände
- Güter des täglichen Bedarfs
- Ferien
- Hobby / Liebhaberei
- Repräsentationsspesen, die nicht im Interesse des Unternehmens liegen

Aufwendungen wie z. B. das Weihnachtsessen, der jährliche Personalausflug, Aktivitäten im Zusammenhang mit einem Firmenjubiläum oder gelegentliche Veranstaltungen zur Teambildung berechtigen hingegen zum Vorsteuerabzug.

Beispiel Die Firma Müller AG feiert ihr 25-jähriges Firmenjubiläum. In diesem Zusammenhang wird ein eintägiger Personalausflug durchgeführt. Die anlässlich dieses Ausflugs anfallenden Vorsteuern dürfen geltend gemacht werden.

Zusammenfassung Durch den **Vorsteuerabzug** wird die mehrfache Belastung des Verbrauchs mit Umsatzsteuern vermieden. Vorsteuern sind alle in vorgelagerten Phasen des Handels- oder Produktionsprozesses bezahlte MWST. Der Vorsteuerabzug ist in folgenden Fällen möglich:

- Die in Rechnung gestellte Inlandsteuer für Lieferungen und Dienstleistungen
- Die von der steuerpflichtigen Person in der gleichen MWST-Abrechnung deklarierte Bezugsteuer
- Die von der steuerpflichtigen Person entrichtete oder zu entrichtende Einfuhrsteuer sowie – bei Verlagerung der Steuerentrichtung – die von ihr für die Einfuhr von Gegenständen deklarierte Steuer
- Die Vorsteuer bei Bezügen von nicht mehrwertsteuerbelasteten Urprodukten bei Urproduzenten
- Die fiktive Vorsteuer bei Bezügen von gebrauchten, individualisierbaren und beweglichen Gegenständen ohne Mehrwertsteuerbelastung für die Lieferung (Vermietung oder Verkauf) an einen inländischen Abnehmer

Bereits die **Absicht,** eine Leistung für eine der obgenannten Tätigkeiten zu verwenden, berechtigt zum Vorsteuerabzug.

Ferner besteht der Anspruch auf Vorsteuerabzug im Rahmen der unternehmerischen, steuerbaren bzw. steuerbefreiten Tätigkeiten für das Erwerben, Halten und Veräussern von **Beteiligungen sowie für Umstrukturierungen.**

Hinsichtlich des Rechts auf Vorsteuerabzug bei nicht als Entgelt geltenden Mittelflüssen sind die einzelnen Mittelflüsse einzeln zu beurteilen.

Ein Vorsteuerabzug von 2.5% ist auch auf dem **Bezug von Urprodukten** bei Urproduzenten zulässig, wenn die Urprodukte für zum Vorsteuerabzug berechtigende Zwecke verwendet werden, nicht mit der MWST belastet sind und sich der Wohn- bzw. Geschäftssitz und die Wirtschaftsgebäude der Urproduzenten im Inland befinden.

Der **Nachweis für den Anspruch auf Vorsteuerabzug** ist je nachdem, um welche Steuer es sich handelt, unterschiedlich.

Bei **Abrechnung nach vereinbarten Entgelten** kann der Vorsteuerabzug in der Abrechnungsperiode vorgenommen werden, in der man die Rechnung erhalten hat. Bei **Abrechnung nach vereinnahmten Entgelten** wird der Vorsteuerabzug in der Abrechnungsperiode vorgenommen, in der man die Rechnung bezahlt hat.

Die steuerpflichtige Person kann, wenn sie im Rahmen der zum Vorsteuerabzug berechtigenden, unternehmerischen Tätigkeiten einen gebrauchten, individualisierbaren und beweglichen Gegenstand für die Lieferung (Verkauf oder Vermietung) an einen Abnehmer im Inland ohne Mehrwertsteuerbelastung bezieht, einen **fiktiven Vorsteuerabzug** vornehmen. Entfallen die Voraussetzungen definitiv oder auch nur vorübergehend, muss eine entsprechende Korrektur des Vorsteuerabzugs vorgenommen werden.

Vom Vorsteuerabzug ausgeschlossen sind die gesamten, **nicht unternehmerischen Aufwendungen** sowie Aufwendungen, die für die Erbringung für **von der Steuer ausgenommene Leistungen** verwendet werden und für die nicht optiert wurde. Befindet sich der Ort der von der Steuer ausgenommenen Leistung jedoch im Ausland und könnte für diese optiert werden, wenn sie im Inland erbracht worden wäre, berechtigen die dieser Leistung zuordenbaren Aufwendungen zum Vorsteuerabzug.

Repetitionsfragen

53	Welche Vorsteuern kann ein Steuerpflichtiger in seiner Abrechnung mit der ESTV geltend machen?
54	Anton Siebenschlau betreibt unter der Branchenbezeichnung «Waren aller Art» ein lukratives Geschäft im Handelsbereich. Er will wo möglich den fiktiven Vorsteuerabzug vornehmen. Welche der nachfolgenden Aufwendungen berechtigen grundsätzlich zum Abzug der fiktiven Vorsteuern A] Bezug von fünf Teppichen von einem ausländischen Händler B] Kauf eines Gemäldes von einem Privatsammler zwecks Verkauf ins Ausland C] Kauf einer Skulptur direkt vom Künstler D] Einkauf von gebrauchtem Büromaterial E] Bezug von antiken Stühlen von einem Nicht-Steuerpflichtigen zwecks Weiterverkauf an einen Händler in Bern F] Bezug einer Briefmarkensammlung von einem Nicht-Steuerpflichtigen

11 Eigenverbrauch

Lernziele Nach der Bearbeitung dieses Kapitels können Sie …

- erklären, wann Eigenverbrauch vorliegt.
- die Entnahmetatbestände unterscheiden.
- den Eigenverbrauch bei Vermögensübertragungen aufzeigen.
- die Eigenverbrauchs-Pauschalen nennen.

Schlüsselbegriffe Autokosten, dauernde Entnahme, Eigenverbrauch, Eigenverbrauchs-Pauschalen, eng verbundene Personen, entgeltliche Leistung, Entnahmetatbestände, Geschenke, Lohnausweisempfänger, Merkblatt der direkten Bundessteuer, Naturalbezüge, Naturalrabatt, nicht geschäftliche Zwecke, Privatanteil, selber hergestellte, bewegliche Gegenstände, tauschähnliche Geschäfte, unentgeltliche Leistung, Vermögensübertragung, Vorsteuerkorrektur, vorübergehende Verwendung, Warenmuster, Werbegeschenke, werterhaltende Aufwendungen, zugekaufte bewegliche Gegenstände

Hier wird einmal mehr der Grundgedanke der MWST sichtbar. Die Steuer ist eine Verbrauchssteuer, d. h. der Endkonsum von Gegenständen und Dienstleistungen soll mit einer Steuer belegt werden.

Die Besteuerung des Eigenverbrauchs soll verhindern, dass Gegenstände, die durch einen Steuerpflichtigen steuerfrei erworben worden sind, unbesteuert dem Endkonsum zugeführt werden können. Steuerfrei bedeutet in diesem Zusammenhang, dass der Gegenstand steuerbelastet eingekauft worden ist und die Entsteuerung durch die Geltendmachung des Vorsteuerabzugs erfolgte.

Somit hat der Eigenverbrauch den Charakter einer Vorsteuerabzugskorrektur. Damit ist auch schon eine der **wesentlichsten Voraussetzungen** des Eigenverbrauchs erwähnt:

Es liegt nur in jenen Fällen Eigenverbrauch vor, wo beim Bezug der Dienstleistungen oder Gegenstände (oder deren Bearbeitung) tatsächlich ein Vorsteuerabzug vorgenommen oder wo beim Bezug das Meldeverfahren angewendet wurde.

Der häufigste Grund für eine Vorsteuerkorrektur im Eigenverbrauch ist die Entnahme von Gegenständen aus dem Unternehmen für Zwecke, die nicht zum Vorsteuerabzug berechtigen.

Das Thema Eigenverbrauch im Zusammenhang mit der Anwendung von Saldosteuersätzen wird in Kapitel 14.8, S. 220 behandelt.

11.1 Art des Steuertatbestands

Beim Eigenverbrauch müssen wir zuerst abklären, ob eine entgeltliche oder eine unentgeltliche Leistung vorliegt. Eigenverbrauch ist in der Regel dann anzunehmen, wenn es an einer Gegenleistung und somit an einem Leistungsaustausch fehlt. Im Gegensatz zu den unentgeltlichen Leistungen setzen entgeltliche Leistungen eine Gegenleistung voraus (Leistungsaustausch). Bei solchen Leistungen ist die MWST vom Entgelt zu berechnen.

Ob eine entgeltliche Leistung oder Eigenverbrauch vorliegt, interessiert uns insbesondere aus folgenden Gründen:

- Die Bemessungsgrundlage ist beim Eigenverbrauch in praktisch allen Fällen niedriger als bei der entgeltlichen Leistung.
- In gewissen Fällen kann es auch vorkommen, dass bei der entgeltlichen Leistung ein anderer Steuersatz zur Anwendung kommt als beim Eigenverbrauch, z. B. bei gastgewerblichen Leistungen.

Wir wollen in der Folge Leistungen an eng verbundene Personen und Leistungen an Lohnausweisempfänger behandeln.

11.1.1 Tauschähnliche Geschäfte

Die Frage, ob eine entgeltliche Leistung oder Eigenverbrauch vorliegt, stellt sich u. a. bei der Beurteilung, ob es sich bei einer erhaltenen Leistung um eine Spende (ohne Gegenleistung) oder um Entgelt für eine Gegenleistung (z. B. Werbeleistungen) handelt. Dies insbesondere dann, wenn die erhaltene Leistung in Form von Naturalien erfolgt. Dieses Thema wurde in Kapitel 5, S. 71 bereits behandelt. Wir wollen hier aber noch einmal Folgendes wiederholen:

Eine Spende (Geld- oder Naturalleistung) liegt nur vor, wenn der Empfänger der Leistung dem Spender **keine Gegenleistung** erbringt. Bei Naturalleistungen hat der Spender allenfalls eine Vorsteuerkorrektur im Eigenverbrauch vorzunehmen.

Erbringt der Empfänger einer Leistung dem Leistenden eine **Gegenleistung,** liegt keine Spende vor, sondern eine entgeltliche Leistung. Hier handelt es sich oft um tauschähnliche Geschäfte. Handelt es sich bei einer der beteiligten Parteien um eine gemeinnützige Organisation, ist bezüglich Gegengeschäft auch MWSTG 21 Abs. 2 Ziff. 27 zu beachten.

Beispiel

Das Sportartikelunternehmen Gepard stellt dem steuerpflichtigen Volleyballklub Young Girls pro Saison Sportartikel im Wert von CHF 25 000.– zur Verfügung. Der Young-Girls-Klub verpflichtet sich dafür, nur Sportartikel des Unternehmens Gepard zu verwenden und den Ausrüster Gepard in Werbedurchsagen während der Heimspiele bekannt zu geben.

Es erfolgt ein gegenseitiger Leistungsaustausch; daher liegt keine Spende vor.

Das Sportartikelunternehmen Gepard hat den Umsatz aus der Sportartikel-Lieferung von CHF 25 000.– zu versteuern. Auf der Werbeleistung des Volleyballklubs kann das Sportartikelunternehmen grundsätzlich den Vorsteuerabzug vornehmen, sofern es nachweisen kann, dass die Vorsteuer bezahlt wurde.

Die Young Girls haben die Werbeleistung von CHF 25 000.– zu versteuern. Soweit sie nachweisen können, dass sie für die Sportartikelbezüge die Vorsteuern bezahlt haben, ist ein Vorsteuerabzug grundsätzlich zulässig. Es ist aber zu beachten, dass der Volleyballklub die Vorsteuer wegen von der Steuer ausgenommener Tätigkeiten (z. B. Zuschauereinnahmen) allenfalls nicht vollständig in Abzug bringen kann bzw. zu korrigieren hat.

Abb. [11-1] Erbrachte Leistungen und Gegenleistungen

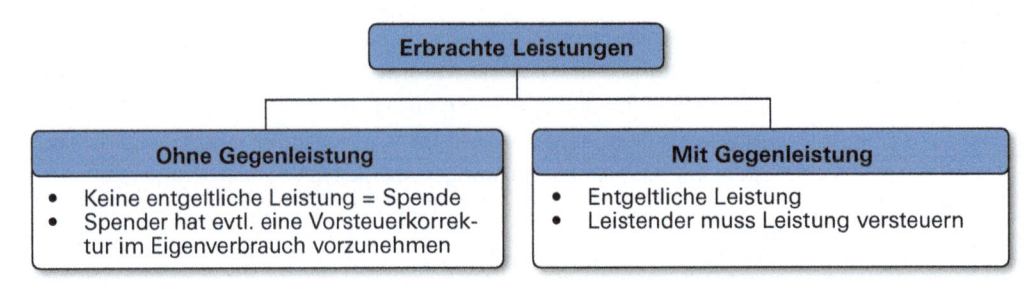

```
                    Erbrachte Leistungen
                    /                  \
        Ohne Gegenleistung          Mit Gegenleistung
  • Keine entgeltliche         • Entgeltliche Leistung
    Leistung = Spende          • Leistender muss Leistung
  • Spender hat evtl. eine       versteuern
    Vorsteuerkorrektur im
    Eigenverbrauch vorzunehmen
```

Auf der Gegenleistung des Leistungsempfängers (z. B. Werbung) ist der Vorsteuerabzug zulässig. Das gilt aber nur, wenn nachgewiesen werden kann, dass die Vorsteuern auch bezahlt wurden.

11.1.2 Leistungen an eng verbundene Personen

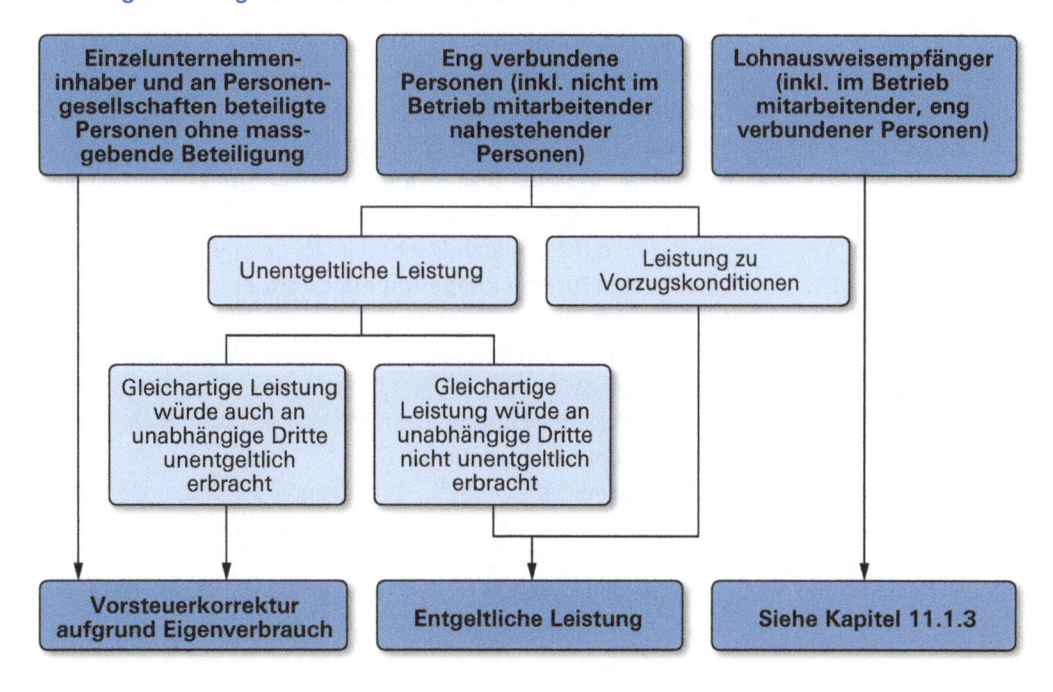

Wird die Leistung an eine **eng verbundene Person** erbracht und muss diese nicht den vollen Wert bezahlen, der im normalen Geschäftsverkehr unter gleichen Bedingungen von einem unbeteiligten Dritten verlangt würde, so gilt als Entgelt der Wert, der **unter unabhängigen Dritten** vereinbart würde. Gleich verhält es sich, wenn eng verbundenen Personen direkt oder indirekt eine Leistung unentgeltlich erbracht wird, die einem unabhängigen Dritten nicht zugebilligt worden wäre.

Als **eng verbunden** gelten **Inhaber von massgebenden Beteiligungen,** also Beteiligungen von mindestens 10% am Grund- bzw. Stammkapital oder am Gewinn und an den Reserven, oder wenn der Verkehrswert der Beteiligungen grösser als CHF 1 Mio. ist oder wenn eine entsprechende Beteiligung an einer Personengesellschaft vorliegt. Ebenfalls als eng verbunden gelten ihnen **nahestehende Personen.** Das sind insbesondere folgende Personengruppen:

- Inhaber massgebender Beteiligungen an juristischen Personen (Aktionäre, Gesellschafter einer GmbH)
- An Personengesellschaften massgeblich beteiligte Personen (Kollektivgesellschafter, Komplementäre und Kommanditäre, Gesellschafter einer einfachen Gesellschaft)
- Nicht im Betrieb mitarbeitende Freunde, Bekannte, Familienangehörige und andere Verwandte der an der Firma massgebend beteiligten Personen

Angehörige der oben genannten Personengruppen, die zugleich **im Betrieb angestellt** sind, gelten für die Belange der MWST **nicht als eng verbundene Personen,** sondern als **Lohnausweisempfänger.**

Bei Einzelunternehmen und an Personengesellschaften beteiligten Personen ohne eine entsprechende Beteiligung sowie bei diesen nahestehenden, im Betrieb nicht mitarbeitenden Personen (z. B. Familienangehörige) liegt grundsätzlich **keine entgeltliche Leistung** vor. Es muss aber die Notwendigkeit einer Vorsteuerkorrektur im Eigenverbrauch geprüft werden.

Auf die Leistungen an das Personal (Lohnausweisempfänger) kommen wir in Kapitel 11.1.3 zu sprechen. Zuerst wollen wir aber in einem Überblick noch einmal die Abgrenzungsprobleme bei Leistungen an eng verbundene Personen betrachten.

Abb. [11-2] **Leistungen an eng verbundene Personen**

11.1.3 Leistungen an Lohnausweisempfänger

Zum Kreis der Lohnausweisempfänger gehören das **Personal** von natürlichen oder juristischen Gesellschaften und die **Verwaltungsräte**. Auch die **im Betrieb mitarbeitenden, eng verbundenen Personen** gehören dazu, sofern sie einen Lohnausweis erhalten (sollten).

Den Lohnausweisempfängern gleichgestellt sind **ehemalige Angestellte** (z. B. Rentner mit einer Rentnerbescheinigung) und sonstige ehemalige Angestellte, die aufgrund des seinerzeitigen Arbeitsvertrags oder einer Vereinbarung ein Anrecht auf Leistungen auch nach dem Austritt aus dem Unternehmen haben.

A] Entgeltlich und unentgeltlich erbrachte Leistungen

Bei Leistungen an Lohnausweisempfänger stellt sich die Frage, welche Leistungen als entgeltlich erbracht gelten und mit der MWST abzurechnen sind bzw. welche Leistungen als unentgeltlich erbracht gelten und somit für die MWST nicht relevant sind.

Als **entgeltlich erbracht** gelten gemäss MWSTV 47 Abs. 2 all jene Leistungen, die im Lohnausweis zu deklarieren sind. Müssen die Leistungen betragsmässig im Lohnausweis aufgeführt werden, gelten die deklarierten Werte als Bemessungsgrundlage. Sie sind zum entsprechenden Steuersatz mit der MWST abzurechnen.

Folgende Leistungen, die im Lohnausweis lediglich mit einem «X» deklariert werden müssen (Felder «G» und «F»), gelten als nicht entgeltlich erbracht:

- **SBB-General-/-Streckenabonnemente,** die den Mitarbeitenden kostenlos abgegeben werden. Falls zusätzlich zum angekreuzten Feld «F» im Lohnausweis noch ein Privatanteil-Betrag deklariert wird, gilt dieser Betrag als entgeltlich und steuerbar.
- Das **Zurverfügungstellen eines Fahrzeugs,** das neben den Dienstfahrten ausschliesslich für den Arbeitsweg verwendet wird.
- Die Abgabe von **Lunch-Checks** oder die Möglichkeit einer verbilligten Kantinenverpflegung.

Zuwendungen und Vergünstigungen an das Personal, die im Lohnausweis nicht zu deklarieren sind, gelten auch **nicht als entgeltlich** erbracht. Es wird vermutet, dass ein unternehmerischer Grund besteht. Das sind:

- **SBB-Halbtaxabonnemente,** die den Mitarbeitenden unentgeltlich abgegeben werden, berechtigen im Rahmen der unternehmerischen Tätigkeit zum Vorsteuerabzug.
- **REKA-Check-Vergünstigungen** bis CHF 600.– jährlich (zu deklarieren sind lediglich Vergünstigungen, soweit sie CHF 600.– jährlich übersteigen).
- Beiträge an **Vereins- und Klubmitgliedschaften** bis CHF 1 000.– im Einzelfall (mit Ausnahme von Mitgliedschaften in Fitnessklubs, die seit 1.1.2016 immer als Lohnbestandteil gelten). Wird die Limite überschritten, ist der ganze Betrag aufzuführen.
- **Reisekosten für den Ehegatten oder Partner** gehören zum geschäftsmässig begründeten Aufwand.
- Das unentgeltliche Zurverfügungstellen von **Arbeitswerkzeugen** (Handys, Laptops) für private Zwecke.
- Beiträge an **Kinderkrippen,** die für Kinder des Arbeitnehmers verbilligte Plätze anbieten.
- **Gratis-Parkplätze** am Arbeitsort.
- **Zutrittskarten** bis CHF 500.– pro Ereignis für kulturelle, sportliche und andere gesellschaftliche Anlässe. Im Lohnausweis sind lediglich Beiträge zu deklarieren, soweit sie CHF 500.– pro Ereignis übersteigen.
- Branchenübliche **Rabatte,** sofern die Waren für den Eigenbedarf gedacht sind.
- Übliche **Weihnachts-, Geburtstags- und ähnliche Naturalgeschenke bis CHF 500.– pro Ereignis.** Wird die Limite überschritten, ist der ganze Betrag anzugeben.

B] Spezielle Leistungen an Lohnausweisempfänger

Leistungen an das Personal aus **betriebssozialen Gründen** sind dem Unternehmenszweck zuzuordnen und berechtigen zum Vorsteuerabzug. Es handelt sich dabei insbesondere um die **Schuldensanierung** und um andere **Beratungsdienste** für einzelne Arbeitnehmer sowie um Aufwendungen im Zusammenhang mit **Todesfällen** von Mitarbeitenden und Pensionierten.

Wenn der Arbeitgeber dem Arbeitnehmer Kosten vergütet, die diesem entstanden sind, liegt kein Leistungsverhältnis vor, auch wenn diese Vergütungen auf dem Lohnausweis betragsmässig aufzuführen sind. Dieser Kostenersatz ist mehrwertsteuerlich neutral; der Arbeitgeber darf auf diesen Vergütungen keinen Vorsteuerabzug vornehmen.

Der Arbeitgeber kann für die Kosten unternehmerisch erforderlicher und von ihm angeordneter **Weiterbildungen** (z. B. Computerbenutzer-, Sprach-, Strategie- oder Coachingkurse) den Vorsteuerabzug unter Berücksichtigung von MWSTG 28 vornehmen.

Beiträge an die Aus- und Weiterbildung von Mitarbeitenden (z. B. Meisterkurse, Ausbildung zum Steuerexperten, Berufsmatura usw.), die im Lohnausweis unter **Ziffer 13.3 «Beiträge an die Weiterbildung»** aufzuführen sind, gelten als Lohnbestandteil des Arbeitnehmers und berechtigen den Arbeitgeber nie zu einem Vorsteuerabzug. Demzufolge ist eine (teilweise) Rückerstattung der Ausbildungskosten durch den Arbeitnehmer als Lohnrückzahlung zu qualifizieren und hat mehrwertsteuerlich keine Auswirkungen.

Beispiel

Fall 1

Ab 1.1.2016 kann Thomas Fischer in seiner privaten Steuererklärung nicht mehr die gesamten Fahrtkosten vom Wohn- zum Arbeitsort geltend machen. Sein Arbeitgeber erklärt sich deshalb bereit, einen Teil dieser steuerlich nicht mehr abzugsfähigen Fahrtkosten zu übernehmen.

Dieser Beitrag ist im Lohnausweis unter Ziffer 2.3 auszuweisen. Aus Sicht der Mehrwertsteuer ist er jedoch neutral zu behandeln.

Fall 2

Ein Mitarbeiter einer Revisionsgesellschaft kündigt bereits 2 Jahre, nachdem er die Ausbildung zum Wirtschaftsprüfer abgeschlossen hat, und muss daher CHF 15 000.– der vom Arbeitgeber übernommenen Ausbildungskosten zurückbezahlen.

Diese Zahlung gilt als Lohnrückzahlung und muss nicht mit der Mehrwertsteuer abgerechnet werden.

11.2 Entnahmetatbestände

Nachdem wir nun zwischen entgeltlichen und unentgeltlichen Leistungen unterscheiden können, kommen wir zu den verschiedenen Eigenverbrauchstatbeständen, die bei unentgeltlichen Leistungen vorkommen können.

Gemäss MWSTG 31 Abs. 2 liegt ein Entnahmetatbestand vor, wenn eine bereits entsteuerte Leistung

- für eine nicht unternehmerische Tätigkeit, insbesondere für private Zwecke, verwendet wird,
- für eine unternehmerische, von der Steuer ausgenommene Tätigkeit verwendet wird,
- unentgeltlich abgegeben wird, ohne dass ein unternehmerischer Grund besteht (bei Geschenken bis CHF 500.– pro Person und Jahr sowie bei Werbegeschenken und Warenmustern zur Erzielung von zum Vorsteuerabzug berechtigenden Leistungen wird ein unternehmerischer Grund ohne Weiteres vermutet) oder
- sich bei Wegfall der Steuerpflicht noch in der Verfügungsmacht der steuerpflichtigen Person befindet.

Bei den Entnahmetatbeständen verlässt der **Gegenstand oder die Dienstleistung die zum Vorsteuerabzug berechtigende Sphäre eines Unternehmens** vorübergehend oder dauernd, um in einer vom Vorsteuerabzug ausgeschlossenen Sphäre verwendet zu werden. Die Leistung wird also für die Ausführung einer unternehmensfremden oder von der Steuer ausgenommenen Tätigkeit verwendet. Dabei spielt es keine Rolle, ob der Gegenstand vom Unternehmen zugekauft oder ob der Gegenstand im Unternehmen selber hergestellt worden ist.

Entscheidend ist nur, dass beim Bezug der Dienstleistung, beim Kauf des Gegenstands oder von dessen Bestandteilen tatsächlich ein Vorsteuerabzug vorgenommen wurde.

Bei Steuerpflichtigen, die mit der Saldosteuersatzmethode abrechnen, ist der Eigenverbrauch auf Entnahmetatbeständen abgegolten, es sei denn, eine Leistung wird unter Anwendung des Meldeverfahrens übernommen und der Veräusserer rechnet nach der effektiven Methode ab. Der mit Saldosteuersatz abrechnende Erwerber der Leistung muss auf demjenigen Teil des Vermögens Eigenverbrauch abrechnen, der neu für eine Tätigkeit ohne Anspruch auf Vorsteuerabzug verwendet wird.

Der Vorsteuerabzug ist gemäss MWSTG 31 Abs. 1 in dem Zeitpunkt zu korrigieren, in dem die Voraussetzungen für den Vorsteuerabzug nachträglich wegfallen. Die Vorsteuerkorrektur im Eigenverbrauch ist also in derjenigen Abrechnung zu deklarieren, in der der Gegenstand oder die Dienstleistung entnommen wurde. Findet die Entnahme nur vorübergehend statt, ist die Vorsteuerkorrektur in der entsprechenden Periode zu deklarieren.

In der Folge behandeln wir die verschiedenen Fälle von Entnahmetatbeständen und besprechen, wie der Eigenverbrauch zu berechnen ist (Bemessungsgrundlage).

11.2.1 Entnahmen für Zwecke ausserhalb der unternehmerischen Tätigkeit

Bei Zwecken ausserhalb der unternehmerischen Tätigkeit wird vor allem an die Verwendung für den privaten Bedarf des **Steuerpflichtigen** gedacht. Es ist aber auch denkbar, dass ein Steuerpflichtiger steuerentlastete Leistungen für die Ausübung unselbständig erbrachter Tätigkeiten (Verwaltungsrats- oder Stiftungsratsmandate) oder hoheitlicher Tätigkeiten entnimmt, auch hier liegt ein Entnahmetatbestand vor.

Im Gegensatz zu sonstigen nicht unternehmerischen Tätigkeiten, wie z. B. unselbständig ausgeübten oder hoheitlichen Tätigkeiten, kann der Tatbestand des Eigenverbrauchs aufgrund der Entnahme von Gegenständen für den **privaten Bedarf** nur bei Inhabern eines Einzelunternehmens, bei Beteiligten an einer Personengesellschaft ohne massgebliche Beteiligung sowie bei deren nicht mitarbeitenden Familienangehörigen vorkommen. Die Leistung gilt immer dann als für einen privaten Zweck genutzt, wenn die Leistung für ihre eigenen Bedürfnisse verwendet wird.

Bei Entnahmen von Gegenständen für den Bedarf von **mitarbeitenden Familienangehörigen oder mitarbeitenden eng verbundenen Personen** gelangen die Bestimmungen über die Leistungen an Lohnausweisempfänger zur Anwendung. Handelt es sich um Entnahmen durch nicht mitarbeitende Inhaber von (massgebenden) Beteiligungen an juristischen Personen oder durch entsprechend beteiligte Teilhaber von Personengesellschaften, liegt grundsätzlich nicht Eigenverbrauch, sondern eine entgeltliche Leistung vor.

Beispiel

Fall 1

Bea Müller (steuerpflichtige Einzelunternehmerin) betreibt ein Schreibwarengeschäft in Zurzach. Sie möchte ihrem Mann zu Weihnachten einen luxuriösen Füllfederhalter schenken und entnimmt dem Warenlager ein besonders schönes Exemplar. Bea Müller muss für die Entnahme eine Vorsteuerkorrektur im Eigenverbrauch vornehmen, d. h. dass sie den seinerzeit beim Einkauf des Schreibgeräts tatsächlich vorgenommenen Vorsteuerabzug rückgängig macht.

Fall 2

Die Angestellten eines Kosmetikherstellers können aus dem Sortiment ihres Arbeitgebers Produkte beziehen. Dabei erhalten sie einen Einschlag auf den Listenpreis von 30%. In diesen Fällen liegt kein Eigenverbrauch des Kosmetikherstellers vor; es handelt sich um entgeltliche Leistungen. Branchenübliche Rabatte für die Angestellten sind nicht im Lohnausweis aufzuführen und sind nicht als Entgelt anzuschauen, steuerbar ist lediglich das tatsächlich bezahlte Entgelt (70% des Listenpreises).

Fall 3

Der Kosmetikhersteller räumt seinen Arbeitnehmern im Personalreglement das Recht ein, pro Monat Waren im Wert von CHF 150.– unentgeltlich zu beziehen. Es handelt sich hier nicht um ein übliches Weihnachts- oder Geburtstagsgeschenk, weshalb die Freigrenze von CHF 500.– pro Person, Jahr und Ereignis nicht zum Tragen kommt. Diese Leistung ist auf dem Lohnausweis aufzuführen und gilt somit als entgeltlich erbracht. Der auf dem Lohnausweis zu deklarierende Betrag gilt als Entgelt inkl. MWST.

Fall 4

Der Kosmetikhersteller räumt einem Arbeitnehmer zum Geburtstag das Recht ein, Waren im Wert von CHF 250.– unentgeltlich zu beziehen. In diesem Fall handelt es sich um ein übliches Geburtstagsgeschenk an einen Angestellten. Sofern der Betrag von CHF 500.– pro Mitarbeiter, pro Jahr und pro Ereignis nicht überschritten wird, sind solche Leistungen im Lohnausweis nicht aufzuführen und gelten somit als nicht entgeltlich erbracht.

11.2.2 Entnahmen für unternehmerische, von der Steuer ausgenommene Tätigkeiten

Diese Regelung betrifft Leistungen, für die beim Erwerb das Recht auf Vornahme des Vorsteuerabzugs bestanden hat und für die der Abzug tatsächlich auch geltend gemacht wurde. Werden diese entgegen der ursprünglichen Absicht für Zwecke des Unternehmens verwendet, die **von der Steuer ausgenommen** sind, so löst das ebenfalls eine Vorsteuerkorrektur im Eigenverbrauch aus.

Beispiel

Fall 1

Kurt Wegmüller betreibt eine Motorradgarage in Wädenswil. Dem Garagenbetrieb ist eine Motorradfahrschule angeschlossen. Bei einer Lernfahrt erleidet das Lernfahrzeug einen Totalschaden. Kurt Wegmüller entnimmt aus diesem Grund seinem zum Verkauf bestimmten Fahrzeugpark ein Motorrad, um das kaputte Lernfahrzeug zu ersetzen.
Kurt Wegmüller hat aufgrund dieser Entnahme eine Vorsteuerkorrektur im Eigenverbrauch vorzunehmen, da Fahrschulleistungen von der Steuer ausgenommen sind, sofern nicht für deren Versteuerung optiert wird.

Fall 2

Die Kislig AG verkauft die im Jahr 2005 gebaute, ausschliesslich für steuerbare Zwecke genutzte Lagerhalle.
Sofern nicht für die Besteuerung dieses Umsatzes optiert wird, liegt ein steuerbarer Entnahmetatbestand vor, da der Verkauf einer Liegenschaft von der Steuer ausgenommen ist.

11.2.3 Entnahmen für unentgeltliche Zuwendungen

A] Geschenke

Entnahmen von Gegenständen, die **Dritten** freiwillig und unentgeltlich zugewendet werden, ohne dass ein unternehmerischer Grund besteht, werden durch den Eigenverbrauch erfasst. Wie wir bereits gesehen haben, gelten für unentgeltliche Zuwendungen an Lohnausweisempfänger oder an eng verbundene Personen andere Bestimmungen.

Bei **Geschenken** bis CHF 500.– pro Empfänger und pro Jahr ist kein Eigenverbrauch geschuldet, der unternehmerische Grund wird ohne Weiteres vermutet. Massgebend für die Bestimmung der Freigrenze von CHF 500.– ist der Eigenverbrauchswert (s. nachstehend Kap. 11.2.5, S. 171). Der Vorsteuerabzug ist grundsätzlich zulässig.

Beispiel

Am Eröffnungstag des Fahrradgeschäfts Pneumobil erhält jede Besucherin einen Blumenstrauss und jeder Besucher eine Flasche Wein im Wert von je CHF 8.–.

Es handelt sich zwar um eine unentgeltliche Zuwendung, der Wert liegt aber unter CHF 500.– pro Jahr und Empfänger; der unternehmerische Grund wird somit ohne Weiteres vermutet. Das Fahrradgeschäft kann auf den Blumen (2.5%) und auf dem Wein (8%) den Vorsteuerabzug geltend machen. Es ist kein Eigenverbrauch geschuldet.

B] Warenmuster

Warenmuster sind Gegenstände, die das abgebende Unternehmen in seinem Verkaufssortiment führt und zur Veranschaulichung, Untersuchung oder Erprobung zwecks Bestellungsaufnahme an Wiederverkäufer oder an Privatpersonen zielgerichtet oder im Rahmen eines Streuversands abgibt. Dabei ist die Art und Grösse der Verpackung unbedeutend. Unabhängig vom Wert des Musters wird bei unentgeltlicher Abgabe von Warenmustern zur Erzielung steuerbarer oder von der Steuer befreiter Umsätze der unternehmerische Grund ohne Weiteres vermutet. Somit ist kein Eigenverbrauch geschuldet und der Vorsteuerabzug ist zulässig.

C] Werbegeschenke

Als Werbegeschenke gelten Gegenstände, die nicht im Verkaufssortiment des abgebenden Unternehmens geführt werden. Die Abgabe muss zu Werbezwecken erfolgen. Werbegeschenke müssen mit der visuell in den Vordergrund tretenden Firmenbezeichnung des betreffenden Unternehmens, seinem Firmensignet oder Ähnlichem versehen sein. Auch bei der **unentgeltlichen Abgabe** von Werbegeschenken wird der unternehmerische Grund ohne Weiteres vermutet; der Wert des Geschenks spielt dabei keine Rolle. Die Vorsteuer auf den Werbegeschenken darf im Rahmen der unternehmerischen, zum Vorsteuerabzug berechtigenden Tätigkeit geltend gemacht werden.

Beispiel

Fall 1

Das Möbelgeschäft Reinhard führt einen Wettbewerb durch. Zu gewinnen sind verschiedene Möbel aus dem Sortiment mit einem Wert von jeweils mehr als CHF 500.–. Eine Teilnahme ist unabhängig von einer Warenbestellung möglich. Bei der Abgabe der Preise handelt es sich um eine unentgeltliche Zuwendung mit einem Wert von mehr als CHF 500.– pro Empfänger und Jahr. Somit wird der unternehmerische Grund nicht mehr ohne Weiteres vermutet. Bei diesem Wettbewerb handelt es sich jedoch um eine Werbeaktion, die ganz klar einen unternehmerischen Grund hat. Deshalb ist kein Eigenverbrauch geschuldet.

Da die Tätigkeit des Möbelgeschäfts zum Vorsteuerabzug berechtigt, darf die Vorsteuer auf den Preisen geltend gemacht werden. Auch die übrigen Aufwendungen im Zusammenhang mit diesem Wettbewerb sind dem Geschäftszweck zuzuordnen und berechtigen somit zum Vorsteuerabzug.

Fall 2

Ein Weinhändler gibt jährlich für Degustationszwecke Wein im Wert von ca. CHF 20 000.– kostenlos ab. Es handelt sich hier um Warenmuster, die zur Erzielung von steuerbaren Umsätzen gedacht sind, weshalb keine Vorsteuerkorrektur im Eigenverbrauch vorzunehmen ist.

Fall 3

Die Brauerei Eckhardt schenkt einer grossen Restaurantkette Sonnenschirme, auf denen sich eine Werbung für die neue Biersorte «Finsterbräu» befindet. Der Einstandspreis der Schirme beträgt CHF 12 000.–. Es handelt sich hier um Werbegeschenke, bei denen der unternehmerische Grund ohne Weiteres vermutet wird. Die Tätigkeit der Brauerei berechtigt zudem zum Vorsteuerabzug, weshalb auf dem Einkauf der Sonnenschirme die Vorsteuer geltend gemacht werden kann.

D] Naturalrabatt

Im Zusammenhang mit den unentgeltlichen Zuwendungen wollen wir hier auch den Naturalrabatt behandeln. Als Naturalrabatte (oder Bonus / Zugaben) gelten umsatzabhängige Geschenke, die aufgrund einer Vereinbarung abgegeben werden. Grundsätzlich hat hier der

Kunde mit dem Entgelt für die eigentliche Leistung auch den Naturalrabatt bezahlt. Naturalrabatte lösen deshalb keinen Eigenverbrauch aus und berechtigen unabhängig vom Wert zum Vorsteuerabzug.

Beispiel Die Garage Schori AG (A-Vertreterin) vereinbart mit ihren B-Vertreterinnen, dass diejenigen, die für mehr als CHF 400 000.– Autos bei ihr beziehen, einen Personal Computer im Wert von CHF 1 000.– erhalten.

Es handelt sich hier um einen Naturalrabatt. Die Garage Schori AG kann auf den Personal Computern, die sie aufgrund dieser Vereinbarung abgibt, den Vorsteuerabzug geltend machen.

11.2.4 Entnahmen bei Aufgabe einer zum Vorsteuerabzug berechtigenden Tätigkeit

Hier soll der Eigenverbrauch gewährleisten, dass die Vorsteuern auf Gegenständen korrigiert werden, die bei der Aufgabe einer zum Vorsteuerabzug berechtigenden Tätigkeit oder am Ende der Steuerpflicht noch in der Verfügungsmacht des Steuerpflichtigen sind und bei deren Erwerb die vollen oder teilweisen Vorsteuern geltend gemacht wurden. Es handelt sich also um **entsteuertes Umlaufvermögen** (Warenlager) oder **entsteuertes Anlagevermögen** (Mobiliar usw.). Auch in diesem Fall verlassen die Gegenstände die mehrwertsteuerpflichtige Sphäre des Unternehmens. Bei den direkten Steuern handelt es sich dabei in der Regel um den Tatbestand der Überführung von Gegenständen vom Geschäfts- ins Privatvermögen.

Beispiel Der steuerpflichtige Karl Peterhans betreibt in Zurzach eine Sattlerei. Karl Peterhans gibt seine Erwerbstätigkeit per Ende Juni altershalber auf. Die Werkzeuge und das Warenlager kann Karl Peterhans an einen befreundeten Berufskollegen verkaufen. Auf diesem Umsatz ist die Steuer geschuldet. Die Geschäftsliegenschaft und das Geschäftsfahrzeug überführt Karl Peterhans Ende Juni in sein Privatvermögen. Auf diesem Teil hat er eine Vorsteuerkorrektur infolge Eigenverbrauch vorzunehmen, sofern er seinerzeit insbesondere beim Einkauf zum Vorsteuerabzug berechtigt war und er den Abzug tatsächlich auch vorgenommen hat.

Abb. 11-3 fasst nochmals die Entnahmetatbestände zusammen.

Abb. [11-3] **Die Entnahmetatbestände**

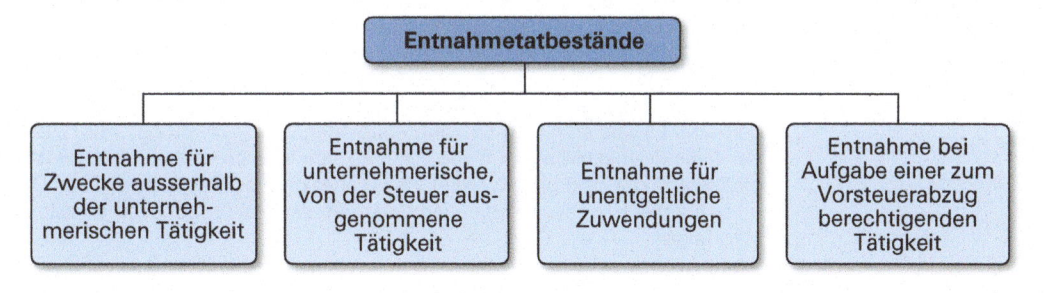

```
                      ┌─────────────────────────┐
                      │    Entnahmetatbestände  │
                      └─────────────────────────┘
           ┌──────────────┬──────────────┬──────────────┐
   Entnahme für      Entnahme für      Entnahme für    Entnahme bei
   Zwecke ausserhalb unternehmerische, unentgeltliche  Aufgabe einer zum
   der unterneh-     von der Steuer    Zuwendungen     Vorsteuerabzug
   merischen         ausgenommene                      berechtigenden
   Tätigkeit         Tätigkeit                         Tätigkeit
```

11.2.5 Bemessungsgrundlage

Bei Entnahmetatbeständen kommen bei der Bemessungsgrundlage verschiedene Möglichkeiten infrage. Es ist Folgendes zu unterscheiden:

- Handelt es sich um eine Dienstleistung von Dritten, einen **beweglichen** oder um einen **unbeweglichen** Gegenstand? Als unbewegliche Gegenstände gelten Immobilien, d. h. die im Grundbuch eingetragenen Gebäude, Teile davon und Grundstücke.
- Erfolgt die Entnahme **dauernd** oder nur **vorübergehend?** Als vorübergehend entnommen gilt ein beweglicher Gegenstand, wenn die Entnahme höchstens 6 Monate dauert. Bei unbeweglichen Gegenständen darf die vorübergehende Entnahme höchstens 12 Monate dauern. Wird ein Gegenstand länger als die vorgenannten Zeiträume entnommen, gilt er als dauernd entnommen.

- Handelt es sich um einen **zugekauften** oder um einen **selber hergestellten** Gegenstand?
- Sind die Dienstleistung oder der Gegenstand **neu** oder bereits **in Gebrauch genommen?** Als neu gilt jede bezogene Leistung, die im Betrieb des betreffenden Steuerpflichtigen nachweislich nicht für irgendeinen Zweck verwendet wurde. Es ist also nicht von Bedeutung, ob der frühere Eigentümer die Leistung in Gebrauch genommen hatte.

Wir wollen in der Folge betrachten, wie die Bemessungsgrundlage in den einzelnen Fällen aussieht. Wir unterscheiden dabei zwischen

- der Entnahme von Dienstleistungen von Dritten,
- der dauernden Entnahme von beweglichen Gegenständen,
- der dauernden Entnahme von unbeweglichen Gegenständen und
- der vorübergehenden Verwendung von beweglichen und unbeweglichen Gegenständen.

A] Entnahme von Dienstleistungen Dritter

Gemäss MWSTG 31 Abs. 1 und 3 wird die Vorsteuerkorrektur bei der Entnahme von Dienstleistungen wie folgt berechnet:

- Bei noch nicht in Gebrauch genommenen Dienstleistungen von der in Abzug gebrachten Vorsteuer auf dem Bezugspreis dieser Dienstleistungen, einschliesslich der als Einlageentsteuerung korrigierten Anteile.
- Bei in Gebrauch genommenen Dienstleistungen vom Zeitwert dieser Dienstleistungen im Zeitpunkt der Entnahme. Zur Ermittlung des Zeitwerts wird für jedes abgelaufene Jahr linear ein Fünftel auf dem geltend gemachten Vorsteuerbetrag abgeschrieben.

Bemessungsgrundlage für eine Vorsteuerkorrektur im Eigenverbrauch ist der **Wert des noch nicht genutzten Teils.** Das setzt voraus, dass die Dienstleistung noch vorhanden und nutzbar ist (s. Kap. 13.3.1, S. 206). Zur Ermittlung dieses Werts ist grundsätzlich für jede abgelaufene Steuerperiode linear eine Abschreibung von 20% auf den seinerzeit geltend gemachten Vorsteuern zu berücksichtigen. In der ersten Steuerperiode der Ingebrauchnahme ist die Abschreibung für ein volles Jahr zu berücksichtigen, während in der noch nicht abgelaufenen, letzten Steuerperiode keine Abschreibung vorgenommen werden darf, es sei denn, die Nutzungsänderung fällt auf den letzten Tag der Steuerperiode.

Beispiel

Die Gehrig GmbH zahlt im Jahr n1 für eine Lizenz zur Herstellung eines Produkts CHF 216 000.– und macht die Vorsteuer von CHF 16 000.– geltend. Zwei Jahre später lässt sich das Produkt nicht mehr verkaufen, weil von einer Konkurrenzfirma ein besseres Produkt entworfen wurde. Die Gehrig GmbH muss deshalb die Geschäftstätigkeit aufgeben und wird aus dem Register der Steuerpflichtigen gelöscht. Es liegt somit ein Entnahmetatbestand vor (MWSTG 31 Abs. 2 Bst. d). Bei Berücksichtigung der linearen Abschreibungen von 20% pro Jahr müsste noch ein Restwert im Eigenverbrauch als Vorsteuerkorrektur deklariert werden. Es ist aber offensichtlich, dass diese Dienstleistung (Lizenz) nicht mehr nutzbar ist, weil offenbar niemand mehr das alte Produkt kaufen will. Somit entfällt eine Vorsteuerkorrektur.

B] Dauernde Entnahme von beweglichen Gegenständen

Gemäss MWSTG 31 Abs. 1 und 3 wird die Vorsteuerkorrektur bei der Entnahme von beweglichen Gegenständen wie folgt berechnet:

- Bei neuen Gegenständen von der in Abzug gebrachten Vorsteuer auf dem Einkaufspreis dieser Gegenstände oder ihrer Bestandteile, einschliesslich der als Einlageentsteuerung korrigierten Anteile.
- Bei in Gebrauch genommenen Gegenständen vom Zeitwert dieser Gegenstände oder ihrer Bestandteile im Zeitpunkt der Entnahme. Zur Ermittlung des Zeitwerts wird für jedes abgelaufene Jahr linear ein Fünftel auf dem geltend gemachten Vorsteuerbetrag abgeschrieben.

Aufgrund dieser Bestimmung ergeben sich folgende Bemessungsgrundlagen:

Die Mehrwertsteuer

Zugekaufte bewegliche Gegenstände

Bei der Entnahme **neuer,** zugekaufter Gegenstände werden die geltend gemachten Vorsteuern auf dem Einkaufspreis (inkl. Bezugskosten) korrigiert.

Beispiel

Max Schweizer betreibt als Einzelunternehmen eine steuerpflichtige Schreinerei mit Möbelhandel.

Er kauft von einer Möbelherstellerin 10 Stühle zum Preis von je CHF 216.– inkl. 8% MWST und bringt die bezahlte Vorsteuer in Abzug. Für die Stühle lässt sich Max Schweizer von der nicht steuerpflichtigen Schneiderin Pilleri im Dorf Sitzkissen zum Stückpreis von CHF 50.– nähen. Max Schweizer kann 4 der Stühle und die dazugehörenden Sitzkissen nicht verkaufen und entnimmt diese ein Jahr später ungebraucht für seine Wohnung.

Es liegt ein Entnahmetatbestand vor, Max Schweizer hat die geltend gemachten Vorsteuern auf den Stühlen im Umfang von CHF 64.– (4 Stühle à CHF 16.–) zu korrigieren. Auf den Sitzkissen ist kein Eigenverbrauch geschuldet, da beim Bezug keine Vorsteuer geltend gemacht wurde.

Bei der Entnahme **in Gebrauch genommener,** zugekaufter Gegenstände ist der Eigenverbrauch vom Zeitwert der Vorsteuern dieser Gegenstände im Zeitpunkt der Entnahme geschuldet. Zur Ermittlung des Zeitwerts der Vorsteuern wird für jede abgelaufene Steuerperiode ab dem Zeitpunkt der Ingebrauchnahme linear 20% der beim Kauf des Gegenstands geltend gemachten Vorsteuern abgeschrieben. In der ersten Steuerperiode kann die Abschreibung für ein volles Jahr berücksichtigt werden, während im Jahr der Entnahme bzw. Nutzungsänderung keine Abschreibung vorgenommen werden darf, es sei denn, die Entnahme erfolgt am letzten Tag der Steuerperiode.

Beispiel

Max Schweizer benötigt für seine Einzelfirma einen Aktenschrank. Er kauft bei einem Antiquitätenhändler einen alten Schrank in nicht mehr gutem Zustand für CHF 5 400.– (inkl. 8% MWST). Nach dem Kauf lässt er sich den Schrank von einem nicht steuerpflichtigen Rentner für CHF 800.– instand stellen und verwendet den Schrank dann ausschliesslich für die steuerbare Tätigkeit.

Im November des Folgejahres sieht die Schwester von Max Schweizer den Schrank, der ihr sehr gefällt. Max Schweizer schenkt seiner Schwester den Aktenschrank.

Es liegt ein Entnahmetatbestand vor; die Vorsteuerkorrektur ist wie folgt zu berechnen:

Beim Kauf geltend gemachte Vorsteuern	CHF	400.00
Abschreibungen (1 Jahr à 20%)	CHF	–80.00
Zeitwert der Vorsteuern für den Eigenverbrauch	**CHF**	**320.00**

Die Vorsteuerkorrektur im Eigenverbrauch hat nur auf jenem Teil zu erfolgen, auf dem auch ein Vorsteuerabzug vorgenommen wurde. Somit entfällt eine Korrektur im Eigenverbrauch auf den Instandstellungskosten. Für das Anschaffungsjahr sind die Abschreibungen von 20% vollumfänglich zulässig. Für das Entnahmejahr sind jedoch keine Abschreibungen zulässig, da dieses Jahr noch nicht abgelaufen ist.

Selber hergestellte, bewegliche Gegenstände

Bei der Entnahme **neuer,** selber hergestellter Gegenstände gilt als Bemessungsgrundlage die geltend gemachte Vorsteuer auf dem Einkaufspreis des Materials sowie allfälliger Arbeiten von Dritten zuzüglich eines Mietwerts für die Ingebrauchnahme der Anlagegüter und Betriebsmittel, die für die Herstellung verwendet wurden. Dieser Mietwert kann annäherungsweise mit 33% der oben genannten Vorsteuern berechnet werden.

Beispiel

Max Schweizer kauft von einem nicht steuerpflichtigen Bekannten eine Occasionswasserbettmatratze für CHF 400.–. Er stellt nun selber ein Bett her. Dazu entnimmt er dem Lager Material im Wert von CHF 800.– zuzüglich 8% MWST. Das Bett verwendet er danach für seinen privaten Bedarf.

Es liegt ein Entnahmetatbestand vor. Max Schweizer hat eine Vorsteuerkorrektur infolge Eigenverbrauchs vorzunehmen. Für die Berechnung der Korrektur hat er auf die geltend gemachten Vorsteuern auf dem Material von CHF 64.– abzustellen. Zusätzlich hat Max Schweizer einen Zuschlag für die Ingebrauchnahme der Anlagegüter und Betriebsmittel vorzunehmen. Dieser berechnet sich in diesem Fall mit 33% des Vorsteuerbetrags, d. h. CHF 21.10. Somit sind die Vorsteuern um CHF 85.10 zu korrigieren.

Auf der Matratze ist kein Eigenverbrauch geschuldet, da diese nicht zum Vorsteuerabzug berechtigte.

Bei der Entnahme **gebrauchter,** selber hergestellter, beweglicher Gegenstände ist die Vorsteuerkorrektur vom Zeitwert des Vorsteuerabzugs im Zeitpunkt der Entnahme geschuldet.

Der **Zeitwert des Vorsteuerabzugs** kann wie folgt ermittelt werden: Man ermittelt die geltend gemachte Vorsteuer auf dem Einkaufspreis des Materials sowie allfälliger Drittarbeiten zuzüglich eines Mietwerts für die Ingebrauchnahme der Anlagegüter und Betriebsmittel, die für die Herstellung verwendet wurden, abzüglich 20% Abschreibungen pro abgelaufene Steuerperiode ab dem Zeitpunkt der Ingebrauchnahme.

Der Mietwert für die Ingebrauchnahme der Anlagegüter und Betriebsmittel, die für die Herstellung verwendet wurden, kann auch hier annäherungsweise mit 33% des Einkaufspreises der Bestandteile berechnet werden.

Beispiel

Max Schweizer benötigt für die Schreinerei einen Schrank. Er kauft Material für CHF 1 000.– zuzüglich 8% MWST. Mit diesem Material stellt er im Juli n1 einen Schrank im Wert von ungefähr CHF 2 500.– (Wert wie für einen unabhängigen Dritten) her. Vor der Ingebrauchnahme im Geschäft lässt er den Schrank von einer Bäuerin noch für CHF 600.– bemalen. Im August n3 schenkt er den Schrank seiner Mutter.

Es liegt ein Entnahmetatbestand vor; die Vorsteuerkorrektur ist wie folgt zu berechnen:

Vorsteuer auf dem Einkaufspreis der Bestandteile	CHF	80.00
33% Zuschlag für die Ingebrauchnahme der Anlagegüter und Betriebsmittel	CHF	26.40
	CHF	106.40
Abschreibungen (2 Jahre à 20%)	CHF	–42.55
Zeitwert der Vorsteuer für den Eigenverbrauch	**CHF**	**63.85**

Die Vorsteuerkorrektur im Eigenverbrauch hat nur auf den Vorsteuern zu erfolgen, die seinerzeit geltend gemacht wurden. Somit entfällt eine Vorsteuerkorrektur auf den Malerarbeiten der Bäuerin. Für die Jahre n1 und n2 sind die Abschreibungen von je 20% vollumfänglich zulässig. Für das Jahr n3 sind jedoch keine Abschreibungen zulässig, da dieses Jahr noch nicht abgelaufen ist.

Abb. [11-4] **Die Bemessungsgrundlage von beweglichen Gegenständen**

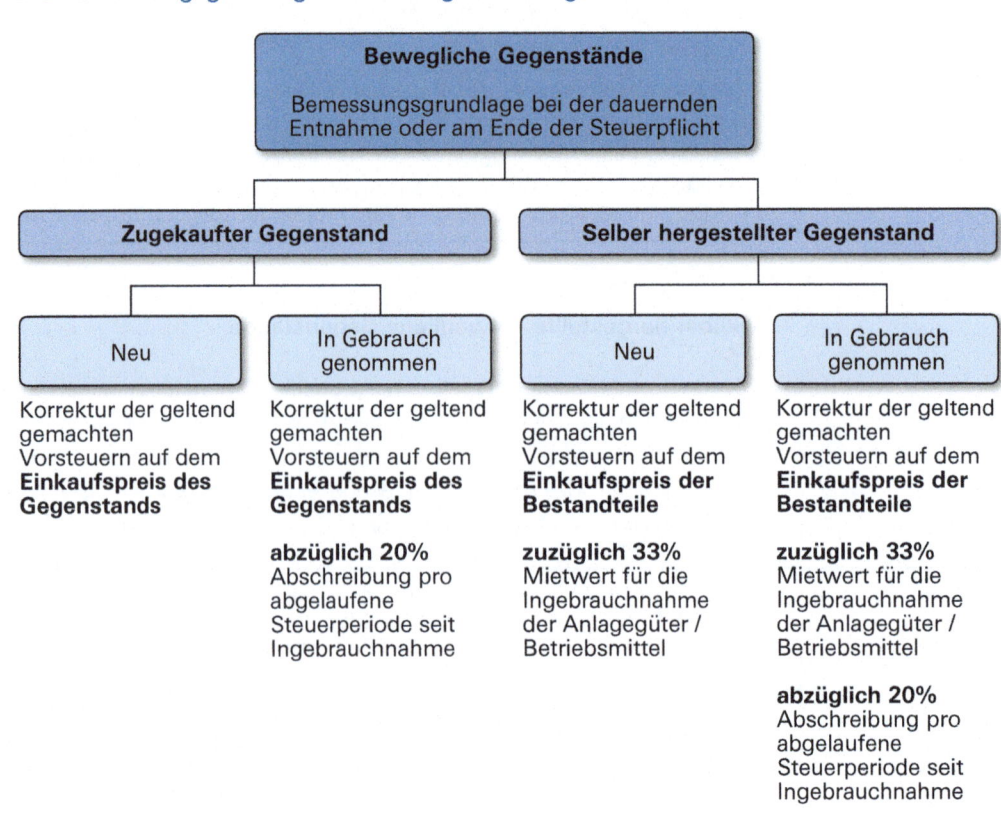

Bewegliche Gegenstände
Bemessungsgrundlage bei der dauernden Entnahme oder am Ende der Steuerpflicht

- **Zugekaufter Gegenstand**
  - **Neu**: Korrektur der geltend gemachten Vorsteuern auf dem **Einkaufspreis des Gegenstands**
  - **In Gebrauch genommen**: Korrektur der geltend gemachten Vorsteuern auf dem **Einkaufspreis des Gegenstands**
    abzüglich 20% Abschreibung pro abgelaufene Steuerperiode seit Ingebrauchnahme
- **Selber hergestellter Gegenstand**
  - **Neu**: Korrektur der geltend gemachten Vorsteuern auf dem **Einkaufspreis der Bestandteile**
    zuzüglich 33% Mietwert für die Ingebrauchnahme der Anlagegüter / Betriebsmittel
  - **In Gebrauch genommen**: Korrektur der geltend gemachten Vorsteuern auf dem **Einkaufspreis der Bestandteile**
    zuzüglich 33% Mietwert für die Ingebrauchnahme der Anlagegüter / Betriebsmittel
    abzüglich 20% Abschreibung pro abgelaufene Steuerperiode seit Ingebrauchnahme

C] Dauernde Entnahme von unbeweglichen Gegenständen

Fallen bei unbeweglichen Gegenständen die Voraussetzungen für den Vorsteuerabzug nachträglich definitiv weg, wird die Vorsteuerkorrektur grundsätzlich wie bei den beweglichen Gegenständen berechnet, **jedoch ohne Wert des Bodens.** Bemessungsgrundlage bei Nutzungsänderungen von neuen, unbeweglichen Gegenständen ist der **seinerzeit geltend gemachte Vorsteuerbetrag auf dem Kauf der Immobilie.** Bei eigener Herstellung ist die geltend gemachte Vorsteuer auf den Bestandteilen massgebend.

Für die Ingebrauchnahme der Infrastruktur ist zudem ein Pauschalzuschlag von 33% auf den Vorsteuern auf Material und allfälligen Drittarbeiten, die nicht als baugewerbliche Unterakkordanten gelten, vorzunehmen. Bei **Dienstleistungen** im Zusammenhang mit unbeweglichen Gegenständen (z. B. Architekturleistungen) ist ein **Pauschalzuschlag von lediglich 15%** vorzunehmen. Vorbehalten bleibt der effektive Nachweis der Vorsteuern, die auf die Ingebrauchnahme der Infrastruktur entfallen.

Bei in Gebrauch genommenen, unbeweglichen Gegenständen ist auf den Zeitwert abzustellen. Zur Ermittlung des Zeitwerts ist für jede abgelaufene Steuerperiode linear eine Abschreibung von einem Zwanzigstel auf dem Vorsteuerbetrag zu berücksichtigen. In der ersten Steuerperiode der Ingebrauchnahme ist die Abschreibung für ein volles Jahr zu berücksichtigen, während in der noch nicht abgelaufenen, letzten Steuerperiode keine Abschreibung vorgenommen werden darf, es sei denn, die Nutzungsänderung fällt auf den letzten Tag der Steuerperiode.

Für die Vorsteuerkorrektur im Eigenverbrauch sind bei unbeweglichen Gegenständen folgende Aufwendungen zu berücksichtigen:

- **Erwerbspreis der Liegenschaft** (ohne Wert des Bodens) bzw. bei eigener Herstellung der Einkaufspreis (ohne den Wert des Bodens) der Bestandteile zuzüglich eines Mietwerts für die Ingebrauchnahme der Anlagegüter und Betriebsmittel
- **Grossrenovationen:** Eine solche liegt vor, wenn die Aufwendungen pro Bauphase 5% des Gebäudeversicherungswerts (vor dem Um- oder Ausbau) übersteigen. Bei Grossrenovationen ist zu beachten, dass mit Ausnahme der Betriebskosten sämtliche Kosten zu den wertvermehrenden Aufwendungen zählen.
- **Wertvermehrende Aufwendungen:** Als solche gelten Aufwendungen mit Anlagekostencharakter, die zu einer baulichen Verbesserung führen und den Anlagewert erhöhen.

Folgende Positionen sind nicht in die Berechnung der Vorsteuerkorrektur im Eigenverbrauch einzubeziehen:

- Aufwendungen, auf denen kein Vorsteuerabzug vorgenommen wurde.
- **Werterhaltende Aufwendungen:** Als solche gelten Aufwendungen, die nicht zu einer baulichen Verbesserung führen und den Anlagewert auf Dauer nicht erhöhen. Werterhaltende Aufwendungen sind jedoch in die Eigenverbrauchsberechnung einzubeziehen, wenn sie im Zusammenhang mit einer «Grossrenovation» anfallen.
- **Betriebskosten:** Als solche gelten Betriebsstoffe (z. B. Heizöl, Gas, Wasser oder Strom), die Hauswartstätigkeit und die Verwaltungskosten.
- **Wert des Bodens:** Zum Wert des Bodens zählt nur der Bodenerwerb selbst. Ihm werden keine weiteren Aufwendungen zugerechnet, sofern diese gesondert in Rechnung gestellt werden.

Wie erwähnt kann zur Ermittlung des Zeitwerts für jedes abgelaufene Jahr linear 1/20 abgeschrieben werden. Bei der Neuerstellung oder Grossrenovation eines Bauwerks beginnt der **Anspruch auf die Abschreibung** ab dem Zeitpunkt der Baubeendigung, d. h. mit der vollständigen Fertigstellung des Bauwerks einschliesslich Umgebungsarbeiten, sofern die Liegenschaft ab dem Zeitpunkt der Baubeendigung in Gebrauch genommen wurde. Bei einem späteren, vorübergehenden Leerstand darf die Abschreibung jedoch berücksichtigt werden.

Beispiel

Fall 1

Bäckermeister Hans Landolt lässt für CHF 2 160 000.– (inkl. 8% MWST) ein Gebäude erstellen, das er nach Baubeendigung am 10. Juni n1 selber für zum Vorsteuerabzug berechtigende, unternehmerische Tätigkeiten verwendet. Den Vorsteuerbetrag von CHF 160 000.– hat er vollumfänglich geltend gemacht. Da er den Betrieb aus gesundheitlichen Gründen aufgeben muss, verkauft er die Liegenschaft am 15. November n4 an eine Privatperson (ohne Option). Der Zeitwert für die Vorsteuerkorrektur[1] im Eigenverbrauch bemisst sich wie folgt:

(Vorsteuerabzug bei Baubeendigung)		CHF	160 000.00
Abschreibungen im Jahr n1	5% des Vorsteuerbetrags	CHF	–8 000.00
Abschreibungen im Jahr n2	5% des Vorsteuerbetrags	CHF	–8 000.00
Abschreibungen im Jahr n3	5% des Vorsteuerbetrags	CHF	–8 000.00
Abschreibungen im Jahr n4	Keine Abschreibung	CHF	0.00
Zeitwert für die Vorsteuerkorrektur im Eigenverbrauch		**CHF**	**136 000.00**

Fall 2

Die Maschinen AG liess in der ersten Hälfte des Jahres n1 auf einem eigenen Grundstück eine Lagerhalle für CHF 500 000.– (exkl. 6.5% MWST) erstellen, die sofort nach Fertigstellung benutzt wurde. Der Gebäudeversicherungswert beträgt CHF 550 000.–. Im Jahr n5 erfolgte eine Vergrösserung der Halle, die CHF 200 000.– (exkl. 7.5% MWST) kostete. Der Gebäudeversicherungswert wurde dadurch auf CHF 800 000.– erhöht. Ausserdem sind folgende Kosten entstanden:

Betriebskosten (Heizöl, Strom usw.): CHF 10 000.– exkl. MWST pro Jahr, in den Jahren n1 und n17 nur 50%.

Per 30.6.n17 wird die Lagerhalle an eine Stiftung verkauft, die in dieser Halle ein Museum einrichten will. Der Verkaufspreis beträgt CHF 980 000.–, wovon CHF 200 000.– auf den Wert des Bodens entfallen.

Die bisher für steuerbare Zwecke verwendete Lagerhalle wird für eine von der Steuer ausgenommene Tätigkeit (Liegenschaftsverkauf ohne Option) verwendet. Es ist somit Eigenverbrauch geschuldet. Die Vorsteuerkorrektur infolge Eigenverbrauchs ist wie folgt zu berechnen:

Die Angabe des effektiven Verkaufspreises ist nicht von Bedeutung. Für den Eigenverbrauch ist der Zeitwert des Vorsteuerabzugs massgebend. Dieser berechnet sich wie folgt:

- Zu berücksichtigen sind die Vorsteuern auf den Erstellungskosten im Jahr n1 von CHF 32 500.– und die Vorsteuern auf den Erweiterungskosten im Jahr n5 von CHF 15 000.–. Hier handelt es sich um eine Grossrenovation, da die Kosten 5% des Gebäudeversicherungswerts übersteigen.
- Die jährlichen Betriebskosten sind nicht zu berücksichtigen.

Der Zeitwert berechnet sich demnach wie folgt:

Vorsteuern auf den Erstellungskosten im Jahr n1	CHF	32 500.00	6.5% auf CHF 500 000.00
Abschreibungen (n1–n16 = 16 Jahre à 5%)	CHF	–26 000.00	
Vorsteuern auf den Erweiterungskosten im Jahr n5	CHF	15 000.00	7.5% auf CHF 200 000.00
Abschreibungen (n5–n16 = 12 Jahre à 5%)	CHF	–9 000.00	
Zeitwert der Vorsteuern	**CHF**	**12 500.00**	

Die Vorsteuerkorrektur im Eigenverbrauch beträgt somit CHF 12 500.–.

D] Vorübergehende Verwendung von Gegenständen

Eine im Eigenverbrauch zu korrigierende, vorübergehende Verwendung liegt grundsätzlich vor, wenn Gegenstände oder Bestandteile vorübergehend ausschliesslich für einen **nicht zum Vorsteuerabzug berechtigenden Zweck** verwendet werden. Als vorübergehend gilt bei Dienstleistungen und beweglichen Gegenständen ein Zeitraum von maximal sechs Monaten, bei unbeweglichen Gegenständen einer von maximal zwölf Monaten.

Mehr zu diesem Thema finden Sie in Kapitel 13.4, S. 209.

---

[1] Die Korrektur wird auf den historischen Steuersätzen berechnet.

11.3 Vermögensübertragung

Bei der Übertragung eines **Gesamt- oder Teilvermögens** im Rahmen einer **Umstrukturierung,** insbesondere bei Fusion, Spaltung und Umwandlung, hat die steuerpflichtige Person (Veräusserer) die Steuerpflicht durch Meldung der steuerbaren Leistung zu erfüllen. Nähere Angaben, in welchen Fällen das Meldeverfahren zwingend anzuwenden ist und wann die Anwendung freiwillig erfolgen kann, sind dem Kapitel 15, S. 226 zu entnehmen.

Verwendet der erwerbende Steuerpflichtige das im Meldeverfahren übernommene Gesamt- oder Teilvermögen ganz oder teilweise für von der Steuer ausgenommene oder nicht unternehmerische Zwecke, so liegt bei ihm grundsätzlich **Eigenverbrauch** vor und eine entsprechende Korrektur ist vorzunehmen.

Hat jedoch der veräussernde Steuerpflichtige bisher das zu übertragende Gesamt- oder Teilvermögen nicht ausschliesslich für zum Vorsteuerabzug berechtigende Zwecke verwendet und setzt der erwerbende Steuerpflichtige das übernommene Gesamt- oder Teilvermögen im gleichen Ausmass wie der frühere Steuerpflichtige für von der Steuer ausgenommene oder nicht unternehmerische Zwecke ein, liegt kein Eigenverbrauch vor. Der erwerbende Steuerpflichtige muss jedoch nachweisen können, dass **keine Nutzungsänderung** stattfindet.

Kann der erwerbende Steuerpflichtige nicht eindeutig belegen, in welchem Umfang der frühere Eigentümer zum Vorsteuerabzug berechtigt war, wird die Übernahme eines Vermögens im Meldeverfahren einem Bezug mit Berechtigung zum vollen Vorsteuerabzug gleichgestellt.

Bemessungsgrundlage für die Vorsteuerkorrektur im Eigenverbrauch der ganz oder teilweise nicht für einen zum Vorsteuerabzug berechtigenden Zweck verwendeten Gegenstände und Dienstleistungen ist grundsätzlich der **Übernahmepreis** im Zeitpunkt der tatsächlichen Vermögensübertragung. Mehr Informationen zum Übernahmepreis finden Sie ebenfalls in Kapitel 15, S. 226.

Beispiel

Die Altavis AG übernimmt von der Bubble GmbH eine Filiale. In dieser Filiale befinden sich u.a. 20 gebrauchte Computer, von denen bisher 6 für Schulungszwecke und 14 für steuerbare Zwecke verwendet wurden. Die Altavis AG wird in Zukunft 12 der Computer für Schulungszwecke einsetzen. Die Computer wurden zum Preis von je CHF 500.– übernommen.

Grundsätzlich muss die Altavis AG infolge Nutzungsänderung eine Vorsteuerkorrektur infolge Eigenverbrauch auf allen 12 Computern vornehmen, die für Schulungszwecke verwendet werden. Die Vorsteuerkorrektur beträgt demnach 8% vom Übernahmewert von total CHF 6 000.–, somit CHF 480.– (der Übernahmewert ist der Betrag exkl. MWST).

Kann die Altavis AG nachweisen, dass bereits die Bubble GmbH 6 Computer für Schulungszwecke verwendete und somit auf diesen keinen Vorsteuerabzug geltend machen konnte, schuldet sie nur die Vorsteuerkorrektur im Eigenverbrauch auf den 6 Computern.

Der massgebliche **Zeitpunkt** für die Vorsteuerkorrektur im Eigenverbrauch ist grundsätzlich das von der ESTV anerkannte Datum der **tatsächlichen Vermögensübertragung** (z. B. Eintrag ins Handelsregister oder Vertragsdatum).

11.4 Ort des Eigenverbrauchs, Entstehung der Steuerforderung

Bei Entnahmetatbeständen befindet sich der Ort des Eigenverbrauchs dort, wo sich der Gegenstand im Zeitpunkt seiner Entnahme befindet. Bei der Übertragung eines Gesamt- oder eines Teilvermögens befindet sich der Ort des Eigenverbrauchs dort, wo der Gegenstand oder die Dienstleistung den zum Vorsteuerabzug berechtigenden Unternehmensbereich verlässt.

Bezüglich der Entstehung der Steuerforderung beachten Sie bitte das Kapitel 16.1, S. 233.

11.5 Eigenverbrauchs-Pauschalen

Grundsätzlich ist die Vorsteuerkorrektur im Eigenverbrauch effektiv zu ermitteln. Die ESTV hat jedoch für häufig vorkommende Fälle Pauschalen festgelegt. Diese sollen den Steuerpflichtigen die Berechnung der Entnahmen für private Zwecke erleichtern. Anstelle einer effektiven Berechnung können in diesen Fällen die Eigenverbrauchspauschalen angewendet werden.

11.5.1 Naturalbezüge und Privatanteile an den Kosten für Heizung, Telefon usw.

Bei den Naturalbezügen richten sich diese Pauschalen grundsätzlich nach dem Merkblatt N1/2007 der direkten Bundessteuer über die Naturalbezüge der selbstständig Erwerbenden. Für Inhaber von Land- und Forstwirtschaftsbetrieben ist das Merkblatt NL1/2007 anzuwenden. Die Ansätze der direkten Bundessteuer können auch für die MWST verwendet werden und enthalten zudem die Steuer (d. h. die Ansätze können als «inkl. MWST» betrachtet werden).

Werden steuerbare Naturalien zu **unterschiedlichen Steuersätzen** bezogen, ist die Aufteilung der Ansätze auf die Steuersätze zu 8% und 2.5% im Normalfall **im Verhältnis des Gesamtumsatzes** vorzunehmen. Für Entnahmen von alkoholischen Getränken und Tabak ist jedoch immer der Normalsatz anzuwenden.

Wirte und Hoteliers haben einen Drittel des Ansatzes für Verpflegung zu 8% und zwei Drittel zu 2.5% zu versteuern. Es ist aber hier zu beachten, dass dies nur für **Einzelunternehmen** gilt. Bei allen übrigen Rechtsformen und auch in dem Einzelunternehmen beim mitarbeitenden Ehegatten liegt nicht Eigenverbrauch, sondern eine entgeltliche Leistung vor, die zu 8% zu versteuern ist.

Auch für die Korrektur der geltend gemachten Vorsteuern auf den ebenfalls für den privaten Bedarf genutzten Kosten für Heizung, Beleuchtung, Reinigung, Telefon usw. können die im Merkblatt N1/2007 angegebenen Ansätze als Bemessungsgrundlage verwendet werden. Die Korrektur ist zum Normalsatz vorzunehmen.

11.5.2 Privatanteile an den Autokosten

Am häufigsten wird in der Praxis die Pauschale für die **Autobenutzung für nicht geschäftliche Zwecke** angewendet. Ein Vorteil der Pauschale ist, dass sie grundsätzlich sowohl für eine Vorsteuerkorrektur im Eigenverbrauch (insbesondere Benutzung durch den Inhaber eines Einzelunternehmens) als auch für Lieferungstatbestände (insbesondere Benutzung durch Personal und Gesellschafter) angewendet werden darf. Diese Pauschale wollen wir deshalb etwas eingehender betrachten.

Wurde die Vorsteuer beim Bezug des Fahrzeugs und / oder auf den Betriebskosten vollständig oder teilweise abgezogen, ist pro Monat 0.8% des Kaufpreises exkl. MWST als Ansatz für die **Vorsteuerkorrektur im Eigenverbrauch** bzw. **Lieferungssteuer** massgebend, mindestens jedoch CHF 150.– pro Monat. Der so errechnete Ansatz versteht sich inkl. MWST. Berechnungsbasis bei Leasingfahrzeugen ist anstelle des Kaufpreises der im Leasingvertrag festgehaltene Barkaufpreis zuzüglich allfälliger Sonderausstattung.

Eine Besonderheit besteht bei **gewerbsmässigen Händlern** mit neuen und gebrauchten Personenwagen (insbesondere Autogaragen). Hier ist als Ansatz für die Vorsteuerkorrektur im Eigenverbrauch bzw. Lieferungssteuer bei Anwendung der pauschalen Ermittlung pro Person mit 0.8% vom durchschnittlichen Bezugspreis aller in einem Kalenderjahr zum Verkauf bestimmten Neuwagen (Händler mit offizieller Markenvertretung) bzw. Neu- und Gebrauchtwagen (Händler ohne offizielle Markenvertretung) zu rechnen.

In verschiedenen Fällen darf die Pauschale nicht angewendet werden. In einzelnen Fällen will ein Steuerpflichtiger die Pauschale nicht anwenden. Die Berechnung erfolgt somit nach der effektiven Nutzung des Fahrzeugs und bedingt eine Fahrtenkontrolle.

Diese Fälle wollen wir im Folgenden betrachten:

- **Ein Steuerpflichtiger will die Pauschale nicht anwenden:** Wer diese Pauschale nicht anwenden will, muss eine **Fahrtenkontrolle** bzw. ein Fahrtenbuch führen, aus der ersichtlich ist, wie viele Kilometer für geschäftliche Zwecke und wie viele für sonstige Zwecke gefahren wurden.
- **Art des Fahrzeugs:** Die Pauschale gilt nur für **Personenwagen**. Werden andere Motorfahrzeuge als Personenwagen (z. B. Reisecars) vorübergehend für private Zwecke verwendet, darf die Pauschale nicht angewendet werden.
- **Verwendung zu über 50% für nicht unternehmerische Zwecke:** Bei Personenwagen, die zu mehr als 50% für nicht unternehmerische Zwecke (z. B. private Benutzung) verwendet werden, darf die Pauschale nicht angewendet werden. Auch hier ist die Steuer nach der effektiven Nutzung zu berechnen.

Abb. 11-5 zeigt, wie die Steuer aufgrund der effektiven Fahrzeugnutzung berechnet wird.

Abb. [11-5] **Berechnung der Steuer aufgrund der effektiven Fahrzeugnutzung**

1. Lohnausweisempfänger	Massgebend für die Berechnung der Steuer ist das tatsächlich bezahlte Entgelt und / oder der Wert, der auf dem Lohnausweis zu deklarieren ist. Aktueller Referenzsatz: CHF 0.70 pro privat gefahrenem Kilometer.
2. Eng verbundene Personen (Inhaber massgebender Beteiligungen sowie nahestehende Personen), sofern diese keine Lohnausweisempfänger sind	Für die Überlassung des Fahrzeugs an eng verbundene Personen ist die Lieferungssteuer geschuldet. Bemessungsgrundlage bei der vorübergehenden Verwendung von beweglichen Gegenständen ist der Mietwert, der einem unabhängigen Dritten für die Verwendung der Gegenstände in Rechnung gestellt würde (MWSTG 24 Abs. 2).
	Sind keine Vergleichswerte vorhanden, ist der Mietwert wie folgt zu ermitteln: Wert der Abschreibungen (bei Fahrzeugen 10% pro Jahr) und sämtliche Betriebskosten (z. B. Reparaturkosten, Versicherungsprämien usw.) zuzüglich eines angemessenen Gewinnzuschlags.
	Die Besteuerung hat im Verhältnis der gefahrenen Kilometer für nicht unternehmerische Tätigkeiten und für Privatfahrten zu erfolgen.
3. Inhaber Einzelunternehmen (inkl. nicht mitarbeitender Familienangehöriger)	Die bezahlten Vorsteuern auf dem Fahrzeugaufwand sind im Verhältnis der gefahrenen Kilometer für nicht unternehmerische Tätigkeiten und für Privatfahrten zu korrigieren. Eine allfällige Nutzungsänderung auf der Investition (Anschaffung des Fahrzeugs) ist jährlich zu überprüfen

Zum Abschluss ist zu erwähnen, dass mit der Anwendung der Pauschale nur die Steuer auf dem Privatanteil, nicht jedoch auf der Verwendung von Personenwagen für die von der Steuer ausgenommenen Leistungen gemäss MWSTG 21 Abs. 2 abgegolten ist.

Zusammenfassung

Eine **Spende** liegt nur vor, wenn der Empfänger der Leistung dem Spender keine Gegenleistung erbringt. Wird eine Gegenleistung erbracht, liegt eine entgeltliche Leistung vor.

Bei Leistungen an **eng verbundene Personen** gilt als Entgelt der Wert, der von unbeteiligten Dritten verlangt worden wäre. Eng verbundene Personen sind:

- Inhaber massgebender Beteiligungen an juristischen Personen
- Entsprechend an Personengesellschaften beteiligte Personen
- Nicht im Betrieb mitarbeitende Freunde, Bekannte, Familienangehörige und andere Verwandte der am Unternehmen massgebend beteiligten Personen

Leistungen an **Lohnausweisempfänger,** die im Lohnausweis betragsmässig zu deklarieren sind, gelten als entgeltlich erbracht. Leistungen, die im Lohnausweis nicht oder nur mit einem «X» zu deklarieren sind, gelten als nicht entgeltlich erbracht und es wird ein unternehmerischer Grund vermutet.

Bei **Entnahmetatbeständen** ist eine **Vorsteuerkorrektur im Eigenverbrauch** vorzunehmen, wenn beim Einkauf ein Vorsteuerabzug vorgenommen wurde. Als Entnahmen für unternehmensfremde Zwecke gelten hauptsächlich die Entnahmen für den privaten Bedarf des Inhabers eines Einzelunternehmens, der Beteiligten an einer Personengesellschaft ohne massgebende Beteiligung sowie der nicht mitarbeitenden Familienangehörigen. Bei der dauernden oder vorübergehenden Entnahme von Gegenständen für eine von der Steuer ausgenommene Tätigkeit ist eine Vorsteuerkorrektur im Eigenverbrauch vorzunehmen.

Bei **Entnahmen für unentgeltliche Zuwendungen** ohne unternehmerischen Grund ist ebenfalls eine Vorsteuerkorrektur im Eigenverbrauch vorzunehmen. Eine Ausnahme sind **Geschenke bis CHF 500.–** pro Jahr und Empfänger, Warenmuster und Werbegeschenke, bei denen der unternehmerische Grund ohne Weiteres vermutet wird. **Warenmuster** sind Gegenstände, die das Unternehmen im Sortiment führt und zur Verkaufsförderung abgibt. **Werbegeschenke** sind Gegenstände, die sich nicht im Sortiment des Unternehmens befinden und die als Werbeobjekte erkennbar sind. **Naturalrabatte** sind umsatzabhängige Geschenke, deren Abgabe vereinbart wurde, und gelten nicht als unentgeltliche Zuwendung. Hier ist grundsätzlich der volle Vorsteuerabzug möglich.

Wird eine zum Vorsteuerabzug berechtigende unternehmerische Tätigkeit aufgegeben oder endet die Steuerpflicht, müssen die geltend gemachten Vorsteuern auf Gegenständen und Dienstleistungen korrigiert werden.

Die **Bemessungsgrundlage bei Entnahmetatbeständen** ist davon abhängig,

- ob es sich um eine Dienstleistung von Dritten, einen beweglichen oder einen unbeweglichen Gegenstand handelt,
- ob die Entnahme des Gegenstands dauernd oder nur vorübergehend ist,
- ob es ein zugekaufter oder ein selber hergestellter Gegenstand ist oder
- ob die Dienstleistung oder der Gegenstand neu oder bereits in Gebrauch genommen ist.

Verwendet ein Steuerpflichtiger ein im **Meldeverfahren übernommenes Gesamt- oder Teilvermögen** für nicht zum Vorsteuerabzug berechtigende Zwecke, muss er eine Vorsteuerkorrektur im Eigenverbrauch vornehmen. Setzen der bisherige Eigentümer und der steuerpflichtige Erwerber die Gegenstände oder Dienstleistungen im gleichen Verhältnis für nicht zum Vorsteuerabzug berechtigende Zwecke ein, ist keine Vorsteuerkorrektur (Eigenverbrauch) vorzunehmen. Der Erwerber muss aber nachweisen, dass keine Nutzungsänderung stattfindet. Bemessungsgrundlage ist der Wert im Zeitpunkt der Übertragung.

Anstelle von effektiven Berechnungen können die Steuerpflichtigen auch **Pauschalen** für die Berechnung der Privatentnahmen anwenden. Bei den Naturalbezügen richten sich diese Pauschalen nach den Ansätzen der Merkblätter der direkten Bundessteuer über die Naturalbezüge. Die Pauschalen gelten gleichermassen für Vorsteuerkorrekturen im Eigenverbrauch und für Lieferungstatbestände.

Die Mehrwertsteuer

Repetitionsfragen

55 Bestimmen Sie in den folgenden Fällen, ob eine entgeltliche Leistung vorliegt, und begründen Sie Ihre Antwort.

A] Die Spieler des Sportklubs Hoppers können bei einer Garage jährlich ein Fahrzeug mit 40% Rabatt einkaufen. Dafür ist auf den Fahrzeugen eine entsprechende Werbung angebracht und bei den Meisterschaftsspielen des Sportklubs Hoppers erfolgt jeweils Werbung für die Garage in Form einer Lautsprecherdurchsage.

B] Der Nationalrat Kurt Zuber, der ein Fahrradgeschäft betreibt (Einzelunternehmen), spendet dem Organisationskomitee eines Schwingfests kurz vor den Wahlen ein Citybike für den Gabentisch. Er wird dafür im Festführer wie folgt aufgeführt:

Variante I: Gönner: Nationalrat Zuber, Chur
Variante II: Gönner: Nationalrat Zuber, der beste Velohändler in Chur

56 Bestimmen Sie in den folgenden Fällen, ob eine entgeltliche Leistung vorliegt, und begründen Sie Ihre Antwort.

A] Fritz Aerni, Komplementär des Schmuckgeschäfts Beyeler & Co., entnimmt dem Warenlager unentgeltlich Schmuck im Wert von CHF 800.– (Ladenpreis) und schenkt ihn seiner Ehefrau Heidi zu Weihnachten.

B] Die nicht mitarbeitende Ehefrau Erika von Alois Stuber, Hauptaktionär der Uhrenfabrik Costelli AG, erhält von der Costelli AG zum 60. Geburtstag eine Uhr im Wert von CHF 900.– (Ladenpreis).

57 Bestimmen Sie in den folgenden Fällen, ob eine entgeltliche Leistung vorliegt, und begründen Sie Ihre Antwort.

A] Das Ingenieurbüro Moser, Müller & Meier führt für Mike Moser (Kollektivgesellschafter) unentgeltlich Ingenieurarbeiten aus.

B] Das Personal der Getränke AG erhält zum Jahresende Wein in der Höhe von je CHF 500.–. Auf dieses Geschenk besteht aufgrund von Verträgen oder von Reglementen kein Anspruch.

C] Die Ehefrau von Tom Marti (Einzelunternehmer) arbeitet im Restaurant des Ehemanns mit und erhält dort Gratisverpflegung.

D] Die Angestellten eines Spitals können von der Telefonkabine des Spitals zum gleichen Preis wie die Patienten und die Spitalbesucher telefonieren. Die Angestellten benutzen für die Telefongespräche eine Telefonkarte. Die aufgelaufenen Kosten werden ihnen jeweils von der Lohnauszahlung abgezogen.

58 In welchen Fällen liegt eine steuerbare Entnahme für unternehmensfremde Zwecke vor, die zu einer Vorsteuerkorrektur infolge Eigenverbrauch führt?

A] Irma Wägli führt ein Beratungsbüro (Einzelunternehmen). Sie schenkt ihrer nicht mitarbeitenden Mutter einen Computer, den sie vor 7 Jahren gekauft hat und der seit Jahren nicht mehr benutzt wurde.

B] Edi Pulfer führt als Einzelunternehmen einen Kiosk. Für seinen privaten Bedarf entnimmt er regelmässig Tabakwaren, Zeitungen und Esswaren.

C] Sue Beyeler ist Anwältin (Einzelunternehmen). Ihr nicht mitarbeitender Sohn muss wegen eines Verkehrsdelikts vor Gericht. Sue Beyeler vertritt ihn ohne Rechnungsstellung.

59	In welchen Fällen liegt eine Entnahme für von der Steuer ausgenommene Tätigkeiten vor, die zu einer Vorsteuerkorrektur infolge Eigenverbrauchs führt?
	A] Die Taxi AG benutzt einen Bus, der bisher für gewöhnliche Taxifahrten eingesetzt wurde, nur noch für den Transport von Behinderten.
	B] Die Immobilien GmbH vermietet eine Liegenschaft an den Steuerpflichtigen Heinz Reinhard. Für die Versteuerung dieser Mieteinnahmen wurde optiert. Heinz Reinhard wird die Liegenschaft künftig nur noch für Wohnzwecke nutzen.
60	In welchen Fällen liegt eine steuerbare Entnahme für eine unentgeltliche Zuwendung vor, die zu einer Vorsteuerkorrektur infolge Eigenverbrauchs führt?
	A] Die Garage Amsler AG stellt einem Kunden während eines Wochenendes unentgeltlich ein Fahrzeug zu Probezwecken zur Verfügung.
	B] Ein grosses Industrieunternehmen schenkt dem Einkäufer eines sehr guten Kunden eine Uhr im Wert von CHF 3 000.–.
61	Emma Wölfli führte bisher ein steuerpflichtiges Einzelunternehmen. Sie war in den Bereichen Warenhandel (steuerbar) und Schulung (von der Steuer ausgenommen) tätig. Aus Altersgründen reduziert sie die Tätigkeit stark und erzielt nur noch geringe Umsätze. Sie wird deshalb aus dem Register der Steuerpflichtigen gelöscht. Auf welchen der folgenden Gegenstände ist die Vorsteuerkorrektur im Eigenverbrauch geschuldet?
	A] Warenlager (Warenhandel)
	B] Schulungsmaterial (Schulung)
	C] Betriebsmittel, die ausschliesslich für den Warenhandel verwendet wurden
	D] Betriebsmittel, die ausschliesslich für die Schulung verwendet wurden
	E] Betriebsmittel, die sowohl für den Warenhandel als auch für die Schulung verwendet wurden
62	August Zwicker kaufte im Jahr n1 die Liegenschaft Schlossmatte. Im Zusammenhang mit der Liegenschaft sind ihm bis 30. September n15 folgende Kosten erwachsen:

	31.07.n1	Erwerb der Liegenschaft CHF 1 000 000.– von einem nicht Steuerpflichtigen ohne MWST; der Wert des Bodens beträgt CHF 200 000.– von diesem Wert. Der Gebäudeversicherungswert beträgt CHF 810 000.–.
	30.06.n2	Heizungsreparatur CHF 30 000.– (exkl. 6.5% MWST)
	31.01.n3	Fassadenrenovation CHF 70 000.– (exkl. 6.5% MWST)
	30.04.n4	Einbau einer Klimaanlage CHF 40 000.– (exkl. 7.6% MWST)
	30.06.n10	Flachdachsanierung CHF 80 000.– (exkl. 7.6% MWST)
	31.08.n11	Malerarbeiten im Treppenhaus CHF 20 000.– (exkl. 8% MWST)

August Zwicker benutzte die Liegenschaft bisher ausschliesslich für die steuerbare Tätigkeit (Handel mit Lebensmitteln). Ab 1. Oktober n15 vermietet er die Liegenschaft an Personen, die die Liegenschaft für private Zwecke nutzen.

Welches sind die Konsequenzen bezüglich MWST? Berechnen Sie eine allfällig geschuldete Steuer.

Die Mehrwertsteuer

63 Um welchen Tatbestand handelt es sich in den nachfolgenden Fällen, und welcher Steuerbetrag ist gegebenenfalls zu deklarieren?

A] Zum 10-jährigen Jubiläum schenkt Schreinermeister Urs Fischer (Einzelunternehmen) jedem seiner Mitarbeiter Wein im Wert von je CHF 220.– exkl. MWST.

B] Taxiunternehmer Benno Müller (Einzelunternehmen) kauft ein neues Taxi. Das alte Taxi kaufte Benno Müller vor sieben Jahren für CHF 60 000.– exkl. MWST. Das alte Taxi hat noch einen Eurotaxwert von CHF 18 000.– exkl. MWST. Da Benno Müller das alte Fahrzeug nicht mehr benötigt, schenkt er es seiner nicht im Betrieb mitarbeitenden Tochter.

C] Das Ingenieurbüro Domus AG kaufte im Jahr n1 Laptops für CHF 4 500.– exkl. MWST. Diese Laptops haben heute noch einen Marktwert von CHF 1 000.– exkl. MWST. Da das Ingenieurbüro die Laptops nicht mehr benötigt, verkauft es sie im Juni n5 einer Mitarbeiterin zum Preis von CHF 400.– exkl. MWST. Auf dem Lohnausweis muss zudem ein Betrag von CHF 600.– deklariert werden.

64 Arno Berni betreibt ein Transport- und Fahrschulunternehmen. Für die steuerbaren Transporte benutzt er ausschliesslich die Lastwagen A und C, und für die Fahrschule ausschliesslich die Lastwagen B und D. Altershalber gibt er die Tätigkeit auf. Er verkauft die vorhandenen 4 Lastwagen und das übrige Betriebsinventar an das bestehende Transportunternehmen Kummer GmbH. Als Preis wird für Lastwagen A und B je CHF 50 000.–, für die Lastwagen C und D je CHF 30 000.– und für das übrige Inventar CHF 10 000.– vereinbart, total somit CHF 170 000.–. Auf der Rechnung sind diese Positionen einzeln aufgeführt und es wird bezüglich MWST auf die Übertragung im Meldeverfahren hingewiesen. Weitere Unterlagen besitzt die Kummer GmbH keine.

Arno Berni vernichtet nach der Übergabe alle Belege und wandert nach Spanien aus.

Die Kummer GmbH will den bisher von Arno Berni betriebenen Fahrschulbetrieb weiterführen und verwendet dazu die Lastwagen B und D.

Was hat die Kummer GmbH zu beachten?

65 Katja Grossglauser eröffnet per 1. Juli n1 ein Treuhandbüro. Von ihrem ehemaligen Arbeitgeber kann sie einen Teil der Kunden übernehmen, wofür sie CHF 30 000.– (exkl. MWST) bezahlt. Die Vorsteuer von CHF 2 280.– macht sie geltend. Katja Grossglauser ist zudem Hobby-Programmiererin und entwirft im selben Jahr selber ein Buchhaltungsprogramm (geschätzter Wert CHF 10 000.–). Aus familiären Gründen reduziert Katja Grossglauser ab dem Jahr n3 ihre Tätigkeit stark und wird deshalb per 31.12.n3 aus dem Register der der steuerpflichtigen Personen gelöscht. Wie hoch ist die Vorsteuerkorrektur im Eigenverbrauch, die Katja Grossglauser auf den beiden Dienstleistungen vorzunehmen hat?

66 Für ein Fahrzeug sind folgende Angaben bekannt:

Kauf im Jahr n1 für CHF 30 000.– + 8% MWST (CHF 2 400.–), Betriebskosten mit MWST (Benzin, Reparaturen usw.) jährlich CHF 2 000.– + 8% MWST (CHF 160.–), Betriebskosten ohne MWST (Steuern, Versicherungen usw.) CHF 1 000.–. Im Jahr n1 wurden insgesamt 10 000 km gefahren.

Berechnen Sie den im Jahr n1 zu versteuernden Wert (exkl. MWST) für die nicht steuerbare Nutzung bei einem Einzelunternehmen und bei einer AG. Arbeiten Sie nach Möglichkeit mit der Pauschale. Wenn die Steuerpflichtigen mit Saldosteuersatz abrechnen, ist dies erwähnt.

A] Das Fahrzeug ist bei der Schreinerei Heinrich Müller (Einzelunternehmen) im Einsatz mit folgenden drei Varianten:

1. Das Fahrzeug wird zu 30% für private Zwecke genutzt.
2. Das Fahrzeug wird zu 30% für private Zwecke genutzt. Die Schreinerei führt eine Fahrtenkontrolle und will nicht mit der Pauschale abrechnen.
3. Das Fahrzeug wird zu 30% für private Zwecke genutzt. Die Schreinerei rechnet mit Saldosteuersatz ab.

B] Das Fahrzeug ist bei der Zimmerbau AG im Einsatz mit folgenden drei Varianten:

1. Stefan Ziegler, mitarbeitender Hauptaktionär der Zimmerbau AG, nutzt das Fahrzeug zu 30% für private Zwecke. Die Zimmerbau AG rechnet mit Saldosteuersatz ab.
2. Die Ehefrau von Stefan Ziegler nutzt das Fahrzeug zu 80% für private Zwecke. Sie arbeitet nicht im Betrieb. Für die restlichen 20% wird das Fahrzeug von der Zimmerbau AG für Geschäftsfahrten eingesetzt.
3. Die Ehefrau von Stefan Ziegler, Mitarbeiterin der Zimmerbau AG, nutzt das Fahrzeug zu 80% für private Zwecke. Für die restlichen 20% wird das Fahrzeug von der Zimmerbau AG für Geschäftsfahrten eingesetzt.

12 Gemischte Verwendung

Lernziele Nach der Bearbeitung dieses Kapitels können Sie …

- erklären, wie die Vorsteuer beim Vorliegen von zum Vorsteuerabzug berechtigten und nicht berechtigten Umsätzen korrigiert wird.
- erläutern, wie die Vorsteuerkürzung durchgeführt wird, wenn ein Unternehmen Subventionen erhält.

Schlüsselbegriffe Beteiligungen, effektive Methode, Einheit der Leistung, Finanzerträge, Geschenke, Gruppenbesteuerung, Holdinggesellschaften, Immobilienerträge, objektbezogene Subventionen, Pauschalmethode, Referententätigkeit, Stiftungsratshonorar, Subventionen zur Deckung des Betriebsdefizits, Teilzuordnung der Vorsteuer, Umsatzschlüssel, Vereinfachungen, Verteilschlüssel, von der Steuer ausgenommene Tätigkeiten, Verwaltungsratshonorare, Vorsteuerkorrektur, Vorsteuerkürzung

12.1 Grundsätzliches

Bei der Bestimmung der Höhe des Vorsteuerabzugs verursacht vor allem die gemischte Verwendung von Gegenständen und Dienstleistungen praktische Probleme. Werden bezogene Leistungen gemischt verwendet, sind die angefallenen Vorsteuern zu korrigieren, d. h. es darf nicht der volle Vorsteuerabzug vorgenommen werden. Eine **gemischte Verwendung** liegt vor, wenn Gegenstände oder Dienstleistungen sowohl für unternehmerische Tätigkeiten, die zum Vorsteuerabzug berechtigen, als auch für nicht zum Vorsteuerabzug berechtigende Tätigkeiten verwendet werden.

Da die Vorsteuerkorrektur nach dem Verhältnis der Verwendung zu erfolgen hat, muss ermittelt werden, wie hoch der Anteil der zum Vorsteuerabzug und der nicht zur Vornahme des Vorsteuerabzugs berechtigenden Verwendung ist.

Subventionen und andere öffentliche Beiträge wie Gelder aus öffentlich-rechtlichen Tourismusabgaben oder Beiträge aus kantonalen Wasser-, Abwasser- und Abfallfonds führen hingegen infolge einer gemischten Finanzierung zu einer **verhältnismässigen Vorsteuerkürzung.**

12.2 Die anderen Zwecke

In Kapitel 10.1, S. 156, haben wir erwähnt, welche Zwecke zur Vornahme des Vorsteuerabzugs berechtigen. Die Vornahme des Vorsteuerabzugs ist nicht erlaubt bei

- unternehmerischen, jedoch von der Steuer ausgenommenen Tätigkeiten (z. B. Schulungen, Bank- und Versicherungsleistungen, Umsätze von Landwirten und Viehhändlern)
- nicht unternehmerischen Tätigkeiten (z. B. private, hoheitliche oder unselbstständig ausgeübte Tätigkeiten)
- Geschenken ohne unternehmerischen Grund (bei Geschenken mit einem Wert bis CHF 500.– pro Empfänger und Jahr wird der unternehmerische Grund ohne Weiteres vermutet)
- Subventionen und anderen öffentlich-rechtlichen Beiträgen: Erhält ein Steuerpflichtiger solche Beiträge, muss sein Vorsteuerabzug verhältnismässig gekürzt werden (s. auch Kap. 12.8, S. 197).

Abb. [12-1]   Der Vorsteuerabzug bei verschiedenen Unternehmenszwecken und Mittelflüssen

Unternehmenszwecke und Mittelflüsse

Vorsteuerabzug erlaubt
- Steuerbare und befreite Lieferungen
- Steuerbare und befreite Dienstleistungen
- Von der Steuer ausgenommene Leistungen, für deren Versteuerung optiert wurde
- Werbegeschenke und Warenmuster
- Sonstige Geschenke mit unternehmerischem Grund

Vorsteuerabzug nicht erlaubt
- Von der Steuer ausgenommene Leistungen
- Hoheitliche Tätigkeiten
- Unselbstständig ausgeübte Tätigkeiten
- Private Zwecke
- Geschenke ohne unternehmerischen Grund
- Subventionen und andere öffentlichrechtliche Beiträge

12.3 Vorgehen bei der Vorsteuerkorrektur

Bei der anteilsmässigen Berücksichtigung der Vorsteuer sind laut MWSTG grundsätzlich zwei verschiedene Varianten möglich:

- Sofortige Korrektur des Vorsteuerabzugs
- Voller Vorsteuerabzug mit jährlicher Korrektur

12.3.1 Sofortige Korrektur des Vorsteuerabzugs

Die angefallene Vorsteuer wird bereits im Zeitpunkt der teilweisen Berechtigung zur Vornahme des Abzugs nur anteilsmässig geltend gemacht, d. h. nur auf dem Anteil der Verwendung, der zur Vornahme des Abzugs berechtigt. Dieses Vorgehen ist zwingend bei Gegenständen und Dienstleistungen anzuwenden, wenn diese überwiegend (d. h. zu mehr als 50%) für Tätigkeiten verwendet werden, die nicht zum Vorsteuerabzug berechtigen.

Beispiel Das Treuhandbüro Prinz & Co. handelt auch mit Immobilien. Die im Januar n1 für CHF 10 800.– gekauften Computer werden zu 30% für steuerbare Zwecke und zu 70% für den von der Steuer ausgenommenen Immobilienhandel verwendet. Somit können nur 30% der angefallenen Vorsteuern geltend gemacht werden.

Vorsteuer beim Computerkauf	CHF	800.00
abzüglich 70% für von der Steuer ausgenommene Leistung	CHF	–560.00
Vorsteuerabzug in der MWST-Abrechnung Q01/n1	**CHF**	**240.00**

In der Praxis ist der Anteil der abzugsberechtigten Verwendung meist erst am Ende des Jahres bekannt, da sich dieser Anteil im Normalfall aus den Umsätzen des laufenden Jahres ergibt. Die Korrektur wird deshalb in der 1.–3. Quartalsabrechnung provisorisch aufgrund des Vorjahresschlüssels vorgenommen. In der MWST-Abrechnung für das 4. Quartal ist eine Berichtigung aufgrund der definitiven Zahlen des laufenden Jahres vorzunehmen.

12.3.2 Voller Vorsteuerabzug mit jährlicher Korrektur

Man kann auch vorerst den vollen Vorsteuerabzug im Zeitpunkt der Entstehung des Vorsteuerabzugsrechts vornehmen. Dazu muss es sich aber um eine bezogene Leistung handeln, die zum überwiegenden Teil (d. h. zu mehr als 50%) für Tätigkeiten verwendet wird, die zur Vornahme des Vorsteuerabzugs berechtigen. Bei diesem Vorgehen muss der Anteil der Verwendung, der den Vorsteuerabzug ausschliesst, jährlich lediglich einmal als Vorsteuerkorrektur im Eigenverbrauch abgerechnet werden.

Dieses Vorgehen kann vor allem dann empfohlen werden, wenn das Verwendungsverhältnis voraussichtlich erheblich schwanken wird.

Beispiel

Das im vorhergehenden Beispiel erwähnte Treuhandbüro Prinz & Co. verwendet den Computer statt zu 30% zu 80% für steuerbare Zwecke. Es hat nun folgende Möglichkeiten bei der Vornahme der Vorsteuerkorrektur:

Die Vorsteuer beim Computerkauf wird zunächst in der MWST-Abrechnung Q01/n1 voll geltend gemacht.	CHF	800.00
Vorsteuerkorrektur von 20% aufgrund der von der Steuer ausgenommenen Leistung in der MWST-Abrechnung Q04/n1.	CHF	−160.00

12.4 Möglichkeiten der Vorsteuerkorrektur

Die Korrektur des Vorsteuerabzugs bei gemischter Verwendung nach dem effektiven Verwendungszweck bringt für viele Steuerpflichtige einen sehr grossen Arbeitsaufwand mit sich. Deshalb gewährt die ESTV zusätzlich die Möglichkeit, die Vorsteuerkorrektur im Sinne einer Vereinfachung anhand von Pauschalmethoden vorzunehmen.

Bei der Wahl der Korrekturmöglichkeiten muss aber beachtet werden, dass die Vorsteuerkorrektur zu einem **sachgerechten Ergebnis** führt. Als sachgerecht gilt das Ergebnis gemäss MWSTV 68 Abs. 2, wenn die gewählte Methode

- den Grundsatz der Erhebungswirtschaftlichkeit berücksichtigt,
- betriebswirtschaftlich nachvollziehbar ist und
- die Vorsteuern nach Massgabe der Verwendung für eine bestimmte Tätigkeit zuteilt.

Wir beschreiben im Folgenden die Vorgehensweisen, die den Steuerpflichtigen offen stehen.

12.4.1 Korrektur des Vorsteuerabzugs nach dem effektiven Verwendungszweck

Wie erwähnt ist die Vorsteuer bei gemischter Verwendung nach dem Verhältnis der Verwendung zu korrigieren. Dabei sind sämtliche Aufwendungen und Investitionen aufgrund ihrer Verwendung entweder

- dem unternehmerischen, zum Vorsteuerabzug berechtigten Bereich oder
- dem unternehmerischen, von der Steuer ausgenommenen bzw. dem nicht unternehmerischen Bereich

zuzuordnen. Diese Zuordnung hat für jeden einzelnen Gegenstand und jede einzelne Dienstleistung aufgrund von betriebswirtschaftlichen, sachgerechten Kriterien so weit als möglich direkt zu erfolgen.

In vielen Fällen ist eine direkte Zuordnung nicht möglich. Das kann in der Natur der Sache (z. B. Strom für den gesamten Betrieb) oder auch am Fehlen von Aufzeichnungen liegen. Nur in den wenigsten Fällen dürfte das Rechnungswesen derart ausgebaut sein, dass eine direkte Feststellung der anteiligen Verwendung vollumfänglich aus der Kostenrechnung ersichtlich ist.

In den meisten Fällen muss der zum Vorsteuerabzug berechtigende Anteil **annäherungsweise** festgestellt werden. Die Verteilung der nicht direkt zuordenbaren Leistungen auf die einzelnen Tätigkeiten hat nach betrieblich objektiven Kriterien zu erfolgen. Dazu sind Schlüssel zu erarbeiten, die u. a. anhand folgender Kriterien ermittelt werden können:

- Fläche (m^2), Volumen (m^3)
- Gefahrene Kilometer
- Lohnsumme oder Anzahl Angestellte

Beispiel	Die Sidona AG ist ein Warenhandelsunternehmen in Winterthur. Sie ist eine Tochtergesellschaft der Sidona Produktion AG. Die von der Sidona AG getätigten Umsätze sind mit Ausnahme der Finanzerträge ausnahmslos mehrwertsteuerpflichtig. Die Buchhaltung der Sidona Produktion AG wird von der Sidona AG geführt.
	Die Sidona AG kauft für die Buchhaltung eine neue Computeranlage. In der Buchhaltung werden sowohl zum Vorsteuerabzug berechtigende (Handel, Buchführung Sidona Produktion AG) wie auch von der Steuer ausgenommene (Finanzerträge) Leistungen verwaltet. Die beim Kauf der Computer bezahlte Vorsteuer darf nur im Umfang, in dem die Computer für die Buchungen im Zusammenhang mit den zum Vorsteuerabzug berechtigenden Leistungen eingesetzt werden, vorgenommen werden.

Als **Verteilschlüssel** können die unterschiedlichsten Grössen herangezogen werden. So wäre eine mögliche Schlüsselgrösse im obigen Beispiel etwa die Anzahl der Buchungen. Aber auch die zeitliche Beanspruchung der Anlage könnte ein nützlicher Anhaltspunkt sein. Auf alle Fälle ist bei der Bestimmung des Schlüssels darauf zu achten, dass nur Faktoren berücksichtigt werden, die in einer Beziehung zu den zu verteilenden Kosten stehen.

In vielen Fällen dürfte es enorme administrative Umtriebe verursachen, wenn für jede einzelne Dienstleistung bzw. für jeden einzelnen Gegenstand die effektive Verwendungsart im Unternehmen festgestellt werden muss. Aus diesem Grund lässt die ESTV für die Ermittlung des Vorsteuerabzugs bei gemischter Verwendung grundsätzlich drei nachfolgend beschriebene, annäherungsweise Ermittlungsmethoden zu, sofern dadurch kein offensichtlicher Steuervorteil oder -nachteil für den Steuerpflichtigen resultiert. Diese Methoden werden annäherungsweise durchgeführt.

12.4.2 Korrektur des Vorsteuerabzugs mittels eigener Berechnungen

Da es sich bei der MWST um eine Selbstveranlagungssteuer handelt, ist der Steuerpflichtige selbst für die Vornahme einer korrekten, sachgerechten Vorsteuerkorrektur verantwortlich.

Aufgrund der Verschiedenartigkeit der Verhältnisse beim einzelnen Steuerpflichtigen sind nebst den Pauschalen (s. Kap. 12.5, S. 191) auch andere Möglichkeiten einer sachgerechten Berechnung der Vorsteuerkorrektur denkbar, bei der die individuellen Verhältnisse beim einzelnen Steuerpflichtigen berücksichtigt werden.

Wird die Korrektur aufgrund einer eigenen Berechnung vorgenommen, ist eine detaillierte Dokumentation der ihr zugrunde liegenden Sachverhalte unerlässlich. Die Logik der verwendeten Schlüssel für die Berechnung der Vorsteuerkorrektur muss jederzeit nachgewiesen werden können **(Plausibilitätsprüfung)**.

Nachfolgend werden **drei Methoden der Korrektur des Vorsteuerabzugs** mittels eigener Berechnung beschrieben.

A] Methode «Teilzuordnung der Vorsteuer»

Bei der Methode «Teilzuordnung der Vorsteuer» wird die abzugsberechtigte Vorsteuer wie folgt ermittelt:

- **Voller Vorsteuerabzug** auf sämtlichen Aufwendungen, die direkt den unternehmerischen, zum Vorsteuerabzug berechtigten Tätigkeiten zugeordnet werden können.
- **Kein Vorsteuerabzug** auf sämtlichen Aufwendungen, die direkt den unternehmerischen, nicht zum Vorsteuerabzug berechtigten oder den nicht unternehmerischen Tätigkeiten zugeordnet werden können.
- **Anteilsmässiger Vorsteuerabzug** (im Verhältnis der Zusammensetzung des Gesamtumsatzes, d.h. anhand des Umsatzschlüssels) auf denjenigen Aufwendungen, die nicht direkt zuordenbar sind.

Diese Methode führt in der Praxis in vielen Fällen zu einem sachgerechten Ergebnis.

Abb. [12-2] Vorgehen gemäss Methode «Teilzuordnung der Vorsteuer»

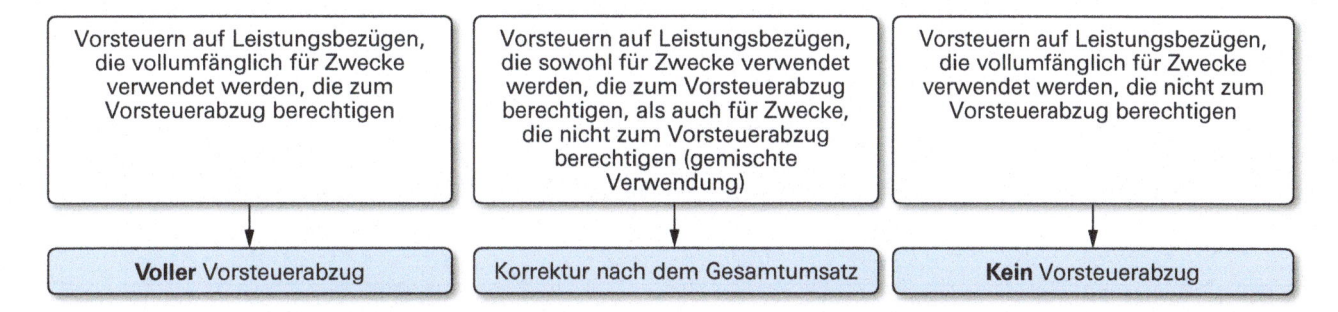

Vorsteuern auf Leistungsbezügen, die vollumfänglich für Zwecke verwendet werden, die zum Vorsteuerabzug berechtigen	Vorsteuern auf Leistungsbezügen, die sowohl für Zwecke verwendet werden, die zum Vorsteuerabzug berechtigen, als auch für Zwecke, die nicht zum Vorsteuerabzug berechtigen (gemischte Verwendung)	Vorsteuern auf Leistungsbezügen, die vollumfänglich für Zwecke verwendet werden, die nicht zum Vorsteuerabzug berechtigen
Voller Vorsteuerabzug	Korrektur nach dem Gesamtumsatz	**Kein** Vorsteuerabzug

Massgebender Umsatz für die Korrektur der Vorsteuern bei Anwendung des Umsatzschlüssels

Sofern für die Korrektur der Vorsteuer ganz oder teilweise auf das Umsatzverhältnis abgestellt wird, beinhaltet der für die Vornahme der Vorsteuerkorrektur massgebende Umsatz (exkl. Steuer) grundsätzlich die gesamten Einnahmen der steuerpflichtigen Person.

Billettsteuern, Handänderungssteuern und sonstige, durchlaufende Posten gehören jedoch nicht zum für die Korrektur der Vorsteuern massgebenden Umsatz. Ebenfalls nicht dazu gehören sämtliche Umsätze, für die bereits eine Vorsteuerkorrektur mittels einer Pauschale gemäss nachfolgendem Kapitel 12.5 vorgenommen wurde.

Von den Mittelflüssen, die nicht als Entgelte gelten (MWSTG 18 Abs. 2), sind zudem lediglich die Entschädigungen aus unselbstständig ausgeübten Tätigkeiten (z. B. Verwaltungsrats- und Stiftungshonorare) sowie Gebühren, Beiträge und sonstige Zahlungen, die für die Ausübung hoheitlicher Tätigkeiten empfangen werden, als zum Vorsteuerabzug nicht berechtigende Umsätze mit einzubeziehen.

B] Methode «Einheit der Leistung»

Bei der Methode «Einheit der Leistung» wird die abzugsberechtigte Vorsteuer wie folgt ermittelt:

- **Voller Vorsteuerabzug** auf sämtlichen Aufwendungen, die direkt dem unternehmerischen, zum Vorsteuerabzug berechtigenden Bereich zugeordnet werden können
- **Kein Vorsteuerabzug** auf sämtlichen Aufwendungen, die direkt dem unternehmerischen, nicht zum Vorsteuerabzug berechtigenden oder dem nicht unternehmerischen Bereich zugeordnet werden können
- Die **Vorsteuern** auf den gemischt verwendeten Aufwendungen sind im Verhältnis des korrigierten – d. h. um die direkt zugeordneten, vorsteuerbelasteten und vorsteuerunbelasteten Aufwendungen korrigierten – Gesamtumsatzes («Bruttogewinn») zu korrigieren.

Diese Methode wird vor allem in den Bereichen Sport und Kultur angewendet.

Abb. [12-3] Vorgehen bei der Methode «Einheit der Leistung»

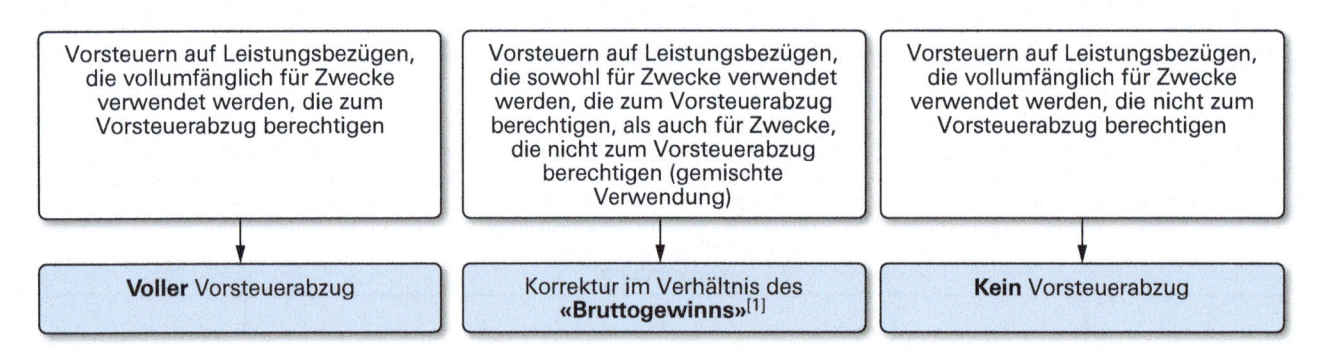

```
┌─────────────────────────┐  ┌─────────────────────────┐  ┌─────────────────────────┐
│ Vorsteuern auf          │  │ Vorsteuern auf          │  │ Vorsteuern auf          │
│ Leistungsbezügen,       │  │ Leistungsbezügen,       │  │ Leistungsbezügen,       │
│ die vollumfänglich für  │  │ die sowohl für Zwecke   │  │ die vollumfänglich für  │
│ Zwecke verwendet        │  │ verwendet werden, die   │  │ Zwecke verwendet        │
│ werden, die zum         │  │ zum Vorsteuerabzug      │  │ werden, die nicht zum   │
│ Vorsteuerabzug          │  │ berechtigen, als auch   │  │ Vorsteuerabzug          │
│ berechtigen             │  │ für Zwecke, die nicht   │  │ berechtigen             │
│                         │  │ zum Vorsteuerabzug      │  │                         │
│                         │  │ berechtigen (gemischte  │  │                         │
│                         │  │ Verwendung)             │  │                         │
└───────────┬─────────────┘  └───────────┬─────────────┘  └───────────┬─────────────┘
            ▼                            ▼                            ▼
┌─────────────────────────┐  ┌─────────────────────────┐  ┌─────────────────────────┐
│ Voller Vorsteuerabzug   │  │ Korrektur im Verhältnis │  │ Kein Vorsteuerabzug     │
│                         │  │ des «Bruttogewinns»[1]  │  │                         │
└─────────────────────────┘  └─────────────────────────┘  └─────────────────────────┘
```

Beispiel

Die Konzert AG weist folgende Erträge und Aufwendungen aus:

Steuerbarer Bereich	Umsatz in CHF	Steuer in CHF	Bemerkungen
Verkauf von gastgewerblichen Leistungen in der Pause	200 000.00	16 000.00	
Aufwand alkoholische Getränke	–20 000.00	–1 600.00	Voller Steuerabzug
Aufwand Esswaren und alkoholfreie Getränke	–40 000.00	–1 000.00	Voller Steuerabzug
Servicepersonal	–40 000.00		
«Bruttogewinn»[1] steuerbarer Bereich	100 000.00		

Von der Steuer ausgenommener Bereich	Umsatz in CHF	Steuer in CHF	Bemerkungen
Eintritte	600 000.00		
Orchesterkosten	–400 000.00		
«Bruttogewinn»[1] von der Steuer ausgenommener Bereich	200 000.00		

Gemischter Bereich	Vorsteuer in CHF	Steuer in CHF
Vorsteuern auf Verwaltungskosten usw.	6 000.00	
Korrektur im Verhältnis CHF 100 000.00 : CHF 200 000.00 um 2/3	–4 000.00	–2 000.00
Steuerforderung		**11 400.00**

[1] Wir wenden hier den Begriff «Bruttogewinn» an. Es handelt sich hier aber nicht um den tatsächlichen «Bruttogewinn» im Sinne der Betriebswirtschaft, sondern wie erwähnt um den massgebenden Umsatz, der um alle direkt zuordenbaren Aufwendungen (mit oder ohne Vorsteuer) korrigiert wurde.

C] Methode «Umsatzschlüssel»

Bei der Methode «Umsatzschlüssel» werden **sämtliche Vorsteuern** anhand des **Gesamtumsatzes** korrigiert. Siehe dazu auch die vorangehenden Ausführungen zum massgebenden Umsatz für die Korrektur der Vorsteuern. Diese Methode kann vor allem in Fällen angewendet werden, bei denen auf die Tätigkeiten, die zum Vorsteuerabzug berechtigen, ungefähr gleich hohe vorsteuerbelastete Aufwendungen entfallen wie auf die Tätigkeiten, die nicht zum Vorsteuerabzug berechtigen.

Abb. [12-4] Vorgehen gemäss Methode «Umsatzschlüssel»

| Vorsteuern auf Leistungsbezügen, die vollumfänglich für Zwecke verwendet werden, die zum Vorsteuerabzug berechtigen | Vorsteuern auf Leistungsbezügen, die sowohl für Zwecke verwendet werden, die zum Vorsteuerabzug berechtigen, als auch für Zwecke, die nicht zum Vorsteuerabzug berechtigen (gemischte Verwendung) | Vorsteuern auf Leistungsbezügen, die vollumfänglich für Zwecke verwendet werden, die nicht zum Vorsteuerabzug berechtigen |

Korrektur im Verhältnis des Gesamtumsatzes (Umsatzschlüssel)

12.4.3 Anwendungsdauer der Vorgehensweisen

Dem Steuerpflichtigen steht es bei der effektiven Methode und den Methoden grundsätzlich frei, welche Methode er zur Berechnung der Vorsteuerkorrektur anwenden will. Die Methode muss jedoch zu einem sachgerechten Ergebnis führen. Die gewählte Methode ist mindestens während einer Steuerperiode anzuwenden, bevor der Steuerpflichtige zu einer anderen Methode der sachgerechten Ermittlung der Korrektur des Vorsteuerabzugs wechseln kann.

12.5 Vorsteuerkorrektur mithilfe von Pauschalen

Viele der steuerpflichtigen Unternehmen erzielen neben unternehmerischen, zum Vorsteuerabzug berechtigenden Leistungen auch von der Steuer ausgenommene oder nicht unternehmerische Leistungen. Oft fallen insbesondere Zinserträge, Erträge aus dem Handel mit Wertschriften sowie Immobilienerträge an.

Werden solche von der Steuer ausgenommene oder nicht unternehmerische Leistungen erzielt, kann nicht mehr der volle Vorsteuerabzug geltend gemacht werden, weil im Zusammenhang mit der Verwaltung dieser Vermögenswerte ebenfalls Vorsteuern anfallen. Der Vorsteuerabzug muss korrigiert werden.

Die Korrektur der Vorsteuer ist einmal jährlich in der letzten MWST-Abrechnung zu deklarieren.

Soweit eine mehrheitlich für die Erzielung von Leistungen, die zum Vorsteuerabzug berechtigen, eingesetzte Verwaltungsinfrastruktur für eine Tätigkeit ohne Anspruch auf Vorsteuerabzug verwendet wird (gemischte Verwendung), kann die auf den entsprechenden Gegenständen und Dienstleistungen vorzunehmende Vorsteuerkorrektur im Sinne der nachstehend beschriebenen **Vereinfachungen** vorgenommen werden. Voraussetzung für die Anwendung dieser Vereinfachungen ist einzig, dass sich daraus kein offensichtlicher Steuervorteil oder -nachteil ergibt.

Wird die Korrektur bei solchen Tätigkeiten mithilfe der nachfolgenden **Pauschalen** berechnet, müssen diese Umsätze bei den Schlüsselberechnungen, die bei den in Kapitel 12.4.2, S. 188 beschriebenen Methoden vorzunehmen sind, nicht mehr berücksichtigt werden.

Mit den Pauschalen ist immer nur die **Korrektur für die Verwendung der Verwaltungsinfrastruktur** abgegolten. Auf Aufwendungen, die direkt dem von der Steuer ausgenommenen oder nicht unternehmerischen Bereich zugeordnet werden können, besteht kein Anspruch auf Vorsteuerabzug (z. B. Depotgebühren im Zusammenhang mit Wertschriften oder Unterhaltskosten von Liegenschaften).

In der Verordnung zum Mehrwertsteuergesetz werden zudem diverse Branchen genannt, für die die ESTV spezielle **Branchenpauschalen** für die Berechnung der Vorsteuerkorrektur aufgrund gemischter Verwendung vorsieht.

Das betrifft:

- Tätigkeiten von Banken
- Tätigkeiten von Versicherungsgesellschaften
- Tätigkeiten von spezialfinanzierten Dienststellen von Gemeinwesen
- Transportunternehmen des öffentlichen Rechts

In diesem Buch beschränken wir uns darauf, die am meisten anzuwendenden Pauschalen im Detail aufzuzeigen. Wir beschreiben diese in den folgenden Abschnitten.

12.5.1 Gewährung von Krediten, Zinseinnahmen und Einnahmen aus dem Handel mit Wertpapieren

Werden Umsätze aus Zinsen, Verkauf von Wertpapieren usw. erzielt, muss keine Vorsteuerkorrektur vorgenommen werden, wenn diese Einnahmen **CHF 10 000.– pro Jahr** nicht übersteigen. Wird dieser Betrag überschritten, ist immer noch keine Korrektur vorzunehmen, wenn der Umsatz aus dieser Tätigkeit **5% des Gesamtumsatzes** nicht übersteigt.

Werden allerdings beide Grenzwerte überschritten, kann die Korrektur der Vorsteuer für die gemischt verwendete Verwaltungsinfrastruktur mit 0.02% des entsprechenden Umsatzes vorgenommen werden.

Beispiel

Ein Dienstleistungsunternehmen erzielt folgende Umsätze:

Dienstleistungsertrag	CHF	189 000.00
Zinsertrag	CHF	6 000.00
Umsatz aus Wertschriftenverkäufen	CHF	5 000.00

Die Zinserträge und die Umsätze aus Wertschriftenverkäufen betragen CHF 11 000.–. Zudem machen diese Umsätze insgesamt 5.5% des Gesamtumsatzes (CHF 200 000.–) aus. Somit werden beide Grenzwerte überschritten und es ist eine Vorsteuerkorrektur im Umfang von CHF 2.20 (CHF 11 000 · 0.02%) vorzunehmen.

12.5.2 Verwaltung von eigenen, nicht optierten Immobilien

Betragen die **Brutto-Mieteinnahmen mehr als CHF 10 000.– pro Jahr,** ist eine Vorsteuerkorrektur für die gemischt verwendete Verwaltungsinfrastruktur vorzunehmen. Diese kann pauschal mit **0.07%** der von der Steuer ausgenommenen Brutto-Mieteinnahmen (inkl. Nebenkosten) erfolgen.

Beispiel

Die Kneubühl AG hat im Laufe der Jahre ein ansehnliches Reservepolster erarbeitet, das in Immobilien angelegt worden ist. Aus diesen Immobilien erzielt sie jährliche, von der Steuer ausgenommene Mieteinnahmen von CHF 500 000.–. Daraus ergibt sich folgende Vorsteuerkorrektur für die gemischt verwendete Infrastruktur:

0.07% Vorsteuerkorrektur von CHF 500 000.–	CHF	350.–

Damit ist aber nur die gemischte Verwendung im Zusammenhang mit der allgemeinen Verwaltungstätigkeit abgedeckt. Die Vorsteuern, die im direkten Zusammenhang mit den vermieteten Gebäuden stehen (z. B. Sanierung des Treppenhauses oder Streichen von Zimmern), dürfen generell nicht in Abzug gebracht werden, da sie den von der Steuer ausgenommenen Mieteinnahmen direkt zuordenbar sind.

12.5.3 Referententätigkeit

Die Referententätigkeit ist ein nach MWSTG 21 Abs. 2 Ziff. 11 Bst. b von der Steuer ausgenommener Umsatz, unabhängig davon, ob das Honorar dem Referenten oder seinem Arbeitgeber bezahlt wird. Die direkt mit der Referententätigkeit anfallenden Kosten (Hotelübernachtung, Reisespesen usw.) berechtigen somit nicht zur Vornahme des Vorsteuerabzugs. Eine Vorsteuerkorrektur für die gemischt verwendete Verwaltungsinfrastruktur ist jedoch erst vorzunehmen, wenn die Honorare aus der Referententätigkeit **mehr als CHF 5 000.– pro Jahr** betragen.

Wird nun die Verwaltungsinfrastruktur des steuerpflichtigen Unternehmens (Computer, Papier, Telefon usw.) für die Referententätigkeit genutzt, so muss das steuerpflichtige Unternehmen diese Nutzung seiner Verwaltungsinfrastruktur für von der Steuer ausgenommene Leistungen für die Vornahme des Vorsteuerabzugs berücksichtigen.

Die Vorsteuerkorrektur kann in diesem Fall mit 1% der von der Steuer ausgenommenen Brutto-Referentenhonorare (inkl. Nebenkosten, u. a. Spesen) erfolgen. Diese Vereinfachung ist nur für die Referententätigkeit anwendbar, nicht aber für die übrigen Bildungsleistungen gemäss MWSTG 21 Abs. 2 Ziff. 11.

Benutzt ein Lohnausweisempfänger einer Unternehmung die Infrastruktur für seine private Tätigkeit, so muss nur das für die Benutzung tatsächlich bezahlte Entgelt versteuert werden.

12.5.4 Entschädigungen für unselbstständig ausgeübte Tätigkeiten

Die Tätigkeit als **Verwaltungsrat,** als **Stiftungsrat** oder die Ausübung einer ähnlichen Funktion gilt gemäss MWSTG 18 Abs. 2 Bst. j als unselbstständig ausgeübte Tätigkeit (s. Kap. 5.11, S. 75). Damit können die Entschädigungen aus diesen Tätigkeiten nicht von der MWST erfasst werden, was dazu führt, dass die mit der Ausübung dieser Tätigkeiten anfallenden Vorsteuern nicht in Abzug gebracht werden können. Eine Vorsteuerkorrektur für die gemischt verwendete Verwaltungsinfrastruktur ist jedoch erst vorzunehmen, wenn die Entschädigungen **mehr als CHF 5 000.– pro Jahr** betragen.

Ist der Funktionsträger, der die Verwaltungsinfrastruktur für diese nicht unternehmerische Tätigkeiten nutzt, ein **Einzelunternehmer** oder ein **Gesellschafter in einer Personengesellschaft,** so kann die Vorsteuerkorrektur für die gemischt verwendete Verwaltungsinfrastruktur mit 1.0% der nicht steuerbaren Brutto-Honorare (inkl. Nebenkosten) erfolgen.

Wird das **Honorar** aus diesen Tätigkeiten von einem Einzelunternehmen, einer Personengesellschaft oder einer Kapitalgesellschaft für die Tätigkeit eines ihrer Arbeitnehmer vereinnahmt, handelt es sich beim Honorar um das Entgelt für eine steuerbare Dienstleistung und eine Korrektur der Vorsteuer ist nicht mehr nötig.

Benutzt ein Lohnausweisempfänger einer Unternehmung die Infrastruktur für seine private Tätigkeit, so muss nur das für die Benutzung tatsächlich bezahlte Entgelt versteuert werden.

12.5.5 Entschädigungen für hoheitliche Tätigkeiten

Werden **Anwälte oder Notare** als Vormund, Beirat oder Beistand **amtlich bestellt,** so gelten die ihnen im Rahmen dieser Funktion ausgerichteten Entschädigungen als Mittelflüsse aus hoheitlichen Tätigkeiten, die gemäss MWSTG 18 Abs. 2 Bst. k als Nicht-Entgelte gelten (s. Kap. 5.13, S. 76). Gleiches gilt bei Entschädigungen für die Funktion als ausserordentlicher Untersuchungsrichter und / oder Gerichtspräsident und dergleichen sowie als Sachwalter und Liquidator im Zusammenhang mit Zwangsvollstreckungsverfahren.

Vorsteuern die im Zusammenhang mit solchen Tätigkeiten anfallen, dürfen nicht in Abzug gebracht werden. Analog der unselbstständig ausgeübten Tätigkeiten muss eine Vorsteuerkorrektur für die gemischt verwendete Verwaltungsinfrastruktur erst vorgenommen werden, wenn die Entschädigungen **mehr als CHF 5 000.– pro Jahr** betragen. In diesen Fällen kann die Vorsteuerkorrektur für die gemischt verwendete Verwaltungsinfrastruktur pauschal mit 1% der nicht steuerbaren Entschädigungen für hoheitliche Tätigkeiten erfolgen.

12.6 Gruppenbesteuerung

Die Gruppenbesteuerung haben wir bereits in Kapitel 6.4.1, S. 93 kennengelernt. Bei der Gruppenbesteuerung unterliegt der Leistungsaustausch zwischen den einzelnen Gruppengesellschaften – der Innenumsatz – nicht der Steuer.

Wir haben somit die zwei folgenden Umsatzkategorien zu unterscheiden:

- **Innenumsatz:** Umsatz, der von einem Gruppenmitglied mit einem anderen Gruppenmitglied erzielt wird. Für die Vorsteuerabzugsberechtigung spielt es keine Rolle, ob diese Umsätze steuerbar wären oder nicht.
- **Aussenumsatz:** Umsatz, der mit Dritten (d. h. Nicht-Gruppenmitglied) erzielt wird. Diese sind massgebend für die Berechnung der Vorsteuerabzugsberechtigung.

Wird ein vorsteuerbelasteter Gegenstand oder eine vorsteuerbelastete Dienstleistung für eine Leistung gegenüber einem anderen Gruppenmitglied verwendet (d. h. somit für einen Innenumsatz), ist für die Berechtigung zur Vornahme des Vorsteuerabzugs nicht die Verwendung beim ersten Käufer des Gegenstands bzw. der Dienstleistung massgebend, sondern bei demjenigen Gruppenmitglied, das mit der bezogenen Leistung einen Umsatz mit einem Nicht-Gruppenmitglied (d. h. somit einen Aussenumsatz) erzielt. Zur Verdeutlichung dieses Mechanismus erläutern wir das folgende Beispiel.

Beispiel

Die drei Unternehmen G AG, X AG und Y AG bilden zusammen eine MWST-Gruppe, wobei es sich bei der X AG und der Y AG um Tochtergesellschaften der G AG handelt, die zu 100% in ihrem Besitz sind.

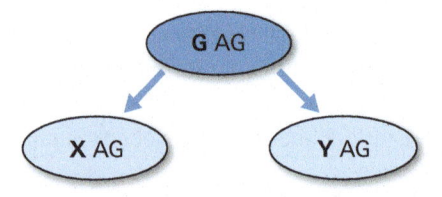

Die G AG verwaltet ihr eigenes Vermögen und erbringt daneben noch steuerbare Dienstleistungen sowie von der Steuer ausgenommene Schulungsleistungen, die nicht zur Vornahme des Vorsteuerabzugs berechtigen. Ihre beiden Tochtergesellschaften X AG und Y AG erbringen ebenfalls steuerbare sowie von der Steuer ausgenommene Leistungen. Wir berechnen den Vorsteuerabzug der Gruppe aufgrund der nachfolgenden Angaben über die angefallenen Vorsteuern und die prozentuale Umsatzaufteilung bei den einzelnen Gruppengesellschaften. Bei der Berechnung der Vorsteuerkorrektur sind die massgebenden Umsatzverhältnisse der einzelnen Gruppengesellschaften zu berücksichtigen. Die Innenumsätze der X AG erfolgen nur an die G AG und die Innenumsätze der Y AG werden ausschliesslich mit der X AG erzielt.

	Vorsteuern in CHF	Aussenumsätze in %		Innenumsätze in %
		stb.	ausg.	stb./ausg.
G AG	200 000.00	70	30	0
X AG	400 000.00	15	35	50
Y AG	500 000.00	10	60	30

Die G AG erbringt zu 70% steuerbare Aussenumsätze, somit hat sie dementsprechend Anrecht auf 70% der angefallenen Vorsteuern in der Höhe von CHF 200 000.–.	140 000.00
Die X AG hat Anrecht auf 15% der Vorsteuern aufgrund der steuerbaren Aussenumsätze. Zudem kann sie auf den 50% Innenumsätzen 70% der darauf anfallenden Vorsteuer geltend machen, da diese Umsätze ausschliesslich mit der G AG getätigt werden, die die Vorsteuern zu 70% geltend machen kann. Somit kann die X AG 50% der angefallenen Vorsteuern von CHF 400 000.– geltend machen.	200 000.00
Die Y AG hat Anrecht auf 10% der Vorsteuern aufgrund der steuerbaren Aussenumsätze. Zudem kann sie auf den 30% Innenumsätzen 50% der darauf anfallenden Vorsteuern geltend machen, da diese Umsätze ausschliesslich mit der X AG getätigt werden, die die Vorsteuern zu 50% geltend machen kann. Somit kann die Y AG 25% der angefallenen Vorsteuern von CHF 500 000.– geltend machen.	125 000.00
Total Vorsteuerabzug der MWST-Gruppe	**465 000.00**

In der Praxis sind auch andere Vorgehensweisen zur Berechnung der Vorsteuerkorrektur denkbar, sofern sie zu einem sachgerechten Ergebnis führen. Denkbar ist z. B. eine Vorsteuerkorrektur aufgrund des Umsatzverhältnisses (Aussenumsätze) der gesamten Gruppe.

Während für die MWST-Gruppe die gesamthaft abzuliefernde MWST durch die Anwendung der Gruppenbesteuerung immer tiefer ausfallen sollte, kann für die einzelne Gruppengesellschaft eine höhere Steuerschuld resultieren, die durch gruppeninterne Umbuchungen korrigiert werden kann (siehe dazu die Problematik des Personal Computer im Beispiel in Kapitel 6.4.1, S. 93).

Der grösste Vorteil der Gruppenbesteuerung liegt in der Optimierung des Vorsteuerabzugs, d. h. der **Verhinderung einer taxe occulte auf der konzerninternen Wertschöpfung.** Der MWST-Gruppe soll aber kein Steuervorteil dadurch entstehen, dass Leistungen primär über eine Gruppengesellschaft eingekauft werden, die den vollen Vorsteuerabzug vornehmen kann.

12.7 Beteiligungen

12.7.1 Vorsteuerabzug beim Erwerb, Halten und Veräussern von Beteiligungen (MWST 29 Abs. 2)

Unternehmen können im Rahmen ihrer zum Vorsteuerabzug berechtigenden, unternehmerischen Tätigkeit auf Aufwendungen, die beim Erwerben, Halten und Veräussern von Beteiligungen (Anteil von mind. 10% am Kapital einer Unternehmung) anfallen, die Vorsteuern geltend machen. In diesem Zusammenhang typische Kosten sind:

- Beratungsdienstleistungen (z. B. für Due Diligence) im Zusammenhang mit dem Kauf oder Verkauf einer Beteiligung
- Aufwendungen im Bereich der Finanzierung eines Beteiligungserwerbs
- Verwaltung und Schutz der Beteiligungen

Beispiel

Die KnowHow AG, Stammhaus des KnowHow-Konzerns, weist folgende Umsätze aus:

Beteiligungserträge (Dividenden)	CHF	5 000 000.00
Beratungsleistungen	CHF	2 000 000.00
Bildungsleistungen	CHF	500 000.00
Finanzerträge (Zinsen, Einnahmen aus Wertschriftenverkäufen usw.)	CHF	400 000.00
Total Umsatz	**CHF**	**7 900 000.00**

Die Beteiligungserträge gelten nach MWSTG 18 Abs. 2 Bst. f als Nicht-Entgelte und sind für die Beurteilung des Vorsteuerabzugs nicht relevant. Die Aufwendungen, die direkt den steuerbaren Beratungsleistungen zugeordnet werden können, berechtigen zum vollumfänglichen Vorsteuerabzug. Die den Bildungsleistungen sowie den Finanzerträgen direkt zuordenbaren Aufwendungen berechtigen hingegen nicht zum Vorsteuerabzug.

Für die restlichen, nicht direkt zuordenbaren Vorsteuern im Zusammenhang mit der Unternehmenstätigkeit, insbesondere im Zusammenhang mit dem Erwerben, Halten und Veräussern von Beteiligungen, hat die KnowHow AG den Vorsteuerabzug wie folgt zu korrigieren.

Aufgrund der Finanzerträge: 0.02% von CHF 400 000.00	CHF	80.00	
Aufgrund der Bildungsleistungen:			
Steuerbare Beratungsleistungen	CHF	2 000 000.00	80%
Von der Steuer ausgenommene Bildungsleistungen	CHF	500 000.00	20%
Bemessungsgrundlage Vorsteuerkorrektur	CHF	2 500 000.00	100%

Auf den restlichen Vorsteuern der nicht direkt zuordenbaren Aufwendungen ist eine Vorsteuerkorrektur von 20% vorzunehmen.

12.7.2 Zusätzliche Berechnungsmöglichkeit für Holdinggesellschaften

Als Holdinggesellschaft im Sinne von MWSTG 29 Abs. 4 gelten Kapitalgesellschaften und Genossenschaften,

- deren statutarischer Zweck zur Hauptsache in der dauernden Verwaltung von Beteiligungen besteht,
- die in der Schweiz keine Geschäftstätigkeit ausüben und
- deren Beteiligungen oder die Erträge aus den Beteiligungen längerfristig mindestens zwei Drittel der gesamten Aktiven oder Erträge ausmachen (StHG28 Abs. 2).

Damit ein Unternehmen im Sinne der MWST als Holdinggesellschaft gilt, darf es somit gegen aussen nicht am Wirtschaftsverkehr teilnehmen. Wurde einer Kapitalgesellschaft oder einer Genossenschaft das **Holdingprivileg** von den zuständigen kantonalen Steuerverwaltungen zuerkannt, gilt dieses auch für die Belange der MWST als Holdinggesellschaften.

Zusätzlich zur Berechnung, wie wir sie in Kapitel 12.7.1, S. 195 gezeigt haben, besteht für Holdinggesellschaften die Möglichkeit, statt auf die eigene Tätigkeit auf die Tätigkeit der von ihr gehaltenen Unternehmen abzustellen. Als Grundlage zur Ermittlung des Vorsteuerschlüssels dient die Konzernrechnung (vollkonsolidierte Jahresrechnung).

Eine Vorgehensweise für die Ermittlung des Anspruchs auf Vorsteuerabzug ist, dass in einem ersten Schritt die angefallenen Vorsteuern soweit möglich den gemäss der Erfolgsrechnung der Holdinggesellschaft zum Vorsteuerabzug berechtigenden Tätigkeiten (z. B. Management Fees) und den nicht zum Abzug berechtigenden Tätigkeiten (z. B. Zinserträge und Einnahmen aus Wertschriftenverkäufen) zuzuordnen sind. Die Vorsteuern auf den gemischt verwendeten Aufwendungen, insbesondere auf den Aufwendungen im Zusammenhang mit dem Erwerb, Halten und Veräussern von Beteiligungen, sind nun in einem zweiten Schritt auf Basis der Konzernrechnung zu korrigieren.

Beispiel	Die Vorsteuern sind in einem ersten Schritt analog den vorangegangenen Ausführungen den einzelnen Leistungen der Holdinggesellschaft zuzuordnen. Die Vorsteuern auf den nicht direkt zuordenbaren Aufwendungen sind nun anhand der Konzernrechnung zu korrigieren. Diese weist folgende Umsätze aus:

Erlöse aus Beratungsdienstleistungen	CHF	46 000 000.00
Beteiligungserträge (Dividenden)	CHF	1 000 000.00
Finanzerträge Dritter (Zinsen, Verkäufe Wertschriften usw.)	CHF	950 000.00
Total Umsatz	**CHF**	**47 950 000.00**

Die Beteiligungerträge (Nicht-Entgelt) sind ohne Bedeutung für die Berechnung der Vorsteuerkorrektur. Die Finanzerträge Dritter werden nicht berücksichtigt, da angenommen werden kann, dass die Vorsteuerkorrektur für solche Nebenumsätze konzernweit mittels der Pauschalen von 0.02% vorgenommen wird. In dem auf die Erfolgsrechnung des Konzerns abgestellt wird, werden die konzerninternen Umsätze nicht berücksichtigt. Da der Konzern ansonsten keine von der Steuer ausgenommenen Leistungen erwirtschaftet, sind auch keine weiteren Vorsteuerkorrekturen mehr notwendig.

Eine weitere Vorgehensweise besteht darin, für Kosten im Zusammenhang mit dem Erwerben, Halten und Veräussern von Beteiligungen den Anspruch auf Vorsteuerabzug aufgrund der unternehmerischen Tätigkeit der betroffenen Gesellschaft zu beurteilen.

Beispiel	Eine Holdinggesellschaft veräussert eine Beteiligung an der Schulung GmbH, die ausschliesslich von der Steuer ausgenommene Schulungsleistungen erzielt. Die Vorsteuern auf den Veräusserungskosten dürfen somit nicht abgezogen werden. Mit dem Erlös aus dem Verkauf erwirbt die Holdinggesellschaft nun eine Beteiligung an der Beratung AG, die ausschliesslich zum Vorsteuerabzug berechtigende Beratungsleistungen erzielt. Auf den Due-Diligence-Kosten im Zusammenhang mit diesem Erwerb dürfen nun die Vorsteuern vollumfänglich geltend gemacht werden. Die verbleibenden Vorsteuern auf Aufwendungen, die gemischt genutzt werden, sind bei dieser Vorgehensweise ebenfalls anhand des Konzernabschlusses zu beurteilen.

Die gewählte Vorgehensweise muss für eine **ganze Steuerperiode** beibehalten werden.

12.8 Vorsteuerkürzung bei Subventionen

Nachfolgend wird für folgende Mittelflüsse der Einfachheit halber nur noch der Begriff «Subvention» verwendet:

- Subventionen und andere öffentlich-rechtliche Beiträge
- Gelder, die Kur- und Verkehrsvereine ausschliesslich aus öffentlich-rechtlichen Tourismusabgaben erhalten und die sie im Auftrag von Gemeinwesen zugunsten der Allgemeinheit einsetzen
- Beiträge aus kantonalen Wasser-, Abwasser oder Abfallfonds an Entsorgungsanstalten oder Wasserwerke

Beim Erhalt von solchen Subventionen ist gemäss MWSTG 33 Abs. 2 eine verhältnismässige Kürzung des Vorsteuerabzugs vorzunehmen. Dabei ist zu beachten, dass die Vorsteuerkürzung je nach Art solcher Einnahmen unterschiedlich vorzunehmen ist. Die zwei am häufigsten vorkommenden Arten sind «Objektbezogene Subventionen» und «Subventionen zur Deckung des Betriebsdefizits». Können die Mittel einem Tätigkeitsbereich zugeordnet werden, für den keine Vorsteuern angefallen sind oder für den kein Anspruch auf Vorsteuerabzug besteht, ist keine Vorsteuerkürzung vorzunehmen. Auch das Weiterleiten von Subventionen hat keine steuerlichen Konsequenzen. Die Vorsteuerkürzung erfolgt einzig beim letzten Zahlungsempfänger.

12.8.1 Objektbezogene Subventionen

Objektbezogene Subventionen sind Subventionen, die direkt einem bestimmten Objekt zugeordnet werden können. Bei diesen muss nur die im Zusammenhang mit diesem Objekt angefallene Vorsteuer gekürzt werden. Massgebend für die Berechnung ist dabei das Verhältnis der erhaltenen Subventionen zu den gesamten Objektkosten (inkl. allfällige MWST).

Falls das Objekt zudem nicht vollumfänglich für zum Vorsteuerabzug berechtigende Zwecke verwendet wird, ist eine zusätzliche Korrektur der verbleibenden Vorsteuer vorzunehmen.

12.8.2 Subventionen zur Deckung des Betriebsdefizits usw.

Werden Subventionen zur Deckung eines Betriebsdefizits ausgerichtet, muss grundsätzlich die gesamte im entsprechenden Jahr angefallene Vorsteuer gekürzt werden. Dabei ist für die Berechnung der Quote das Verhältnis der Subventionen zum Gesamtumsatz (exkl. MWST) zu berücksichtigen.

Beispiel

Die im Bereich der Kultur tätige Event AG, die jährlich zur Deckung des Betriebsdefizits eine Kantonssubvention von CHF 800 000.– erhält, hat im abgelaufenen Jahr einen grösseren Umbau durchgeführt. Für die Realisierung dieses Umbaus hat sie eine zusätzliche Subvention in der Höhe von CHF 600 000.– erhalten. Im Weiteren sind folgende Zahlen bekannt (inkl. allfällige MWST):

Zum getätigten Umbau

Gesamtkosten	CHF	750 000.00
Darin enthaltene MWST	CHF	50 000.00

Zum abgelaufenen Geschäftsjahr

Einnahmen aus Werbung	CHF	216 000.00
Einnahmen aus Zuschauereintritten (ohne Option)	CHF	1 000 000.00
Angefallene Vorsteuern auf laufenden Aufwendungen	CHF	30 000.00

Wie hoch sind die im betrachteten Geschäftsjahr gesamthaft abzugsberechtigten Vorsteuern?

Um die Frage zu beantworten, muss einerseits der direkt subventionierte Anteil des Umbaus und andererseits der Anteil der Subvention zur Deckung des Betriebsdefizits berechnet werden. Diese Berechnungen ergeben folgende Quoten:

Berechnung zum getätigten Umbau

Gesamtkosten	CHF	750 000.00	100.00%
Dafür erhaltene (zuordenbare) Subvention	CHF	600 000.00	80.00%

Zum abgelaufenen Geschäftsjahr

Einnahmen aus Werbung	CHF	216 000.00		
enthaltene MWST	CHF	−16 000.00		
Für Vorsteuerabzug massgebendes Entgelt	CHF	200 000.00	16.67%	
Steuerausgenommene Entgelte aus Eintritten	CHF	1 000 000.00	83.33%	
Für Vorsteuerkorrektur massgebende Entgelte	CHF	1 200 000.00	100.00%	60.00%
Jährliche Subventionen (allg. Betriebsdefizitdeckung)	CHF	800 000.00		40.00%
Massgebender Gesamtumsatz	CHF	2 000 000.00		100.00%

Aufgrund dieser prozentualen Berechnungen kann nun die abzugsberechtigte Vorsteuer ermittelt werden.

Diese ergibt sich wie folgt:

Vorsteuern auf den Umbaukosten	CHF	50 000.00	100.00%
Vorsteuerkürzung aufgrund objektbez. Subventionen	CHF	–40 000.00	80.00%
Restliche Vorsteuern aus Umbau	CHF	10 000.00	
Vorsteuern aus der laufenden Tätigkeit	CHF	30 000.00	
Total noch zu bereinigende Vorsteuer	CHF	40 000.00	100.00%
Vorsteuerkorrektur aufgrund steuerausgenommener Entgelte	CHF	–33 333.00	83.33%
Total selbstfinanzierte Vorsteuern	CHF	6 667.00	100.00%
Vorsteuerkürzung aufgrund Subventionen	CHF	–2 667.00	40.00%
Gesamthaft abzugsberechtigende Vorsteuer	**CHF**	**4 000.00**	

Von den gesamthaft angefallenen Vorsteuern von CHF 80 000.– darf die Event AG somit nur CHF 4 000.– in ihren Abrechnungen von den geschuldeten Umsatzsteuern als Vorsteuer in Abzug bringen.

12.9 Vereinfachungen

In folgenden Fällen können die nicht zum Vorsteuerabzug berechtigenden Mittelflüsse im Sinne einer Vereinfachung versteuert werden, anstatt dass eine Kürzung oder Korrektur der Vorsteuern zu erfolgen hat:

- Vermietung von Hauswartswohnungen
- Erhalt von Subventionen

Die Mittelflüsse sind als inklusive MWST zu betrachten und sind zum Normalsatz zu versteuern. Ein offener Ausweis der Steuer auf den Rechnungen ist jedoch nicht zulässig. Für die Anwendung dieser Vereinfachung bedarf es keiner Bewilligung der ESTV. Das Vorgehen ist jedoch während mindestens einer Steuerperiode beizubehalten.

Die Anwendung der Vereinfachung kann bei Beginn und am Ende zu einer Vorsteuerkorrektur führen.

Zusammenfassung

In folgenden Fällen darf **kein Vorsteuerabzug** vorgenommen werden:

- Unternehmerische, jedoch von der Steuer ausgenommene Tätigkeiten
- Nicht unternehmerische Tätigkeiten
- Geschenke ohne unternehmerischen Grund
- Subventionen und andere öffentlich-rechtliche Beiträge

Werden Leistungen gemischt verwendet, d. h. für Zwecke, die sowohl zum Vorsteuerabzug berechtigen als auch für andere Zwecke, müssen die **Vorsteuern korrigiert** werden.

Bei der Vorsteuerkorrektur sind **zwei Vorgehensweisen** möglich:

- Bei der sofortigen Korrektur des Vorsteuerabzugs wird die Vorsteuer beim Bezug der Leistung aufgrund der Verwendung korrigiert.
- Es wird zunächst die ganze Vorsteuer abgezogen. Der Vorsteuerabzug wird nur einmal jährlich aufgrund der Verwendung korrigiert.

Erzielt ein Unternehmen sowohl steuerbare als auch nicht steuerbare Umsätze, muss ein **Verteilschlüssel** für die Vorsteuer ermittelt werden, der die tatsächliche Verwendung widerspiegelt und wirtschaftlich korrekt ist. Die Vorsteuer muss dann im Verhältnis der Verwendung korrigiert werden.

Bei der **gemischten Verwendung** kann die Vorsteuer nach der effektiven Methode (Kostenrechnung) vorgenommen werden. Ausserdem kann die Vorsteuerkorrektur mittels **drei Methoden** ermittelt werden. Bei der **Methode «Teilzuordnung der Vorsteuern»** können die Vorsteuern auf allen Kosten, die direkt zum Vorsteuerabzug berechtigte Zwecke betreffen, vollumfänglich abgezogen werden. Demgegenüber ist auf Kosten, die direkt nicht vorsteuerberechtigten Zwecken zuzuordnen sind, kein Abzug zulässig.

Die übrigen Kosten sind im Verhältnis des Gesamtumsatzes aufzuteilen. Bei der **Methode «Einheit der Leistung»** werden die direkt zuordenbaren Kosten wie bei der erst genannten Methode behandelt. Die übrigen Kosten werden hier aber im Verhältnis des um die direkt zuordenbaren Kosten gekürzten Umsatzes («Bruttogewinn») korrigiert. Bei der **Methode «Umsatzschlüssel»** können sämtliche Vorsteuern im Verhältnis zum Gesamtumsatz korrigiert werden. Die Methoden dürfen nur angewendet werden, wenn dies zu einem sachgerechten Ergebnis führt.

Bei der **Gruppenbesteuerung** haben wir zwischen Innen- und Aussenumsatz unterschieden. Der **Aussenumsatz** ist massgebend für die Berechnung der Vorsteuerabzugsberechtigung. Dieser liegt bei Umsätzen vor, die von einem Gruppenmitglied mit einem Nicht-Gruppenunternehmen erzielt wurden.

Für die Ermittlung des Vorsteuerabzugs bei **Holdinggesellschaften** besteht die Möglichkeit, entweder auf die eigene Tätigkeit der Holdinggesellschaft oder auf die Tätigkeit der von ihr gehaltenen Unternehmen abzustellen.

Wenn ein Unternehmen **Subventionen** erhält, muss es eine verhältnismässige Kürzung der Vorsteuer vornehmen. Können die Subventionen **direkt einem bestimmten Objekt zugewiesen** werden, muss nur die Vorsteuer gekürzt werden, die im Zusammenhang mit diesem Objekt angefallen ist. Bei **Subventionen zur Deckung des Betriebsdefizits** muss die gesamte im entsprechenden Jahr angefallene Vorsteuer gekürzt werden.

Anstelle der Berechnung einer Vorsteuerkorrektur bzw. -kürzung dürfen folgende Mittelflüsse im Sinne einer Vereinfachung versteuert werden:

- Vermietung von Hauswartswohnungen
- Erhalt von Subventionen

Die Mehrwertsteuer

Repetitionsfragen

67	Nennen Sie sinnvolle Schlüsselgrössen für die Aufteilung des Vorsteuerabzugs für folgende Leistungen:
	A] Fahrzeug D] Steuerberatung
	B] Computer E] Heizkosten
	C] Liegenschaft F] Kosten Temporärmitarbeiter

68	Was versteht man unter der gemischten Verwendung und welche Folgen ergeben sich in Bezug auf den Vorsteuerabzug?

69	Die Garage Meisterhans AG erzielt einen Umsatz von CHF 3 Mio. Davon entfällt je ein Drittel auf den Autohandel, Reparaturarbeiten und Fahrschule. Das Geschäftsgebäude wird wie folgt verwendet: Autohandel 100 m²; Reparaturwerkstätte 200 m²; Fahrschule 100 m²; allgemeine, gemischte Nutzung 100 m².
	Wie viele Vorsteuern kann die Meisterhans AG bei den nachfolgenden Bezügen geltend machen, wenn so weit als möglich die effektive Verwendung für die Berechnung des Vorsteuerabzugs berücksichtigt wird?
	A] Einkauf Chefbürostuhl CHF 1 080.00
	B] Einkauf Fahrzeug für die Fahrschule CHF 21 600.00
	C] Reparatur des Gebäudedachs CHF 43 200.00

70	Die Handelsschule Hubertus erzielt neben CHF 9 Mio. Umsatz aus von der Steuer ausgenommener Schulungstätigkeit noch Einnahmen von CHF 1 Mio. (exkl. MWST) aus dem Betrieb einer Kantine für die Lehrer und Schüler. Der Warenaufwand für die Kantine beträgt CHF 300 000.– (exkl. 2.5% MWST von CHF 7 200.–). Im Zusammenhang mit der gemischt verwendeten Verwaltung sind Vorsteuern von CHF 100 000.– angefallen. Der Einfachheit halber ist davon auszugehen, dass mit Ausnahme des Warenaufwands im Bereich Kantine keine direkt zuordenbaren Kosten angefallen sind, was in der Praxis natürlich kaum der Fall sein dürfte.
	Berechnen Sie die Steuerforderung (Umsatzsteuer abzüglich Vorsteuer). Die Vorsteuerkorrektur ist dabei jeweils nach folgender Methode vorzunehmen:
	A] Methode «Teilzuordnung der Vorsteuer»
	B] Methode «Einheit der Leistung»
	C] Methode «Umsatzschlüssel»

13 Nutzungsänderungen

Lernziele	Nach der Bearbeitung dieses Kapitels können Sie …
	• die beiden Tatbestände Einlageentsteuerung und Eigenverbrauch unterscheiden. • Arten von Nutzungsänderungen aufzählen. • die Unterschiede zwischen der effektiven und der annäherungsweisen Ermittlung der Steuer beschreiben.
Schlüsselbegriffe	annäherungsweise Ermittlung, bewegliche Gegenstände, Dienstleistungen, effektive Ermittlung, Eigenverbrauch, Einlageentsteuerung, künftige Nutzungsänderung, partielle Nutzungsänderung, Toleranzgrenze, unbewegliche Gegenstände, vollumfängliche Nutzungsänderung, Vorsteuerkorrektur, vorübergehende Verwendung

Es kommt vor, dass sich die Verhältnisse der Nutzung, die beim Empfang einer Leistung oder bei der Einfuhr für die Vornahme des Vorsteuerabzugs massgebend waren, ändern. Man spricht in solchen Fällen von einer Nutzungsänderung. MWSTG 32 ermöglicht es dem Steuerpflichtigen, bei Nutzungsänderungen unter gewissen Voraussetzungen eine Einlageentsteuerung vorzunehmen. Das Gegenstück zur Einlageentsteuerung ist der Eigenverbrauch gemäss MWSTG 31.

13.1 Grundsätzliches

Damit eine Einlageentsteuerung oder ein Eigenverbrauch aufgrund einer Nutzungsänderung entsteht, müssen diverse Grundvoraussetzungen erfüllt werden. Diese sind bei den beiden Tatbeständen unterschiedlich.

13.1.1 Einlageentsteuerung

Der Zweck der Einlageentsteuerung besteht darin, Gegenstände und Dienstleistungen durch Gewährung eines nachträglichen Vorsteuerabzugs steuerlich zu entlasten. Eine Einlageentsteuerung ist nur möglich, wenn folgende Voraussetzungen **kumulativ** erfüllt sind:

- Die steuerpflichtige Person hat beim Bezug der Gegenstände und Dienstleistungen keinen Vorsteuerabzug vorgenommen bzw. vorgängig wurde eine infolge Eigenverbrauchs korrigierte Vorsteuer entrichtet.
- Der Anspruch auf den Vorsteuerabzug muss belegt werden können (z. B. mittels Rechnungen).
- Die zu entsteuernden Gegenstände und Dienstleistungen müssen künftig für eine zum Vorsteuerabzug berechtigende, unternehmerische Tätigkeit verwendet werden.

Eine Einlageentsteuerung hat zu denjenigen Steuersätzen zu erfolgen, mit denen die Gegenstände und Dienstleistungen seinerzeit beim Bezug belastet worden sind.

Wurden die zu entsteuernden Gegenstände oder Dienstleistungen bereits in Gebrauch genommen, ist für die Berechnung der Einlageentsteuerung auf den Zeitwert der Vorsteuern abzustellen, der gleich wie beim Eigenverbrauch ermittelt werden kann. Siehe dazu die Ausführungen in Kapitel 11.2.5, S. 171.

Beispiel	Wilhelm Aschwanden liess im Jahr n1 eine Liegenschaft erstellen und verwendete diese ab Herbst n1 vollumfänglich für von der Steuer ausgenommene Zwecke (Vermietung ohne Option). Per 1. Juli n4 wird für die Vermietung von 40% der Liegenschaft optiert.
	Wilhelm Aschwanden kann eine Einlageentsteuerung auf dem Zeitwert der Vorsteuern am Stichtag 1. Juli n4 geltend machen, sofern die übrigen umschriebenen Bedingungen auch erfüllt sind.
	Für die Berechnung der Einlageentsteuerung ist der auf den Rechnungen des Jahres n1 ausgewiesene Steuerbetrag bzw. die Vorsteuer massgebend.

13.1.2 Eigenverbrauch

Das Gegenstück zur Einlageentsteuerung ist die Vorsteuerkorrektur im Eigenverbrauch, die in Kapitel 11, S. 163 bereits besprochen wurde. Der Eigenverbrauch soll insbesondere sicherstellen, dass Steuerpflichtige, die bezogene Leistungen neu für eine nicht unternehmerische oder eine unternehmerische, nicht zum Vorsteuerabzug berechtigende Tätigkeit verwenden, nachträglich mit der Steuer belastet werden.

Massgebend für die Vorsteuerkorrektur im Eigenverbrauch ist die seinerzeit geltend gemachte Vorsteuer. Wurden keine Vorsteuern geltend gemacht, obwohl der Anspruch dafür gegeben war, ist auch keine Vorsteuerkorrektur im Eigenverbrauch vorzunehmen.

Bezüglich des Zeitwerts der geltend gemachten Vorsteuern auf bereits in Gebrauch genommenen Gegenständen und Dienstleistungen verweisen wir auf die Ausführungen in Kapitel 11.2.5, S. 171.

Beispiel	Hans Glauser liess im Jahr n1 eine Liegenschaft erstellen und verwendete diese bis 30.6.n13 ausschliesslich für steuerbare Zwecke. Daher machte er den Vorsteuerabzug auf den Erstellungskosten vollumfänglich geltend. Ab 1. Juli n13 vermietet er 40% der Liegenschaft ohne Option.
	Hans Glauser hat eine Vorsteuerkorrektur im Eigenverbrauch auf dem Zeitwert der Vorsteuern am Stichtag 1. Juli n13 vorzunehmen. Für die Berechnung ist von den per Jahr n1 geltend gemachten Vorsteuern auszugehen.

13.2 Tatbestände und Arten von Nutzungsänderungen

Es sind **drei verschiedene Tatbestände** zu unterscheiden, die eine Nutzungsänderung bewirken können.

Abb. [13-1]   Tatbestände der Nutzungsänderung

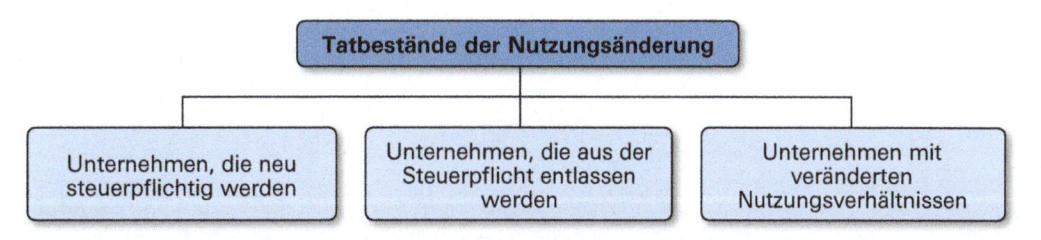

```
                  Tatbestände der Nutzungsänderung
                                │
        ┌───────────────────────┼───────────────────────┐
   Unternehmen, die neu   Unternehmen, die aus der   Unternehmen mit
   steuerpflichtig werden  Steuerpflicht entlassen    veränderten
                                werden             Nutzungsverhältnissen
```

13.2.1 Unternehmen, die neu steuerpflichtig werden

Insbesondere bei Unternehmen, die neu als Steuerpflichtige bei der MWST eingetragen werden, kann eine Einlageentsteuerung infrage kommen. Soweit die künftige Tätigkeit zum Vorsteuerabzug berechtigt, können die dafür verwendeten Gegenstände und Dienstleistungen entsteuert werden.

Beispiel Der ehemalige Skirennfahrer Hans Müller betreibt seit einigen Jahren ein Sportgeschäft, für das er aufgrund der erzielten Umsätze bisher von der Steuerpflicht befreit war. Aufgrund des guten Geschäftsgangs übersteigt der Umsatz nun die massgebenden Umsatzgrenzen und Hans Müller wird auf Beginn des Folgejahres steuerpflichtig. Dadurch liegt eine Nutzungsänderung vor, aufgrund deren er in seiner ersten MWST-Abrechnung eine Einlageentsteuerung (insbesondere Vorsteuern auf den Lagerwaren) geltend machen kann.

13.2.2 Unternehmen, die aus der Steuerpflicht entlassen werden

Eine Vorsteuerkorrektur im Eigenverbrauch muss hauptsächlich bei denjenigen Unternehmen vorgenommen werden, die aus der Steuerpflicht entlassen werden. Da aufgrund deren Entlassung aus der Steuerpflicht die Nutzung für eine zur Vornahme des Vorsteuerabzugs berechtigende Tätigkeit wegfällt, sind die Voraussetzungen für eine Vorsteuerkorrektur im Eigenverbrauch infolge Nutzungsänderung zu prüfen.

Beispiel Die erfolgreichen Zeiten des Handballvereins Vorderstadt liegen schon etwas zurück, wodurch sich auch der steuerbare Umsatz reduziert hat. Da dieser im Jahr n1 weniger als CHF 150 000.– beträgt, lässt sich der Handballverein auf den 31.12.n1 aus dem Register der Steuerpflichtigen löschen. Dadurch liegt eine Nutzungsänderung vor, aufgrund deren in der letzten Abrechnung (oder gegebenenfalls in der Schlussrechnung) eine Vorsteuerkorrektur infolge Eigenverbrauch (insbesondere für Betriebsmittel und noch an Lager befindliche Waren) vorzunehmen ist.

13.2.3 Unternehmen mit veränderten Nutzungsverhältnissen

Auch bei einem weiterhin steuerpflichtigen Unternehmen können sich Nutzungsänderungen ergeben, die zu einer Vorsteuerkorrektur (Einlageentsteuerung oder Eigenverbrauch) führen. Dabei sind die zwei folgenden Arten von Nutzungsänderungen zu unterscheiden:

- Vollumfängliche Nutzungsänderungen
- Partielle (teilweise) Nutzungsänderungen

Im Gegensatz zur partiellen Nutzungsänderung wird jede vollumfängliche Nutzungsänderung steuerlich erfasst. Deswegen ist es wichtig zu wissen, wann eine partielle und wann eine vollumfängliche Nutzungsänderung vorliegt.

A] Vollumfängliche Nutzungsänderungen

Eine vollumfängliche Nutzungsänderung liegt in der Regel dann vor, wenn die Gegenstände oder Dienstleistungen nach der Nutzungsänderung ausschliesslich für unternehmerische, zum Vorsteuerabzug berechtigende Tätigkeiten oder ausschliesslich für von der Steuer ausgenommene oder nicht unternehmerische Tätigkeiten verwendet werden.

Hingegen liegt keine vollumfängliche Nutzungsänderung vor, wenn die Gegenstände und Dienstleistungen

- bisher ausschliesslich für unternehmerische, zum Vorsteuerabzug berechtigende oder ausschliesslich für von der Steuer ausgenommene oder nicht unternehmerische Zwecke verwendet wurden und in Zukunft für beide Zwecke verwendet werden oder
- bisher nur teilweise für zum Vorsteuerabzug berechtigende, unternehmerische Tätigkeiten verwendet wurden, in Zukunft in einem andern Ausmass, jedoch nicht vollumfänglich für unternehmerische, zum Vorsteuerabzug berechtigende Tätigkeiten oder von der Steuer ausgenommene bzw. nicht unternehmerische Tätigkeiten verwendet werden.

Bei unbeweglichen Gegenständen ist zu beachten, dass jeder vermietete Liegenschaftsteil (d. h. einzelne Räumlichkeiten oder Stockwerke) gesondert, d. h. aufgrund dessen, ob für die entsprechende Miete optiert wurde oder nicht, zu beurteilen ist. Bei Beginn und Ende jeder einzelnen Option liegt somit immer eine vollumfängliche Nutzungsänderung für den entsprechenden Liegenschaftsteil vor.

Beispiel

Die steuerpflichtige Anwaltspraxis Steiger reduziert ihre Geschäftstätigkeit. Dadurch werden nicht mehr die gesamten, bisherigen Büroräumlichkeiten benötigt. Sie vermietet deshalb den nicht genutzten Teil an einen nicht steuerpflichtigen Arzt. Da eine Option nicht sinnvoll ist und somit darauf verzichtet wurde, liegt eine vollumfängliche Nutzungsänderung infolge Vermietung eines Liegenschaftsteils ohne Option vor. Aufgrund dieser Nutzungsänderung ist gegebenenfalls eine Vorsteuerkorrektur im Eigenverbrauch vorzunehmen.

B] Partielle (teilweise) Nutzungsänderungen

Eine partielle Nutzungsänderung liegt dann vor, wenn Gegenstände und Dienstleistungen nicht mehr ausschliesslich für zum Vorsteuerabzug berechtigende, unternehmerische Tätigkeiten oder ausschliesslich für von der Steuer ausgenommene bzw. nicht unternehmerische Tätigkeiten sondern in Zukunft gemischt verwendet werden. Eine partielle Nutzungsänderung liegt ebenfalls vor, wenn sich das Verhältnis der gemischten Verwendung ändert.

Grundlage für die zu vergleichenden Nutzungsverhältnisse sind die Ergebnisse aus der Berechnung der Vorsteuerkorrektur aufgrund gemischter Verwendung. Weil das effektive Nutzungsverhältnis in der Regel erst nach Ablauf des Jahres feststeht, in dem die steuerlich relevante Nutzungsänderung eintritt, ist Folgendes zu beachten:

- Die Wirkungen einer partiellen Nutzungsänderung treten zu Beginn jenes Jahres ein, in dem die Nutzungsänderung stattfindet.
- Die steuerlichen Massnahmen (Einlageentsteuerung bzw. Vorsteuerkorrektur im Eigenverbrauch) können aber erst in der letzten MWST-Abrechnung jenes Jahres getroffen werden, in dem die Nutzungsänderung eintritt.
- Steht zu Beginn des Jahres fest, dass sich das Nutzungsverhältnis wesentlich ändern wird (z. B. neue Option für die Versteuerung der grundsätzlich von der Steuer ausgenommenen Umsätze), ist die Einlageentsteuerung bzw. Vorsteuerkorrektur im Eigenverbrauch in der ersten MWST-Abrechnung provisorisch zu berücksichtigen und in der letzten MWST-Abrechnung des Jahres auf die effektiv erfolgte Nutzungsänderung zu korrigieren.

Beispiel

Fall 1

Ein EDV-Geschäft ist in der eigenen Liegenschaft tätig. Es verwendet zwei Stockwerke für seine steuerbare Geschäftstätigkeit, während in den drei anderen Geschossen die von der Steuer ausgenommene, eigene Computerschule untergebracht ist. Durch die Zunahme der Schülerzahl wird neu nur noch das Erdgeschoss für die steuerbare Geschäftstätigkeit genutzt und die Computerschule verwendet die restlichen vier Stockwerke. Durch die Änderung der Flächenaufteilung auf unternehmerische, zum Vorsteuerabzug berechtigende und von der Steuer ausgenommene Tätigkeiten liegt eine partielle Nutzungsänderung vor.

Fall 2

Ein Berufsverband erzielt bisher von der Steuer ausgenommene Umsätze aus Mitgliederbeiträgen und Schulungsleistungen. Ab dem kommenden Jahr optiert er für die Versteuerung der Schulungsleistungen, während die Mitgliederbeiträge weiterhin als von der Steuer ausgenommene Umsätze behandelt werden. Durch die Option für einzelne (nicht für alle) von der Steuer ausgenommene Umsätze liegt eine partielle Nutzungsänderung vor.

13.3 Vorgehensweisen zur Ermittlung der Vorsteuerkorrektur bei Nutzungsänderungen

Wie wir gleich feststellen werden, kann die effektive Berechnung der Vorsteuerkorrektur (Einlageentsteuerung bzw. Eigenverbrauch) einen unverhältnismässigen Aufwand für den Steuerpflichtigen bedeuten. Deshalb lässt die ESTV neben der effektiven auch eine annäherungsweise Berechnung der Vorsteuerkorrektur zu.

13.3.1 Effektive Ermittlung

Bei der effektiven Ermittlung sind die Nutzungsänderungen steuerlich in jedem Fall zu erfassen, d. h. es ist keine Toleranzgrenze vorgesehen. Vorsteuerkorrekturen werden bei jeder Änderung der Nutzungsverhältnisse vorgenommen.

Beispiel

Beispiel für partielle Nutzungsänderungen bei Anwendung der effektiven Ermittlung

Kalenderjahr	Nutzung für zum Vorsteuerabzug berechtigende Zwecke	Nutzung für nicht zum Vorsteuerabzug berechtigende Zwecke	Veränderung in Prozentpunkten	Nutzungsänderung Ja / Nein
n1	40%	60%	(Ausgangsbasis)[1]	–
n2	28%	72%	–12%	Ja
n3	35%	65%	7%	Ja
n4	29%	71%	–6%	Ja

[1] z. B. Beginn der Steuerpflicht

- **1.1.n2:** Es hat eine **Vorsteuerkorrektur im Eigenverbrauch** zu erfolgen.
- **1.1.n3:** Es darf eine **Einlageentsteuerung** vorgenommen werden.
- **1.1.n4:** Es hat eine **Vorsteuerkorrektur im Eigenverbrauch** zu erfolgen.

Die steuerlich relevanten Beträge für eine partielle Nutzungsänderung sind pro Kalenderjahr gesondert zu ermitteln, wobei die Berechnungen angesichts der unterschiedlichen Abschreibungssätze getrennt nach unbeweglichen bzw. beweglichen Gegenständen und Dienstleistungen vorzunehmen sind.

A] Unbewegliche Gegenstände

Gegenstand der Einlageentsteuerung sowie der Vorsteuerkorrektur im Eigenverbrauch bei Nutzungsänderungen ist einzig die **Liegenschaft** (bzw. Teile davon), nicht aber der Wert des Bodens. Eine Einlageentsteuerung bzw. Vorsteuerkorrektur im Eigenverbrauch ist nur auf

- der Neuerstellung und dem Erwerb von Liegenschaften,
- Grossrenovationen und
- den wertvermehrenden Aufwendungen inkl. derjenigen im Zusammenhang mit Energiespar-, Umweltschutz- und denkmalpflegerischen Massnahmen

vorgesehen.

Bei werterhaltenden Aufwendungen (ausgenommen Grossrenovationen), Betriebsstoffen und anderen **Aufwendungen ohne Anlagekostencharakter** erfolgt hingegen weder eine Einlageentsteuerung noch eine Vorsteuerkorrektur im Eigenverbrauch. In der Regel handelt es sich bei den zu entsteuernden bzw. zu besteuernden Aufwendungen um die nach den allgemeinen Grundsätzen der Buchführung aktivierbaren Anlagekosten für ein Gebäude.

Weitere Angaben, insbesondere zur Bemessungsgrundlage für die Einlageentsteuerung bzw. den Eigenverbrauch bei Nutzungsänderungen von unbeweglichen Gegenständen, finden Sie in Kapitel 11, S. 163 über den Eigenverbrauch.

B] Bewegliche Gegenstände

Als bewegliche Gegenstände gelten:

- Waren- und Materialvorräte
- Produktions- und Betriebsmittel wie Fahrzeuge, Apparate, Büromaschinen oder Büromobiliar
- Fahrnisbauten wie Baracken, die nicht als Immobilien im Grundbuch eingetragen sind
- Nicht auf Dauer in Gebäuden eingebaute Vorrichtungen wie Zeiterfassungs- und Überwachungsanlagen

Steuerlich relevant sind in der Regel die nach den allgemeinen Grundsätzen der Buchführung aktivierbaren Gegenstände, unabhängig davon, ob diese auch tatsächlich aktiviert wurden. Somit führen Aufwendungen wie Service-, Unterhalts- und Reparaturarbeiten, Instandstellungskosten sowie Verbrauchsmaterialien und Werkzeuge zu keiner Vorsteuerkorrektur im Eigenverbrauch oder einer Einlageentsteuerung.

C] Dienstleistungen

Für die Nutzungsänderung relevant sind lediglich Dienstleistungen, die von Dritten bezogen wurden. Eine Vorsteuerkorrektur im Eigenverbrauch bzw. eine Einlageentsteuerung muss bzw. darf unabhängig von der Bilanzierung lediglich auf dem seinerzeit geltend gemachten Vorsteuerbetrag vorgenommen werden. Steuerlich relevant sind in der Regel die nach den allgemeinen Grundsätzen der Buchführung aktivierbaren Dienstleistungen, wie noch nutzbare Lizenz- und Patentrechte oder bei einer Übernahme eines Unternehmens bezahlter Goodwill.

Bei folgenden Dienstleistungen, die bereits beim Bezug als verbraucht gelten oder nicht mehr nutzbar sind, erfolgt hingegen weder eine Vorsteuerkorrektur im Eigenverbrauch noch eine Einlageentsteuerung:

- Beratungsleistungen (Anwalt, Steuerberatung usw.)
- Werbeleistungen
- Buchführungsleistungen
- Dienstleistungen im Zusammenhang mit der Personalbeschaffung
- Management-Dienstleistungen

Weitere Angaben, insbesondere zur Bemessungsgrundlage für die Einlageentsteuerung bzw. den Eigenverbrauch bei Nutzungsänderungen von Dienstleistungen, finden Sie ebenfalls in Kapitel 11, S. 163 über den Eigenverbrauch.

13.3.2 Annäherungsweise Ermittlung

Bei einer partiellen Nutzungsänderung kann man anstelle der effektiven die annäherungsweise Ermittlung vornehmen. Beim erstmaligen Eintreten der Voraussetzungen für eine Nutzungsänderung muss die steuerpflichtige Person entscheiden, welche Methode sie anwenden will. Liegt die partielle Nutzungsänderung bei höchstens 20 Prozentpunkten (Toleranzgrenze) und erfolgt keine Korrektur, geht die ESTV davon aus, dass die annäherungsweise Ermittlung angewendet wird. Die gewählte Methode ist somit für mindestens 5 Jahre anzuwenden.

Der Hauptvorteil der annäherungsweisen Ermittlung liegt darin, dass eine partielle Nutzungsänderung steuerlich erst dann relevant wird, wenn sich der Verwendungszweck **gegenüber dem Vorjahr um mehr als 20 Prozentpunkte** ändert (Ausnahmen s. «Toleranzgrenze bei Beginn und Ende der Steuerpflicht» und Kap. 13.3.3, S. 208).

Liegt eine **steuerlich relevante Nutzungsänderung** vor (Toleranzgrenze überschritten), wird für die Steuerberechnung die Differenz zwischen folgenden, jährlichen Nutzungsverhältnissen zugrunde gelegt:

- Nutzung im Jahr, in dem die relevante Nutzungsänderung stattfindet, und
- Nutzung der einzelnen Vorjahre (Jahr mit steuerlich relevanten Aufwendungen bzw. Jahr der letzten relevanten Nutzungsänderung).

Beispiel

Die Krause AG ist seit dem 1.1.n1 steuerpflichtig. Sie benutzt verschiedene, bewegliche Gegenstände sowohl für zum Vorsteuerabzug berechtigende als auch nicht berechtigende Zwecke. Die gemischte Nutzung sieht wie folgt aus:

Kalenderjahr	Nutzung für zum Vorsteuerabzug berechtigende Zwecke	Veränderung in Prozentpunkten	Vorsteuern auf steuerlich relevanten Aufwendungen in CHF	Nutzungsänderung Ja / Nein
n1	48%	–	100 000.00	Nein
n2	40%	–8%	10 000.00	Nein
n3	62%	22%	–	**Ja**
n4	45%	–17%	–	Nein

Im Jahr n2 stellt die Krause AG eine Nutzungsänderung von 8% fest. Wenn die Krause AG hier keine Vorsteuerkorrektur im Eigenverbrauch vornimmt, gibt sie zu erkennen, dass sie mindestens für die nächsten fünf Jahre die annäherungsweise Ermittlung anwenden will.

Im Jahr n3 übersteigt die Veränderung gegenüber dem Vorjahr 20 Prozentpunkte. Es liegt somit eine steuerlich relevante Nutzungsänderung vor. Die Einlageentsteuerung im Jahr n3 ist wie folgt zu berechnen:

Vorsteuern auf steuerlich relevanten Aufwendungen im Jahr n1	CHF	100 000.00		
Zeitwert (Abschreibungen für 2 Jahre à 20%)	CHF	60 000.00		
Einlageentsteuerung von 14% (48 abzüglich 62%)			CHF	8 400.00
Vorsteuern auf steuerlich relevanten Aufwendungen im Jahr n2	CHF	10 000.00		
Zeitwert (Abschreibung für 1 Jahr à 20%)	CHF	8 000.00		
Einlageentsteuerung von 22% (40 abzüglich 62%)			CHF	1 760.00
Total Einlageentsteuerung im Jahr n3			**CHF**	**10 160.00**

Toleranzgrenze bei Beginn und Ende der Steuerpflicht

Wie bereits erwähnt, wird jede vollumfängliche Nutzungsänderung steuerlich erfasst. Folgt somit, wie beim Austritt aus der Steuerpflicht, einer partiellen eine vollumfängliche Nutzungsänderung, kommt die Toleranzgrenze von 20 Prozentpunkten nicht zur Anwendung.

Dafür ist beim Eintritt in die Steuerpflicht auf die effektive (gemischte) Verwendung der Vermögenswerte im Rahmen der zum Vorsteuerabzug berechtigenden, unternehmerischen Tätigkeit abzustellen, d. h. auch in diesem Fall kommt die Toleranzgrenze nicht zur Anwendung. Die Vorsteuer wird jeweils auf dem Zeitwert dieser Vermögenswerte geltend gemacht.

13.3.3 Wechsel der Ermittlungsmethode

Wird von der annäherungsweisen zur effektiven Ermittlung gewechselt, ist eine Vorsteuerkorrektur (Einlageentsteuerung oder Eigenverbrauch) vorzunehmen, auch wenn die Toleranzgrenze von 20 Prozentpunkten nicht überschritten wird. Die Berechnung der Vorsteuerkorrektur hat nach den Grundsätzen der annäherungsweisen Ermittlung zu erfolgen.

Beim Wechsel von der effektiven zur annäherungsweisen Ermittlung sind hingegen keine steuerlichen Massnahmen zu treffen.

13.4 Vorübergehende Verwendung von Gegenständen

Wird ein Gegenstand, der bisher für eine von der Steuer ausgenommene bzw. nicht unternehmerische Tätigkeit verwendet wurde, vorübergehend und ausschliesslich (d. h. zu 100%) für eine unternehmerische, zum Vorsteuerabzug berechtigende Tätigkeit verwendet, kann die steuerpflichtige Person einen **Vorsteuerabzug** im Umfang der Steuer geltend machen, die auf der einer unabhängigen **Drittperson in Rechnung gestellten Miete** anfallen würde. Massgebend für die Berechnung ist der aktuelle Steuersatz.

Sind für die Bestimmung des Mietwerts keine Vergleichswerte vorhanden, kann bei zugekauften Gegenständen der Bezugspreis, bei selbst hergestellten Gegenständen der Bezugspreis der Bestandteile zuzüglich eines Mietwerts für die Ingebrauchnahme der Infrastruktur als Basis dienen. Der Wert für die Ingebrauchnahme der Infrastruktur kann pauschal mit 33% auf dem Bezugspreis der Bestandteile sowie allfälliger Drittarbeiten (Halbfabrikate) berechnet werden.

Auf die so ermittelten Basispreise sind noch die direkt zuordenbaren, laufenden und festen Kosten, für die Anspruch auf Vorsteuerabzug besteht, sowie ein branchenüblicher Gewinnzuschlag hinzuzuziehen. Vorsteuerunbelastete Kosten, wie z. B. Versicherungskosten, sind hingegen nicht zu berücksichtigen.

Von einer lediglich vorübergehenden Verwendung ist auszugehen, wenn ein **beweglicher Gegenstand** während **maximal sechs Monaten** bzw. ein **unbeweglicher Gegenstand** während **maximal zwölf Monaten** für einen zum Vorsteuerabzug berechtigenden Zweck verwendet wird. Beträgt die Dauer der vorübergehenden Verwendung mehr als sechs bzw. zwölf Monate, ist grundsätzlich von einer dauernden Verwendung auszugehen.

Im Gegensatz zur vorübergehenden Verwendung werden Gegenstände bei der **gemischten Verwendung** gleichzeitig oder in kurzen Abständen sowohl für zum Vorsteuerabzug berechtigende als auch für vom Vorsteuerabzug ausgeschlossene Zwecke verwendet.

Für die Vorsteuerkorrektur im **Eigenverbrauch** gelten die oben genannten Ausführungen sinngemäss.

Beispiel

Fall 1

Mark Mayer, Inhaber eines Produktionsunternehmens, das qualitativ hochstehende Rasenmäher herstellt, entnimmt für 5 Monate einen Rasenmäher für den privaten Gebrauch. Die wirtschaftliche Lebensdauer des Mähers beträgt 5 Jahre. Mangels Vergleichswerten ist für die Ermittlung des Mietwerts wie folgt vorzugehen:

Bezugswert der Bestandteile (Werkstoffe, Halbfabrikate / Drittarbeiten) exkl. Steuer	CHF	1 500.00
+ 33% für die Ingebrauchnahme der Infrastruktur	CHF	495.00
+ direkt zuordenbare, laufende Aufwendungen (ohne vorsteuerunbelastete Aufwendungen) exkl. Steuer	CHF	155.00
Gesamtkosten	CHF	2 150.00
Jahreskosten bei einer Lebensdauer von 5 Jahren	CHF	430.00
+ branchenüblicher Gewinnzuschlag (hier 10%)	CHF	43.00
Jahresmietwert exkl. Steuer	CHF	473.00
Mietwert für 5 Monate	**CHF**	**197.00**

Die Vorsteuerkorrektur im Eigenverbrauch beträgt somit CHF 15.75 (CHF 197.–, davon 8%).

Fall 2

Gerda Meier, Inhaberin eines steuerpflichtigen Einzelunternehmens, liess sich vor einigen Jahren ein Geschäftshaus erstellen, das bisher ausschliesslich für steuerbare Zwecke verwendet wurde. Auf den Erstellungskosten wurde deshalb der Vorsteuerabzug vollumfänglich geltend gemacht.

Im Gebäude sind u. a. auch die zwei gleichartigen Räume A und B enthalten. Raum A wird mit Option (s. Kap. 3.2, S. 56) für monatlich CHF 600.– an eine steuerpflichtige Person vermietet. Raum B wurde bisher für die steuerbare Tätigkeit benutzt. Gerda Meier überlässt in Zukunft den Raum B immer während der Wintermonate für einen Betrag von monatlich CHF 200.– ihrem nicht mitarbeitenden Sohn Günther, der darin gewerbsmässig Partyanlässe durchführt.

Es handelt sich hier um eine vorübergehende Verwendung von unbeweglichen Gegenständen für nicht steuerbare Zwecke. Für die Berechnung der Vorsteuerkorrektur ist der Wert massgebend, der einem unabhängigen Dritten in Rechnung gestellt würde, d. h. CHF 600.– und nicht etwa nur CHF 200.–.

Da der Sohn Günther den Raum B nicht für Wohnzwecke nutzt, ist eine Option für die Versteuerung der Miete möglich. Dies macht aber nur Sinn, wenn der Sohn aufgrund seiner Tätigkeit steuerpflichtig wird.

Zusammenfassung

Eine **Nutzungsänderung** liegt vor, wenn sich die Verhältnisse der Nutzung für die Vornahme des Vorsteuerabzugs ändern. Je nachdem kann eine Einlageentsteuerung oder muss eine Vorsteuerkorrektur im Eigenverbrauch vorgenommen werden.

Bei der **Einlageentsteuerung** werden mehrwertsteuerbelastete Gegenstände und Dienstleistungen, die neu für eine zum Vorsteuerabzug berechtigende, unternehmerische Tätigkeit verwendet werden, durch die Gewährung des Vorsteuerabzugsrechts steuerlich entlastet.

Durch die **Vorsteuerkorrektur im Eigenverbrauch** werden steuerpflichtige Personen, die bezogene Leistungen neu für eine von der Steuer ausgenommene bzw. nicht unternehmerische Tätigkeit verwenden, mit der Steuer belastet.

Man unterscheidet **drei Tatbestände** von Nutzungsänderungen:

- Unternehmen, die neu steuerpflichtig werden
- Unternehmen, die aus der Steuerpflicht entlassen werden
- Unternehmen mit veränderten Nutzungsverhältnissen

Nutzungsänderungen können vollumfänglich oder partiell (teilweise) sein.

Bei der **vollumfänglichen Nutzungsänderung** verlassen die Gegenstände oder Dienstleistungen das Unternehmen oder sie werden nur für unternehmerische, zum Vorsteuerabzug berechtigende oder nur für von der Steuer ausgenommene bzw. nicht unternehmerische Tätigkeiten verwendet.

Eine **partielle Nutzungsänderung** liegt dann vor, wenn Gegenstände und Dienstleistungen nicht mehr ausschliesslich für zum Vorsteuerabzug berechtigende, unternehmerische Tätigkeiten oder ausschliesslich für von der Steuer ausgenommene bzw. nicht unternehmerische Tätigkeiten sondern in Zukunft gemischt verwendet werden. Eine partielle Nutzungsänderung liegt ebenfalls vor, wenn sich das Verhältnis der gemischten Verwendung ändert.

Die Steuer kann effektiv oder annäherungsweise erfasst werden.

Bei der **effektiven Ermittlung** werden die Nutzungsänderungen in jedem Fall erfasst. Die **annäherungsweise Ermittlung** ist nur bei partiellen Nutzungsänderungen möglich. Nutzungsänderungen werden dabei erst ab einer bestimmten Limite (Toleranzgrenze) wirksam. Beim Eintritt in bzw. Austritt aus der Steuerpflicht sowie beim Wechsel von der annäherungsweisen zur effektiven Ermittlungsmethode kommt die Toleranzgrenze von 20 Prozentpunkten nicht zur Anwendung.

Wird ein Gegenstand nur **vorübergehend** für ausschliesslich zum Vorsteuerabzug berechtigende respektive für ausschliesslich von der Steuer ausgenommene bzw. nicht unternehmerische Tätigkeiten verwendet, wird ebenfalls eine Art Einlageentsteuerung bzw. eine Vorsteuerkorrektur im Eigenverbrauch vorgenommen. Die Vorsteuerkorrektur erfolgt jedoch nur im Umfang der Steuer, die auf der einer unabhängigen Drittperson in Rechnung gestellten Miete anfallen würde.

Repetitionsfragen

71 Der nicht steuerpflichtige Hans Schaffner hat am 1.7.n1 ein Patent für CHF 21 600.– (inkl. 8% MWST) erworben. Da sich durch die Verwertung des Patents ein erheblicher Mehrumsatz ergeben hat, wird Hans Schaffner auf den 1.1.n3 im Register der Steuerpflichtigen eingetragen. Er hat daher die Möglichkeit, eine Einlageentsteuerung vorzunehmen.

Berechnen Sie den Zeitwert der Vorsteuer, die er geltend machen darf.

72 Die Joachim Kündig AG, die ausschliesslich zum Vorsteuerabzug berechtigende Tätigkeiten ausübt, wurde nach jahrelanger Geschäftstätigkeit auf den 1.1.n6 als Steuerpflichtige bei der MWST registriert. Bei der ersten MWST-Abrechnung mit der ESTV will sie auf folgenden Bezügen eine Einlageentsteuerung vornehmen (Werte netto, d. h. exkl. 8% MWST):

A]	Kauf eines Personenwagens am 1. September n1	CHF	50 000.00
B]	Erwerb eines bilanzierten Rechts für die Generalvertretung eines Produkts während 10 Jahren am 1. Mai n2	CHF	100 000.00
C]	Neuanstrich der eigenen, selber genutzten Liegenschaft im Juli n1	CHF	30 000.00
D]	Werbeaufwendungen im n5 für ein neues Produkt, das erst im Februar n6 auf den Markt kommt	CHF	40 000.00

Wie hoch ist der Steuerbetrag, den die Joachim Kündig AG in der ersten MWST-Abrechnung des Jahres n6 als Einlageentsteuerung geltend machen kann?

73 Die Exodis GmbH entnimmt dem Warenlager einen neuen Computer (Einkaufspreis CHF 1 500.– exkl. MWST), den sie während dreier Monate für einen Schulungskurs verwendet. Danach wird dieser Computer für steuerbare Zwecke verwendet.

14 Saldosteuersätze (SSS)

Lernziele

Nach der Bearbeitung dieses Kapitels können Sie …

- die Voraussetzungen für die Anwendung von Saldosteuersätzen nennen.
- erklären, wie mit mehreren Saldosteuersätzen abgerechnet wird.
- erläutern, wie man die Saldosteuersätze bei steuerbefreiten Leistungen anwendet.
- die Anwendung der Saldosteuersätze beim Eigenverbrauch beschreiben.
- erklären, wie Leistungen, die der Bezugsteuer unterliegen, bei der Saldosteuersatzmethode zu erfassen sind.

Schlüsselbegriffe

Abrechnung mit mehreren Saldosteuersätzen, Anrechnung der fiktiven Vorsteuer, Ausschluss der Anwendung, Bezugsteuer, Eigenverbrauch, Exporte und Leistungen im Ausland, Formular Nr. 1050, Formular Nr. 1055, massgebender Umsatz, Mischbranchen, Multiplikator(en), Pauschalsteuersatz, Saldosteuersatz, Steuerschuld-Limite, Überschreiten der Betrags-Limiten, Umsatz-Limite, Unterstellungserklärung, vereinfachte Abrechnungsmethode, Voraussetzungen der Abrechnung, Wechsel der Abrechnungsart

Um das Abrechnungsverfahren für kleinere Unternehmen zu erleichtern, sehen MWSTG 37 und MWSTV 77–96 die Möglichkeit der Verwendung von Saldosteuersätzen (SSS) vor. Dabei wird die abzugsberechtigte Vorsteuer nicht mehr exakt ermittelt. Der Anspruch auf Vorsteuerabzug wird erfüllt, indem das steuerpflichtige Unternehmen die zu bezahlende Steuer (Umsatzsteuer abzüglich Vorsteuer) **pauschal mit einem Prozentsatz** vom Brutto-Umsatz bestimmt.

Dieser Prozentsatz wird von der ESTV unter Berücksichtigung der besonderen Verhältnisse bei den einzelnen Branchen festgelegt, sodass die Nettosteuerschuld bei den meisten Steuerpflichtigen nur geringfügig von dem Betrag abweichen dürfte, der sich aus der effektiven Abrechnungsmethode ergibt. In den nachfolgenden Ausführungen werden die Begriffe «Saldosteuersatz» oder «Saldosteuersätze» entweder ausgeschrieben oder mit «SSS» abgekürzt.

Bei den Saldosteuersätzen handelt es sich nicht um die Steuersätze, die in den Fakturen anzugeben sind, sondern lediglich um Hilfsmittel zur Erleichterung der Steuerberechnung in der Abrechnung mit der ESTV; sie sind im Sinne von **Multiplikatoren** anzuwenden. In der MWST-Abrechnung muss deshalb der steuerbare Totalumsatz einschliesslich Steuer deklariert und mit dem SSS multipliziert werden. Der Vorteil der Saldosteuersatzmethode besteht vor allem darin, dass die effektive Vorsteuer nicht mehr ermittelt werden muss. Speziell für kleinere Unternehmen ist das eine nicht zu unterschätzende, administrative Vereinfachung dieser Abrechnungsmethode.

Die SSS werden durch die ESTV nach Konsultation der Branchenverbände festgelegt. Die Angemessenheit der Saldosteuersätze wird durch die Eidgenössische Finanzkontrolle regelmässig überprüft. Die SSS werden in einer «Verordnung der ESTV über die Höhe der Saldosteuersätze nach Branchen und Tätigkeiten» festgehalten.

Die nach Saldosteuersätzen abrechnenden Steuerpflichtigen müssen **semesterweise** statt quartalsweise eine Abrechnung erstellen. Es gibt aktuell **zehn Saldosteuersätze.**

Die Entwicklung der Saldo- bzw. Pauschalsteuersätze seit dem Jahr 2001 bis aktuell kann wie folgt festgehalten werden:

Abb. [14-1] **Entwicklung der Saldo- bzw. Pauschalsteuersätze**

Ab Januar 2011 bis aktuell (10 SSS / PSS)									
6.7%	6.1%	5.2%	4.4%	3.7%	2.9%	2.1%	1.3%	0.6%	0.1%

Für die Steuerperiode / das Kalenderjahr 2010 (10 SSS / PSS)									
6.4%	5.8%	5.0%	4.2%	3.5%	2.8%	2.0%	1.2%	0.6%	0.1%

Ab 1.1.2001 bis 31.12.2009 (8 SSS / PSS)							
6.0%	5.2%	4.6%	3.5%	2.3%	1.2%	0.6%	0.1%

Die folgenden im Anhang aufgeführten Formulare sind u.a. auch für die Saldosteuersatzmethode relevant:

- Unterstellungserklärung SSS
- Antrag auf Abrechnung nach vereinnahmten Entgelten
- MWST-Abrechnung SSS / PSS
- Korrekturabrechnung SSS / PSS
- Jahresabstimmung bzw. Berichtigungsabrechnung SSS / PSS

Ausführungen zur Jahresabstimmung bzw. Berichtigungsabrechnung finden Sie in Kapitel 19, S. 249.

Beispiel

Grafiker Werner Müller hat im ersten Semester einen Umsatz von CHF 108 000.– (inkl. MWST) erzielt. Sein Waren- und Dienstleistungsaufwand betrug für dieselbe Periode CHF 35 000.– (exkl. MWST).

Er stellt seinen Kunden 8% MWST, also CHF 8 000.–, in Rechnung. Seine geschuldete MWST ermittelt Werner Müller nach der Saldosteuersatzmethode nun nicht mehr durch Abzug der von ihm effektiv bezahlten Vorsteuern, sondern sein Umsatz von CHF 108 000.– (d. h. inkl. 8% MWST) wird mit dem von der ESTV festgelegten Saldosteuersatz von 5.2% multipliziert.

Effektive Berechnung:

Mehrwertsteuer auf Umsatz	8% von	CHF 100 000.00	CHF	8 000.00
Effektiv bezahlte Vorsteuer	8% von	CHF 35 000.00	CHF	−2 800.00
Steuerschuld			**CHF**	**5 200.00**

Berechnung mit Saldosteuersatz:

Mehrwertsteuer auf Bruttoumsatz	5.2% von	CHF 108 000.00 =	**CHF**	**5 616.00**

In diesem Beispiel fährt Werner Müller zwar mit der Anwendung des Saldosteuersatzes rein betragsmässig geringfügig schlechter, die administrative Vereinfachung (Erfassung in der Buchhaltung, Erstellen der MWST-Abrechnung nur zweimal pro Jahr) dürfte diesen Nachteil aber aufwiegen.

Pauschalsteuersatzmethode (PSS-Methode)

Die Pauschalsteuersatzmethode wird in MWSTG 37 Abs. 5 und MWSTV 97–100 beschrieben. Auf die PSS-Methode wird in den nachfolgenden Ausführungen nicht näher eingegangen. Wir führen im Folgenden die **wichtigsten Aspekte** dieser Abrechnungsmethode auf:

- Gemeinwesen und ihnen verwandte Einrichtungen z. B. private Schulen und Internate, private Spitäler, Kurhäuser, Alters- und Pflegeheime sowie Vereine und Stiftungen können die PSS-Methode anwenden.
- Es bedarf einer Unterstellungserklärung, bzw. Bewilligung.
- Es bestehen keine Umsatz- und Steuerschuld-Limiten.
- Es gibt andere Fristen als bei den SSS für den Wechsel auf die effektive Abrechnungsmethode oder umgekehrt.

- Im Weiteren muss quartalsweise eine MWST-Abrechnung eingereicht werden. Diese MWST-Abrechnung ist genau gleich aufgebaut wie diejenige der SSS.
- Die Pauschalsteuersätze (PSS) richten sich nach den 10 Saldosteuersätzen und die Anzahl der anwendbaren PSS ist nicht beschränkt (Zuteilung PSS pro jeweilige Tätigkeit).
- Ergänzend zu den vorhandenen Gesetzesartikeln in MWSTG + MWSTV zur PSS-Methode gelten auch die Bestimmungen der SSS-Methode, vergleiche dazu MWSTV 100.
- Vergleiche dazu auch die Unterstellungserklärung bei den MWST-Formularen.

14.1 Voraussetzungen für die Abrechnung mit Saldosteuersätzen

In Bezug auf das Gemeinwesen bzw. deren Dienststellen sind die Ausführungen in Kapitel 6.4.2, S. 96 zu beachten.

Die Saldosteuersatzmethode kann nur von Unternehmen angewendet werden, deren Umsatz CHF 5.02 Mio. pro Jahr nicht übersteigt und deren maximale **Steuerschuld-Limite**[1] nicht mehr als CHF 109 000.– beträgt. Die beiden Bedingungen sind **kumulativ** zu erfüllen.

Für die Berechnung des **massgebenden Umsatzes** sind folgende Umsätze zu berücksichtigen:

- Steuerbare Lieferungen im Inland (einschliesslich Lieferungen ins Ausland, die steuerbefreit sind)
- Steuerbare Dienstleistungen, bei denen sich der Ort der Dienstleistung im Inland befindet (einschliesslich steuerbefreite Dienstleistungen)
- Steuerbefreite Leistungen an begünstigte Einrichtungen und Personen

Nicht zum **massgebenden Umsatz** zählen hingegen folgende Umsätze:

- Lieferungen im Ausland (Ausland-Ausland-Lieferungen)
- Dienstleistungen, bei denen sich der Ort der Leistung im Ausland befindet
- Von der Steuer ausgenommene Leistungen
- Nicht-Entgelte wie z. B. Subventionen oder Spenden

Unternehmen, die zu Beginn ihrer Steuerpflicht die Methode der Saldosteuersätze nicht anwenden, können erst **nach Ablauf von drei Jahren von der effektiven zur Saldosteuersatzmethode wechseln.** Wird von Beginn an nach Saldosteuersätzen abgerechnet, kann bereits nach Ablauf eines Jahres zur effektiven Methode gewechselt werden. Ein Wechsel kann immer nur auf Beginn einer Steuerperiode erfolgen.

Entscheidet sich ein steuerpflichtiges Unternehmen zur Anwendung der Saldosteuersätze, muss es zuerst eine Bewilligung der ESTV, die **Unterstellungserklärung** (Formular Nr. 1198; vgl. MWST-Formulare), ausfüllen, unterzeichnen und einreichen.

14.2 Überschreiten der Umsatz- und / oder der Steuerschuld-Limite

Wenn ein nach Saldosteuersätzen abrechnender Steuerpflichtiger eine und / oder beide (Umsatz-/Steuerschuld-)Limite(n) überschreitet, kann dies einen möglichen freiwilligen oder zwingenden Wechsel zur effektiven Abrechnungsmethode, gemäss nachfolgender Übersicht, nach sich ziehen.

---

[1] Limiten im Jahr 2010: Umsatzlimite CHF 5 Mio., Steuerschuld-Limite: CHF 100 000.–.

Abb. [14-2] Überschreitung der Umsatz- oder der Steuerschuld-Limite

Überschreitung einer oder beider Limiten	Wechsel zur effektiven Abrechnungsmethode
Einmalig um höchstens 50%	Freiwilliger Wechsel möglich (Frist von 60 Tagen und auf Beginn einer folgenden Steuerperiode)
In zwei aufeinanderfolgenden Jahren um höchstens 50%	Zwingender Wechsel auf Beginn der folgenden Steuerperiode
Um mehr als 50% in den ersten 12 Monaten der Unterstellung unter die Saldosteuersatzmethode	Zwingender Wechsel rückwirkend auf Beginn der Unterstellung unter die Saldosteuersatzmethode
Um mehr als 50%, aber nicht in den ersten 12 Monaten der Unterstellung unter die Saldosteuersatzmethode	Zwingender Wechsel auf Beginn der folgenden Steuerperiode
Um mehr als 50% und zurückzuführen auf die Übernahme eines Gesamt- oder Teilvermögens im Meldeverfahren	Der Wechsel zur effektiven Abrechnungsmethode ist zwingend; das steuerpflichtige Unternehmen kann wählen, ob dieser Wechsel rückwirkend auf Beginn der Steuerperiode, in der die Übernahme stattfand, oder auf den Beginn der folgenden Steuerperiode erfolgen soll.

Beispiel

Am 1. Januar n1 hat Sepp Konrad seine unternehmerische Tätigkeit als Goldschmied (SSS von 3.7%) aufgenommen. Sepp Konrad hat in den kommenden Jahren folgende Umsätze (inkl. Steuer) erzielt:

Jahr	Umsatz in CHF (inkl. Steuer)	Zu bezahlende MWST in CHF
n1	3 000 000.00	111 000.00
n2	2 900 000.00	107 300.00
n3	2 950 000.00	109 150.00
n4	3 200 000.00	118 400.00

Die Umsatz-Limite von CHF 5.02 Mio. muss für dieses Beispiel nicht berücksichtigt werden.

n1: Freiwilliger Wechsel per 1.1.n2 auf die effektive Abrechnungsmethode möglich, da die Steuerschuld-Limite um weniger als 50% überschritten ist. Ein freiwilliger Wechsel muss spätestens 60 Tage nach Beginn der Steuerperiode des Jahres n2 erfolgen.
n2: Die Steuerschuld-Limite von CHF 109 000.– ist unterschritten und somit muss nichts unternommen werden.
n3: Analog zum Sachverhalt zu Geschäftsjahr n1.
n4: Zwingender Wechsel per 1.1.n5 auf die effektive Abrechnung, da in zwei aufeinanderfolgenden Jahren die Steuerschuld-Limite um höchstens 50% überschritten wurde. Der Wechsel zur effektiven Abrechnungsmethode hat auch Auswirkungen und Anpassungen u. a. auf die Buchhaltung und Administration, die Erfassung der Steuercodes, die Kontrolle der Lieferantenrechnungen usw.

14.3 Umsätze, die in der Semesterabrechnung deklariert werden müssen

Es sind zwei verschiedene Arten von **Umsätzen** zu unterscheiden, die in der Semesterabrechnung zu **deklarieren** sind.

14.3.1 Umsätze, die zum Saldosteuersatz zu versteuern sind

Folgende Umsätze sind in der Abrechnung zu deklarieren und zum massgebenden Saldosteuersatz abzurechnen:

- Die steuerbaren Umsätze aus Lieferungen und Dienstleistungen
- Die Verkäufe von Betriebsmitteln und Anlagegütern, sofern diese nicht ausschliesslich zur Erzielung von der Steuer ausgenommenen Leistungen verwendet wurden
- Leistungen an eng verbundene Personen
    - Entgeltliche Leistungen: Entgelt, mindestens Drittpreis
    - Unentgeltliche Leistungen: nur selber hergestellte Leistungen, Drittpreis
- Leistungen an das Personal
    - Nur entgeltliche Leistungen, d. h. bezahltes Entgelt. Leistungen, die im Lohnausweis zu deklarieren sind, gelten als entgeltlich erbracht (z. B. Privatanteil an den Autokosten für die Mitarbeiter)

14.3.2 Umsätze, die nicht zu versteuern sind

Neben den für die Umsatz- und die Steuerschuld-Limite massgebenden, steuerbaren Umsätzen sind in der Abrechnung auch die nachfolgende Umsätze zu deklarieren. Sie können innerhalb der Abrechnung vor der Steuerberechnung wieder in Abzug gebracht werden. Darunter fallen insbesondere:

- Lieferungen und Dienstleistungen, deren Ort sich im Ausland befindet (Leistungen im Ausland)
- Steuerbefreite / exportierte Leistungen (Formular Nr. 1050 ist zu beachten, vgl. Kapitel 14.6, S. 218)
- Von der Steuer ausgenommene Leistungen
- Übertragung im Meldeverfahren

Nicht-Entgelte wie Subventionen, Spenden, Dividenden, Schadenersatz usw. sind nicht zu versteuern, aber dennoch in der MWST-Abrechnung bei der SSS-Methode unter den Ziff. 900 bzw. 910 zu deklarieren.

14.4 Ausschluss von der Anwendung der Saldosteuersätze

Abgesehen von denjenigen Steuerpflichtigen, die aufgrund der Überschreitung der Betragslimiten von der Anwendung der Saldosteuersätze ausgeschlossen sind, bleibt diese vereinfachte Methode auch anderen Steuerpflichtigen verwehrt (MWSTV 77 Abs. 2):

a. Steuerpflichtige, die mit Pauschalsteuersätzen abrechnen können
b. Steuerpflichtige, die das Verlagerungsverfahren anwenden
c. Steuerpflichtige, die die Gruppenbesteuerung anwenden
d. Steuerpflichtige in den Talschaften Samnaun und Sampuoir
e. Steuerpflichtige, die mehr als **50%** ihres Gesamtumsatzes aus Leistungen an andere steuerpflichtige, effektiv abrechnende Unternehmen erzielen und diese gleichzeitig beherrschen oder von diesen beherrscht werden.

Steuerpflichtige, die mit der **Saldosteuersatzmethode** abrechnen, können nicht für die Versteuerung der von der Steuer ausgenommenen Leistungen nach MWSTG 21 Abs. 2 Ziff. 1–25, 27 und 29 optieren. Es gibt aber zwei Ausnahmen der freiwilligen Versteuerung von Umsätze / Leistungen nach MWSTG 21 Abs. 2:

- Ziff. 26: Verkauf von eigenen Urprodukten durch Urproduzenten
- Ziff. 28: Leistungen innerhalb des gleichen Gemeinwesens

Wir zeigen die Anwendung der **50%-Beherrschung** (Ziffer e) an einem Beispiel.

Beispiel

Das steuerpflichtige Einzelunternehmen X (rechnet vereinnahmt und mit der Saldosteuersatzmethode ab) hält eine (direkte) Beteiligung von 80% an der steuerpflichtigen Alpha AG. Die Alpha AG hält wiederum eine (direkte) Beteiligung an der steuerpflichtigen und effektiv abrechnenden Beta AG. Das Einzelunternehmen X erbringt mehr als 50% seiner Leistungen an die Beta AG.

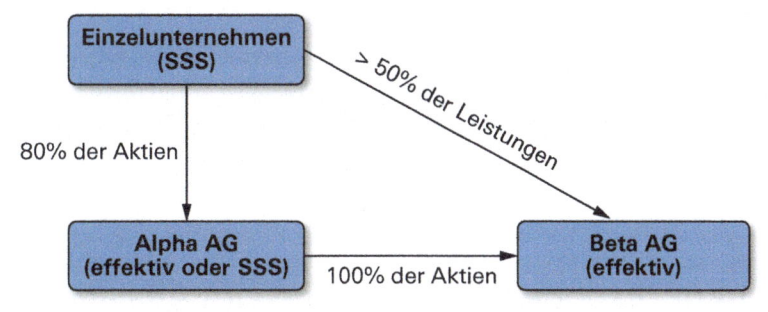

```
        Einzelunternehmen
            (SSS)
                            > 50% der Leistungen
  80% der Aktien
        ↓
    Alpha AG                     Beta AG
 (effektiv oder SSS)  100% der Aktien  (effektiv)
```

Fragen: Muss das Einzelunternehmen X aufgrund seiner direkten Beteiligung von 80% an der Alpha AG bzw. indirekten Beteiligung von ebenfalls 80% an der Beta AG etwas unternehmen? Wenn ja, was für Folgen hat dies für das Einzelunternehmen X?

Antworten: Obwohl es eine indirekte Beherrschung (via Alpha AG) ist, liegt eine Beherrschung zwischen dem Einzelunternehmen X und der Beta AG im Sinne von MWSTV 77 Abs. 2 Bst. e vor. Das **Einzelunternehmen X** kann somit **nicht** mit der **Saldosteuersatzmethode abrechnen.**

Bei einer **Neuanmeldung** im MWST-Register muss das Einzelunternehmen X prüfen, ob es die Bestimmungen gemäss MWSTV 77 Abs. 2 Bst. e erfüllt. Dies u.a. aufgrund des Wortlautes aus der Unterstellungserklärung zur SSS-Methode: «Es verpflichtet sich, die in den Art. 35 Abs. 1 Bst. b und Art. 37 Abs. 1–4 MWSTG, in den Art. 77–96 MWSTV sowie in der MWST-Info 12 Saldosteuersätze aufgestellten Bedingungen zu befolgen.»

Bei einer **bestehenden Steuerpflicht** und dem Zukauf einer Beteiligung muss das Einzelunternehmen X die Bestimmungen von MWSTV 77 Abs. 2 Bst. e ebenfalls beachten.

14.5 Abrechnung mit mehreren Saldosteuersätzen

In der Regel benötigt ein Steuerpflichtiger zur Versteuerung seiner Umsätze lediglich einen Saldosteuersatz. Werden mehrere Tätigkeiten ausgeübt, kann ein zweiter Saldosteuersatz bewilligt werden. Es dürfen **höchstens zwei verschiedene Saldosteuersätze** angewendet werden. Ein zweiter Saldosteuersatz muss / kann angewendet werden, wenn der Anteil der zweiten Tätigkeit regelmässig 10% des Gesamtumsatzes übersteigt. Handelt es sich beim Saldosteuersatz um eine typische Mischbranche, beträgt diese Grenze 50%.

Eine **typische Mischbranche** liegt vor, wenn durch den Steuerpflichtigen unterschiedliche Leistungen erbracht werden, die gesamthaft einem einzigen Saldosteuersatz unterliegen. Die entsprechenden Mischbranchen sind in der «Verordnung der ESTV über die Höhe der Saldosteuersätze nach Branchen und Tätigkeiten» mit einem «Stern(*)» gekennzeichnet.

Beispiel

Bei einem Musikgeschäft beträgt der Saldosteuersatz 2.1%. Hier liegt eine typische Mischbranche vor. Es müssen mehr als 50% des Umsatzes aus dem Klavierstimmen stammen, damit dieser Umsatz zum höheren Saldosteuersatz von 4.4% abzurechnen ist.

Die **Anwendung** des **höchsten,** für die ausgeführten Tätigkeiten **massgebenden SSS** ist bei mehreren Tätigkeiten **immer Pflicht.** Den **zweiten Saldosteuersatz** kann der Steuerpflichtige **frei wählen.** Diejenigen Umsätze, für die der entsprechende Saldosteuersatz nicht angewendet werden kann, müssen zum nächsthöheren Saldosteuersatz abgerechnet werden.

Wir zeigen die Anwendung dieser Regelungen an einem Beispiel:

Beispiel	Der steuerpflichtige Einzelunternehmer Hans Meier will mit der Saldosteuersatzmethode abrechnen. Sein Umsatz beträgt CHF 500 000.– und setzt sich wie folgt zusammen: • 20% des Umsatzes: Saldosteuersatz 6.1% • 30% des Umsatzes: Saldosteuersatz 4.4% • 50% des Umsatzes: Saldosteuersatz 2.1% Bei Annahme eines Umsatzes von CHF 500 000.– ergeben sich folgende Berechnungen: • SSS 6.1% und 4.4%: CHF 100 000.– zu 6.1% und CHF 400 000.– zu 4.4% = CHF 23 700.– • SSS 6.1% und 2.1%: CHF 250 000.– zu 6.1% und CHF 250 000.– zu 2.1% = CHF 20 500.– Hans Meier fährt also günstiger, wenn er mit den SSS von 6.1% und 2.1% abrechnet.

14.6 Exporte und Leistungen im Ausland

In Kapitel 4, S. 63 haben wir die Steuerbefreiung im Sinne von MWSTG 23 Abs. 2 ausführlich besprochen. Diese Ausführungen gelten grundsätzlich auch für Steuerpflichtige, die mit Saldosteuersatz abrechnen.

Beim SSS gibt es **zwei Möglichkeiten** für die Deklaration der steuerbefreiten Leistungen:

1. Die steuerbefreiten Leistungen werden zum Saldosteuersatz deklariert. Die Steuer von 8% oder 2.5% auf diesen Leistungen wird danach **mithilfe des Formulars Nr. 1050,** das zusammen mit der Abrechnung der ESTV einzureichen ist, direkt im Abrechnungsformular unter der Ziff. 470 abgezogen.
2. Die steuerbefreiten Leistungen werden direkt in der MWST-Abrechnung unter Ziff. 220 abgezogen; die **Anrechnung mit dem Formular Nr. 1050 entfällt.** Mit diesem Vorgehen verzichtet der Steuerpflichtige unwiderruflich auf die Abgeltung der Vorsteuer. Voraussetzung ist, dass der Gegenstand steuerbelastet bezogen oder selbst hergestellt wurde. Das Formular Nr. 1050 kann entweder direkt bei der ESTV bezogen oder auf ihrer Website abgerufen werden.

Beispiel	Ein Steuerpflichtiger, der mit dem Saldosteuersatz von 4.4% abrechnet, erzielt ein Gesamtentgelt von CHF 120 000.–. Davon entfallen CHF 20 000.– auf steuerbefreite Leistungen. **Variante 1** Gesamtumsatz steuerbar zu 4.4% CHF 120 000.00 = CHF 5 280.00 Anrechnung der Steuer auf dem steuerbefreiten Umsatz mittels Formular Nr. 1050: 8% von CHF 20 000.– (108%) = CHF –1 481.50 **Zu bezahlende Steuer** = **CHF 3 798.50** **Variante 2** Gesamtumsatz CHF 120 000.00 steuerbefreite Leistungen CHF –20 000.00 **Steuerbarer Umsatz zu 4.4%** **CHF 100 000.00** = **CHF 4 400.00 Steuer**

Aus diesem Beispiel ist ersichtlich, dass **Variante 1 günstiger** ist, da hier die Vorsteuer abgegolten wird. Es ist daher höchstens bei kleineren Beträgen aus Vereinfachungsgründen zu empfehlen, die Variante 2 zu wählen.

Werden Lieferungen aber nicht von der Schweiz ins Ausland, sondern direkt im Ausland **(Ausland-Ausland-Lieferungen)** erbracht, ist die **Anwendung der Variante 2 zwingend,** da sich hier im Inland praktisch keine Vorsteuern ergeben. Auch bei anderen Leistungen fallen im Inland praktisch keine Vorsteuern an.

Die Anwendung der Variante 2 ist deshalb bei folgenden Leistungen immer zwingend:

- Ausland-Ausland-Lieferungen (z. B. ein Gegenstand wird direkt von Frankreich nach Deutschland gesandt)
- Beförderung von Gegenständen über die Grenze (in beiden Richtungen)
- Als im Ausland erbrachte geltende Dienstleistungen
- Beförderungen von Personen über die Grenze
- Arbeiten an Bauwerken im Ausland, ohne Lieferung des dazu benötigten Materials aus der Schweiz
- Steuerbefreite Lieferungen von Münz- und Feingold

Bei diesen Leistungen ist das Formular Nr. 1050 nicht anwendbar, d. h., die Abgeltung einer allfälligen Vorsteuer ist nicht möglich.

14.7 Abrechnung der Bezugsteuer

Die Steuerpflicht aufgrund der Bezugsteuer wurde in Kapitel 6.1.2, S. 82 bereits ausführlich behandelt. Der Bezugsteuer unterliegen folgende Leistungen:

- Dienstleistungen von Unternehmen mit Sitz im Ausland, die nicht im MWST-Register der steuerpflichtigen Personen eingetragen sind, sofern sich der Ort der Dienstleistung nach MWSTG 8 Abs. 1 richtet.
- Die Einfuhr von Datenträgern ohne Marktwert mit den darin enthaltenen Dienstleistungen und Rechten.
- Lieferungen im Inland durch Unternehmen mit Sitz im Ausland, die nicht im MWST-Register eingetragen sind, sofern diese Lieferungen nicht der Einfuhrsteuer unterliegen.

Im Zusammenhang mit der Anwendung von Saldosteuersätzen ist dazu Folgendes zu beachten:

Die Saldosteuersätze basieren auf der Annahme, dass die Aufwendungen steuerbelastet bezogen werden. Ein Steuerpflichtiger, der z. B. Dienstleistungen mit 8% im Inland bezieht, soll nicht benachteiligt sein gegenüber einem Steuerpflichtigen, der diese Dienstleistung «steuerfrei» von einem Unternehmen mit Sitz im Ausland einkauft.

Steuerpflichtige, die mit der Saldosteuersatzmethode abrechnen und **Leistungen** beziehen, die der **Bezugsteuer** unterliegen, haben diese semesterweise in ihrer MWST-Abrechnung unter Ziff. 381 zum entsprechenden, **gesetzlichen Steuersatz** – d. h., in aller Regel zum Normalsatz – zu **deklarieren** und zu versteuern.

Beispiel

Die steuerpflichtige Adin AG erbringt Beratungsdienstleistungen und rechnet mit der Saldosteuersatzmethode (SSS von 6.1%) ab. Für ein Beratungsprojekt bezieht die Adin AG im 1. Semester n1 Beratungsdienstleistungen von der Buta KG mit Sitz in Berlin (DE) im Wert von EUR 30 000.–. Der Monatsmittelkurs der ESTV für diesen Geschäftsfall beläuft sich auf: 1 EUR = CHF 1.20.

Die Adin AG hat die von der Buta KG bezogenen Dienstleistungen mit der Bezugsteuer zum gesetzlichen Steuersatz, d. h. zum Normalsatz, abzurechnen.

Da der Dienstleistungsbezug in EUR erfolgte, sind u. a. auch noch die Bestimmungen über die ausländische Währung (s. Kap. 7.3.3, S. 116) zu berücksichtigen.

Die Bezugssteuer wird wie folgt ermittelt:

EUR 30 000.– multipliziert mit dem Kurs von 1.20 = CHF 36 000.–, davon 8% = CHF 2 880.–

Unter Ziff. 381 der MWST-Abrechnung 1. Semester n1 ist einerseits der (Netto-)Betrag von CHF 36 000.– und andererseits die geschuldete Steuer von CHF 2 880.– zu deklarieren und zu versteuern.

Beim Bezug solcher Beratungsdienstleistungen von einem steuerpflichtigen Unternehmen mit Sitz in der Schweiz hätte die Adin AG keine Möglichkeit, die ihr in Rechnung gestellten Vorsteuern zurückzufordern. Wie wir wissen, ist mit der Anwendung der Saldosteuersatzmethode ein Vorsteuerabzug ausgeschlossen. Im Weiteren ist zu beachten, dass die aus dem Ausland bezogenen Dienstleistungen nicht mit dem zugeteilten SSS von 6.1% als Bezugsteuer abgerechnet werden können.

14.8 Eigenverbrauch

Der Eigenverbrauch nach MWSTG 31 ist – mit Ausnahme von MWSTV 83 Abs. 1 Bst. b – mit der Anwendung der Saldosteuersätze berücksichtigt. Leistungen an eng verbundene Personen und an das Personal gelten nicht als Eigenverbrauch. Somit ist zwingend abzuklären, welche (un)entgeltlichen Leistungen an eng verbundene Personen und an das Personal mit der Saldosteuersatzmethode abgerechnet werden müssen.

Die Unterscheidung zwischen Eigenverbrauch (Vorsteuerkorrektur) bzw. Lieferungssteuer wollen wir im nachfolgenden Beispiel in Bezug auf den Privatanteil an den Autokosten aufzeigen.

Beispiel

Der steuerpflichtige Einzelunternehmer Arnold Hauser (Treuhänder, rechnet vereinnahmt und effektiv ab) nutzt das Geschäftsfahrzeug (Kauf im Jahr n12; CHF 43 200.– inkl. 8% MWST) auch noch für private Zwecke (z. B. für rund 25%). Für die Verbuchung und Deklaration des Privatanteils an den Autokosten entscheidet sich Arnold Hauser für die Pauschale, d. h. Anwendung der 0.8% pro Monat auf dem Anschaffungswert exkl. MWST. Im Weiteren kann der Mitarbeiter Peter Brenzikofer das ihm zur Verfügung gestellte Geschäftsfahrzeug (Kauf im Jahr n10; CHF 37 660.– inkl. 7.6% MWST) auch für private Zwecke nutzen.

Die Verbuchung und Deklaration dieser beiden Privatanteile bei Anwendung der **effektiven Abrechnungsmethode** sieht wie folgt aus:

Arnold Hauser:
Privataufwand an Privatanteil an den Autokosten (PA Auto)   CHF   3 840.00
(Berechnung: CHF 40 000.– netto · 0.8% · 12 Monate)

                PA Auto an Vorsteuerkorrektur (Eigenverbrauch)   CHF   284.45
                (Berechnung: CHF 3 840.– : 108% · 8%)

Der Betrag von CHF 284.45 ist unter der Ziff. 415 der MWST-Abrechnung zu deklarieren.

Peter Brenzikofer:
Lohnaufwand an Privatanteil an den Autokosten (PA Auto)   CHF   3 360.00
(Berechnung: CHF 35 000.– netto · 0.8% · 12 Monate)

Dieser Betrag ist unter Ziff. 200 und 301 als Bruttoumsatz oder als Nettoumsatz von CHF 3 111.– mit der Lieferungssteuer (CHF 249.–) abzurechnen.

Was passiert aber nun, wenn der Einzelunternehmer Arnold Hauser mit der **SSS-Methode** abrechnet?

Arnold Hauser:
Der Eigenverbrauch im Sinne von MWSTV 92 ist mit Ausnahme von MWSTV 83 Abs. 1 Bst. b mit der Anwendung der SSS-Methode berücksichtigt. Der Privatanteil an den Autokosten ist in der Buchhaltung wie oben aufgeführt zu verbuchen, aber es ist kein Eigenverbrauch bzw. keine **Vorsteuerkorrektur vorzunehmen**.

Peter Brenzikofer:
Der Privatanteil an den Autokosten für Peter Brenzikofer ist aber abzurechnen, da es sich um eine **entgeltliche Leistung** handelt.

        Lohnaufwand an Privatanteil an den Autokosten (PA Auto)   CHF   3 360.00
        (Berechnung: CHF 35 000.– netto · 0.8% · 12 Monate)

Dieser Betrag ist **brutto** unter Ziff. 200 und 321 zu deklarieren und die daraus resultierende Lieferungssteuer bei Anwendung des Saldosteuersatzes von 6.1% beträgt CHF 244.95. Die MWST stellt bei Anwendung der SSS-Methode in der Erfolgsrechnung einen Aufwandposten dar.

Weitere Einzelheiten zu den Privatanteilen können dem Kapitel 11.5.2, S. 178, bzw. der Repetitionsfrage Nr. 66 (Aufgabe und Lösung) entnommen werden.

14.8.1 Übernahme eines Vermögens im Meldeverfahren

Wenn ein Steuerpflichtiger ein Gesamt- oder Teilvermögen an einen anderen Steuerpflichtigen übergibt bzw. verkauft, muss diese «Übergabe» im **Meldeverfahren** erfolgen und die übergebenen / verkauften Werte sind durch den Veräusserer in seiner MWST-Abrechnung unter Ziff. 200 und 225 zu deklarieren. Es gibt aber Probleme, wenn der übernehmende Steuerpflichtige das übernommene Vermögen nicht oder nur zu einem geringeren Anteil für eine steuerbare Tätigkeit verwendet. Rechnet der Veräusserer auch nach der Saldosteuersatzmethode ab, so sind keine Korrekturen vorzunehmen. Falls der Veräusserer nun nach der effektiven Methode abrechnet, muss der **Erwerber den Eigenverbrauch** abrechnen.

Beispiel

Die Magro AG veräussert ein Teilvermögen, das sie vollständig zur Erbringung steuerbarer Leistungen verwendet hat, an die mit der Saldosteuersatzmethode abrechnende Xenon AG und muss dafür das Meldeverfahren anwenden. Die Xenon AG verwendet das Teilvermögen zur Erbringung von der Steuer ausgenommenen Leistungen (keine Option möglich).

- Rechnet die Magro AG auch nach der SSS-Methode ab, braucht die übernehmende Xenon AG keinen Eigenverbrauch abzurechnen.
- Rechnet die Magro AG nach der effektiven Methode ab, muss die Xenon AG Eigenverbrauch abrechnen, und zwar auf dem gesamten Wert des Teilvermögens, weil es vor dem Verkauf vollständig für steuerbare Zwecke verwendet wurde und nach dem Verkauf vollständig zur Erbringung von der Steuer ausgenommenen Leistungen verwendet wird.

14.8.2 Unbewegliche Gegenstände

Wird ein unbeweglicher Gegenstand (Gebäude oder Gebäudeteil), der für eine Tätigkeit mit Anspruch auf Vorsteuerabzug verwendet wurde, neu endgültig für eine von der Steuer ausgenommene Tätigkeit oder nicht mehr im Rahmen der unternehmerischen Tätigkeit verwendet, so ist auf dem Zeitwert die Steuer zum aktuellen Normalsatz geschuldet (MWSTV 93 **Eigenverbrauch** bzw. MWSTV 82), wenn die steuerpflichtige Person

- den unbeweglichen Gegenstand erworben, erbaut oder umgebaut hat, als sie nach der effektiven Methode abrechnete und den Vorsteuerabzug vorgenommen hat; oder
- den unbeweglichen Gegenstand in der Zeit, in der sie die SSS-Methode angewendet hat, im Rahmen des Meldeverfahrens von einer nach der effektiven Methode abrechnenden, steuerpflichtigen Person erworben hat.

Zur Ermittlung des Zeitwerts des unbeweglichen Gegenstands ist pro Jahr eine Abschreibung von 5% vorzunehmen.

Beispiel

Das steuerpflichtige Einzelunternehmen Max Göri rechnet in den Jahren n10 – n13 mit der effektiven Abrechnungsmethode ab. In dieser Zeit fallen folgende Investitionen an, auf denen die Vorsteuer abgezogen wird:

- Jahr n10: Neubau Geschäftsliegenschaft: Wert exkl. MWST CHF 800 000.– und davon Vorsteuer von CHF 60 800.–
- Jahr n13: Kauf Geschäftsfahrzeug: Wert exkl. MWST CHF 100 000.– und davon Vorsteuer von CHF 8 000.–

Per 1.1.n14 wechselt Max Göri zur SSS-Methode. Die Geschäftsliegenschaft wird weiterhin für die unternehmerische, steuerbare Tätigkeit verwendet. Aus Altersgründen und da keine Nachfolgeregelung gefunden werden konnte, gibt Max Göri seine Geschäftstätigkeit per 31.12.n14 auf und lässt sich aus dem MWST-Register der Steuerpflichtigen löschen. Die Geschäftsliegenschaft und das -fahrzeug verwendet Max Göri inskünftig nur noch für private Zwecke.

Beim Wechsel von der effektiven zur SSS-Methode erfolgen keine Steuerkorrekturen auf dem Warenlager, den Betriebsmitteln und den Anlagegütern (MWSTV 79 Abs. 3).

Bei der Beendigung der Steuerpflicht per 31.12.n14 ist der Eigenverbrauch beim Geschäftsfahrzeug berücksichtigt (MWSTV 92), bei der Geschäftsliegenschaft aber nicht!

Die Berechnung der Steuer zum Normalsatz erfolgt mit dem aktuellen Steuersatz:

Neubau Geschäftsliegenschaft mit Vorsteuerabzug	CHF	800 000.00
Abschreibungen: Jahre n10–n14, 5 · 5% = 25%	CHF	–200 000.00
Zeitwert per Löschung 31.12.n14	CHF	600 000.00
Davon Steuer von 8% (aktueller Steuersatz!)	**CHF**	**48 000.00**

14.9 Wechsel der Abrechnungsmethode und -art

Beim Wechsel der Abrechnungsmethode von der effektiven Methode zur Abrechnung mit Saldosteuersätzen erfolgt grundsätzlich keine Steuerkorrektur auf dem Warenlager, den Betriebsmitteln und den Anlagegütern, obwohl auf diesen Gegenständen die Vorsteuer geltend gemacht werden konnte (MWSTV 79). Es erfolgt auch keine Steuerkorrektur auf den Debitoren und Kreditoren, sofern mit dem Wechsel nicht gleichzeitig auch die Abrechnungsart geändert wird. Der Wechsel von der effektiven Methode zur Abrechnung mit Saldosteuersätzen muss spätestens 60 Tage nach Beginn der Steuerperiode, ab der der Wechsel zu erfolgen hat, schriftlich gemeldet werden.

Auch umgekehrt (vom Saldosteuersatz zur effektiven Methode) erfolgen keine Steuerkorrekturen, ausser bei den Debitoren und Kreditoren, wenn auch die Abrechnungsart (vereinnahmt / vereinbart) gewechselt wird.

14.10 Ende der Steuerpflicht bei der Saldosteuersatzmethode

Stellt eine steuerpflichtige Person ihre Geschäftstätigkeit ein, so meldet sie sich bei der ESTV und lässt sich aus dem MWST-Register löschen. Aufgrund der Meldung schickt die ESTV der steuerpflichtigen Person eine Schlussabrechnung. Die Steuerpflichtige muss dann folgende «Umsätze» bis zur **Löschung im MWST-Register** mit der Schlussabrechnung versteuern (MWSTV 82):

- Erzielte Umsätze bis zum Löschungsdatum
- Debitoren (wenn Abrechnungsart vereinnahmt)
- Noch nicht fakturierte, angefangene Arbeiten
- Verkäufe an Drittpersonen (z. B. Aktiengesellschaft an Aktionär)
- Eigenverbrauch auf unbeweglichen Gegenständen, wenn
    - der Gegenstand von der Steuerpflichtigen erworben, erbaut oder umgebaut wurde, als sie nach der effektiven Methode abrechnete und den Vorsteuerabzug vorgenommen hat.
    - der Gegenstand von der Steuerpflichtigen während der Zeit, in der sie mit Saldosteuersätzen abrechnete, im Rahmen des Meldeverfahrens von einer effektiv abrechnenden Steuerpflichtigen erworben wurde.
    - die Besteuerung zum Eigenverbrauch zum Zeitwert (5% Abschreibung pro abgelaufenes Jahr) und zum Normalsatz erfolgt.

Korrekturen auf den Warenvorräten, Betriebsmitteln und Anlagegütern erfolgen grundsätzlich **keine.**

14.11 Anrechnung der fiktiven Vorsteuer

Auch wer mit Saldosteuersätzen abrechnet, hat die Möglichkeit, die in Kapitel 10.2, S. 159 ausführlich beschriebene Anrechnung der **fiktiven Vorsteuer** anzuwenden. Es sind dabei grundsätzlich dieselben Bestimmungen zu berücksichtigen wie bei der effektiven Abrechnungsmethode (z. B. hinsichtlich Buchführung und Rechnungsstellung).

Wird bei der Abrechnung mit Saldosteuersätzen die Anrechnung der fiktiven Vorsteuer angewendet, ist das **Formular Nr. 1055** auszufüllen und zu unterzeichnen. Der Steuerpflichtige muss den Verkaufserlös vollumfänglich unter Ziff. 200 der MWST-Abrechnung aufführen und unter Ziff. 321 bzw. 331 mit dem bewilligten Saldosteuersatz versteuern. Das Total aus dem Formular Nr. 1055 ist dann unter **Ziff. 471 des Abrechnungsformulars zu übertragen**. Die Verwendung dieses Formulars führt dazu, dass schlussendlich die **Marge zum Saldosteuersatz von 6.7%** abgerechnet wird.

Zusammenfassung

Zur Erleichterung des Abrechnungsverfahrens können Saldosteuersätze (SSS) angewendet werden. Der Steuerpflichtige berechnet dann seine Steuerschuld **pauschal mit einem Prozentsatz** vom Umsatz. Es gibt **zehn Saldosteuersätze**. Der SSS wird von der ESTV unter Berücksichtigung der besonderen Verhältnisse bei den einzelnen Branchen festgelegt.

Saldosteuersätze können nur angewendet werden, wenn

- die Umsatz-Limite CHF 5.02 Mio. nicht übersteigt, und
- die maximale Steuerschuld-Limite nicht mehr als CHF 109 000.–

beträgt.

Ein **Wechsel von der effektiven zur Saldosteuersatzmethode** kann erst nach Ablauf von drei Jahren auf Beginn der nächsten Steuerperiode erfolgen. Wird von Beginn an mit der Saldosteuersatzmethode abgerechnet, kann bereits nach Ablauf eines Jahres zur effektiven Abrechnungsmethode gewechselt werden.

In der **Semesterabrechnung** müssen folgende Umsätze deklariert werden:

- Umsätze, die zum Saldosteuersatz zu versteuern sind
- Umsätze, die nicht zu versteuern sind

Bestimmte Steuerpflichtige dürfen die Abrechnungsmethode der Saldosteuersätze nicht anwenden. Im Weiteren ist die freiwillige Versteuerung (Option) für Leistungen, die von der Steuer ausgenommen sind – mit zwei Ausnahmen – ausgeschlossen.

Werden mehrere Tätigkeiten ausgeübt, kann ein **zweiter Saldosteuersatz** bewilligt werden. Der Anteil der zweiten Tätigkeit muss regelmässig 10% des Gesamtumsatzes überschreiten. Insgesamt dürfen nur **zwei verschiedene Saldosteuersätze** verwendet werden.

Steuerbefreite Leistungen können auf zwei Arten abgerechnet werden:

- Sie werden zum Saldosteuersatz besteuert. Danach wird die Steuer von 8% oder 2.5% mit dem Formular Nr. 1050 zurückgefordert; die Vorsteuer ist abgegolten.
- Sie werden direkt in der MWST-Abrechnung abgezogen; dadurch entfällt die Anrechnung der Vorsteuer.

Leistungen, die der **Bezugsteuer** unterliegen, müssen bei Anwendung der Saldosteuersatzmethode in den Abrechnungen zum gültigen Steuersatz deklariert werden. Im Normalfall müssen solche Leistungen zum Normalsatz deklariert und versteuert werden.

Der **Eigenverbrauch** ist mit wenigen Ausnahmen (Übernahme eines Vermögens im Meldeverfahren bei unbeweglichen Gegenständen) abgegolten.

Leistungen an eng verbundene Personen und an das Personal gelten nicht als Eigenverbrauch. Es ist somit abzuklären, welche (un)entgeltlichen Leistungen an diese Personen und an das Personal mit der Saldosteuersatzmethode abgerechnet werden müssen.

Beim Wechsel der Abrechnungsart von der effektiven Methode zur Abrechnung mit Saldosteuersätzen (oder umgekehrt) erfolgt grundsätzlich keine Steuerkorrektur. Wenn aber gleichzeitig die Abrechnungsart gewechselt wird, erfolgt eine nachträgliche Berichtigung auf den Debitoren und Kreditoren.

Auch bei der Abrechnung mit Saldosteuersätzen kann die Anrechnung der **fiktiven Vorsteuer** vorgenommen werden. Dabei wird das Formular Nr. 1055 verwendet.

Repetitionsfragen

74 Beat Burgmüller betreibt ab dem Jahr n1 ein Optikergeschäft. Er rechnet mit dem Saldosteuersatz (SSS) von 3.7% ab. Ab wann ist Beat Burgmüller gezwungen, effektiv abzurechnen, wenn er folgende Umsätze (inkl. MWST) erzielt? Im Jahr n5 konnte aufgrund einer neu entwickelten Sportbrille 50% mehr Umsatz gegenüber dem Vorjahr erwirtschaftet werden.

Jahr n1	CHF	3 150 000.–	Jahr n4:	CHF	2 940 000.–
Jahr n2	CHF	2 900 000.–	Jahr n5:	CHF	4 500 000.–
Jahr n3	CHF	3 100 000.–	Jahr n6:	CHF	4 400 000.–

75 Nora Holland ist als Rechtsanwältin tätig und rechnet mit dem SSS von 6.1% ab. Sie bezieht in den Jahren n11 und n12 folgende Dienstleistungen von Unternehmen mit Sitz im Ausland:

| 1.3.n11 | CHF | 8 000.– | 1.8.n11 | CHF | 5 000.– |
| 1.4.n12 | CHF | 2 000.– | 1.9.n12 | CHF | 4 000.– |

Welche Steuer schuldet Nora Holland auf diesen Bezugsteuerleistungen und in welchen Abrechnungen hat sie diese zu versteuern?

76 Cuno Marbot betreibt ein Carunternehmen und rechnet mit dem SSS von 4.4% ab. Im 1. Semester des laufenden Jahres erzielt Cuno Marbot folgende Umsätze (inkl. MWST):

Personenbeförderung im Inland:	CHF	200 000.–
Personenbeförderung im Ausland:	CHF	100 000.–
Verkauf eines Reisecars:	CHF	50 000.–

Berechnen Sie die geschuldete Steuer. Wenn mehrere Varianten infrage kommen, ist die für Cuno Marbot günstigste Möglichkeit zu wählen.

77 Die Alex Diethelm AG rechnet nach SSS ab. Sie erzielte im abgelaufenen Semester Einnahmen aus folgenden Tätigkeiten:

A) Erbringung von Beratungsleistungen an nicht steuerpflichtige Unternehmen mit Sitz im Inland

B) Verkauf eines Personenwagens, der vom Geschäftsführer als Geschäftswagen verwendet wurde

C) Beratungsleistungen an Unternehmen mit Sitz im Ausland

D) Schulungsleistungen im EDV-Bereich

Welche der aufgeführten Einnahmen sind zu versteuern?

78 Markus Künzler betreibt ein Treuhandbüro in Zermatt und sein Einzelunternehmen ist im Handelsregister des Kantons Wallis eingetragen. Im MWST-Register ist Markus Künzler seit 1.1.n11 eingetragen und rechnet nach der Saldosteuersatzmethode (vereinnahmt) ab. Der neue Saldosteuersatz (SSS) ab 1.1.n11 für Treuhandarbeiten beträgt 6.1%. Im Januar n11 macht er sich folgende Gedanken und / oder hat folgende Geschäftsfälle, die allenfalls für die MWST relevant sind. Markus Künzler fragt Sie an, ob Sie ihn mit Ihrem profunden Fachwissen unterstützen und ihm Lösungen und Antworten präsentieren können:

A] Markus Künzler versucht, die geschuldete Steuer für das Jahr n11 zu ermitteln. Wie hoch ist der Steuerbetrag mit der SSS-Methode, wenn Markus Künzler für sein Treuhandbüro einen Jahresumsatz inkl. MWST von rund CHF 1.5 Mio. erzielt?

B] Neben der hauptamtlichen Treuhandtätigkeit unterrichtet Markus Künzler im Jahr n11 auch noch an der Fernfachhochschule und Kaufmännischen Schule in Brig. Er möchte die Einnahmen aus der Unterrichtstätigkeit freiwillig versteuern, d. h. optieren und diese auch mit dem SSS abrechnen. Ist diese Vorgehensweise korrekt bzw. überhaupt möglich? Begründen Sie Ihre Antwort(en) mit den Gesetzesartikeln.

C] Markus Künzler verkauft neben seiner Treuhandtätigkeit auch noch Fachbücher. Der Saldosteuersatz für den Verkauf von Büchern (Lehrmittel; Handel, die zum reduzierten Steuersatz steuerbar sind) beträgt 0.6%. Markus Künzler möchte diesen SSS beanspruchen. Wie hoch müsste der Anteil des Bücherverkaufs am Gesamtumsatz sein, damit Markus Künzler den zweiten SSS anwenden kann? Begründen Sie Ihre Antwort(en) mit den Gesetzesartikeln.

D] Für ein Beratungsprojekt eines Grosskunden bezieht Markus Künzler im Jahr n11 EDV-Beratungsleistungen von der Mikrochip AG in Berlin (DE) im Wert von CHF 50 000.–. Die Mikrochip AG ist nicht im Schweizer MWST-Register eingetragen. Wie ist dieser Aufwand aus der Sicht der MWST zu behandeln? Begründen Sie Ihre Antwort(en).

E] Markus Künzler plant, in einem der nächsten Jahre (im n12 oder später) zur effektiven Abrechnungsmethode zu wechseln.

1. Wann kann Markus Künzler frühestens wechseln, wenn er bekanntlich seit dem 1.1.n11 mit der SSS-Methode abrechnet?
2. Ab wann ist danach ein erneuter Wechsel zur SSS-Methode möglich?

F] Markus Künzler bleibt weiterhin bei der Saldosteuersatzmethode und rechnet seine Umsätze mit dem SSS von 6.1% ab. Die Bruttoumsätze seines Treuhandbüros entwickeln sich sehr erfreulich und betragen wie folgt:

im Jahr n11	CHF	1.5 Mio.
im Jahr n12	CHF	1.6 Mio.
im Jahr n13	CHF	1.75 Mio.
im Jahr n14	CHF	1.9 Mio.
im Jahr n15	CHF	2.2 Mio.

Hat die erfreuliche Umsatzentwicklung Folgen auf die Abrechnungsmethode und wenn ja, welche?

15 Meldeverfahren

Lernziele

Nach der Bearbeitung dieses Kapitels können Sie ...

- die Voraussetzungen für die Erfüllung der Steuerpflicht durch Meldung an die ESTV nennen.
- den formellen Ablauf des Meldeverfahrens beschreiben.
- die Anwendung von Saldosteuersätzen im Meldeverfahren erklären.

Schlüsselbegriffe

Eigenverbrauch, eng verbundene Person, freiwillige Anwendung, Fusion, Formular 764, gewichtiges Interesse, Grundstück, Gründung, Liquidation, obligatorische Anwendung, organische Einheit, rechtsformändernde Umwandlung, Spaltung, Steuerbarkeit der Übertragung, Steuerpflicht der Beteiligten, Transaktion, Übertragung eines Gesamtvermögens, Übertragung eines Teilvermögens, Übertragung von Grundstücken oder Grundstücksteilen, Umstrukturierung, Veräusserungspreis, Vermögensübertragung, Wert des Bodens

15.1 Einleitung

In diesem Kapitel wenden wir uns einem Thema zu, bei dem das Grundprinzip der schweizerischen MWST – das Prinzip der Netto-Allphasensteuer mit Vorsteuerabzug – durchbrochen wird.

Das Grundprinzip der MWST besteht ja darin, dass grundsätzlich alle im Inland gegen Entgelt erbrachten Lieferungen von Gegenständen und Dienstleistungen durch die MWST belastet werden, sofern sie nicht ausdrücklich von der Steuer ausgenommen sind. Der Leistungserbringer muss seine Umsätze mit der ESTV abrechnen und der Leistungsempfänger hat im Rahmen seiner unternehmerischen Tätigkeiten ein Anrecht auf die Vornahme des Vorsteuerabzugs.

Unter gewissen Voraussetzungen entfällt beim Leistungserbringer (Veräusserer) die Entrichtung der MWST und der Leistungsempfänger (Erwerber) hat kein Recht auf einen Vorsteuerabzug. In diesem Fall wird die Steuerpflicht statt durch die Entrichtung der Steuer durch **Meldung des steuerbaren Umsatzes** an die ESTV erfüllt. Wir behandeln in der Folge die Voraussetzungen zur Anwendung und die sich daraus ergebenden Konsequenzen vertieft.

Der Unterschied zwischen einer «normalen» Leistung (Lieferung oder Dienstleistung) und einer Übertragung einer Leistung im Meldeverfahren lässt sich wie folgt darstellen:

Abb. [15-1] **Der Unterschied zwischen einer normalen Leistung und einer Übertragung im Meldeverfahren**

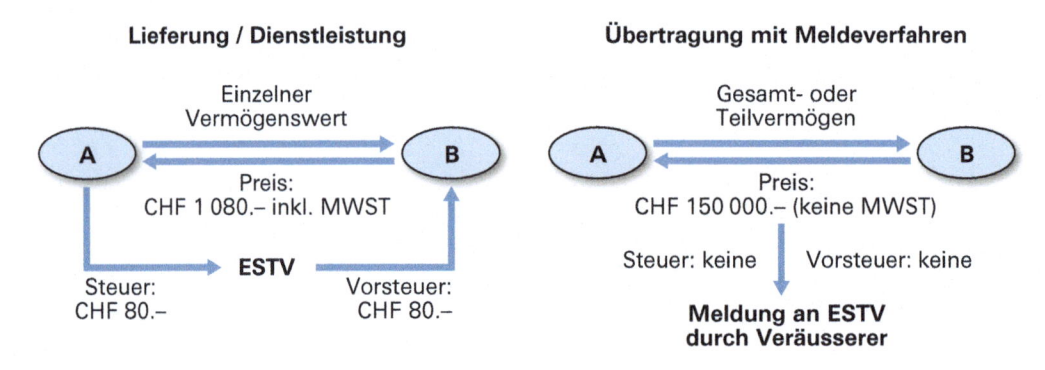

Lieferung / Dienstleistung

A → Einzelner Vermögenswert → B
Preis: CHF 1 080.– inkl. MWST
Steuer: CHF 80.– → ESTV ← Vorsteuer: CHF 80.–

Übertragung mit Meldeverfahren

A → Gesamt- oder Teilvermögen → B
Preis: CHF 150 000.– (keine MWST)
Steuer: keine | Vorsteuer: keine
Meldung an ESTV durch Veräusserer

15.2 Obligatorische Anwendung des Meldeverfahrens

Wenn die folgenden Voraussetzungen **kumulativ** erfüllt sind, muss das Meldeverfahren zwingend angewendet werden:

- Steuerbarkeit der Übertragung;
- Steuerpflicht aller Beteiligten;
- Vorliegen eines Umstrukturierungstatbestands nach DBG 19 oder 61 oder Übertragung eines Gesamt- oder Teilvermögens gemäss Fusionsgesetz (FusG);
- die zum gesetzlichen Steuersatz berechnete **Steuer** auf den zu übertragenden Vermögenswerten übersteigt **CHF 10 000.–** oder die Veräusserung erfolgt an eine **eng verbundene Person.**

Unter der Voraussetzung, dass beide Parteien (Veräusserer und Erwerber) steuerpflichtig sind oder werden, kann auf Gesuch der übertragenden Person hin das **Meldeverfahren freiwillig** angewendet werden, wenn ein **gewichtiges Interesse** vorliegt (z. B. bei der Übertragung eines Grundstücks oder von Grundstückteilen).

Wir werden nun die Voraussetzungen für die obligatorische Anwendung des Meldeverfahrens etwas genauer anschauen.

15.2.1 Steuerbarkeit der Übertragung

Das Meldeverfahren kommt nur dann obligatorisch zur Anwendung, wenn es sich um eine Übertragung von steuerbaren Leistungen (Lieferungen und / oder Dienstleistungen) handelt und die zum gesetzlichen Steuersatz berechnete Steuer auf den zu übertragenden Vermögenswerten CHF 10 000.– übersteigt oder die Veräusserung an eine eng verbundene Person erfolgt.

Sind in der Übertragung sowohl steuerbare als auch von der Steuer ausgenommene Leistungen enthalten, muss das Meldeverfahren nur dann angewendet werden, wenn der steuerbare Teil für sich allein betrachtet die notwendigen Voraussetzungen erfüllt. Wird das Meldeverfahren auch für die von der Steuer ausgenommenen Leistungen angewendet, so wird für deren Veräusserung nicht optiert.

Beispiel	Die Holding AG verkauft ihre gesamten Aktienbestände der international tätigen Finanz AG und will diesen Vorgang mit dem Meldeverfahren abwickeln. Gemäss MWSTG 21 Abs. 2 Ziff. 19 Bst. e handelt es sich bei der Übertragung der Aktien um eine von der Steuer ausgenommene Leistung. Somit liegt keine Übertragung einer steuerbaren Leistung vor und das Meldeverfahren muss nicht obligatorisch angewendet werden. Das Meldeverfahren darf in diesem Fall auch nicht freiwillig angewendet werden.

15.2.2 Steuerpflicht der Beteiligten

Das Meldeverfahren muss nur dann angewendet, wenn das Gesamt- bzw. Teilvermögen von einem Steuerpflichtigen auf einen anderen übertragen wird. Die Bedingung, dass alle Parteien steuerpflichtig sind, wird auch dann erfüllt, wenn der Erwerber erst durch die Übernahme steuerpflichtig wird oder der Veräusserer dadurch aus der Steuerpflicht ausscheidet. Zudem können auch Steuerpflichtige aus dem Fürstentum Liechtenstein, ausländische Unternehmen mit oder ohne Betriebsstätten im Inland sowie Mitglieder von Mehrwertsteuergruppen (ausgenommen sind Gruppeninnenumsätze) am Meldeverfahren beteiligt sein.

15.2.3 Umstrukturierungstatbestand

Gemäss MWSTG 38 Abs. 1 Bst. a und b muss das Meldeverfahren angewendet werden, wenn die Übertragung bei einer Umstrukturierung (insbesondere im Fall einer Fusion oder Spaltung) nach DBG 19 oder 61 oder bei anderen Übertragungen eines Gesamt- oder Teilvermögens im Rahmen einer Gründung, Liquidation oder Umstrukturierung gemäss FusG erfolgt.

Ein solcher Sachverhalt liegt auch dann vor, wenn die Rechtsform, der oder die Inhaber einer Personengesellschaft, der Umfang oder die Tätigkeiten eines Unternehmens ganz oder teilweise ändern. Es liegt aber keine Reorganisation vor, wenn beispielsweise diverse Warenbestände oder Betriebsmittel nur zur Erneuerung der Bestände veräussert werden. In solchen Fällen ist das Meldeverfahren nicht obligatorisch anzuwenden.

Wird hingegen eine rechtsformändernde Umwandlung nach FusG durchgeführt, gelangt das Meldeverfahren von vornherein nicht zur Anwendung, denn das Rechts- und Steuersubjekt bleibt dasselbe (die Gesellschaft behält u. a. ihre MWST-Nr.), sodass überhaupt keine Übertragung stattfindet. Eine solche rechtsformändernde Umwandlung liegt jedoch nicht bei Einzelunternehmen vor.

Beispiel

Martin Lüthi ist Inhaber eines Malergeschäfts. Die Geschäfte laufen gut, weswegen in den letzten 5 Jahren aus einem Einmannbetrieb ein Geschäft mit insgesamt 6 Angestellten geworden ist. Um das finanzielle Risiko zu beschränken, beschliesst Martin Lüthi, das Einzelunternehmen in eine GmbH umzuwandeln. Sämtliche Aktiven und Passiven werden in die GmbH übertragen. Nach der Übertragung wird das Einzelunternehmen aus dem Register der Steuerpflichtigen gelöscht, die GmbH wird neu eingetragen und erhält von der ESTV eine neue MWST-Nummer. Die Übertragung des Gesamtvermögens muss zwingend mittels Meldeverfahren erfolgen.

15.2.4 Gesamt- oder Teilvermögens

Ob ein Gesamt- oder Teilvermögen vorliegt, bestimmt sich immer aus der Sicht des Veräusserers und mit Blick auf die zu übertragenden Vermögenswerte.

Das **Gesamtvermögen** umfasst sämtliche Aktiven eines Unternehmens einer steuerpflichtigen Person.

Beispiel

Ein älterer Herr führt seit Jahren als Einzelunternehmen den kürzlich frisch renovierten Gasthof «Zum goldigen Esel». Diesen Betrieb überträgt er nun mit sämtlichen Aktiven seinem Sohn Ferdinand. Es handelt sich dabei um die Übertragung eines Gesamtvermögens.

Beim **Teilvermögen** wird das Vermögen des Veräusserers nur teilweise auf den Erwerber übertragen. Es wird die Gesamtheit der jeweils gleichen oder gleichartigen Gegenstände und / oder Dienstleistungen eines Unternehmens übertragen. Als Teilvermögen gilt sinngemäss die Definition des Teilbetriebs der direkten Bundessteuer, also jede kleinste für sich lebensfähige Einheit eines Unternehmens. Indizien für das Vorliegen eines Teilvermögens sind:

- Die Einheit eines Unternehmens erbringt Leistungen auf dem Markt oder an eng verbundene Unternehmen.
- Die Einheit eines Unternehmens verfügt über Personal.
- Der Personalaufwand steht in einem sachgerechten Verhältnis zum Ertrag.

| Beispiel | Die Auto-Occasionshändlerin Fahrzeuge AG betreibt eine eigene Werkstatt, in der die eingetauschten bzw. eingekauften Fahrzeuge für den Verkauf aufbereitet werden. Es werden auch Reparaturen an den eigenen Fahrzeugen, aber auch für Dritte ausgeführt. Aus organisatorischen Gründen wird die Tochtergesellschaft Reparatur AG gegründet, in die die bisherige Werkstatt (inkl. Mechaniker) übertragen wird. Bei der Werkstatt handelt es sich um eine für sich lebensfähige Einheit des Unternehmens. Somit handelt es sich aus der Sicht der MWST um ein Teilvermögen und das Meldeverfahren ist zwingend anzuwenden. |

Vermögenswerte, die im Rahmen einer steuerneutralen Umstrukturierung im Sinne von DBG 19 oder 61 übertragen werden, gelten von vornherein als Teilvermögen.

15.2.5 Eng verbundene Personen

Eng verbunden ist eine Person dann, wenn sie Inhaberin von massgebenden Beteiligungen ist (Beteiligung von mindestens 10% am Grund- oder Stammkapital, Beteiligung von mindestens 10% am Gewinn und an den Reserven oder Beteiligungsrechte im Verkehrswert von mindestens CHF 1 Mio.) oder wenn sie einer Person, die solche Beteiligungen hat, nahesteht. Bei der Veräusserung an eine eng verbundene Person gilt die Limite (Steuerbetrag) von CHF 10 000.– nicht.

15.3 Freiwillige Anwendung des Meldeverfahrens

Sind die eingangs erwähnten Voraussetzungen nicht erfüllt, muss das Meldeverfahren nicht zwingend angewendet werden. Das Meldeverfahren kann auf **Antrag der veräussernden Person** jedoch freiwillig durchgeführt werden, sofern beide Parteien steuerpflichtig sind und **Grundstücke bzw. Grundstückteile übertragen** werden oder wenn ein **gewichtiges Interesse** vorliegt. Ein gewichtiges Interesse liegt z. B. bei einer Übertragung von einer Mehrzahl von Gegenständen und / oder Dienstleistungen vor, die aus der Sicht des Veräusserers eine **organische Einheit** bilden. Vom Vorliegen einer organischen Einheit wird regelmässig ausgegangen bei

- der Gesamtheit der jeweils gleichen oder gleichartigen Gegenstände und / oder Dienstleistungen eines Unternehmens oder
- der Gesamtheit von verschiedenen Gegenständen und / oder Dienstleistungen, mit denen eine einheitliche Tätigkeit ausgeübt werden kann.

Somit kann z. B. bei der Übertragung eines Warenlagers das Meldeverfahren freiwillig angewendet werden, auch wenn kein Gesamt- oder Teilvermögen übertragen wird.

| Beispiel | Die Mix AG stellt Holzspielzeuge her und handelt mit Computerspielen für Kinder. Aufgrund struktureller Schwierigkeiten gibt sie den Handel mit den Computerspielen auf und verkauft das gesamte Warenlager an die Spiele AG. Bei diesem Warenlager handelt es sich um eine Gesamtheit von gleichartigen Gegenständen, die kein Teilvermögen darstellen. Somit ist die Übertragung im Meldeverfahren freiwillig. |

Die folgende Abbildung ist eine Checkliste, mit der abgeklärt werden kann, ob bei einer Übertragung die Voraussetzungen für das Meldeverfahren vorliegen.

Abb. [15-2] Übertragung von Vermögenswerten

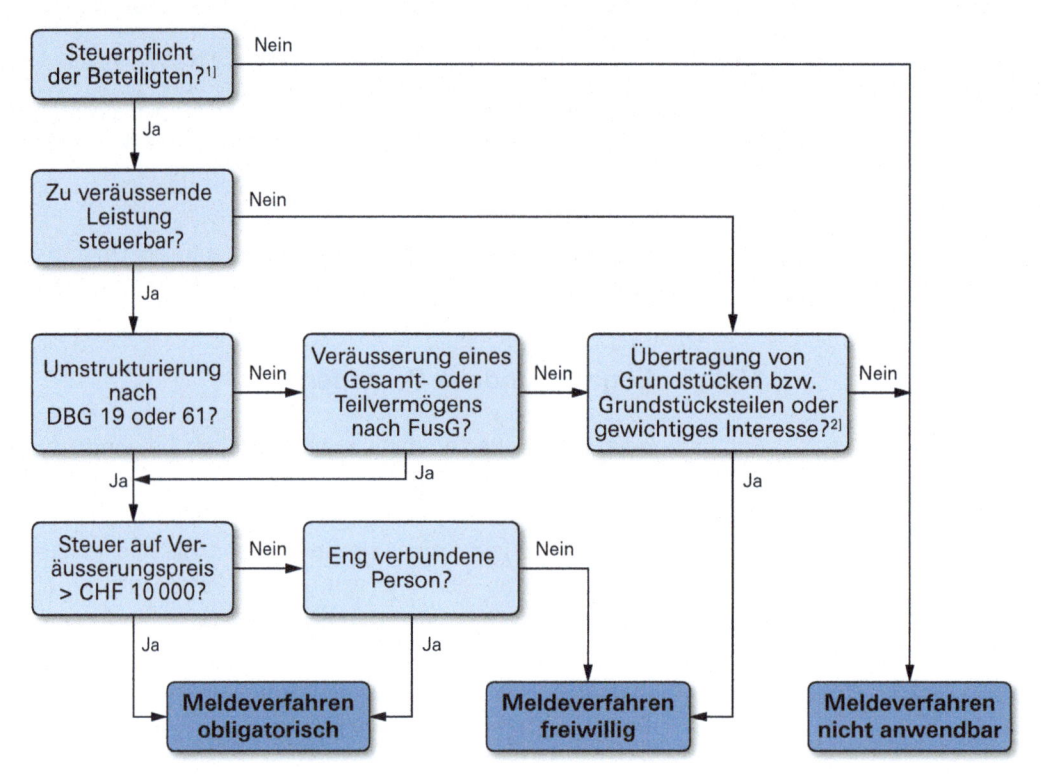

```
                    Steuerpflicht       Nein
                    der Beteiligten?¹⁾ ───────────────────────────────────────┐
                         │                                                     │
                         │ Ja                                                  │
                         ▼                                                     │
                    Zu veräussernde     Nein                                   │
                    Leistung           ─────────────────────────┐              │
                    steuerbar?                                  │              │
                         │                                     │              │
                         │ Ja                                  │              │
                         ▼                                     ▼              ▼
               Umstrukturierung   Nein   Veräusserung eines  Nein  Übertragung von       Nein
               nach              ──────► Gesamt- oder       ─────► Grundstücken bzw.   ─────►
               DBG 19 oder 61?           Teilvermögens             Grundstücksteilen oder
                                         nach FusG?                gewichtiges Interesse?²⁾
                    │                         │                         │
                    │ Ja      ◄───────────────┘ Ja                      │ Ja
                    ▼                                                    │
               Steuer auf Ver-   Nein   Eng verbundene   Nein            │
               äusserungspreis  ──────► Person?         ─────┐           │
               > CHF 10 000?                                 │           │
                    │                    │                  │           │
                    │ Ja                 │ Ja               │           │
                    ▼                    ▼                  ▼           ▼
               Meldeverfahren       Meldeverfahren          Meldeverfahren
               obligatorisch        freiwillig              nicht anwendbar
```

¹⁾ Gilt als erfüllt, wenn der Erwerber erst durch die Übernahme steuerpflichtig wird.
²⁾ Auf Gesuch der veräussernden Person (MWSTV 104 lit. b).

15.4 Formeller Ablauf des Meldeverfahrens

Da es sich bei der MWST um eine Selbstveranlagungssteuer handelt, hat der Steuerpflichtige auch bei Vermögensübertragungen selber zu prüfen, ob eine Übertragung mit Meldeverfahren vorliegen könnte.

Ist das der Fall, muss der **Veräusserer** das **Formular Nr. 764** bei der ESTV beziehen (u. a. via Website der ESTV möglich), dieses vollständig ausfüllen, von allen Beteiligten rechtsverbindlich unterzeichnen lassen und mit der MWST-Abrechnung (durch den Veräusserer) an die ESTV einreichen.

Auf dem Abrechnungsformular ist der **Veräusserungspreis** zu deklarieren. Der Veräusserungspreis im Sinne von MWSTG 38 umfasst grundsätzlich sämtliche bilanzierten und nicht bilanzierten Aktiven zum Verkehrswert, die zur Erbringung von steuerbaren Leistungen verwendet werden. Es gilt zu beachten, dass der Veräusserungspreis vom vertraglich vereinbarten Kaufpreis abweichen kann, da möglicherweise noch Schulden (z. B. passivierte Bilanzposten) verrechnet werden.

Wird das Meldeverfahren angewendet, ist auf den Rechnungen sowie anderen Dokumenten (z. B. Kaufvertrag) durch einen entsprechenden Vermerk auf das Meldeverfahren hinzuweisen. Hingegen darf keine Steuer oder kein Steuersatz ausgewiesen werden, da der ESTV bei der Übertragung mit Meldeverfahren auch keine Steuer zu entrichten ist.

15.5 Anwendung von Saldosteuersätzen

Die Ausführungen zur Saldosteuersatzmethode sind im vorhergehenden Kapitel 14, S. 212 enthalten. Die Übertragung im Meldeverfahren, bei der beide Parteien mit Saldosteuersatz abrechnen, haben keine speziellen, steuerlichen Auswirkungen wie z. B. Eigenverbrauch. Falls der Veräusserer aber nach der effektiven Methode abrechnet, muss der Erwerber unter Umständen Eigenverbrauch abrechnen.

15.6 Steuerliche Konsequenzen

Die Übernahme eines Grundstücks, eines Teil- oder Gesamtvermögens im Meldeverfahren kann beim Erwerber eine Vorsteuerkorrektur infolge Eigenverbrauchs oder eine Einlageentsteuerung auslösen, wenn er die übernommenen Gegenstände und Dienstleistungen nicht im selben Umfang für steuerbare Zwecke verwendet wie beim Veräusserer. Die Problematik der Vorsteuerkorrektur infolge Eigenverbrauchs wird in Kapitel 11.3, S. 177 ausführlich behandelt.

Zusammenfassung

Bei einer **Übertragung eines Gesamt- oder Teilvermögens** entfällt unter bestimmten Voraussetzungen beim Leistungserbringer die Entrichtung der MWST. Der Leistungsempfänger hat dann kein Recht auf Vorsteuerabzug. Die Steuerpflicht wird durch die Meldung des steuerbaren Umsatzes an die ESTV erfüllt.

Wenn die folgenden Voraussetzungen kumulativ erfüllt sind, muss das Meldeverfahren zwingend angewendet werden:

- Steuerbarkeit der Übertragung
- Steuerpflicht aller Beteiligten
- Vorliegen eines Umstrukturierungstatbestands nach DBG oder andere Übertragung eines Gesamt- oder Teilvermögens im Rahmen einer Gründung, Liquidation oder Umstrukturierung nach FusG
- Die zum gesetzlichen Steuersatz berechnete Steuer auf den zu übertragenden Vermögenswerten übersteigt CHF 10 000.– oder die Veräusserung erfolgt an eine eng verbundene Person.

Wenn beide Parteien steuerpflichtig sind oder werden, kann auf Gesuch der veräussernden Person hin das **Meldeverfahren freiwillig** angewendet werden, z. B. wenn ein Grundstück oder ein Grundstückteil übertragen wird oder wenn ein gewichtiges Interesse vorliegt (z. B. Übertragung einer organischen Einheit).

Das **Gesamtvermögen** umfasst alle Aktiven eines Unternehmens einer steuerpflichtigen Person. Beim **Teilvermögen** wird nur ein Teil der Vermögenswerte übertragen. Es liegt nur dann vor, wenn es sich um eine für sich lebensfähige Einheit eines Unternehmens handelt.

Ablauf des Meldeverfahrens: Der Steuerpflichtige (Veräusserer) muss bei einer Vermögensübertragung überprüfen, ob die Voraussetzungen für ein Meldeverfahren erfüllt sind. Ist dies der Fall, muss er das **Formular Nr. 764** ausfüllen und von allen Beteiligten unterschreiben lassen. Das Formular Nr. 764 ist mit der MWST-Abrechnung durch den Veräusserer einzureichen. Zudem ist auf dem Abrechnungsformular der Veräusserungspreis unter den entsprechenden Ziffern anzugeben.

Die **Übertragung** im Meldeverfahren, bei der beide Parteien mit Saldosteuersatz abrechnen, hat keine speziellen steuerlichen Auswirkungen. Falls der Veräusserer aber nach der effektiven Methode abrechnet, so muss der Erwerber unter Umständen Eigenverbrauch abrechnen.

> Werden die übernommenen Gegenstände oder Dienstleistungen vom Erwerber nicht im selben Umfang für steuerbare Zwecke verwendet wie vom Veräusserer, muss der Erwerber unter Umständen eine **Vorsteuerkorrektur infolge Eigenverbrauchs** vornehmen oder darf gegebenenfalls eine Einlageentsteuerung geltend machen.

Repetitionsfragen

79 Die Firma M AG ist die Muttergesellschaft der X AG und Y AG, mit denen sie eine Mehrwertsteuergruppe bildet. Aufgrund von internen Umstrukturierungen wird ein gesamter Unternehmensteil der X AG an die Y AG übertragen. Kann dafür das Meldeverfahren angewendet werden?

80 Die im Transportgewerbe tätige, effektiv abrechnende Giezen AG besitzt verschiedene Fahrzeuge, mit denen sie für ihre Kunden Transportleistungen aller Art erbringt. Daneben betreibt sie mit sechs Fahrzeugen einen Taxibetrieb. Nach zähen Verhandlungen verkauft sie den Taxibetrieb an den örtlichen Hauptkonkurrenten, der mit der Saldosteuersatzmethode abrechnet, und stellt somit den Taxibetrieb ein.

A] Was ist im Zusammenhang mit der MWST beim Verkauf des Taxibetriebs an den Konkurrenten zu beachten?

B] Welche steuerlichen Folgen ergeben sich für die beteiligten Parteien?

16 Entstehung, Fälligkeit und Verjährung

Lernziele Nach der Bearbeitung dieses Kapitels können Sie …

- erklären, wann eine Steuerforderung entsteht und wann sie fällig ist.
- die Verjährungsfristen bei der MWST beschreiben.

Schlüsselbegriffe Abrechnung nach vereinbartem Entgelt, Abrechnung nach vereinnahmtem Entgelt, Abrechnungsart, Abrechnungsperiode, absolute Verjährungsfrist, Aufbewahrungsfrist, Bezugsteuer, Eigenverbrauch, Entstehung der Steuerforderung, Fälligkeit, Festsetzungsverjährung, Gutscheine, Lieferungen, Meldung, Rabatte, Skonti, Steuerperiode, Teilzahlung, Verjährung, Vorauszahlung, Vorsteuerüberhang

Der 3. Abschnitt des 2. Titels des MWSTG (MWSTG 39 ff.) befasst sich mit der «Entstehung, Änderung und Verjährung der Steuerforderung». Dieser Abschnitt gibt also u. a. Auskunft auf die Fragen: Wann ist wie viel MWST zu bezahlen? Wann darf ich wie viel Vorsteuern geltend machen? Als Steuerforderung gemäss MWSTG ist der an die ESTV zu zahlende Betrag zu verstehen.

16.1 Entstehung der Steuerforderung

Die unterschiedlichen steuerauslösenden Tatbestände verlangen auch nach einer unterschiedlichen Definition der Entstehung der Steuerforderung.

1. **Lieferungen und Dienstleistungen:** Es ist zu unterscheiden, welche Abrechnungsart angewendet wird. Grundsätzlich kann entweder nach vereinbarten oder nach vereinnahmten Entgelten abgerechnet werden. Der Behandlung dieser beiden Abrechnungsarten sind nachstehend zwei separate Unterkapitel gewidmet.
2. **Eigenverbrauch (Vorsteuerkorrektur):** Die Vorsteuerkorrektur infolge Eigenverbrauchs ist in jenem Zeitpunkt, in dem er eintritt, vorzunehmen. Die Bestimmung dieses Zeitpunkts ist bei der Entnahme von Gegenständen aus dem Unternehmen (z. B. für privaten Verbrauch) in der Regel kein Problem. Wird der Eigenverbrauch bei Gegenständen, die überwiegend für die Erzielung von steuerbaren Umsätzen eingesetzt werden, einmal jährlich auf Mietwertbasis abgerechnet, so entsteht die Steuerforderung jeweils am Jahresende.
3. **Bezugsteuer:** Bei dieser entsteht die Bezugsteuerschuld im Zeitpunkt des Empfangs der Rechnung (Abrechnung nach vereinbartem Entgelt) bzw. mit Bezahlung des Entgelts für die Leistung (Abrechnung nach vereinnahmtem Entgelt oder bei Leistungen ohne Rechnungsstellung). Gleichzeitig entsteht gegebenenfalls der Anspruch der Vorsteuern aufgrund der Bezugsteuer.
4. **Skonti, Rabatte und andere Entgeltsminderungen:** Sie werden in jener Abrechnungsperiode berücksichtigt, in der sie eingetreten sind.
5. **Einfuhrsteuer:** Zur Entstehung der Forderung verweisen wir auf das Kapitel 18, S. 245 dieses Buches. Der Anspruch auf Vorsteuerabzug aufgrund der Einfuhrsteuer entsteht am Ende der Abrechnungsperiode, in der die Steuer festgesetzt wurde.

16.1.1 Abrechnung nach vereinbartem Entgelt

Grundsätzlich kommt die Abrechnungsart nach vereinbartem Entgelt zur Anwendung. Diese Abrechnungsart ist der Regelfall.

Die Umsatzsteuerschuld entsteht zum Zeitpunkt der Rechnungsstellung. Der Anspruch auf Vorsteuerabzug entsteht am Ende der Abrechnungsperiode, in der die steuerpflichtige Person die Rechnung erhalten hat. Erhält der Leistungserbringer die Zahlung, bevor er die Rechnung stellt, gilt das als Leistung ohne Rechnungsstellung und die Steuerforderung entsteht im Moment der Vereinnahmung des Entgelts.

Bei **Voraus- oder Teilzahlungen** entsteht die Steuerforderung entweder mit der Ausstellung der Teilrechnung oder, falls keine separate Rechnung für die Teilzahlung ausgestellt wird, mit der Vereinnahmung der Zahlung.

Gutscheine verpflichten den Aussteller zur künftigen Leistungserbringung. Da aber nur das Ausführen einer entgeltlichen Lieferung oder das entgeltliche Erbringen einer Dienstleistung Steuerobjekt sein kann, liegt zum Zeitpunkt des Verkaufs des Gutscheins noch kein mehrwertsteuerlich relevantes Steuerobjekt vor. Aus diesem Grund muss die Besteuerung auch erst bei der Einlösung des Gutscheins erfolgen, also erst zu jenem Zeitpunkt, in dem der Leistungserbringer seine Leistung tatsächlich erbringt und somit ein Steuerobjekt gegeben ist. Das Ausbuchen nicht eingelöster Gutscheine hat keine steuerlichen Konsequenzen.

16.1.2 Abrechnung nach vereinnahmtem Entgelt

Auf Antrag kann die ESTV auch die Abrechnung nach vereinnahmtem Entgelt bewilligen. Diese Abrechnungsart kann von allen steuerpflichtigen Personen beantragt werden, macht aber vor allem für Branchen ohne nennenswerten Rechnungsverkehr oder für Kleinunternehmen Sinn, für die das Abrechnen nach vereinbarten Entgelten einen unverhältnismässig grossen, administrativen Aufwand verursachen würde.

Die gewählte Abrechnungsart muss mindestens für eine Steuerperiode beibehalten werden.

Die **Umsatzsteuerschuld** entsteht erst zum Zeitpunkt des Zahlungseingangs. Der Anspruch auf Vorsteuerabzug entsteht am Ende der Abrechnungsperiode, in der der Steuerpflichtige die Rechnung bezahlt hat.

Es wird aber von der ESTV zugelassen, dass die Debitoren nach der Abrechnungsart des vereinbarten Entgelts und die Kreditoren nach der Abrechnungsart des vereinnahmten Entgelts abgerechnet werden.

Erfolgt die **Zahlung mit der Kreditkarte,** so kann das Entgelt in jener Periode abgerechnet werden, in der der Steuerpflichtige von der Kreditkartenorganisation die entsprechende Abrechnung respektive Zahlung erhält.

Etwas anders ist es hingegen, wenn die Leistung mit einem **Check** bezahlt wird. Da die Checks selber wieder als Zahlungsmittel verwendet werden können (Weitergabe, Indossierung usw.), entsteht bei diesen Zahlungsmitteln die Steuerforderung nicht in jener Periode, in der der Check von der Bank gutgeschrieben wird, sondern in jener Periode, in der der Check vom leistenden Steuerpflichtigen entgegengenommen worden ist. Als Checks in diesem Sinne gelten nicht nur eigentliche Bankchecks, sondern auch REKA- oder Traveller-Checks u. Ä.

Für die Einlösung von Gutscheinen erfolgt die Besteuerung nach derselben Regelung, wie sie auch nach der Abrechnung nach vereinbartem Entgelt erfolgt: Das Entgelt für den Gutschein ist erst nach erfolgter Leistung, also erst bei Einlösung des Gutscheins, zu versteuern.

Die folgende Tabelle fasst zusammen, wann die Steuerforderung bei den verschiedenen, steuerbaren Tatbeständen entsteht.

Abb. [16-1]   Entstehung der Steuerforderung bei den verschiedenen Tatbeständen

Steuerbare Tatbestände	Entstehung der Steuerforderung
Lieferungen und Dienstleistungen	Abrechnung nach vereinbartem Entgelt: • Zeitpunkt der Rechnungsstellung • Bei verspäteter oder ohne Rechnungsstellung zum Zeitpunkt des Zahlungseingangs • Bei Teilzahlungen / Vorauszahlungen ohne Rechnungsstellung zum Zeitpunkt des Zahlungseingangs • Gutscheine zum Zeitpunkt der Einlösung des Gutscheins Abrechnung nach vereinnahmtem Entgelt: • Zeitpunkt des Zahlungseingangs • Gutscheine zum Zeitpunkt der Einlösung des Gutscheins
Vorsteuerkorrektur infolge Eigenverbrauchs	Zeitpunkt des Eintretens, z. B. • bei Entnahmen: im Zeitpunkt der Entnahme • bei jährlicher Abrechnung auf Mietwertbasis: am Jahresende
Bezugsteuer	Zeitpunkt des Empfangs der Rechnung (Abrechnungsart vereinbart) bzw. der Zahlung des Entgelts für die Leistung (Abrechnungsart vereinnahmt oder Leistung ohne Rechnungsstellung)
Skonti, Rabatte, andere Entgeltsminderungen	Zeitpunkt der Entgeltsminderung
Einfuhrsteuer	s. Kapitel 18, S. 245

16.2 Fälligkeit

Vom Zeitpunkt der Entstehung der Steuerforderung ist der Zeitpunkt der Fälligkeit zu unterscheiden. Dabei ist die Tatsache bedeutsam, dass die Steuer nicht zum selben Zeitpunkt fällig wird wie ein Vorsteuerüberhang[1], da dadurch Finanzierungsprobleme auftreten können.

In der Regel muss jeder Steuerpflichtige **quartalsweise** seine MWST-Abrechnung erstellen und einreichen. Innerhalb von **60 Tagen nach Ablauf des Quartals** muss die Abrechnung bei der ESTV eingereicht werden. Auf denselben Zeitpunkt hin muss auch die Steuer bezahlt werden.

Rechnet der Steuerpflichtige mit **Saldosteuersätzen** ab, so muss nur **alle sechs Monate** eine MWST-Abrechnung erstellt werden. Auch in diesem Fall muss die Abrechnung spätestens 60 Tage nach Semesterende eingereicht und die Steuer bezahlt sein.

Ist jemand nur aufgrund von **der Bezugsteuer unterliegenden Leistungen** steuerpflichtig, entspricht die Abrechnungsperiode dem Kalenderjahr.

In Ausnahmefällen kann die ESTV auch die **monatliche Abrechnung** der MWST bewilligen. Diese erfolgt immer dann, wenn das steuerpflichtige Unternehmen regelmässig über Vorsteuerüberhänge verfügt.

Damit eine monatliche Abrechnungsweise bewilligt wird, muss das beantragende Unternehmen regelmässig einen Vorsteuerüberhang ausweisen. Eine betragsmässige Limite für die Bewilligung wird von der ESTV nicht vorgegeben. Da der administrative Aufwand jedoch zunehmen wird, wird sich der Wechsel auf die monatliche Abrechnungsweise erst ab einem gewissen Betrag lohnen.

---

[1] Vorsteuerüberhang bedeutet, dass die Vorsteuer betragsmässig höher als die Umsatzsteuer ist.

Wird ein Gesamt- oder Teilvermögen im Rahmen einer **Umstrukturierung** von einem Steuerpflichtigen auf einen anderen Steuerpflichtigen übertragen, kann unter gewissen Voraussetzungen die Steuerpflicht durch **Meldung** erfüllt werden. Diese Meldung hat im Rahmen der ordentlichen Abrechnung durch den Veräusserer zu erfolgen, und zwar in derjenigen Abrechnungsperiode, in der das Meldeverfahren abgewickelt wird. Mehr dazu finden Sie in Kapitel 15, S. 226.

Bei **verspäteter Zahlung** werden ab Fälligkeitsdatum Verzugszinsen erhoben, ohne dass zuvor gemahnt werden muss.

Ist die Zahlung von Steuer, Zinsen und Kosten bis zum vorgeschriebenen Zahlungstermin mit einer erheblichen Härte verbunden, kann die ESTV mit der steuerpflichtigen Person die **Erstreckung der Zahlungsfrist** oder Ratenzahlungen vereinbaren. In der Regel kann die Frist bis zur Fälligkeit der folgenden Abrechnungsperiode gewährt werden. Für eine Fristerstreckung ist das **Fristerstreckungsformular** zu benutzen.

Durch die gewährte Frist wird der ordentliche Verfall nicht aufgeschoben und der **Verzugszins ist in jedem Fall geschuldet.**

Im Gegensatz zur Fälligkeit der Umsatzsteuer muss die ESTV einen allfälligen Vorsteuerüberhang erst 60 Tage nach Eintreffen der entsprechenden MWST-Abrechnung vergüten; danach muss sie den Betrag verzinsen.

Beispiel

Franz Wagner betreibt sein Transportunternehmen in Form eines Einzelunternehmens. Am 14. Juni (Rechnungsdatum) hat er einen neuen Tanklastwagen für CHF 250 000.– gekauft. Franz Wagner rechnet seine Umsätze nach vereinbartem Entgelt ab. Daher kann er die mit dem Kauf des Tanklastwagens bezahlten Vorsteuern in seiner 2. Quartalsabrechnung geltend machen. Sein steuerpflichtiger Umsatz im 2. Quartal betrug CHF 180 000.–.

Es ergibt sich somit folgende Abrechnung:

	Beträge (exkl. MWST)		MWST
Umsatz 2. Quartal	CHF 180 000.00	CHF	14 400.00
Kauf Tanklastwagen	CHF 250 000.00	CHF	–20 000.00
Übrige Investitionen und Aufwendungen	CHF 35 000.00	CHF	–2 800.00
Vorsteuerüberhang		**CHF**	**–8 400.00**

Das mit der Erstellung der Quartalsabrechnung beauftragte Treuhandbüro reicht die Quartalsabrechnung am 31. Juli der ESTV ein. Von diesem Zeitpunkt an hat die ESTV nun noch 60 Tage Zeit, um Franz Wagner sein Guthaben ohne Zinsfolgen auszuzahlen.

Steuerpflichtige mit grossen Vorsteuerüberschüssen haben deshalb ein Interesse daran, ihre MWST-Abrechnungen möglichst schnell einzureichen.

16.3 Verjährung

Die Festsetzungsverjährung der Steuerforderung ist in MWSTG 42 festgelegt. Die Frist beträgt 5 Jahre nach Ablauf des Kalenderjahres, in dem die Steuerforderung bzw. der Anspruch auf Vornahme des Vorsteuerabzugs entstanden ist.

Die **Verjährung** wird durch eine auf Festsetzung oder Korrektur der Steuerforderung gerichtete, empfangsbedürftige, schriftliche Erklärung, eine Verfügung, einen Einspracheentscheid oder ein Urteil unterbrochen. Zu einer entsprechenden **Unterbrechung** der Verjährung führen auch die Ankündigung einer Kontrolle nach MWSTG 78 Abs. 3 oder der Beginn einer unangekündigten Kontrolle. Als Kontrolle gilt auch das Einfordern und die Überprüfung von umfassenden Unterlagen (Geschäftsbücher eines Geschäftsjahres) durch die ESTV.

Die **absolute Verjährungsfrist** für die Steuerforderung beträgt 10 Jahre.

Von der Verjährungsfrist zu unterscheiden ist die **Aufbewahrungsfrist.** Die Geschäftsbücher und Belege sind während 10 Jahren (OR 958f) aufzubewahren. Unterlagen im Zusammenhang mit unbeweglichen Gegenständen sind sogar 20 Jahre aufzubewahren. Damit allfällige Berechnungen bei einer Nutzungsänderung belegt werden können, werden diese Unterlagen in der Praxis sogar 26 Jahre aufbewahrt.

Diese Norm soll sicherstellen, dass (vor allem) für die Bemessung des Eigenverbrauchs bzw. der Einlageentsteuerung, möglichst lange zuverlässige Unterlagen für die Berechnung der Vorsteuerkorrektur vorhanden sind.

Neben den eigentlichen Geschäftsbüchern (Buchhaltung, Hilfsbücher, Jahresabschluss) sind auch Zollquittungen, Ausfuhrdokumente, Rechnungskopien, Kaufverträge, Arbeitsrapporte und ähnliche Unterlagen aufzubewahren.

Gemäss neuem Rechnungslegungsrecht (seit 1.1.2013 in Kraft) sind die Geschäftsbücher, die Buchungsbelege, der Geschäfts- und der Revisionsbericht während 10 Jahren aufzubewahren. Die Geschäftskorrespondenz hingegen muss – allfällige spezialrechtliche Bestimmungen vorbehalten – nur noch aufbewahrt werden, wenn sie die Funktion eines Buchungsbelegs hat. Was ein Buchungsbeleg ist, kann OR 957a Abs. 2 Ziff. 2 und 5 sowie Abs. 5 entnommen werden. Weitere Einzelheiten über die Führung und Aufbewahrung der Geschäftsbücher können der Geschäftsbücherverordnung (GeBüV) entnommen werden.

Zusammenfassung

Die Steuerforderung entsteht mit dem Eintreffen eines steuerpflichtigen Tatbestands.

Bei **Lieferungen und Dienstleistungen** kann nach vereinbartem oder nach vereinnahmtem Entgelt abgerechnet werden.

Bei der Abrechnung nach **vereinbartem Entgelt** entsteht die Umsatzsteuerschuld zum Zeitpunkt der Rechnungsstellung und der Anspruch auf Vorsteuerabzug am Ende der Rechnungsperiode, in der die Rechnung eingegangen ist. Bei Leistungen ohne Rechnungsstellung entsteht die Umsatzsteuerschuld zum Zeitpunkt des Zahlungseingangs.

Auf Antrag genehmigt die ESTV die **Abrechnung nach vereinnahmten Entgelten.** Die Umsatzsteuerschuld entsteht dann erst zum Zeitpunkt des Zahlungseingangs, der Anspruch auf Vorsteuerabzug am Ende der Rechnungsperiode, in der der Steuerpflichtige die Rechnung bezahlt hat.

Wird die Rechnung mit **Kreditkarte** bezahlt, gilt das Entgelt in jenem Zeitpunkt als vereinnahmt, in dem der Steuerpflichtige die Abrechnung der Kartenorganisation erhält. Zahlt man mit **Check,** entsteht die Steuerforderung in der Periode, in der der Scheck vom Steuerpflichtigen entgegengenommen wird.

Bei der **Vorsteuerkorrektur infolge Eigenverbrauch** entsteht die Schuld infolge Vorsteuerkorrektur im Zeitpunkt, in dem er eintritt.

Bei der **Bezugsteuer** entsteht die Bezugsteuerschuld im Zeitpunkt des Empfangs der Rechnung (Abrechnungsart vereinbart) bzw. der Zahlung des Entgelts für die Leistung (Abrechnungsart vereinnahmt oder Leistung ohne Rechnungsstellung). Gleichzeitig entsteht gegebenenfalls der Anspruch auf Vorsteuerabzug.

Skonti, Rabatte und andere Entgeltsminderungen werden in der Abrechnungsperiode berücksichtigt, in der sie eingetreten sind.

Bei **Voraus- oder Teilzahlungen** entsteht die Steuerforderung mit der Ausstellung der Teilrechnung oder mit der Vereinnahmung der Zahlung.

Der Steuerpflichtige muss seine **MWST-Abrechnung** im Normalfall **quartals- oder semesterweise** erstellen. Die Umsatzsteuer und die Vorsteuer müssen innerhalb von 60 Tagen nach Ablauf der Abrechnungsperiode abgerechnet und der ESTV überwiesen werden.

Die ESTV gewährt in der Regel für die Einreichung der MWST-Abrechnung und Zahlung der Steuerschuld eine entsprechende **Fristerstreckung.**

Besteht ein **Vorsteuerüberschuss,** wird dieser von der ESTV rückerstattet. Dies erfolgt 60 Tage nach Eintreffen der MWST-Abrechnung. Danach wird das Guthaben verzinst.

Steuerforderungen verjähren 5 Jahre nach Ablauf des Kalenderjahres, in dem sie entstanden sind. Die absolute Verjährungsfrist beträgt 10 Jahre.

Die **Aufbewahrungsfrist** für Geschäftsbücher und Belege beträgt grundsätzlich 10 Jahre. Für Belege, die sich auf unbewegliche Gegenstände beziehen, beträgt diese Frist 20 bzw. 26 Jahre. Zur Aufbewahrung sind auch OR 958f und die Ausführungen in der Geschäftsbücherverordnung (GeBüV) zu beachten.

Repetitionsfragen

81	Kevin Mosimann, der nach vereinbarten Entgelten abrechnet, fakturiert seinem Kunden Toni Brühwiler den Verkauf von Büromaterial. Die Rechnung trägt das Datum des 14. März. Wann muss Kevin Mosimann der ESTV die auf dieser Lieferung geschuldete MWST einzahlen?
82	Die Miranda Immobilien AG, die nach vereinbarten Entgelten abrechnet, erstellt als Generalunternehmen für ihren steuerpflichtigen Kunden Andri Wipfli ein Bürohaus. Am 28. Juli stellt die Miranda Immobilien AG Andri Wipfli eine Rechnung. Dabei handelt es sich um eine Akonto-Rechnung gemäss Baufortschritt. Wann ist die MWST fällig?
83	Nach Beendigung der Arbeiten stellt Andri Wipfli diverse Baumängel fest. Er verlangt von der Miranda Immobilien AG am 12. Oktober eine Reduktion des von ihm bereits bezahlten Kaufpreises im Umfang von CHF 150 000.–. Die Miranda AG ist damit nicht einverstanden und beide Parteien übergeben die Angelegenheit ihren Anwälten. Am 4. Februar des Folgejahres kommt es zum Prozess. Die Miranda AG wird verpflichtet, Andri Wipfli CHF 75 000.– zurückzuzahlen. Andri Wipfli erhält das Geld mit Valuta 12. Februar. Zu welchem Zeitpunkt findet diese Kaufpreisminderung bei der Miranda AG und bei Andri Wipfli Eingang in die MWST-Abrechnung?

17 Mehrwertsteuer und Rechnungswesen

Lernziele	Nach der Bearbeitung dieses Kapitels können Sie … • die formellen Anforderungen einer Rechnung aufzählen. • Brutto- und Nettomethode unterscheiden.
Schlüsselbegriffe	Aktivkonten für die Vorsteuer, ausländische Währung (Fremdwährung), Bruttomethode, Bruttorechnung, Buchhaltung, formelle Anforderungen, Geschäftsbücher, Gutschriften, Kassenzettel, Landeswährung, Nettomethode, ordnungsmässige Buchführung, Passivkonten für die Umsatzsteuer, Prüfspur, Rechnung, Rechnungsstellung, Vertrag

Dem Rechnungswesen kommt im Zusammenhang mit der MWST besondere Bedeutung zu. Es ist in erster Linie das Rechnungswesen, das dafür zu sorgen hat, dass das für die MWST-Abrechnung notwendige Zahlenmaterial zur Verfügung steht. Die gesetzlichen Grundlagen zu diesem Thema finden Sie in MWSTG 26 (Rechnungsstellung) und MWSTG 70 (Buchführung und Aufbewahrung).

17.1 Rechnungsstellung

17.1.1 Verpflichtung zur Ausstellung einer Rechnung

Als **Rechnung** im Sinne der MWST gilt jedes Dokument, mit dem gegenüber einer Drittperson über das Entgelt für eine Leistung abgerechnet wird, gleichgültig, wie dieses Dokument im Geschäftsverkehr bezeichnet wird (MWSTG 3 Bst. k). Dabei kann es sich somit auch um Verträge (z. B. Miet- oder Leasingvertrag), Gutschriften, Kassenzettel, Coupons usw. handeln.

MWSTG 26 Abs. 1 verpflichtet jeden Leistungserbringer, auf Verlangen des Leistungsempfängers, zur Ausstellung einer Rechnung, die den formellen Anforderungen der MWST genügt.

Auch nicht steuerpflichtige Leistungsempfänger können eine solche Rechnung verlangen, da sie zu einem späteren Zeitpunkt steuerpflichtig werden können und dann entsprechende Belege benötigen, z. B. bei einer späteren Eintragung ins MWST-Register, um ihren Anspruch auf Einlageentsteuerung nachzuweisen.

17.1.2 Formelle Anforderungen

Gemäss MWSTG 26 muss die Rechnung lediglich den Leistungserbringer, den Leistungsempfänger und die Art der Leistung eindeutig identifizieren. Trotzdem sollte eine Rechnung in der Regel folgende Angaben enthalten, damit es dem Leistungsempfänger leichter fällt, den notwendigen Nachweis für den Anspruch auf Vorsteuerabzug zu erbringen:

- Name und Ort des Leistungserbringers
- Name und Ort des Leistungsempfängers
- MWST-Nr., unter der der Leistungserbringer im Register der steuerpflichtigen Personen eingetragen ist (im UID-Format: CHE-123.456.789 MWST)
- Datum oder Zeitraum der Leistungserbringung
- Art, Gegenstand und Umfang der Leistung
- Entgelt
- Steuerbetrag und Steuersatz (Falls die Steuer im Rechnungstotal inbegriffen ist, genügt die Angabe des Steuersatzes.)

Die Rechnung muss den Leistungserbringer und den Leistungsempfänger genau identifizieren. Deshalb sollte sie **Name und Adresse** enthalten, unter denen die Person üblicherweise im Geschäftsverkehr auftritt. Erlaubt sind auch sonstige im Geschäftsverkehr zulässigerweise verwendete Namen und Adressen, so z. B. Enseignes (Bezeichnung des Geschäftslokals) oder Filialen.

Wird anstelle einer Rechnung durch den Leistungserbringer eine Gutschrift durch den Leistungsempfänger ausgestellt, z. B. bei Provisionsgutschriften, sind die oben genannten Angaben ebenfalls aufzuführen.

Ist eine Rechnung oder ein Vertrag Ursache für **mehrere Zahlungen** (Miet- oder Leasingvertrag o. Ä.), sollte diese Urkunde die formellen Anforderungen erfüllen. Zudem muss diese Urkunde dem in einer Steuerperiode erfolgten Zahlungs- bzw. Verbuchungsvorgang zugeordnet werden können.

Kassenzettel für Beträge bis CHF 400.– (inkl. Steuer) müssen keine Angaben über den Leistungsempfänger enthalten (MWSTV 57). Das Gleiche gilt für Coupons von Registrierkassen.

17.1.3 Rechnungsstellung in ausländischer Währung (Fremdwährung)

In Kapitel 7, S. 112 über die Bemessungsgrundlage haben wir erfahren, dass die Steuer vom Entgelt geschuldet ist. Zu diesem Entgelt gehört alles, was der Empfänger oder an seiner Stelle ein Dritter als Gegenleistung für eine Lieferung oder Dienstleistung aufwendet. Die Entgelte für erbrachte Leistungen im Inland, die in einer ausländischen Währung fakturiert werden, müssen aufgrund des von der ESTV im Voraus bekannt gegebenen Monatsmittelkurses zum geltenden Devisen-Tageskurs (Verkauf) oder zum Konzernumrechnungskurs umgerechnet werden. Das gewählte Vorgehen ist während mindestens einer Steuerperiode beizubehalten.

Ob die Regeln für Landeswährung oder für in ausländischer Währung angewendet werden, hängt vom Beleg ab. Daraus ergibt sich Folgendes:

1. Die **Regeln für Landeswährung** gelten, wenn
   - auf dem Beleg die einzelnen Leistungen in CHF aufgeführt sind. Das Rechnungstotal ist in Landeswährung und ergänzend auch in ausländischer Währung ausgewiesen.
   - auf dem Beleg die einzelnen Leistungen sowohl in Landeswährung als auch in ausländischer Währung angegeben sind (Zweikolonnen-System).
2. Die **Regeln für Fremdwährung** gelten, wenn auf dem Beleg die einzelnen Leistungen in ausländischer Währung aufgeführt sind. Das Rechnungstotal ist in ausländischer Währung ausgewiesen und kann ergänzend auch in Landeswährung angegeben sein.

Ob der Kunde in ausländischer Währung bezahlt und das Retourgeld in Landeswährung oder in ausländischer Währung erhält, ist nicht von Bedeutung. Somit gelten die Regeln für die ausländische Währung selbst dann, wenn Belege in ausländischer Währung in CHF bezahlt werden.

Diese Bestimmungen gelten einerseits für die Bestimmung des Entgelts beim Leistungserbringer, aber auch für die Berechnung des Vorsteuerabzugs beim Leistungsempfänger. Bezahlt z. B. ein Leistungsempfänger eine in der Landeswährung ausgestellte Rechnung in ausländischer Währung, so gilt der ausgeglichene Betrag in CHF als Grundlage für den Vorsteuerabzug.

Beispiel	Das Handelsunternehmen EXPORT AG erhält eine Rechnung für bezogene Waren in Euro. Da es über kein Fremdwährungskonto verfügt, bezahlt es die Forderung in CHF. Als Grundlage für die Berechnung des Vorsteuerabzugs gilt der auf dem Beleg ausgewiesene Betrag in Euro, der zum von der ESTV bekannt gegebenen Monatsmittelkurs, zum im Inland geltenden Devisen-Tageskurs (Verkauf) oder zum Konzernumrechnungskurs (falls die EXPORT AG Mitglied eines Konzerns ist) umzurechnen ist.

Zu beachten ist aber auch Folgendes:

Gemäss Preisbekanntgabe-Verordnung (PBV) vom 11. Dezember 1978 ist gegenüber **Konsumenten** sowohl für Lieferungen von Gegenständen als auch für Dienstleistungen der tatsächlich zu bezahlende Preis in CHF (Detailpreis) bekannt zu geben. Die Bekanntgabe des zu bezahlenden Preises gegenüber Konsumenten nur in ausländischer Währung ist nicht zulässig, jedoch als Ergänzung zur Angabe in CHF möglich.

17.2 Buchhaltung

MWSTG 70 ist der einzige Artikel, der Bestimmungen über die Buchführung enthält. Es wird verlangt, dass der Steuerpflichtige seine Geschäftsbücher nach handelsrechtlichen Grundsätzen zu führen habe.

Somit müssen die obligationenrechtlichen Bestimmungen zur kaufmännischen Buchführung (OR 957 ff.) beachtet werden. Seit dem 1.1.2013 ist das neue Rechnungslegungsrecht in Kraft. Demnach sind **Einzelunternehmen und Personengesellschaften,** die im letzten Geschäftsjahr einen Umsatzerlös von **mindestens CHF 500 000.–** erzielt haben, **sowie alle juristischen Personen verpflichtet, eine doppelte Buchhaltung zu führen.**

Lediglich über die **Einnahmen und Ausgaben** sowie über die Vermögenslage Buch führen müssen:

1. Einzelunternehmen und Personengesellschaften mit weniger als CHF 500 000 Umsatzerlös im letzten Geschäftsjahr;
2. Vereine und Stiftungen, die sich nicht im Handelsregister eintragen lassen müssen;
3. Stiftungen, die nach ZGB 83b Abs. 2 von der Pflicht zur Bezeichnung einer Revisionsstelle befreit sind.

Gestützt auf MWSTV 128 verlangt die ESTV von den Unternehmen, die nicht zur Führung einer doppelten Buchhaltung verpflichtet sind, noch zusätzliche Angaben und Unterlagen.

Die Grundsätze zur **ordnungsmässigen Buchführung** (sog. GoB; OR 957a Abs. 2) gelten aber für alle Unternehmen gleichermassen.

Auf alle Fälle ist darauf zu achten, dass die Buchhaltung und die Organisation der Belegablage eine zuverlässige Kontrolle ermöglichen. Die Prüfspur «MWST-Abrechnung – Buchhaltung – Urbeleg» muss von einem fachkundigen Dritten ohne Weiteres nachvollzogen werden können.

17.2.1 Umsatz- und Vorsteuerkonten

Weil die MWST buchhalterisch einen Durchlaufposten darstellt, empfiehlt es sich, ein **separates Passivkonto für die Umsatzsteuer** zu führen. Für die MWST-Abrechnung ist der Umsatz wie folgt aufzuteilen:

- Steuerbare Leistungen, aufgeteilt auf die einzelnen Steuersätze
- Nicht steuerbare Leistungen mit Option, aufgeteilt auf die einzelnen Steuersätze
- Von der Steuer befreite Leistungen (z. B. Exporte)
- Leistungen im Ausland
- Übertragungen im Meldeverfahren
- Nicht steuerbare Leistungen ohne Option
- Entgeltsminderungen
- Subventionen und andere, öffentlich-rechtliche Beiträge
- Nicht-Entgelte
- Diverses

Wie detailliert die Erfolgsrechnung aufgeteilt werden soll, hängt stark von der Art des Unternehmens sowie vom Umfang der Buchhaltung ab.

Auch die **Vorsteuern** müssen für die MWST-Abrechnung aufgeteilt werden:

- Vorsteuern auf Material- und Dienstleistungsaufwand
- Vorsteuern auf Investitionen und übrigem Betriebsaufwand
- Vorsteuern aufgrund einer Einlageentsteuerung
- Vorsteuerkorrekturen infolge gemischter Verwendung oder Eigenverbrauch
- Vorsteuerkürzungen infolge von Subventionen usw.

Es empfiehlt sich, für die Vorsteuern entsprechende Aktivkonten zu führen. Welche **Vorsteuerkonten** einzurichten sind, ist auch hier abhängig von der Art des Unternehmens und dem Umfang der Buchhaltung. Jedoch sollte mindestens ein Konto für die Vorsteuern auf Material- und Dienstleistungsaufwand sowie eines für die Vorsteuern auf Investitionen und dem übrigen Betriebsaufwand geführt werden.

Der Sinn dieser Aufteilung der Vorsteuern besteht u. a. darin, dass die Verhältniszahl «Mehrwertsteuer / Vorsteuer auf Material- und Dienstleistungsaufwand» der ESTV einen ersten, wichtigen Anhaltspunkt bezüglich Plausibilität der MWST-Abrechnungen liefert (Bruttomargenrechnung).

Beispiel

Die Bemo AG erzielt Umsätze aus steuerbarer Handelstätigkeit und von der Steuer ausgenommenen Schulungsleistungen. Daneben besitzt sie noch eine Liegenschaft, die sie vermietet hat. Für die Versteuerung dieser Mieteinnahmen hat sie optiert.

Für die Erstellung der Abrechnung empfiehlt es sich für die Bemo AG, mindestens folgende Vorsteuerkonti zu führen:

- Umsatzsteuerkonto
- Je ein Ertragskonto für Handel, Schulung und Mieteinnahmen
- Vorsteuerkonto für den Wareneinkauf der Handelstätigkeit (volles Vorsteuerabzugsrecht)
- Vorsteuerkonto für den übrigen Betriebsaufwand und für Investitionen (Vorsteuerabzugsrecht im Verhältnis der Verwendung)
- Vorsteuerkonto für den Liegenschaftsunterhalt für die mit Option vermietete Liegenschaft (volles Vorsteuerabzugsrecht

17.2.2 Bruttomethode

Nach der Bruttomethode wird die MWST während der Abrechnungsperiode jeweils in der Erfolgsrechnung verbucht. Erst für die MWST-Abrechnung erfolgt die Umbuchung auf das Kreditorenkonto Umsatzsteuer oder auf die Debitorenkonten Vorsteuer.

Bei der Verbuchung nach der Bruttomethode dürfen auf demselben Aufwands-, Ertrags- oder Aktivkonto nur Bewegungen erfasst werden, die mit demselben Steuersatz belastet sind.

Beispiel

Max Bürgin handelt mit Radio- und Hi-Fi-Geräten. Neben anderen Umsätzen konnte Max Bürgin im Januar zwei Fernsehgeräte der Marke TV-Vision verkaufen. Der Verkaufspreis der Geräte beträgt CHF 3 000.– (exkl. MWST), der Einstandspreis beläuft sich auf CHF 2 000.– (exkl. MWST).

Es ergeben sich folgende Buchungssätze:

08.1.	Wareneinkauf / Kassa	Einkauf TV1	CHF	2 160.00
14.1.	Kassa / Warenverkauf	Verkauf TV1	CHF	3 240.00
16.1.	Wareneinkauf / Kassa	Einkauf TV2	CHF	2 160.00
28.1.	Kassa / Warenverkauf	Verkauf TV2	CHF	3 240.00
31.3.	Deb. Vorsteuern / Wareneinkauf	Umbuchung Vorsteuer	CHF	320.00
31.3.	Warenverkauf / Kred. MWST	Umbuchung MWST	CHF	480.00
30.5.	Bank / Deb. Vorsteuern	Zahlung 1.Q.	CHF	320.00
30.5.	Kred. MWST / Bank	Zahlung 1.Q.	CHF	480.00

17.2.3 Nettomethode

Wird nach der Nettomethode gebucht, wird die MWST jeweils sofort bei der Erfassung der dazugehörenden Umsätze auf die entsprechenden Umsatz- und Vorsteuerkonten verbucht.

17.2.4 Brutto- und Nettomethode

Die Anwendung der beiden Methoden nebeneinander ist zulässig. So können also z. B. die Erträge nach der Bruttomethode und die Aufwendungen und Investitionen nach der Nettomethode verbucht werden. Auch für Entgeltsminderungen kann die Bruttomethode angewendet werden, auch wenn der Umsatz nach der Nettomethode erfasst wird.

Die Verbuchung nach der Nettomethode verlangt pro Umsatzbeleg **zwei Buchungen.** Dieser Aufwand kann sich unter Umständen für die Verbuchung von relativ geringen Beträgen nicht lohnen. Es ist deshalb z. B. zulässig, die Warenverkäufe nach der Nettomethode, die Skontoabzüge hingegen nach der Bruttomethode zu erfassen.

Wie schon erwähnt, erfordert die Nettomethode pro Beleg zwei Buchungen. Im Normalfall werden heute Buchhaltungen mittels EDV erstellt. Die meisten Buchhaltungsprogramme ermöglichen, jeweils nur einen Steuercode einzugeben; danach erfolgt die MWST-Umbuchung automatisch.

17.2.5 Bruttorechnung

Die Buchhaltung ist grundsätzlich als Bruttorechnung zu führen. Verrechnungen sind unzulässig.

Beispiel

Die Bausan AG erhält den Auftrag, die Fassade eines Gebäudes zu renovieren. Um diesen Auftrag ausführen zu können, werden speziell für diese Renovation benötigte Chemikalien im Wert von CHF 20 000.– (exkl. MWST) eingekauft. Die Bausan AG stellt ihrem Auftraggeber nach Abschluss der Arbeiten CHF 80 000.– (exkl. MWST) in Rechnung.

Die Bausan AG beabsichtigt nun, für diesen Auftrag in der Buchhaltung ein Projektkonto Fassade zu eröffnen und sämtliche Aufwendungen und Erträge auf diesem Konto zu erfassen. Nach Abschluss der Arbeiten soll nur der verbleibende Projektsaldo in die Erfolgsrechnung ausgebucht werden.

Diese Vorgehensweise ist unzulässig.

Zusammenfassung

Jeder Leistungserbringer muss auf Verlangen des Leistungsempfängers eine Rechnung erstellen, die den **formellen Anforderungen der MWST** genügt.

Die Rechnung sollte in der Regel **folgende Angaben** enthalten:

- Name und Ort des Leistungserbringers
- Name und Ort des Leistungsempfängers
- MWST-Nr., unter der der Leistungserbringer im Register der steuerpflichtigen Personen eingetragen ist (im UID-Format)
- Datum oder Zeitraum der Leistungserbringung
- Art, Gegenstand und Umfang der Leistung
- Entgelt
- Steuerbetrag und Steuersatz; falls die Steuer im Rechnungstotal inbegriffen ist, genügt die Angabe des Steuersatzes

Bei der Fakturierung an Unternehmen können **Entgelte** in der Rechnung sowohl in **Landeswährung** als auch in **ausländischer Währung** aufgeführt werden. Je nach Gestaltung des Belegs werden entweder die Regeln für Landeswährung oder für ausländische Währung angewendet. Der Steuerpflichtige muss seine Bücher nach handelsrechtlichen Grundsätzen führen.

Es empfiehlt sich, für die **Umsatzsteuer** ein separates Passivkonto und mindestens zwei Vorsteuerkonten (Aktivkonten) für Material- und Dienstleistungsaufwand sowie für Investitionen und übrigen Betriebsaufwand zu führen.

Die **Verbuchung** kann nach der Brutto- oder nach der Nettomethode erfolgen. Die beiden Methoden können nebeneinander angewendet werden. Die **Bruttomethode** bedeutet, dass die MWST während der Abrechnungsperiode in der Erfolgsrechnung verbucht wird. Die Umbuchungen auf die Umsatz- bzw. Vorsteuerkonten erfolgen erst für die MWST-Abrechnung. Bei der **Nettomethode** wird die MWST sofort bei der Erfassung der Umsätze auf das Umsatzsteuerkonto und die Vorsteuern bei der Erfassung der Aufwendungen auf eines der Vorsteuerkonten gebucht.

Repetitionsfragen

84	In welchen Fällen ist der Steuerpflichtige gehalten, bei der Rechnungsstellung die formellen Anforderungen des MWSTG zu beachten?
85	Welche formellen Anforderungen sollten eingehalten werden, damit es dem steuerpflichtigen Empfänger der Rechnung leichter fällt, den Anspruch auf Vorsteuerabzug nachzuweisen?
86	Aus welchem Grund empfiehlt sich das Verbuchen von Vorsteuern auf mindestens zwei verschiedenen Aktivkonten und um welche handelt es sich?

18 Steuer auf den Einfuhren

Lernziele Nach der Bearbeitung dieses Kapitels können Sie …

- erklären, welche Einfuhren aus dem Ausland steuerpflichtig und welche von der Einfuhrsteuer befreit sind.
- die Planungsmöglichkeit von Unternehmen bei Einfuhren nennen.

Schlüsselbegriffe Abrechnungsmöglichkeiten, Bemessungsgrundlage, Bestimmungsort, Datenträger ohne Marktwert, Einfuhr, Einfuhrsteuer, elektronische Einfuhrzollanmeldung, Entgelt, Marktwert, Steuersätze, Unterstellungserklärung, Verlagerung der Steuerentrichtung, ZAZ-Konto

Der 4. Titel des MWSTG ist der Einfuhr von Gegenständen vorbehalten. Wie bereits unter dem alten Regime der Warenumsatzsteuer ist die Eidgenössische Zollverwaltung (EZV) für die Erhebung der **Einfuhrsteuer** zuständig.

Seit dem 1.1.2013 nimmt EZV keine Einfuhrzollanmeldungen in Papierform mehr an. Die **Einfuhren** müssen **elektronisch angemeldet** werden. Nur spezielle Anmeldungen wie z. B. für Umzugsgut sind noch in Papierform möglich. Dasselbe gilt für Ausfuhrzollanmeldungen.

MWSTG 52 bestimmt die **Einfuhr von Gegenständen** ins Inland als Steuerobjekt. Es genügt, wenn Gegenstände physisch über die Grenze gebracht werden. Entgeltlichkeit ist nicht Bestimmungsmerkmal der objektiven Steuerpflicht. Lässt sich bei der Einfuhr von **Datenträgern kein Marktwert** feststellen, ist keine Einfuhrsteuer geschuldet. Das kann z. B. bei Updates oder Upgrades von Computerprogrammen der Fall sein. Pläne von Architekten, Ingenieuren und Grafikern, Rechtsschriften von Anwälten, Forschungs- und Versuchsergebnisse sowie verbriefte Rechte und immaterielle Werte sind den Datenträgern ohne Marktwert u. a. auch gleichgestellt. In solchen Fällen erfolgt die Besteuerung mittels Bezugsteuer.

Gewisse Einfuhren sind **von der Einfuhrsteuer befreit.** Es sind im Wesentlichen die Einfuhr von

- Gegenständen mit geringem Wert,
- Münzen, Banknoten, Wertpapieren, Briefmarken, solange es sich nicht um Sammlerstücke handelt,
- Manuskripten von Autoren, Schriftstellern und Komponisten, Kunstwerke von Bildhauern und Malern,
- Elektrizität und Erdgas in Leitungen,
- menschlichen Organen und Blut,
- unverkäuflichen Warenmustern,
- Hausrat,
- Gegenständen, die mit Freipass zur vorübergehenden Ein- oder Ausfuhr abgefertigt werden, und
- Gegenständen inländischen Ursprungs, die im Ausland bearbeitet worden sind. Der Wert der Bearbeitung unterliegt allerdings der Einfuhrsteuer.

Für Importe ist der Zollschuldner steuerpflichtig (MWSTG 51). Gemäss Artikel 70 des Zollgesetzes muss derjenige Zoll zahlen, der den Gegenstand physisch über die Grenze bringt, sein Auftraggeber oder derjenige, für dessen Rechnung die Ware eingeführt wird.

In der Regel wird die Versteuerung an der Grenze durch den Warenführer vorgenommen und von ihm seinem Auftraggeber in Rechnung gestellt. Die Steuer ist in der Regel sofort geschuldet (MWSTG 56).

18.1 Abrechnungsmöglichkeiten

Es gibt mehrere Abrechnungsmöglichkeiten für Unternehmen, die regelmässig Importe tätigen. Wir behandeln

- die Errichtung eines ZAZ-Kontos;
- die Verlagerung der Steuerentrichtung.

18.1.1 Die Errichtung eines ZAZ-Kontos (zentralisiertes Abrechnungsverfahren der Zollverwaltung)

Dabei geht es im Wesentlichen darum, dass das importierende Unternehmen über ein Kontokorrent bei der EZV (Oberzolldirektion) verfügt. Zoll und MWST werden bei der Einfuhr von Gegenständen diesem Konto belastet und dem Unternehmen von der EZV in Rechnung gestellt.

Damit die EZV ein ZAZ-Konto eröffnet, muss das anfragende Unternehmen Sicherstellung leisten (Bürgschaft oder ein Depot).

Ein wesentlicher Vorteil des ZAZ-Kontos liegt darin, dass die Fälligkeit der MWST um 60 Tage hinausgeschoben wird. So erhält das importierende Unternehmen die Möglichkeit, die Zeitspanne zwischen der Zahlung der Steuer und der Vornahme des Vorsteuerabzugs zu verringern. Die Zahlung für die Zollgebühren muss aber innerhalb von 10 Tagen nach Rechnungsstellung erfolgen.

18.1.2 Verlagerung der Steuerentrichtung

Die Grundlage für dieses Verlagerungsverfahren findet sich in MWSTG 63 i. V. m. MWSTV 117 ff.

Nach diesem Verfahren können Steuerpflichtige, die regelmässig Gegenstände in die Schweiz importieren und in ihren Quartalsabrechnungen oder Monatsabrechnungen ebenso regelmässig Vorsteuerüberschüsse ausweisen (Ein- und Ausfuhren), die Einfuhrsteuer auf Bewilligung hin in ihrer **Quartalsabrechnung deklarieren** und müssen sie somit nicht an der Grenze mit der EZV abrechnen.

Damit ein solcher Antrag auf **Verlagerung der Steuerentrichtung** bewilligt wird, müssen folgende Voraussetzungen **kumulativ** erfüllt sein:

- Der Steuerpflichtige wendet die effektive Abrechnungsmethode zur Ermittlung der Vorsteuer an (keine Saldosteuersätze).
- Die Import- und Exportleistungen sind Teil der normalen Tätigkeit des Unternehmens.
- Das Unternehmen führt eine detaillierte Einfuhr-, Lager- und Ausfuhrkontrolle.
- Die Vorsteuerüberschüsse betragen regelmässig mindestens CHF 50 000.– pro Jahr.
- Der Steuerpflichtige bietet Gewähr für einen ordnungsgemässen Ablauf des Verfahrens.

Der Vorteil dieses Verfahrens besteht in erster Linie darin, dass die Einfuhrsteuer durch den Steuerpflichtigen nicht vorfinanziert werden muss.

18.2 Bemessungsgrundlage

Als Bemessungsgrundlage gilt das vom Abnehmer zu leistende **Entgelt** oder wenn es keine Vereinbarung über ein Entgelt gibt, der **Marktwert**. In die Bemessungsgrundlage sind sämtliche Kosten mit einzubeziehen, die bis zum inländischen Bestimmungsort des Gegenstands entstehen. Darunter fallen Kosten für Transport, Zoll, Versicherung und ähnliche Leistungen.

Bestehen berechtigte Zweifel an der Richtigkeit der deklarierten Werte, können die Zollbehörden den Wert des Gegenstands nach pflichtgemässem Ermessen selber festlegen.

Für die Einfuhrsteuer gelten dieselben **Steuersätze** (reduzierter Steuersatz und Normalsatz) wie für die Steuer auf den Leistungen (Lieferung oder Dienstleistung) im Inland.

18.3 Unterstellungserklärung Aus- und Inland

Grundsätzlich gilt bei der Lieferung eines Gegenstandes vom Ausland ins Inland der Abnehmer als Importeur. Die Lieferung, die zur Einfuhr führt, wird im Ausland bewirkt und untersteht daher nicht der Inlandsteuer.

Von diesem Grundsatz abweichend, erlaubt die Einfuhr mittels **Unterstellungserklärung Ausland** dem **Lieferer,** der im Besitz der entsprechenden Bewilligung der ESTV ist, den ins Inland an den Abnehmer beförderten oder versendeten Gegenstand **im eigenen Namen zu importieren**. Die Lieferung, die zur Einfuhr führt, gilt als **im Inland bewirkt** (MWSTV 3 Abs. 1) und untersteht daher für den Lieferer der **Inlandsteuer.** Die Befreiung von der Steuerpflicht nach MWSTG 10 Abs. 2 lit. b findet keine Anwendung.

Der Lieferer, der den Gegenstand ins Inland befördert oder versendet und die entsprechende Bewilligung hat, ist Importeur des Gegenstands. Er kann die **Einfuhrsteuer** im Rahmen der unternehmerischen Tätigkeit als **Vorsteuer** geltend machen, sofern er nach der **effektiven Methode** abrechnet und im Besitz der **elektronischen Veranlagungsverfügung** ist.

Neben der Unterstellungserklärung Ausland gibt es noch die **Unterstellungserklärung Inland.** Nach MWSTG 23 Abs. 2 Ziff. 3 werden damit grundsätzlich von der Steuer befreite Lieferungen von Gegenständen, die sich im Inland befinden und unter Zollüberwachung stehen, der Steuer unterstellt. Darunter fallen Lieferungen ab Zolllagerverfahren (z. B. offene Zolllager) oder Zollfreilagern sowie ab Zollverfahren der aktiven Veredelung oder der vorübergehenden Verwendung. Jedoch ändert sich der **Ort der betroffenen Lieferung** nicht.

Zusammenfassung

Einfuhren von Gegenständen aus dem Ausland sind steuerpflichtig. Der Zollschuldner, der den Gegenstand über die Grenze bringt, sein Auftraggeber oder derjenige, für dessen Rechnung der Gegenstand eingeführt wird, sind steuerpflichtig.

Bei der **Einfuhr von Datenträgern ohne Marktwert** ist keine Einfuhrsteuer geschuldet. Die Besteuerung erfolgt in solchen Fällen mittels Bezugsteuer.

Gewisse Einfuhren sind **von der Einfuhrsteuer befreit**, z. B. unverkäufliche Warenmuster oder Hausrat.

Seit dem 1.1.2013 können Einfuhrzollanmeldungen nur noch elektronisch erfolgen.

Unternehmen, die regelmässig Importe tätigen, können

- ein ZAZ-Konto einrichten oder
- die Steuerentrichtung verlagern.

Dem **ZAZ-Konto** (Zentralisiertes Abrechnungsverfahren der Zollverwaltung) werden bei der Einfuhr von Gegenständen entsprechende Zoll- und MWST-Abgaben belastet. Die Oberzolldirektion (EZV) stellt dann dafür Rechnung.

Steuerpflichtige, die regelmässig Gegenstände in die Schweiz einführen und in ihren Quartalsabrechnungen Vorsteuerüberschüsse ausweisen, können die Einfuhrsteuer in ihrer Quartalsabrechnung deklarieren. Man spricht dann von der **Verlagerung der Steuerentrichtung.**

Die **Bemessungsgrundlage** der MWST auf Einfuhr von Gegenständen ist der Warenwert des importierten Gegenstands. In der Regel ist dieser das **Entgelt,** das der Abnehmer des Gegenstands leisten muss oder wenn das Entgelt fehlt, der **Marktwert.** Darin sind Kosten für Transport, Zoll, Versicherung und Ähnliches inbegriffen.

Bei einer **Einfuhr mittels Unterstellungserklärung Ausland** gilt die Lieferung als im Inland bewirkt und untersteht daher der Inlandsteuer. Der Lieferer, der den Gegenstand ins Inland befördert oder versendet, ist Importeur des Gegenstandes.

Bei einer **Unterstellungserklärung Inland** werden Lieferungen von Gegenständen, die sich im Inland befinden und unter Zollüberwachung stehen, der Steuer unterstellt.

Es gelten dieselben **Steuersätze** wie für die Steuer auf dem Umsatz im Inland.

Repetitionsfragen

87 Max Meuli bestellt für sein Unternehmen 10 Kinderwägen der Marke Bugaboo in Deutschland. Die Kinderwägen werden per Lastwagen in die Schweiz gebracht.

Wer führt die Versteuerung an der Grenze durch?

88 A] Welches ist der Vorteil der Verlagerung der Steuerentrichtung?

B] Nennen Sie drei Voraussetzungen für die Bewilligung eines Antrags auf Verlagerung der Steuerentrichtung.

19 Behörden, Verfahren und Strafbestimmungen

Lernziele   Nach der Bearbeitung dieses Kapitels können Sie …

- die für die MWST zuständigen Behörden nennen.
- das Verfahren bei der MWST beschreiben.
- die Strafbestimmungen bei Steuerhinterziehung und Verletzung von Verfahrenspflichten darlegen.

Schlüsselbegriffe   Abrechnungen, Auskunftspflicht, Berichtigungsabrechnung, Beschwerdeentscheid, Beweiswürdigung (freie), Bundesgericht, Bundesverwaltungsgericht, Eidgenössische Steuerverwaltung, Eidgenössische Zollverwaltung, Einschätzungsmitteilung, Einsprache, Einspracherückzug, elektronischer Geschäftsverkehr, Entscheid, Finalisierung, Jahresabstimmung, Kontrolle, Korrekturabrechnung, Nachbesserungsfrist, pflichtgemässes Ermessen, Praxisfestlegungen, Selbstanzeige, Selbstveranlagungssteuer, Steuerhinterziehung, Steuervertretung, Strafbestimmungen, Umsatzabstimmung, Verfahren, Verfügung, Verletzung von Verfahrenspflichten, Vernehmlassung, Vorsteuerabstimmung, Vorsteuerplausibilität

Die gesetzlichen Grundlagen zu diesen Themen finden Sie im 5. Titel des MWSTG ab Artikel 65.

19.1 Behörden

Die **Eidgenössische Steuerverwaltung (ESTV),** Hauptabteilung Mehrwertsteuer, ist zuständig für die Erhebung der MWST im **Inland,** d. h. Inland- und Bezugsteuer. Für die Steuer bei der Einfuhr von Gegenständen ist die **Eidgenössische Zollverwaltung (EZV)** zuständig, d. h. Einfuhrsteuer.

Allerdings werden durch die Bundesverfassung, und darauf abstützend auch durch das MWSTG, **gewisse Kompetenzen dem Bundesrat, dem Eidgenössischen Finanzdepartement (EFD) sowie der Eidgenössischen Finanzkontrolle** zugewiesen.

Während dem Bundesrat Präzisierungen des materiellen Rechts vorbehalten sind (Bestimmungen über Abgrenzung von Lieferungen und Dienstleistungen, Bestimmungen über den Ort der Lieferung oder Dienstleistung usw.) und er gemäss MWSTG 107 auch zum Erlass von Vollzugsvorschriften berechtigt ist, obliegen dem Eidgenössischen Finanzdepartement die Kompetenzen für den Erlass von Ausführungsbestimmungen (delegierte Vollzugskompetenz). Die Eidgenössische Finanzkontrolle schliesslich überprüft regelmässig die Angemessenheit der Saldosteuersätze.

19.2 Verfahren

Wer Lieferungen oder Dienstleistungen im Inland gegen Entgelt ausführt, muss **selber feststellen, ob er als Steuersubjekt für die Mehrwertsteuer qualifiziert** ist oder nicht. Dasselbe gilt auch für die Feststellung, wer aufgrund der Bezugsteuer steuerpflichtig wird.

Wer steuerpflichtig wird, hat sich **innerhalb von 30 Tagen** nach Beginn der Steuerpflicht selbstständig bei der ESTV zu melden.

Die Steuerpflichtigen der **Bezugsteuer** haben sich **innerhalb von 60 Tagen** nach Ablauf des Kalenderjahres anzumelden, in dem sie die der Bezugsteuer unterliegenden Leistungen bezogen haben.

Das Gleiche gilt, wenn die Voraussetzungen wegfallen, die die Steuerpflicht begründen. In diesen Fällen hat auch der Steuerpflichtige für die **Löschung im MWST-Register** zu sorgen. Unterlässt er dies, bleibt er im MWST-Register eingetragen und es wird davon ausgegangen, dass er auf die Befreiung von der Steuerpflicht verzichtet. Dieser «Verzicht» dauert mindestens eine Steuerperiode.

Wird im Rahmen der Erstellung des Jahresabschlusses festgestellt, dass die eingereichten Steuerabrechnungen **Mängel** haben, müssen diese spätestens in der Abrechnung über jene Abrechnungsperiode korrigiert werden, in die der 180. Tag seit Ende des Geschäftsjahres fällt (Finalisierung). Diese Korrekturen sind der ESTV mittels dem Formular **Jahresabstimmung** bzw. Berichtigungsabrechnung (s. MWST-Formulare, S. 296) zu melden.

Die Mehrwertsteuer ist grundsätzlich eine **Selbstveranlagungssteuer.** Das bedeutet, dass eine vorbehaltlos eingereichte MWST-Abrechnung ohne weitere Prüfung durch die Behörden mit Eintritt der **Festsetzungsverjährung** rechtskräftig wird.

Das hat zur Folge, dass mögliche **Fehler** erst Jahre später bei einer Revision der ESTV entdeckt werden. Hat der Steuerpflichtige Leistungen nicht oder nur ungenügend versteuert oder den Formvorschriften nur ungenügend nachgelebt, führt dies dazu, dass er die entsprechende Steuer neben den **Verzugszinsen** nachzuentrichten hat. Die nachträgliche Überwälzung der Steuer auf die Kunden ist eine privatrechtliche Angelegenheit, die im Einzelfall vermutlich nur selten gelingen wird.

Die **Abrechnungen** sind grundsätzlich **quartalsweise** (MWSTG 35) auszufüllen und einzureichen. Steuerpflichtige, die mit **Saldosteuersätzen** abrechnen, müssen nur **jedes Semester** eine MWST-Abrechnung einreichen. Steuerpflichtige mit **regelmässigen Vorsteuerüberschüssen** können zudem die **monatliche Abrechnungsperiode** beantragen.

Die ESTV ist zur Vornahme von **MWST-Kontrollen** berechtigt. Dabei hat der Steuerpflichtige eine vollumfänglichen **Auskunftspflicht.** Auch weitere Personen, die mit dem Steuerpflichtigen in Geschäftsbeziehung stehen (Lieferanten, Kunden, Auftragnehmer usw.), sind zur Auskunftserteilung verpflichtet. Diese Auskunftspflicht wird lediglich durch das gesetzlich geschützte Berufsgeheimnis eingeschränkt.

Werden keine Abrechnungen eingereicht oder liegen keine oder nur ungenügende Aufzeichnungen vor, kann der Steuerbetrag von der ESTV auch nach **pflichtgemässem Ermessen** festgelegt werden.

Kontrollen der ESTV werden mit einer **Einschätzungsmitteilung** abgeschlossen. In der Einschätzungsmitteilung wird für jede der kontrollierten Steuerperioden die Steuerforderung festgehalten, selbst wenn keine Korrekturen notwendig sind. Allfällige Abweichungen zu den Deklarationen werden nachbelastet bzw. gutgeschrieben.

Die steuerpflichtige Person kann eine **Verfügung** verlangen, wenn sie mit der Einschätzungsmitteilung nicht einverstanden ist. Diese Verfügung der ESTV kann **innert 30 Tagen** mit einer **Einsprache** an die ESTV angefochten werden. Darin ist anzugeben, gegen welche Punkte der einsprachefähigen Verfügung sich die Einsprache richtet und was stattdessen vom Einsprecher verlangt wird (Antrag). Des Weiteren muss der Einsprecher seinen **Antrag begründen** und der Einsprache – wenn möglich – auch entsprechende **Beweismittel** beilegen. Die Einsprache muss **schriftlich** erfolgen und vom Einsprecher eigenhändig **unterschrieben** werden. Verfügt der Einsprecher über einen Vertreter, so muss dieser die Einsprache unterschreiben und der Einsprache eine entsprechende Vollmacht des Einsprechers beilegen.

Genügt die Einsprache den Formerfordernissen (z. B. ungenügende oder fehlende Beweismittel) nicht, räumt die ESTV dem Steuerpflichtigen eine **kurze Nachbesserungsfrist** ein. Lässt der Steuerpflichtige diese Frist ungenutzt verstreichen, kann die ESTV lediglich aufgrund der Aktenlage entscheiden.

Fehlen aber Antrag, Begründung, Unterschrift oder Vollmacht, tritt die ESTV gar nicht auf die Einsprache ein.

Es kann vorkommen, dass der Steuerpflichtige im Lauf des Einspracheverfahrens feststellt, dass die Sache für ihn einen wesentlich schlechteren Verlauf nehmen könnte als ursprünglich erhofft und dass der Einspracheentscheid der ESTV eine noch höhere Steuerforderung ausweisen könnte, als dies noch bei der angefochtenen Verfügung der Fall war. Er wird dann versuchen, seine Einsprache schnellstmöglich zurückzuziehen.

Die ESTV wird in Fällen, bei denen sie annehmen muss, dass ein solcher **Einspracherückzug** lediglich dazu dient, um zusätzliche Steuerforderungen zu verhindern, das Einspracheverfahren weiterführen. Hat die ESTV bereits die **einsprachefähige Verfügung** detailliert und ausführlich (einlässlich) begründet, so ist die Einsprache auf Antrag des Einsprechers oder mit dessen Zustimmung direkt an die nächsthöhere Instanz, das Bundesverwaltungsgericht, weiterzuleiten **(Sprungrekurs)**.

Ist der Steuerpflichtige mit dem Einspracheentscheid nicht einverstanden, hat er die Möglichkeit, diesen **innert 30 Tagen** nach Eröffnung des Einspracheentscheids an das Bundesverwaltungsgericht weiterzuziehen.

Die **Beschwerde an das Bundesverwaltungsgericht** hat im Wesentlichen dieselben Elemente zu enthalten, wie sie schon für die Einsprache vorgeschrieben sind (Antrag, Begründung, Beweismittel, Unterschrift, Vollmacht).

Das Bundesverwaltungsgericht ist die erste unabhängige, richterliche Instanz, die bei Streitigkeiten im Zusammenhang mit der MWST angerufen werden kann. Sie kann die Eidgenössische Steuerverwaltung zur Vernehmlassung zu den strittigen Fragen einladen.

Der Beschwerdeentscheid des Bundesverwaltungsgerichts kann nun sowohl vom Steuerpflichtigen wie auch von der ESTV **innert 30 Tagen** nach Eröffnung des Beschwerdeentscheids mit der **Beschwerde in öffentlich-rechtlichen Angelegenheiten** beim Bundesgericht angefochten werden. Die Beschwerde in öffentlich-rechtlichen Angelegenheiten lässt es allerdings nicht zu, dass weitere, im bisherigen Verfahren nicht gestellte Anträge vom Bundesgericht geprüft werden können.

Das **Bundesgericht** kann die nicht beschwerdeführende Partei zur **Vernehmlassung** einladen. Dadurch erhält die nicht beschwerdeführende Partei nochmals Gelegenheit, sich zur Begründung der Beschwerde in öffentlich-rechtlichen Angelegenheiten zu äussern. Allerdings kann das Bundesgericht das Gesetz nicht selber auf seine Verfassungsmässigkeit hin überprüfen. Wird z. B. gerügt, dass Normen des MWSTG gegen den Verfassungsauftrag verstossen, wird das Bundesgericht diese Beschwerde nicht beurteilen. Das Urteil des Bundesgerichts kann nicht mehr angefochten werden.

Abb. 19-1 fasst den Instanzenweg bei der Mehrwertsteuer nochmals zusammen.

Abb. [19-1] **Instanzenweg bei der Mehrwertsteuer**

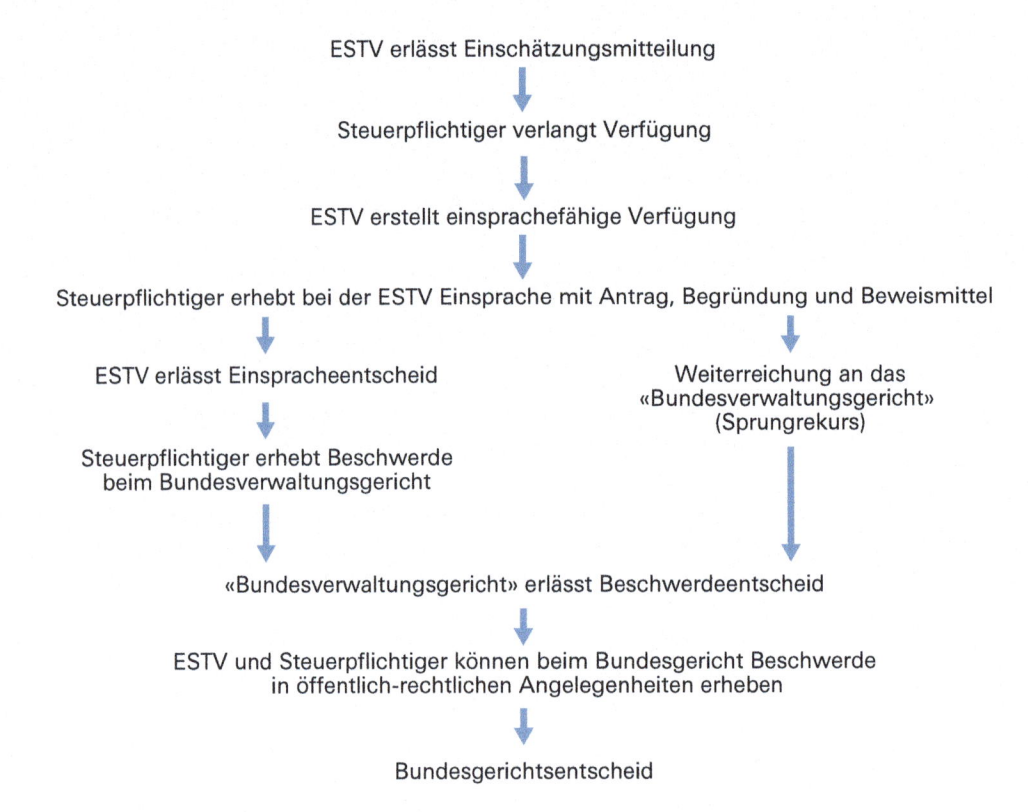

ESTV erlässt Einschätzungsmitteilung
↓
Steuerpflichtiger verlangt Verfügung
↓
ESTV erstellt einsprachefähige Verfügung
↓
Steuerpflichtiger erhebt bei der ESTV Einsprache mit Antrag, Begründung und Beweismittel
↓ ↓
ESTV erlässt Einspracheentscheid / Weiterreichung an das «Bundesverwaltungsgericht» (Sprungrekurs)
↓
Steuerpflichtiger erhebt Beschwerde beim Bundesverwaltungsgericht
↓
«Bundesverwaltungsgericht» erlässt Beschwerdeentscheid
↓
ESTV und Steuerpflichtiger können beim Bundesgericht Beschwerde in öffentlich-rechtlichen Angelegenheiten erheben
↓
Bundesgerichtsentscheid

19.3 Strafbestimmungen

Das MWSTG 96 ff. benennt Strafbestimmungen für den Fall der Steuerhinterziehung und der Verletzung von Verfahrenspflichten. Neben den Strafbestimmungen des MWSTG sind aber auch die Strafbestimmungen des Verwaltungsstrafrechts und die allgemeinen Bestimmungen des Strafgesetzbuchs zu beachten.

De Tatbestand der **Steuerhinterziehung** erfüllt, wer vorsätzlich oder fahrlässig die Steuerforderung zulasten des Staates verkürzt, indem er:

a. in einer Steuerperiode nicht sämtliche Einnahmen, zu hohe Einnahmen aus von der Steuer befreiten Leistungen, nicht sämtliche der Bezugsteuer unterliegenden Ausgaben oder zu hohe zum Vorsteuerabzug berechtigende Ausgaben deklariert.
b. eine unrechtmässige Rückforderung erwirkt oder
c. einen ungerechtfertigten Steuererlass erwirkt.
d. die für die Steuerfestsetzung relevanten Faktoren zwar wahrheitsgetreu deklariert, aber steuerlich falsch qualifiziert, sofern er vorsätzlich klare, gesetzliche Bestimmungen, Anordnungen der Behörden oder publizierte Praxisfestlegungen nicht richtig anwendet und die Behörden darüber nicht vorgängig schriftlich in Kenntnis setzt.
e. bei der Einfuhr Waren nicht oder unrichtig anmeldet oder verheimlicht.
f. im Rahmen einer behördlichen Kontrolle oder eines Verwaltungsverfahrens, das auf die Festsetzung der Steuerforderung oder den Steuererlass gerichtet ist, auf entsprechende Nachfrage hin keine, unwahre oder unvollständige Angaben macht.

Auch der **Versuch zur Steuerhinterziehung** kann bestraft werden.

Die Busse bei der Steuerhinterziehung beträgt je nach Tatbestand bis zu CHF 800 000.–. Bei einer **qualifizierten Steuerhinterziehung** kann die Busse bis zum Zweifachen des Steuervorteils erhöht werden. Zugleich kann eine Freiheitsstrafe bis zu 2 Jahren verhängt werden.

Eine **Verletzung von Verfahrenspflichten** begeht der Steuerpflichtige in den folgenden Fällen:

- Wer sich trotz subjektiver Steuerpflicht nicht im MWST-Register eintragen lässt
- Wer seinen Auskunfts- oder Abrechnungspflichten nicht oder nicht richtig nachkommt
- Wer die Steuer nicht periodengerecht deklariert
- Wer Sicherheiten nicht gehörig leistet
- Wer keine ordnungsgemässen Geschäftsbücher im Sinne des OR 957 führt
- Wer in einer Abrechnung o. Ä. falsche Angaben macht oder wichtige Tatsachen verschweigt
- Wer in Rechnungen eine nicht oder nicht in dieser Höhe geschuldete Mehrwertsteuer ausweist
- Wer durch Angabe einer Registernummer eine Eintragung im Register der steuerpflichtigen Personen vortäuscht
- Wer Kontrollen der ESTV behindert, erschwert oder verunmöglicht
- Wer Falschdeklarationen begeht

Die Verletzung von Verfahrenspflichten wird mit Busse bis CHF 10 000.– bestraft.

Grundsätzlich bedingt eine Strafe auch einen Täter. Eine juristische Person ist grundsätzlich nicht schuldfähig. **Schuldfähig sind nur die natürlichen Personen,** die für die juristische Person handeln.

Wird eine Steuerhinterziehung oder eine Verletzung von Verfahrenspflichten begangen und beträgt die zu erwartende Busse maximal CHF 100 000.–, so kann anstelle der handelnden Person (Täter) auch das Unternehmen zur Bezahlung der Busse verurteilt werden.

Zusammenfassung

Die **Eidgenössische Steuerverwaltung** ist zuständig für die Erhebung der Mehrwertsteuer im Inland. Für die Steuer bei der Einfuhr von Gegenständen ist die **Eidgenössische Zollverwaltung** zuständig. Dem Bundesrat und dem Eidgenössischen Finanzdepartement wurden gewisse Kompetenzen im Rahmen der MWST zugewiesen.

Der Steuerpflichtige muss selber feststellen, ob er Steuersubjekt für die MWST ist. Steuerpflichtige müssen sich innerhalb von 30 Tagen nach Beginn oder bei Wegfall der Steuerpflicht bei der ESTV melden. Die MWST ist eine **Selbstveranlagungssteuer.** Die Abrechnungen müssen grundsätzlich **quartalsweise** eingereicht werden.

Kontrollen der ESTV werden mit einer **Einschätzungsmitteilung** abgeschlossen. Darin wird für die kontrollierten Steuerperioden die jeweilige Steuerforderung festgehalten.

Der Steuerpflichtige kann von der ESTV eine **Verfügung** einfordern, wenn er mit der Einschätzungsmitteilung nicht einverstanden ist, und innert 30 Tagen eine **Einsprache** erheben. Die Einsprache muss einen Antrag, eine Begründung und möglichst Beweismittel enthalten.

Auf Antrag hat die ESTV die Einsprache an das Bundesverwaltungsgericht weiterzureichen, andernfalls erlässt sie einen Einspracheentscheid. Gegen diesen Einspracheentscheid kann der Steuerpflichtige **Beschwerde** beim **Bundesverwaltungsgericht** erheben. Das Bundesverwaltungsgericht erlässt einen Beschwerdeentscheid, gegen den sowohl die ESTV als auch der Steuerpflichtige eine **Beschwerde in öffentlich-rechtlichen Angelegenheiten** beim **Bundesgericht** einlegen können.

Das MWSTG nennt **Strafbestimmungen** bei Steuerhinterziehung und bei Verletzung von Verfahrenspflichten:

Steuerhinterziehung liegt vor, wenn der Steuerpflichtige sich selbst oder anderen vorsätzlich einen Steuervorteil verschafft.

Verletzung von Verfahrenspflichten liegt vor, wenn sich der Steuerpflichtige nicht an die Bestimmungen des MWSTG hält, indem er sich z. B. nicht ins MWST-Register eintragen lässt, keine ordnungsgemässen Geschäftsbücher führt oder die Kontrollen der ESTV behindert.

Schuldfähig sind die **natürlichen Personen,** die für die juristischen Personen handeln.

Repetitionsfragen

89 A] Wann müssen die MWST-Abrechnungen im Normalfall ausgefüllt und eingereicht werden?

B] Wann kann die monatliche MWST-Abrechnung beantragt werden?

C] Welche Steuerpflichtigen müssen nur jedes Semester eine MWST-Abrechnung einreichen?

90 Nennen Sie drei Tatbestände, bei denen Steuerhinterziehung vorliegt.

20 Fallbeispiel – Schelling

20.1 Sachverhalt

Frau Anna Schelling führt in Solothurn ein Einzelunternehmen. Die Geschäftstätigkeiten bestehen aus einer Gärtnerei, Gartenbauarbeiten und einem kleinen Blumengeschäft. Frau Schelling führt das Geschäft, seitdem ihr Mann im Jahr 1991 leider viel zu früh verstorben ist. Im Geschäft arbeitet auch das einzige Kind von Frau Schelling, Manfred Schelling, mit.

Anna Schelling ist zuständig für den kaufmännischen Bereich und für das Blumengeschäft, das sich im Parterre ihres Hauses in der Stadt Solothurn befindet. Da dieses Blumengeschäft nur einen kleinen Teil der Gesamtliegenschaft beansprucht, wird diese Liegenschaft in der Bilanz nicht als Geschäftsvermögen (sog. Präponderanzmethode aus Sicht der direkten Steuern) ausgewiesen. Es sind hier in den letzten Jahren auch keine zum Vorsteuerabzug berechtigenden Aufwendungen angefallen.

Im Blumengeschäft werden sowohl Blumen aus der eigenen Gärtnerei als auch zugekaufte Blumen verkauft. Eine Aufteilung dieser Blumen beim Verkauf ist praktisch nicht möglich. Nicht zuletzt aus Vereinfachungsgründen wird deshalb beim Verkauf der im eigenen Betrieb erzeugten Blumen im Sinne von MWSTG 22 optiert. Ausserdem werden im Blumengeschäft auch zum Normalsatz steuerbare Produkte wie Glückwunschkarten, Kerzen, Schalen aus Porzellan, Vasen usw. verkauft.

Manfred Schelling (verheiratet, zwei schulpflichtige Kinder) ist zuständig für den Bereich Gärtnerei und Gartenbauarbeiten. Die Geschäftsräume für diesen Bereich befinden sich in einer Liegenschaft am Stadtrand von Solothurn. Es handelt sich um die Liegenschaft, die in der nachfolgenden Bilanz aufgeführt ist. In dieser Liegenschaft befindet sich auch die Wohnung von Herrn Schelling; ansonsten wird die Liegenschaft ausschliesslich für unternehmerische Zwecke, die zum Vorsteuerabzug berechtigen, verwendet.

Die Bilanz per Jahresende und die Erfolgsrechnung für das abgelaufene Geschäftsjahr präsentieren sich wie folgt:

Bilanz per Jahresende (in CHF)			
Liquide Mittel	70 000.00	Verbindlichkeiten	80 000.00
Forderungen	100 000.00	Hypotheken	450 000.00
Angefangene Arbeiten	80 000.00	Eigenkapital	720 000.00
Warenbestand	200 000.00		
Fahrzeuge	50 000.00		
Sachanlagen	150 000.00		
Immobilien	600 000.00		
Total	**1 250 000.00**	**Total**	**1 250 000.00**

Erfolgsrechnung (in CHF)			
Warenaufwand	400 000.00	Umsatz Gärtnerei / Gartenbau	1 200 000.00
Lohnaufwand	500 000.00	Umsatz Blumengeschäft	200 000.00
Abschreibungen	120 000.00	Liegenschaftsertrag	18 000.00
Liegenschaftsunterhalt	60 000.00	Finanzertrag	2 000.00
Finanzaufwand	20 000.00		
Übriger Aufwand	120 000.00		
Erfolg	200 000.00		
Total	**1 420 000.00**	**Total**	**1 420 000.00**

Das Einzelunternehmen Schelling erfasst in der Buchhaltung sowohl die Erträge wie auch die Aufwendungen (inkl. Investitionen) in Bezug auf die MWST ausschliesslich nach der Nettomethode. Bei den obigen Zahlen handelt es sich um Zusammenzüge verschiedener Konti (z. B. Warenaufwand). Zu den in der Erfolgsrechnung ausgewiesenen Werten sind aufgrund verschiedener Aufzeichnungen der Steuerpflichtigen folgende Detailangaben bekannt, wobei sich auch hier die Beträge exkl. MWST verstehen:

1. Die **angefangenen Arbeiten** und der **Warenbestand** waren in den letzten Jahren immer gleich hoch. Es sind alles Waren zum Normalsatz, mit Ausnahme von CHF 10 000.– im Blumengeschäft.

2. Die Position **Fahrzeuge** beinhaltet einen für Geschäftszwecke benutzten Transporter sowie zwei Personenwagen, die von Anna Schelling und von Manfred Schelling zu ca. 40% unentgeltlich auch für private Zwecke verwendet werden. Der Personenwagen von Anna Schelling wurde vor 3.5 Jahren für CHF 60 000.– eingekauft. Das Fahrzeug von Manfred Schelling wurde Anfang des betrachteten Geschäftsjahres zum Preis von CHF 40 000.– eingekauft. Das alte, 10-jährige Fahrzeug wurde dabei mit einem Anrechnungswert von CHF 10 000.– eingetauscht.

3. Unter den **Sachanlagen** sind hauptsächlich Werkzeuge, Maschinen usw. aus dem Bereich Gärtnerei und Gartenbau aktiviert. Jährlich sind in diesem Bereich Anschaffungen von CHF 30 000.– getätigt worden. Im Bereich Blumenhandel wurden seit dem 1.1.1995 keine Sachanlagen aktiviert, mit Ausnahme einer neuen Ladentheke im Wert von CHF 8 000.– (Einkauf vor 2.5 Jahren) und einer Occasionsregistrierkasse, die von einem nicht Steuerpflichtigen vor 1.5 Jahren für CHF 2 000.– eingekauft wurde.
Der Einkauf dieser Registrierkasse erwies sich als Glücksgriff, denn es mussten daran bisher weder Reparatur- noch Unterhaltsarbeiten vorgenommen werden. Auf der Registrierkasse können die beiden Sparten Blumen und Boutiqueartikel (Glückwunschkarten, Kerzen, Porzellanvasen usw.) separat erfasst werden. Hingegen ist auf dem Quittungsausdruck nur der Betrag ohne Artikelangabe und ohne Steuersatz möglich.

4. Die **Immobilien** umfassen die Liegenschaft der Gärtnerei und des Gartenbaubetriebs sowie die Wohnung von Manfred Schelling am Stadtrand von Solothurn. Die Wohnung macht einen Anteil von ca. 30% an der Gesamtliegenschaft aus.

5. Vom **Umsatz Gärtnerei und Gartenbau** entfallen CHF 300 000.– auf reine Pflanzenlieferungen aus der Gärtnerei. Der Rest entfällt auf den Bereich Gartenbau, wobei hier CHF 250 000.– auf gesondert in Rechnung gestellte Pflanzenlieferungen entfallen.

6. Gemäss Registrierkasse (s. 3) entfallen CHF 175 000.– auf **Blumenverkäufe** und CHF 25 000.– auf **Verkäufe von Boutiqueartikeln.**

7. Beim **Liegenschaftsertrag** handelt es sich um die Wohnungsmiete von Manfred Schelling.

8. Der **Finanzertrag** beinhaltet die Zinserträge der verschiedenen Bankkonti.

9. Der **Warenaufwand** besteht aus folgenden Teilen:

Einkauf von Pflanzen, Setzlingen usw. für die Gärtnerei	CHF	190 000.00
Einkauf von zum Normalsatz steuerbarem Material für Gartenbauarbeiten	CHF	160 000.00
Einkauf von Blumen für das Blumengeschäft	CHF	35 000.00
Einkauf von zum Normalsatz steuerbarem Verpackungsmaterial, Tontöpfen usw.	CHF	5 000.00
Einkauf von zum Normalsatz steuerbaren Glückwunschkarten, Kerzen usw.	CHF	10 000.00

Die Glückwunschkarten, Kerzen, Porzellanvasen usw. werden auf einem separaten Konto erfasst und zusätzlich in einem separaten Einkaufsjournal aufgeführt. Den jeweiligen Einkäufen werden die kalkulierten Detailverkaufspreise gegenübergestellt. Diese betragen für das abgelaufene Jahr total CHF 30 000.–, wobei es sich auch hier um den Wert exkl. MWST handelt.

Von der Gärtnerei wurden Blumen im Wert von CHF 20 000.– (Einstandspreis) an das Blumengeschäft geliefert. Diese internen Lieferungen wurden nicht verbucht.

10. Infolge Arbeitsüberlastung im vergangenen Herbst musste von einem anderen Gartenbaugeschäft **Personal** für CHF 10 000.– **zugemietet** werden. Ansonsten beinhaltet der **Lohnaufwand** nur Löhne und Sozialleistungen des Personals und von Manfred Schelling.
11. Der **Liegenschaftsunterhalt** (für die Geschäftsliegenschaft) umfasst folgende Aufwendungen:

Ersatz Küchenkombination in der Wohnung von Manfred Schelling	CHF	35 000.00
Maler- und Isolationsarbeiten in den Büroräumlichkeiten des Betriebs	CHF	10 000.00
Allgemeiner, dem Normalsatz unterliegender Liegenschaftsunterhalt inkl. Heizungs-, Beleuchtungs- und Reinigungskosten	CHF	10 000.00
Allgemeiner Liegenschaftsunterhalt ohne MWST	CHF	5 000.00

Die Kosten wurden vollständig über den Aufwand gebucht, es wurden keine Aktivierungen vorgenommen.

In den letzten Jahren ist jeweils nur allgemeiner, vorsteuerbelasteter Liegenschaftsunterhalt von CHF 10 000.– mit MWST angefallen.

12. Der **Finanzaufwand** besteht hauptsächlich aus den Hypothekarzinsen.
13. Von den **übrigen Aufwendungen** (übriger Aufwand gemäss Erfolgsrechnung) entfallen CHF 40 000.– auf Unkosten ohne MWST. Der Rest von CHF 80 000.– sind zum Normalsatz steuerbare Kosten. In diesen zum Normalsatz steuerbaren Kosten sind auch die Kosten von CHF 10 000.– für geschäftlich bedingte Verpflegung enthalten. Die Kosten für Verpflegung und Getränke betreffen ausschliesslich den Bereich Gärtnerei und Gartenbau. Die übrigen Kosten verteilen sich im Verhältnis des Umsatzes auf die Bereiche Gärtnerei und Gartenbau und das Blumengeschäft.
14. Anna Schelling und Manfred Schelling (ist Arbeitnehmer = Lohnausweis) beziehen **unentgeltlich** für je CHF 1 200.– (Verkaufspreis) pro Jahr **zugekaufte Blumen**. Das Personal kann Blumen mit 20% Rabatt beziehen, der entsprechende Umsatz von CHF 5 000.– wurde verbucht. Der Einstandspreis dieser Blumen beträgt 30% des Verkaufspreises.

Anna Schelling will auf Ende des Geschäftsjahres ihre Geschäftstätigkeit aufgeben. Sie übergibt deshalb den ganzen Bereich Gärtnerei und Gartenbau inkl. der Liegenschaft zu Buchwerten ihrem Sohn, der diesen Bereich als neues Einzelunternehmen führen wird. Manfred Schelling zahlt dafür CHF 150 000.–, der Rest wird als Darlehen von Anna Schelling im Geschäft belassen.

Das Blumengeschäft im Parterre der Liegenschaft von Anna Schelling wird inkl. der bestehenden Einrichtung (z. B. Theke und Registrierkasse) an die bisherige Mitarbeiterin, Monika Rufer, vermietet. Diese wird das Geschäft im gleichen Rahmen wie bisher weiterführen.

Die Eröffnungsbilanz per 1.1. des Folgejahres des von Manfred Schelling übernommenen Bereichs Gärtnerei und Gartenbau (ebenfalls in Form eines Einzelunternehmens) präsentiert sich wie folgt:

Bilanz per 1.1. Folgejahr (in CHF)			
Liquide Mittel	70 000.00	Verbindlichkeiten	80 000.00
Forderungen	100 000.00	Darlehen Anna Schelling	540 000.00
Angefangene Arbeiten	80 000.00	Hypotheken	450 000.00
Warenbestand	180 000.00	Eigenkapital	150 000.00
Fahrzeuge	45 000.00		
Sachanlagen	145 000.00		
Immobilien	600 000.00		
Total	**1 220 000.00**	**Total**	**1 220 000.00**

Bei Anna Schelling bleiben nur das Fahrzeug (Buchwert CHF 5 000.–), die Betriebseinrichtung des Blumenladens (Buchwert CHF 5 000.–) und das Warenlager des Blumenladens (Buchwert CHF 20 000.–). Der Buchwert des Warenlagers entspricht dem Einstandspreis. Das Warenlager setzt sich zu 50% aus Blumen und zu 50% aus zum Normalsatz steuerbaren Artikeln zusammen. Anna Schelling verkauft das Warenlager Anfang Januar des Folgejahres zum Buchwert an Monika Rufer. Das Fahrzeug wird von Anna Schelling in Zukunft für private Zwecke (Überführung ins Privatvermögen) verwendet.

20.2 Aufgaben

1. Berechnen Sie die Steuerforderung aus der normalen Geschäftstätigkeit (ohne Geschäftsaufgabe), d. h. die Umsatzsteuer abzüglich der berechtigten Vorsteuer, für das abgelaufene Jahr. Die Abrechnung erfolgt effektiv, nach vereinbarten Entgelten.
2. Besteht für die neuen Einzelunternehmen Manfred Schelling und Monika Rufer die obligatorische Steuerpflicht? Was haben sie bezüglich Optionsmöglichkeiten und Saldosteuersatz zu beachten?
3. Was hat die Geschäftsaufgabe für Anna Schelling bezüglich der MWST zur Folge?
4. Welche Steuerforderung ist für das betrachtete Geschäftsjahr geschuldet und was sind die Folgen der Geschäftsaufgabe, wenn Anna Schelling mit den Saldosteuersätzen 4.4% (Gartenbau) und 0.6% (Gärtnerei, Blumengeschäft, Pflanzenhandel) abrechnete, wobei auch hier die vereinbarte Abrechnungsart angewendet wird? Es ist zu berücksichtigen, dass auch Manfred Schelling mit Saldosteuersatz abrechnen wird.

(Die Berechnungen sind auf die Belange der MWST zu beschränken. Folgen für die direkten Steuern sind nicht zu berücksichtigen.)

20.3 Lösungsansätze

20.3.1 Teil A: Berechnung der Steuerforderung für das abgelaufene Jahr

A] Berechnung der auf dem Umsatz geschuldeten Steuer

Der Bestand der angefangenen Arbeiten hat sich nicht geändert (s. 1). Der Umsatz gemäss Erfolgsrechnung entspricht somit dem vereinbarten Entgelt.

Im Bereich Gärtnerei und Gartenbau entfallen CHF 300 000.– auf reine Pflanzenlieferungen (s. 5). Diese unterliegen dem reduzierten Steuersatz. Auch die im Bereich Gartenbau gesondert in Rechnung gestellten Pflanzenlieferungen von CHF 250 000.– unterliegen gemäss MWSTG 25 Abs. 2 Bst. a Ziff. 5 dem reduzierten Steuersatz. Zum Normalsatz steuerbar ist hingegen der Rest von CHF 650 000.–.

Im Bereich Blumengeschäft kann die Aufteilung nicht mithilfe der Registrierkasse vorgenommen werden (s. 6). Die Registrierkasse erfüllt die Voraussetzungen dafür nicht, insbesondere fehlen die Artikelbezeichnung und die Angabe des entsprechenden Steuersatzes (s. 3). Die Aufteilung des Umsatzes auf die verschiedenen Steuersätze hat deshalb aufgrund des Wareneinkaufs zu erfolgen. Blumengeschäfte können dafür die Floristenpauschale anwenden.

Der zum Normalsatz steuerbare Umsatz kann annäherungsweise mithilfe eines Einkaufsjournals erfasst werden, in dem Glückwunschkarten, Kerzen, Porzellanvasen usw. aufgelistet und die Detailverkaufspreise berechnet werden. Nicht in diese Liste einzubeziehen sind Packmaterial und Hilfsstoffe (z. B. Tontöpfe). Der massgebende Detailverkaufspreis der zum Normalsatz steuerbaren Produkte beträgt demnach CHF 30 000.– (s. 9). Der restliche Umsatz des Blumengeschäfts von CHF 170 000.– ist zum reduzierten Satz steuerbar.

Von der Steuer ausgenommen sind der Liegenschaftsertrag und der Finanzertrag. Eine Optionsmöglichkeit für die freiwillige Versteuerung der Mieteinnahmen für die Wohnung ist aufgrund von MWSTG 22 Abs. 2 Bst. b (Nutzung für Wohnzwecke) nicht möglich. Eine Option für Finanzerträge ist gemäss MWSTG 22 Abs. 2 Bst. a ausgeschlossen.

Zusätzlich als Umsatz zu versteuern ist der Verkauf (Eintausch) des alten Fahrzeugs von CHF 10 000.– (s. 2).

Nicht als Umsatz zu versteuern ist dagegen die interne Blumenlieferung von CHF 20 000.– von der Gärtnerei an das Blumengeschäft (s. 9).

Steuerberechnung (in CHF)	Umsatz	Steuersatz	Steuer
Zum Normalsatz steuerbarer Umsatz Gärtnerei und Gartenbau	650 000.00	8%	52 000.00
Zum reduzierten Steuersatz steuerbarer Umsatz Gärtnerei und Gartenbau	550 000.00	2.5%	13 750.00
Zum Normalsatz steuerbarer Umsatz Blumengeschäft	30 000.00	8%	2 400.00
Zum reduzierten Steuersatz steuerbarer Umsatz Blumengeschäft	170 000.00	2.5%	4 250.00
Betriebsmittelverkauf	10 000.00	8%	800.00
Total Umsatz und geschuldete Umsatzsteuer	**1 410 000.00**		**73 200.00**

B] Berechnung der geschuldeten Umsatzsteuer auf Leistungen an nahestehende Personen

Manfred Schelling und das übrige Personal sind bei gleichartigen Leistungen gleich zu behandeln. Gemäss MWSTV 47 ist bei Leistungen an das Personal die Steuer vom tatsächlich bezahlten Entgelt zu berechnen. Zu versteuern sind also nur die im Umsatz enthaltenen CHF 5 000.–.

Manfred Schelling kann aber den Personenwagen unentgeltlich privat benutzen (s. 2) und bezieht auch unentgeltlich Blumen (s. 14). Für diese Leistungen ist gemäss MWSTV 47 folgende Steuer geschuldet:

- Benutzung des Personenwagens durch Manfred Schelling: Die Steuer kann mit 0.8% des Anschaffungspreises pro Monat berechnet werden, für das ganze Geschäftsjahr somit mit 9.6% des Anschaffungspreises. Der Anschaffungspreis des Personenwagens von Manfred Schelling betrug CHF 40 000.– (s. 2). Der zu versteuernde Betrag von 9.6% beträgt somit CHF 3 840.–.
- Unentgeltliche Blumenbezüge durch Manfred Schelling: Der Wert für unabhängige Dritte der Blumenbezüge durch Manfred Schelling beträgt CHF 1 200.–. Da Mitarbeiter einen Rabatt von 20% erhalten, ist dieser auch bei Manfred Schelling anwendbar. Zu versteuern sind somit CHF 960.–.

Steuerberechnung (in CHF)	Umsatz	Satz	Steuer
Benutzung des Personenwagens durch Manfred Schelling	3 840.00	8%	284.45[1]
Unentgeltliche Blumenbezüge durch Manfred Schelling	960.00	2.5%	24.00
Total geschuldete Umsatzsteuer			**308.45**

[1] Der Privatanteil bei Personenwagen ist gemäss Praxis der ESTV als inklusive Steuer zu betrachten. Die Steuer berechnet sich daher wie folgt:
CHF 3 840.– sind 108%, 8% davon betragen CHF 284.45.

C] Berechnung der Vorsteuerkorrektur aufgrund von Eigenverbrauch

Im Weiteren ist auf folgenden Geschäftsfällen eine Vorsteuerkorrektur infolge Eigenverbrauchs vorzunehmen:

- Benutzung des Personenwagens durch Anna Schelling: Die Steuer auf dem Privatanteil kann mit 0.8% des Anschaffungspreises pro Monat berechnet werden, für das ganze Jahr somit mit 9.6% des Anschaffungspreises. Der Anschaffungspreis des Personenwagens von Anna Schelling betrug CHF 60 000.– (s. 2). Der im Eigenverbrauch zu versteuernde Betrag von 9.6% beträgt somit CHF 5 760.–.
- Unentgeltliche Blumenbezüge durch Anna Schelling: Der Einstandspreis der Blumenbezüge durch Anna Schelling beträgt CHF 360.– (30% von CHF 1 200.–). Dieser Betrag ist im Eigenverbrauch zu versteuern.

Steuerberechnung (in CHF)	Basis	Steuersatz	Steuer
Benutzung des Personenwagens durch Anna Schelling	5 760.00	8%	426.65[1]
Unentgeltliche Blumenbezüge durch Anna Schelling	360.00	2.5%	9.00
Total geschuldete Vorsteuerkorrektur im Eigenverbrauch			435.65

[1] Berechnung: CHF 5 760.– sind 108%, 8% davon betragen CHF 426.65.

D] Berechnung der abzugsberechtigten Vorsteuer

Für die Berechnung der abzugsberechtigten Vorsteuer gehen wir die einzelnen Konti, die vorsteuerbelastete Aufwendungen beinhalten, durch:

- Fahrzeuge: Anfang Januar wurde ein Fahrzeug für CHF 40 000.– gekauft (s. 2 in Kapitel 20.1, S. 255 Sachverhalt). Der Vorsteuerabzug ist zulässig.
- Sachanlagen: Es wurden Anschaffungen von CHF 30 000.– getätigt (s. 3). Der Vorsteuerabzug ist zulässig.
- Warenaufwand: Der Warenbestand Ende Jahr stimmt mit dem Wert per Anfang Jahr überein (s. 1). Der Warenaufwand entspricht somit dem Wareneinkauf. Vom Warenaufwand entfallen CHF 225 000.– auf Einkäufe zum reduzierten Steuersatz und CHF 175 000.– auf Einkäufe zum Normalsatz (s. 9).
- Lohnaufwand: Auf dem zugemieteten Personal von CHF 10 000.– (s. 10) ist der Vorsteuerabzug zulässig.
- Liegenschaftsunterhalt: Auf der Küchenkombination (s. 11) ist kein Vorsteuerabzug zulässig, da diese ausschliesslich die von der Steuer ausgenommene Vermietung der Wohnung betrifft. Auf den Maler- und Isolationsarbeiten von CHF 10 000.– in den Büroräumlichkeiten ist der Vorsteuerabzug vollständig zulässig. Auf den dem Normalsatz unterliegenden, allgemeinen Liegenschaftskosten von CHF 10 000.– ist der Vorsteuerabzug nur auf demjenigen Teil zulässig, der für geschäftliche Zwecke verwendet wird, d. h. auf 70% (s. 4). Somit ist der Vorsteuerabzug auf CHF 7 000.– (70% von CHF 10 000.–) zulässig. Auf den auf die Wohnung entfallenden Arbeiten ist kein Eigenverbrauch geschuldet, da diese Arbeiten vollumfänglich durch Dritte ausgeführt werden und keine Grossrenovation vorliegt.
- Übriger Aufwand: CHF 40 000.– der übrigen Aufwendungen sind Kosten ohne MWST (s. 13). Auf den Kosten für Verpflegung und Getränke von CHF 10 000.– ist der Vorsteuerabzug voll zulässig. Auf den übrigen Kosten von CHF 7 000.– ist der Vorsteuerabzug ebenso zulässig.

Steuerberechnung (in CHF)	Aufwand	Steuersatz	Steuer
Fahrzeuganschaffungen	40 000.00	8%	3 200.00
Anschaffungen von Sachanlagen	30 000.00	8%	2 400.00
Warenaufwand zum Normalsatz	175 000.00	8%	14 000.00
Warenaufwand zum reduzierten Steuersatz	225 000.00	2.5%	5 625.00
Zugemietetes Personal	10 000.00	8%	800.00
Liegenschaftsunterhalt	17 000.00	8%	1 360.00
Übriger Aufwand	80 000.00	8%	6 400.00
Total Vorsteuerabzug			**33 785.00**

E] Vorsteuerkorrektur infolge gemischter Verwendung

Der von der Steuer ausgenommene Finanzertrag beträgt weniger als CHF 10 000.– und auch weniger als 5% des Gesamtumsatzes. Eine Vorsteuerkorrektur für diesen Bereich kann deshalb unterbleiben.

Hingegen ist eine Korrektur des Vorsteuerabzugs aufgrund der von der Steuer ausgenommenen Mieteinnahmen vorzunehmen. Die Vorsteuer auf den gemischt verwendeten Gegenständen und Dienstleistungen, die für die Ausübung dieser Tätigkeit eingesetzt werden – z. B. Büroeinrichtung, EDV-Anlage, Telefon –, kann mit 0.07% des von der Steuer ausgenommenen Umsatzes von CHF 18 000.– korrigiert werden.

Berechnung der Vorsteuerkorrektur (in CHF)	Umsatz	Satz	Steuer
Liegenschaftsertrag	18 000.–	0.07%	12.60
Total Vorsteuerkorrektur			**12.60**

F] Berechnung der Steuerforderung

Auf dem Umsatz geschuldete Steuer gemäss A	73 200.00
Umsatzsteuer auf Leistungen an nahestehende Personen gemäss B	308.45
Total Umsatzsteuer	**73 508.45**
Vorsteuer gemäss D	33 785.00
Vorsteuerkorrektur gemäss C	–435.65
Vorsteuerkorrektur gemäss E	–12.60
Total Steuerforderung	**40 171.70**

20.3.2 Teil B: Prüfung der Steuerpflicht der neuen Einzelunternehmen

A] Manfred Schelling

Manfred Schelling wird aufgrund der Zahlen des letzten Geschäftsjahres von Anna Schelling inskünftig einen Umsatz von rund CHF 1.2 Mio. erzielen. Manfred Schelling wird deshalb ab Beginn der Geschäftstätigkeit ins Register der Steuerpflichtigen eingetragen.

Anna Schelling hat die Umsätze des Bereichs Urproduktion (Gärtnerei) optiert. Manfred Schelling hat zu prüfen, ob er auch für diese Umsätze optieren will. Diese Option könnte nicht zuletzt aus Vereinfachungsgründen empfehlenswert sein.

Aufgrund der Zahlen des letzten Geschäftsjahres wird der Umsatz von Manfred Schelling weniger als CHF 5.02 Mio. und die Steuerschuld weniger als CHF 109 000.– betragen. Es ist deshalb auch zu prüfen, ob Manfred Schelling mit der Saldosteuersatzmethode abrechnen soll. Der Saldosteuersatz für den Gartenbau beträgt 4.4%; für gesondert fakturierte Pflanzenlieferungen kann ein zweiter Saldosteuersatz von 0.6% beantragt werden. Die Unterstellungserklärung ist spätestens 60 Tage nach Zustellung der MWST-Nummer einzureichen.

Die Abrechnung mit Saldosteuersatz ist auch zulässig, wenn der Bereich Urproduktion optiert wird. Die Abrechnung mit Saldosteuersätzen empfiehlt sich für Manfred Schelling ebenfalls vor allem aus Vereinfachungsgründen. Zu beachten ist, dass die bei Beginn der Steuerpflicht gewählte Methode mindestens 1 Jahr (Saldosteuersatz) bzw. 3 Jahre (effektive Methode) beibehalten werden muss.

B] Monika Rufer

Monika Rufer wird aufgrund der Zahlen des abgelaufenen Jahres inskünftig im Blumengeschäft einen Umsatz von rund CHF 200 000.– erzielen. Davon sind ca. CHF 30 000.– zu 8% und rund CHF 170 000.– zu 2.5% steuerbar. Gemäss MWSTG 10 Abs. 1 ist Monika Rufer somit steuerpflichtig.

Auch sie kann mit Saldosteuersatz abrechnen. Für Floristen ist der Saldosteuersatz von 0.6% massgebend. Mit diesem Saldosteuersatz kann auch der Umsatz aus Karten, Vasen usw. abgerechnet werden.

20.3.3 Teil C: Folgen der Geschäftsaufgabe für Anna Schelling

A] Übergabe des Bereichs Gärtnerei und Gartenbau an Manfred Schelling

Es ist zu prüfen, ob für die Übertragung der Betriebsmittel, des Warenlagers und der Geschäftsliegenschaft an Manfred Schelling das Meldeverfahren gemäss MWSTG 38 obligatorisch anzuwenden ist.

Das Meldeverfahren ist anzuwenden, wenn die auf dem Veräusserungspreis zum gesetzlichen Steuersatz berechnete Steuer CHF 10 000.– übersteigt und folgende **vier Punkte** erfüllt sind:

1. **Steuerbarkeit der Übertragung:** Der Verkauf von Betriebsmitteln und des Warenlagers ist steuerbar. Die Steuerbarkeit der Übertragung ist somit gegeben. Der Verkauf einer Liegenschaft ist grundsätzlich von der Steuer ausgenommen, wobei jedoch der Eigenverbrauch im Zusammenhang mit der Nutzungsänderung anfällt. Es empfiehlt sich deshalb, für die Versteuerung des Verkaufs der Liegenschaft zu optieren.
Kann jedoch das Meldeverfahren angewendet werden, ist die Option nicht notwendig. Da das Meldeverfahren einer Übernahme mit vollem Vorsteuerabzug gleichgesetzt wird, wird bei Manfred Schelling bei einer späteren Nutzungsänderung grundsätzlich auf den Übernahmepreis (ohne Wert des Bodens) abgestellt. Anna Schelling sollte deshalb ihrem Sohn sämtliche Unterlagen übergeben, die dieser später benötigt, um die zum Vorsteuerabzug berechtigten Aufwendungen zu belegen.
2. **Steuerpflicht aller Beteiligten:** Das Erfordernis der beidseitigen Steuerpflicht ist hier erfüllt, obwohl der Erwerber erst durch die Übernahme steuerpflichtig wird und die Veräusserer aufgrund der Vermögensübergabe aus der Steuerpflicht ausscheidet.
3. **Vorliegen eines Gesamt- oder Teilvermögens:** Die gesamten Betriebsmittel, das Warenlager und die Liegenschaft des Bereichs Gärtnerei und Gartenbau werden übertragen. Nicht übertragen werden einzig das Fahrzeug von Anna Schelling sowie die Betriebsmittel des Blumengeschäfts. Somit liegt die Übertragung eines Teilvermögens vor.
4. **Vorliegen eines Reorganisationstatbestands:** Die Übertragung findet im Zusammenhang mit einer Geschäftsaufgabe statt. Somit liegt ein Reorganisationstatbestand vor.

Somit ist das Meldeverfahren obligatorisch anzuwenden. Die Meldung an die ESTV hat im Rahmen der ordentlichen MWST-Abrechnung durch Anna Schelling zu erfolgen, wobei ergänzend das Formular Nr. 764 sowie mit weiteren Belegen, unterzeichnet durch Anna und Manfred Schelling, einzureichen ist.

B] Behandlung des Fahrzeugs, des Warenlagers und der Betriebsmittel des Blumenladens

Anna Schelling übergibt den vor 3.5 Jahren für CHF 60 000.– eingekauften Personenwagen, das Warenlager des Blumengeschäfts im Wert von CHF 20 000.–, die vor 2.5 Jahren für CHF 8 000.– eingekaufte Theke und die vor 1.5 Jahren für CHF 2 000.– eingekaufte Registrierkasse nicht ihrem Sohn. Den Personenwagen behält Anna Schelling in ihrem Besitz bzw. im Privatvermögen. Auch die Theke und die Registrierkasse werden in ihrem Besitz bleiben, diese wird sie inskünftig zusammen mit dem Ladenlokal an Monika Rufer vermieten.

Auf eine Option für die Versteuerung der Einnahmen aus dieser Vermietung wird verzichtet, da Anna Schelling per Ende Jahr aus der Steuerpflicht entlassen wird. Für die Übertragung des Warenlagers des Blumengeschäfts von CHF 20 000.– kommt das Meldeverfahren nicht infrage, weil die auf dem Veräusserungspreis zum gesetzlichen Steuersatz berechnete Steuer CHF 10 000.– nicht übersteigt. Gemäss MWSTG 31 Abs. 1 Bst. d ist auf diesen Gegenständen Eigenverbrauch geschuldet. Nicht relevant sind allfällige, vor dem 1.1.1995 aktivierte Betriebsmittel des Ladenlokals, da auf diesen ja auch kein Vorsteuerabzug geltend gemacht werden konnte.

- **Personenwagen und Theke:** Es handelt sich um zugekaufte, in Gebrauch genommene bewegliche Gegenstände. Der Eigenverbrauch in Form einer Vorsteuerkorrektur ist auf dem Zeitwert der Gegenstände geschuldet. Zur Ermittlung des Zeitwerts wird für jedes abgelaufene Kalenderjahr ab dem Zeitpunkt der Ingebrauchnahme linear 20% abgeschrieben. Im ersten Kalenderjahr kann die Abschreibung für ein volles Jahr berücksichtigt werden, während im Jahr der Entnahme keine Abschreibung vorgenommen werden muss.
Da hier aber die Entnahme per 31. Dezember erfolgt, ist das letzte Jahr abgelaufen. Daher muss auch für dieses Jahr die Abschreibung berücksichtigt werden. Für den vor 3.5 Jahren für CHF 60 000.– eingekauften Personenwagen sind somit Abschreibungen von 80% zulässig, eine Vorsteuerkorrektur ist demnach noch auf CHF 12 000.– vorzunehmen. Für die vor 2.5 Jahren für CHF 8 000.– eingekaufte Theke sind Abschreibungen von 60% zulässig, die Vorsteuerkorrektur ist demnach noch auf dem Wert von CHF 3 200.– zu berücksichtigen.
- **Registrierkasse:** Die Registrierkasse wurde von einem nicht Steuerpflichtigen eingekauft. Es war somit kein Vorsteuerabzug möglich. Somit ist keine Vorsteuerkorrektur vorzunehmen.
- **Warenlager:** Beim Warenlager handelt es sich um zugekaufte, neue und bewegliche Gegenstände. Auf diesen ist die Vorsteuerkorrektur vom Einkaufspreis dieser Gegenstände geschuldet. Dieser entspricht dem Buchwert. Die Vorsteuerkorrektur ist somit auf dem Wert von CHF 10 000.– zum Normalsatz und auf CHF 10 000.– zum reduzierten Steuersatz geschuldet.

Berechnung des Eigenverbrauchs (in CHF)	Basis	Satz	Steuer
Personenwagen und Theke	15 200.00	8%	1 216.00
Warenlager zum Normalsatz	10 000.00	8%	800.00
Warenlager zum reduzierten Steuersatz	10 000.00	2.5%	250.00
Total Vorsteuerkorrektur im Eigenverbrauch			**2 266.00**

20.3.4 Teil D: Berechnungen zum Saldosteuersatz

A] Berechnung der Steuerforderung für das abgelaufene Jahr

Die gemäss Teil A, Buchstabe A, S. 258, Berechnung der auf dem Umsatz geschuldeten Steuer steuerbaren Umsätze unterliegen auch bei der Saldosteuersatzmethode der Steuer. Bei der Saldosteuersatzmethode sind jedoch anstelle der Nettoumsätze (exkl. MWST) die Bruttoumsätze (inkl. MWST) zu berücksichtigen.

Dem Saldosteuersatz von 4.4% unterliegen die zum Normalsatz steuerbaren Umsätze des Bereichs Gärtnerei und Gartenbau und der Betriebsmittelverkauf. Der Umsatz ohne MWST beträgt somit CHF 660 000.–; zuzüglich Steuer von 8% ergibt dies einen Umsatz inkl. MWST von CHF 712 800.–.

Zum Saldosteuersatz von 0.6% kann der zum reduzierten Steuersatz steuerbare Umsatz des Bereichs Gärtnerei und Gartenbau und der gesamte Umsatz des Blumengeschäfts (inkl. Karten, Vasen usw.) abgerechnet werden. Der Umsatz ohne MWST beträgt somit CHF 750 000.–. Wir wissen, dass von diesem Umsatz CHF 25 000.– zu 8% getippt wurden (s. 6), zuzüglich 8% Steuer ergibt dies somit einen Bruttoumsatz von CHF 27 000.–. Zu 2.5% verbleibt somit ein Umsatz von CHF 725 000.–, zuzüglich 2.5% Steuer ergibt dies somit einen Bruttoumsatz von CHF 743 125.–. Zum Saldosteuersatz von 0.6% sind somit aus dem Bereich Gärtnerei und Gartenbau und Blumengeschäft CHF 770 125.– (CHF 27 000.– + CHF 743 125.–) abzurechnen.

Dem Saldosteuersatz unterliegen grundsätzlich auch die Leistungen an eng verbundene Personen (Manfred Schelling) gemäss Teil A, Buchstabe Berechnung der geschuldeten Umsatzsteuer auf Leistungen an eng verbundene Personen. Wenn das Personal (inkl. Anna Schelling) nichts bezahlt und keine Deklaration im Lohnausweis zu erfolgen hat, ist auch keine Umsatzsteuer geschuldet. Weil die Fahrzeugbenützung im Lohnausweis deklariert werden muss, ist bei der Fahrzeugbenützung von Manfred Schelling auch die MWST geschuldet.

Die Vorsteuerabzüge und eine Vorsteuerkorrektur entfallen bei der Anwendung des Saldosteuersatzes.

Auch der Eigenverbrauch für die Personenwagenbenutzung durch Anna Schelling und auf den Blumenbezügen von Anna Schelling ist bei der Anwendung des Saldosteuersatzes abgegolten.

Steuerberechnung (in CHF)	Umsatz	Satz	Steuer
Umsatz Normalsatz Gärtnerei und Gartenbau inkl. Steuer	712 800.–	4.4%	31 363.20
Umsatz reduzierter Steuersatz Gärtnerei und Gartenbau und Blumengeschäft	770 125.–	0.6%	4 620.75
Benutzung des Personenwagens durch Manfred Schelling	3 840.–	4.4%	168.95
Total geschuldete Steuer (Steuerschuld)			**36 152.90**

B] Berechnung der per Ende Jahr geschuldeten Steuer

Stellt ein Einzelunternehmen seine Geschäftstätigkeit ein, so handelt es sich bei der Übernahme der Warenvorräte, des Mobiliars und allfälliger Immobilien ins Privatvermögen um mit der Anwendung der Saldosteuersätze abgegoltenen Eigenverbrauch.

Die Gärtnerei und Gartenbau wird an den ebenfalls mit Saldosteuersatz abrechnenden Sohn übertragen. Diese Übertragung erfolgt auch hier mit dem Meldeverfahren (s. Lösung Teil C Kap. 20.3.3, S. 262: Folgen der Geschäftsaufgabe für Anna Schelling). Eine zusätzliche Steuer ist nicht geschuldet.

21 Fallbeispiel – Witschi AG

21.1 Sachverhalt

Die Witschi AG in Zürich ist ein alteingesessenes Unternehmen, die ihre Geschäftstätigkeit in den letzten Jahren ausgebaut hat und heute in verschiedenen Bereichen tätig ist. Neben den Handelsumsätzen werden zunehmend verschiedene Dienstleistungserträge erzielt. Aufgrund der guten Vermögenslage sind daneben noch Erträge aus dem Finanzvermögen und den Liegenschaften zu verzeichnen. Die Erfolgsrechnung der Witschi AG im abgelaufenen Jahr präsentiert sich wie folgt:

Erfolgsrechnung (in CHF)			
Warenaufwand	4 200 000.00	Umsatz aus Inlandlieferungen	6 800 000.00
Lohnaufwand	3 565 000.00	Ertrag aus Dienstleistungen	2 700 000.00
Abschreibungen	650 000.00	Liegenschaftsertrag	800 000.00
Liegenschaftsaufwand	820 000.00	Finanzertrag	300 000.00
Finanzaufwand	150 000.00		
Übriger Aufwand	575 000.00		
Erfolg	640 000.00		
Total	10 600 000.00	Total	10 600 000.00

Die Witschi AG erfasst in der Buchhaltung sowohl die Erträge wie auch die Aufwendungen inkl. Investitionen in Bezug auf die MWST ausschliesslich nach der Nettomethode. Zu den in der Erfolgsrechnung ausgewiesenen Werten sind aufgrund verschiedener Aufzeichnungen des Steuerpflichtigen folgende Detailangaben bekannt:

1. Im Umsatz aus Inlandlieferungen sind Erträge in der Höhe von CHF 1 Mio. enthalten, für die elektronischen Veranlagungsverfügungen (eVV) vorgelegt werden können.
2. Im Bereich Ertrag aus Dienstleistungen werden einerseits von der Steuer ausgenommene Umsätze aus Schulungsleistungen und andererseits steuerbare Beratungs- und Vermittlungsumsätze getätigt, wobei die Dienstleistungen teilweise für ausländische Abnehmer erbracht werden. Der Dienstleistungsertrag laut Erfolgsrechnung teilt sich wie folgt auf die einzelnen Arten auf (die Aufteilung nach In- und Ausland bezieht sich auf den Ort des Sitzes des Dienstleistungsempfängers):

	Inland in CHF	Ausland in CHF
Allgemeine, wirtschaftliche Beratungstätigkeiten	300 000.00	500 000.00
Beratung bei der Suche inländischer Immobilien	100 000.00	300 000.00
Beratung bei der Suche ausländischer Immobilien	150 000.00	100 000.00
Vermittlung von inländischen Grundstücken	50 000.00	150 000.00
Vermittlung von ausländischen Grundstücken	150 000.00	100 000.00
Reine Schulungsleistungen	550 000.00	250 000.00
Total	1 300 000.00	1 400 000.00

3. Die eigenen Liegenschaften werden einerseits selber verwendet, andererseits aber auch an Dritte vermietet. Die gesamten Quadratmeter aller Liegenschaften (inkl. der optierten Anteile) sowie der Liegenschaftsertrag setzen sich wie folgt zusammen:

Objekte	Verwendungszweck		Ertrag in CHF	m²	Option
Zürichbergstrasse	Eigennutzung		0.00	800	
	Davon:	steuerbare Verwendung		720	
		von der Steuer ausgenommene Verwendung		80	
Paradeplatz	Geschäftsliegenschaft (optiert)		400 000.00	600	Ja
Blumengasse	Wohnliegenschaft		100 000.00	150	
Zentralstrasse	Wohn- und Geschäftshaus		300 000.00	700	
	Davon:	Eigennutzung		300	
		Wohnungen	150 000.00	200	
		Geschäftshaus (optiert)	150 000.00	200	Ja
Total			**800 000.00**		

Im selber genutzten Teil des Gebäudes an der Zentralstrasse werden vorwiegend Schulungsleistungen erbracht; daher wird 90% der Fläche für eine von der Steuer ausgenommene Tätigkeit verwendet.

4. Beim Finanzertrag handelt es sich um Einnahmen aus Zinsen auf gewährten Darlehen und auf Obligationen in der Höhe von CHF 300 000.–.

5. Der Warenaufwand besteht vollständig aus zum Normalsatz belasteten Aufwendungen, die ausschliesslich für die Umsätze aus Inlandlieferungen verwendet werden. Die einzige Ausnahme sind die Lieferungen von Kleidern an das Personal zu Einstandspreisen in der Höhe von CHF 120 000.–, die hier als Aufwandminderung verbucht wurden. Der Wert zum Detailverkaufspreis würde CHF 270 000.– (exkl. MWST) betragen.

6. Im grundsätzlich nicht vorsteuerbelasteten Lohnaufwand sind folgende Aufwendungen enthalten:
   - Aufgrund der Arbeitsüberlastung in der Administration musste von der Temporärfirma Jobtime AG Personal für gesamthaft CHF 200 000.– zugemietet werden.
   - Der Lohn des Hausmeisters von CHF 90 000.–, des Reinigungspersonals von CHF 100 000.– sowie der angestellten Handwerker von CHF 150 000.– (brutto, inkl. sämtlicher Lohnnebenkosten). Diese Personen sind für die gesamten Immobilien der Witschi AG zuständig.
   - Der Lohn des pensionierten Mitarbeiters Hans Nimmersatt in der Höhe von CHF 50 000.–, der die Buchhaltung und Vermögensverwaltung für die Pensionskasse führt. Die erbrachten Leistungen, für die zum Normalsatz vorsteuerbelastete Aufwendungen im Konto Übriger Aufwand von CHF 1 000.– angefallen sind, würden einem unabhängigen Dritten mit CHF 90 000.– in Rechnung gestellt.

7. Bei den im Konto Liegenschaftsaufwand verbuchten Beträgen handelt es sich ausschliesslich um zu 8% vorsteuerbelastete Aufwendungen für die eigenen, selber verwalteten Liegenschaften (inkl. der eigenen, selber genutzten Gebäude sowie Gebäudeteile). Im Detail sind die Aufwendungen wie folgt auf die einzelnen Immobilien zu verteilen:

Zürichbergstrasse	CHF	200 000.00
Paradeplatz	CHF	100 000.00
Blumengasse	CHF	120 000.00
Zentralstrasse	CHF	300 000.00
Material Hauswartstätigkeit	CHF	20 000.00
Material Reinigungspersonal	CHF	10 000.00
Material Handwerker	CHF	40 000.00
Bodenreinigungsmaschine	CHF	30 000.00

8. Die Position Übriger Aufwand der Erfolgsrechnung beinhaltet verschiedenste Arten von Aufwendungen und als Aufwandminderung verbuchte Umsätze. Im Detail konnte Folgendes festgestellt werden:
   - Innerhalb des Bürostockwerks und bei der Produktionsabteilung stehen in speziellen Räumen mit jeweils einem Tisch mit Stühlen Getränkeautomaten zur Selbstbedienung bereit. Etwa 40% der Getränke werden in den Aufenthaltsräumen getrunken, der Rest wird an den Arbeitsplatz mitgenommen. Die erzielten Umsätze aus den reinen Getränkeverkäufen in der Höhe von CHF 25 000.– (exkl. Steuer) wurden zum reduzierten Steuersatz verbucht.
   - Bei der Hälfte der verbuchten Aufwendungen handelt es sich um Belege für Bezüge, auf denen Vorsteuern zum Normalsatz lasten.
   - Die gesamten, zu 2.5% vorsteuerbelasteten Aufwendungen betragen im betrachteten Zeitraum CHF 50 000.–.
   - Vom restlichen Aufwand sind 10% mit 3.8% Vorsteuern belastet. Bei den übrigen Beträgen handelt es sich um nicht vorsteuerbelastete Bezüge bzw. um nicht zur Vornahme des Vorsteuerabzugs berechtigende Belege.
   - In den nicht vorsteuerbelasteten Aufwendungen sind folgende Beträge für durch Ausländer erbrachte Dienstleistungen enthalten:

Hans Leder, Landeck (AT)	Suche von Immobilien in Österreich	CHF	50 000.00
Franz Totschnig, Samnaun (CH)	Suche von Immobilien im Engadin	CHF	30 000.00
Louis Vacheron, Paris (FR)	Übersetzungsarbeiten	CHF	35 000.00
Jacques Petitpierre, Lyon (FR)	Vermittlung von Immobilien in Frankreich	CHF	75 000.00

9. Die Witschi AG besass bzw. besitzt am Ende des Jahres folgende Fahrzeuge, wobei die Personenwagen dem Personal auch unentgeltlich für private Fahrten zur Verfügung stehen (sämtliche Bezüge und Verkäufe wurden direkt über das Anlagekonto abgewickelt):

Bezug vor	Gegenstand	Kaufpreis in CHF	Unfall mit Totalschaden
15 Jahren	Personenwagen Toyota	25 000.00	–
2.5 Jahren	Personenwagen Audi	40 000.00	30.09
1.5 Jahren	Lieferwagen Ford	25 000.00	–
0.5 Jahren	Personenwagen BMW	95 000.00	–

10. Zudem wurden im abgelaufenen Jahr gemäss der Anlagebuchhaltung die nachfolgenden, vorsteuerbelasteten Investitionen getätigt:

Ende März	Computer für die Administration	CHF	40 000.00
Ende September	Helikopter (Kundenbesuche des Direktors)	CHF	250 000.00

21.2 Aufgaben

Es ist nun aufgrund der vorliegenden Angaben die Steuerforderung für das ganze Jahr, d. h. die Umsatzsteuer abzüglich der berechtigten Vorsteuer, zu ermitteln.

21.3 Lösungsansätze

21.3.1 Teil A: Die Umsätze

Bei der Lösung von solchen relativ komplexen Sachverhalten im Bereich der MWST empfiehlt es sich in den meisten Fällen, zuerst die effektiv angefallenen Umsätze zu ermitteln und sie aufgrund der steuerlichen Behandlung einzustufen.

Wir führen im Folgenden die Umsätze auf, die sich aufgrund der in den einzelnen Punkten der Sachverhaltsdarstellung geschilderten Tatbestände ergeben:

1. Die Lieferungen von Gegenständen im Inland unterliegen der schweizerischen MWST (Inlandsteuer). Sofern ein Exportnachweis vorliegt, idealerweise in Form eines zollamtlich abgestempelten Ausfuhrnachweises oder elektronischer Veranlagungsverfügung, handelt es sich um eine von der Steuer befreite Exportleistung, die zur Vornahme des Vorsteuerabzugs berechtigt.

2. Bei Dienstleistungen ist vorab festzuhalten, dass von der Steuer ausgenommene Leistungen auch dann nicht der Steuer unterliegen, wenn sie an ausländische Leistungsbezüger bzw. im Ausland erbracht werden.

   Damit man beurteilen kann, ob die Dienstleistungen überhaupt der Inlandsteuer unterliegen, muss der Ort der Dienstleistung festgelegt werden. Dieser befindet sich gemäss MWSTG 8 Abs. 1 grundsätzlich am Ort, an dem der Leistungsempfänger seinen Geschäftssitz oder eine Betriebsstätte hat, von wo aus die Dienstleistung erbracht wird. Die umfangreichen Ausnahmen zu dieser Bestimmung befinden sich in MWSTG 8 Abs. 2. Der Ort der Leistung liegt für die erbrachten Dienstleistungen wie folgt:

   - Bei Dienstleistungen von Beratern, Vermögensverwaltern und ähnlichen Berufen im Rahmen der rechtlichen oder wirtschaftlichen Beratung (inkl. der Beratungsleistungen im Zusammenhang mit der Suche von Grundstücken) am Ort, an dem der Empfänger seinen Geschäfts- oder Wohnsitz hat.
   - Bei der Vermittlung von Verträgen, die Grundstücke betreffen, am Ort, an dem das Grundstück gelegen ist. Bei diesen Umsätzen spielt es zudem keine Rolle, ob der Sitz des Dienstleistungsempfängers im Ausland oder im Inland liegt.
   - Bei wissenschaftlichen und unterrichtenden Dienstleistungen am Ort, an dem diese Dienstleistungen tatsächlich erbracht werden.

   Somit ergibt es sich, dass die Beratungsleistungen an Inländer steuerbar sind und an Ausländer nicht der Steuer unterliegen, die Vermittlungen von Grundstücken im Inland steuerbar und von Grundstücken im Ausland nicht der Steuer unterliegen (unabhängig vom Dienstleistungsempfänger) und die reinen Schulungsleistungen vollumfänglich als von der Steuer ausgenommener Umsatz zu behandeln sind.

3. Grundsätzlich sind die Umsätze aus der Überlassung von Grundstücken zum Gebrauch oder zur Nutzung gemäss MWSTG 21 Abs. 2 Ziff. 21 von der Steuer ausgenommen. Der Vermieter hat jedoch die Möglichkeit, für die Steuerpflicht zu optieren (d. h. die erzielten Umsätze freiwillig zu versteuern), sofern die Immobilie durch den Mieter bzw. Käufer nicht ausschliesslich für private Zwecke verwendet wird.

4. Der Finanzertrag ist ebenfalls ein von der Steuer ausgenommener Umsatz, und zwar im Sinne von MWSTG 21 Abs. 2 Ziff. 19. Im Gegensatz zu den Umsätzen aus der Überlassung von Grundstücken zum Gebrauch oder zur Nutzung besteht jedoch hier keine Möglichkeit, die Umsätze zu optieren.

5. Bei Leistungen an eng verbundene Personen sind diese zum gleichen Wert zu versteuern, wie wenn die Leistung (z. B. Verkauf von Kleidern) an einen unabhängigen Dritten der gleichen Abnehmerkategorie erbracht worden wäre. Das gilt jedoch nicht für Leistungen an das Personal, wo abweichend trotzdem das vom Personal tatsächlich bezahlte Entgelt zur Anwendung kommt.

6. Administrative Leistungen an eng verbundene Personen sind zum Wert wie für einen unabhängigen Dritten zu deklarieren. Da es sich bei der Pensionskasse um eine nahestehende bzw. eng verbundene Person handelt (definitive Verwaltungspraxis diesbezüglich noch in Abklärung), müssen die Arbeiten von Hans Nimmersatt zum Wert von CHF 90 000.– in der Quartalsabrechnung deklariert werden.
7. Wenn entweder eine Konsumationsmöglichkeit an Ort und Stelle gegeben ist oder der Leistungserbringer die Ess- oder Trinkwaren (sog. Nahrungsmittel) beim Kunden zubereitet oder serviert, liegt eine zum Normalsatz steuerbare, gastgewerbliche Leistung vor. Ob die Konsumationseinrichtung dem Verkäufer der gastgewerblichen Leistung gehört und ob diese Einrichtung durch den Konsumenten überhaupt benutzt wird, ist nicht von Bedeutung. Das gilt jedoch nicht für Nahrungsmittel aus Automaten, bei diesen wird immer der reduzierte Steuersatz angewendet.
8. Werden Fahrzeuge des Steuerpflichtigen von dessen Personal für private Zwecke verwendet, ist auf dieser Leistung die Lieferungssteuer (zum Normalsatz) geschuldet. Dieser Privatanteil an den Autokosten kann wie folgt aufgrund einer vereinfachten pauschalen Ermittlung berechnet werden: 0.8% des Bezugspreises pro Monat (mind. CHF 150.– pro Monat). Das ergibt folgende Lieferungsumsätze und daraus resultierende Steuern:

Marke	Kaufpreis	Wert pro Monat	Monate	Wert in CHF
Personenwagen Toyota	25 000.– (ohne MWST)	200.00	12	2 400.00
Personenwagen Audi	40 000.– (exkl. MWST)	320.00	9	2 880.00
Personenwagen BMW	95 000.– (exkl. MWST)	760.00	6	4 560.00
Total				**9 840.00**

Wir fassen im Folgenden die **steuerbaren Umsätze** und die daraus resultierenden, geschuldeten Umsatzsteuern der Witschi AG für das abgelaufene Jahr zusammen. Wir haben zum besseren Verständnis bzw. zur Verwendung bei der späteren Vorsteuerkorrektur aufgrund gemischter Verwendung (s. nachfolgendes Kap. 21.3.4, Teil D) auch die nicht steuerbaren Leistungen aufgeführt:

1.	Inlandlieferungen ohne Exportnachweis	5 800 000 ·	8%	=	CHF	464 000.00
	Inlandlieferungen mit Exportnachweis	1 000 000 ·	0%	=	CHF	0.00
2.	Beratungsleistungen an Inländer	550 000 ·	8%	=	CHF	44 000.00
	Beratungsleistungen an Ausländer	900 000 ·	0%	=	CHF	0.00
	Vermittlung von inl. Grundstücken	200 000 ·	8%	=	CHF	16 000.00
	Vermittlung von ausl. Grundstücken	250 000 ·	0%	=	CHF	0.00
	Reine Schulungsleistungen	800 000 ·	0% (ausg.)	=	CHF	0.00
3.	Optierter Liegenschaftsertrag	550 000 ·	8%	=	CHF	44 000.00
	Nicht optierter Liegenschaftsertrag	250 000 ·	0% (ausg.)	=	CHF	0.00
4.	Finanzertrag	300 000 ·	0% (ausg.)	=	CHF	0.00
5.	Verkäufe an das Personal	120 000 ·	8%	=	CHF	9 600.00
6.	Leistungen für die Pensionskasse	90 000 ·	8%	=	CHF	7 200.00
7.	Gastgewerbliche Leistungen	25 000 ·	2.5%	=	CHF	625.00
8.	Privatanteil an den Autokosten	9 840 ·	8% (108%)	=	CHF	728.90
Total geschuldete Umsatzsteuern					**CHF**	**586 153.90**

21.3.2 Teil B: Bezugsteuer

Um die Steuerforderung der Witschi AG zu berechnen, wenden wir uns den Aufwendungen zu. Bevor wir die abzugsberechtigten Vorsteuern ermitteln, gilt es zu prüfen, ob noch der Bezugsteuer unterliegende Leistungen vorliegen, die in der Steuerabrechnung zu deklarieren sind. Dabei kann Folgendes festgestellt werden:

1. Ein der Bezugsteuer unterliegender Bezug einer Dienstleistung von einem Unternehmen mit Sitz im Ausland liegt vor, wenn von einem im Inland nicht steuerpflichtigen Ausländer gewisse steuerbare Dienstleistungen bezogen werden. Für die vier Fälle in unserem Beispiel ergeben sich folgende Auswirkungen:
    - Die Suche von Immobilien (auch im Ausland) fällt unter diejenigen Leistungen, für die betreffend Ort der Leistung der Ort des Empfängers der Leistung massgebend ist. Die Leistung von Hans Leder ist deshalb unter der Bezugsteuer zu deklarieren, da diese Leistung am Sitz des Dienstleistungsempfängers als erbracht gilt.
    - Demgegenüber ist die Leistung von Franz Totschnig nicht zu deklarieren, da es sich um den Bezug einer Dienstleistung von einem Inländer handelt (Samnaun gilt nur im Zusammenhang mit Lieferungen als Ausland).
    - Die Leistung von Louis Vacheron ist als Bezugsteuer zu deklarieren, da seine Übersetzungsleistung am Ort des Dienstleistungsempfängers als erbracht gilt.
    - Bei der Vermittlung von Immobilien gilt der Ort des vermittelten Umsatzes als Ort der Dienstleistung. Somit liegt der Ort der Dienstleistung von Jacques Petitpierre im Ausland und es handelt sich nicht um einen der Bezugsteuer unterliegenden Geschäftsfall.

Somit ergibt sich folgende Steuerberechnung:

Hans Leder, Landeck (AT)	CHF	50 000.00
Louis Vacheron, Paris (FR)	CHF	35 000.00
Total	CHF	85 000.00
Steuer (8% von CHF 85 000.00)	**CHF**	**6 800.00**

21.3.3 Teil C: Die Vorsteuern

Wir haben nun die geschuldeten Umsatzsteuern und die Bezugsteuer ermittelt und wenden uns nun der Vorsteuerseite zu. Aufgrund der Sachverhaltsdarstellungen sind folgende Vorsteuern angefallen:

1. Der vorsteuerbelastete Warenaufwand beträgt CHF 4 320 000.–, da gemäss Aufgabenstellung auf dem Konto eine Aufwandminderung in der Höhe von CHF 120 000.– verbucht ist. Die gesamten Vorsteuern auf dem Warenaufwand können geltend gemacht werden, da die bezogenen Leistungen ausschliesslich für steuerbare Zwecke verwendet werden.
2. Beim Zurverfügungstellen von Arbeitskräften handelt es sich um eine steuerbare Dienstleistung, die der Steuer zum Normalsatz unterliegt. Die Steuer kann grundsätzlich als Vorsteuer geltend gemacht werden; betreffend Vorsteuerkorrektur siehe nachfolgenden Punkt D.
3. Die abzugsberechtigten Vorsteuern im Zusammenhang mit Immobilien sind grundsätzlich aufgrund der Quadratmeter zu ermitteln. Somit ergeben sich für die einzelnen Objekte gemäss Angaben zum Konto Liegenschaftsertrag folgende, abzugsberechtigten Anteile:

Objekte	Berechtigende m²	In %	Aufwand in CHF	Vorsteuern in CHF	Vorsteuerabzug in CHF
Zürichbergstrasse	720 von 800	90.00	200 000.00	16 000.00	14 400.00
Paradeplatz	600 von 600	100.00	100 000.00	8 000.00	8 000.00
Blumengasse	0 von 150	0.00	150 000.00	12 000.00	0.00
Zentralstrasse	230 von 700	32.86	300 000.00	24 000.00	7 886.40
Total abzugsberechtigte Vorsteuern aus den einzelnen Objekten					**30 286.40**

Auf dem Material für die Handwerker, die Hauswartstätigkeit des Reinigungspersonals und auf der Bodenreinigungsmaschine ist der Vorsteuerabzug nur im Verhältnis der Gesamtnutzung mit 68.89% zulässig.

4. Die auf den Aufwendungen dieses Kontos lastenden Vorsteuern setzen sich wie folgt zusammen:

- Der gesamte Aufwand des Kontos beträgt CHF 600 000.– (CHF 575 000.– laut Erfolgsrechnung zuzüglich verbuchter Getränkeverkäufe von CHF 25 000.–). Davon ist die Hälfte (d. h. CHF 300 000.–) zum Normalsatz vorsteuerbelastet.
- Die zum reduzierten Steuersatz vorsteuerbelasteten Aufwendungen betragen gemäss Sachverhaltsdarstellung CHF 50 000.–.
- Der restliche Aufwand beträgt CHF 250 000.– und der zum Sondersatz belastete Aufwand somit CHF 25 000.–.
- Zudem sind Bezüge von Unternehmen mit Sitz im Ausland in der Höhe von CHF 85 000.– zum Normalsatz deklariert worden (s. dazu vorausgegangene Ausführungen).

Die Steuer auf diesen Aufwendungen kann grundsätzlich geltend gemacht werden. Betreffend Vorsteuerkorrektur aufgrund gemischter Verwendung s. nachfolgende Ausführungen unter Teil D, Kapitel 21.3.4, S. 272.

5. Der Vorsteuerabzug auf dem Personenwagen kann geltend gemacht werden. Die Vorsteuerkorrektur behandeln wir im nachfolgenden Teil D, Kapitel 21.3.4, S. 272.

6. Auch die Vorsteuern auf dem Computer können, vorbehaltlich der vorzunehmenden Vorsteuerabzugskorrektur aufgrund gemischter Verwendung unter Teil D, geltend gemacht werden. Beim Helikopter, der auch für Kundenbesuche verwendet wird, handelt es sich jedoch nicht um einen geschäftsbedingten Aufwand, sondern um ein Vergnügen des Direktors; daher ist dieser Bezug von der Vornahme des Vorsteuerabzugs ausgeschlossen. Dies ergibt folgende zum Abzug grundsätzlich zugelassenen Vorsteuerbeträge der Witschi AG, Zürich, für das abgelaufene Geschäftsjahr:

5.	Warenaufwand	4 320 000 · 8%	=	CHF	345 600.00
6.	Personal von Temporärfirma	200 000 · 8%	=	CHF	16 000.00
7.	Objektbezogener Liegenschaftsaufwand				
	lt. Detail zu 3			CHF	30 286.40
	Material für Handwerker	40 000 · 8% · 68.89%	=	CHF	2 204.50
	Material für Hauswarttätigkeit und Reinigungspersonal	60 000 · 8% · 68.89%	=	CHF	3 306.70
8.	Übriger Aufwand:				
	zu 8.0% belastet	300 000 · 8%	=	CHF	24 000.00
	zu 2.5 % belastet	50 000 · 2.5%	=	CHF	1 250.00
	zu 3.8 % belastet	25 000 · 3.8%	=	CHF	950.00
	Bezugsteuer	85 000 · 8%	=	CHF	6 800.00
9.	Personenwagen	95 000 · 8%	=	CHF	7 600.00
10.	Computer für die Administration	40 000 · 8% (108%)	=	CHF	3 200.00
Total grundsätzlich abziehbare Vorsteuern				**CHF**	**441 197.60**

21.3.4 Teil D: Vorsteuerbereinigungen

Als letzter Schritt sind jetzt noch die Korrekturen auf der Vorsteuerseite vorzunehmen. Die im Zusammenhang mit den Liegenschaftsaufwendungen vorzunehmenden Korrekturen wurden jeweils aufgrund der Quadratmeter direkt ermittelt (s. vorstehende Ausführungen), sodass hier keine weitere Korrektur mehr nötig ist. Zudem werden die laut Konto Warenaufwand bezogenen Waren ausschliesslich für steuerbare Zwecke verwendet, sodass auch hier keine Korrektur vorzunehmen ist. Demzufolge sind nur noch die zwei folgenden Punkte zu beachten:

Verwaltungskosten für Finanzertrag

Da der Finanzertrag weniger als 5% des Gesamtumsatzes ausmacht, ist keine Vorsteuerkorrektur für die gemischte Verwendung der Infrastruktur, die auf diese Erträge entfällt, vorzunehmen. Der Anteil der direkt zuordenbaren Vorsteuern wäre jedoch nicht abziehbar (z. B. Anlageberatung oder Depotgebühren).

Verwaltungskosten für Mietertrag

Der von der Steuer ausgenommene Mietertrag beträgt CHF 250 000.–. Die Vorsteuerkorrektur kann hier pauschal mit 0.07% des Mietertrags erfolgen, was eine Vorsteuerkorrektur in der Höhe von **CHF 175.–** ausmacht. Wenn diese Vorsteuerkorrektur nicht auf diese Weise vorgenommen wird, muss der nicht optierte Liegenschaftsertrag wie die Schulungsleistungen als von der Steuer ausgenommener Umsatz betrachtet werden. Es ergibt sich somit eine höhere Vorsteuerkorrektur bei den allgemeinen Aufwendungen.

Vorsteuerkorrektur aufgrund gemischter Verwendung

Die allgemeine Vorsteuerkorrektur auf den gemischt verwendeten Bezügen kann mit den vorliegenden Angaben praktisch nur aufgrund eines Umsatzschlüssels erfolgen. Dabei gibt es verschiedene Möglichkeiten, wie dieser Schlüssel berechnet werden kann. Bei allfälligen Berechnungen in der praktischen Anwendung, die von den durch die ESTV publizierten Methoden abweichen, ist jedoch immer speziell sicherzustellen, dass die gewählte Methode nicht zu einem Steuervorteil oder -nachteil für den Steuerpflichtigen führt. In diesem Beispiel ist der Korrekturschlüssel aufgrund der vorliegenden Zahlen wie folgt zu ermitteln:

Zum Abzug berechtigende Umsätze

1.	Inlandlieferungen	CHF	6 800 000.00	
2.	Dienstleistungen	CHF	2 150 000.00	
3.	Liegenschaftsertrag optiert	CHF	550 000.00	
5.	Verkäufe an das Personal	CHF	120 000.00	
6.	Leistungen Pensionskasse	CHF	90 000.00	
8.	Gastgewerbliche Leistungen	CHF	25 000.00	
9.	Privatanteil an Autokosten	CHF	9 840.00	
Total berechtigende Umsätze		**CHF**	**9 744 840.00**	**94.7%**

Nicht abzugsberechtigende Umsätze

2.	Inländische Schulungsleistungen	CHF	550 000.00	**5.3%**
	Massgebender Gesamtumsatz	CHF	10 294 840.00	100.0%

Bei der vorzunehmenden Vorsteuerkorrektur um 5.3% sind folgende angefallenen **Vorsteuern** zu berücksichtigen:

6.	Personal von Temporärfirma		200 000 · 8%	= CHF	16 000.00
8.	Übriger Aufwand:				
		zu 8% belastet	300 000 · 8%	= CHF	24 000.00
		zu 2.5% belastet	50 000 · 2.5%	= CHF	1 250.00
		zu 3.8% belastet	25 000 · 3.8%	= CHF	950.00
	Bezugsteuer		85 000 · 8%	= CHF	6 800.00
9.	Personenwagen		95 000 · 8%	= CHF	7 600.00
10.	Computer für die Administration		40 000 · 8%	= CHF	3 200.00
	Total zu korrigierende Vorsteuern			CHF	59 800.00
	Davon Vorsteuerkorrektur um 5.3%			**CHF**	**3 169.40**

21.3.5 Teil E: Die Steuerforderung

Damit haben wir nun alle notwendigen Zahlen ermittelt, die zur Berechnung der Steuerforderung der Witschi AG benötigt werden. Wir müssen nur noch die massgebenden Werte (in Franken) zusammenziehen:

Teil A	Total Umsatzsteuer	CHF	586 121.10
Teil B	+ Bezugsteuer	CHF	6 800.00
	Total A + B	CHF	592 921.10
Teil C	abzüglich Total Vorsteuer	CHF	–441 197.60
	Total A + B – C	CHF	151 723.50
Teil D	+ pauschale Vorsteuerkorrektur Mietertrag	CHF	175.00
	+ Vorsteuerkorrektur aufgrund gemischter Verwendung	CHF	3 169.40
	Steuerforderung des Jahres	**CHF**	**155 067.90**

Die Mehrwertsteuer

Anhang

Antworten zu den Repetitionsfragen

1 Seite 14

Die Steuerforderung der Eisenwarenhandlung Huber & Söhne im ersten Quartal ermittelt sich wie folgt:

Umsatzsteuer	CHF	14 444.45
abzüglich Vorsteuer	CHF	–11 000.00
Steuerforderung	**CHF**	**3 444.45**

2 Seite 14

Die Erhebung der Mehrwertsteuer durch den Bund bedarf einer grundsätzlichen Kompetenznorm, die in Art. 130 und Art. 196 der Bundesverfassung festgehalten ist. Auf dieser Kompetenznorm basiert das Mehrwertsteuergesetz vom 12. Juni 2009. Für die Regelung verschiedener Einzelfragen hat der Bundesrat am 27. November 2009 eine Mehrwertsteuerverordnung erlassen. Des Weiteren bilden die Urteile des Bundesverwaltungsgerichts (früher Eidgenössische Rekurskommission) und des Bundesgerichts Grundlage für die Erhebung der Mehrwertsteuer im konkreten Einzelfall.

3 Seite 33

A] Ja, Vaduz (FL) gehört mehrwertsteuerlich zum Inland.

B] Hier liegt keine Lieferung eines Gegenstands vor, sondern eine Dienstleistung. Samnaun und Sampuoir gelten nur bezüglich Lieferungen von Gegenständen als Ausland. Bezüglich Dienstleistungen gelten Samnaun und Sampuoir als Inland, diese Dienstleistungen sind daher steuerbar.

C] Gemäss MWSTG 7 Abs. 1 Bst. b liegt der Ort einer Lieferung dort, wo die Beförderung des Gegenstands zum Abnehmer beginnt. Der Ort der Lieferung ist hier also Deutschland, es liegt keine Inlandlieferung vor. Zu beachten ist, dass bei der Einfuhr die Einfuhrsteuer auf dem Teppich durch die Zollbehörden erhoben wird.

D] Gemäss MWSTG 7 Abs. 1 Bst. b liegt der Ort einer Lieferung dort, wo die Beförderung des Gegenstands zum Abnehmer beginnt. Der Ort der Lieferung ist hier also Basel, es liegt eine Inlandlieferung vor. Wir werden noch sehen, dass diese Lieferung von der Steuer befreit werden kann, wenn u. a. ein gültiger Exportnachweis vorliegt.

4 Seite 33

A] Obwohl der Garagist Willy Wanner nicht die rechtliche Verfügungsmacht am Fahrzeug hat, ist er dennoch in der Lage, die wirtschaftliche Verfügungsmacht auf den Käufer zu übertragen. Hinzu kommt, dass der gutgläubige Erwerber einer gestohlenen Sache auch zivilrechtlich in seinem Eigentumsanspruch geschützt wird. Für die Belange der MWST ist alleine entscheidend, dass die wirtschaftliche Verfügungsmacht übertragen worden ist. Beim Verkauf von Willy Wanner an seinen Kunden handelt es sich somit um eine steuerbare Lieferung.

B] Die wirtschaftliche Verfügungsmacht wird von Paul Moser auf Arthur Basler übertragen. Somit liegt eine Lieferung im Sinne des MWSTG vor. Da die Lieferung aber unentgeltlich erfolgt, ist sie nicht Steuerobjekt. Das von Arthur Basler offerierte Nachtessen kann nicht als Entgelt für die Eisenbahn angesehen werden, denn die Lieferung von Paul Moser an Arthur Basler erfolgte voraussetzungslos. Es wäre zu prüfen, ob möglicherweise ein steuerbarer Eigenverbrauch bei Paul Moser zu erfassen wäre.

C] Auch in diesem Fall liegt eine Lieferung vor. Die wirtschaftliche Verfügungsmacht am Gegenstand Schrottwagen wird vom Versicherungsnehmer auf die Versicherungsgesellschaft übertragen. Eine zweite Lieferung findet von der Versicherungsgesellschaft an den Schrotthändler statt. Es stellt sich nun die Frage, ob die Lieferung vom Versicherungsnehmer an die Versicherungsgesellschaft steuerbar ist und falls ja, was als Entgelt für die Lieferung anzusehen ist.

Eine steuerbare Lieferung kann nur vorliegen, wenn es sich beim Versicherungsnehmer um einen mehrwertsteuerpflichtigen Unternehmer / eine mehrwertsteuerpflichtige Unternehmung handelt. Ist dies gegeben, ist die Frage nach der Höhe des Entgelts für die Lieferung von Bedeutung. Dabei ist entscheidend, wie die Versicherungsgesellschaft die Abrechnung über die Schadenregulierung ausstellt. Wird der Wert der Übernahme des Schrottwagens auf der Abrechnung separat ausgewiesen, so ist nur dieser Betrag Bemessungsgrundlage der MWST. Werden die Schadenersatzzahlung und der Kaufpreis für den Schrottwagen zusammen in einem Betrag ausgewiesen, so schuldet der Versicherungsnehmer keine Steuer.

D] Es handelt sich hier um einen Fall eines Reihengeschäfts. Obwohl Roland Müller nie in den Besitz der Ware gelangt, liegt eine Lieferung vom Verkäufer an Roland Müller und eine zweite Lieferung von Roland Müller an seinen Abnehmer vor. Beide Lieferungen finden aber ausserhalb des Anwendungsbereichs der schweizerischen MWST statt.

E] Es liegt eine Lieferung von Viktor Mosimann an Franz Gämperle vor, da die wirtschaftliche Verfügungsmacht an der Antiquität übertragen wird. Solange die Antiquität nur als Sicherheit für den Kredit dient, fehlt es an einem Entgelt, das für die Qualifikation der Lieferung als Steuerobjekt der MWST notwendig ist. Kann Viktor Mosimann seinen Verpflichtungen nicht nachkommen und verschafft er so Franz Gämperle auch das rechtliche Eigentum an der Antiquität, so gelten die CHF 100 000.– als Entgelt und die Lieferung wird Gegenstand der MWST.

5 Seite 34

A] Es handelt sich um ein Reihengeschäft. Es liegt sowohl eine Lieferung von der Von Roll an Otto Zuber wie auch eine Lieferung von Otto Zuber an Mauro Mastroiani vor.

B] Zwischen der Geier GmbH und Ruedi Feller liegt eine Lieferung vor. Da Beat Winter im Namen und auf Rechnung der Geier GmbH tätig ist, liegt keine Lieferung des Rechenmaschinenherstellers an Beat Winter vor. Vielmehr erbringt Beat Winter der Geier GmbH eine Dienstleistung.

C] Handelt Beat Winter in eigenem Namen, aber auf Rechnung der Geier GmbH, liegt keine Vermittlung mehr vor. Es liegt eine Lieferung der Geier GmbH an Beat Winter und eine zweite Lieferung von Beat Winter an Ruedi Feller vor.

D] Chris Fischer führt eine Lieferung an Stefan Kunz aus und Stefan Kunz eine weitere Lieferung an den Bauherrn.

6 Seite 34

A] Als Ort der Lieferung gilt der Ort, wo die Beförderung des Gegenstands zum Abnehmer beginnt, hier somit Thun.

B] Es liegen zwei Lieferungen vor. Beim Reihengeschäft gilt der Ort der Lieferung immer für beide Lieferungen. Die erste Lieferung vom Verkäufer an Karl Herbert erfolgt in Hamburg (DE). Die zweite Lieferung von Karl Herbert an seinen Abnehmer erfolgt ebenfalls in Hamburg.

7 Seite 34

A] Die Übertragung von immateriellen Gütern ist mehrwertsteuerlich eine Dienstleistung.

B] Beratungsleistungen sind Dienstleistungen.

C] Gerold Mittelhuber als Kommissionär verkauft das Spielzeug in eigenem Namen, aber für fremde Rechnung. Damit sind die Voraussetzungen, die an die Vermittlung gestellt werden, nicht erfüllt. Es handelt sich somit nicht um eine Dienstleistung, sondern um eine Lieferung der Martin Klar AG an Gerold Mittelhuber und um eine weitere Lieferung von Gerold Mittelhuber an seine Abnehmer.

D] Tobias Moser handelt im Namen von Adolf Egger. Es liegt daher eine Vermittlung vor und Tobias Moser erbringt eine Dienstleistung. Der Ort der Dienstleistung ist dort, wo sich die Liegenschaft befindet.

E] Gemäss MWSTG ist der Verzicht auf die Ausübung eines Rechts eine Dienstleistung.

8 Seite 34

Direkte Stellvertretung, und damit eine Dienstleistung von Claudia Müggli an Samuel Hürlimann, liegt vor, wenn die folgenden Voraussetzungen **kumulativ** erfüllt sind:

- Aus der Gesamtheit der relevanten Unterlagen (Rechnung usw.) muss eindeutig hervorgehen, dass der Vertrag direkt zwischen Samuel Hürlimann und Tina Meier zustande gekommen und abgewickelt worden ist.
- Claudia Müggli darf gegenüber Tina Meier keine Leistungen erbringen oder für die Leistungen von Samuel Hürlimann oder Frau Meier einstehen, insbesondere darf Claudia Müggli keine Garantie oder kein Delkredererisiko übernehmen.
- Claudia Müggli hat den Geschäftsfall korrekt zu verbuchen, d. h. er darf nur die Provision erfolgswirksam buchen.
- Samuel Hürlimann muss für Tina Meier erkennbar und aus der Gesamtheit der Unterlagen eindeutig identifizierbar sein.
- Claudia Müggli muss gegenüber Samuel Hürlimann abrechnen.

9 Seite 35

A] Die Leistung der Zollinger Treuhand, Basel, besteht im Führen der Buchhaltung. Solche Treuhand- und Beratungsleistungen gelten als Dienstleistung. Es gilt das Empfängerortsprinzip, d. h. der Ort der Dienstleistung ist Deutschland.

B] Management-Leistungen gelten im Normalfall als Dienstleistungen, für die das Empfängerortsprinzip zur Anwendung kommt. Voraussetzung ist jedoch, dass in der Rechnung oder im Managementvertrag definiert wird, um was für Leistungen es sich handelt.

C] Die Abtretung und die Überlassung von Immaterialgütern gelten ebenfalls als Dienstleistung. Es gilt das Empfängerortsprinzip. Ort der Leistung ist somit Wollerau. Die Leistung gilt als in der Schweiz erbracht und die Villmerger AG bezieht somit eine Dienstleistung von einem Unternehmen mit Sitz im Ausland; die Bezugsteuer ist geschuldet.

D] Das Prüfen von Gegenständen gilt nicht als Dienstleistung, sondern als Lieferung von Gegenständen. Wenn Rolf Huber die Erpel-Erkennungsmaschine in Dortmund (DE) überprüft, ist der Ort der Lieferung in Deutschland.

E] Architekturleistungen gelten als Dienstleistungen. Massgebend ist der Ort des Grundstücks, in diesem Fall gilt als Ort somit Koblenz (DE).

F] Güterbeförderungsleistungen sind Dienstleistungen, die dem Empfängerortsprinzip unterliegen. Der Ort der Leistung befindet sich somit in München (DE).

10 Seite 35

Das deutsche Marktforschungsinstitut erbringt gegenüber der Ceral AG eine Werbeleistung. Werbeleistungen unterliegen dem Empfängerortsprinzip. Die Leistung gilt als in der Schweiz erbracht und die Ceral AG bezieht somit eine Dienstleistung von einem Unternehmen mit Sitz im Ausland; die Bezugsteuer ist somit geschuldet.

11 Seite 35

A] Schulungsleistungen sind von der Steuer ausgenommen. Es liegt somit kein der Bezugsteuer unterliegender Leistungseinkauf vor.

B] Da es sich hier um eine Beratungsleistung und nicht um eine Leistung im Zusammenhang mit einem Grundstück handelt, gilt das Empfängerortsprinzip. Die Leistung ist somit in der Schweiz nicht steuerbar.

C] Das Inserat gilt als Werbeleistung. Auch hier greift das Empfängerortsprinzip. Die Dienstleistung unterliegt somit der Bezugsteuer.

12 Seite 35

Da John Brown mehrheitlich im Ausland gefahren ist, kann der Mietumsatz steuerbefreit werden, falls ein entsprechender Nachweis der Auslandkilometer vorliegt, gegebenenfalls aufgrund des GPS.

13	Seite 62	Die von der Steuer ausgenommenen Leistungen berechtigen einerseits nicht zur Vornahme des Vorsteuerabzugs und werden andererseits für die Bestimmung der die Steuerpflicht auslösenden Umsatzlimite nicht berücksichtigt.
14	Seite 62	Die Sanitemp AG führt einen mehrwertsteuerpflichtigen Umsatz aus und hat diesen mit 8% zu versteuern (Personalverleih). Das Spital setzt diese Mitarbeiterin ausschliesslich zur Krankenpflege ein. Das entsprechende Entgelt der Patienten ist von der Steuer ausgenommen. Das Spital kann also die von der Sanitemp AG in Rechnung gestellte MWST nicht als Vorsteuer geltend machen.
15	Seite 62	Diese gastgewerblichen Leistungen der Cafeteria sind steuerbar. Nur wenn diese Leistungen unmittelbar im Zusammenhang mit der Krankenbehandlung stehen, d. h. wenn sie dem Patienten am Bett erbracht werden, sind sie von der Steuer ausgenommen.
16	Seite 62	Verspricht ein Unternehmen für selbst hergestellte oder gelieferte Produkte gegen ein zusätzliches Entgelt eine Leistung für den Schadenfall, handelt es sich nicht um einen von der Steuer ausgenommenen Versicherungsumsatz, sondern um eine Nebenleistung zur Hauptleistung. Die TV AG hat somit das Zusatzentgelt gleich zu versteuern wie den Verkauf des TV-Geräts.
17	Seite 62	Gastgewerbliche Leistungen im Zusammenhang mit Seminar- oder Schulungsleistungen sind aufgrund MWSTG 21 Abs. 2 Ziff. 11 immer steuerbar, wenn diese separat fakturiert werden. Somit können die steuerpflichtigen Empfänger den Vorsteuerabzug geltend machen. Die Seminarleistung selber ist von der Steuer ausgenommen.
18	Seite 62	Ja. Eine Option erfolgt durch offenen Ausweis der Steuer. Diese Option kann für jeden einzelnen Umsatz, jede einzelne Leistung bzw. Rechnung erfolgen. Es ist nicht notwendig, dass für sämtliche, von der Steuer ausgenommenen Leistungen einer Tätigkeit optiert werden.
19	Seite 70	Die von der Steuer befreiten Leistungen berechtigen zur Vornahme des Vorsteuerabzugs. Gleichzeitig werden sie für die Bestimmung der Steuerpflicht (Umsatzlimite) ebenfalls berücksichtigt.
20	Seite 70	Der Ort der Dienstleistung befindet sich aufgrund von MWSTG 8 Abs. 1 am Sitz des Empfängers, d. h. in Olten. Somit unterliegt die Leistung der schweizerischen MWST. Weil es sich aber um die Beförderung eines importierten Gegenstands handelt, ist diese Transportleistung aufgrund von MWSTG 23 Abs. 2 Ziff. 5 von der Steuer befreit. Die Kosten der Beförderung sind u. a. auch Teil der Bemessungsgrundlage für die Einfuhrsteuer.
21	Seite 70	Grundsätzlich handelt es sich um eine Inlandlieferung, die der Steuer zum Normalsatz unterliegt. Kann das Uhrengeschäft die Ausfuhr mit einem zollamtlichen Dokument oder aufgrund der Geschäftsunterlagen sowie der Dokumente der Post nachweisen (Sonderregelung für Lieferungen bis CHF 1 000.–), ist die Lieferung von der Steuer befreit (Art. 23 Abs. 2 Ziff. 1 MWSTG).
22	Seite 77	Eine Geldleistung aus Schadenersatz steht nicht im Zusammenhang mit einem Leistungsaustausch. Die Schadenersatzzahlung von CHF 5 000.– zählt nicht zum Entgelt und ist von der Transport AG nicht zu versteuern, aber dennoch in der MWST-Abrechnung unter Ziff. 910 zu deklarieren. Die von der Truck GmbH in Rechnung gestellte Steuer von CHF 400.– darf im Rahmen der unternehmerischen Tätigkeit als Vorsteuer geltend gemacht werden.

23 Seite 77

A] Die Vertragsverletzung ist noch nicht eingetreten. Somit handelt sich dabei nicht um einen Schadenersatz im Sinne der MWST, sondern um eine zum Normalsatz zu versteuernde Duldung der Vertragsverletzung.

B] Da die Konventionalstrafe an die Stelle der Erfüllung der vertraglichen Leistung (Nicht-Konkurrenzierung) bzw. an die Stelle des für die Nicht-Erfüllung geschuldeten Schadenersatzes tritt, gilt die Zahlung der Konventionalstrafe als Schadenersatz (Nicht-Entgelt und unter Ziff. 910 der MWST-Abrechnung zu deklarieren).

24 Seite 109

Leistungen	Ja / Nein	Gesetzesartikel
Abfallentsorgung auf einer Deponie in St. Gallen	Ja	MWSTG 45 Abs. 1 Bst. a
Referat an der Uni Bern	Nein	MWSTG 8 Abs. 2 Bst. c
Party-Service an einem Anlass in Genf	Nein	MWSTG 8 Abs. 2 Bst. d
Gütertransport von Berlin (DE) nach Bern	Nein	MWSTV 109 Abs. 1 i. V. m. MWSTG 23 Abs. 2 Ziff. 5
Verkauf von Videoclips via Internet (Download)	Ja	MWSTG 45 Abs. 1 Bst. a
Publikation eines Inserats in der Zeitung «St. Galler Tagblatt» für eine Bank	Ja	MWSTG 45 Abs. 1 Bst. a
Werbeinserat auf einer Website für eine gemeinnützige Stiftung	Nein	MWSTV 109 Abs. 1 i. V. m. MWSTG 21 Abs. 2 Ziff. 27
Lagerung von Waren in einem Speditionslager in St. Margrethen	Ja	MWSTG 45 Abs. 1 Bst. a
Verwaltung einer in der Schweiz befindlichen Liegenschaft	Nein	MWSTG 8 Abs. 2 Bst. f
Import und Montage eines Gartenhäuschens in Chur	Nein	MWSTG 54 Abs. 1 Bst. b
Winterschnitt von Obstbäumen in Basel (es werden nur Betriebsmittel wie Baumscheren usw. eingeführt)	Ja	MWSTG 45 Abs. 1 Bst. c
Verkauf eines in Lörrach (DE) gelegenen Grundstücks	Nein	Lieferung im Ausland
Verkauf von Teppichen ab Zollfreilager Zürich-Flughafen	Nein	MWSTV 109 Abs. 1 i. V. m. MWSTG 23 Abs. 2 Ziff. 3
Verpachten einer Gaststätte in Rorschach	Nein	MWSTV 109 Abs. 1 i. V. m. MWSTG 21 Abs. 2 Ziff. 21
Verleasen einer Maschine ab Standort Bern	Ja	MWSTG 45 Abs. 1 Bst. c
Installation von Software bei einer Bank in St. Gallen durch einen Programmierer (Software wird ab Internet heruntergeladen)	Ja	MWSTG 45 Abs. 1 Bst. c
Schleifen von Klingen (unter Verwendung einer mobilen Schleifmaschine)	Ja	MWSTG 45 Abs. 1 Bst. c

25 Seite 110

Da der Erlös aus landwirtschaftlicher Eigenproduktion nicht zu versteuern ist und somit auch nicht die Steuerpflicht auslösen kann, wird Sepp Rübenkohl nicht steuerpflichtig, weil die übrigen Umsätze für sich allein die massgebende Umsatzlimite von CHF 100 000.– nicht überschreiten.

Gemüseproduzent Sepp Rübenkohl könnte einen Verzicht auf Befreiung von der Steuerpflicht prüfen. Ob dies Sinn macht, hängt von den vorsteuerbelasteten Aufwendungen und Investitionen ab, die allenfalls bei Sepp Rübenkohl anfallen.

26 Seite 110

Die Holdinggesellschaft Xeno AG kann sich ins MWST-Register eintragen lassen. Gemäss MWSTV 9 ist das Erwerben, Halten und Veräussern von Beteiligungen eine unternehmerische Tätigkeit im Sinne von MWSTG 10 Abs. 1.

Allenfalls kann die Xeno AG bei der Eintragung ins MWST-Register noch eine Einlageentsteuerung auf beweglichen bzw. unbeweglichen, in Gebrauch genommenen Gegenständen oder auf Dienstleistungen (nur bei Lizenzen oder Patenten) geltend machen.

Die Beteiligungserträge bzw. Dividenden stellen Nicht-Entgelte dar. Die Vorsteuern auf den Aufwendungen für die Bewirtschaftung der Beteiligungen können im Rahmen der unternehmerischen, zum Vorsteuerabzug berechtigenden Tätigkeit geltend gemacht werden. Da sonst nur noch Finanzerträge erzielt werden, besteht auf allen vorsteuerbelasteten Aufwendungen das volle Vorsteuerabzugsrecht. Eine mögliche pauschale Vorsteuerkorrektur für die Finanzerträge (gemischte Verwendung der Verwaltungsinfrastruktur) ist zu prüfen. Eine Beteiligung liegt vor, wenn diese mindestens 10% am Kapital einer Unternehmung beträgt.

27 Seite 110

Sofern es sich um inländische Unternehmen handelt, wird Gerhard Meisterhans die Anwendung der Gruppenbesteuerung bewilligt. Er muss jedoch als Privatperson Mitglied dieser MWST-Gruppe werden, da er der Inhaber der einheitlichen Leitung ist. Dies ist notwendig, obwohl er selber keine Tätigkeiten ausübt. Dadurch haftet er mit seinem gesamten Privatvermögen solidarisch für die MWST-Schulden jeder einzelnen Gruppengesellschaft, was sich als wesentlicher Nachteil erweisen kann. Der wesentliche Vorteil besteht darin, dass auf der konzerninternen Wertschöpfungsquote eine allfällige taxe occulte verhindert wird.

28 Seite 110

Der Gesamtumsatz aus steuerbaren Leistungen an Nichtgemeinwesen und an andere Gemeinwesen übersteigt die massgebenden Umsatzlimiten von CHF 25 000.– bzw. CHF 100 000.–. Somit ist die Steuerpflicht der Dienststelle «Drucksachen und Material» gegeben. Es sind also CHF 150 000.– zu deklarieren, ohne den Umsatz mit den Dienststellen des gleichen Gemeinwesens. Diese Leistungen sind gemäss MWSTG 21 Abs. 2 Ziff. 28 von der Steuer ausgenommen.

29 Seite 110

Als steuerbare Umsätze gelten die Verkäufe von Werbeleistungen, die Souvenirverkäufe und die gastgewerblichen Leistungen. Da der daraus erzielte Umsatz mehr als CHF 100 000.– beträgt, ist die Steuerpflicht gegeben. Es spielt dabei keine Rolle, dass die Umsätze in zwei verschiedenen Kalenderjahren angefallen sind. Es ist allenfalls zu prüfen, ob es Sinn macht, für die Eintrittsbillette (diese sind von der Steuer ausgenommen) gemäss MWSTG 22 zu optieren (Steuersatz bei Option, 2.5%).

30 Seite 111

Wenn Anton Huwyler bei Beginn der Tätigkeit (per 1.7.n11) nicht weiss, ob er die Umsatzlimite überschreitet oder nicht, muss er nach drei Monaten prüfen, ob die Bedingungen für die Steuerpflicht gegeben sind oder nicht. Dabei sind neben den Einnahmen auch die ausstehenden Rechnungen (Debitoren) und die angefangenen Arbeiten zu berücksichtigen. Das ergibt für die ersten drei Monate einen Betrag von CHF 27 000.–, hochgerechnet auf ein Jahr einen Betrag von CHF 108 000.–. Die Steuerpflicht ist gegeben und Anton Huwyler kann wählen, ob er sich rückwirkend per 1.7.n11 oder zwingend per 1.10.n11 eintragen lassen kann bzw. muss.

Bei der Eintragung per 1.7.n11 ist im Gegensatz zur Eintragung per 1.10.n11 keine Einlageentsteuerung zu prüfen.

Die Daten für das 4. Quartal n11 sind für die Bestimmung der Steuerpflicht nicht mehr relevant.

31 Seite 111

Die Grasso AG muss sich nach Ablauf des Kalenderjahres, in dem sie die Umsatzlimite überschritten hat, eintragen lassen. Im vorliegenden Fall wäre die Grasso AG ab 1. Januar n12 mehrwertsteuerpflichtig.

Der Umsatz aus der Vermittlung von Versicherungen ist nicht massgebend, da dieser von der Steuer ausgenommen ist.

Allenfalls ist bereits in den Jahren n09–n11 der Verzicht auf die Befreiung von der Steuerpflicht zu prüfen, da für die steuerbaren Beratungsleistungen auch entsprechende Aufwendungen angefallen sind.

32 Seite 122

Die Autogarage Häfeli hat CHF 1 000.– (108%) zzgl. der Mahnspesen von CHF 20.– (108%), die in der ursprünglichen Rechnung nicht aufgeführt waren, zu versteuern. Die Finanzierungskosten zählen auch zum Entgelt. Die kantonale Prüfgebühr zählt zwar nicht zum Entgelt (MWSTG 24 Abs. 6 Bst. b). Das bedingt aber, dass diese gesondert und ohne Zuschlag in Rechnung gestellt wird, was hier nicht der Fall ist. Deshalb muss auch dieser Anteil versteuert werden. Die Betreibungskosten (MWSTG 24 Abs. 6 Bst. b) von CHF 100.– und der Verzugszins von CHF 50.– (Schadenersatz; Nicht-Entgelt MWSTG 18 Abs. 2 Bst. i) müssen nicht versteuert werden.

Die Autogarage Häfeli muss auf eine korrekte Deklaration aller durch Toni Füglister bezahlter Kosten in der MWST-Abrechnung achten; Ziff. 200 Total CHF 1 120.–, Ziff. 280 (Betreibungskosten von CHF 100.–, Ziff. 910 (Verzugszins von CHF 50.– und Ziff. 301 für die Versteuerung des Betrags von CHF 1 020.– (brutto) oder CHF 925.95 (netto).

33 Seite 122

Das Fernsehgerät wird zwar innert 30 Tagen durch Daniel Schweizer zurückgebracht, es wird aber nicht der volle Kaufpreis angerechnet, sonst müsste ja nur ein Aufpreis von CHF 1 000.– bezahlt werden. Somit handelt es sich hier nicht um die Rückgängigmachung einer Lieferung, sondern um einen Rückkauf bzw. um ein Eintauschgeschäft. Das TV-Fachgeschäft Baumann AG hat somit total CHF 5 000.– (CHF 2 000.– und CHF 3 000.–) zu versteuern.

Das TV-Fachgeschäft Baumann AG kann auf dem Rückkauf bzw. Eintauschgeschäft einen fiktiven Vorsteuerabzug geltend machen. Ein korrekter Beleg für den Rückkauf sollte vorhanden sein. Der fiktive Vorsteuerabzug kann im Zeitpunkt der Rücknahme vorgenommen werden.

34 Seite 123

Bei der Tochtergesellschaft Matrovini F & D AG handelt es sich um eine eng verbundene Person gemäss MWSTG 3 Bst. h. Bei Leistungen an eng verbundene Personen gilt als Entgelt der Wert, der unter abhängigen Dritten (MWSTG 24 Abs. 2) vereinbart würde. Massgebendes Entgelt ist somit CHF 20 000.–. Die Garage Matrovini GmbH muss einen Betrag von CHF 20 000.– versteuern und es ist eine Steuer von CHF 1 600.– geschuldet.

In der Aufgabenstellung wird nicht erwähnt, ob die Matrovini F & D AG steuerpflichtig ist oder nicht.

Bei einer Steuerpflicht der Matrovini F & D AG: Die Fahrschultätigkeit ist gemäss MWSTG 21 Abs. 2 Ziff. 11 von der Steuer ausgenommen. Eine Option für die Fahrschultätigkeit lohnt sich in der Regel nicht, da die Kunden Privatpersonen sind. Aufgrund von MWSTG 29 Abs. 1 besteht für die Matrovini F & D AG kein Anspruch auf Vorsteuerabzug auf den Reparaturarbeiten an den Fahrschulfahrzeugen.

35 Seite 123

Die Rechnungsstellung der Garage Nievergelt ist korrekt. Bei Austauschreparaturen ist nur der Werklohn Bemessungsgrundlage der MWST.

36 Seite 123

Malermeister Hans Oberli muss CHF 6 000.– und Garagist Ylmaz CHF 18 000.– als Ertrag verbuchen und versteuern. Auf den Aufwendungen für das Privathaus bzw. für das Fahrzeug der Tochter Sabine kann Hans Oberli keinen Vorsteuerabzug vornehmen.

37 Seite 123

Das massgebende Entgelt bei der Sieber AG beträgt CHF 114 120.–. Die Steuer davon beträgt CHF 8 453.35. Für den Vorsteuerabzug ist bei der Burkhalter GmbH der Umrechnungskurs vom Februar n11 und somit der Betrag von CHF 112 090.– massgebend. Die Burkhalter GmbH kann somit CHF 8 302.95 in Abzug bringen.

38 Seite 123

A] CHF 12 000.00; die Spesen sind nicht abzugsberechtigte Entgeltsminderungen.

B] CHF 14 700.00; der Skontoabzug von 2% darf als Entgeltsminderung abgezogen werden.

C] CHF 9 000.00; der Verlust auf dem Verkauf des WIR-Geldes darf nicht abgezogen werden.

D] CHF 20 000.00; die Kommission der Kreditkartenorganisation ist nicht abzugsberechtigt.

39 Seite 124		A] Es handelt sich hier um die feste Abtretung der Entgeltsforderung. Die Einkaufsgenossenschaft rechnet nicht über jede einzelne Zahlung des Schuhgeschäfts ab und übernimmt das Delkredererisiko.
		B] Die 5% Delkredererisiko darf die Koala AG nicht als Entgeltsminderung in Abzug bringen.

40 Seite 124

Aus dem Verkauf des gebrauchten Fahrzeugs resultiert eine Steuer von CHF 333.35. Auf dem Einkauf des Fahrzeugs kann durch den Autohändler Beat Blaser ein fiktiver Vorsteuerabzug von CHF 370.35 geltend gemacht werden (CHF 5 000.– = 108%).

41 Seite 141

A] Getreide für kosmetische Industrie: 2.5%

B] Traubensaft im Gärstadium (Sauser): 8%, da mehr als 0.5% Volumenprozent

C] Kaffee für das Restaurant Traube: 2.5% (der Kaffee wird erst beim Verkauf durch das Restaurant Traube zu einer gastgewerblichen Leistung und somit zu 8% zu versteuern)

D] Brennkirschen: 2.5%

E] Erde mit Düngerzusatz: 2.5%

F] Erde ohne Düngerzusatz: 8%

G] Kies: 8%

H] Brennholz: 8%

42 Seite 141

A] Gibt der Tierarzt dem Tierhalter Medikamente ab, die dieser selbst dem Tier verabreichen muss, handelt es sich um eine Lieferung von zu 2.5% steuerbaren Medikamenten.

B] Wird dem Tier bei einer Behandlung durch den Tierarzt ein Medikament verabreicht, so handelt es sich beim Medikament um einen Teil der tierärztlichen Behandlung. Es muss somit zum gleichen Steuersatz wie die Behandlung abgerechnet werden, bei einer Ziege (Nutztier) somit zu 2.5%.

C] Hier gilt das Gleiche wie unter B], bei einem Hund muss aber der Normalsatz von 8% angewendet werden.

D] Die Untersuchung des Pferdes stellt aus der Sicht des Tierarzts Dieter Jakober eine Lieferung dar. Samnaun ist für Lieferungen Ausland. Somit unterliegt die Untersuchung des Pferdes in Samnaun nicht der schweizerischen MWST bzw. der Inlandsteuer. Der Ort der Lieferung ist Ausland.

E] Vergütungen, die der Tierarzt (oder Tierkliniken) für die Unterbringung und Betreuung von kranken oder verletzten Tieren vereinnahmen, sind Teil des Entgelts für deren Behandlung und zum selben Steuersatz wie diese zu versteuern. In diesem Fall muss Tierarzt Jakober die Unterbringung des Zirkushundes Barry zum Normalsatz versteuern.

43 Seite 141

A]	2.5%	B]	8%	C]	2.5%	D]	2.5%
E]	8%	F]	8%	G]	8%	H]	2.5%
I]	2.5%	J]	8%	K]	8%	L]	2.5%

44 Seite 142

A] 8% (Bodenbearbeitung ausserhalb des Bereichs der Landwirtschaft)

B] 8% (Bearbeitung eines beweglichen Gegenstands, der nicht dem reduzierten Steuersatz unterliegt)

C] 2.5% (Bearbeitung eines beweglichen Gegenstands, der dem reduzierten Steuersatz unterliegt)

D] 2.5% (Bodenbearbeitung im Bereich der Landwirtschaft)

E] 2.5% (Bodenbearbeitung im Bereich der Landwirtschaft)

F] 8% (Bodenbearbeitung im Bereich der Landwirtschaft, die aber nicht unmittelbar im Zusammenhang mit der Urproduktion steht)

G] 8% (Bodenbearbeitung im Bereich der Landwirtschaft, die aber nicht unmittelbar im Zusammenhang mit der Urproduktion steht)

H] 8% (Bodenbearbeitung ausserhalb des Bereichs der Landwirtschaft)

---

45 Seite 142

A] Es handelt sich bei der Lieferung von 250 Sandwiches um eine Exportlieferung, die von der Steuer befreit (MWSTG 23 Abs. 2 Ziff. 1) ist, sofern Adrian Dätwyler eine Ausfuhrdeklaration vorlegen kann. Ansonsten muss er die Ausfuhr mit anderen Unterlagen nachweisen können (freie Beweiswürdigung; MWSTG 81 Abs. 3).

B] Sobald der Leistungserbringer die Nahrungsmittel beim Kunden oder an einem von ihm bezeichneten Ort zubereitet oder serviert, handelt es sich um eine zu 8% steuerbare gastgewerbliche Leistung. Der Ort der Dienstleistung nach MWSTG 8 Abs. 2 Bst. d befindet sich im Inland.

C] Da es sich um eine Lieferung und nicht um eine gastgewerbliche Dienstleistung handelt, unterliegen die Nahrungsmittel (Gebäck und Mineralwasser) dem reduzierten Steuersatz von 2.5% und der Wein dem Normalsatz von 8%.

D] Es handelt sich um eine gastwerbliche Leistung, d.h., um eine Dienstleistung gemäss MWSTG 8 Abs. 2 Bst. d. Da der Ort dieser Dienstleistung in Waldshut (DE) ist und im Ausland liegt, unterliegt diese Dienstleistung nicht der schweizerischen MWST (Inlandsteuer). Eine mögliche Steuerpflicht in Deutschland ist durch Adrian Dätwyler zu prüfen.

---

46 Seite 142

A] Bei der Vermietung von Standplätzen (ohne Lieferung von Standmaterial, Strom- und Wasseranschluss usw.) handelt es sich um eine gemäss MWSTG 21 Abs. 2 Ziff. 21 von der Steuer ausgenommene Überlassung von Grundstücken zum Gebrauch.

B] **Variante I:** Es handelt sich um das Zurverfügungstellen (Vermietung) eines Standplatzes im Freien. Werden die Vermietung und die zusätzlichen Leistungen (Strom- und Wasseranschluss [mit Vorsteuerabzug auf den Aufwendungen]) separat in Rechnung gestellt, ist die Vermietung des Platzes von der Steuer ausgenommen und die übrigen Leistungen sind zum entsprechenden Steuersatz steuerbar.
Variante II: Werden aber die Leistungen in einem Betrag in Rechnung gestellt, dann liegt eine Kombination von Leistungen gemäss MWSTG 19 Abs. 2 vor. Der Veranstalter des Schwingfests in Olten kann entweder die Leistungskombination zum Normalsatz versteuern oder aber, wenn der Anteil der Miete wertmässig mindestens 70% des Gesamtentgelts ausmacht, die ganze Leistung als von der Steuer ausgenommen behandeln. Dabei ist aber zu beachten, dass auf den direkten Aufwendungen kein Vorsteuerabzug vorgenommen werden kann.

C] Hier handelt es sich um eine gewöhnliche gastgewerbliche Leistung, die dem Normalsatz von 8% unterliegt.

D] Beim Verkauf durch die «fliegenden» Verkäufer im Bereich der Zuschauertribüne handelt es sich um eine Lieferung von Nahrungsmitteln und nicht um eine gastgewerbliche Leistung. Werden diese Umsätze organisatorisch separat erfasst, sind sie somit zu 2.5% steuerbar, soweit es sich nicht um die Lieferung von alkoholischen Getränken und / oder Tabakwaren handelt.

E] Diese Umsätze sind zum reduzierten Steuersatz zu versteuern, da keine Tische und Stühle vorhanden sind. Es ist aber zu beachten, dass der Verkauf von alkoholischen Getränken und Tabakwaren zum Normalsatz abzurechnen ist.

47 Seite 143

Zu 8% steuerbar sind sämtliche Umsätze aus dem Tearoom, der Verkauf der alkoholischen Getränke sowie die Auslieferung von Nahrungsmitteln und Getränken aus dem Party-Service mit Bedienung. Zu 8% steuerbar sind somit total CHF 61 000.– (exkl. MWST), was einen Steuerbetrag von CHF 4 880.– wie folgt ergibt:

Umsätze aus dem Tearoom	CHF	45 000.00
Verkauf der alkoholischen Getränke	CHF	4 000.00
Anlieferungen von Nahrungsmittel und Getränke aus Party-Service mit Bedienung	CHF	12 000.00
Total exkl. MWST zu 8% steuerbar	CHF	61 000.00
Umsatzsteuer	**CHF**	**4 880.00**

Zu 2.5% steuerbar sind die Einnahmen aus der Bäckerei mit Lebensmittelgeschäft und die Auslieferung von Nahrungsmitteln (Esswaren und Getränken) aus dem Party-Service ohne Zubereitung / Servierleistung. Zu 2.5% steuerbar sind somit total CHF 64 000.– (exkl. MWST), was einen Steuerbetrag von CHF 1 600.– wie folgt ergibt:

Einnahmen aus der Bäckerei mit Lebensmittelgeschäft	CHF	56 000.00
Auslieferung von Nahrungsmitteln und Getränken aus Party-Service	CHF	8 000.00
Total exkl. MWST zu 2.5% steuerbar	CHF	64 000.00
Umsatzsteuer	**CHF**	**1 600.00**

48 Seite 143

A] Die Handelsregistergebühren sind öffentlich-rechtliche Abgaben, die der Anwalt in fremdem Namen und für fremde Rechnung vereinnahmt. Diese sind somit kein Entgelt (nicht zu verwechseln mit den Nicht-Entgelten gemäss MWSTG 18 Abs. 2), wenn sie separat, ohne Zuschlag und ohne MWST fakturiert werden. Sie stellen aus der Sicht der MWST einen durchlaufenden Posten nach MWSTG 24 Abs. 6 Bst. b dar. Die Beratungsleistung und die Kosten für die Übernachtung sind Teil des Entgelts, auch wenn diese separat fakturiert werden. Sie sind zum Normalsatz von 8% steuerbar. Die Steuer beträgt somit CHF 266.65.

B] Das Lehrbuch ist eine Nebenleistung zum Kurs. Die Kurskosten können somit pauschal mit CHF 300.– fakturiert werden und sind von der Steuer ausgenommen. Bei Schulungsleistungen besteht auch die Möglichkeit, das Lehrmittel separat zu fakturieren. Dadurch handelt es sich beim Lehrmittel um eine selbstständige, steuerbare Leistung und es besteht ein Anspruch auf Vorsteuerabzug auf dem Einkauf des Lehrmittels.
Es besteht auch die Möglichkeit, den gesamten Internetkurs der MWST zu unterstellen, d. h. freiwillig zu versteuern. Das macht aber keinen Sinn, da der Internetkurs gegenüber Privatpersonen erbracht wird und diese nicht steuerpflichtig sind. Somit wäre die Schulungs AG gegenüber ihren Mitkonkurrenten nicht mehr wettbewerbs- und konkurrenzfähig.

C] Das Flaschendepot von CHF 3.– ist separat in Rechnung zu stellen und gehört daher nicht zum Entgelt (Nicht-Entgelt gemäss MWSTG 18 Abs. 2 Bst. h; Pfandgelder). Der Traubensaft (CHF 12.–) unterliegt dem reduzierten Steuersatz, muss aber separat fakturiert werden. Der Sauser und der Wein (CHF 48.–) sind zum Normalsatz steuerbar. Das Porto und die Verpackung können nach dem wertmässigen Anteil der gelieferten Ware aufgeteilt werden, d. h. CHF 1.– unterliegen dem reduzierten Steuersatz, CHF 4.– dem Normalsatz.
Somit beträgt die Steuer CHF 4.15 (2.5% von CHF 13.– und 8% von CHF 52.–). Aus der Rechnung muss hervorgehen, wie die Steuer aufgeteilt wurde. Als Vereinfachung können Porto und Verpackung auch zum überwiegenden Steuersatz, d. h. zum Normalsatz abgerechnet werden. Das macht sicherlich Sinn, da sonst die administrativen Arbeiten für die Aufteilung der Porto- und Verpackungskosten unverhältnismässig sind.

49 Seite 143

Die Aufteilung mittels Registrierkasse ist hier nicht zulässig, da die Anforderungen von MWSTG 26 Abs. 2 und 3 nicht eingehalten werden. Zur Ermittlung der Steuer steht die vereinfachte Aufteilung bei einer Kategorie mit unbedeutendem Anteil zur Verfügung.

Da die zum reduzierten Steuersatz steuerbaren Produkte derart minim sind, kann der zum reduzierten Steuersatz steuerbare Umsatzanteil nur aufgrund der kalkulierten Verkaufspreise dieser Gruppe berechnet werden. Somit sind CHF 400.– zum reduzierten Steuersatz steuerbar, der Rest von CHF 105 100.– zum Normalsatz. Die Steuer beträgt somit CHF 7 794.95.

Gesamtumsatz	CHF	105 500.00
Umsatz zu reduziertem Steuersatz	CHF	–400.00
Umsatz zu Normalsatz	CHF	105 100.00
Steuer	**CHF**	**7 794.95**

Selbstverständlich könnte die Mitroli AG aus Vereinfachungsgründen auch die mit der Registrierkasse erfassten Verkäufe zu 2.5% mit der MWST abrechnen, da der erfasste Umsatz grösser als der kalkulierte Verkaufspreis dieser Produkte ist.

50 Seite 154

A] Bei der Abgabe eines Gutscheins für einen Welcomedrink handelt es sich um eine erweiterte Nebenleistung zur Beherbergung, die innerhalb der Hotelanlage erbracht und durch den Hotelgast genutzt wird. Da der Drink im Preis enthalten ist, gibt es keine steuerlichen Auswirkungen. Diese Leistung wird auch im Zuge der unternehmerischen Tätigkeit des Hotels Sonne erbracht.

B] Bei der Kostenreduktion aufgrund des nicht bezogenen Welcomedrinks handelt es sich für das Hotel Sonne um eine abzugsberechtigte Entgeltsminderung. Hier kommt es darauf an, welches Arrangement der Gast Gustav Metzger gebucht hat. Hat er lediglich Übernachtung / Frühstück oder ein reines Halbpensionsarrangement gebucht, verringert sich der Preis für die Beherbergung um CHF 10.–.
Hat Gustav Metzger jedoch ein Vollpensionsarrangement gebucht und rechnet das Hotel Sonne mit der Pauschale (65/35%) ab, so verringert sich der Arrangementpreis um CHF 10.– und das verbleibende Entgelt ist danach auf den Sondersatz und den Normalsatz aufzuteilen.

51 Seite 154

Das Frühstück ist nur dann zum Sondersatz abzurechnen, wenn es ein Gast erhält, der auch im Hotel übernachtet hat. Hier handelt es sich jedoch um einen Gast eines anderen Hotels. Daher muss die erbrachte Leistung zum Normalsatz abgerechnet werden. Das Nachbarhotel Löwen kann aber die entsprechende Steuer als Vorsteuer in Abzug bringen. Bei der Weiterverrechnung an die Gäste handelt es sich dann als Bestandteil der Übernachtung um eine zum Sondersatz steuerbare Leistung.

52 Seite 154

Die Gesamteinnahmen von CHF 17 000.– unterliegen der Steuer zum Normalsatz. Als erweiterte Nebenleistung an die eigenen Hotelgäste würden die Parkgebühren dem Sondersatz nur dann unterliegen, wenn die Leistung im Preis für die Beherbergung enthalten wäre. Unter anderem kann diese steuerbare Leistung auch mit MWSTG 21 Abs. 2 Ziff. 21 Bst. c begründet werden.

53 Seite 162

Sofern ein Steuerpflichtiger die bezogenen Leistungen für einen zum Vorsteuerabzug berechtigten Zweck verwendet, kann er folgende Vorsteuern in seiner MWST-Abrechnung mit der ESTV geltend machen:

- Die ihr in Rechnung gestellte Inlandsteuer für Lieferungen und Dienstleistungen
- Die von ihr in der gleichen MWST-Abrechnung deklarierte Bezugsteuer
- Die von ihr entrichtete oder zu entrichtende Einfuhrsteuer sowie – bei Verlagerung der Steuerentrichtung – die von ihr für die Einfuhr von Gegenständen deklarierte Steuer
- Die Vorsteuer bei Bezügen von nicht mehrwertsteuerbelasteten Urprodukten bei Urproduzenten
- Die fiktive Vorsteuer bei Bezügen von gebrauchten, individualisierbaren und beweglichen Gegenständen ohne Mehrwertsteuerbelastung für die Lieferung an einen inländischen Abnehmer

54 Seite 162 — Wenn eine steuerpflichtige Person einen fiktiven Vorsteuerabzug vornehmen will, muss der bezogene Gegenstand gebraucht, individualisierbar und beweglich und nicht mit der MWST belastet sein. Zudem muss der Gegenstand für eine Lieferung (Verkauf und Vermietung) an einen inländischen Abnehmer bestimmt sein. Nicht als gebrauchte Gegenstände gelten Edelmetalle und Edelsteine sowie Lieferungen von Werken durch deren Urheber (z. B. Maler oder Bildhauer). Somit kann Anton Siebenschlau nur auf dem Kauf der antiken Stühle und evtl. der Briefmarken den fiktiven Vorsteuerabzug vornehmen.

A] Kein Anspruch, da Teppiche bereits mit Einfuhrsteuer belastet

B] Kein Anspruch, da Verkauf ins Ausland

C] Kein Anspruch, da Kauf direkt vom Urheber (Künstler)

D] Kein Anspruch, da Büromaterial nicht individualisierbar

E] Anspruch gegeben

F] Anspruch gegeben, sofern die Briefmarken klar individualisierbar sind. Dies ist bei Briefmarken in der Praxis mangels geeigneter Aufzeichnungen aber oft nicht der Fall.

55 Seite 181

A] Der Sportklub Hoppers erbringt der Garage eine Dienstleistung in Form einer Werbeleistung. Ob die Garage die Leistung direkt dem Sportklub oder dessen Angestellten (Spielern) erbringt, ist nicht von Bedeutung. Es handelt sich somit um ein tauschähnliches Geschäft; die Garage hat den Wert wie für einen unabhängigen Dritten zu versteuern.

B] Die Nennung im Festführer gilt nur dann als Werbeleistung, wenn diese nicht in neutraler Form erfolgt, d. h. die Nennung darf weder mit Werbeslogans versehen werden, noch darf sie auf die Produkte des Nationalrats Kurt Zuber hinweisen oder zusätzliche Bemerkungen zu seiner Geschäftstätigkeit enthalten. Die Nennung seines politischen Amts ist jedoch nicht schädlich. Bei **Variante I** liegt also kein tauschähnliches Geschäft und somit keine entgeltliche Leistung vor. Nationalrat Kurt Zuber hat jedoch infolge der Entnahme des Fahrrads aus dem Warenlager eine Vorsteuerkorrektur im Eigenverbrauch vorzunehmen.
Bei **Variante II** wird für das Fahrradgeschäft Werbung gemacht, es handelt sich also um ein tauschähnliches Geschäft und somit um eine entgeltliche Leistung. Nationalrat Kurt Zuber muss hier das Citybike zum Wert wie für einen unabhängigen Dritten versteuern.

56 Seite 181

A] Der Komplementär Fritz Aerni ist eine eng verbundene Person. Es handelt sich somit um eine entgeltliche Leistung, die zum Wert wie für einen unabhängigen Dritten (CHF 800.–) durch die Beyeler & Co. als Umsatz zu versteuern ist.

B] Die Ehefrau des Hauptaktionärs ist eine Person, die dem Inhaber einer massgebenden Beteiligung nahesteht, und gilt somit als eng verbundene Person. Es handelt sich um eine entgeltliche Leistung, die zum Wert wie für einen unabhängigen Dritten zu versteuern ist. Die Costelli AG muss einen Umsatz von CHF 900.– (exkl. MWST) deklarieren.

57 Seite 181

A] Es handelt sich um eine Leistung an den Kollektivgesellschafter Mike Moser und somit um eine entgeltliche Leistung. Diese ist zum Wert wie für einen unabhängigen Dritten zu versteuern.

B] Das Personal erhält die Leistung unentgeltlich. Da das Geschenk den Betrag von CHF 500.– pro Person und Ereignis nicht übersteigt, ist die Leistung auf dem Lohnausweis nicht zu deklarieren. Somit gilt die Leistung als nicht entgeltlich erbracht und zudem wird ein unternehmerischer Grund vermutet.

C] Es handelt sich um eine Leistung, die auf dem Lohnausweis aufzuführen ist. Deshalb liegt hier eine entgeltliche Leistung vor. Die Steuer ist von dem Betrag zu berechnen, der für die direkten Steuern massgebend ist, vgl. dazu Merkblatt N2/2007 der direkten Bundessteuer.

D] Es handelt sich auch hier um eine entgeltliche Leistung und das Entgelt ist zu versteuern. Dass das Entgelt vom Lohn abgezogen wird, ist nicht von Bedeutung, es handelt sich um eine Verrechnung.

58 Seite 181

A] Grundsätzlich liegt hier eine Entnahme für unternehmensfremde Zwecke vor. Eigenverbrauch ist nur auf dem Zeitwert der geltend gemachten Vorsteuern geschuldet. In diesem Fall ist deshalb keine Vorsteuerkorrektur infolge Eigenverbrauchs vorzunehmen, da die Vorsteuern in diesem Fall bereits nach 5 Jahren abgeschrieben sind.

B] Es handelt sich hier um eine Entnahme für private Zwecke. Die auf diesen Waren abgezogene Vorsteuer muss korrigiert werden (Vorsteuerkorrektur im Eigenverbrauch).

C] Auf selbst erbrachten Dienstleistungen ist kein Eigenverbrauch geschuldet. Es muss aber auf dem Material, das für die Erbringung der Dienstleistung aufgewendet wird, sowie auf der dafür eingesetzten Verwaltungsinfrastruktur eine Vorsteuerkorrektur vorgenommen werden, da es sich hier grundsätzlich um eine Entnahme für unternehmensfremde Zwecke handelt. Die Materialkosten dürften in diesem Fall aber minim sein.

59 Seite 182

A] Der Transport von Behinderten ist nur dann von der Steuer ausgenommen, wenn er in dafür besonders eingerichteten Fahrzeugen erfolgt (MWSTG 21 Abs. 2 Ziff. 7). Wenn am Bus keine besonderen Einrichtungen notwendig sind, liegt keine Entnahme für eine von der Steuer ausgenommene Tätigkeit vor bzw. die Fahrten müssen versteuert werden.

B] Bisher lag ein steuerbarer Umsatz vor (Vermietung der Liegenschaft mit Option). Eine Option ist jedoch bei einer Liegenschaft, die ausschliesslich für private Zwecke bzw. Wohnzwecke genutzt wird, nicht möglich. Somit findet eine steuerbare Entnahme für eine von der Steuer ausgenommene Tätigkeit statt (Nutzungsänderung und somit Vorsteuerkorrektur infolge Eigenverbrauch).

60 Seite 182

A] Ein Vorführwagen kann als Warenmuster betrachtet werden. Er wird dem Kunden zur Veranschaulichung, Untersuchung oder Erprobung zwecks Bestellungsaufgabe übergeben. Es liegt somit kein Eigenverbrauch vor.

B] Es handelt sich hier um eine Entnahme für eine unentgeltliche Zuwendung. Da der Wert der Zuwendung CHF 500.– übersteigt, wird der unternehmerische Grund nicht ohne Weiteres vermutet. In diesem Fall kann jedoch davon ausgegangen werden, dass die unentgeltliche Leistung aufgrund eines unternehmerischen Zwecks abgegeben wurde, und somit ist keine Vorsteuerkorrektur im Eigenverbrauch vorzunehmen.

61 Seite 182

A] Auf dem Warenlager ist eine Vorsteuerkorrektur im Eigenverbrauch vorzunehmen (voller Zeitwert der Vorsteuer, keine Abschreibung).

B] Beim Einkauf des Schulungsmaterials durfte keine Vorsteuer abgezogen werden. Deshalb ist bei der Beendigung der Steuerpflicht auch kein Eigenverbrauch geschuldet.

C] Auf diesen Betriebsmitteln ist Eigenverbrauch geschuldet (Berechnung des Zeitwerts ist zu beachten).

D] Beim Einkauf der Betriebsmittel durfte keine Vorsteuer abgezogen werden. Deshalb ist bei der Beendigung der Steuerpflicht auch kein Eigenverbrauch geschuldet.

E] Auf dem Einkauf dieser Betriebsmittel wurde ein teilweiser Vorsteuerabzug (für den Warenhandel) geltend gemacht. Deshalb ist bei der Beendigung der Steuerpflicht eine Vorsteuerkorrektur infolge Eigenverbrauchs auf dem Zeitwert der damals abgezogenen Vorsteuern vorzunehmen.

62 Seite 182	Es handelt sich um eine Entnahme für eine von der Steuer ausgenommene Tätigkeit. Eine Option für die Versteuerung der Liegenschaft ist bei der Vermietung an eine Person, die die Liegenschaft ausschliesslich für Wohnzwecke nutzt, nicht möglich. Somit ist Eigenverbrauch geschuldet. Die Vorsteuerkorrektur ist wie folgt zu berechnen:

Datum	Text und / oder Bemerkungen	Vorsteuerabzug in CHF	Abschreibungen (5% pro Jahr)	Zeitwert in CHF
31.1.n3	Fassadenrenovation (Grossrenovation)	4 550.–	n3–n14 = 60%	1 820.–
30.4.n4	Klimaanlage (wertverm. Aufw.)	3 040.–	n4–n14 = 55%	1 368.–
30.6.n10	Flachdachsanierung (Grossrenovation)	6 080.–	n10–n14 = 25%	4 560.–
Total Zeitwert auf Vorsteuern				**7 748.–**

Die Heizungsreparatur sowie die Malerarbeiten im Treppenhaus sind nicht relevant. Bei diesen handelt es sich weder um eine Grossrenovation noch um wertvermehrende Aufwendungen.

| 63 Seite 183 | A] Es handelt sich hier um eine Gratisleistung an das Personal. Da der Wert des Geschenks unter CHF 500.– pro Ereignis liegt, muss dies auf dem Lohnausweis nicht deklariert werden. Die Leistung gilt somit als nicht entgeltlich erbracht und es wird ein unternehmerischer Grund vermutet.

B] Es handelt sich um einen Entnahmetatbestand für unternehmensfremde bzw. private Zwecke. Korrigiert wird der Zeitwert der seinerzeit abgezogenen Vorsteuern, wobei für jedes abgelaufene Jahr linear 20% abgeschrieben werden können. Somit ist auf dem Fahrzeug kein Eigenverbrauch (Vorsteuerkorrektur) mehr zu entrichten, obwohl der Eurotaxwert noch CHF 18 000.– beträgt und die Entnahme aus der Sicht der direkten Steuern verbucht werden muss.

C] Es handelt sich hier um eine entgeltliche Leistung an das Personal. Zunächst ist die Steuer auf dem tatsächlich bezahlten Entgelt zu berechnen. Zusätzlich ist auf den Wert, der im Lohnausweis aufzuführen ist, abzustellen. Der aufgeführte Wert versteht sich inkl. MWST. Somit ist eine Umsatzsteuer von CHF 74.05 (8% von CHF 1 000.–) geschuldet. |
|---|---|
| 64 Seite 183 | Die Kummer GmbH verwendet Gegenstände, die sie im Meldeverfahren übernommen hat, für nicht der Steuer unterliegende Zwecke. Da die Kummer GmbH aufgrund der Aufgabenstellung ausser der Rechnung keine Unterlagen hat, kann sie nicht eindeutig belegen, in welchem Umfang Arno Berni zum Vorsteuerabzug berechtigt war.

Es wird deshalb vermutet, dass der Veräusserer die im Meldeverfahren übertragenen Vermögenswerte vollumfänglich für zum Vorsteuerabzug berechtigende Tätigkeiten verwendet hat. Auf den beiden Lastwagen B und D ist deshalb eine Vorsteuerkorrektur im Eigenverbrauch vorzunehmen. Diese berechnet sich mit 8% vom Bezugspreis von total CHF 80 000.–, d. h. CHF 6 400.–. Auch auf dem übrigen Betriebsinventar, das für die von der Steuer ausgenommene Tätigkeit verwendet wird, ist anteilsmässig eine Vorsteuerkorrektur im Eigenverbrauch vorzunehmen. |
| 65 Seite 183 | Grundsätzlich ist auf den geltend gemachten Vorsteuern von CHF 2 280.– für die Übernahme der Kunden eine Korrektur infolge Eigenverbrauchs vorzunehmen. Katja Grossglauser kann auf den Vorsteuern pro abgelaufenes Jahr eine lineare Abschreibung von 20% vornehmen, d. h. für die Jahre n1 bis n3 (per 31.12.; somit volle Abschreibung) je 20%, total 60%. Es verbleibt ein Zeitwert der Vorsteuern von CHF 912.–. Die Vorsteuerkorrektur im Eigenverbrauch ist aber nur vorzunehmen, sofern die gekaufte Dienstleistung noch vorhanden und nutzbar ist, was in diesem Fall aber zu bezweifeln ist.

Da das EDV-Programm nicht von Dritten mit Vorsteuerbelastung bezogen wurde, ist auf diesem keine Vorsteuerkorrektur im Eigenverbrauch per 31.12.n3 vorzunehmen. Zusätzlich ist aber die Vorsteuerkorrektur auf den allenfalls noch vorhandenen Betriebsmitteln vorzunehmen. |

66 Seite 184

A] Schreinerei Heinrich Müller (Einzelunternehmen):

1. Pauschalregelung: 0.8% auf CHF 30 000.– pro Monat, d. h. 12 Monate à CHF 240.– = CHF 2 880.– (108%), davon Vorsteuerkorrektur 8% = CHF 213.35.
2. Berechnung des Eigenverbrauchswerts:

Vorsteuern auf Kaufpreis[1]	CHF	2 400.00
Vorsteuern auf Betriebskosten	CHF	160.00
Totalkosten der massgebenden Vorsteuern	CHF	2 560.00
Davon Privatanteil 30%	CHF	768.00

[1] Eine allfällige Nutzungsänderung auf der Investition von CHF 30 000 ist jährlich zu überprüfen.

3. Eine Eigenverbrauchsbesteuerung entfällt, da es sich um ein Einzelunternehmen, das mit der Saldosteuersatzmethode abrechnet, handelt.

B] Zimmerbau AG:

1. Die Leistung ist im Lohnausweis aufzuführen; somit handelt es sich um eine entgeltliche Leistung. Die Steuer (zum Saldosteuersatz) ist auf dem Betrag zu berechnen, der auch für die direkten Steuern massgebend ist; CHF 2 880.– (brutto).
2. Die Verwendung für geschäftliche Zwecke beträgt weniger als 50%, somit kann die Pauschalregelung nicht angewendet werden. Zudem ist Frau Ziegler keine Lohnausweisempfängerin. Somit ist eine Lieferungssteuer auf dem Mietwert geschuldet.

Berechnung des Mietwerts:

Abschreibungen (CHF 30 000.– : 10 Jahre)	CHF	3 000.00
Betriebskosten mit MWST	CHF	2 000.00
Betriebskosten ohne MWST	CHF	1 000.00
Totalkosten	CHF	6 000.00
davon Privatanteil 80%	CHF	4 800.00
davon Lieferungssteuer 8% (von 100%)	CHF	384.00

3. Die Verwendung für geschäftliche Zwecke beträgt weniger als 50%, somit kann die Pauschalregelung nicht angewendet werden. Da Frau Ziegler eine Lohnausweisempfängerin ist, sind die privat gefahrenen Kilometer zum aktuellen Referenzsatz von CHF 0.70/km im Lohnausweis auszuweisen.

Lohnausweis Frau Ziegler: 8 000 km (80% von 10 000 km) à CHF 0.70	CHF	5 600.00
davon Lieferungssteuer 8% (von 108%)	CHF	414.80

67 Seite 201

Als sinnvolle Schlüsselgrössen könnten verwendet werden:

A] Gefahrene Kilometer

B] CPU-Time / Betriebsstunden

C] Quadrat-/Kubikmeter

D] Umsatz

E] Kubikmeter

F] Stundenrapporte

68 Seite 201 · Verwendet ein Steuerpflichtiger Gegenstände (auch Teile davon) oder Dienstleistungen sowohl für Zwecke, die zum Vorsteuerabzug berechtigen, als auch für andere Zwecke, spricht man von der gemischten Verwendung. In solchen Fällen ist der Vorsteuerabzug nach dem Verhältnis der Verwendung zu korrigieren. Bei beweglichen Gegenständen und Dienstleistungen, die zu einem überwiegenden Teil (d. h. zu mehr als 50%) für zum Vorsteuerabzug berechtigende Zwecke verwendet werden, kann der Steuerpflichtige die Vorsteuer ohne Korrektur abziehen und den Eigenverbrauch als Vorsteuerkorrektur jährlich einmal deklarieren.

Zu beachten ist ferner, dass bei Schwankungen der Umsatzzusammensetzung eine Nutzungsänderung vorliegen kann. Das kann eine Vorsteuerkorrektur im Eigenverbrauch oder als Einlageentsteuerung zur Folge haben.

69 Seite 201

A] Der Chefbürostuhl wird sowohl für steuerbare Zwecke (Autohandel und Reparaturarbeiten) als auch für die von der Steuer ausgenommene Fahrschule verwendet. Aufgrund der vorliegenden Angaben muss die Aufteilung nach dem Umsatzschlüssel vorgenommen werden. Somit kann die Garage Meisterhans AG zwei Drittel der angefallenen Vorsteuer oder CHF 53.35 als Vorsteuer in der Abrechnung in Abzug bringen.

B] Dieses Fahrzeug wird ausschliesslich für die Fahrschule und somit für einen von der Steuer ausgenommenen Zweck verwendet. Daher besteht gar kein Vorsteuerabzugsrecht.

C] Das Gebäude wird gemischt verwendet. Die Aufteilung wird bei Immobilien grundsätzlich aufgrund der verwendeten Quadratmeter vorgenommen, wobei die allgemeinen, gemischt verwendeten Gebäudeteile anteilsmässig gleich wie die einzelnen Verwendungszwecke aufgeteilt werden. Somit ergibt sich folgender Vorsteuerabzug:

Für steuerbare Zwecke	300 m^2	75%
Verwendung für von der Steuer ausgenommene Zwecke	100 m^2	25%
Vorsteuerabzug: 75% von CHF 3 200.– Vorsteuern	CHF	2 400.00

70 Seite 201

A] **Pauschalmethode «Teilzuordnung der Vorsteuer»**

		in CHF
Umsatzsteuer (1 Mio. · 8%)		80 000.00
Direkt zuordenbare Vorsteuer (Warenaufwand)		–7 200.00
Übrige Vorsteuern	100 000.00	
Korrektur im Verhältnis des Gesamtumsatzes	–90 000.00	–10 000.00
(9 Mio. = 90% und 1 Mio. = 10%, Korrektur somit um 90%)		
Steuerforderung (Steuerschuld)		**62 800.00**

B] **Pauschalmethode «Einheit der Leistung»**

		in CHF
Umsatzsteuer (1 Mio. · 8%)		80 000.00
Vorsteuer auf Warenaufwand		–7 200.00
Übrige Vorsteuern	100 000.00	
Korrektur im Verhältnis des Bruttogewinns (9 Mio. = 92.78% / 700 000.– = 7.22%), (1 Mio. – 300 000.– Warenaufwand) Korrektur somit um 92.78%	–92 780.00	–7 220.00
Steuerforderung (Steuerschuld)		**65 580.00**

C] Pauschalmethode «Umsatzschlüssel»

		in CHF
Umsatzsteuer (1 Mio. · 8%)		80 000.00
Vorsteuer auf Warenaufwand	7 200.00	
Übrige Vorsteuern	100 000.00	
Total Vorsteuern	107 200.00	
Korrektur im Verhältnis des Gesamtumsatzes 9 Mio. = 90% und 1 Mio. = 10% Korrektur somit um 90%)	–96 480.00	–10 720.00
Steuerforderung (Steuerschuld)		**69 280.00**

71 Seite 211

Der Zeitwert der Vorsteuern für die Einlageentsteuerung bemisst sich wie folgt:

Vorsteuer auf dem Kaufpreis des Patents		CHF	1 600.00
Abschreibungen im Jahr n1	20% des Vorsteuerbetrags	CHF	–320.00
Abschreibungen im Jahr n2	20% des Vorsteuerbetrags	CHF	–320.00
Abschreibungen im Jahr n3	Keine Abschreibung	CHF	0.00
Zeitwert der Vorsteuer für die Einlageentsteuerung		**CHF**	**960.00**

Hans Schaffner kann somit in seiner ersten MWST-Abrechnung im n3 mit der ESTV (Ziff. 410) eine Einlageentsteuerung von CHF 960.– geltend machen.

72 Seite 211

A] Da bei beweglichen, in Gebrauch genommenen Gegenständen eine Abschreibung von 20% pro abgelaufenes Kalenderjahr (Steuerperiode) zu berücksichtigen ist, kann im Jahr n6 auf dem Personenwagen keine Einlageentsteuerung geltend gemacht werden (n1–n5 = 5 Jahre).

B] Bei der Ermittlung des massgebenden Werts für eine Einlageentsteuerung ist bei Dienstleistungen eine Abschreibung zu berücksichtigen. Diese beträgt 20% pro Steuerperiode. Somit kann eine Einlageentsteuerung von 20% vorgenommen werden, d. h. CHF 8 000.– (8% MWST von CHF 100 000.–) abzüglich 80% (4 Jahre à 20%) also CHF 6 400.– = CHF 1 600.–.

C] Beim Neuanstrich einer Liegenschaft handelt es sich um eine werterhaltende Aufwendung, für die im Gegensatz zu den wertvermehrenden Aufwendungen keine Einlageentsteuerung vorgenommen werden kann.

D] Bei Werbeleistungen handelt es sich um Dienstleistungen, die beim Bezug als verbraucht gelten, weshalb keine Einlageentsteuerung möglich ist.

73 Seite 211

Es handelt sich hier um eine vorübergehende Verwendung eines beweglichen Gegenstands für von der Steuer ausgenommene Zwecke. Die wirtschaftliche Lebensdauer des Gegenstands beträgt 5 Jahre (Abschreibungssatz direkte Bundessteuern; 40% bzw. linear 20%). Die Jahreskosten betragen somit CHF 300.– (die laufenden Aufwendungen können vernachlässigt werden). Zu den Jahreskosten sind die nicht direkt zuordenbaren Aufwendungen und der Gewinn hinzuzurechnen, mit z. B. 15%, somit CHF 45.–. Total Jahreskosten somit CHF 345.–, für 3 Monate = CHF 86.25, Steuer davon 8% = CHF 6.90 als Vorsteuerkorrektur zu deklarieren.

74 Seite 224

Die Umsatzlimite ist in dieser Aufgabe nicht zu beachten, da alle Umsätze der Jahre n1–n6 unter der Limite von CHF 5.02 Mio. sind.

Im Jahr n1 wird die Steuerschuld-Limite (CHF 116 550.–) überschritten, jedoch um weniger als 50%. Beat Burgmüller kann wählen, ob er ab dem Jahr n2 effektiv oder weiterhin mit Saldosteuersatz abrechnen will. Wir gehen davon aus, dass Beat Burgmüller weiterhin mit Saldosteuersatz abrechnet. Im Jahr n2 wird keine Limite überschritten.

Im Jahr n3 wird die Steuerschuld-Limite (CHF 114 700.–) wieder um weniger als 50% überschritten. Beat Burgmüller hat daher wieder die Wahlmöglichkeit. Nachdem im Jahr n4 keine Limite überschritten wurde, wird im Jahr n5 aufgrund der massiven Umsatzsteigerung die Steuerschuld-Limite überschritten (CHF 166 500.–), und zwar um mehr als 50%. Somit muss Beat Burgmüller ab Beginn des Jahres n6 effektiv abzurechnen.

75 Seite 224

Es müssen alle Dienstleistungen der Jahre n11 und n12, die der Bezugsteuer unterliegen, durch Nora Holland in den jeweiligen, semesterweisen MWST-Abrechnungen (Ziff. 381) wie folgt deklariert werden:

1. Semester n11	CHF 8 000.– · 8%	=	CHF	640.00
2. Semester n11	CHF 5 000.– · 8%	=	CHF	400.00
Total im Jahr n11			**CHF**	**1 040.00**
1. Semester n12	CHF 2 000.– · 8%	=	CHF	160.00
2. Semester n12	CHF 4 000.– · 8%	=	CHF	320.00
Total im Jahr n12			**CHF**	**480.00**

76 Seite 224

Total Umsatz	CHF	350 000.00	Ziff. 200
Davon Auslandsleistungen[1]	CHF	–100 000.00	Ziff. 220
Zu 4.4% steuerbare Leistungen	CHF	250 000.00	Ziff. 321
Geschuldete Steuer	**CHF**	**11 000.00**	

[1] Bei Personenbeförderungen im Ausland darf das Formular Nr. 1050 nicht angewendet werden; dieser Umsatz muss deshalb direkt in der MWST-Abrechnung abgezogen werden. Es ist somit nur diese Variante möglich.

77 Seite 224

Die Alex Diethelm AG hat zuerst alle Einnahmen unter Ziff. 200 der MWST-Abrechnung zu deklarieren. Die Einnahmen aus den Positionen A] und B] sind zu dem für sie massgebenden SSS zu versteuern (Ziff. 321). Bei C] handelt es sich um Leistungen im Ausland, die nicht der schweizerischen MWST (Inlandsteuer) unterliegen (Ziff. 221), und bei D] liegt eine von der Steuer ausgenommene Tätigkeit vor (Ziff. 230).

78 Seite 225

A] CHF 1.5 Mio. (inkl. 8% MWST) · 6.1% = CHF 91 500.–.

B] Schulungstätigkeiten sind von der Steuer ausgenommene Leistungen nach MWSTG 21 Abs. 2 Ziff. 11 Bst. a und / oder Bst. b.
Die SSS-Methode ist in MWSTG 37 abgehandelt. Gemäss MWSTV 77 Abs. 3 ist eine mögliche Option von Umsätzen, die von der Steuer ausgenommen sind, nur für die Ziffern 26 und 28 von MWSTG 21 Abs. 2 möglich, somit ist **eine Option in diesem Fall nicht möglich.**

C] Gemäss MWSTV 86 Abs. 1 Bst. b müssen mindestens zwei Tätigkeiten einen Anteil von **je** mehr als **10 Prozent** am Gesamtumsatz haben, damit ein zweiter SSS bewilligt wird. Die Berechnung der 10%-Grenze wird in MWSTV 86 Abs. 2 behandelt. Somit müsste der Umsatz im Jahr n11 rund CHF 170 000.– betragen, damit ein zweiter SSS bewilligt wird.

D] Gemäss MWSTV 91 i. V. m. MWSTG 45–49 müssen steuerpflichtige Personen, die Leistungen von Unternehmen mit Sitz im Ausland beziehen, die Bezugsteuer mit dem **gesetzlichen Steuersatz** (in der Regel zum Normalsatz) entrichten.
Berechnung der Bezugsteuer: CHF 50 000.– · 8% = CHF 4 000.– geschuldete Steuer und diese sind (Betrag von CHF 5 000.– und Steuer) unter der Ziff. 381 der MWST-Abrechnung zu deklarieren.

E]

1. Ein Wechsel auf die effektive Abrechnungsmethode ist auf den 1.1.n12 gem. MWSTG 37 Abs. 4 i. V. m. MWSTV 81 möglich (Frist von **1 Jahr**).
2. Ein Wechsel auf die Saldosteuersatzmethode ist auf den 1.1.n14 gem. MWSTG 37 Abs. 4 i. V. m. MWSTV 79 möglich (Frist von **3 Jahren**).

F] In den Jahren n14 und n15 wird die Limite der Steuer von CHF 109 000.– überschritten und somit muss Markus Künzler per **1.1.n16 zwingend** auf die effektive Abrechnungsmethode wechseln, gem. MWSTV 81 Abs. 2 i. V. m. MWSTG 37 Abs. 1. Mit der Umstellung auf die effektive Abrechnungsmethode muss auch das Buchhaltungsprogramm auf die effektive Abrechnungsmethode und mögliche Arbeitsabläufe umgestellt werden.

79 Seite 232

Das Meldeverfahren kommt nur bei der Übertragung von steuerbaren Leistungen zur Anwendung. Bei der Übertragung von Leistungen zwischen Mitgliedern einer Mehrwertsteuergruppe handelt es sich jedoch um Innenumsätze, die nicht steuerbar sind. Somit kann in diesem Fall das Meldeverfahren nicht angewendet werden.

80 Seite 232

A] Es handelt sich um den Verkauf eines Teilvermögens, einer für sich lebensfähigen Einheit eines Unternehmens, bei dem das Meldeverfahren obligatorisch anzuwenden ist.

B] Weil das Meldeverfahren die Steuerdeklaration beim Veräusserer und den Vorsteuerabzug beim Erwerber ersetzt, kann der Verkauf des Taxigeschäfts steuerneutral abgewickelt werden. Verwendet der erwerbende Hauptkonkurrent die Taxis aber nicht (vollumfänglich) für steuerbare Zwecke, so ist eine Vorsteuerkorrektur im Eigenverbrauch durch den Hauptkonkurrenten vorzunehmen.

81 Seite 238

Kevin Mosimann hat diesen Umsatz in seiner MWST-Abrechnung für das 1. Quartal zu deklarieren. Diese muss bis spätestens 30. Mai bei der ESTV eingegangen sein. Zum selben Zeitpunkt muss die Steuer bezahlt sein. Andernfalls ist ohne Mahnung ein Verzugszins geschuldet.

82 Seite 238

Die MWST auf der Teilzahlung wird hier mit der Rechnungsstellung fällig. Im vorliegenden Fall wird die Steuer also im 3. Quartal fällig und muss in der MWST-Abrechnung als Umsatz deklariert werden.

83 Seite 238

Die Entgeltsminderung tritt effektiv am 12. Februar ein. Die Miranda AG kann ihren steuerbaren Umsatz des 1. Quartals um die bezahlte Kaufpreisminderung reduzieren. Andri Wipfli hat seinerseits den Vorsteuerabzug in derselben Abrechnungsperiode zu korrigieren.

84 Seite 244

Grundsätzlich muss sich der steuerpflichtige Leistungserbringer bei der Rechnungsstellung an keinerlei Formvorschriften halten. Er ist allerdings gehalten, auf Verlangen seines Leistungsempfängers eine Rechnung auszustellen, die den formellen Anforderungen von MWSTG 26 entspricht. Vorbehältlich MWSTG 26 Abs. 3 i. V. m. MWSTV 57 für Kassenzettel.

85 Seite 244

Die formellen Anforderungen sind die folgenden:

- Name und Ort des Leistungserbringers
- Name und Ort des Leistungsempfängers
- MWST-Nr., unter der der Leistungserbringer im Register der steuerpflichtigen Personen eingetragen ist (im UID-Format)
- Datum oder Zeitraum der Leistungserbringung
- Art, Gegenstand und Umfang der Leistung
- Entgelt
- Steuerbetrag und Steuersatz; falls die Steuer im Rechnungstotal inbegriffen ist genügt die Angabe des Steuersatzes

86 Seite 244	Die Vorsteuern im Zusammenhang mit den direkten Kosten (Materialaufwand, Dienstleistungen) müssen getrennt von den Vorsteuern auf Investitionen und vom übrigen Betriebsaufwand verbucht werden.	

Der Grund für diese Trennung ist, dass die ESTV auf diese Weise eine erste Plausibilitätsprüfung der MWST-Abrechnung durchführen kann. Diese Trennung ist auch für Unternehmen mit gemischter Verwendung notwendig, da es für die Berechnung der Vorsteuerkorrektur bei gewissen Verteilschlüsseln diese Unterscheidung auch gibt.

Für Vorsteuerkorrekturen im Eigenverbrauch, die Einlageentsteuerung und allenfalls für Vorsteuerkürzungen müssten noch weitere Vorsteuerkonten geführt werden.

87 Seite 248 — In der Regel führt der Chauffeur des beauftragten Spediteurs die Versteuerung an der Grenze durch und der Spediteur stellt die Zoll- und MWST-Abgaben (Einfuhrsteuer) seinem Auftraggeber in Rechnung.

88 Seite 248

A] Der Vorteil der Verlagerung der Steuerentrichtung besteht vor allem darin, dass die Einfuhrsteuer durch den Steuerpflichtigen nicht vorfinanziert werden muss.

B] Voraussetzungen für die Bewilligung eines Antrags auf Verlagerung der Steuerentrichtung sind (MWSTV 118):

- Der Steuerpflichtige wendet die effektive Abrechnungsmethode zur Ermittlung der Vorsteuer an (keine Saldosteuersätze).
- Die Import- und Exportleistungen sind Teil der normalen Tätigkeit des Unternehmens.
- Das Unternehmen führt eine detaillierte Einfuhr-, Lager- und Ausfuhrkontrolle.
- Die Vorsteuerüberschüsse betragen regelmässig mindestens CHF 50 000.– pro Jahr.
- Der Steuerpflichtige bietet Gewähr für einen ordnungsgemässen Ablauf des Verfahrens.

89 Seite 254

A] Die MWST-Abrechnungen müssen im Normalfall **quartalsweise** ausgefüllt und eingereicht werden.

B] Steuerpflichtige mit regelmässigen Vorsteuerüberschüssen können die **monatliche MWST-Abrechnung** beantragen.

C] Steuerpflichtige, die mit Saldosteuersätzen abrechnen, müssen nur **jedes Semester** eine MWST-Abrechnung einreichen. Steuerpflichtige, die mit Pauschalsteuersätzen abrechnen, müssen die MWST-Abrechnungen jedoch quartalsweise einreichen.

90 Seite 254 — Bei folgenden Tatbeständen liegt eine Steuerhinterziehung vor:

- Wenn in einer Steuerperiode nicht sämtliche Einnahmen, zu hohe Einnahmen aus von der Steuer befreiten Leistungen, nicht sämtliche der Bezugsteuer unterliegenden Ausgaben oder zu hohe Vorsteuerabzüge deklariert werden.
- Wenn eine unrechtmässige Rückforderung erwirkt wird.
- Wenn ein ungerechtfertigter Steuererlass erwirkt wird.
- Wenn die für die Steuerfestsetzung relevanten Faktoren zwar wahrheitsgetreu deklariert, aber steuerlich falsch qualifiziert werden.
- Wenn bei der Einfuhr Waren nicht oder unrichtig angemeldet oder verheimlicht werden.
- Wenn im Rahmen einer behördlichen Kontrolle oder eines Verwaltungsverfahrens, das auf die Festsetzung der Steuerforderung oder den Steuererlass gerichtet ist, auf entsprechende Nachfrage hin keine, unwahre oder unvollständige Angaben gemacht werden.

MWST-Formulare

Sie finden die Formulare unter folgenden Links:

Online abrufbare Formulare:

https://www.estv.admin.ch/estv/de/home/mehrwertsteuer/dienstleistungen/formulare-online.html

Als Acrobat-pdf abrufbare Formulare:

https://www.estv.admin.ch/estv/de/home/mehrwertsteuer/dienstleistungen/formulare-pdf.html

Die Mehrwertsteuer

Antrag auf Abrechnung nach vereinnahmten Entgelten

Hauptabteilung Mehrwertsteuer

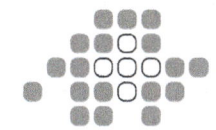

Eidgenössische Steuerverwaltung ESTV
Administration fédérale des contributions AFC
Amministrazione federale delle contribuzioni AFC
Administraziun federala da taglia AFT

Ihre Anschrift bitte in Blockschrift ausfüllen

MWST-Nr. _____

Ref.-Nr. _____

Antrag auf Abrechnung nach vereinnahmten Entgelten

(MWSTG = Bundesgesetz über die Mehrwertsteuer vom 12. Juni 2009; gültig ab 1.1.2010)

Ich/wir stelle/n hiermit den Antrag auf Abrechnung nach vereinnahmten Entgelten beginnend ab ....
und erkläre/n mich/uns bereit, die folgenden Bedingungen einzuhalten:

1. In der MWST-Abrechnung werden alle im betreffenden Zeitraum eingegangenen Kunden-Zahlungen (auch Teilzahlungen, Vorauszahlungen und Verrechnungen) unabhängig vom Zeitpunkt der Lieferung deklariert.

2. Die Vorsteuer wird erst in der MWST-Abrechnung jener Periode geltend gemacht, in der die Rechnungen an die Leistungserbringer bezahlt worden sind.

3. Eine Änderung der Abrechnungsart wird bei der ESTV schriftlich beantragt. Die gewählte Abrechnungsart muss während mindestens einer Steuerperiode (= Kalenderjahr; gemäss Art. 34 Abs. 2 MWSTG) beibehalten werden.

Datum: Stempel und rechtsgültige Unterschrift:

(Nur vollständig ausgefüllte und unterzeichnete Anträge werden bearbeitet)

Bewilligung

Die Abrechnung nach vereinnahmten Entgelten wird bewilligt.

Bern,   Hauptabteilung Mehrwertsteuer

Abrechnungsformular effektive Abrechnungsmethode

Abrechnungsperiode:
Einreichedatum und Zahlungsfrist:
Valuta (Verzugszins ab):
MWST-Nr:
Ref-Nr:

B

		Ziffer	Umsatz CHF	Umsatz CHF
I. UMSATZ (zitierte Artikel beziehen sich auf das Mehrwertsteuergesetz vom 12.06.2009)				
Total der vereinbarten bzw. vereinnahmten Entgelte (Art. 39), inkl. Entgelte aus Übertragungen im Meldeverfahren sowie aus Leistungen im Ausland		200		
In Ziffer 200 enthaltene Entgelte aus nicht steuerbaren Leistungen (Art. 21), für welche nach Art. 22 optiert wird		205		
Abzüge: Von der Steuer befreite Leistungen (u.a. Exporte, Art. 23), von der Steuer befreite Leistungen an begünstigte Einrichtungen und Personen (Art. 107 Abs. 1 Bst. a)		220		
Leistungen im Ausland		221 +		
Übertragung im Meldeverfahren (Art. 38, bitte zusätzlich Form. 764 einreichen)		225 +		
Nicht steuerbare Leistungen (Art. 21), für die nicht nach Art. 22 optiert wird		230 +		
Entgeltsminderungen		235 +		
Diverses (z.B. Wert des Bodens)		280 +	=	Total Ziff. 220 bis 280 289
Steuerbarer Gesamtumsatz (Ziff. 200 abzüglich Ziff. 289)		299	=	

II. STEUERBERECHNUNG

Satz		Leistungen CHF ab 01.01.2011	Steuer CHF / Rp. ab 01.01.2011		Leistungen CHF bis 31.12.2010	Steuer CHF / Rp. bis 31.12.2010	
Normal	301		+	8,0% 300		+	7,6%
Reduziert	311		+	2,5% 310		+	2,4%
Beherbergung	341		+	3,8% 340		+	3,6%
Bezugsteuer	381		+	380		+	

		Ziffer	Steuer CHF / Rp.		
Total geschuldete Steuer (Ziff. 300 bis 381)				=	399
Vorsteuer auf Material- und Dienstleistungsaufwand		400			
Vorsteuer auf Investitionen und übrigem Betriebsaufwand		405 +			
Einlageentsteuerung (Art. 32, bitte detaillierte Aufstellung beilegen)		410 +			
Vorsteuerkorrekturen: gemischte Verwendung (Art. 30), Eigenverbrauch (Art. 31)		415 −			Total Ziff. 400 bis 420
Vorsteuerkürzungen: Nicht-Entgelte wie Subventionen, Tourismusabgaben (Art. 33 Abs. 2)		420 −		= −	479
An die Eidg. Steuerverwaltung zu bezahlender Betrag		500		=	
Guthaben der steuerpflichtigen Person		510 =			

III. ANDERE MITTELFLÜSSE (Art. 18 Abs. 2)

	Ziffer	
Subventionen, durch Kurvereine eingenommene Tourismusabgaben, Entsorgungs- und Wasserwerkbeiträge (Bst. a-c)	900	
Spenden, Dividenden, Schadenersatz usw. (Bst. d-l)	910	

Der/die Unterzeichnende bestätigt die Richtigkeit seiner/ihrer Angaben:
Datum   Kontaktperson: Name, Tel.-Nr., E-Mail   Rechtsverbindliche Unterschrift

Korrekturabrechnung effektive Abrechnungsmethode

Korrekturabrechnung (effektive Methode)
Diese Abrechnung **ersetzt** die bereits eingereichte Abrechnung

Herrn, Frau, Firma

MWST-Nr:
Ref.-Nr.:
Abrechnungsperiode:
von/bis:
deklarierter Steuerbetrag: CHF

I. UMSATZ (zitierte Artikel beziehen sich auf das Mehrwertsteuergesetz vom 12.06.2009)

Position	Ziffer	Umsatz CHF	Umsatz CHF
Total der vereinbarten bzw. vereinnahmten Entgelte (Art. 39), inkl. Entgelte aus Übertragungen im Meldeverfahren sowie aus Leistungen im Ausland	200		
In Ziffer 200 enthaltene Entgelte aus nicht steuerbaren Leistungen (Art. 21), für welche nach Art. 22 optiert wird	205		
Abzüge: Von der Steuer befreite Leistungen (u.a. Exporte, Art. 23), von der Steuer befreite Leistungen an begünstigte Einrichtungen und Personen (Art. 107 Abs. 1 Bst. a)	220		
Leistungen im Ausland	221 +		
Übertragung im Meldeverfahren (Art. 38, bitte zusätzlich Form. 764 einreichen)	225 +		
Nicht steuerbare Leistungen (Art. 21), für die nicht nach Art. 22 optiert wird	230 +		
Entgeltsminderungen	235 +		
Diverses (z.B. Wert des Bodens)	280 +	=	Total Ziff. 220 bis 280 — 289
Steuerbarer Gesamtumsatz (Ziff. 200 abzüglich Ziff. 289)	299	=	

II. STEUERBERECHNUNG

Satz		Leistungen CHF ab 01.01.2011		Steuer CHF / Rp. ab 01.01.2011			Leistungen CHF bis 31.12.2010		Steuer CHF / Rp. bis 31.12.2010	
Normal	301		+		8,0%	300		+		7,6%
Reduziert	311		+		2,5%	310		+		2,4%
Beherbergung	341		+		3,8%	340		+		3,6%
Bezugsteuer	381		+			380		+		

		Steuer CHF / Rp.	
Total geschuldete Steuer (Ziff. 300 bis 381)		=	399
Vorsteuer auf Material- und Dienstleistungsaufwand	400		
Vorsteuer auf Investitionen und übrigem Betriebsaufwand	405 +		
Einlageentsteuerung (Art. 32, bitte detaillierte Aufstellung beilegen)	410 +		
Vorsteuerkorrekturen: gemischte Verwendung (Art. 30), Eigenverbrauch (Art. 31)	415 −		
Vorsteuerkürzungen: Nicht-Entgelte wie Subventionen, Tourismusabgaben (Art. 33 Abs. 2)	420 −	=	Total Ziff. 400 bis 420 — 479
An die Eidg. Steuerverwaltung zu bezahlender Betrag	500	=	
Guthaben der steuerpflichtigen Person	510 =		

III. ANDERE MITTELFLÜSSE (Art. 18 Abs. 2)

	Ziffer	
Subventionen, durch Kurvereine eingenommene Tourismusabgaben, Entsorgungs- und Wasserwerkbeiträge (Bst. a-c)	900	
Spenden, Dividenden, Schadenersatz usw. (Bst. d-l)	910	

Der/die Unterzeichnende bestätigt die Richtigkeit seiner/ihrer Angaben:
Datum   Kontaktperson: Name, Tel.-Nr., E-Mail   Rechtsverbindliche Unterschrift

DM_0535_01 / 01.13

Jahresabstimmung (Berichtigungsabrechnung, effektive Abrechnungsmethode)

JAHRESABSTIMMUNG (Berichtigungsabrechnung nach Art. 72 MWSTG, effektive Methode)
In dieser Abrechnung sind nur die <u>Differenzen</u> zu den bisher eingereichten Abrechnungen zu deklarieren.

Herrn, Frau, Firma

MWST-Nr.:
Ref.-Nr.:
Steuerperiode von/bis: 01.01.20 bis 31.12.20

Wir bitten Sie bei einer Differenz zugunsten der ESTV den Betrag auf das Konto IBAN CH60 0900 0000 3000 0037 5 zu überweisen sowie unter „Mitteilung" die MWST-Nummer und den Zahlungsgrund (z.B. J2011 für das Jahr 2011) anzugeben

I. UMSATZ (zitierte Artikel beziehen sich auf das Mehrwertsteuergesetz vom 12.06.2009)

	Ziffer	Umsatz CHF	Umsatz CHF
Total der vereinbarten bzw. vereinnahmten Entgelte (Art. 39), inkl. Entgelte aus Übertragungen im Meldeverfahren sowie aus Leistungen im Ausland	200		
In Ziffer 200 enthaltene Entgelte aus nicht steuerbaren Leistungen (Art. 21), für welche nach Art. 22 optiert wird	205		
Abzüge: Von der Steuer befreite Leistungen (u.a. Exporte, Art. 23), von der Steuer befreite Leistungen an begünstigte Einrichtungen und Personen (Art. 107 Abs. 1 Bst. a)	220		
Leistungen im Ausland	221 +		
Übertragung im Meldeverfahren (Art. 38, bitte zusätzlich Form. 764 einreichen)	225 +		
Nicht steuerbare Leistungen (Art. 21), für die nicht nach Art. 22 optiert wird	230 +		
Entgeltsminderungen	235 +		
Diverses (z.B. Wert des Bodens)	280 +	=	Total Ziff. 220 bis 280 − 289
Steuerbarer Gesamtumsatz (Ziff. 200 abzüglich Ziff. 289)	299		=

II. STEUERBERECHNUNG

Satz	Leistungen CHF ab 01.01.2011	Steuer CHF / Rp. ab 01.01.2011		Leistungen CHF bis 31.12.2010	Steuer CHF / Rp. bis 31.12.2010	
Normal	301	+	8,0% 300		+	7,6%
Reduziert	311	+	2,5% 310		+	2,4%
Beherbergung	341	+	3,8% 340		+	3,6%
Bezugsteuer	381	+	380		+	

Total geschuldete Steuer (Ziff. 300 bis 381) — Steuer CHF / Rp. = 399

	Ziffer	Steuer CHF / Rp.	
Vorsteuer auf Material- und Dienstleistungsaufwand	400		
Vorsteuer auf Investitionen und übrigem Betriebsaufwand	405 +		
Einlageentsteuerung (Art. 32, bitte detaillierte Aufstellung beilegen)	410 +		
Vorsteuerkorrekturen: gemischte Verwendung (Art. 30), Eigenverbrauch (Art. 31)	415 −		
Vorsteuerkürzungen: Nicht-Entgelte wie Subventionen, Tourismusabgaben (Art. 33 Abs. 2)	420 −	=	Total Ziff. 400 bis 420 − 479
An die Eidg. Steuerverwaltung zu bezahlender Betrag	500	=	
Guthaben der steuerpflichtigen Person	510 =		

III. ANDERE MITTELFLÜSSE (Art. 18 Abs. 2)

	Ziffer	
Subventionen, durch Kurvereine eingenommene Tourismusabgaben, Entsorgungs- und Wasserwerkbeiträge (Bst. a-c)	900	
Spenden, Dividenden, Schadenersatz usw. (Bst. d-l)	910	

Der/die Unterzeichnende bestätigt die Richtigkeit seiner/ihrer Angaben:
Datum   Kontaktperson: Name, Tel.-Nr., E-Mail   Rechtsverbindliche Unterschrift

DM_0550 / 06.13

Die Mehrwertsteuer

Saldosteuersätze: Unterstellungserklärung

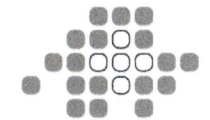

Hauptabteilung Mehrwertsteuer

Eidgenössische Steuerverwaltung ESTV
Administration fédérale des contributions AFC
Amministrazione federale delle contribuzioni AFC
Administraziun federala da taglia AFT

Ihre Anschrift bitte in Blockschrift ausfüllen

MWST-Nr. _____

Ref.-Nr. _____

UNTERSTELLUNGSERKLÄRUNG SALDOSTEUERSATZMETHODE

Die unterzeichnende steuerpflichtige Person ist tätig als
(bitte jede einzelne Tätigkeit angeben):

Anteil am steuerbaren Gesamtumsatz

_____ _____ %

_____ _____ %

_____ _____ %

Erbringen Sie ausschliesslich oder teilweise Lohnarbeiten, Akkordarbeiten, Anschlägerarbeiten, Montagearbeiten oder reine Bearbeitungen von Gegenständen?

☐ Ja   Anteil am steuerbaren Gesamtumsatz: ca. _____ %
☐ Nein

Lohnarbeiten, Akkordarbeiten, Anschlägerarbeiten, Montagearbeiten und reine Bearbeitungen von Gegenständen liegen vor, wenn Ihnen der Kunde das benötigte Material zur Verfügung stellt. Dies gilt auch dann, wenn Sie das Klein- oder Hilfsmaterial wie beispielsweise Schrauben, Dübel oder Plattenleim selbst einkaufen.

ZUTEILUNG SALDOSTEUERSÄTZE (SSS):

Branche/Tätigkeit und Saldosteuersatz gemäss Anhängen I und II der MWST-Info Nr. 12 SSS   SSS

1. _____ _____ %
2. _____ _____ %

Der/die Antragsteller(in) verpflichtet sich, die in den Artikeln 35 Absatz 1 Buchstabe b und 37 Absätze 1 - 4 MWSTG, in den Artikeln 77 - 96 und 127 MWSTV sowie in der MWST-Info 12 Saldosteuersätze enthaltenen Vorschriften zu befolgen. Er/Sie nimmt insbesondere Kenntnis davon, dass **nicht** für die Versteuerung von Leistungen nach Artikel 21 Absatz 2 Ziffern 1 - 25, 27 und 29 MWSTG optiert werden kann. Er/Sie erklärt, im ersten Jahr der Steuerpflicht bzw. im Jahr vor dem Wechsel zur Saldosteuersatzmethode CHF 5.02 Mio. Umsatz und CHF 109'000.-- Steuerschuld nicht zu überschreiten.

Sollten sich Ihre Tätigkeiten in den kommenden Jahren so ändern, dass eine Neuzuteilung der SSS notwendig wird, müssen Sie sich mit der ESTV in Verbindung setzen (s. Ziff. 17 der MI 12 Saldosteuersätze). Stellt die ESTV nachträglich fest, dass Sie dies nicht gemeldet haben, nimmt sie die entsprechenden Korrekturen rückwirkend vor.

Die unterzeichnende steuerpflichtige Person unterstellt sich dieser Regelung mit Wirkung ab: _____

Datum: _____   Rechtsverbindliche Unterschrift: _____

Einreichungsfristen:
- Für neu steuerpflichtige Personen: spätestens **60 Tage** nach Zustellung der MWST-Nummer
- Bei Wechsel von der effektiven Methode: spätestens **60 Tage** nach Beginn der Steuerperiode

BEWILLIGUNG

Die Anwendung des/der oben aufgeführten Saldosteuersatzes/-sätze wird bewilligt.

Bern, _____   Hauptabteilung Mehrwertsteuer

Pauschalsteuersätze: Unterstellungserklärung

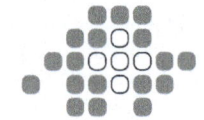

Hauptabteilung Mehrwertsteuer

Eidgenössische Steuerverwaltung ESTV
Administration fédérale des contributions AFC
Amministrazione federale delle contribuzioni AFC
Administraziun federala da taglia AFT

Ihre Anschrift bitte in Blockschrift ausfüllen

MWST-Nr. _____
Ref.-Nr. _____

UNTERSTELLUNGSERKLÄRUNG PAUSCHALSTEUERSATZMETHODE

Die Pauschalsteuersatzmethode kommt ausschliesslich bei Gemeinwesen und verwandten Einrichtungen zur Anwendung (Art. 37 Abs. 5 MWSTG und Art. 97 MWSTV).

Die unterzeichnende steuerpflichtige Person übt folgende steuerbare Tätigkeiten aus (bitte jede einzelne Tätigkeit angeben):

Pauschalsteuersatz

Tätigkeit	%
_____	_____ %
_____	_____ %
_____	_____ %
_____	_____ %
_____	_____ %

Die steuerpflichtige Person verpflichtet sich, die in Artikel 37 Absatz 5 MWSTG, Artikel 97 - 100 und 127 MWSTV und in der MWST-Info 13 Pauschalsteuersätze aufgestellten Bedingungen zu befolgen. Sie nimmt insbesondere Kenntnis davon, dass

- die Erträge für jeden bewilligten Pauschalsteuersatz separat zu verbuchen sind;
- **frühestens nach 3 Steuerperioden** zur effektiven Abrechnungsmethode gewechselt werden kann;
- nicht für die Versteuerung der ausgenommenen Leistungen nach Artikel 21 Absatz 2 Ziffern 1 - 25, 27 und 29 MWSTG optiert werden kann;
- die Gruppenbesteuerung nach Artikel 13 MWSTG nicht gewählt werden kann.

> Wird eine neue Tätigkeit aufgenommen, ist dies der ESTV zu melden, damit der hierfür geltende Pauschalsteuersatz bewilligt werden kann. Stellt die ESTV nachträglich fest, dass die Meldung unterblieben ist, nimmt sie die entsprechenden Korrekturen rückwirkend vor.

Die unterzeichnende steuerpflichtige Person unterstellt sich dieser Regelung mit Wirkung ab: _____

Datum: _____   Rechtsverbindliche Unterschrift: _____

Einreichungsfristen:
- Neu steuerpflichtige Personen: spätestens **60 Tage** nach Zustellung der MWST-Nummer
- Bei Wechsel von der effektiven Methode: spätestens **60 Tage** nach Beginn der Steuerperiode

BEWILLIGUNG

Die Anwendung der oben aufgeführten Pauschalsteuersätze wird bewilligt.

Bern, _____   Hauptabteilung Mehrwertsteuer

Schwarztorstrasse 50, CH-3003 Bern

Die Mehrwertsteuer

Abrechnungsformular Saldo- oder Pauschalsteuersätze

Abrechnungsperiode:
Einreichedatum und Zahlungsfrist:
Valuta (Verzugszins ab):
 MWST-Nr:
 Ref-Nr:

B

I. UMSATZ (zitierte Artikel beziehen sich auf das Mehrwertsteuergesetz vom 12.06.2009)

	Ziffer	Umsatz CHF	Umsatz CHF
Total der vereinbarten bzw. vereinnahmten Entgelte (Art. 39), inkl. Entgelte aus Übertragungen im Meldeverfahren sowie aus Leistungen im Ausland	200		
Abzüge: Von der Steuer befreite Leistungen (u.a. Exporte, Art. 23), von der Steuer befreite Leistungen an begünstigte Einrichtungen und Personen (Art. 107 Abs. 1 Bst. a)	220		
Leistungen im Ausland	221 +		
Übertragung im Meldeverfahren (Art. 38, bitte zusätzlich Form. 764 einreichen)	225 +		
Nicht steuerbare Leistungen (Art. 21), für die nicht nach Art. 22 optiert wird	230 +		
Entgeltsminderungen	235 +		
Diverses (z.B. Wert des Bodens)	280 +		Total Ziff. 220 bis 280 = 289
Steuerbarer Gesamtumsatz (Ziff. 200 abzüglich Ziff. 289)	299		=

II. STEUERBERECHNUNG

		Leistungen CHF ab 01.01.2011	Steuer CHF / Rp. ab 01.01.2011	Leistungen CHF bis 31.12.2010	Steuer CHF / Rp. bis 31.12.2010
1. Satz	321		+	320	+
2. Satz	331		+	330	+
			+		+
Bezugsteuer	381		+	380	

	Ziffer	Steuer CHF / Rp.	
Total geschuldete Steuer (Ziff. 320 bis 381)			= 399
Steueranrechnung gemäss Formular Nr. 1050	470		
Steueranrechnung gemäss Formular Nr. 1055	471 +		
	+		
	−		Total Ziff. 470 bis 471
	−		= 479
An die Eidg. Steuerverwaltung zu bezahlender Betrag	500	=	
Guthaben der steuerpflichtigen Person	510 =		

III. ANDERE MITTELFLÜSSE (Art. 18 Abs. 2)

	Ziffer	
Subventionen, durch Kurvereine eingenommene Tourismusabgaben, Entsorgungs- und Wasserwerkbeiträge (Bst. a-c)	900	
Spenden, Dividenden, Schadenersatz usw. (Bst. d-l)	910	

Der/die Unterzeichnende bestätigt die Richtigkeit seiner/ihrer Angaben:
Datum Kontaktperson: Name, Tel.-Nr., E-Mail Rechtsverbindliche Unterschrift

_____ _____ _____

Korrekturabrechnung Saldo- oder Pauschalsteuersätze

Korrekturabrechnung (Saldosteuersatz/Pauschalsteuersatz)
Diese Abrechnung ersetzt die bereits eingereichte Abrechnung

Herrn, Frau, Firma

MWST-Nr.:
Ref.-Nr.:
Abrechnungsperiode:
von/bis:
deklarierter Steuerbetrag: CHF

I. UMSATZ (zitierte Artikel beziehen sich auf das Mehrwertsteuergesetz vom 12.06.2009)

Bezeichnung	Ziffer	Umsatz CHF
Total der vereinbarten bzw. vereinnahmten Entgelte (Art. 39), inkl. Entgelte aus Übertragungen im Meldeverfahren sowie aus Leistungen im Ausland	200	

Abzüge:

Bezeichnung	Ziffer	
Von der Steuer befreite Leistungen (u.a. Exporte, Art. 23), von der Steuer befreite Leistungen an begünstigte Einrichtungen und Personen (Art. 107 Abs. 1 Bst. a)	220	
Leistungen im Ausland	221 +	
Übertragung im Meldeverfahren (Art. 38, bitte zusätzlich Form. 764 einreichen)	225 +	
Nicht steuerbare Leistungen (Art. 21), für die nicht nach Art. 22 optiert wird	230 +	
Entgeltsminderungen	235 +	
Diverses (z.B. Wert des Bodens)	280 +	

Total Ziff. 220 bis 280 = - 289

Steuerbarer Gesamtumsatz (Ziff. 200 abzüglich Ziff. 289) 299 =

II. STEUERBERECHNUNG

		Leistungen CHF ab 01.01.2011	Steuer CHF / Rp. ab 01.01.2011		Leistungen CHF bis 31.12.2010	Steuer CHF / Rp. bis 31.12.2010
1. Satz	321		+	320		+
2. Satz	331		+	330		+
			+			+
Bezugsteuer	381		+	380		+

Total geschuldete Steuer (Ziff. 320 bis 381)   =   399

Steuer CHF / Rp.

	Ziffer	
Steueranrechnung gemäss Formular Nr. 1050	470	
Steueranrechnung gemäss Formular Nr. 1055	471 +	
	+	
	−	
	−	

Total Ziff. 470 bis 471 = - 479

An die Eidg. Steuerverwaltung zu bezahlender Betrag 500 =

Guthaben der steuerpflichtigen Person 510 =

III. ANDERE MITTELFLÜSSE (Art. 18 Abs. 2)

Bezeichnung	Ziffer	
Subventionen, durch Kurvereine eingenommene Tourismusabgaben, Entsorgungs- und Wasserwerkbeiträge (Bst. a-c)	900	
Spenden, Dividenden, Schadenersatz usw. (Bst. d-l)	910	

Der/die Unterzeichnende bestätigt die Richtigkeit seiner/ihrer Angaben:
Datum   Kontaktperson: Name, Tel.-Nr., E-Mail   Rechtsverbindliche Unterschrift

DM_0536_01 / 01.13

Die Mehrwertsteuer

Jahresabstimmung (Berichtigungsabrechnung, Saldo- oder Pauschalsteuersätze)

JAHRESABSTIMMUNG (Berichtigungsabrechnung nach Art. 72 MWSTG, Saldosteuersatz / Pauschalsteuersatz) In dieser Abrechnung sind nur die <u>Differenzen</u> zu den bisher eingereichten Abrechnungen zu deklarieren.

Herrn, Frau, Firma

MWST-Nr.:
Ref.-Nr.:
Steuerperiode von/bis: 01.01.20 bis 31.12.20

Wir bitten Sie bei einer Differenz zugunsten der ESTV den Betrag auf das Konto IBAN CH60 0900 0000 3000 0037 5 zu überweisen sowie unter „Mitteilung" die MWST-Nummer und den Zahlungsgrund (z.B. J2011 für das Jahr 2011) anzugeben

I. UMSATZ (zitierte Artikel beziehen sich auf das Mehrwertsteuergesetz vom 12.06.2009)

	Ziffer	Umsatz CHF	Umsatz CHF
Total der vereinbarten bzw. vereinnahmten Entgelte (Art. 39), inkl. Entgelte aus Übertragungen im Meldeverfahren sowie aus Leistungen im Ausland	200		

Abzüge:

	Ziffer		
Von der Steuer befreite Leistungen (u.a. Exporte, Art. 23), von der Steuer befreite Leistungen an begünstigte Einrichtungen und Personen (Art. 107 Abs. 1 Bst. a)	220		
Leistungen im Ausland	221 +		
Übertragung im Meldeverfahren (Art. 38, bitte zusätzlich Form. 764 einreichen)	225 +		
Nicht steuerbare Leistungen (Art. 21), für die nicht nach Art. 22 optiert wird	230 +		
Entgeltsminderungen	235 +		
Diverses (z.B. Wert des Bodens)	280 +	= –	Total Ziff. 220 bis 280 — 289
Steuerbarer Gesamtumsatz (Ziff. 200 abzüglich Ziff. 289)	299	=	

II. STEUERBERECHNUNG

	Leistungen CHF ab 01.01.2011	Steuer CHF / Rp. ab 01.01.2011	Ziffer	Leistungen CHF bis 31.12.2010	Steuer CHF / Rp. bis 31.12.2010
1. Satz	321	+	320		+
2. Satz	331	+	330		+
		+			+
Bezugsteuer	381	+	380		+

Total geschuldete Steuer (Ziff. 320 bis 381) = 399

		Ziffer	Steuer CHF / Rp.
Steueranrechnung gemäss Formular Nr. 1050		470	
Steueranrechnung gemäss Formular Nr. 1055		471 +	
		+	
		–	
			Total Ziff. 470 bis 471
		–	= – 479

	Ziffer	
An die Eidg. Steuerverwaltung zu bezahlender Betrag	500	=
Guthaben der steuerpflichtigen Person	510 =	

III. ANDERE MITTELFLÜSSE (Art. 18 Abs. 2)

	Ziffer	
Subventionen, durch Kurvereine eingenommene Tourismusabgaben, Entsorgungs- und Wasserwerkbeiträge (Bst. a-c)	900	
Spenden, Dividenden, Schadenersatz usw. (Bst. d-l)	910	

Der/die Unterzeichnende bestätigt die Richtigkeit seiner/ihrer Angaben:
Datum   Kontaktperson: Name, Tel.-Nr., E-Mail   Rechtsverbindliche Unterschrift

DM_0553 / 06.13

Meldeverfahren

Hauptabteilung Mehrwertsteuer

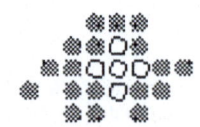

Eidgenössische Steuerverwaltung ESTV
Administration fédérale des contributions AFC
Amministrazione federale delle contribuzioni AFC
Administraziun federala da taglia AFT

Formular Nr. 764 zur Meldung nach Artikel 38 MWSTG

1 Allgemeine Angaben zu den am Meldeverfahren Beteiligten

	Veräusserer	Erwerber
MWST-Nr.	CHE-	CHE-
Ref.-Nr.		
Wenn keine MWST-Nr. vorhanden: Ist die Anmeldung erfolgt?		☐ Ja ☐ Nein [1]
Name / Firma		
Adresse / Sitz		
Rechtsform		
Grund der Vermögens-übertragung [2]	☐ Geschäftsaufgabe ☐ Umstrukturierung ☐ Transaktion nach dem Fusionsgesetz und/oder nach ☐ Art. 19 oder 61 des Bundesgesetzes über die direkte Bundessteuer	
Abrechnungsart	☐ vereinnahmt ☐ vereinbart	☐ vereinnahmt ☐ vereinbart
Abrechnungsmethode	☐ Saldo- oder Pauschalsteuersatz ☐ Effektiv	☐ Saldo- oder Pauschalsteuersatz [3] ☐ Effektiv
Wurde bisher für von der Steuer ausgenommene Leistungen optiert?	☐ Ja ☐ Nein	Wird für von der Steuer ausgenommene Leistungen optiert? ☐ Ja [4] ☐ Nein
Weiterhin unternehmerisch tätig? **Wenn ja** [5]; weiterhin der MWST unterstellt? **Wenn nein**; Löschung per?	☐ Ja ☐ Nein ☐ Ja ☐ Nein	
Name und Tel. der Kontaktperson		

[1] Falls die Anmeldung noch nicht getätigt wurde, ist diese separat über unsere Homepage www.estv.admin.ch vorzunehmen (Anmeldung als steuerpflichtige Person).

[2] Erläuterungen dazu entnehmen Sie bitte der MWST-Info Meldeverfahren.

[3] Wer sich durch die Vermögensübernahme neu im MWST-Register eintragen lässt, hat innerhalb von 60 Tagen nach Zustellung der MWST-Nr. zu entscheiden, ob er nach der effektiven Methode oder nach der Saldosteuersatz- beziehungsweise der Pauschalsteuersatzmethode abrechnen will.

[4] Die nach der effektiven Methode abrechnende steuerpflichtige Person kann durch offenen Ausweis der Steuer die von der Steuer ausgenommenen Leistungen freiwillig (Option gem. Art. 22 MWSTG) versteuern.

[5] Wer ein Unternehmen betreibt und von der Steuerpflicht befreit ist (Nichterreichen der Umsatzlimiten), hat das Recht, auf diese Befreiung gegenüber der ESTV ausdrücklich zu verzichten. Weitere Erläuterungen entnehmen Sie bitte der MWST-Info Steuerpflicht.

2 Datum

der Übertragung:	des Vertragsabschlusses:	der Veröffentlichung im Handelsregister:

3 Fragen im Zusammenhang mit Grundstücken (Liegenschaften)

Wurden Grundstücke oder Grundstückteile im Meldeverfahren übertragen? ☐ Ja

Falls die Frage mit **Ja** beantwortet wird, wollen Sie bitte zusätzlich die nachfolgende Seite 3 ausfüllen und einreichen (je Grundstück oder Grundstückteil ein separates Blatt ausfüllen). ☐ Nein

4 Angaben zum zu veräussernden Vermögen
(ohne Wert der Grundstücke oder Grundstückteile davon)

Verkehrswert der zu veräussernden Vermögenswerte CHF ....
(unter Ziff. 200 und 225 der MWST-Abrechnung zu deklarieren)

- davon zur Erbringung steuerbarer (inkl. optierter) Leistungen verwendet CHF ....
  (☞ Veräusserungspreis; MWST-Info Meldeverfahren)

Bitte folgende Unterlagen einreichen:
(aufgeteilt in steuerbare und nicht steuerbare Vermögenswerte)
- Aufstellung der übertragenen Gegenstände und Dienstleistungen
- Vermögensübertragungsvertrag bei Veräusserung von Teilvermögen
- Bilanz bei Übernahme von Aktiven und Passiven (Übertragungsbilanz)
- Kaufvertrag, Rechnung usw.

4.1 Fragen zur Nutzung des Gesamt- oder Teilvermögens beim Veräusserer beziehungsweise beim Erwerber (Nutzungsänderung)

An den Veräusserer:

Werden Gegenstände und/oder Dienstleistungen (welche für die Erbringung von steuerbaren Leistungen verwendet wurden) zurückbehalten, die ganz oder teilweise **nicht mehr** für eine steuerbare Leistung verwendet werden? ☐ Ja

Wird diese Frage mit Ja beantwortet, bitte eine separate Auflistung der entsprechenden Gegenstände und/oder Dienstleistungen mit den dazugehörigen Werten beilegen. Bitte beachten Sie, dass es zu einer Vorsteuerkorrektur im Sinne von Eigenverbrauch (Nutzungsänderung) führen kann. ☐ Nein

An den Erwerber:

Werden Gegenstände und/oder Dienstleistungen ganz und/oder teilweise **nicht mehr** für eine steuerbare Leistung verwendet (z.B. für den privaten Zweck oder für eine von der Steuer ausgenommene Tätigkeit nach Art. 21 MWSTG)? ☐ Ja

Wird diese Frage mit Ja beantwortet, bitte eine separate Auflistung der entsprechenden Gegenstände und/oder Dienstleistungen mit den dazugehörigen Werten beilegen. Bitte beachten Sie, dass es zu einer Vorsteuerkorrektur im Sinne von Eigenverbrauch (Nutzungsänderung) führen kann. ☐ Nein

---

Die Unterzeichnenden nehmen zur Kenntnis, dass
- auf den Übertragungsbelegen (z.B. Rechnungen oder Verträge) zu vermerken ist, dass das Meldeverfahren zur Anwendung kommt;
- die Vermögensübertragung als Lieferung und/oder Dienstleistung zu versteuern ist, wenn das Meldeverfahren nicht zur Anwendung kommt;
- eine Änderung des Verwendungszweckes beim Erwerber zu einer Vorsteuerkorrektur (Eigenverbrauch oder Einlageentsteuerung) führen kann;
- unvollständig ausgefüllte Formulare nicht bearbeitet werden können.

Ort und Datum: Stempel und rechtsverbindliche Unterschriften aller Beteiligten:
 Veräusserer Erwerber

....

Übertragung eines Grundstücks oder eines Grundstückteils

Ist nur auszufüllen, wenn die Frage 3 mit Ja beantwortet wurde

5 Angaben der Beteiligten

	Veräusserer	Erwerber
MWST-Nr.	CHE-	CHE-
Ref.-Nr.		
Name / Firma		

6 Angaben zum übertragenen Grundstück oder Grundstückteil

Strasse, PLZ und Ort des übertragenen Grundstückes ....

Genaue Bezeichnung (ganze Liegenschaft, Stockwerk und dgl.) ....

Verkehrswert des übertragenen Grundstückes inkl. Boden   CHF ....
(unter Ziff. 200 der MWST-Abrechnung zu deklarieren)

abzüglich anteiliger Wert (Verkehrswert) des Bodens   CHF ....
(unter Ziff. 280 der MWST-Abrechnung zu deklarieren)

Verkehrswert ohne Boden   CHF ....
(unter Ziff. 225 der MWST-Abrechnung zu deklarieren)

7 Fragen im Zusammenhang mit der Nutzung zum Zeitpunkt der Übertragung

7.1 Nutzung beim **Veräusserer** zum Zeitpunkt der Übertragung?

☐ ausschliesslich für unternehmerische Tätigkeiten mit Anrecht auf Vorsteuerabzug (d.h. für steuerbare Leistungen)

☐ ausschliesslich für nicht unternehmerische Tätigkeiten oder unternehmerische Tätigkeiten ohne Anrecht auf Vorsteuerabzug

☐ bei gemischter Verwendung: Für unternehmerische Tätigkeiten mit Anrecht auf Vorsteuerabzug: ....%

Nicht unternehmerische Tätigkeiten oder unternehmerische Tätigkeiten ohne Anrecht auf Vorsteuerabzug: ....%

7.2 Nutzung beim **Erwerber** nach der Übertragung?

☐ ausschliesslich für unternehmerische Tätigkeiten mit Anrecht auf Vorsteuerabzug (d.h. für steuerbare Leistungen)

☐ ausschliesslich für nicht unternehmerische Tätigkeiten oder unternehmerische Tätigkeiten ohne Anrecht auf Vorsteuerabzug

☐ bei gemischter Verwendung: Für unternehmerische Tätigkeiten mit Anrecht auf Vorsteuerabzug: ....%

Nicht unternehmerische Tätigkeiten oder unternehmerische Tätigkeiten ohne Anrecht auf Vorsteuerabzug: ....%

Betreffend des Nachweises der Nutzung beachten Sie bitte die Erläuterungen in der MWST-Info Meldeverfahren.

Die Unterzeichnenden nehmen zur Kenntnis, dass
eine Änderung des Verwendungszwecks beim Erwerber zu einer Vorsteuerkorrektur (Eigenverbrauch oder Einlageentsteuerung) führen kann.

Ort und Datum: Stempel und rechtsverbindliche Unterschriften aller Beteiligten:
                   Veräusserer   Erwerber

Antrag: Kontrolle auf Verlangen

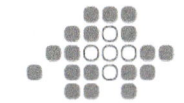

Hauptabteilung Mehrwertsteuer

Eidgenössische Steuerverwaltung ESTV
Administration fédérale des contributions AFC
Amministrazione federale delle contribuzioni AFC
Administraziun federala da taglia AFT

Ihre Anschrift bitte in Blockschrift ausfüllen

MWST-Nr.

Ref.-Nr.

Antrag: Kontrolle auf Verlangen

(Inkraftsetzung am 01.01.2012 gemäss Verordnung über eine weitere Teilinkraftsetzung des MWSTG vom 12.10.2011)

Gemäss Artikel 78 Absatz 4 MWSTG kann die steuerpflichtige Person mittels begründeten Gesuchs die Durchführung einer Kontrolle verlangen. Die Kontrolle ist innerhalb von zwei Jahren durchzuführen.

Die oben aufgeführte steuerpflichtige Person beantragt hiermit eine Kontrolle auf Verlangen aus folgenden Gründen:

....

....

....

Zu kontrollierende Steuerperioden: ....

Bevorzugter Kontrolltermin: ....

Kontaktperson und Telefonnummer: ....

Ort und Datum: Stempel und rechtsgültige Unterschrift

....

Der Antrag ist vollständig ausgefüllt und unterzeichnet an untenstehende Adresse einzureichen.

Eidgenössische Steuerverwaltung
Hauptabteilung Mehrwertsteuer
Externe Prüfung
Schwarztorstrasse 50
3003 Bern

Glossar

A

Abkürzungen
Folgende Abkürzungen sind im Zusammenhang mit der Mehrwertsteuer gebräuchlich und in diesem Glossar aufgeführt: ESTV, EZV, MWST (VAT, TVA, IVA), MWSTG, MWSTV.
Im Weiteren werden Artikel mit Art., Absatz mit Abs., Buchstabe mit Bst. und Ziffer mit Ziff. abgekürzt.

Abrechnungsart
Bei der Abrechnungsart wird nach vereinbarten (Rechnungsstellung) und vereinnahmten Entgelten (Zahlung) unterschieden.

Abrechnungsmethode
Die Steuerpflichtigen müssen grundsätzlich nach der effektiven Abrechnungsmethode abrechnen. Bei Anwendung der effektiven Abrechnungsmethode berechnet sich die Steuerforderung (auch Steuerschuld genannt) nach der Differenz zwischen der geschuldeten Inlandsteuer, der Bezugsteuer und dem Vorsteuerguthaben der entsprechenden Abrechnungsperiode.

Abrechnungsperiode
Normalerweise erfolgt die Abrechnung mit der ESTV quartalsweise; Steuerpflichtige mit grossen Vorsteuerguthaben können aber auch eine monatliche Abrechnungsperiode beantragen. Steuerpflichtige mit Saldosteuersatz rechnen semesterweise ab. Steuerpflichtige mit Pauschalsteuersatz rechnen quartalsweise ab. Wird jemand aufgrund der Bezugsteuer steuerpflichtig, erfolgt die Abrechnung jährlich.

Abrechnung nach vereinbartem Entgelt
Als Regel gilt, dass die auf dem Umsatz geschuldete MWST aufgrund der vereinbarten Entgelte zu entrichten ist. Die Lieferungen und Dienstleistungen sind also in jener Abrechnungsperiode zu versteuern, in der dafür Rechnung gestellt wird. Die Vorsteuer ist in der Abrechnungsperiode abzugsberechtigt, in der der Steuerpflichtige die Rechnungen seiner Leistungserbringer erhalten hat.

Abrechnung nach vereinnahmtem Entgelt
Die ESTV bewilligt auf Antrag hin, dass die Abrechnungen aufgrund der vereinnahmten Entgelte erstellt werden. Die Lieferungen und Dienstleistungen sind in diesem Fall in jener Abrechnungsperiode zu versteuern, in der das Entgelt vereinnahmt wird. Die Vorsteuer ist in der Abrechnungsperiode abzugsberechtigt, in der die Rechnung bezahlt wird.

Aufbewahrungsfristen
Grundsätzlich müssen Unterlagen bis Ablauf der → Verjährung (10 Jahre) aufbewahrt werden. Bei gewissen Unterlagen im Zusammenhang mit Liegenschaften gilt eine Aufbewahrungsfrist von 20 bzw. 26 Jahren (inkl. Verjährungsfrist).

Aufteilung der Umsätze
Müssen Barumsätze auf verschiedene Steuersätze aufgeteilt werden, ist dies grundsätzlich nur mittels Scannerkassen oder speziellen Registrierkassen zulässig. Wenn keine solchen Kassen vorhanden sind, muss die Aufteilung aufgrund des zu Detailhandelspreisen berechneten Wareneinkaufs erfolgen.

Ausbildungsleistungen
Ausbildungsleistungen (Schulung) sind von der Steuer ausgenommen. Es besteht jedoch die Möglichkeit, für die Versteuerung dieser Leistungen zu optieren. → Option

Ausgenommene Leistungen
→ Von der Steuer ausgenommene Leistungen.

Ausschluss des Vorsteuerabzugs
Alle Steuerbeträge auf Ausgaben geschäftlich nicht begründeter Aufwendungen sind nicht zum → Vorsteuerabzug zulässig. Es sind insbesondere Leistungen, die vorwiegend der Freude bzw. dem Vergnügen dienen. Ein Ausschluss des Vorsteuerabzugs besteht auch bei von der Steuer ausgenommenen Leistungen, für die nicht optiert wurde.

B

Befreite Leistungen → Von der Steuer befreite Leistungen.

Begriffe In MWSTG 3 werden die wichtigsten Begriffe der MWST erfasst und beschrieben.

Befreiung von der Steuerpflicht Bei der Steuerpflicht ist eine Befreiung für bestimmte, ausländische Leistungserbringer und aus erhebungswirtschaftlichen Gründen (Unternehmer mit geringen Umsätzen) vorgesehen.

Bemessungsgrundlage Als Bemessungsgrundlage gilt im Normalfall das → Entgelt.

Beschwerde → Einspracheverfügungen der ESTV können innert 30 Tagen nach Eröffnung mit Beschwerde beim Bundesverwaltungsgericht angefochten werden.

Bestimmungsortsprinzip Nur Dienstleistungen, die im Inland erbracht werden, unterliegen der schweizerischen MWST (Inlandsteuer). Gewisse Dienstleistungen im Bereich der Entwicklungszusammenarbeit gelten an dem Ort als erbracht, für den die Dienstleistung bestimmt ist.

Beteiligung Das Erwerben, Halten und Veräussern von Beteiligungen ist bei der MWST eine unternehmerische Tätigkeit. Eine Beteiligung (MWSTG 29 Abs. 3) liegt vor, wenn eine (natürliche oder juristische) Person 10% oder mehr am Kapital eines Unternehmens hält.

Betriebsstätte Als Betriebsstätte gilt eine feste Geschäftseinrichtung, in der die Geschäftstätigkeit eines Unternehmens oder eines freien Berufs ganz oder teilweise ausgeübt wird.

Bezugsteuer Bezüge von steuerbaren Leistungen, die durch Unternehmer mit Sitz im Ausland, die im Inland erbracht werden, müssen vom Bezüger (Empfänger) grundsätzlich versteuert werden.

Bruttomethode Bei der → Bruttomethode werden alle gleichartigen Geschäftsfälle (z. B. alle Umsätze zu 8% MWST) inkl. des MWST-Betrags auf ein Konto gebucht. Die MWST wird erst am Ende der Abrechnungsperiode auf das MWST-Konto (Passivkonto) umgebucht. Diese Methode bedingt, dass auf demselben Aufwands-, Ertrags- oder Aktivkonto nur Bewegungen erfasst werden, die mit demselben Steuersatz belastet sind. Bei geeigneter Organisation des Rechnungswesens können Brutto- und → Nettomethode auch nebeneinander angewendet werden.

Bruttorechnung Die Buchhaltung ist als Bruttorechnung zu führen, d. h. keine Verrechnung von Aktiven und Passiven und getrennte Ertrags- und Aufwandkonti.

D

Dienstleistung Als Dienstleistung gilt jede Leistung, die keine → Lieferung eines Gegenstands ist.

E

Effektive Methode der Vorsteuerkorrektur Bei → gemischter Verwendung ist der Vorsteuerabzug zu korrigieren. Diese Vorsteuerkorrektur kann immer nach der effektiven Methode erfolgen, d. h., für jeden einzelnen Gegenstand und jede einzelne Dienstleistung erfolgt die Korrektur aufgrund betriebswirtschaftlicher, sachgerechter Kriterien möglichst direkt. Wenn keine direkte Korrektur möglich ist, kann die Korrektur mittels eines Schlüssels erfolgen. Anstelle der effektiven Methode kann für die Vorsteuerkorrektur auch eine Pauschalmethode bei der Vorsteuerkorrektur angewendet werden.

Eigenverbrauch Es gibt drei Gruppen von Eigenverbrauchstatbeständen: die → Entnahmetatbestände, die Herstellungstatbestände und der Eigenverbrauch auf Dienstleistungen und Gegenständen, die im → Meldeverfahren (ohne Steuer) übernommen und in der Folge für Zwecke verwendet werden, die nicht zum Vorsteuerabzug berechtigen. Bei nachträglichem Wegfall der Voraussetzungen des Vorsteuerabzugs ist dieser zu korrigieren (Eigenverbrauch).

Eigenverbrauchsbesteuerung	Die Besteuerung des Eigenverbrauchs soll verhindern, dass Gegenstände, die durch einen Steuerpflichtigen steuerfrei (mit Vorsteuerabzug bzw. durch den steuerfreien Bezug mittels → Meldeverfahren) erworben worden sind, unbesteuert dem Endkonsum zugeführt werden können.
Eigenverbrauchspauschalen	Grundsätzlich ist der geschuldete Eigenverbrauch (Vorsteuerkorrektur) effektiv zu ermitteln. Die ESTV hat jedoch für häufig vorkommende Eigenverbrauchstatbestände entsprechende Pauschalen festgelegt. Es handelt sich dabei hauptsächlich um Pauschalen für Naturalbezüge oder für Privatanteile und die Autobenützung.
Einfuhr von Gegenständen	Neben den entgeltlich im Inland ausgeführten Lieferungen und Dienstleistungen ist auch die Einfuhr von Gegenständen ins Inland Steuerobjekt (Einfuhrsteuer).
Einfuhrsteuer	MWST auf der → Einfuhr von Gegenständen. Die Erhebung erfolgt durch die EZV.
Einheit der Leistung	Wirtschaftlich eng zusammengehörige Leistungen, die so ineinandergreifen, dass sie als ein einheitlicher wirtschaftlicher Vorgang angesehen werden, werden auch steuerlich als Einheit behandelt.
Einheitlichkeit der Leistung	Wenn verschiedene Einzelleistungen wirtschaftlich eine Einheit darstellen und als ein unteilbares Ganzes anzusehen sind, gilt dies als Einheitlichkeit der Leistung. Diese ist zum → Normalsatz steuerbar, wenn das MWSTG nichts anderes vorsieht.
Einlageentsteuerung	Waren die Voraussetzungen für den Vorsteuerabzug beim Empfang einer Leistung nicht gegeben, treten diese Voraussetzungen aber zu einem späteren Zeitpunkt ein, kann der Vorsteuerabzug im Rahmen der Einlageentsteuerung unter gewissen Voraussetzungen nachgeholt werden.
Einschätzungsmitteilung	Bei der MWST deklarieren die Steuerpflichtigen ihre Umsätze und Vorsteuern normalerweise quartalsweise mittels MWST-Abrechnungen. Korrekturen der ESTV werden in Form von Einschätzungsmitteilungen (Nachbelastungen) oder Gutschriftsanzeigen vorgenommen.
Einsprache	Verfügungen der → ESTV können innert 30 Tagen nach der Eröffnung mit Einsprache angefochten werden. Adressat der Einsprache ist die → ESTV.
Empfängerortsprinzip	Nur Dienstleistungen, die im Inland erbracht werden, sind steuerbar. Für gewisse Dienstleistungen (insbesondere Beratungsleistungen) gilt das Empfängerortsprinzip, d. h., der Ort der Dienstleistung befindet sich dort, wo der Empfänger den Sitz seiner wirtschaftlichen Tätigkeit oder eine → Betriebsstätte hat.
Eng verbundene Personen	Bei Leistungen an eng verbundene Personen gilt grundsätzlich als → Entgelt der Wert, der unter unabhängigen Dritten vereinbart würde. Als eng verbundene Personen gelten insbesondere Inhaber von juristischen Personen, Teilhaber von Personengesellschaften, Genossenschafter und liierte Unternehmen und die diesen nahestehende Personen.
Entgelt	Die → Bemessungsgrundlage richtet sich im Normalfall nach dem Entgelt. Zum Entgelt gehört alles, was der Empfänger oder an seiner Stelle ein Dritter als Gegenleistung für die Lieferung oder Dienstleistung aufwendet.
Entgeltsminderungen	Wenn das vereinbarte Entgelt nachträglich gemindert wird oder Entgelte zurückerstattet werden, dann sind auch die Steuerbeträge im Verhältnis zu mindern. Das gilt nicht nur für die Umsatzsteuer auf Leistungsausgängen, sondern auch für die Vorsteuern auf Leistungseingängen.

Entnahmetatbestände	Diese sind die Ursachen, die eine Vorsteuerkorrektur im Eigenverbrauch auslösen. Eigenverbrauch liegt hier nur dann vor, wenn der Bezug einer Leistung zur Vornahme des Vorsteuerabzugs berechtigt hat und dieser auch effektiv vorgenommen wurde. Der Eigenverbrauch ist geschuldet, wenn der Gegenstand für unternehmensfremde Zwecke, für eine von der Steuer ausgenommene Tätigkeit oder für die Gratisabgabe (ohne Geschenke bis CHF 500.–) entnommen wird oder wenn sich dieser Gegenstand bei Wegfall der → Steuerpflicht noch in der Verfügungsmacht des Steuerpflichtigen befindet.
Entscheid	Ist eine Person mit Nachforderungen, der Eintragung bzw. Nichteintragung als Steuerpflichtiger usw. nicht einverstanden, kann sie von der ESTV einen Entscheid verlangen. Dieser Entscheid kann innert 30 Tagen mittels → Einsprache angefochten werden.
Erbringerortsprinzip	Nur Dienstleistungen, die im Inland erbracht werden, sind steuerbar. Für gewisse Dienstleistungen (insbesondere gegenüber physisch anwesenden Personen erbrachte Dienstleistungen sowie bei Reisebüros und Organisatoren von Veranstaltungen) kommt das Erbringerortsprinzip zur Anwendung. Der → Ort der Dienstleistung befindet sich also dort, wo der Dienstleistungserbringer seinen Sitz hat.
ESTV	Abkürzung für Eidgenössische Steuerverwaltung.
EZV	Abkürzung für Eidgenössische Zollverwaltung.

F

Fälligkeit	Die geschuldete Steuer ist innert 60 Tagen nach Ablauf des Quartals (bzw. Monats oder Semesters, je nach Abrechnungsmethode) zu bezahlen bzw. fällig.
Fiktiver Vorsteuerabzug	Ein fiktiver Vorsteuerabzug kann bei einem gebrauchten, individualisierbaren und beweglichen Gegenstand, der für die Lieferung (Verkauf oder Vermietung) an einen Abnehmer im Inland vorgesehen ist, vorgenommen werden. Das Entgelt für den bezogenen Gegenstand versteht sich inkl. Steuer. Ebenfalls als fiktiver Vorsteuerabzug wird der Vorsteuerabzug auf den Bezügen von Urproduzenten bezeichnet → Urprodukte.
Finalisierung	→ Korrektur von Mängeln in der Abrechnung.

G

Gegenstände	Gegenstände können beweglich (z. B. Maschinen oder Fahrzeuge) oder unbeweglich (z. B. Grundstücke oder Liegenschaften) sein. Elektrizität, Gas, Wärme und Kälte werden auch als Gegenstände betrachtet.
Gemeinwesen	Unter das Gemeinwesen fallen Bund, Kantone, Gemeinden sowie die übrigen Einrichtungen des öffentlichen Rechts und die mit öffentlich-rechtlichen Aufgaben betrauten Personen und Organisationen. Die → Steuerpflicht im Bereich des Gemeinwesens ist bei der MWST speziell geregelt.
Gemischte Verwendung	Gemischte Verwendung liegt vor, wenn Gegenstände oder Dienstleistungen sowohl für zum → Vorsteuerabzug berechtigende Zwecke als auch für andere Zwecke verwendet werden. In diesem Fall ist der → Vorsteuerabzug entsprechend zu korrigieren. Für die Korrektur kommt grundsätzlich die → effektive Methode der Vorsteuerkorrektur oder → Pauschalmethoden bei der Vorsteuerkorrektur infrage.

Gesamtvermögen	Eine Voraussetzung für die Anwendung des → Meldeverfahrens ist, dass ein Gesamtvermögen oder ein → Teilvermögen vorliegt. Das Gesamtvermögen umfasst sämtliche Aktiven eines Steuerpflichtigen.
Gruppenbesteuerung	Bei der Gruppenbesteuerung werden wirtschaftlich verbundene Unternehmen als Ganzes, d. h., als ein einziges → Steuersubjekt erfasst.

H

Hauptleistung mit Nebenleistungen	Hauptleistungen sind das, was der Leistungserbringer seinen Kunden anbietet und weswegen in der Regel auch der Vertrag entsteht. Nebenleistungen werden steuerrechtlich wie die Hauptleistung behandelt.
Hoheitliche Tätigkeiten	Leistungen aus hoheitlichen Tätigkeiten (z. B. Ausstellen von Reisepässen oder Führerausweisen) unterliegen nicht der MWST. Auf den Aufwendungen zur Erzielung dieser Leistungen dürfen keine Vorsteuern in Abzug gebracht werden.
Holdinggesellschaft	Holdinggesellschaften sind Kapitalgesellschaften, deren Zweck zur Hauptsache in der dauernden Verwaltung von Beteiligungen besteht, die in der Schweiz keine Geschäftstätigkeit ausüben und deren Beteiligungen oder die Erträge aus Beteiligungen längerfristig mindestens zwei Drittel der gesamten Aktiven oder Erträge ausmachen. Eine Holding verfügt in den meisten Fällen über das sog. Holdingprivileg, das durch die jeweilige kantonale Steuerverwaltung erteilt wird.

I

Inkassoauftrag	Beim Inkassoauftrag beauftragt ein Leistungserbringer einen Dritten mit dem Inkasso seiner Forderung. Der Dritte rechnet jede einzelne Zahlung des Kunden mit dem Leistungserbringer ab und übernimmt kein Delkredere-Risiko.
Inland	Als Inland gilt grundsätzlich das Gebiet der Schweiz. Es gibt aber Ausnahmen bezüglich Zollfreilager und Zollfreihäfen und der Gebiete Samnaun und Sampuoir. Zum Inland zählen bezüglich MWST auch die deutsche Gemeinde Büsingen und das Fürstentum Liechtenstein und mit gewissen Ausnahmeregelungen auch Campione d'Italia.

J

Jahresabstimmung	→ Korrektur von Mängeln in der Abrechnung.

K

Kombinationsregel	Werden verschiedene Leistungen kombiniert, die unterschiedlichen Steuersätzen unterliegen, kann im Sinne einer Vereinfachung das Gesamtentgelt steuerlich wie die vorherrschenden Leistungen behandelt werden, wenn diese wertmässig mindestens 70% des Gesamtentgelts ausmachen.
Kontrolle	Die ESTV kann bei Steuerpflichtigen eine MWST-Kontrolle durchführen. Die Kontrolle erfolgt entweder am Domizil des Steuerpflichtigen oder am Sitz des Steuervertreters (z. B. Treuhänder oder Revisionsstelle). Die MWST-Kontrolle wird schriftlich angekündigt und die Ergebnisse einer Kontrolle werden in einer Einschätzungsmitteilung (Belastung) oder einer Gutschrift festgehalten. Man kann auch eine MWST-Kontrolle verlangen.

Korrekturabrechnung	Korrekturen von bereits eingereichten Semester-, Quartals- oder Monatsabrechnungen erfolgen mit den Korrekturabrechnungen. Diese werden nach den effektiven Abrechnungsmethode bzw. Abrechnung mittels Saldo- und Pauschalsteuersätzen vorgenommen.
Korrektur von Mängeln in der Abrechnung	Die steuerpflichtige Person hat die MWST-Abrechnungen mit ihrem Jahresabschluss abzugleichen und festgestellte Mängel zu korrigieren. Für die Korrektur von dabei festgestellten Fehlern ist ausschliesslich das Formular Jahresabstimmung / Berichtigungsabrechnung zu verwenden, das die eingereichten Abrechnungen der vergangenen Steuerperiode ergänzt bzw. korrigiert. Wurden beim Abgleich mit dem Jahresabschluss keine Mängel festgestellt, ist keine Berichtigungsabrechnung einzureichen. Ist nach Ablauf von 240 Tagen seit Ende des betreffenden Geschäftsjahres keine Berichtigungsabrechnung eingegangen, geht die ESTV davon aus, dass die von der steuerpflichtigen Person eingereichten MWST-Abrechnungen vollständig und korrekt sind und die Steuerperiode finalisiert ist.

L

Leistungen	Dies ist der zusammenfassende Begriff für → Lieferungen und → Dienstleistungen.
Leistungskombinationen	Werden verschiedene Leistungen kombiniert, die steuerlich nicht alle gleich zu behandeln sind, ist in einem ersten Schritt zu prüfen, ob eine → Einheitlichkeit der Leistung vorliegt. Wenn dies nicht der Fall ist, muss geprüft werden, ob es sich um eine → Hauptleistung mit Nebenleistungen handelt. Allenfalls kann die → Kombinationsregel angewendet werden, ansonsten ist jede Leistung separat zu fakturieren.
Lieferung	Als Lieferung gilt nicht nur die Übertragung des Eigentums an einem Gegenstand, sondern bereits die «Verschaffung der wirtschaftlichen Verfügungsmacht». Auch wenn an einem Gegenstand Arbeiten durchgeführt werden oder wenn Gegenstände leihweise zur Nutzung überlassen werden, gelten diese Tatbestände als Lieferungen.

M

Mehrwertsteuerkonforme Rechnung	Damit eine Rechnung den Leistungsempfänger zur Vornahme des Vorsteuerabzugs berechtigt, muss sie gewisse Formerfordernisse erfüllen. Die Angaben, die eine konforme Rechnung enthalten sollte, sind in MWSTG 26 aufgeführt.
Meldeverfahren	Unter gewissen Voraussetzungen entfällt beim Leistungserbringer die Entrichtung der MWST und der Leistungsempfänger hat kein Recht auf einen Vorsteuerabzug. In diesem Fall wird die Steuerpflicht durch die Meldung des steuerbaren Umsatzes an die ESTV erfüllt.
Mitgliederbeiträge	Mitgliederbeiträge, z.B. eines Vereins, umfassen Zahlungen von Aktiv- und Passivmitgliedern. Beiträge von Aktivmitgliedern sind von der Steuer ausgenommen, die Beiträge von Passivmitgliedern oder auch von Gönnern werden den Spenden (Nicht-Entgelt) gleichgestellt.
Mithaftung	Mit der steuerpflichtigen Person haften die Teilhaber an einer einfachen Gesellschaft, Kollektiv- oder Kommanditgesellschafter im Rahmen ihrer zivilrechtlichen Haftbarkeit sowie jede an einer Gruppenbesteuerung beteiligte Person für sämtliche von der Gruppe geschuldeten Steuern solidarisch. Eine solidarische Haftung besteht unter gewissen Voraussetzungen auch für Liquidatoren einer Gesellschaft sowie für die geschäftsführenden Organe bei der Sitzverlegung ins Ausland.
MWST	Abkürzung für Mehrwertsteuer. In anderen Sprachen werden die Abkürzungen TVA (französisch), IVA (italienisch) und VAT (englisch) verwendet.

MWST-Nummer	Nummer, unter der die Steuerpflichtigen im Register eingetragen sind: z. B. CHE-123.456.789 MWST.
MWSTG	Abkürzung für **M**eh**rw**ert**st**euer**g**esetz.
MWSTV	Abkürzung für **M**eh**rw**ert**st**euer**v**erordnung.

N

Nahestehende Personen	Personen wie z. B. Tochtergesellschaften einer Aktiengesellschaft oder Familienangehörige (nicht mitarbeitend) eines Einzelunternehmers sind nahestehend und gelten somit auch als eng verbundene Personen. Bei nahestehenden oder eng verbundenen Personen müssen die Leistungen, die untereinander erbracht werden, grundsätzlich zum Wert gegenüber unabhängigen Dritten versteuert werden.
Naturalrabatt	Als Naturalrabatt (oder Bonus / Zugaben) gelten umsatzabhängige Geschenke, die aufgrund einer Vereinbarung abgegeben werden. Naturalrabatte lösen keinen → Eigenverbrauch aus und berechtigen grundsätzlich zum → Vorsteuerabzug.
Netto-Allphasensteuer	Die MWST ist als Netto-Allphasensteuer mit → Vorsteuerabzug ausgestaltet, d. h., die MWST wird auf jedem Umsatz zwischen einem Steuerpflichtigen und dem Leistungsempfänger erhoben. Jeder Steuerpflichtige kann aber grundsätzlich die von ihm an seine Leistungserbringer bezahlte MWST als → Vorsteuer von seiner eigenen Umsatzsteuerschuld in Abzug bringen.
Nettomethode	Bei der Nettomethode wird die MWST jeweils sofort bei der Erfassung des Umsatzes bzw. des Aufwands auf die Konten Umsatzsteuer bzw. Vorsteuer gebucht.
Nicht-Entgelte	MWSTG 18 Abs. 2 umfasst Beispiele von Mittelflüssen, die mangels Leistung keine Entgelte im mehrwertsteuerlichen Sinne darstellen, d. h., die Mittel werden aufgewendet, ohne dass der Zuwender eine Gegenleistung erwartet. Beispiele von Nicht-Entgelten: Subventionen, Spenden, Dividenden, Pfandgelder, Schadenersatz usw.
Normalsatz	Für sämtliche steuerbaren Leistungen gilt grundsätzlich der Normalsatz von 8%. Allerdings gilt für gewisse Leistungen ein → Reduzierter Steuersatz von 2.5%. Für Beherbergungsleistungen gilt ausserdem der → Sondersatz für Beherbergungsleistungen von 3.8%.
Nutzungsänderung	Wenn sich die Verhältnisse der Nutzung, die bei der Vornahme des → Vorsteuerabzugs massgebend waren, ändern, spricht man von einer Nutzungsänderung. Eine Nutzungsänderung kann zu einem → Eigenverbrauch oder zu einer → Einlageentsteuerung führen.

O

Option	Die steuerpflichtige Person kann durch offenen Ausweis der Steuer oder auf andere Weise grundsätzlich für fast jede von der Steuer ausgenommene Leistung optieren (d. h. freiwillig versteuern). Es wird unterschieden zwischen einer uneingeschränkten Option zum Normalsatz bzw. zum reduzierten Steuersatz und einer eingeschränkten Option zum Normalsatz. Keine Möglichkeit einer Option besteht für drei von der Steuer ausgenommenen Leistungen und bei Steuerpflichtigen, die mit den Abrechnungsmethoden Saldo- oder Pauschalsteuersätze abrechnen.
Ort der Dienstleistung	Nur Dienstleistungen, die im Inland erbracht werden, sind steuerbar. Für die Bestimmung des Orts der Dienstleistungen kommen fünf Prinzipien infrage, das → Erbringerortsprinzip, das → Bestimmungsortsprinzip, der → Ort der gelegenen Sache und der → Ort der Tätigkeit. Wenn keines dieser vier Prinzipien zur Anwendung kommt, gilt das → Empfängerortsprinzip.

Ort der Lieferung	Bei Versendungslieferungen gilt als Ort der Lieferung der Ort, an dem die Beförderung beginnt. Bei Abhollieferungen ist jener Ort massgebend, an dem sich der Gegenstand zum Zeitpunkt der Verschaffung der wirtschaftlichen Verfügungsmacht befindet.
Ort der gelegenen Sache	Nur Dienstleistungen, die im Inland erbracht werden, unterliegen der MWST. Gewisse Dienstleistungen im Zusammenhang mit Grundstücken gelten an dem Ort erbracht, wo sich die Liegenschaft befindet.
Ort der Tätigkeit	Nur Dienstleistungen, die im Inland erbracht werden, unterliegen der MWST. Gewisse Dienstleistungen im Bereich der Personenbeförderung sowie künstlerische, sportliche und ähnliche Leistungen gelten an dem Ort erbracht, wo die Tätigkeit erfolgt.

P

Pauschalmethoden bei der Vorsteuerkorrektur	Bei gemischter Verwendung ist der Vorsteuerabzug zu korrigieren. Die Vorsteuerkorrektur kann nach der → effektiven Methode der Vorsteuerkorrektur, nach einer Pauschalmethoden bei der Vorsteuerkorrektur erfolgen.
Pauschalsteuersatzmethode	Gemeinwesen und verwandte Einrichtungen, private Spitäler und Schulen sowie Internate, Vereine und Stiftungen oder Altersheime und Kurhäuser können mit der Pauschalsteuersatzmethode (PSS-Methode) abrechnen. Für diese Methode sind die 10 Saldosteuersätze massgebend. Die Abrechnungsperiode für die PSS-Methode ist vierteljährlich und es wird pro Tätigkeit ein Pauschalsteuersatz bewilligt, d. h., es können mehr als 2 Pauschalsteuersätze vorkommen (im Gegensatz zur SSS-Methode wo nur maximal 2 Saldosteuersätze bewilligt werden).
Private Zwecke	Unter der Nutzung für private Zwecke gemäss MWSTG 22 Abs. 2 wird die Nutzung für Wohnzwecke verstanden.

R

Rechnung	Eine Rechnung ist ein Dokument, mit dem gegenüber einer Drittperson über das Entgelt für eine Leistung abgerechnet wird. Beispiele einer Rechnung: die Rechnung selbst, Gutschrift, Miet- oder Leasingvertrag. Welche Bestandteile eine Rechnung umfasst, ist in MWSTG 26 aufgeführt.
Reduzierter Steuersatz	Aus gewissen sozialpolitischen Überlegungen heraus gilt für bestimmte Umsätze ein reduzierter Steuersatz von 2.5%.

S

Saldosteuersätze	Um das Abrechnungsverfahren für kleinere Unternehmen zu erleichtern, können solche Steuerpflichtige die Abrechnung mit Saldosteuersätzen (SSS-Methode) beantragen. Die → Steuerforderung (bzw. Steuerschuld) wird dabei mit einem Prozentsatz (Saldosteuersatz) vom Umsatz berechnet; die Erfassung der Vorsteuern entfällt. Es bestehen 10 Saldosteuersätze.
Sanierung	Von einer Sanierung im Sinne der MWST spricht man, wenn Beiträge oder Forderungsverzichte geleistet werden müssen, um die Gesundung und den Fortbestand des Unternehmens sicherzustellen. Sanierungsbeiträge bewirken keine Vorsteuerkorrektur und stellen Nicht-Entgelte dar.
Schadenersatz	Beim **echten Schadenersatz** liegt kein Leistungsaustausch vor. Die Schadenersatzzahlung ist somit kein → Entgelt und vom Empfänger daher nicht zu versteuern. Die Zahlung führt auch nicht zu einer → Vorsteuerkorrektur.
	Demgegenüber stellt die Geldzahlung bei einem **unechten Schadenersatz** ein Entgelt für eine Leistung dar und ist deshalb grundsätzlich zu versteuern.

Schattensteuer	Eine Schattensteuer entsteht insbesondere bei den → von der Steuer ausgenommenen Leistungen. Diese unterliegen zwar nicht der MWST, auf den Aufwendungen ist aber kein Vorsteuerabzug zulässig. Im Endpreis ist somit eine Schattensteuer (taxe occulte) enthalten.
Selbstveranlagungssteuer	Die MWST ist eine Selbstveranlagungssteuer. Die Steuerpflichtigen haben in ihren MWST-Abrechnungen die Umsätze und die Vorsteuern zu deklarieren. Eine Veranlagung durch die ESTV unterbleibt.
Sondersatz für Beherbergungsleistungen	Für Beherbergungsleistungen gilt ein Sondersatz von 3.8% und dieser ist neu bis zum 31.12.2017 befristet.

St

Stellvertretung	Der Stellvertreter tritt an die Stelle des Stellvertretenen. Er rechnet die Leistungen in eigenem Namen mit dem Dritten ab. Bei der Stellvertretung wird mehrwertsteuerlich der Leistungsaustausch zwischen dem Dritten und dem Stellvertreter und der Leistungsaustausch zwischen dem Stellvertreter und dem Stellvertretenen erfasst. Von der Stellvertretung zu unterscheiden ist die → Vermittlung (direkte Stellvertretung).
Steuerausnahmen	→ Von der Steuer ausgenommene Leistungen.
Steuerbefreite Leistungen	Von der Steuer befreite Leistungen.
Steuerforderung	Die vom Steuerpflichtigen zu bezahlende Steuer auf dem Umsatz, zuzüglich Bezugsteuer, abzüglich der Vorsteuer, ergibt die Steuerforderung (auch als Steuerschuld bezeichnet).
Steuerhinterziehung	Wer Steuern hinterzieht, indem er vorsätzlich oder fahrlässig zulasten des Staates die Steuerforderung verkürzt, kann grundsätzlich mit einer Busse bis zu CHF 400 000.– bestraft werden.
Steuerhoheit	Die Steuerhoheit ist die öffentlich-rechtliche Befugnis, Steuern zu erheben. Die Steuerhoheit für die MWST obliegt dem Bund.
Steuernachfolge	Als Steuernachfolger gelten die Erben eines verstorbenen Steuerpflichtigen sowie die Unternehmer, die ein Unternehmen mit Aktiven und Passiven übernehmen. Wer die Steuernachfolge antritt, übernimmt die Rechte und Pflichten des Vorgängers.
Steuerobjekt	Das Steuerobjekt umschreibt den Gegenstand der Besteuerung, d.h., was oder welche Vorgänge die Steuer auslösen.
Steuerperiode	Als Steuerperiode gilt im Moment das Kalenderjahr. Die Steuer wird je Steuerperiode erhoben.
Steuerpflicht	Steuerpflichtig ist eine Person grundsätzlich, die eine unternehmerische Tätigkeit betreibt, sofern die Tätigkeit beruflich oder gewerblich ausgeübt wird und auf die nachhaltige Erzielung von Einnahmen aus Leistungen ausgerichtet ist.
Steuerrückerstattungen	Ausländischen Unternehmen wird unter gewissen Bedingungen die Steuer auf im Inland bezogenen Leistungen zurückerstattet.
Steuersätze	Im schweizerischen MWST-System gibt es den → Normalsatz, den → Reduzierter Steuersatz und den → Sondersatz für Beherbergungsleistungen. Keine Steuersätze, sondern nur Vereinfachungsmöglichkeiten für die Abrechnung sind die → Saldosteuersätze oder → Pauschalsteuersatzmethode.

Steuersubjekt	Das Steuersubjekt umschreibt, welche Personen der → Steuerpflicht unterstellt sind.
Steuervertreter	Der Steuervertreter (Fiskalvertreter) kann neben dem Steuerpflichtigen zur Erfüllung der diesem obliegenden Pflichten herangezogen werden. Der Steuervertreter ist jedoch nur bei ausländischen Handelsgesellschaften und ausländischen Personengesamtheiten ohne Rechtsfähigkeit vorgesehen.

T

taxe occulte	→ Schattensteuer.
Teilvermögen	Eine Voraussetzung für die Anwendung des → Meldeverfahren ist, dass ein → Gesamtvermögen oder ein → Teilvermögen vorliegt. Ein Teilvermögen liegt dann vor, wenn es sich um eine Mehrzahl von Gegenständen und / oder Dienstleistungen handelt, die aus Sicht der Übertragenden eine organische Einheit bilden. Spezielle Regelungen gelten bei Fusionen, Spaltungen und Vermögensübertragungen.

U

Unternehmerische Tätigkeit	Unternehmerisch tätig können sowohl natürliche als auch juristische Personen sein. Unternehmerisch umfasst auch, wenn jemand eine berufliche, gewerbliche und selbstständige Tätigkeit ausübt, die auf nachhaltige Erzielung von Einnahmen ausgerichtet ist. Die Tätigkeit muss auf Dauer ausgerichtet sein und der Unternehmer tritt unter eigenem Namen nach aussen auf. Eine Gewinnabsicht muss aber nicht gegeben sein. Die unternehmerische Tätigkeit umfasst steuerbare Umsätze (inkl. steuerbefreite Leistungen) wie auch von der Steuer ausgenommene Leistungen (Optionsmöglichkeit).
Unterrichtsleistungen	Unterrichtsleistungen (Schulung) sind von der Steuer ausgenommen. Es besteht jedoch die Möglichkeit, für die Versteuerung dieser Leistungen zu optieren.
Urprodukte	Als Urprodukte gelten Erzeugnisse der Urproduzenten (z. B. Landwirte, Forstwirte oder Gärtner). Wenn solche Produkte von einem nicht steuerpflichtigen Urproduzenten bezogen werden, darf ein Vorsteuerabzug von 2.5% (fiktiver Vorsteuerabzug) vorgenommen werden, obwohl auf dem Beleg die MWST-Nummer und der Hinweis auf die MWST fehlen.

V

Vereinbarte Entgelte	→ Abrechnung nach vereinbartem Entgelt.
Vereinfachte Vermittlung	Damit bei der MWST → Vermittlung geltend gemacht werden kann, müssen grundsätzlich Formvorschriften erfüllt sein. Bei der vereinfachten Vermittlung sind diese Formvorschriften weniger streng. Unter die vereinfachte Vermittlung fallen z. B. der Verkauf von gewissen Billetten und Lotteriescheinen sowie von Autobahnvignetten.
Vereinnahmte Entgelte	→ Abrechnung nach vereinbartem Entgelt.
Verjährung	Fünf Jahre nach Ablauf des Kalenderjahres, in dem die Steuerforderung oder der Anspruch auf Vorsteuerabzug entstanden sind, verjähren diese, sofern der Fristenlauf nicht unterbrochen wurde. Die absolute Verjährungsfrist beträgt zehn Jahre.
Verlagerung der Steuerentrichtung	Steuerpflichtigen, die regelmässig Waren in die Schweiz importieren und in ihren Abrechnungen Vorsteuerüberschüsse ausweisen, kann das Verlagerungsverfahren bewilligt werden. Die Einfuhrsteuer ist erst in der MWST-Abrechnung zu deklarieren und nicht bereits bei der Einfuhr, womit die Vorfinanzierung dieser Steuer durch den Steuerpflichtigen entfällt.

Vermittlung	Bei der Vermittlung (direkte Stellvertretung) wird mehrwertsteuerlich der Leistungsaustausch zwischen dem Dritten und dem Auftraggeber des Vermittlers erfasst. Die Vermittlung selber gilt als eigenständige Dienstleistung zwischen dem Vermittler und seinem Auftraggeber. Damit Vermittlung geltend gemacht werden kann, müssen strenge Formvorschriften erfüllt sein, ausser wenn die → vereinfachte Vermittlung möglich ist.
Verzicht auf die Befreiung von der Steuerpflicht	Personen, die unternehmerisch tätig sind und die Umsatzlimite von z. B. CHF 100 000.– nicht erreichen, können sich freiwillig der Steuerpflicht unterstellen.
Von der Steuer ausgenommene Leistungen	Aus verschiedenen Gründen sind gewisse Tätigkeiten von der Steuer ausgenommen. Diese Steuerausnahmen sind in MWSTG 21 Abs. 2 abschliessend aufgezählt. Von der Steuer ausgenommen bedeutet, dass zwar keine Steuer auf dem Umsatz abzurechnen ist, dass demgegenüber aber auch kein Anspruch auf Vorsteuerabzug auf den direkten Aufwendungen besteht. Für gewisse von der Steuer ausgenommene Leistungen besteht aber die Möglichkeit der → Option.
Von der Steuer befreite Leistungen	Die von der Steuer befreiten Leistungen betreffen vor allem den grenzüberschreitenden Verkehr, insbesondere die Lieferungen von Gegenständen ins Ausland (MWSTG 23). Von der Steuer befreit bedeutet, dass keine Steuer auf dem Umsatz abzurechnen ist, dass die Vorsteuer auf den direkten Aufwendungen aber abzugsberechtigt ist.
Vorsteuer	Als Vorsteuer gelten die den Leistungserbringern bezahlte MWST (Inlandsteuer), die in der Abrechnung deklarierte Bezugsteuer auf dem Bezug von Leistungen von Unternehmen mit Sitz im Ausland und die der EZV bezahlte Einfuhrsteuer. Für diese Beträge ist gegebenenfalls ein → Vorsteuerabzug zulässig.
Vorsteuerabzug	Werden Gegenstände oder Dienstleistungen für unternehmerische, zum Vorsteuerabzug berechtigende Tätigkeiten verwendet, kann die darauf lastende → Vorsteuer grundsätzlich in Abzug gebracht werden.
Vorsteuerkorrektur	Liegt → gemischte Verwendung vor, ist der → Vorsteuerabzug nach dem Verhältnis der Verwendung zu korrigieren.
Vorsteuerkürzung	Subventionen oder andere öffentliche-rechtliche Beiträge, Gelder, die Kur- und Verkehrsvereine erhalten oder andere Mittelflüsse gemäss MWST 18 Abs. 2 Bst. a–c können eine verhältnismässige Vorsteuerkürzung zur Folge haben.
Vorsteuerausschluss	→ Ausschluss des Vorsteuerabzugs.

Z

ZAZ-Konto	Ein ZAZ-Konto (zentralisiertes Abrechnungsverfahren der Zollverwaltung) entspricht einem Kontokorrent bei der EZV. Zoll und MWST werden beim Import dieser Waren diesem Konto belastet und dem Unternehmen von der EZV in Rechnung gestellt. Damit kann die Fälligkeit dieser Beträge um 60 (für die MWST) bzw. um 10 Tage für die Zollabgaben hinausgeschoben werden, was die Zeit zwischen der Zahlung der Steuer und der Vornahme des Vorsteuerabzugs verringert.

Stichwortverzeichnis

A

Abgrenzung Lieferungen / Dienstleistungen	29
Abhollieferungen	23
Abrechnung	
– nach vereinbartem Entgelt	234, 310
– nach vereinnahmtem Entgelt	234, 310
Abrechnungsart	222, 234, 310
Abrechnungsmethode	212, 223, 310
Abrechnungsperiode	158, 159, 233, 235, 310
Abzüge vom Entgelt	115
Agenturvertrag	22
Amtliche Wertzeichen	52
Archive	47
Aufbewahrungsfrist	238, 310
Aufteilung der Umsätze auf die Steuersätze	138
– mithilfe eines Schlüssels	139
Auktionen	22
Ausfuhr von Gegenständen	63, 66
Ausfuhrnachweis	64, 268
Auskunftspflicht	250
Ausland	16
Ausländische Währung	117, 240
Auslandreisen	68
Ausweis der Steuer	56, 139, 199

B

Basare	48
Befördern von Gegenständen im Postverkehr	37
Beförderungsleistungen	65
Beförderungslieferung	24
Beginn der Steuerpflicht	102
Begünstigte Personen	68
Beherbergungsleistung	151
Beherbergungsleistungen	45, 144
Beifügungen	130
Bekanntmachungsleistungen	55
Bemessungsgrundlage	171
Berichtigungsabrechnung	213
Beschwerde	251
Bestimmungsortsprinzip	25, 29, 311
Beteiligungen	195
Beteiligungserträge	196
Betreiben eines Unternehmens	78
Betriebsstätte	27, 311
Bewegliche Sachen	16
Beweiswürdigung	158, 284
Bezugsteuer	31, 158, 311
Bibliotheken	47
Bildung	193, 196
Billettverkäufer	22
Blumen	128
Boden	129, 132
Branchenpauschalen	191
Briefmarken	52
Bruttomethode	242, 311
Bruttorechnung	243, 311
Bücher	130
Buchführung	206, 207, 223
Buchhaltung	241
Buchungs- und Bearbeitungsgebühren	68
Büsingen (Gemeinde)	15

C

Campione d'Italia	16, 314

D

Datenträger ohne Marktwert	31, 83, 219, 245
Debitorenverluste	115
Detailhandel	138, 310
Devisen-Tageskurs	116, 240
Dienstleistung	24, 312
Dienststelle	98
Dingliche Rechte an Grundstücken	51
Diplomatische Dienste	68
Dividenden	73, 157, 216
Dividendenerträge	81
Druckerzeugnisse	129

E

EDV-Software	16
Eigenverbrauch	311, 313
– Besteuerung	203, 312
– Pauschalen	178
– Steuertatbestand	163
Einfuhr	15, 31, 89
Einfuhrsteuer	158, 245, 312
Einheit und Mehrheit von Leistungen	29
Einlageentsteuerung	202, 312
Einschätzungsmitteilung	250, 312
Einsprache	250, 312
Einsprachefähige Verfügung	251
Elektrizität	16, 24, 32, 73, 97, 245
Elektronische Dienstleistungen	91
Elektronische Veranlagungsverfügung (eVV)	158, 247, 265
Empfängerortsprinzip	27, 31, 48, 69, 83, 312
Ende der Steuerpflicht	104
Energie	64
Eng verbundene Personen	165
Entgelt	112, 312
– bei der Entgegennahme von Wertschriften	117
– bei fester Abtretung der Entgeltsforderung	118
– bei Zahlungen mit Wechseln, Checks, Anweisungen, Kreditkarte oder WIR-Geld	117
– beim Inkassoauftrag	118
– für sportliche Anlässe	48
– in ausländischer Währung	116
Entgeltsminderung	115
Entnahme	
– bei Aufgabe einer der Steuer unterliegenden Tätigkeit	171
– für unentgeltliche Zuwendungen	169
– für unternehmensfremde Zwecke	168
Entnahmetatbestände	167, 313
– bewegliche Gegenstände	172
– unbewegliche Gegenstände	175
– vorübergehende Verwendung	176
Entscheid	236, 313
Entsorgung von Abwasser	126
Entstehung der Steuerforderung	233
Erbringerortsprinzip	28, 313
Erdgas	24, 32, 245
Erweiterung Geschäftstätigkeit	103
Ess- und Trinkwaren (Nahrungsmittel)	126

EuroAirport	16
Export	65

F

Fahrzeuge	64, 120
Fälligkeit	235, 313
Fehlende Ausrichtung auf Erzielung von Einnahmen aus Leistungen	86
Ferienwohnung	52, 81, 144
Festsetzungsverjährung	236, 250
Fiktiver Vorsteuerabzug	157, 159, 313
Finalisierung	96, 250, 313
Finanzdienstleistungen	50
Finanzerträge	192
Fische	127
Flohmärkte	48
Forstwirt	54, 157
Fristerstreckung	236
Fürstentum Liechtenstein	15, 95
Futtermittel	128

G

Gartenbaubranche	128
Gärtner	54, 55, 128, 133, 157
Gas	97, 175
Gastgewerbe	52
Gastgewerbe und Hotellerie	133
Gastgewerbliche Leistungen	43
Gebrauchte Gegenstände	53
Geflügel	127
Gegenstand	16
Gegenstände	63, 313
Gemeinnützige Organisation	40, 45, 55, 72
Gemeinwesen	96, 313
– Steuersubjekte	97
Gemischte Verwendung	185, 209, 313
Genugtuung	74
Gesamtvermögen	228, 231, 314
Geschäftsjahr	241
Geschenke	170, 185
Getreide	127
Glücksspiele	53
Gönner	72
Grossrenovation	175, 206, 260
Grundstücke	17, 23, 28
Gruppenbesteuerung	93, 106, 194, 314
– Änderungen Bestand Gruppengesellschaften	96
– Aussenumsatz	93, 194
– einheitliche Leitung	94
– Gruppenbildung	94
– Gruppenvertreter	95
– Innenumsatz	93, 194
– Mithaftung	106
– Vorsteuerabzug	95
Gutscheine	118, 234

H

Halb- und Vollpension	146
Hauptleistung	30
Haushilfe	40
Hauslieferungen	135
Heilbehandlung in Spitälern	37
Heilbehandlung von Ärzten, Zahnärzten, Psychotherapeuten, Chiropraktikern, Physiotherapeuten, Naturärzten, Hebammen, Krankenschwestern und Angehörigen ähnlicher Heil- und Pflegeberufe	39

Hoheitliche Tätigkeiten	99, 314
Holdinggesellschaft	196, 314

I

Immobilien	171, 192, 207, 270
Import	64, 245
Inkassoauftrag	118, 314
Inland	15, 314
Inlandlieferung von unverzollten Gegenständen	65
Inlandreisen	68
Institutionelle Begünstigte	68
Institutionen, gemeinnützige	92

J

Jahresabstimmung	213, 250, 314

K

Kabelnetzbetreiber	131
Kalenderjahr	69, 78, 82, 89, 146, 206, 235
Kassenzettel	135
Kinder- und Jugendbetreuung	42
Kombinationsregel	30, 314
Konsumvorrichtung	134
Kontrolle	250, 314
Konzernumrechnungskurs	116, 240
Korrekturabrechnung	213, 315
– Korrektur von Mängeln in der Abrechnung	213, 315
Kranken-, Verletzten- und Invalidentransporte	41
Kredite	192
Kulturelle Dienstleistungen	47
Kulturelle Lieferungen und Dienstleistungen von bestimmten Kulturschaffenden	48
Kur- und Beherbergungstaxen	151
Kur- und Verkehrsverein	72
Kürzung des Vorsteuerabzugs	157, 197

L

Landwirt	132, 157, 185
Landwirtschaft	41, 54
Laufende bzw. wiederkehrende Subventionen	198
Leasing	19
Lebende Pflanzen	128
Leistungen	315
– an das Personal	166
– an eng verbundene Personen	113
– an Gemeinwesen	98
– an nahestehende Personen	165
– der Künstler	47
– gemeinnütziger Jugendaustauschorganisationen	43
– im Bereich der Sozialfürsorge und der Sozialhilfe	41
– innerhalb des gleichen Gemeinwesens	55
– von Alters- und Pflegeheimen	42
Leistungskombinationen	138, 315
Lieferung	16, 29, 315
Lieferwille	18
Liegenschaften	28, 51
Liquidation	105
Lohnausweis	164, 166
Lohnausweisempfänger	165
Lotterie	53

M

Mahlzeitendienst, gemeinnütziger	42
Medikamente	129
Meldeverfahren	315
– formeller Ablauf	230
– Steuerbarkeit der Übertragung	227

– Steuerpflicht der Beteiligten	227
– Übertragung Vermögen	228
– Voraussetzungen	227
Menschliche Organe und menschliches Blut	41
Miete	19
Mietertrag	272
Milchsammelstellen	157
Mitgliederbeiträge	46, 58
Mithaftung	106, 315
Monatsmittelkurs	116, 240
Motorfahrzeug	159
Mulch	128
Münz- und Feingold	219
MWSTG	11
MWST-Kontrolle	250
MWST-Nummer	102, 228, 262, 316
MWST-Register	84, 91, 219, 222, 250, 253
MWSTV	10

N

Nahestehende Personen	165, 179, 259, 312, 316
Nahrungsmittel	126, 133, 136, 137
Naturalbezüge	178
Naturalrabatt	170, 316
Nebenleistungen	29, 30
Netto-Allphasensteuer	12, 155, 226
Nettomethode	243, 316
Nicht unternehmerische Tätigkeit	86
Nicht-Entgelte	79, 315
Normalsatz	125, 316
Nutzungsänderung	202, 316
– Abschreibungssätze	206
– annäherungsweise Ermittlung	207
– bewegliche Gegenstände	207
– Dienstleistungen	207
– effektive Ermittlung	206
– partielle	205
– unbewegliche Gegenstände	206
– vollumfängliche	204

O

Objektbezogene Subventionen	198
Öffentlich-rechtliche Abgaben	115
Option	316
– eingeschränkte zum Normalsatz	59
– uneingeschränkte zum Normalsatz	57
– uneingeschränkte zum reduzierten Steuersatz	58
– von der Steuer ausgenommene Leistung	56
Ort	
– der Dienstleistung	25, 316
– der gelegenen Sache	23, 28, 317
– der Lieferung	23, 317
– der Tätigkeit	25, 317
– der zurückgelegten Strecke	28

P

Pacht	19
Packages	150
Passivmitglieder	72
Pauschalen	191
Pauschalmethode	187
Pauschalsteuersatzmethode	100, 213
Personalverleih	45
Personentransport	66
Pfandgelder	74
Pflanzenschutzstoffe	128

Pflanzliches Abdeckmaterial	128
Pflegeheim	38
Pflegeleistungen	40
Prämien	49
Praxisgemeinschaften	41, 79
Privatanteile an den Autokosten	178
Private Zwecke	152, 160, 167, 220
Publikums- und Festanlässe	100

R

Rabatte und Skonti	115
Radio- und Fernsehgesellschaften	131
Rechnung	317
– formelle Anforderungen	239
Rechnungsstellung in ausländischer Währung	240
Reduzierter Steuersatz	126, 317
– kulturelle Leistungen	132
– Landwirtschaft	132
Referententätigkeit	45, 193
Reihengeschäft	17
Reisebüros	67
Rückgabe bearbeiteter Gegenstand	19
Rückgängigmachung der Leistung	115

S

Saldosteuersätze	
– Abrechnung der Bezugsteuer	219
– Abrechnung mit mehreren	217
– Anrechnung der fiktiven Vorsteuer	223
– Ausschluss von der Anwendung	216
– Eigenverbrauch	220
– Exporte und Leistungen im Ausland	218
– Überschreiten der Umsatz-/Steuerschuld-Limite	214
– Unterstellungserklärung	213
– Voraussetzungen zur Abrechnung	214
– Wechsel der Abrechnungsmethode und -art	222
Saldosteuersatzmethode	213, 214, 216, 221, 261
Sale-and-Lease-back-Vertrag	19
Sämereien	128
Samnaun	16, 270
Sampuoir	16
Sanierung	73, 87, 88, 157, 317
Schadenersatz	74, 317
Schattensteuer (taxe occulte)	89, 155, 318
Schienen- und Luftverkehr	66
Schlussabrechnung	105
Schulungsleistungen	43
Selbstveranlagungssteuer	188, 230, 250, 318
Seminarhotel	150
Silagesäuren	128
Sondersatz für Beherbergungsleistungen	144, 318
Spenden	72
Spezialwerkzeug	131
Spitalbehandlung	37
Spitex-Organisationen	40
Sportvereine	92
Sprungrekurs	251
Startgeld	48
Start-up-Unternehmen	88
Stellvertretung	20, 21, 318
Steuer auf den Einfuhren	245
Steuerforderung	235, 318
Steuerhinterziehung	252, 318
Steuerhoheit	10, 318
Steuernachfolge	106, 318
Steuerobjekt	15, 318

Steuerperiode	96, 116, 146, 172, 214, 234, 318
Steuerpflicht	78, 318
Steuerrückerstattung	69
Steuersätze	125, 212
Steuersubjekt	78, 319
Steuersubstitution	107
Steuervertreter	91, 107, 319
Stockwerkeigentümergemeinschaft	51
Strafbestimmungen	252
Streuemittel für Tiere	128
Subventionen	72, 99, 157, 197

T

Take-away	135
Tauschähnliche Geschäfte	115, 164
Taxe occulte (Schattensteuer)	36, 86, 155, 319
Teilvermögen	177, 221, 228, 319
Telekommunikations- und elektronische Dienstleistungen	83, 88, 91
Transitware	66

U

Überführung ins Privatvermögen	105
Überschreiten der Umsatzgrenzen	54
Umrechnungskurs	85
Umsatzboni und Rabattrückvergütungen	115
Umsätze von Ausgleichskassen	54
Umstrukturierungstatbestand	228
Unbewegliche Sachen	16
Unentgeltliche Zuwendungen	169
Unselbständig ausgeübte Tätigkeiten	193
Unternehmen mit Sitz im Ausland	83, 86, 90
Unternehmerische Tätigkeit	88, 103, 105, 319
Unterschreitung Betragsgrenzen	106
Unterstellungserklärung	247
Untervermietung	52
Urprodukte	54, 132, 157, 216, 319
Urproduzent	54, 157, 216

V

Verbringen von Gegenständen ins Ausland	65
Vereinfachung	79, 148, 187, 199, 213
Verfahren	249
Verfügung	250
Verjährung	236, 319
Verkauf über die Gasse	135
Verkauf von gebrauchten Gegenständen	53
Verlagerung der Steuerentrichtung	246, 319
Verletzung von Verfahrenspflichten	253
Vermieten und Verleasen von Schienen- und Luftfahrzeugen	65
Vermietung	51, 144
Vermittlung	21, 67, 320
Vermögensliquidation	105
Vermögensübertragung	177
Verpflegungsautomaten	133, 136
Verrechnungsgeschäfte	116
Versandlieferungen	24
Versicherungs- und Rückversicherungsumsätze	49
Verteilschlüssel	188
Verwaltung eigener, nicht optierter Immobilien	192
Verwaltungsratsmandate	194
Verzicht Befreiung von der Steuerpflicht	104, 105, 320
Verzugszinsen	250
Videotheken	47
Vieh	127
Viehhändler	54, 157
Visumgebühren	68
Von der Steuer ausgenommenen Leistungen	36, 320
Von der Steuer befreite Leistungen	63, 320
Vorsteuer	155, 320
Vorsteuerabzug	12, 155, 160, 320
Vorsteuerkonten	241
Vorsteuerkorrektur	186, 191, 320
– effektive Methode	188
– Methode «Einheit der Leistung»	189
– Methode «Teilzuordnung der Vorsteuer»	188
– Methode «Umsatzschlüssel»	190
– mithilfe von Pauschalen	191
Vorsteuerkürzung bei Subventionen	197
Vorübergehende Verwendung	209

W

Warenmuster	170, 186
Wasser in Leitungen	126
Wechsel der Ermittlungsmethode	208
Werbegeschenke	170, 186
Wert des Bodens	60, 120, 175, 206
Wertpapierhandel	192
Wette	53
Wirtschaftliche Verfügungsmacht	17

Z

ZAZ-Konto	246, 320
Zeitpunkt des Anspruchs auf Vorsteuerabzug	158
Zeitschriften	130
Zeitungen	130
Zentren für Diagnostik	39
Zentrum für ärztliche Heilbehandlung	38
Zinseinnahmen	192
Zollüberwachung	65
Zwangsvollstreckungsverfahren	105